Cómo ganar amigos
e influir sobre las personas

Cómo ganar amigos e influir sobre las personas

EDICIÓN REVISADA

Dale Carnegie

Vintage Español
Una división de Random House, Inc.
Nueva York

PRIMERA EDICIÓN VINTAGE ESPAÑOL, MARZO 2010

Información de catalogación de publicaciones disponible en la Biblioteca
del Congreso de los Estados Unidos.

Vintage ISBN: 978-0-307-47540-4

Traducción de Román A. Jiménez

www.grupodelectura.com

Impreso en los Estados Unidos de América

10

Este libro está dedicado a un hombre que no necesita leerlo: mi querido amigo Homer Croy.

Consignamos un agradecido reconocimiento al asesor editorial que trabajó en esta edición revisada, Arthur R. Pell, Ph.D.

ÍNDICE

Cuarta Parte
Sea un líder: Cómo cambiar a los demás sin ofenderlos
ni despertar resentimientos

OCHO OBJETIVOS QUE ESTE LIBRO LE AYUDARÁ A LOGRAR

1. Salir de una rutina mental, concebir nuevas ideas, adquirir nuevas visiones, descubrir nuevas ambiciones.
2. Hacer amigos rápida y fácilmente.
3. Aumentar su popularidad.
4. Lograr que los demás piensen como usted.
5. Aumentar su influencia, su prestigio, su habilidad de lograr que las tareas se realicen.
6. Proceder ante las quejas, evitar discusiones, preservar sus relaciones humanas afables y agradables.
7. Convertirse en un mejor orador, un conversador más jovial.
8. Despertar entusiasmo entre sus asociados.

Este libro ha logrado todas esas cosas para más de quince millones de lectores en treinta y seis idiomas.

PREFACIO A LA EDICIÓN REVISADA

*C*uando *Dale Carnegie escribió* Cómo ganar amigos e influir sobre las personas, *su principal objetivo era proporcionar un texto de suplemento a su curso sobre Oratoria y Relaciones Humanas. Nunca soñó que se transformaría en el mayor de los best-sellers, y que la gente lo leería, lo citaría y viviría según sus reglas mucho después de su propia muerte.*

El libro se ha vuelto un clásico; se lo conoce prácticamente en todos los países del mundo. Ha sido leído y releído por decenas de millones de lectores, incluyendo a hombres muy poderosos en el gobierno y los negocios, lo mismo que obreros y campesinos, estudiantes y maestros: literalmente, toda clase de gente. Hasta hoy, más de cuarenta años después de su aparición, siguen comprándolo y estudiándolo cientos de miles de lectores por año. Si el libro sigue siendo tan eficaz, ¿por qué revisarlo? ¿Por qué no dejarlo exactamente como apareció en su primera edición?

Dale Carnegie escribió este libro en la década de 1930. Los ejemplos e ilustraciones que usó Dale Carnegie entonces han perdido significado para los lectores de nuestra época. Los nombres que usó, que eran familiares en los años treinta, resultan desconocidos para el lector de los años ochenta. El lenguaje usado también envejeció. En los últimos años, ha habido mujeres que se han mostrado ofendidas por la orientación exclusivamente masculina del libro. Pero Dale Carnegie escribía como lo hacían todos sus contemporáneos; con el supuesto de que una referencia en masculino podía aplicarse a ambos sexos.

11

Dorothy Carnegie, Presidenta de la Junta de Directorio, y Oliver Crom, Presidente de Dale Carnegie & Associates, Inc., dedican su esfuerzo a los principios desarrollados por Dale Carnegie. Ambos creen que el modo más eficaz de hacer válidos estos principios es presentarlos del modo más convincente que sea posible. Una de las técnicas usadas en el Curso de Dale Carnegie para ayudar a los estudiantes a hacer valer sus convicciones en una discusión, es la "fórmula mágica". La clave de esta técnica es que las pruebas pertinentes y al caso son el ingrediente principal de una argumentación. Al revisar esta obra clásica de modo que las pruebas, tal como se manifiestan en las ilustraciones y ejemplos, resulten pertinentes para el lector moderno, la filosofía de Dale Carnegie se nos presenta de un modo más dinámico y significativo.

El asesor editorial de esta revisión recibió la difícil tarea de determinar qué partes del material original debían cambiarse. Para ayudarse en el trabajo, les pidió a varios de los maestros de los Cursos de Dale Carnegie que entregaran ejemplares del libro a estudiantes y graduados de sus clases. A estos últimos se les pidió que leyeran el libro y tomaran notas al margen marcando las partes que no resultaban del todo claras o que carecían de verdadero significado para ellos. Como resultado de una revisión de estas notas se decidió qué se eliminaría.

El paso siguiente era encontrar ilustraciones adecuadas que reemplazaran los ejemplos eliminados, y proporcionaran material adicional que hiciera más eficaz aun al libro. Con este fin, Paul Mackey, Vicepresidente del área Instrucción de Dale Carnegie & Associates, Inc., escribió una carta a cada uno de los maestros de cursos en los Estados Unidos y en otros países, pidiéndoles que transmitieran ilustraciones, anécdotas y conversaciones sostenidas en clase, que pudieran ser usadas como ejemplificación de las ense-

CÓMO FUE ESCRITO ESTE LIBRO...
Y POR QUÉ

por Dale Carnegie

Durante los últimos treinta y cinco años, las empresas editoriales de los Estados Unidos han impreso más de un quinto de millón de obras diferentes. Muchos de esos libros eran atrozmente tediosos; y muchos fueron fracasos financieros. ¿He dicho "muchos"? El presidente de una de las mayores editoriales del mundo me confesó que su compañía, después de setenta y cinco años de experiencia editorial, todavía pierde dinero con siete de cada ocho libros que publica.

¿Por qué, entonces, he tenido la temeridad de escribir otro libro? Y, después de escribirlo, ¿por qué se ha de molestar usted en leerlo?

Preguntas justas, ambas: y trataré de contestarlas.

Desde 1912 vengo dirigiendo cursos educativos para hombres y mujeres de negocios y profesionales en Nueva York. Al principio dirigí cursos sobre oratoria pública solamente: cursos destinados a preparar a los adultos, mediante la experiencia, a pensar mientras están de pie y a expresar sus ideas con mayor claridad, mayor efectividad y mayor soltura, tanto en conversaciones de negocios como ante grupos más numerosos.

Pero gradualmente, a medida que pasaban los años, comprendí que por mucho que estos adultos necesitaran un aprendizaje para hablar en forma eficaz, necesitaban aun más el aprendizaje en ese bello arte de tratar con la gente en los negocios y en sus contactos sociales.

Comprendí también gradualmente que yo mismo necesitaba ese aprendizaje. Al recordar ahora esos años me aterroriza advertir mis frecuentes faltas de tacto y de comprensión. ¡Cómo lamento no haber podido tener en mis manos un libro como éste hace veinte años! ¡Qué don inapreciable habría sido!

Tratar con la gente es probablemente el mayor problema que se afronta, especialmente si se es una persona de negocios. Sí, y también si se es un contador, una ama de casa, un arquitecto o un ingeniero. La investigación y el estudio realizados hace pocos años bajo los auspicios de la Fundación Carnegie revelaron un hecho muy importante y significativo: un hecho confirmado más tarde por los estudios adicionales efectuados en el Instituto Carnegie de Tecnología. Estas investigaciones demostraron que aun en los ramos tan técnicos como la ingeniería, alrededor del quince por ciento del éxito financiero de cada uno se debe al conocimiento técnico, y alrededor del 85 por ciento se debe a la habilidad en la tecnología humana: la personalidad y la capacidad para tratar con la gente.

Durante muchos años dirigí cursos en el Círculo de Ingenieros de Filadelfia y también en la rama de Nueva York del Instituto Norteamericano de Ingenieros Electricistas. Por mis clases han pasado probablemente más de mil quinientos ingenieros. Fueron a ellas porque comprendieron finalmente, al cabo de años de observación y experiencia, que frecuentemente el personal mejor pagado en el ramo de la ingeniería no es el que conoce más ingeniería. Por ejemplo, se puede contar con los servicios simplemente técnicos de ingenieros, contadores, arquitectos o cualquier otro profesional, por un salario fijo. Pero el hombre que dispone de conocimientos técnicos más la habilidad de expresar sus ideas, para asumir la dirección, y para despertar entusiasmo entre los demás, esa persona tiene posibilidades de aumentar indefinidamente sus ingresos.

En la plenitud de su actividad, John D. Rockefeller dijo que "la habilidad para tratar con la gente es un artículo que se puede comprar, como el azúcar o el café". "Y pagaré más por esa capacidad —agregó— que por cualquier otra."

¿No se debe suponer, pues, que todos los colegios del país deberían tener cursos para desarrollar la habilidad más preciada entre todas? Pero si hay un curso práctico, con sentido común, para adultos, de esta especie, ha escapado a mi atención hasta el momento de escribir estas líneas.

La Universidad de Chicago y las Escuelas Unidas de la Asociación Cristiana de Jóvenes realizaron un estudio para determinar qué quieren aprender en realidad los adultos.

Ese estudio costó 25.000 dólares y duró dos años. La última parte de la indagación se realizó en Meriden, Connecticut. Era una típica población norteamericana. Se entrevistó a todos los adultos de Meriden y se les pidió que respondieran a 156 preguntas, tales como: "¿Cuál es su ocupación o profesión? ¿Cuál es su educación? ¿Cómo pasa sus ratos desocupados? ¿Qué ingresos tiene? ¿Qué pasatiempo? ¿Qué ambiciones? ¿Qué problemas? ¿Qué temas le interesaría estudiar?" Y otras más por el estilo. Esa investigación reveló que la salud es lo que más interesa a los adultos, y que en segundo lugar les interesa la gente: cómo comprender y llevarse bien con el prójimo; cómo hacer que los demás gusten de uno; y cómo hacer que los demás adopten el modo de pensar de uno.

La comisión que realizaba esta indagación resolvió organizar un curso para adultos en Meriden. Buscó diligentemente un texto práctico sobre el tema, pero no encontró ninguno. Finalmente, los miembros de la comisión buscaron a una de las personas más autorizadas del mundo en el terreno de la educación para adultos, y le preguntaron si conocía algún libro que atendiera las necesidades de ese grupo de adultos de Meriden. "No —respondió—. Yo sé lo que necesitan esos adultos. Pero el libro que les hace falta no ha sido escrito todavía."

Yo sabía por experiencia propia que esa afirmación era exacta, porque durante años había buscado inútilmente un manual práctico y aplicable sobre las relaciones humanas.

Como no existía ese libro, traté de escribir uno para utilizarlo en mis cursos. Y aquí está. Espero que a usted le agrade. Como preparación para este libro, leí todo lo que pude encontrar sobre el tema: todo, desde artículos en diarios y revistas, los archivos de los juicios de divorcio, las obras de viejos filósofos y psicólogos modernos. Además, contraté a un investigador especializado para que se pasara un año y medio en diversas bibliotecas leyendo todo lo que yo había pasado por alto, estudiando eruditos volúmenes de psicología, hojeando centenares de artículos periodísticos, revisando incontables biografías, para tratar de establecer cómo los grandes hombres de todas las edades habían tratado con la gente. Leímos las biografías de todos los grandes personajes habidos en el mundo. Leímos la vida de todos los grandes, desde Julio César hasta Thomas Edison. Recuerdo que leímos más de cien biografías de Theodore Roosevelt solamente. Estábamos decididos a no economizar tiempo ni gastos para descubrir todas las ideas prácticas usadas jamás por los hombres de todas las épocas a fin de ganar amigos e influir sobre la gente.

Yo entrevisté personalmente a veintenas de personas que han triunfado en la vida, algunas de ellas famosas en el mundo: inventores como Marconi y Edison; líderes políticos como Franklin D. Roosevelt y James Farley; hombres de empresa como Owen D. Joung; estrellas de cine como Clark Gable y Mary Pickford; y exploradores como Martin Johnson, y traté de descubrir la técnica empleada por ellos en las relaciones humanas.

Con todo este material preparé una breve charla. La titulé: "Cómo ganar amigos e influir sobre la gente". He dicho "breve". Lo era en un principio, pero ha ido en aumento hasta convertirse en una conferencia que consume una hora y treinta minutos. Durante muchos años di esta conferencia ante los adultos reunidos en cada clase de los cursos del Instituto Carnegie en Nueva York.

Siempre he hecho lo mismo. He pronunciado la conferencia y recomendado a los alumnos que hicieran la prueba de esos consejos en sus contactos comerciales y sociales, para volver luego a la clase a hablar de sus experiencias y de los resultados conseguidos. ¡Qué tarea interesante! Estos hombres y estas mujeres, ansiosos por mejorar, se veían fascinados por la idea de trabajar en una nueva especie de laboratorio, el primero y el único laboratorio de relaciones humanas para adultos que ha existido jamás.

Este libro no fue escrito como se escriben todos los libros. Creció tal como crece un niño. Creció y se desarrolló en ese laboratorio, gracias a las experiencias de miles de adultos.

Hace años comenzamos con una serie de reglas impresas en una tarjeta no mayor que una tarjeta postal. A la temporada siguiente imprimimos una tarjeta más grande, después un folleto, después una serie de folletos, cada uno en crecimiento a su vez, en tamaño y en alcance. Al cabo de quince años de experimentos e investigaciones, tuvimos este libro.

Las reglas que hemos fijado en él no son simples teorías o conjeturas. Rinden resultados mágicos. Por increíble que parezca, he visto cómo la aplicación de estos principios revolucionaba literalmente la vida de muchas personas.

Un ejemplo: un hombre con 314 empleados se

inscribió en uno de estos cursos. Durante muchos años había mandado y criticado y censurado a sus empleados, sin trabas ni discreción. La bondad, las palabras de aprecio y de aliento eran ajenas a sus labios. Después de estudiar los principios en que se basa este libro, tal patrón alteró profundamente su filosofía de la vida. Su organización se ve inspirada ahora por una nueva lealtad, un nuevo entusiasmo, un nuevo espíritu de trabajo común. Trescientos catorce enemigos se han convertido en trescientos catorce amigos. Ya lo dijo él, orgullosamente, en un discurso que pronunció ante la clase: "Antes, cuando caminaba por mi establecimiento, nadie me saludaba. Mis empleados miraban para otro lado al ver que me acercaba. Pero ahora todos son amigos míos, y hasta el portero me llama por el nombre de pila".

Este patrón tiene ahora mayores beneficios materiales, mayor descanso y —lo que es infinitamente más importante— encuentra mucha mayor felicidad en su negocio y en su hogar.

Innumerables vendedores han visto aumentar considerablemente sus ventas mediante el uso de estos principios. Muchos han conseguido clientes nuevos, clientes que habían buscado en vano con anterioridad. Hay directores de empresas que vieron aumentar su autoridad y su sueldo. Uno de ellos nos informó que había conseguido un importante aumento de sueldo, debido sobre todo a la aplicación de estas verdades. Otro alto empleado de la Philadelphia Gas Works Company iba a ser rebajado de categoría por su beligerancia, por su incapacidad para conducir hábilmente a los empleados. El aprendizaje que realizó no solamente lo salvó del descenso a los 65 años de edad, sino que le produjo un ascenso, con mayor sueldo.

En muchas ocasiones, en los banquetes servidos al terminar cada curso, me han dicho los cónyuges que sus hogares son mucho más felices desde que sus maridos o mujeres iniciaron este entrenamiento.

Con frecuencia se asombran los participantes por los resultados que consiguen. Parece cosa de magia. En algunos casos, llenos de entusiasmo, me han hablado a casa un domingo, porque no podían esperar dos días para informarme de sus realizaciones en la clase regular del curso.

Un hombre quedó tan impresionado por una charla sobre estos principios, que se quedó comentándolos con otros miembros de su clase hasta altas horas de la noche. A las tres de la mañana, los otros se fueron a sus casas. Pero él estaba tan conmovido por la comprensión de sus errores, tan inspirado por la visión de un mundo nuevo y más rico que se abría ante él, que no pudo dormir. No durmió esa noche, ni al día siguiente ni la otra noche.

¿Quién era? ¿Un individuo ingenuo, sin educación, dispuesto a estallar de entusiasmo ante cada nueva teoría que se le presentara? No. Lejos de ello. Era un comerciante refinado, un hombre culto, moderno, que circula por los mejores ambientes de la ciudad, que habla corrientemente tres idiomas y tiene diplomas de dos universidades europeas.

Mientras escribo este capítulo me llega una carta de un alemán de la vieja escuela, un aristócrata cuyos antepasados sirvieron durante generaciones como oficiales del ejército a las órdenes de los Hohenzollern. Su carta, escrita desde un transatlántico, me habla casi con fervor religioso de la aplicación de estos principios en su caso.

Otro hombre, nacido en Nueva York, graduado en Harvard, acaudalado, dueño de una gran fábrica de alfombras, me declaraba que ha aprendido más en catorce semanas, gracias a este sistema de enseñanza del arte de influir sobre la gente, que lo que pudo aprender sobre el mismo tema en sus cuatro años de universidad. ¿Absurdo? ¿Irrisorio? ¿Fantástico? Es claro que el lector está autorizado para rechazar esa afirmación con el adjetivo que desee. Yo sólo repito, sin comentarios, una declaración hecha por un graduado de Harvard, conservador y eminentemente próspero, en un discurso público pronunciado ante aproximadamente seiscientos hombres, en el Yale Club de Nueva York, el 23 de febrero de 1933.

"En comparación con lo que deberíamos ser —decía el famoso profesor William James, de la Universidad de Harvard—, sólo estamos despiertos a medias. Sólo empleamos una pequeña parte de nuestros recursos físicos y mentales. En términos generales, el individuo vive así muy dentro de sus límites. Posee cualidades de diversas especies que habitualmente no usa."

¡Esas cualidades que habitualmente no se usan! El único propósito de este libro es ayudar al lector a que descubra, desarrolle y aproveche esos poderes latentes que no emplea.

"La educación —decía el Dr. John G. Hibben, ex presidente de la Universidad de Princeton— es la capacidad para afrontar las situaciones que plantea la vida."

Si para cuando el lector haya terminado de leer los tres primeros capítulos de este libro no se encuentra algo mejor equipado para afrontar las situaciones que plantea la vida, consideraré que este libro es un fracaso completo, por cuanto atañe al lector. Porque "el gran objetivo de la educación —dijo Herbert Spencer— no es el conocimiento, sino la acción".

Y éste es un libro de acción.

DALE CARNEGIE
1936

NUEVE SUGERENCIAS SOBRE LA MANERA DE OBTENER UN MAYOR BENEFICIO DE ESTE LIBRO

1.— Si quiere usted obtener el mayor beneficio de este libro, hay un requerimiento indispensable, un principio esencial mucho más importante que todas las reglas técnicas. A menos que satisfaga usted este requisito fundamental, de poco le servirán muchas reglas sobre la forma de estudiar. Y si tiene ese don cardinal, podrá lograr resultados maravillosos sin leer siquiera las indicaciones que hago.

¿Cuál es este requisito mágico? Nada más que esto: *un profundo, impulsivo deseo de aprender, una vigorosa decisión de aumentar su capacidad para tratar con la gente.*

¿Cómo se puede lograr ese impulso? Recordando constantemente cuán importantes son estos principios. Piense usted cómo contribuirá su dominio a llevarle a obtener una vida más feliz, rica, plena. Diciéndose una y otra vez: "Mi popularidad, mi felicidad y mi valor dependen, en grado no pequeño, de mi habilidad para tratar con la gente".

2.— Léase cada capítulo rápidamente al principio para lograr una visión a vuelo de pájaro. Es probable que después se sienta tentado a correr al capítulo siguiente. Pero no lo haga así. A menos que lea solamente por entretenerse. Pero si lee porque quiere aumentar su habilidad en las relaciones humanas, *vuelva atrás y relea detenidamente cada capítulo.* A la larga, esto significa un ahorro de tiempo y la obtención de mayores resultados.

3.— *Deténgase frecuentemente en la lectura para*

pensar en lo que está leyendo. Pregúntese cómo y cuándo puede aplicar cada sugerencia.

4.— *Lea con un lápiz rojo, un bolígrafo resaltador o una pluma en la mano; y cuando encuentre una indicación que a su juicio puede usar, trace una línea en el margen.* Si es una indicación excelente, subraye cada frase, o márquela con "XXXX". Este método de marcar o subrayar frases de un libro lo hace más interesante y mucho más fácil de revisar rápidamente.

5.— Conozco a una mujer que desde hace quince años es gerente de una gran compañía de seguros. Todos los meses lee los contratos de seguro que extiende su companía. Sí, lee los mismos contratos mes tras mes, año tras año. ¿Por qué? Porque la experiencia le ha enseñado que ésa es la única manera de tener siempre en la memoria las cláusulas de las pólizas.

Yo dediqué casi dos años a escribir un libro sobre oratoria pública; y sin embargo tengo que volver a leerlo de vez en cuando para recordar lo que yo mismo escribí. Es asombrosa la rapidez con que olvidamos.

Por eso, si quiere usted obtener un beneficio real, duradero, de este libro, no piense que bastará con leerlo una vez a la ligera. Después de leerlo detenidamente una vez, tiene usted que dedicar unas horas de cada mes a revisarlo. Téngalo en su escritorio, ante sus ojos, todos los días. Hojéelo a menudo. Piense constantemente en las grandes posibilidades de mejora que aún le quedan por delante. Recuerde que el uso de esos principios sólo puede hacerse habitual y subconsciente mediante una constante y vigorosa campaña de revisión y aplicación. No hay otro medio.

6.— Bernard Shaw señaló una vez: "Si se enseña algo a un hombre, jamás lo aprenderá". Shaw tenía razón. *Aprender es un proceso activo. Aprendemos haciendo.*

De modo que si usted quiere dominar los principios que estudia en este libro, haga algo con ellos. Aplique estas reglas en todas las oportunidades. Si no procede así, las olvidará rápidamente. Sólo el conocimiento que se practica persiste en nuestro espíritu.

Se verá usted probablemente en dificultades para aplicar siempre estas indicaciones. Yo lo sé, porque he escrito este libro y sin embargo me veo frecuentemente en dificultades para aplicar todo aquello que recomiendo. Por ejemplo, cuando algo nos desagrada, es mucho más fácil criticar y censurar que tratar de comprender el punto de vista del prójimo. Con frecuencia es más fácil encontrar defectos que pronunciar elogios. Es más natural hablar acerca de lo que uno quiere que de lo que quieren los demás. Y todo es así. De modo que, al leer este libro, recuerde siempre que no trata usted solamente de adquirir información. Intenta formar nuevos hábitos. Sí, intenta usted emprender una nueva forma de vivir. Esto requiere tiempo y constancia y la diaria aplicación de estos principios.

Vuelva, pues, a menudo a estas páginas. Considérelas como un manual sobre las relaciones humanas; y cada vez que se vea ante un problema específico —como el de corregir a un hijo, el de llevar al cónyuge a su manera de pensar, o satisfacer a un cliente irritado— vacile antes de hacer lo acostumbrado, lo humano, lo impulsivo. Eso, lo humano, es generalmente un error. En cambio, vuelva a estas páginas y relea los párrafos que ha subrayado. Después ponga a prueba estos nuevos métodos y compruebe de qué modo mágico le rinden resultados.

7.— Ofrezca a su cónyuge, a su hijo, o a algún compañero de su oficina, una moneda cada vez que lo sorprendan violando cierto principio. Del dominio de estas reglas haga un juego entretenido.

8.— El presidente de un importante banco de Wall Street relató una vez, en una conversación ante una de mis clases, un sistema muy eficiente que empleaba para mejorar su carácter. Este hombre había tenido poca educación formal, y llegó sin embargo a ser uno de los financistas más importantes del país; nos confesó que debía la mayor parte de su éxito a la constante aplicación de su sistema casero. Veamos lo que hace. Lo repetiré con sus propias palabras, tan exactamente como las recuerdo:

"Durante años he llevado un libro de citas con todas las entrevistas que realizo durante el día. Mi familia ya sabe que no debe forjar planes conmigo para los sábados por la noche, porque no ignora que dedico una parte de cada una de esas noches al ilustrativo proceso de examinar mis actos, revisarlos y criticarlos. Después de la comida me quedo a solas, abro mi libro de citas, y pienso en todas las entrevistas, conversaciones y reuniones en que he intervenido durante la semana. Entonces me pregunto:

"—¿Qué errores cometí en esta ocasión?

"—¿Qué hice bien, y en qué forma pude mejorar mi proceder?

"—¿Qué lecciones puedo aprender de esa experiencia?

"A menudo me ocurre que esta revista semanal me causa mucha infelicidad. Me asombran a menudo mis propios errores. Es claro que al pasar los años esos errores han disminuido. A veces, ahora, me inclino a palmearme la espalda después de una de esas sesiones. Este sistema de autoanálisis, de autoeducación, proseguido año tras año, me ha hecho más bien que cualquier otra cosa que he intentado jamás.

"Me ha ayudado a mejorar mi capacidad para tomar decisiones, y me ha ayudado enormemente en todos mis contactos con la gente. Nunca me cansaré de recomendarlo."

¿Por qué no ha de emplear usted un sistema similar para compulsar la forma en que aplica los principios tratados en este libro? Si lo hace, obtendrá dos resultados.

Primero, se verá dedicado a un proceso educativo que es a la vez interesante y de inapreciables beneficios.

Segundo, verá que su capacidad para tratar con la gente aumentará y se propagará enormemente.

9.— Encontrará usted al final de este libro un diario en el que debe registrar sus triunfos en la aplicación de estos principios. Sea especificativo. Escriba nombres, fechas, resultados. La elaboración de ese historial le inspirará para realizar mayores esfuerzos; y ¡cuán fascinadoras serán esas inscripciones cuando por casualidad las relea dentro de algunos años!

A fin de obtener el mayor resultado posible de este libro, pues:

1. Logre un deseo profundo, impulsivo, de dominar los principios de las relaciones humanas.

2. Lea cada capítulo dos veces antes de pasar al siguiente.

3. A medida que lee, deténgase frecuentemente a preguntarse cómo puede aplicar cada indicación.

4. Subraye cada idea importante.

5. Relea el libro todos los meses.

6. Aplique estos principios en cada oportunidad que se le presente. Utilice este volumen como manual de trabajo para ayudarse a resolver sus problemas diarios.

7. Convierta este aprendizaje en un juego entretenido ofreciendo a algún amigo una moneda por cada vez que lo sorprenda violando una de estas reglas.

8. Haga todas las semanas una compulsa sobre el progreso que realiza. Pregúntese qué errores ha cometido, qué lecciones ha aprendido para el futuro.

9. Lleve un diario que hay al final de este libro para exponer cómo y cuándo ha aplicado estos principios.

Primera Parte

TÉCNICAS FUNDAMENTALES
PARA TRATAR CON EL PRÓJIMO

"SI QUIERES RECOGER MIEL, NO DES PUNTA-PIÉS A LA COLMENA"

El 7 de mayo de 1937 la ciudad de Nueva York presenció la más sensacional caza de un hombre jamás conocida en esta metrópoli. Al cabo de muchas semanas de persecución, "Dos Pistolas" Crowley —el asesino, el pistolero que no bebía ni fumaba— se vio sorprendido, atrapado en el departamento de su novia, en la Avenida West End.

Ciento cincuenta agentes de policía y pesquisas pusieron sitio a su escondite del último piso. Agujereando el techo, trataron de obligar a Crowley, el "matador de vigilantes", a que saliera de allí, por efectos del gas lacrimógeno. Luego montaron ametralladoras en los edificios vecinos, y durante más de una hora aquel barrio, uno de los más lujosos de Nueva York, reverberó con el estampido de los tiros de pistola y el tableteo de las ametralladoras. Crowley, agazapado tras un sillón bien acolchado, disparaba incesantemente contra la policía. Diez mil curiosos presenciaron la batalla. Nada parecido se había visto jamás en las aceras de Nueva York.

Cuando Crowley fue finalmente capturado, el jefe de Policía Mulrooney declaró que el famoso delincuente era uno de los criminales más peligrosos de la historia de Nueva York. "Es capaz de matar —dijo— por cualquier motivo."

Pero, ¿qué pensaba "Dos Pistolas" Crowley de sí mismo? Lo sabemos, porque mientras la policía hacía fuego graneado contra su departamento, escribió una carta dirigida: "A quien corresponda". Y al escribir, la sangre que manaba de sus heridas dejó un rastro escarlata en el papel. En esa carta expresó Crowley: "Tengo bajo la ropa un corazón fatigado, un corazón bueno: un corazón que a nadie haría daño".

Poco tiempo antes Crowley había estado dedicado a abrazar a una mujer en su automóvil, en un camino de campo, en Long Island. De pronto un agente de policía se acercó al coche y dijo: "Quiero ver su licencia".

Sin pronunciar palabra, Crowley sacó su pistola y acalló para siempre al vigilante con una lluvia de plomo. Cuando el agente cayó, Crowley saltó del automóvil, empuñó el revólver de la víctima y disparó otra bala en el cuerpo tendido. Y éste es el asesino que dijo: "Tengo bajo la ropa un corazón fatigado, un corazón bueno: un corazón que a nadie haría daño".

Crowley fue condenado a la silla eléctrica. Cuando llegó a la cámara fatal en Sing Sing no declaró, por cierto: "Esto es lo que me pasa por asesino". No. Dijo: "Esto es lo que me pasa por defenderme".

La moraleja de este relato es: "Dos Pistolas" Crowley no se echaba la culpa de nada.

¿Es ésta una actitud extraordinaria entre criminales? Si así le parece, escuche lo siguiente:

"He pasado los mejores años de la vida dando a los demás placeres ligeros, ayudándoles a pasar buenos ratos, y todo lo que recibo son insultos, la existencia de un hombre perseguido."

Quien así habla es Al Capone. Sí, el mismo que fue Enemigo Público Número Uno, el más siniestro de los jefes de bandas criminales de Chicago. Capone no se culpa de nada. Se considera, en cambio, un benefactor público: un benefactor público incomprendido a quien nadie apreció.

Y lo mismo pensaba Dutch Schultz antes de morir por las balas de otros pistoleros en Newark.

Dutch Schultz, uno de los más famosos criminales de Nueva York, aseguró en una entrevista para un diario que él era un benefactor público. Y lo creía.

He tenido interesante correspondencia con Lewis Lawes, que fue alcaide de la famosa cárcel de Sing Sing, en Nueva York, sobre este tema, y según él "pocos de los criminales que hay en Sing Sing se consideran hombres malos. Son tan humanos como usted o como yo. Así razonan, así lo explican todo. Pueden narrar las razones por las cuales tuvieron que forzar una caja de hierro o ser rápidos con el gatillo. Casi todos ellos intentan, con alguna serie de razonamientos, falaces o lógicos, justificar sus actos antisociales aun ante sí mismos, y por consiguiente mantienen con firmeza que jamás se les debió apresar".

Si Al Capone, "Dos Pistolas" Crowley, Dutch Schultz, los hombres y mujeres desesperados tras las rejas de una prisión, no se culpan por nada, ¿qué diremos de las personas con quienes usted, lector, o yo, entramos en contacto?

John Wanamaker, fundador de las tiendas que llevan su nombre, confesó una vez: "Hace treinta años he aprendido que es una tontería regañar a los demás. Bastante tengo con vencer mis propias limitaciones sin irritarme por el hecho de que Dios no ha creído conveniente distribuir por igual el don de la inteligencia".

Wanamaker aprendió temprano su lección; en cambio, yo he tenido que ir a los tumbos por este mundo durante un tercio de siglo antes de que empezara a amanecer en mí la idea de que noventa y nueve veces de cada cien ningún hombre se critica a sí mismo por nada, por grandes que sean sus errores.

La crítica es inútil porque pone a la otra persona a la defensiva, y por lo común hace que trate de justificarse. La crítica es peligrosa, porque lastima el orgullo, tan precioso de la persona, hiere su sentido de la importancia, y despierta su resentimiento.

El mundialmente famoso psicólogo B. F. Skinner comprobó, mediante experimentación con animales, que premiando la buena conducta los animales aprenden más rápido y retienen con más eficacia que castigando la mala conducta. Estudios posteriores probaron lo mismo aplicado a los seres humanos. Por medio de la crítica nunca provocamos cambios duraderos, y con frecuencia creamos resentimiento.

Hans Selye, otro gran psicólogo, solía decir: "Tanto como anhelamos la aprobación, tememos la condena".

El resentimiento que engendra la crítica puede desmoralizar a empleados, miembros de la familia y amigos, y aun así no corrige la situación que se ha criticado.

George B. Johnston, de Enid, Oklahoma, es el coordinador de seguridad de una compañía de construcción. Una de sus responsabilidades es hacer que los empleados usen sus cascos siempre que estén trabajando en una obra. Nos contó que cada vez que se encontraba con un obrero sin su casco, le ordenaba, con mucha autoridad, que cumpliera con las reglas. Como resultado obtenía una obediencia desganada, y con frecuencia, los hombres volvían a quitarse el casco no bien les daba la espalda.

Decidió probar un método diferente, y cuando volvió a encontrar un obrero sin el casco, le preguntó si el casco le resultaba incómodo o no le iba bien. Después le recordó, en tono amistoso, que su misión era protegerlo de heridas, y le sugirió que lo usara siempre que estuviera en la obra. El resultado de esta actitud fue una mayor obediencia a las reglas, sin resentimientos ni tensiones emocionales.

En mil páginas de la historia se encuentran ejemplos de la inutilidad de la crítica. Tomemos, por ejemplo, la famosa disputa entre Theodore Roosevelt y el presidente Taft, una disputa que dividió al Partido Republicano, llevó a Woodrow Wilson a la Casa Blanca, escribió un nuevo capítulo en la Guerra Mundial y alteró la suerte de la historia. Recordemos rápidamente los hechos: Cuando Theodore Roosevelt abandonó la Casa Blanca en 1908, ayudó a Taft a que se lo eligiera como presidente y luego se fue a África a cazar leones. Al regresar estalló. Censuró a Taft por su política conservadora, trató de ser ungido candidato a una tercera presidencia, formó el Partido del Alce, y estuvo a punto de demoler el Republicano. En la elección que hubo después, William Howard Taft y el Partido Republicano vencieron solamente en dos estados: Vermont y Utah. La derrota más desastrosa jamás conocida por el partido.

Theodore Roosevelt culpó a Taft; pero, ¿se consideró culpable el presidente Taft? Claro que no. Con los ojos llenos de lágrimas, dijo así: "No veo cómo podía haber procedido de otro modo".

¿A quién se ha de echar la culpa? ¿A Roosevelt o a Taft? No lo sé, francamente, ni me importa. Lo que trato de hacer ver es que todas las críticas de Theodore Roosevelt no lograron persuadir a Taft de que se había equivocado. Sólo consiguieron que Taft tratara de justificarse y que reiterase con lágrimas en los ojos: "No veo cómo podía haber procedido de otro modo".

O tomemos el ejemplo del escándalo del Teapot Dome Oil. Fue un asunto que hizo clamar de indignación a los diarios del país durante los primeros años de la década de 1920. Conmovió a la nación entera.

Nada parecido había sucedido jamás en la vida pública norteamericana, al menos en la memoria contemporánea. Señalemos los hechos desnudos: Albert Fall, secretario del Interior en el gabinete del presidente Harding, tenía a su cargo ceder en arriendo las reservas petroleras del gobierno en Elk Hill y Teapot Dome, unas reservas que se habían dejado aparte para su empleo futuro por la Armada. El secretario Fall no efectuó una licitación; no, señor. Entregó directamente el contrato, un negocio redondo, jugoso, a su amigo Edward L. Doheny. Y a su vez, Doheny hizo al secretario Fall un "préstamo", según le placía llamar a esta operación, de cien mil dólares. Luego, como la cosa más natural del mundo, el secretario Fall ordenó que las fuerzas de infantería de marina que había en la zona alejaran a los competidores cuyos pozos adyacentes absorbían petróleo de las reservas de Elk Hill. Estos competidores, desalojados de sus tierras a punta de bayoneta, corrieron a los tribunales, y destaparon así públicamente el escándalo de Teapot Dome. Tal fue el clamor, que la administración Harding quedó arruinada, la nación entera se sintió asqueada, el Partido Republicano estuvo a punto de verse destruido, y Albert B. Fall purgó su condena tras las rejas de una cárcel.

Fall fue censurado crudamente, censurado como lo han sido pocos hombres públicos. ¿Se arrepintió? ¡Jamás! Años más tarde, Herbert Hoover dio a entender en un discurso público que la muerte del presidente Harding se había debido a la preocupación mental que sentía por la traición de un amigo. Cuando la Sra. Fall oyó esto, saltó de su silla, lloró, mostró los puños a su destino y gritó: "¿Qué? ¿Harding traicionado por Fall? ¡No! Mi marido jamás traicionó a nadie. Todo el oro del mundo no alcanzaría a tentar a mi esposo a cometer un delito. Él fue el traicionado; a él fue a quien crucificaron".

¡Ahí está! La naturaleza humana en acción; el malefactor que culpa a todos menos a sí mismo. Todos somos iguales. De modo que cuando usted o yo nos veamos inclinados, un día cualquiera, a criticar a alguien, recordemos a Al Capone, a "Dos Pistolas" Crowley y a Albert Fall. Comprendamos que las críticas son como palomas mensajeras. Siempre vuelven al nido. Comprendamos que la persona a quien queremos corregir y censurar tratará de justificarse probablemente, y de censurarnos a su vez; o, como el amable Taft, de decir: "No veo cómo podía haber procedido de otro modo".

En la mañana del sábado 15 de abril de 1865, Abraham Lincoln yacía moribundo en el dormitorio de una pobre casa de hospedaje frente al Teatro Ford, donde Booth había atentado contra él. El largo cuerpo de Lincoln estaba tendido en diagonal a través de una vieja cama que era demasiado corta para él. Una mala reproducción del famoso cuadro "La feria de caballos" de Rosa Bonheur pendía sobre la cama, y un mortecino mechero de gas daba escasa luz amarillenta.

Cuando Lincoln agonizaba, el secretario de Guerra, Stanton, dijo: "Aquí yace el más perfecto gobernante que ha conocido jamás el mundo".

¿Cuál era el secreto de los triunfos de Lincoln en su trato con los hombres? Yo he estudiado durante diez años la vida de Abraham Lincoln, y dediqué tres años enteros a escribir y repasar un libro titulado *Lincoln el Desconocido*. Creo haber hecho un estudio tan detallado y minucioso de la personalidad y la vida privada de Lincoln, como es posible que haga un ser humano. Realicé un estudio especial del método de Lincoln para tratar con sus semejantes. ¿Se dedicaba a criticarlos? Sí. Cuando joven, en el Valle Pigeon Creek, de Indiana, no solamente criticaba, sino que escribía cartas y poemas para burlarse de los demás, y los dejaba en los caminos campestres, en la seguridad de que alguien los encontraría. Una de esas cartas despertó resentimientos que duraron toda una generación.

Aun después de empezar a practicar leyes como abogado en Springfield, Illinois, Lincoln atacaba abiertamente a sus rivales, en cartas que publicaban los periódicos. Pero se excedió.

En el otoño de 1842 se burló de un político irlandés, vano y batallador, que se llamaba James Shields. Lincoln lo censuró crudamente en una carta anónima publicada en el *Springfield Journal*. El pueblo entero estalló en carcajadas. Shields, sensitivo y orgulloso, hirvió de indignación. Descubrió quién había escrito la carta, saltó en su caballo, buscó a Lincoln y lo desafió a duelo. Lincoln no quería pelear. Se oponía a los duelos; pero no pudo evitarlo sin menoscabo para su honor. Tuvo la elección de las armas. Como tenía brazos muy largos, escogió sables de caballería, tomó lecciones de esgrima de un militar de West Point y, el día señalado, él y Shields se encontraron en un banco de arena del Mississippi, dispuestos a luchar hasta la muerte. Por fortuna, a último momento intervinieron los padrinos y evitaron el duelo.

Ése fue el incidente personal más significativo en la vida de Lincoln. Resultó para él una lección de valor incalculable en el arte de tratar con los demás. Nunca volvió a escribir una carta insultante. Nunca volvió a burlarse del prójimo. Y desde entonces, casi nunca criticó a los demás.

Una vez tras otra, durante la Guerra Civil, Lincoln puso un nuevo general al frente del Ejército del Potomac, y cada uno a su turno —McClellan, Pope, Burnside, Hooker, Meade— cometió algún trágico error e hizo que Lincoln recorriera su despacho, a grandes pasos, presa de la desesperación. Media nación censuraba acremente a esos generales incompetentes, pero Lincoln, "sin malicia para nadie, con caridad para todos", conservaba la calma. Una de sus máximas favoritas era: "No juzgues si no quieres ser juzgado".

Y cuando la Sra. de Lincoln y otras personas hablaban duramente de la gente del sur de los Estados Unidos, Lincoln respondía: "No los censuréis; son tal como seríamos nosotros en circunstancias similares".

Pero si un hombre ha tenido alguna vez la ocasión de criticar, ese hombre ha sido Lincoln, a buen seguro. Tomemos un ejemplo:

La batalla de Gettysburg se libró en los primeros tres días de julio de 1863. En la noche del 4 de julio, Lee comenzó su retirada hacia el Sur, en tanto que una gran tormenta inundaba de lluvia la tierra. Cuando Lee llegó al Potomac con su ejército en derrota encontró un río hinchado, embravecido, imposible de pasar, ante sus tropas, y un ejército unionista victorioso tras ellas. Lee estaba como en una trampa. No podía escapar. Lincoln lo advirtió. Ahí se presentaba la oportunidad como enviada por el cielo: la oportunidad de copar el ejército de Lee y poner término inmediato a la guerra. Así, pues, con un hálito de gran esperanza, Lincoln ordenó a Meade que no convocara un consejo de guerra, que atacara inmediatamente a Lee. Lincoln telegrafió estas órdenes y envió un mensajero especial a Meade para instarlo a la acción instantánea.

¿Qué hizo el general Meade? Exactamente lo contrario de lo que se le decía. Convocó un consejo de guerra, en directa violación de las órdenes de Lincoln. Vaciló. Esperó. Telegrafió todas sus excusas. Se negó rotundamente a atacar a Lee. Por fin bajaron las aguas y Lee escapó a través del Potomac con sus fuerzas.

Lincoln estaba furioso. "¿Qué es esto? —gritó a su hijo Robert—. ¡Gran Dios! ¿Qué es esto? Los teníamos al alcance de las manos, sólo teníamos que estirarlas para que cayeran en nuestro poder; y sin embargo, nada de lo que dije o hice logró que el ejército avanzara. En esas circunstancias, cualquier general podría haber vencido a Lee. Si yo hubiera ido, yo mismo lo podría haber derrotado."

Con acerbo desencanto, Lincoln se sentó a escribir esta carta a Meade. Y recuérdese que en este período de su vida era sumamente conservador y remiso en su fraseología. De modo que esta carta, escrita por Lincoln en 1863, equivalía al reproche más severo.

"Mi querido general:

"No creo que comprenda usted la magnitud de la desgracia que representa la retirada de Lee. Estaba a nuestro alcance, y su captura hubiera significado, en unión con nuestros otros triunfos recientes, el fin de la guerra. Ahora la guerra se prolongará indefinidamente. Si usted no consiguió atacar con fortuna a Lee el lunes último, ¿cómo logrará hacerlo ahora al sur del río, cuando sólo puede llevar consigo unos pocos hombres, no más de los dos tercios de la fuerza de que disponía entonces? Sería irrazonable esperar, y yo no lo espero, que ahora pueda usted lograr mucho. Su mejor oportunidad ha desaparecido, y estoy indeciblemente angustiado a causa de ello."

¿Qué habrá hecho Meade al leer esta carta?

Meade no vio jamás esta carta. Lincoln no la despachó. Fue hallada entre los papeles de Lincoln después de su muerte.

Creo —y esto es sólo una opinión— que después de escribirla, Lincoln miró por la ventana y se dijo: "Un momento. Tal vez no debiera ser tan precipitado. Me es muy fácil, aquí sentado en la quietud de la Casa Blanca, ordenar a Meade que ataque; pero si hubiese estado en Gettysburg y hubiese visto tanta sangre como ha visto Meade en la última semana, y si mis oídos hubiesen sido horadados por los clamores los gritos de los heridos y moribundos, quizá no habría tenido tantas ansias de atacar. Si yo tuviese el tímido temperamento de Meade, quizá habría hecho lo mismo que él. De todos modos, es agua que ya ha pasado bajo el puente. Si envío esta carta, calmaré mis sentimientos, pero haré que Meade trate de justificar sus actos. Haré que él me censure a su vez. Despertaré resquemores, disminuiré su utilidad futura como comandante, y lo llevaré acaso a renunciar al ejército".

Y Lincoln dejó a un lado la carta, porque por amarga experiencia había aprendido que las críticas y reproches acerbos son casi siempre inútiles.

Theodore Roosevelt ha dicho que cuando, como presidente, se veía ante algún grave problema, solía reclinarse en su sillón y mirar un gran cuadro de Lincoln que había sobre su escritorio en la Casa Blanca, y preguntarse entonces: "¿Qué haría Lincoln si se viera en mi lugar? ¿Cómo resolvería este problema?"

La próxima vez que sintamos la tentación de reprocharle algo a alguien, saquemos un billete de cinco dólares del bolsillo, miremos el retrato de Lincoln y preguntemos: "¿Cómo resolvería Lincoln este problema si estuviera en mi lugar?"

Mark Twain solía perder la paciencia, y escribía cartas que quemaban el papel. Por ejemplo, una vez le escribió a un hombre que había despertado su ira: "Lo que usted necesita es un permiso de entierro. No tiene más que decirlo, y le conseguiré uno".

En otra ocasión le escribió a un editor sobre los intentos de un corrector de pruebas de "mejorar mi ortografía y puntuación". Ordenó lo siguiente: "Imprima de acuerdo con la copia que le envío, y que el corrector hunda sus sugerencias en las gachas de su cerebro podrido".

Mark Twain se sentía mejor después de escribir estas cartas hirientes. Le permitían descargar presión; y las cartas no hacían daño a nadie porque la esposa del escritor las desviaba secretamente. Nunca eran despachadas.

¿Conoce usted a alguien a quien desearía modificar, y regular, y mejorar? ¡Bien! Espléndido. Yo estoy en su favor. Pero, ¿por qué no empezar por usted mismo? Desde un punto de vista puramente egoísta, eso es mucho más provechoso que tratar de mejorar a los demás. Sí, y mucho menos peligroso.

"No te quejes de la nieve en el techo del vecino —sentenció Confucio— cuando también cubre el umbral de tu casa."

Cuando yo era aún joven y trataba empeñosamente de impresionar bien a los demás, escribí una estúpida carta a Richard Harding Davis, autor que por entonces se destacaba en el horizonte literario de los Estados Unidos. Estaba preparando yo un artículo sobre escritores, y pedí a Davis que me contara su método de trabajo. Unas semanas antes había recibido, de no sé quién, una carta con esta nota al pie: "Dictada pero no leída". Me impresionó mucho. Pensé que quien escribía debía ser un personaje importante y muy atareado. Yo no lo era; pero deseaba causar gran impresión a Richard Harding Davis, y terminé mi breve nota con las palabras: "Dictada pero no leída".

Él no se preocupó siquiera por responderme. Me devolvió mi nota con esta frase cruzada al pie: "Su mala educación sólo es superada por su mala educación". Es cierto que yo había cometido un error y quizá mereciera el reproche. Pero, por ser humano, me hirió. Me hirió tanto que diez años más tarde, cuando leí la noticia de la muerte de Richard Harding Davis, la única idea que persistía en mi ánimo —me avergüenza admitirlo— era el reproche que me había hecho.

Si usted o yo queremos despertar mañana un resentimiento que puede perdurar décadas y seguir ardiendo hasta la muerte, no tenemos más que hacer alguna crítica punzante. Con eso basta, por seguros que estemos de que la crítica sea justificada.

Cuando tratamos con la gente debemos recordar que no tratamos con criaturas lógicas. Tratamos con criaturas emotivas, criaturas erizadas de prejuicios e impulsadas por el orgullo y la vanidad.

Las críticas acerbas hicieron que el sensitivo Thomas Hardy, uno de los más notables novelistas que han enriquecido la literatura inglesa, dejara de escribir novelas para siempre. Las críticas llevaron a Thomas Chatterton, el poeta inglés, al suicidio.

Benjamin Franklin, carente de tacto en su juventud, llegó a ser tan diplomático, tan diestro para tratar con la gente, que se lo nombró embajador norteamericano en Francia. ¿El secreto de su éxito? "No hablaré mal de hombre alguno —dijo— y de todos diré todo lo bueno que sepa."

Cualquier tonto puede criticar, censurar y quejarse, y casi todos los tontos lo hacen.

Pero se necesita carácter y dominio de sí mismo para ser comprensivo y capaz de perdonar.

"Un gran hombre —aseguró Carlyle— demuestra su grandeza por la forma en que trata a los pequeños."

Bob Hoover, famoso piloto de pruebas y actor frecuente en espectáculos de aviación, volvía una vez a su casa en Los Ángeles de uno de estos espectáculos que se había realizado en San Diego. Tal como se describió el accidente en la revista

Operaciones de Vuelo, a cien metros de altura los dos motores se apagaron súbitamente. Gracias a su habilidad, Hoover logró aterrizar, pero el avión quedó seriamente dañado, pese a que ninguno de sus ocupantes resultó herido.

Lo primero que hizo Hoover después del aterrizaje de emergencia fue inspeccionar el tanque de combustible. Tal como lo sospechaba, el viejo avión a hélice, reliquia de la Segunda Guerra Mundial, había sido cargado con combustible de jet, en lugar de la gasolina común que consumía.

Al volver al aeropuerto, pidió ver al mecánico que se había ocupado del avión. El joven estaba aterrorizado por su error. Le corrían las lágrimas por las mejillas al ver acercarse a Hoover. Su equivocación había provocado la pérdida de un avión muy costoso, y podría haber causado la pérdida de tres vidas.

Es fácil imaginar la ira de Hoover. Es posible suponer la tormenta verbal que podía provocar semejante descuido en este preciso y soberbio piloto. Pero Hoover no le reprochó nada; ni siquiera lo criticó. En lugar de eso, puso su brazo sobre los hombros del muchacho y le dijo:

—Para demostrarle que estoy seguro de que nunca volverá a hacerlo, quiero que mañana se ocupe de mi F-51.

Con frecuencia los padres se sienten tentados de criticar a sus hijos. Quizás el lector espera que yo le diga: "No lo haga". Pero no lo haré. Sólo voy a decirle que *antes* de criticarlos lea uno de los clásicos del periodismo norteamericano: "Papá olvida". Apareció por primera vez como editorial en el diario *People's Home Journal.* Lo volveremos a publicar con permiso del autor, tal como fuera condensado en la revista *Selecciones* del *Reader's Digest.*

"Papá olvida" es una de esas piecitas que —escritas en un momento de sentimiento sincero— da en la cuerda sentimental de tantos lectores que termina siendo un trozo favorito. Desde que apareció por primera vez hace unos quince años, ha sido reproducida, nos dice el autor, W. Livingston Larned, "en centenares de revistas y diarios del país entero; también se la ha publicado infinidad de veces en muchos idiomas extranjeros; he dado permiso para que se la leyera en aulas, iglesias y conferencias; se la ha transmitido muchas veces por radiotelefonía; ha aparecido en revistas y periódicos de colegios y escuelas".

PAPÁ OLVIDA
W. Livingston Larned

Escucha, hijo: voy a decirte esto mientras duermes, una manecita metida bajo la mejilla y los rubios rizos pegados a tu frente humedecida. He entrado solo a tu cuarto. Hace unos minutos, mientras leía mi diario en la biblioteca, sentí una ola de remordimiento que me ahogaba. Culpable, vine junto a tu cama.

Esto es lo que pensaba, hijo: me enojé contigo. Te regañé cuando te vestías para ir a la escuela, porque apenas te mojaste la cara con una toalla. Te regañé porque no te limpiaste los zapatos. Te grité porque dejaste caer algo al suelo.

Durante el desayuno te regañé también. Volcaste las cosas. Tragaste la comida sin cuidado. Pusiste los codos sobre la mesa. Untaste demasiado el pan con mantequilla. Y cuando te ibas a jugar y yo salía a tomar el tren, te volviste y me saludaste con la mano y dijiste: "¡Adiós, papito!" y yo fruncí el entrecejo y te respondí: "¡Ten erguidos los hombros!"

Al caer la tarde todo empezó de nuevo. Al acercarme a casa te vi, de rodillas, jugando en la calle. Tenías agujeros en las medias. Te humillé ante tus amiguitos al hacerte marchar a casa delante de mí. Las medias son caras, y si tuvieras que comprarlas tú, serías más cuidadoso. Pensar, hijo, que un padre diga eso.

¿Recuerdas, más tarde, cuando yo leía en la biblioteca y entraste tímidamente, con una mirada de perseguido? Cuando levanté la vista del diario, impaciente por la interrupción, vacilaste en la puerta. "¿Qué quieres ahora?", te dije bruscamente.

Nada respondiste, pero te lanzaste en tempestuosa carrera y me echaste los brazos al cuello y me besaste, y tus bracitos me apretaron con un cariño que Dios había hecho florecer en tu corazón y que ni aun el descuido ajeno puede agostar. Y luego te fuiste a dormir, con breves pasitos ruidosos por la escalera.

Bien, hijo; poco después fue cuando se me cayó el diario de las manos y entró en mí un terrible temor. ¿Qué estaba haciendo de mí la costumbre? La costumbre de encontrar defectos, de reprender; ésta era mi recompensa a ti por ser un niño. No era que yo no te amara; era que esperaba demasiado de ti. Y medía según la vara de mis años maduros.

Y hay tanto de bueno y de bello y de recto en tu carácter. Ese corazoncito tuyo es grande como el sol que nace entre las colinas. Así lo demostraste con tu espontáneo impulso de correr a besarme esta noche. Nada más que eso importa esta noche, hijo. He llegado hasta tu camita en la oscuridad, y me he arrodillado, lleno de vergüenza.

Es una pobre explicación; sé que no comprenderías estas cosas si te las dijera cuando estás despierto. Pero mañana seré un verdadero papito. Seré tu compañero, y sufriré cuando sufras, y reiré cuando rías. Me morderé la lengua cuando esté por pronunciar palabras impacientes. No haré más que decirme, como si fuera un ritual: "No es más que un niño, un niño pequeñito".

Temo haberte imaginado hombre. Pero al verte ahora, hijo, acurrucado, fatigado en tu camita, veo que eres un bebé todavía. Ayer estabas en los brazos de tu madre, con la cabeza en su hombro. He pedido demasiado, demasiado.

En lugar de censurar a la gente, tratemos de comprenderla. Tratemos de imaginarnos por qué hacen lo que hacen. Eso es mucho más provechoso y más interesante que la crítica; y de ello surge la simpatía, la tolerancia y la bondad. "Saberlo todo es perdonarlo todo."

Ya dijo el Dr. Johnson: "El mismo Dios, señor, no se propone juzgar al hombre hasta el fin de sus días".

Entonces, ¿por qué hemos de juzgarlo usted o yo?

REGLA 1

No critique, no condene ni se queje.

EL GRAN SECRETO PARA TRATAR
CON LA GENTE

Sólo hay un medio para conseguir que alguien haga algo. ¿Se ha detenido usted alguna vez a meditar en esto? Sí, un solo medio. Y es el de hacer que el prójimo *quiera* hacerlo.

Recuerde que no hay otro medio.

Es claro que usted puede hacer que un hombre quiera entregarle su reloj, poniéndole un revólver en el pecho. Puede hacer también que un empleado le preste su cooperación —hasta que usted vuelva la espalda— si amenaza con despedirlo. Puede hacer que un niño haga lo que usted quiere si empuña un látigo o lo amenaza. Pero estos métodos tan crudos tienen repercusiones muy poco deseables.

La única manera de conseguir que usted haga algo es darle lo que usted quiere.

¿Qué es lo que quiere?

El famoso Dr. Sigmund Freud, uno de los más distinguidos psicólogos del siglo XX, decía que todo lo que usted y yo hacemos surge de dos motivos: el impulso sexual y el deseo de ser grande.

El profesor John Dewey, el más profundo filósofo de los Estados Unidos, formula la teoría con cierta diferencia. Dice el Dr. Dewey que el impulso más profundo de la naturaleza humana es "el deseo de ser importante". Recuerde esta frase: "el deseo de ser importante". Es muy significativa. La va a ver muy a menudo en este libro.

¿Qué es lo que quiere usted? No muchas cosas, pero las pocas que desea son anheladas con una insistencia que no admite negativas. Casi todos los adultos normales quieren:

1.— La salud y la conservación de la vida.
2.— Alimento.
3.— Sueño.
4.— Dinero y las cosas que compra el dinero.
5.— Vida en el más allá.
6.— Satisfacción sexual.
7.— El bienestar de los hijos.
8.— Un sentido de propia importancia.

Casi todas estas necesidades se ven complacidas en la vida, todas, en verdad, menos una. Pero hay un anhelo casi tan profundo, casi tan imperioso como el deseo de alimentarse y dormir, y ese anhelo se ve satisfecho muy rara vez. Es lo que llama Freud "el deseo de ser grande". Es lo que llama Dewey "el deseo de ser importante".

Lincoln empezó una vez una carta con estas palabras: "A todo el mundo le agrada un elogio". William James dijo: "El principio más profundo del carácter humano es el anhelo de ser apreciado". Véase que no habló del "deseo", sino del anhelo de ser apreciado.

Ahí tenemos una sed humana infalible y persistente; y los pocos individuos que satisfacen honestamente esta sed del corazón podrán tener a los demás en la palma de la mano, y "hasta el sepulturero se apenará cuando mueran".

El deseo de sentirse importante es una de las principales diferencias que distinguen a los hombres de los animales. Demos un ejemplo: Cuando yo era niño, en una granja de Missouri, mi padre criaba cerdos Duroc-Jersey y vacas Hereford de pedigree. Solíamos exhibir nuestros cerdos y vacas en las ferias de los condados y en las exposiciones de ganadería de todo el Medio Oeste. Obteníamos primeros premios por veintenas. Mi padre fijaba las cintas azules en un trozo de muselina blanca, y cuando llegaban amigos o visitantes a nuestra casa sacaba esa muselina y entre él y yo mostrábamos los premios.

Los cerdos no se interesaban por las cintas que habían ganado. Pero mi padre sí. Estos premios le daban un sentido de importancia.

Si nuestros antepasados no hubiesen sentido este ardiente anhelo de ser importantes, la civilización habría sido imposible. Sin él seríamos iguales que los animales.

Este deseo de sentirse importante fue lo que llevó a un pobre empleado de una tienda de comestibles, un mozo sin recursos y sin educación, a estudiar unos libros de derecho que había encontrado en el fondo de un barril que, con otros restos de una casa deshecha, comprara por cincuenta centavos. Quizá haya oído el lector hablar de este mozo. Se llamaba Lincoln.

Este deseo de sentirse importante fue lo que inspiró a Dickens para escribir sus novelas inmortales. Este deseo inspiró a Sir Christopher Wren en el diseño de sus sinfonías de piedra. Este deseo hizo que Rockefeller reuniera millones y millones de dólares que jamás gastó. Y este mismo deseo hace que los hombres más ricos de cada ciudad construyan una casa demasiado amplia para sus necesidades.

Este deseo hace que todos pretendamos vestir de acuerdo con la última moda, conducir el automóvil más reciente y hablar de nuestros hijos tan inteligentes.

Este mismo deseo es lo que lleva a muchos jóvenes a ser pistoleros y bandoleros. "Casi todos los criminales jóvenes —dice E. P. Mulrooney, ex jefe de la Policía de Nueva York— tienen un excesivo egoísmo, y su primer pedido después de ser arrestados es que les lleven esos perniciosos periódicos en que se los pinta como héroes. La perspectiva de cumplir una condena parece remota en tanto el criminal puede extasiarse ante una fotografía suya que comparte las páginas con las de famosos deportistas, estrellas del cine y la televisión, y políticos."

Si usted me dice cómo satisface sus deseos de ser importante, le diré qué es usted. Eso es lo que determina su carácter. Es la cosa más significativa que hay en usted. Por ejemplo, John D. Rockefeller satisfacía su deseo de importancia dando dinero para que se levantara un hospital moderno en Pekín, China, a fin de atender a millones de pobres a quienes no había visto jamás ni jamás vería. Dillinger, en cambio, se sentía importante como bandido, asaltante de bancos y asesino. Cuando los agentes federales lo perseguían penetró en una granja de Minnesota y exclamó: "¡Soy Dillinger!" Estaba orgulloso de ser el Enemigo Público Número 1.

Sí, la diferencia significativa que se advierte entre Dillinger y Rockefeller es la forma en que satisfacían sus deseos de ser importantes.

La historia chispea con divertidos ejemplos de personas famosas que lucharon por dar satisfacción a sus deseos de importancia. El mismo George Washington quería ser llamado "Su Poderío, el Presidente de los Estados Unidos"; y Colón reclamaba el título de "Almirante del Océano y Virrey de las Indias". Catalina la Grande se negaba a abrir cartas que no estuvieran dirigidas a "Su Majestad Imperial"; y la Sra. de Lincoln, en la Casa Blanca, se volvió una vez hacia la Sra. de Grant, como una tigresa, y gritó: "¿Cómo se atreve usted a sentarse en mi presencia sin que la haya invitado a hacerlo?"

Nuestros millonarios ayudaron al almirante

Byrd a financiar su expedición al Antártico en 1928 con la condición de que caletas y montañas heladas fuesen bautizadas con sus nombres; y Victor Hugo aspiraba a que la ciudad de París, nada menos, fuera rebautizada con su nombre. Hasta Shakespeare, grande entre los grandes, trató de agregar brillo a su nombre procurándose un estado de nobleza para su familia.

Hay personas que se convierten en inválidos para obtener simpatía y atención y satisfacer así sus deseos de importancia. Por ejemplo, tomemos a la Sra. McKinley. Se sentía importante al obligar a su esposo, el presidente de los Estados Unidos, a descuidar importantes asuntos de Estado para reclinarse junto a su cama, un brazo en torno a su cuerpo, hasta que la hiciera dormir. Alimentaba su deseo de ser atendida insistiendo en que el presidente permaneciera con ella mientras se hacía arreglar los dientes, y una vez provocó una tormentosa escena cuando McKinley tuvo que dejarla sola con el dentista para acudir a una cita con John Hay, su secretario de Estado.

La escritora Mary Roberts Rinehart me contaba una vez el caso de una mujer joven, inteligente, vigorosa, que quedó postrada en cama a fin de satisfacer sus deseos de sentirse importante. "Un día —relata la Sra. Rinehart— esta mujer se vio obligada a afrontar algo, acaso su edad y el hecho de que nunca se casaría. Contempló los años solitarios que tenía por delante, y en lo poco que le quedaba por esperar. Se metió en cama, y durante diez años su anciana madre subió y bajó escaleras para cuidarla, alimentarla, atenderla, en su habitación de un tercer piso. Por fin un día la madre, fatigada de tanto quehacer, enfermó y a poco murió. Durante unas semanas languideció la inválida; después se levantó, se vistió y volvió a vivir."

Algunas autoridades declaran que ciertas personas pueden llegar a la demencia a fin de encontrar, en sus sueños, el sentido de importancia que les ha sido negado en el áspero mundo de la realidad. Hay en los hospitales de los Estados Unidos más enfermos mentales que de todas las otras enfermedades juntas.

¿Cuáles son las causas de la demencia?

Nadie puede responder a una pregunta tan general, pero sabemos que ciertas enfermedades, como la sífilis, quebrantan y destruyen las células del cerebro, y producen la demencia como resultado. En rigor de verdad, aproximadamente la mitad de todas las enfermedades mentales puede atribuirse a causas físicas como son las lesiones cerebrales, alcohol, toxinas. Pero la otra mitad —y esto es lo terrible—, la otra mitad de la gente que pierde la cordura no sufre al parecer ninguna lesión en las células cerebrales. En las autopsias, cuando se estudian sus tejidos cerebrales con los más poderosos microscopios, se los encuentra tan sanos como los de un cerebro normal.

¿Por qué enloquecen estas personas?

Yo hice recientemente esta pregunta al médico jefe de uno de nuestros más importantes hospicios. Este médico, que ha recibido los más altos honores y las recompensas más codiciadas por sus conocimientos sobre la demencia, me confió francamente que no sabe por qué enloquece la gente. Nadie lo sabe de seguro. Pero me dijo que muchas personas que enloquecen encuentran en la demencia ese sentido de su importancia que no pudieron obtener en el mundo de la realidad. Después me narró lo siguiente:

"Tengo una paciente cuyo casamiento resultó una tragedia. Deseaba amor, satisfacción sexual, hijos y prestigio social; pero la vida destrozó todas sus esperanzas. Su esposo no la amaba. Hasta se negaba a comer con ella, y la obligaba a servirle las comidas en su cuarto, en el primer piso. No tenía hijos ni importancia social. Enloqueció; y, en su imaginación, se divorció y recuperó su nombre de soltera. Ahora cree que se ha casado con un aristócrata inglés, e insiste en que se llama Lady Smith. Y en cuanto a los hijos, se imagina que todas las noches da a luz a uno. Cada vez que la visito me dice: Doctor, anoche tuve un bebé."

La vida hizo naufragar todas las naves de sus sueños en los escollos de la realidad; pero en las islas fantásticas, llenas de sol, de la demencia, todas esas naves llegan ahora a puerto con las velas desplegadas.

¿Tragedia? Pues no lo sé. Su médico me dijo: "Si pudiese estirar una mano y devolverle la cordura, no lo haría. Es mucho más feliz tal como está".

Si algunas personas tienen tanta sed de importancia que llegan a la demencia, imaginemos los milagros que usted o yo podremos lograr si damos al prójimo una honrada apreciación de su importancia, del otro lado de la demencia.

Una de las primeras personas en el mundo norteamericano de los negocios a la que se le pagó un salario anual de más de un millón de dólares (cuando no había impuesto a los ingresos y una persona que ganaba cincuenta dólares a la semana podía vivir muy bien), fue Charles Schwab. Andrew Carnegie lo había elegido para ser el primer presidente de la recién formada United States Steel Company, en 1921, cuando Schwab tenía sólo treinta y ocho años de edad. (Posteriormente Schwab partió de U. S. Steel para hacerse cargo de la Bethlehem Steel Company, en ese momento cargada de problemas, y la reconstruyó hasta volverla una de las compañías de mejor balance en el país.)

¿Por qué pagaba Andrew Carnegie a Charles Schwab más de un millón de dólares por año, o sea unos tres mil dólares por día? ¿Por qué?

¿Acaso porque Schwab era un genio? No. ¿Porque sabía más que los otros técnicos acerca de la fabricación del acero? Tampoco. Charles Schwab me ha confesado que trabajaban con él muchos hombres que sabían considerablemente más que él acerca de la fabricación del acero.

Schwab aseguraba que se le pagaba ese sueldo sobre todo por su capacidad para tratar con la gente. Le pregunté cómo hacía. Voy a dar su secreto, en sus mismas palabras: palabras que deberían ser grabadas en bronce y fijadas en todos los hogares y escuelas, en todas las tiendas y oficinas del país; palabras que los niños deberían recordar de memoria, en lugar de esforzarse por saber la conjugación de verbos latinos o la cifra de la lluvia anual en el Brasil; palabras que transformarán su vida, lector, y la mía, por poco que las escuchemos:

"Considero —dijo Schwab— que el mayor bien que poseo es mi capacidad para despertar entusiasmo entre los hombres, y que la forma de desarrollar lo mejor que hay en el hombre es por medio del aprecio y el aliento.

"Nada hay que mate tanto las ambiciones de una persona como las críticas de sus superiores. Yo jamás critico a nadie. Creo que se debe dar a una persona un incentivo para que trabaje. Por eso siempre estoy deseoso de ensalzar, pero soy remiso para encontrar defectos. Si algo me gusta, *soy caluroso en mi aprobación y generoso en mis elogios.*"

Esto es lo que hacía Schwab. Pero, ¿qué hace la persona común? Precisamente lo contrario. Si alguna cosa no le gusta, arma un escándalo; si le gusta, no dice nada.

"En mi amplia relación con la vida, en mis

encuentros con muchos grandes personajes en diversas partes del mundo —declaró Schwab—, no he encontrado todavía la persona, por grande que fuese o elevadas sus funciones, que no cumpliera mejor trabajo y realizara mayores esfuerzos dentro de un espíritu de aprobación que dentro de un espíritu de crítica."

Ésa fue, agregó francamente, una de las principales razones del notable éxito de Andrew Carnegie. Carnegie elogiaba a sus semejantes en público y en privado.

Carnegie quiso elogiar a sus ayudantes hasta después de muerto. Para su tumba escribió un epitafio que decía: "Aquí yace un hombre que supo cómo rodearse de hombres más hábiles que él".

La apreciación sincera fue uno de los secretos del buen éxito de Rockefeller en su trato con la gente. Por ejemplo, cuando uno de sus socios, Edward T. Bedford, cometió un error e hizo perder a la firma un millón de dólares con una mala compra en América del Sur, John D. pudo haberlo criticado; pero sabía que Bedford había procedido según sus mejores luces, y el incidente quedó en nada. Pero Rockefeller encontró algo que elogiar: felicitó a Bedford porque había podido salvar el sesenta por ciento del dinero invertido. "Espléndido —dijo Rockefeller—. No siempre nos va tan bien en mi despacho."

Tengo entre mis recortes una historia que sé que nunca sucedió, pero la repetiré porque ilustra una verdad.

Según esta fantasía, una mujer granjera, al término de una dura jornada de labor, puso en los platos de los hombres de la casa nada más que heno. Cuando ellos, indignados, le preguntaron si se había vuelto loca, ella replicó:

—¿Y cómo iba a saber que se darían cuenta?

Hace veinte años que cocino para ustedes, y en todo ese tiempo nunca me dieron a entender que lo que comían no era heno.

Hace unos años se hizo un estudio sociológico entre esposas que habían abandonado sus hogares, ¿y cuál creen que fue la razón principal que dieron para haber tomado su decisión? "Falta de aprecio." Si se hiciera un estudio similar entre maridos que han huido de sus casas, creo que se llegaría a la misma conclusión. Con frecuencia damos tan por sentada la presencia de nuestro cónyuge, que nunca le manifestamos nuestro aprecio.

Un miembro de una de nuestras clases nos habló de un pedido que le había hecho su esposa. Ella y un grupo de mujeres de su parroquia habían iniciado un programa de automejoramiento. Le pidió a su marido que la ayudara haciéndole una lista de seis cosas que creyera que ella podía hacer para ser una mejor esposa. Nos dijo: "El pedido me sorprendió. Francamente, me habría sido fácil enumerar seis cosas que me habría gustado ver cambiar en ella (y estoy seguro de que ella podría haber hecho una lista de un millar de cosas que querría cambiar en mí), pero no lo hice. Le dije: 'Déjame pensarlo y te daré una respuesta mañana'.

"Al día siguiente me levanté muy temprano y llamé al florista, y le pedí que le mandara seis rosas rojas a mi esposa con una nota diciendo: 'No se me ocurren seis cosas que querría que cambies. Te amo tal como eres'.

"Cuando llegué a casa esa tarde, quién creen que me recibió en la puerta: exacto, mi esposa. Estaba al borde de las lágrimas. No necesito decir que me felicité por no haberla criticado como me lo había pedido.

"El domingo siguiente en la iglesia, después de que ella hubo informado del resultado de su tarea, varias mujeres del grupo se me acercaron y me dijeron: 'Fue el gesto más tierno del que tenga noticias'. Entonces comprendí cuál era el poder del aprecio."

Florenz Ziegfeld, el más espectacular de los empresarios teatrales que ha habido jamás en Broadway, conquistó su reputación gracias a su sutil habilidad para "glorificar a la joven norteamericana". Una vez tras otra elegía a alguna joven en quien nadie se fijaba y la transformaba en el escenario en una resplandeciente visión de misterio y seducción. Como conocía el valor del aprecio y la confianza, hacía que las mujeres *se sintieran* bellas por el solo poder de su galantería y su consideración. Era, además, un hombre práctico: aumentó el sueldo de las coristas desde treinta dólares por semana hasta una cifra que a veces llegaba a ciento setenta y cinco. Y también era caballeresco: en las noches de estreno en el Follies enviaba telegramas a las estrellas del reparto y hermosas rosas a todas las chicas del coro.

Yo sucumbí una vez a la moda del ayuno y pasé seis días y sus noches sin comer. No fue difícil. Tenía menos hambre al fin del sexto día que al fin del segundo. Pero yo y usted conocemos personas que pensarían haber cometido un crimen si dejaran a sus familias o sus empleados seis días sin comer; pero los dejan estar seis días, y seis semanas, y a veces sesenta años, sin darles jamás una muestra calurosa de esa apreciación que anhelan casi tanto como anhelan el alimento.

Cuando Alfred Lunt, uno de los grandes actores de su época, desempeñó el papel principal en *Reunión de Viena,* declaró: "Nada hay que yo necesite tanto como alimento para mi propia estima".

Alimentamos los cuerpos de nuestros hijos y amigos y empleados; pero muy raras veces alimentamos su propia estima. Les damos carne y papas para que tengan energía; pero descuidamos darles amables palabras de aprecio que cantarían durante años en su recuerdo.

Paul Harvey, en una de sus transmisiones radiales, *El Resto de la Historia,* cuenta cómo una apreciación sincera puede cambiar la vida de una persona. Contó que años atrás un maestro de Detroit le pidió a Stevie Morris que lo ayudara a encontrar un ratoncito que se había escapado en el aula de clases. El maestro apreciaba el hecho de que la naturaleza le había dado a Stevie algo que ningún otro alumno tenía. La naturaleza le había dado a Stevie un notable par de oídos, para compensar la ceguera de sus ojos. Pero ésta fue la primera ocasión en que Stevie sintió que se apreciaba la fineza de su oído. Ahora, años después, dice que ese acto de aprecio fue el comienzo de una nueva vida.

Desde aquel entonces desarrolló su don del oído hasta volverse, bajo el nombre artístico de Stevie Wonder, uno de los grandes músicos populares de la década de 1970.*

Algunos lectores están diciendo ahora mismo, al leer estas líneas: "¡Cosas viejas! ¡Elogios! ¡Adulación! Ya he hecho la prueba. No da resultado, al menos con personas inteligentes".

Es claro que la adulación no da resultados con la gente que discierne. Es algo hueco, egoísta y poco sincero. Su empleo debe conducir al fracaso, y así ocurre generalmente. Aunque no faltan personas tan hambrientas, tan sedientas de que se les muestre

---

* Paul Aurandt, *Paul Harvey's the Rest of the Story* (New York: Doubleday, 1977). Compilado por Lynne Harvey.

aprecio, que tragan cualquier cosa, así como un hombre hambriento puede comer hierbas y lombrices.

Hasta la Reina Victoria era susceptible a la adulación. El Primer Ministro Benjamín Disraeli confesó que cuando trataba con la Reina empleaba abundantemente esa adulación. Pero Disraeli era uno de los hombres más corteses, diestros y capaces que han gobernado jamás el extenso Imperio Británico. Era un genio. Lo que para él daba resultados quizá no lo dé para usted o para mí. A la larga, la adulación hace más mal que bien. La adulación es falsa y, como el dinero falso, nos pone eventualmente en aprietos si queremos hacerla circular.

La diferencia entre la apreciación y la adulación es muy sencilla. Una es sincera y la otra no. Una procede del corazón; la otra sale de la boca. Una es altruista; la otra egoísta. Una despierta la admiración universal; la otra es universalmente condenada.

Hace poco vi un busto del general Obregón en el palacio de Chapultepec, en México. Bajo el busto están grabadas estas sabias palabras de la filosofía del general Obregón: "No temas a los enemigos que te atacan. Teme a los amigos que te adulan".

¡No! ¡No! ¡No! ¡No recomiendo la adulación! Lejos de ello. Hablo de una nueva forma de vivir. Permítaseme repetirlo. *Hablo de una nueva forma de vivir.*

El Rey Jorge V tenía un juego de seis máximas en las paredes de su estudio en el palacio de Buckingham. Una de esas máximas rezaba: "Enséñame a no hacer ni recibir elogios baratos". Eso es la adulación: elogio barato. Una vez leí una definición de la adulación que vale la pena reproducir: "Adular es decir a la otra persona lo que se piensa de uno mismo".

"Emplea el lenguaje que quieras —dijo Ralph

Waldo Emerson— y nunca podrás expresar sino lo que eres."

Si lo que debiéramos hacer fuera sólo emplear la adulación, el mundo entero aprendería a hacerlo en seguida y todos seríamos peritos en relaciones humanas.

Cuando no estamos dedicados a pensar acerca de algún problema específico, solemos pasar el 95 por ciento de nuestro tiempo pensando en nosotros mismos. Pero si dejamos de pensar en nosotros mismos por un rato y comenzamos a pensar en las buenas cualidades del prójimo, no tendremos que recurrir a la adulación, tan barata y tan falsa que se la conoce apenas sale de los labios.

Una de las virtudes más descuidadas de nuestra existencia cotidiana es la apreciación. De un modo u otro, descuidamos elogiar a nuestro hijo o hija cuando trae una buena nota de la escuela, y rara vez alentamos a nuestros hijos cuando logran hornear una torta o construir una casita para pájaros. Nada les agrada más a los niños que esta especie de interés y aprobación de sus padres.

La próxima vez que usted disfrute de una buena cena en su club, mándele sus felicitaciones al chef, y cuando un vendedor fatigado le muestre una cortesía inusual, no deje de agradecerla.

Todo sacerdote, conferencista u orador público sabe lo descorazonador que resulta entregarse a un público y no recibir de éste ningún comentario apreciativo. Y lo que se aplica a profesionales se aplica doblemente a obreros en oficinas, negocios y talleres, y entre nuestras familias y amigos. En nuestras relaciones interpersonales nunca deberíamos olvidar que todos nuestros interlocutores son seres humanos, y como tales hambrientos de apreciación. Es la ternura legal que disfrutan todas las almas.

Trate de dejar un rastro de pequeñas-chispas de gratitud en sus jornadas. Le sorprenderá ver cómo encienden pequeñas llamas de amistad que vuelven a brillar en su próxima visita.

Pamela Dunham, de New Fairfield, Connecticut, tenía entre las responsabilidades de su empleo la supervisión de un peón de limpieza que estaba haciendo un trabajo muy deficiente. Los otros empleados se burlaban de este joven, y descuidaban especialmente la limpieza de las instalaciones para demostrar qué mal hacía su trabajo. Las cosas habían llegado a un punto en que había empezado a perderse tiempo productivo.

Pamela probó varios modos de motivar a esta persona, sin éxito. Notó que en una ocasión hizo especialmente bien su trabajo. Entonces lo elogió en presencia de otra gente. A partir de ahí el trabajo empezó a mejorar, y muy pronto el joven cumplía eficientemente con sus tareas. Hoy día hace un excelente trabajo, y recibe el aprecio y reconocimiento que merece. La apreciación honesta logró resultados allí donde la crítica y el ridículo habían fallado.

Herir a la gente no sólo no la cambia, sino que es una tarea que nadie nos agradecerá. Hay un viejo dicho que yo he escrito en una hoja y pegado en el espejo del baño, donde lo veo todos los días:

"Pasaré una sola vez por este camino; de modo que cualquier bien que pueda hacer o cualquier cortesía que pueda tener para con cualquier ser humano, que sea ahora. No la dejaré para mañana, ni la olvidaré, porque nunca más volveré a pasar por aquí."

Emerson dijo: "Todo hombre que conozco es superior a mí en algún sentido. En ese sentido, aprendo de él".

Si así sucedía con Emerson, ¿no es probable que lo mismo sea cien veces más cierto en su caso, o en el mío? Dejemos de pensar en nuestras realizaciones y nuestras necesidades. Tratemos de pensar en las buenas cualidades de la otra persona. Olvidemos entonces la adulación. Demos prueba de una apreciación honrada, sincera, de esas cualidades. Seamos "calurosos en la aprobación y generosos en el elogio", y la gente acogerá con cariño nuestras palabras y las atesorará y las repetirá toda una vida, años después de haberlas olvidado nosotros.

REGLA 2

Demuestre aprecio honrado y sincero.

"QUIEN PUEDE HACER ESTO TIENE AL MUNDO ENTERO CONSIGO; QUIEN NO PUEDE, MARCHA SOLO POR EL CAMINO"

Yo iba a pescar al estado de Maine todos los veranos. Personalmente, me gustan sobremanera las fresas con crema; pero por alguna razón misteriosa los peces prefieren las lombrices. Por eso, como cuando voy de pesca no pienso en lo que me gusta a mí, sino en lo que prefieren los peces, no cebo el anzuelo con fresas y crema. En cambio, balanceo una lombriz o saltamontes frente al pez y le digo: "¿Te gustaría comer esto?"

¿Por qué no proceder con igual sentido común cuando se pesca a la gente?

Así procedía Lloyd George, Primer Ministro inglés durante la Primera Guerra Mundial. Cuando alguien le preguntó cómo había conseguido continuar en el poder después de que todos los demás jefes de la guerra —Wilson, Orlando, Clemenceau— habían desaparecido en el olvido, respondió que si se podía atribuir su permanencia en la cumbre a alguna cosa, era probablemente al hecho de que había aprendido que era necesario poner en el anzuelo el cebo capaz de satisfacer al pez.

¿Por qué hablar de lo que necesitamos o deseamos? Eso es infantil. Absurdo. Claro está que a usted le interesa lo que necesita o desea. Eso le interesa eternamente. Pero a nadie más le interesa. Los demás son como usted o como yo: les interesa lo que ellos desean o necesitan.

De modo que el único medio de que disponemos para influir sobre el prójimo es hablar acerca de lo que él quiere, y demostrarle cómo conseguirlo.

Recuerde esa frase mañana, cuando trate de lograr que alguien haga algo. Si, por ejemplo, no quiere que su hijo fume, no le predique, y no hable de lo que usted quiere; muéstrele, en cambio, que los cigarrillos pueden impedirle formar parte del equipo deportivo del colegio, o ganar la carrera de cien metros.

Es bueno recordar esto, ya sea que se trate con niños o con terneros o con monos. Por ejemplo: Ralph Waldo Emerson y su hijo trataron un día de meter un ternero en el establo. Pero cometieron el error común de pensar solamente en lo que querían ellos: Emerson empujaba y su hijo tironeaba. Pero el ternero hacía como ellos: pensaba solamente en lo que quería; atiesó las patas, y se negó empecinadamente a salir del prado. Una criada irlandesa vio la dificultad en que estaban sus amos. No era capaz de escribir ensayos ni libros pero, al menos en esta ocasión, mostró más sentido común que Emerson. Pensó en lo que quería el ternero, puso un dedo maternal en la boca del ternero y lo dejó que chupara y chupara mientras lo conducía lentamente al establo.

Todos los actos que ha realizado usted desde que nació se deben a que quería algo. ¿Y aquella vez que entregó una donación a la Cruz Roja? No es una excepción a la regla. Hizo esa donación a la Cruz Roja porque quería prestar ayuda, porque quería realizar un acto hermoso, altruista, divino. "Por cuanto lo has hecho para uno de los menores de este mi rebaño, lo has hecho para mí."

Si no hubiera querido usted alentar ese sentimiento más de lo que quería guardar el dinero, no habría hecho la contribución. Es claro que puede haberla efectuado porque le avergonzaba negarse o porque un cliente le pidió que la hiciera. Pero lo cierto es que la hizo porque quería algo.

El profesor Henry A. Overstreet, en su ilustrativo libro *Influenciando el comportamiento humano,* dice: "La acción surge de lo que deseamos fundamentalmente... y el mejor consejo que puede darse a los que pretenden ser persuasivos, ya sea en los negocios, en el hogar, en la escuela o en la política es éste: primero, despertar en la otra persona un franco deseo. Quien puede hacerlo tiene al mundo entero consigo. Quien no puede, marcha solo por el camino".

Andrew Carnegie, el pequeñuelo escocés empobrecido que comenzó a trabajar con una paga de dos centavos por hora y finalmente donó trescientos sesenta y cinco millones de dólares, aprendió en sus primeros años que el único medio de influir sobre la gente es hablar acerca de lo que el otro quiere. Fue a la escuela durante cuatro años solamente, y sin embargo aprendió a tratar con los demás.

Para ilustrar: Su cuñada se hallaba preocupadísima por sus dos hijos, que estudiaban en Yale, pues tan ocupados estaban en sus cosas, que no escribían a casa y no prestaban atención a las frenéticas cartas de la madre.

Carnegie ofreció apostar cien dólares a que conseguiría una respuesta a vuelta de correo, sin pedirla siquiera. Alguien aceptó el reto. Carnegie escribió entonces a sus sobrinos una carta chacotona, en la que mencionaba como al pasar, en una posdata, el envío de cinco dólares para cada sobrino. Pero no adjuntó el dinero. A vuelta de correo llegaron respuestas que agradecían al "querido tío Andrew" su atenta carta y... ya sabe usted el resto.

Otro ejemplo de persuasión proviene de Stan Novak, de Cleveland, Ohio, un participante de nuestro curso. Una noche Stan volvió a casa del trabajo y encontró a su hijo menor, Tim, pataleando y gritando en el piso de la sala. Al día siguiente debía empezar el jardín de infantes, y ahora protestaba diciendo que no iría. La reacción normal de Stan habría sido ordenarle al niño que fuera a su cuarto, y recomendarle que se hiciera a la idea de ir de todos modos. No le habría dejado alternativa. Pero, al reconocer que esto no ayudaría a Tim a iniciar con la mejor disposición su carrera escolar, Stan se detuvo a pensar: "Si yo fuera Tim, ¿qué podría gustarme en el jardín de infantes?" Junto con su esposa, hicieron una lista de todas las cosas divertidas que haría Tim, como pintar con los dedos, cantar canciones, jugar con amigos nuevos, etc. Después pasó a la acción. "Todos empezamos a pintar con los dedos en la mesa de la cocina: mi esposa Lil, mi otro hijo Bob, y yo mismo, y nos divertimos mucho. Al poco rato asomó Tim a espiar. De inmediato, nos rogó que lo dejáramos participar. '¡Oh, no, tienes que ir al jardín de infantes a aprender a pintar con los dedos!' Con todo el entusiasmo que pude reunir, seguí adelante con la lista, hablándole en términos que pudiera entender, explicándole todo lo bueno que haría en el jardín de infantes. A la mañana siguiente fui el primero en levantarme. Bajé y encontré a Tim profundamente dormido en el sillón de la sala. '¿Qué estás haciendo aquí?' le pregunté. 'Estoy esperando para ir al jardín de infantes. No quiero llegar tarde.'" El entusiasmo de toda la familia había despertado en Tim la ansiedad por iniciar las clases, mucho más de lo que podría haber hecho la más persuasiva de las conversaciones.

Mañana querrá usted persuadir a alguien de que haga algo. Antes de hablar, haga una pausa y pregúntese: "¿Cómo puedo lograr que quiera hacerlo?"

Esa pregunta impedirá que nos lancemos impetuosamente a hablar inútilmente de todos nuestros deseos.

En una época yo arrendaba el gran salón de baile de cierto hotel de Nueva York veinte noches por temporada, a fin de realizar una serie de conferencias.

Al comenzar una temporada se me informó repentinamente que tendría que pagar casi el triple de alquiler. Esta noticia me llegó después de impresas y distribuidas las entradas, y hechos todos los anuncios.

Naturalmente, yo no quería pagar ese aumento, pero ¿de qué me valdría hablar a la gerencia del hotel de lo que yo quería? Sólo les interesaba lo que querían ellos. Un par de días más tarde fui a ver al gerente.

—Quedé algo sorprendido cuando recibí su carta —dije—, pero no me quejo. Si yo hubiera estado en su situación, es probable que habría escrito una carta similar. Su deber, como gerente del hotel, es realizar todos los beneficios posibles. Si no procede así, lo despedirán, como es lógico. Pero tomemos un papel y escribamos las ventajas y desventajas que resultarán para el hotel si insiste en este aumento del alquiler.

Tomé entonces una hoja de papel, tracé una línea por el medio, y encabecé una columna con la palabra "Ventajas" y la otra con "Desventajas".

Bajo el título de "Ventajas" escribí estas palabras: "Salón de baile libre". Luego dije:

—Tendrán ustedes la ventaja de quedarse con el salón de baile para alquilarlo para bailes y convenciones. Es una gran ventaja, porque esas funciones le rendirán mucho más dinero del que pueden conseguir con una serie de conferencias. Si comprometen el salón por veinte noches en el curso de la temporada, es casi seguro que perderán algunos negocios muy provechosos.

"Ahora —agregué— consideremos las desventajas. Primero, en lugar de aumentar sus ingresos por lo que yo les pague, verán ustedes que disminuyen. En realidad, los van a perder del todo, porque no puedo pagar el alquiler que me piden. Me veré obligado a efectuar estas conferencias en algún otro local.

"Hay además otra desventaja para ustedes. Estas conferencias atraen multitudes de personas educadas y cultas. Se trata, pues, de una buena propaganda, ¿verdad? Lo cierto es que si gastaran ustedes cinco mil dólares en anuncios periodísticos no conseguirían atraer al hotel tanta gente como la que viene a estas conferencias. Esto vale mucho para el hotel, ¿verdad?"

Mientras hablaba escribí estas dos "desventajas" bajo el título correspondiente, y entregué la hoja de papel al gerente, diciéndole:

—Deseo que estudie cuidadosamente las ventajas y las desventajas que van a resultar para el hotel de esta decisión, y que después me haga conocer su resolución definitiva.

Al día siguiente recibí una carta en que se me informaba que mi alquiler aumentaría sólo en cincuenta por ciento en lugar del trescientos por ciento.

Recuérdese que obtuve esta reducción sin decir una palabra de lo que yo quería. No hablé más que de lo que quería el hotel, y cómo podría lograrlo.

Supongamos que yo hubiese procedido en la forma humana, natural; que hubiera entrado violentamente en la oficina del gerente para decirle:

—¿Qué es esto de aumentarme el alquiler en trescientos por ciento cuando sabe que ya se han impreso y repartido las entradas, y efectuado todos los anuncios? ¡Trescientos por ciento! ¡Absurdo! ¡No lo voy a pagar!

¿Qué habría ocurrido entonces? Sencillamente, que habría comenzado una discusión, y ya se sabe cómo terminan las discusiones. Aunque yo hubiese convencido al gerente de su error, su orgullo habría hecho difícil que cediera.

Veamos uno de los mejores consejos que jamás se han dado en cuanto al arte de las relaciones humanas. "Si hay un secreto del éxito —dijo Henry Ford— reside en la capacidad para apreciar el punto de vista del prójimo y ver las cosas desde ese punto de vista así como del propio."

Tan bueno es el consejo, que quiero repetirlo: "Si hay un secreto del éxito, reside en la capacidad para apreciar el punto de vista del prójimo y ver las cosas desde ese punto de vista así como del propio".

Es tan sencillo, tan evidente, que cualquiera debería apreciar a primera vista la verdad que encierra; sin embargo el noventa por ciento de la gente de la tierra lo ignora el noventa por ciento de las veces.

¿Un ejemplo? Estudie las cartas que llegan a su escritorio mañana por la mañana y verá que casi todas ellas violan esta norma de sentido común. Veamos esta carta, escrita por el jefe del departamento de radio de una agencia de publicidad que tiene sucursales en todo el continente. Esta carta fue enviada a los gerentes de estaciones locales de radio en todo el país. (He fijado, entre paréntesis, mis reacciones ante cada párrafo.)

"Sr. Fulano de Tal
  Ciudad de Cual,
    Indiana, 46070

Estimado Sr. Fulano:
La compañía Tal desea conservar su posición como principal agencia publicitaria en el terreno radiotelefónico."

(¿A quién le interesa lo que desea su compañía?

A mí me preocupan mis problemas. El banco va a ejecutar la hipoteca sobre mi casa, el jardín está lleno de plagas, el mercado de valores bajó ayer, perdí el tren de las 8.15 esta mañana, no me invitaron anoche al baile de los Pérez, el médico me dijo que tengo mucha presión arterial y neuritis y caspa. Y bien, ¿qué ocurre? Llego esta mañana a la oficina, preocupado, abro mi correspondencia, y me encuentro con un señor engreído que desde Nueva York se dedica a cacarear sobre lo que desea su compañía. ¡Bah! Si se diera cuenta de la impresión que hace esta carta, abandonaría el ramo de publicidad y se dedicaría a criar ovejas.)

"Los contratos nacionales de publicidad de esta agencia fueron el baluarte de la primera cadena radiotelefónica. En los años sucesivos hemos ocupado en todas las estaciones más tiempo publicitario que cualquier otra agencia."

(Son ustedes ricos y poderosos y están en la cima, ¿verdad? ¿Y qué? A mí no me interesa para nada que sean ustedes tan grandes como la General Motors y la General Electric y el estado mayor del ejército, todos juntos. Si usted, señor, tuviera un asomo de sentido común habría comprendido que a mí me interesa cuán grande soy yo, y no ustedes. Toda esta charla sobre sus enormes triunfos me hace sentir pequeño y carente de importancia.)

"Deseamos atender a nuestros clientes con la última palabra sobre información relativa a estaciones radiotelefónicas."

(¡*Ustedes* desean! ¡Ustedes! ¡Borrico! No me interesa lo que desea usted, ni lo que desea el Presidente de los Estados Unidos. Escuche de una vez por todas: me interesa lo que yo deseo, y de eso no ha dicho una sola palabra en toda la carta.)

"Se servirá usted, por lo tanto, poner a la Compañía Tal en su lista de preferencia para el envío de informaciones semanales sobre su estación, todos los detalles que pueden resultar útiles para una agencia de nuestro carácter."

("Lista de preferencia." ¡Qué desfachatez! Me hace sentir insignificante con toda esa referencia a su grandeza, y luego me pide que ponga a la compañía en la lista de preferencia, sin emplear siquiera una cortesía al pedirlo.)

"Una pronta contestación de esta carta, con los últimos datos de esa estación, será mutuamente beneficiosa."

(¡Estúpido! Me envía usted una circular barata, una copia mimeografiada que se reparte por el país entero como las hojas de otoño, y tiene la osadía de pedirme, cuando estoy preocupado por la hipoteca y el jardín y mi presión, que me siente a dictar una nota personal en respuesta a su circular mimeografiada, y que la responda pronto. ¿Qué es eso de "pronto"? ¿No sabe usted que yo estoy tan ocupado como usted, o al menos me gusta pensar que lo estoy? Y, ya que estamos en esto, ¿quién le dio derecho a impartirme órdenes?... Dice usted que será mutuamente beneficiosa. Al fin, al fin empieza usted a ver mi punto de vista. Pero, de todos modos, no me explica cómo puede ser beneficioso para mí.)

Su seguro servidor,
J. Zutano.
Gerente del Departamento de Radio.

"P. D.— La copia adjunta del 'Diario de Cual' será de interés para usted y quizá quiera transmitirla por su estación."

(Finalmente, allí a lo último, en una posdata, menciona usted algo que puede ayudarme a resolver uno de mis problemas. ¿Por qué no empezó su carta por allí? Pero es inútil. Un hombre dedicado a publicidad, culpable de perpetrar tantas tonterías como me ha enviado usted, debe de padecer algo en la médula oblongada. Usted no necesita una carta con nuestras últimas novedades. Lo que necesita usted es un litro de yodo en la glándula tiroides.)

Pero si un hombre que dedica su vida a la publicidad, y que se hace pasar por perito en el arte de influir sobre el público para que compre, si un hombre así escribe una carta de este tipo, ¿qué podemos esperar del carnicero o el panadero?

Aquí hay otra carta, escrita por el superintendente de una gran estación ferroviaria de cargas a un estudiante de este curso, Sr. Edward Vermylen. ¿Qué efecto tuvo esta carta en el hombre a quien fue dirigida? Leámosla y después lo diré.

"A. Zerega's Sons, Inc.,
    28 Front Street,
        Brooklyn, N. Y. 11201
           Atención: Sr. Edward Vermylen.

Muy señores nuestros:
Las operaciones en nuestra estación receptora de fletes para afuera presentan dificultades porque una amplia proporción del movimiento total se nos entrega muy avanzada la tarde. Eso tiene por resultado congestiones, trabajo extraordinario por nuestro personal, retraso de los camiones y, en algunos

casos, retraso del despacho de las consignaciones. El 10 de noviembre recibimos de esa compañía un lote de 510 piezas, que llegó aquí a las 16.20.

Solicitamos su cooperación para impedir los efectos indeseables que surgen de la recepción tardía de consignaciones. Nos permitimos solicitar que, en los días en que envíen ustedes un volumen de mercadería como el que se recibió en la fecha mencionada, realicen ustedes un esfuerzo para hacer llegar más temprano el camión o entregarnos parte de la carga por la mañana.

Ustedes obtendrían de tal cooperación la ventaja de una descarga más rápida de sus camiones, y la seguridad de que sus consignaciones serían despachadas en el día de su entrega en la estación.

Su seguro servidor,
J. B., Superintendente."

Después de leer esta carta, el Sr. Vermylen, gerente de ventas de la casa A. Zerega's Sons, Inc., me la envió con el siguiente comentario: "Esta carta tuvo el efecto contrario del que se deseaba. La carta comienza describiendo las dificultades de la estación, que, en general, no nos interesan. Se pide luego nuestra cooperación, sin pensar en los inconvenientes que eso puede causarnos, y por fin, en el último párrafo, se menciona el hecho de que si cooperamos podremos obtener la descarga más rápida de nuestros camiones, y la seguridad de que nuestros envíos serán despachados en la fecha de su entrega en la estación.

"En otras palabras, lo que más nos interesa es lo mencionado al final, y el efecto total de la carta es el de despertar un espíritu de antagonismo, más que de cooperación."

Veamos si podemos escribir mejor esta carta. No perdamos tiempo hablando de nuestros problemas. Según aconseja Henry Ford, comprendamos el punto de vista de la otra persona y veamos las cosas desde ese punto de vista así como del nuestro. Demos una muestra de la carta revisada. Quizá no sea la mejor pero, ¿no es mejor que el original?

"Sr. Edward Vermylen
c/o A. Zerega's Sons, Inc.,
28 Front Street,
Brooklyn, N. Y. 11201

Estimado Sr. Vermylen:

Su compañía es uno de nuestros buenos clientes desde hace catorce años. Naturalmente, agradecemos sobremanera ese patrocinio y ansiamos darle el servicio veloz y eficiente que merece. Lamentamos decir, sin embargo, que no nos es posible hacerlo cuando sus camiones nos hacen llegar una gran partida de mercadería en las últimas horas de la tarde, como ocurrió el 10 de noviembre. Sucede así porque muchos otros clientes hacen también sus entregas en las últimas horas de la tarde y, naturalmente, esto produce una congestión. Como resultado de ello, sus camiones quedan inevitablemente detenidos en la estación, y a veces hasta se retrasa el envío de las mercancías al interior.

Ésta es una grave dificultad. ¿Cómo se la puede evitar? Haciendo sus entregas en la estación por la mañana cuando les sea posible. Eso facilitará el movimiento de sus camiones, sus envíos obtendrán inmediata atención, y nuestro personal podrá retirarse temprano a gozar una comida con los deliciosos productos que ustedes fabrican.

Cualquiera sea el momento en que lleguen sus

envíos, haremos siempre todo lo posible por servirles con rapidez.

Sé que usted está muy ocupado. Sírvase no molestarse en contestar esta nota.

Lo saluda atte.
J... B..., Superintendente."

Barbara Anderson, empleada de un banco en Nueva York, deseaba mudarse a Phoenix, Arizona, en busca de mejor clima para la salud delicada de su hijo. Usando los principios que había aprendido en nuestro curso, escribió la siguiente carta a doce bancos de Phoenix:

Estimado señor:
Mis diez años de experiencia bancaria podrían resultar de interés para un banco en crecimiento como el suyo.

En distintos puestos de la operatoria bancaria con la Bankers Trust Company de Nueva York, hasta llegar a mi puesto actual de gerente de área, he adquirido conocimiento de todas las fases del mundo bancario, incluyendo relaciones entre depositantes, créditos, préstamos y administración interna.

En mayo me trasladaré a Phoenix, y estoy segura de que si se me da la oportunidad podré contribuir al crecimiento de su institución. Llegaré a esa ciudad el 3 de abril, y le agradeceré que me permita mostrarle cómo puedo ayudar a su banco a alcanzar sus objetivos.

Sinceramente

Barbara L. Anderson

¿Recibió alguna respuesta a esta carta la señora Anderson? Once de los doce bancos la invitaron a presentarse para una entrevista, y posteriormente tuvo para elegir entre diversas ofertas de empleo. ¿Por qué? Porque la señora Anderson no les comunicó lo que ella quería; les escribió exclusivamente sobre cómo podía serles de utilidad a ellos; se concentró en los deseos de los bancos, no en los suyos.

Miles de vendedores recorren hoy las calles, cansados, decepcionados, sin buena paga. ¿Por qué? Porque sólo piensan en lo que ellos quieren. No comprenden que ni usted ni yo queremos comprar nada. Si quisiéramos, saldríamos a comprarlo. Pero a usted y a mí nos interesa siempre resolver nuestros problemas. Y si un vendedor puede demostrarnos que sus servicios o sus productos nos ayudarán a resolver nuestros problemas, no tendrá que esforzarse por vendernos nada. Ya lo compraremos nosotros. Y un cliente desea creer que él es quien compra, no que hay quien le vende.

Sin embargo, muchos hombres se pasan la vida como corredores de venta sin ver las cosas desde el punto de vista del cliente. Por ejemplo, yo viví durante muchos años en Forest Hills, pequeña comunidad de casas particulares en el centro del distrito de Nueva York. Un día, cuando iba de prisa hacia la estación, me encontré casualmente con un vendedor de terrenos que durante muchos años había comprado y vendido propiedades en Long Island. Conocía muy bien Forest Hills, y sabiéndolo le pregunté apresuradamente si mi casa estaba construida con vigas de metal. Me dijo que no lo sabía, y agregó algo que yo sabía ya: que podía averiguarlo telefoneando a la Asociación Forest Hills Gardens. A la mañana siguiente recibí una carta de él. ¿Me daba la información que yo quería? La podía haber conseguido en un minuto, mediante un llamado telefónico. Pero no lo hizo. Me decía otra vez cómo podía averiguarlo yo, y después me pedía que lo dejara encargarse de mi seguro.

No le interesaba ayudarme. Le interesaba ayudarse a sí mismo.

J. Howard Lucas, de Birmingham, Alabama, cuenta cómo manejaron una misma situación dos vendedores de la misma compañía:

"Hace varios años yo estaba en el equipo de administración de una pequeña compañía. Teníamos cerca las oficinas distritales de una gran compañía de seguros. Sus agentes tenían asignados territorios, y nuestra compañía estaba encomendada a dos agentes, a los que llamaré Carl y John.

"Una mañana apareció Carl en nuestra oficina y mencionó, al pasar, que su compañía había introducido un nuevo seguro de vida para ejecutivos, y creía que podría interesarnos, por lo que volvería cuando tuviera más información al respecto.

"El mismo día nos vio John en la calle, cuando volvíamos de almorzar, y gritó:

"—Eh, Lucas, esperen, tengo una gran noticia para ustedes. —Corrió hacia nosotros, y, muy excitado, nos habló de un nuevo seguro de vida que su compañía había puesto en actividad ese mismo día. (Era el mismo que había mencionado Carl al pasar.) Nos había reservado las primeras planillas que habían llegado. Nos hizo un esbozo del sistema y terminó diciendo: 'Este seguro es algo tan novedoso, que mañana haré venir a alguien de la oficina central a que lo explique. Mientras tanto, llenemos y firmemos estas planillas, así él tendrá material más sólido para dar sus explicaciones'. Su entusiasmo despertó en nosotros un anhelo ardiente de tener esos seguros, aun cuando carecíamos de los detalles. Cuando los supimos, confirmaron la apreciación inicial de John, quien no sólo nos vendió una póliza a cada uno, sino que posteriormente duplicó la cobertura.

"Carl podría haber hecho esas ventas, pero no

hizo ningún esfuerzo por despertar en nosotros el deseo de comprar."

El mundo está lleno de personas egoístas, aprovechadoras. De manera que los pocos individuos que sin egoísmo tratan de servir a los demás tienen enormes ventajas. No hay competencia contra ellos. Owen D. Young dijo: "El hombre que se puede poner en el lugar de los demás, que puede comprender el funcionamiento de la mente ajena, no tiene por qué preocuparse por el futuro".

Si por leer este libro gana usted una sola cosa: una creciente tendencia a pensar siempre según el punto de vista de la otra persona, y ver las cosas desde ese ángulo; si usted consigue tan sólo eso de este libro, bien podrá decir que ha subido un peldaño más en su carrera.

Ver desde el punto de vista de la otra persona, y despertar en esa persona un deseo ferviente de algo, no debe confundirse con manipular a esa persona de modo que haga algo en detrimento de sus propios intereses. Ambos partidos deben salir ganando en la negociación. En las cartas al señor Vermylen, tanto el remitente como el receptor de la correspondencia ganaron al implementarse lo sugerido. Tanto el banco como la señora Anderson ganaron gracias a la carta de ella, porque el banco ganó una empleada valiosa, y la señora Anderson un buen empleo. Y en el ejemplo de la venta del seguro que hizo John al señor Lucas, ambos ganaron con la transacción.

Otro ejemplo en el que ganan todos usando este principio de despertar un interés, viene de Michael E. Whidden, de Warwick, Rhode Island, que es vendedor distrital de la empresa Shell Oil. Mike quería llegar a ser el vendedor número uno de su distrito, pero había una estación de servicio que se retraía en sus servicios. La administraba un hombre anciano, a quien era imposible motivar para que aseara y pusiera en condiciones la estación. Estaba en tan mal estado que las ventas declinaban significativamente.

Este administrador no quiso prestar oídos a ninguna de las súplicas de Mike para jerarquizar la estación de servicio. Después de muchas exhortaciones y discusiones privadas, en ninguna de las cuales obtuvo el menor resultado, Mike decidió invitar al anciano a visitar la estación de servicio Shell más nueva del territorio.

El hombre quedó tan impresionado por las instalaciones de la nueva estación, que cuando Mike lo visitó la vez siguiente, la suya estaba limpia, pintada, y las ventas habían vuelto a subir. Esto le permitió a Mike alcanzar su tan ansiado puesto de Número Uno en su distrito. Todas sus súplicas habían fallado, pero al despertar un anhelo en el administrador, al mostrarle una estación de servicio moderna, logró su objetivo y ambos se beneficiaron.

Casi todos los hombres van al colegio y aprenden a leer a Virgilio y a dominar los misterios del cálculo, sin descubrir jamás cómo funciona su mente. Por ejemplo: yo daba una vez un curso sobre oratoria para los jóvenes graduados en diversos colegios que entraban como empleados de la empresa Carrier Corporation, la organización que refrigera edificios y que instala aire acondicionado en todas partes. Uno de los estudiantes quiso persuadir a los demás de que jugaran al básquetbol, y éste fue, más o menos, su argumento: "Quiero que ustedes vengan a jugar al básquetbol. Me gusta jugar, pero las últimas veces que fui al gimnasio no había bastantes muchachos para organizar un partido. Dos o tres nos pusimos a arrojarnos la pelota uno al otro, y quedé con un ojo negro. Deseo que ustedes vengan conmigo mañana por la noche. Quiero jugar al básquetbol".

¿Habló acaso de lo que querían los demás? A nadie le gusta ir a un gimnasio al que nadie va, ¿verdad? Los otros no se interesaban por lo que deseaba este mozo. Y no querían salir con un ojo negro.

¿Pudo haber demostrado que al ir al gimnasio los demás obtendrían algo que querían? Es claro. Más actividad. Mejor apetito. Cerebro más despejado. Diversión.

Repitamos el sabio consejo del profesor Overstreet: *Primero, despertar en la otra persona un franco deseo. Quien puede hacerlo tiene al mundo entero consigo. Quien no puede, marcha solo por el camino.*

Uno de los estudiantes que asistía a mi curso se hallaba preocupado por su hijito. El niño estaba muy flaco y se negaba a comer lo debido. Los padres recurrían al método acostumbrado. Lo regañaban y retaban. "Mamita quiere que comas esto y aquello." "Papito quiere que crezcas y seas un hombre."

Pero el niño no prestaba atención alguna a estas requisitorias. Quien tenga un adarme de sentido común no puede esperar que un niño de tres años reaccione según el punto de vista de un padre que tiene treinta. Pero era eso precisamente lo que esperaba el padre. Resultaba absurdo. Por fin lo comprendió, y se dijo: "¿Qué quiere este niño? ¿Cómo puedo vincular lo que yo quiero con lo que quiere él?"

Era fácil, una vez que se puso a pensar. Su hijito tenía un triciclo en el que le gustaba pedalear por la acera, frente a su casa. Unas casas más lejos vivía un "matón": un niño algo mayor, que le quitaba el triciclo al niñito y empezaba a pedalear. Naturalmente, el niñito corría hasta su madre, que tenía que ir a quitar el triciclo al "matón" y devolverlo a su hijito. Esto ocurría casi todos los días.

¿Qué quería, pues, el niño? No se necesitaba ser Sherlock Holmes para saberlo. Su orgullo, su ira, su deseo de sentirse importante —las emociones más fuertes en su composición mental—, le instaban a la venganza, a dar un buen puñetazo en la nariz al "matón". Y cuando el padre le dijo que algún día podría cerrar los ojos del "matón" a puñetazos, si comía las cosas que la madre le recomendaba, cuando el padre le prometió esto, ya no hubo problema dietético. Aquel niño comía espinacas, coles, cualquier cosa, a fin de poder castigar al "matón" que tantas veces lo había humillado.

Después de resolver este problema, el padre encaró otro: el niño tenía la mala costumbre de empapar la cama. Dormía con su abuela. Por la mañana, la abuela se despertaba, tocaba la sábana y decía:

—Mira, Johnny, lo que hiciste anoche.

—No —respondía el niño—; yo no fui. Fuiste tú.

Retos, castigos, intentos de avergonzarlo, reiteración de que la madre no quería que hiciera eso: por ningún medio se conseguía tener seca la cama. Entonces se preguntaron los padres: "¿Cómo podríamos hacer que este niño *quiera* dejar de mojar la cama?"

¿Qué era lo que quería el niño? Primero, quería usar pijama como su papito, y no un camisón como la abuela. La abuela se estaba hartando de los inconvenientes nocturnos, de manera que de muy buen grado ofreció comprar unos pijamas para el niño, siempre que se corrigiera. Segundo, el pequeño quería una cama para él solo... la abuela no se opuso.

La madre lo llevó consigo a una mueblería de Brooklyn, guiñó un ojo a la vendedora y dijo: —Aquí hay un caballerito que desea hacer unas compras.

La vendedora hizo que el niño se sintiera importante:

—Joven, ¿qué cosas desearía ver?

Se irguió el niño en toda su altura, y contestó:

—Quiero comprar una cama para mí solo.

Cuando le mostraron la camita que la madre quería que comprara, la vendedora lo supo por un guiño de la madre, y persuadió al niño de que ésa era la cama que debía comprar.

Al día siguiente fue entregada la cama; y por la noche, cuando el padre volvió a su casa, su hijo corrió a la puerta gritando:

—¡Papito! ¡Papito! Ven arriba a ver mi cama, la que yo compré.

El padre, ante la camita, obedeció la recomendación de Charles Schwab: fue caluroso en su aprobación y generoso en el elogio.

—¿No vas a mojar esta cama, verdad? —preguntó.

—¡Ah, no, no! No voy a mojar esta cama.

El niño cumplió su promesa, porque su orgullo estaba en juego. Era su cama. Él, y sólo él la había comprado. Y ahora usaba pijama como un hombrecito. Quería portarse como un hombre. Y así fue.

Otro padre, K. T. Dutschmann, ingeniero telefónico, no podía conseguir que su hijita, de tres años de edad, comiera lo debido en el desayuno. Los regaños, pedidos, promesas de costumbre fueron inútiles. Los padres se preguntaron entonces: "¿Cómo podemos hacer para que *quiera* comer?"

La niñita gustaba imitar a su madre, sentirse grande; una mañana la sentaron en una silla y la dejaron que preparara su desayuno. En el momento psicológico, el padre entró en la cocina, donde la niña preparaba su comida, y la pequeña le dijo: "Mira, papito; estoy haciendo el cereal esta mañana".

Comió dos porciones de cereal esa mañana, sin

que nadie se lo pidiera, porque estaba interesada personalmente. Había satisfecho su sentido de la importancia; había hallado, en la preparación del desayuno, un camino para expresar su yo.

William Winter señaló una vez que la "expresión del yo es la necesidad dominante en el carácter humano" ¿Por qué no hemos de recurrir a la misma psicología en los negocios? Cuando tenemos una idea brillante, en lugar de hacer que la otra persona piense que es nuestra, ¿por qué no dejarle que prepare esa idea por sí mismo, como preparó el desayuno aquella niñita? Entonces considerará que esa idea es suya; le gustará, y quizá se sirva dos porciones.

Recordemos: "Primero, despertar en el prójimo un franco deseo. Quien puede hacerlo tiene al mundo entero consigo. Quien no puede, marcha solo por el camino".

REGLA 3

Despierte en los demás un deseo vehemente.

En pocas palabras

TÉCNICAS FUNDAMENTALES PARA TRATAR CON EL PRÓJIMO

REGLA 1
No critique, no condene ni se queje.

REGLA 2
Demuestre aprecio honrado y sincero.

REGLA 3
Despierte en los demás un deseo vehemente.

Segunda Parte

SEIS MANERAS DE AGRADAR
A LOS DEMÁS

1

HAGA ESTO Y SERÁ BIENVENIDO
EN TODAS PARTES

¿**P**or qué hay que leer este libro para saber cómo ganar amigos? ¿Por qué no estudiar la técnica del más grande conquistador de amigos que ha conocido jamás el mundo? ¿Quién es? Tal vez lo encuentre usted mañana por la calle. Cuando esté a cinco metros de él lo verá agitar la cola. Si se detiene usted a acariciarlo, saltará como enloquecido para mostrarle lo mucho que lo quiere. Y usted sabe que detrás de esa muestra de afecto no hay motivos ulteriores: no quiere venderle un terreno, ni una póliza de seguro, ni quiere casarse con usted.

¿Se ha detenido usted alguna vez a pensar que el perro es el único animal que no tiene que trabajar para ganarse el sustento? La gallina tiene que poner huevos, la vaca dar leche y el canario cantar. Pero el perro se gana la vida sólo con demostrar su cariño por el dueño.

Cuando yo tenía cinco años, mi padre compró un cachorrito de pelo amarillo por cincuenta centavos. Fue la alegría y la luz de mi niñez. Todas las tardes a las cuatro y media se sentaba frente a mi casa, mirando fijamente al camino con sus hermosos ojos, y tan pronto como oía mi voz o me veía venir agitando mi lata de comida entre los árboles, salía disparando como una bala, corría sin aliento colina arriba para recibirme con brincos de júbilo y ladridos de puro éxtasis.

Tippy fue mi constante compañero durante cinco años. Por fin, una noche trágica —jamás la olvidaré—, murió a tres metros de mi cabeza, murió alcanzado por un rayo. La muerte de Tippy fue la tragedia de mi niñez.

Tippy nunca leyó un libro de psicología. No lo necesitaba. Sabía, por algún instinto divino, que usted puede ganar más amigos en dos meses interesándose de verdad en los demás, que los que se pueden ganar en dos años cuando se trata de interesar a los demás en uno mismo. Permítaseme repetir la idea. *Se pueden ganar más amigos en dos meses si se interesa uno en los demás, que los que se ganarían en dos años si se hace que los demás se interesen por uno.*

Pero usted y yo conocemos personas que van a los tumbos por la vida porque tratan de forzar a los demás a que se interesen por ellas.

Es claro que eso no rinde resultado. Los demás no se interesan en usted. No se interesan en mí. Se interesan en sí mismas, mañana, tarde y noche.

La Compañía Telefónica de Nueva York realizó un detallado estudio de las conversaciones por teléfono y comprobó cuál es la palabra que se usa con mayor frecuencia en ellas. Sí, ya ha adivinado usted: es el pronombre personal "yo". Fue empleado 3.990 veces en quinientas conversaciones telefónicas. Yo. Yo. Yo. Yo. Yo.

Cuando usted mira la fotografía de un grupo en que está usted, ¿a quién mira primero?

Si nos limitamos a tratar de impresionar a la gente y de hacer que se interese por nosotros, no tendremos jamás amigos verdaderos, sinceros. Los amigos, los amigos leales, no se logran de esa manera.

Napoleón lo intentó, y en su último encuentro con Josefina dijo: "Josefina, he tenido tanta fortuna como cualquiera en este mundo; y sin embargo, en esta hora, eres tú la única persona de la tierra en quien puedo confiar". Y los historiadores dudan de que pudiera confiar aun en ella.

Alfred Adler, el famoso psicólogo vienés, escribió un libro titulado: *Qué debe significar la vida para usted.* En ese libro dice así: "El individuo que no se interesa por sus semejantes es quien tiene las mayores dificultades en la vida y causa las mayores heridas a los demás. De esos individuos surgen todos los fracasos humanos".

Es posible leer veintenas de eruditos tomos sobre psicología sin llegar a una declaración más significativa, para usted o para mí. No me agradan las repeticiones, pero esta afirmación de Adler está tan rica de significado que voy a repetirla en bastardilla:

El individuo que no se interesa por sus semejantes es quien tiene las mayores dificultades en la vida y causa las mayores heridas a los demás. De esos individuos surgen todos los fracasos humanos.

Yo seguí cierta vez en la Universidad de Nueva York un curso sobre redacción de cuentos cortos, y durante ese curso el director de una importante revista habló ante nuestra clase. Dijo que era capaz de tomar cualquiera de las docenas de cuentos que cruzaban por su escritorio todos los días y, después de leer unos párrafos, decir si su autor gustaba o no de la gente. "Si el autor gusta de la gente —añadió—, la gente gustará de sus cuentos."

Este director, acostumbrado a tratar con la vida, se detuvo dos veces en el curso de su conferencia sobre la forma de escribir, y pidió excusas por predicarnos un sermón. "Les estoy diciendo —expresó— las mismas cosas que diría un predicador. Pero recuerden que deben tener interés por la gente si quieren atraer interés como cuentistas."

Si así ocurre con los cuentistas, puede tenerse la seguridad de que lo mismo es triplemente cierto en cuanto a las relaciones con la gente.

Yo pasé una noche en el camarín de Howard Thurston la última vez que se presentó en Broadway: Thurston, el decano de los magos; Thurston el rey de la prestidigitación. Durante cuarenta años viajó por el mundo entero una y otra vez, creando ilusiones, engañando con sus tretas al público, y haciendo que la gente quedara boquiabierta de asombro. Más de sesenta millones de personas pagaron entrada por verlo actuar, y así consiguió ganar casi dos millones de dólares.

En esa ocasión pedí al Sr. Thurston que me confiara el secreto de sus triunfos. Su instrucción no tenía nada que ver con ellos, porque huyó de su casa siendo niño, fue vagabundo por los caminos, viajó en trenes de carga, durmió en pajares, pidió comida de puerta en puerta, y aprendió a leer gracias a los carteles que desde un vagón de carga veía junto al ferrocarril.

¿Tenía extraordinarios conocimientos como prestidigitador? No: me dijo que se han escrito centenares de libros sobre pruebas de magia, y que muchísimas personas saben tanto como él. Pero Thurston tenía dos cosas de que carecían los demás. Primero, la capacidad necesaria para que su personalidad llegara al otro lado de las candilejas. Conocía la naturaleza humana. Todo lo que hacía, cada gesto, cada entonación de la voz, cada elevación de una ceja había sido cuidadosamente ensayado con anterioridad, y sus actos respondían a una perfecta noción del tiempo. Pero, además, Thurston tenía verdadero interés por el público. Me refirió que muchos prestidigitadores miraban al público y decían para sus adentros: "Bien, ya tenemos otro montón de tontos: qué bien los engañaré". Pero el método de Thurston era del todo diferente. Confesóme que cada vez que entraba al escenario se decía: "Estoy agradecido a toda esta gente que ha venido a verme. Son ellos quienes me permiten ganarme la vida en forma tan agradable. Por ellos haré esta noche todo lo mejor que pueda".

Declaró que jamás se acercaba a las candilejas sin decirse primero, una vez tras otra: "Adoro a mi público. Adoro a mi público". ¿Ridículo? ¿Absurdo? Tiene usted derecho a pensar lo que quiera. Yo no hago más que repetir, sin comentarios, una receta utilizada por uno de los magos más famosos de todos los tiempos.

George Dyke, de North Warren, Pennsylvania, se vio obligado a retirarse de su negocio de estación de servicio, después de trabajar en él durante treinta años, cuando se construyó una nueva autopista por el sitio que ocupaba su establecimiento. Al poco tiempo, los días ociosos de un jubilado empezaron a aburrirlo, por lo que trató de ocupar el tiempo tocando en su viejo violín. Pronto empezó a viajar por toda su área, asistiendo a conciertos y visitando a consumados violinistas. En su estilo humilde y amistoso, se interesó por conocer el pasado y las ideas de todos los músicos que conocía. Aunque él mismo no era un gran violinista, hizo muchos amigos en el mundo de la música. Asistió a toda clase de eventos musicales, y los aficionados a la música country de todo el este de los Estados Unidos llegaron a conocerlo como "el Tío George, el Rascador de Violín del Condado Kinzua". Cuando conocimos al Tío George, tenía 72 años y disfrutaba de cada minuto de su vida. Gracias a su interés en otras personas, logró crearse una nueva vida en un momento en que la mayoría de la gente considera terminados sus años productivos.

Ese mismo era uno de los secretos de la asombrosa popularidad de Theodore Roosevelt. Hasta sus sirvientes lo adoraban. Su valet James E. Amos, escribió acerca de él un libro titulado *Theo-*

dore Roosevelt, héroe de su valet. En ese libro narra Amos este ilustrativo incidente:

Mi mujer preguntó una vez al presidente qué era una codorniz. Jamás había visto una, y el presidente se la describió detalladamente. Algún tiempo después sonó el teléfono de nuestra casita. (Amos y su esposa vivían en una casita alejada del edificio principal, en la finca que Roosevelt tenía en Oyster Bay.) Mi mujer respondió al llamado. Era el Sr. Roosevelt. Dijo que había llamado para decirle que frente a la ventana había una codorniz, y que si mi mujer se asomaba podría verla. Estas cositas eran características de él. Cada vez que pasaba frente a nuestra casita, aunque no nos viera, lo oíamos llamar: "¡Uhú, Annie!" o " ¡Uhú, James!"

¿Cómo es posible que los empleados no gustaran de un hombre así? ¿Cómo podría dejar de gustar a nadie?

Roosevelt fue a la Casa Blanca un día en que su sucesor, el presidente Taft, y su esposa no estaban. Su auténtica simpatía por la gente humilde quedó demostrada por el hecho de que saludó uno por uno a todos los sirvientes de la Casa Blanca, hasta los peones de la cocina.

"Cuando vio a Alice, ayudante de cocina —escribe Archie Butt—, le preguntó si todavía hacía pan de maíz. Alice le respondió que a veces lo hacía para el personal de servicio, pero que nadie lo comía entre los amos.

"—Muestran muy mal gusto —repuso Roosevelt—, y ya se lo diré al presidente cuando lo vea.

"Alice le llevó un trozo de pan de maíz, y Roosevelt fue hasta el despacho principal comiendo y saludando a jardineros y criados al pasar...

"Hablaba con cada uno como lo había hecho en

el pasado. Ike Hoover, que había sido ujier en la Casa Blanca durante cuarenta años, me dijo con los ojos llenos de lágrimas:

"—Es el único día feliz que hemos tenido en casi dos años, y ninguno de nosotros lo cambiaría por un billete de cien dólares."

El mismo interés por la gente al parecer sin importancia, ayudó al representante de ventas Edward M. Sykes, hijo, de Chatham, Nueva Jersey, a conservar una cuenta.

—Hace muchos años —nos dijo—, visité a clientes de la empresa Johnson y Johnson en el área de Massachusetts. Una cuenta era la de una farmacia en Hingham. Cada vez que iba a este negocio, siempre hablaba con el empleado de refrescos y el del mostrador unos minutos, antes de hablar con el dueño para recibir la orden. Un día el dueño me dijo que no tenía interés en comprar productos de Johnson y Johnson porque consideraba que esta firma estaba concentrando sus actividades en los supermercados, en detrimento de las farmacias chicas como la suya. Salí muy decaído y di vueltas por el pueblo varias horas. Al fin decidí volver a la farmacia y tratar de explicarle nuestra posición al dueño.

"Cuando volví a entrar, como siempre saludé a los empleados. Al verme el dueño, me sonrió y me dio la bienvenida. Me dio una orden de compras que superaba las suyas habituales. Lo miré, sorprendido, y le pregunté qué había sucedido para hacerle cambiar de opinión, desde mi visita anterior apenas unas horas antes. Me señaló al muchacho que atendía el mostrador de refrescos y dijo que cuando yo había salido antes, este joven había venido a decirle que yo era uno de los pocos vendedores que venían a la farmacia que se molestaba en saludarlo, a él y a los otros empleados. Le dijo al dueño que si había un vendedor que se merecía hacer buenos negocios, era yo. El dueño estuvo de acuerdo, y siguió siendo un buen cliente. Nunca olvidé que un genuino interés en la otra persona es la cualidad más importante que pueda tener un vendedor, o, en realidad, cualquier persona."

Por experiencia personal he descubierto que se puede lograr la atención y la cooperación hasta de las personas más ocupadas de los Estados Unidos, si uno se interesa debidamente en ellas. Un ejemplo:

Hace años yo dirigía un curso de literatura en el Instituto de Artes y Ciencias de Brooklyn, y quisimos que escritores tan importantes y ocupados como Kathleen Norris, Fanny Hurst, Ida Tarbell, Albert Payson Terhune y Rupert Hughes fueran al Instituto y nos hicieran conocer sus experiencias. Les escribimos, pues, diciendo que admirábamos sus obras y que nos interesaba profundamente obtener sus consejos y conocer los secretos de sus triunfos.

Cada una de estas cartas estaba firmada por unos ciento cincuenta estudiantes. Decíamos comprender que los destinatarios estaban ocupados, demasiado ocupados para preparar una conferencia. Por ese motivo acompañábamos una lista de preguntas para que las respondieran con referencias acerca de ellos y de sus métodos de trabajo. A todos les gustó la carta. Aquellos escritores famosos dejaron sus tareas y fueron hasta Brooklyn a ayudarnos.

Con el mismo método persuadí a Leslie M. Shaw, secretario del Tesoro en el gabinete de Theodore Roosevelt, a George W. Wickersham, procurador general en el gabinete de Taft, a William Jennings Bryan, a Franklin D. Roosevelt y a muchos otros hombres prominentes de que acudieran a hablar ante los estudiantes de uno de mis cursos de oratoria.

Todos nosotros, seamos obreros en una fábrica, empleados en una oficina, o incluso reyes, gustamos de la gente que nos admira. Recordemos al Káiser Guillermo II, por ejemplo. Al terminar la guerra mundial era quizás el hombre más universal y brutalmente despreciado de la tierra. Hasta su misma nación se volvió contra él cuando huyó a Holanda para salvar la cabeza. Era tan intenso el odio contra él, que millones de personas habrían querido despedazarlo o quemarlo en la hoguera. En medio de esta furia general, un niño escribió al Káiser una carta sencilla y sincera, que mostraba gran bondad y admiración. Este niño decía que, cualquiera fuese la idea de los demás, él siempre amaría a su Emperador Guillermo. El Káiser se sintió conmovido e invitó al niño a que fuera a visitarlo. Así lo hizo el pequeño, acompañado de su madre, y con ella contrajo enlace el Káiser. Aquel niño no necesitaba leer un libro como éste. Ya sabía instintivamente cómo hacerlo.

Si queremos obtener amigos, dediquémonos a hacer cosas para los demás, cosas que requieren tiempo, energía, altruismo. Cuando el Duque de Windsor era Príncipe de Gales tuvo que hacer una gira por la América del Sur, y antes de emprenderla pasó varios meses estudiando español, para poder hablar en el idioma de los países que visitaba; y los habitantes de América del Sur lo tuvieron en gran estima por eso.

Durante años me he preocupado por conocer los cumpleaños de mis amigos. ¿Cómo? Aunque no tengo el menor asomo de fe en la astrología, empiezo por preguntar a un amigo si cree que la fecha de nacimiento tiene algo que ver con el carácter y la disposición de cada uno. Luego le pido que me diga el día y el mes de su nacimiento. Si me dice 24 de noviembre, por ejemplo, no hago más que repetir para mis adentros "24 de noviembre, 24 de noviembre". En cuanto mi amigo vuelve la espalda escribo su nombre y su cumpleaños, y después, en casa, paso el dato a un libro especial. Al comienzo de cada año escribo estas fechas y nombres en las hojas de mi calendario, de modo que les presto atención automáticamente. Cuando llega el día, envío una carta o telegrama. ¡Qué buena impresión causa! A veces soy la única persona del mundo que ha recordado un cumpleaños de esos.

Si queremos hacer amigos, saludemos a los demás con animación y entusiasmo. Cuando llama alguien por teléfono, empleemos la misma psicología. Digamos: "Hola" con un tono que revele cuán complacidos estamos por escuchar a quien llama. Muchas compañías dan instrucciones a sus operadores telefónicos de saludar a todos los llamados en un tono de voz que irradie interés y entusiasmo. El que llama siente así que la compañía se interesa en él. Recordémoslo cuando respondamos mañana al teléfono.

Mostrar un interés genuino en los demás no sólo le reportará amigos, sino que también puede crear lealtad a la compañía por parte de los clientes. En un número de la publicación del National Bank of North America de Nueva York se publicó la siguiente carta de Madeline Rosedale, una depositante*:

"Quiero que sepan cuánto aprecio a su personal. Todos son tan corteses, tan amables y serviciales. Es un placer que, después de hacer una larga cola, el cajero la salude a una con una sonrisa.

"El año pasado mi madre estuvo hospitalizada

* *Eagle,* publicación del National Bank of North America, New York, March 31, 1978.

durante cinco meses. Cada vez que visité el banco, Marie Petrucello, una cajera, se interesó por la salud de mi madre, y se alegró de su recuperación."

¿Puede haber alguna duda de que la señora Rosedale seguirá usando los servicios de este banco?

Charles R. Walters, empleado en uno de los grandes bancos de Nueva York, fue encargado de preparar un informe confidencial sobre cierta empresa. Sólo sabía de un hombre dueño de los hechos que necesitaba con tanta urgencia. El Sr. Walters fue a ver a ese hombre, presidente de una gran empresa industrial. Cuando el Sr. Walters era acompañado al despacho del presidente, una secretaria asomó la cabeza por una puerta y dijo al presidente que no podía darle ese día ningún sello de correos.

—Colecciono estampillas para mi hijo, que tiene doce años —explicó el presidente al Sr. Walters.

El Sr. Walters expuso su misión y comenzó a hacer preguntas. El presidente se mostró vago, general, nebuloso. No quería hablar, y aparentemente nada podía persuadirlo de que hablara. La entrevista fue muy breve e inútil.

"Francamente, no sabía qué hacer —dijo el Sr. Walters al relatar este episodio ante nuestra clase—. Pero entonces recordé a la secretaria, las estampillas, y el hijo... Y también recordé que el departamento extranjero de nuestro banco coleccionaba estampillas llegadas con las cartas que se reciben de todos los países del mundo.

"A la tarde siguiente visité a este hombre y le hice decir que llevaba algunas estampillas para su hijo. ¿Me recibió con entusiasmo? Pues, señor, no me habría estrechado la mano con más fruición si hubiese sido candidato a legislador. Era todo sonrisas y buena voluntad.

"—A mi George le encantará ésta —decía mientras examinaba las estampillas—. ¡Y mire ésta! Ésta es un tesoro.

"Pasamos media hora hablando de estampillas y mirando retratos de su hijo, y después dedicó más de una hora de su valioso tiempo a darme todos los informes que yo quería, y sin que tuviese yo que pedírselo siquiera. Me confió todo lo que sabía, y después llamó a sus empleados y los interrogó en mi presencia. Telefoneó a algunos de sus socios. Me abrumó con hechos, cifras, informes y correspondencia. Como dirían los periodistas, tenía yo una primicia."

Veamos otro ejemplo:

C. M. Knaphle, Jr., de Filadelfia, había tratado durante años de vender combustible a una gran cadena de tiendas. Pero la compañía seguía comprando el combustible a un comerciante lejano, y lo hacía pasar, en tránsito, frente a la oficina del Sr. Knaphle. Éste pronunció una noche ante una de mis clases un discurso en el que volcó toda su ira contra las cadenas de tiendas, a las que calificó de maldición del país.

Y todavía se preguntaba por qué no podía vender su carbón.

Le sugerí que intentara otra táctica. En resumen, lo que sucedió fue esto. Organizamos entre los miembros del curso un debate sobre: "Está decidido que la propagación de las cadenas de tiendas hace al país más mal que bien".

Por indicación mía, Knaphle asumió el bando negativo: convino en defender a las cadenas de tiendas, y fue a ver derechamente a un director de la misma organización que él despreciaba.

—No he venido —le dijo— a tratar de venderle combustible. He venido a pedirle un favor. —Le informó luego sobre el debate y agregó:— He venido a pedirle ayuda porque no conozco otra persona que sea tan capaz de hacerme conocer los hechos que quiero. Deseo ganar este debate, y le agradeceré sobremanera que me ayude.

Oigamos el resto del episodio en las propias palabras del Sr. Knaphle:

"Había pedido a este hombre exactamente un minuto de tiempo. Con esa condición consintió en verme. Después de exponer yo mi situación, me invitó a sentarme y me habló durante una hora y cuarenta y siete minutos. Llamó a otro director que había escrito un libro sobre el tema. Escribió a la Asociación Nacional de Cadenas de Tiendas y me consiguió un ejemplar de un folleto. Este hombre entiende que las cadenas de tiendas prestan un verdadero servicio a la humanidad. Está orgulloso de lo que hace en centenares de comunidades. Le brillaban los ojos al hablar; y he de confesar que me abrió los ojos sobre cosas que yo jamás había soñado. Cambió toda mi actitud mental.

"Cuando me marchaba, fue conmigo hasta la puerta, me puso un brazo alrededor de los hombros, me deseó felicidad en el debate, y me pidió que fuera a verlo otra vez para hacerle saber cómo me había ido. Las últimas palabras que me dirigió fueron:

"—Haga el favor de verme dentro de unos días. Me gustaría hacerle un pedido de combustible.

"Para mí, aquello era casi un milagro. Ofrecía comprarme el combustible sin haberlo mencionado yo siquiera. Conseguí más en dos horas, interesándome honradamente en él y en sus problemas, que en muchos años de bregar porque se interesara en mí y en mi producto."

No ha descubierto usted, Sr. Knaphle, una verdad nueva, porque hace mucho tiempo, cien años antes de que naciera Jesucristo, un famoso poeta romano, Publilio Syro, señaló: "Nos interesan los demás cuando se interesan por nosotros".

El interés, lo mismo que todo lo demás en las relaciones humanas, debe ser sincero. Debe dar dividendos no sólo a la persona que muestra el interés, sino también a la que recibe la atención. Es una vía de dos manos: las dos partes se benefician.

Martin Ginsberg, que siguió nuestro curso en Long Island, Nueva York, nos contó cómo el interés especial que había tomado una enfermera en él había afectado profundamente su vida.

"Era el Día de Acción de Gracias, y yo tenía diez años. Estaba en una sala de beneficencia de un hospital, y al día siguiente se me haría una importante operación de ortopedia. Sabía que lo único que me esperaba eran meses de confinamiento, convalecencia y dolor. Mi padre había muerto; mi madre y yo vivíamos solos en un pequeño departamento y dependíamos de la asistencia social. Mi madre no podía visitarme ese día porque no era día de visitas en hospital.

"A medida que transcurría el día, me abrumaba cada vez más el sentimiento de soledad, desesperación y miedo. Sabía que mi madre estaba sola en casa preocupándose por mí, sin compañía alguna, sin nadie con quien cenar y sin el dinero siquiera para permitirse una cena de Día de Acción de Gracias.

"Me subían las lágrimas, y terminé metiendo la cabeza bajo la almohada y tapándome todo con las frazadas. Lloré en silencio, pero con tanta amargura que me dolía el cuerpo entero.

"Una joven estudiante de enfermería oyó mis sollozos y vino hacia mi cama. Me hizo asomar la cabeza y comenzó a secarme las lágrimas. Me contó lo sola que estaba, pues debía trabajar todo el día y no podía pasarlo con su familia. Me preguntó si quería cenar con ella. Trajo dos bandejas de comida: pavo, puré de papas, salsa de fresas y helado de crema, de postre. Me habló y trató de calmar mis temores. Aun cuando su hora de salida eran las cuatro de la tarde, se quedó conmigo hasta casi las once de la noche. Jugó a varios juegos conmigo, y no se marchó hasta que me quedé dormido.

"Desde entonces, han pasado muchos días de Acción de Gracias, pero nunca paso uno sin recordar aquél, y mis sentimientos de frustración, miedo, soledad y la calidez y ternura de la desconocida que me lo hizo soportable."

Si usted quiere gustar a los otros, si quiere tener amigos de verdad, si quiere ayudar a los otros, al mismo tiempo que se ayuda a usted mismo, no olvide esto:

REGLA 1

Interésese sinceramente por los demás.

UNA MANERA SENCILLA DE CAUSAR UNA BUENA PRIMERA IMPRESIÓN

En una comida en Nueva York, uno de los invitados, una mujer que acababa de heredar dinero, ansiaba causar una impresión agradable en todos. Había despilfarrado una fortuna en pieles, diamantes y perlas. Pero no había hecho nada con la cara. Irradiaba acidez y egoísmo. No había comprendido esta mujer lo que sabe todo el mundo: que la expresión de un rostro es más importante, mucho más, que la ropa que nos ponemos.

Charles Schwab me dijo que su sonrisa le ha valido un millón de dólares. Y es probable que haya pecado por defecto más que por exceso en ese cálculo. Porque la personalidad de Schwab, su encanto, su capacidad para gustar a los demás fueron casi la única causa de su extraordinario éxito; y uno de los factores más deliciosos de su personalidad es su cautivadora sonrisa.

Las acciones dicen más que las palabras, y una sonrisa expresa: "Me gusta usted. Me causa felicidad. Me alegro tanto de verlo".

Por eso es que los perros tienen tantos amigos. Se alegran tanto cuando nos ven, que brincan como locos. Y nosotros, naturalmente, nos alegramos de verlos.

La sonrisa de un bebé tiene el mismo efecto.

¿Ha estado usted alguna vez en la sala de espera de un médico, y ha visto a su alrededor las caras sombrías de la gente impaciente por entrar al consultorio? El Dr. Stephen K. Sproul, veterinario de Raytown, Missouri, nos contó de un típico día de primavera, con su sala de espera llena de clientes que esperaban para hacer vacunar a sus animalitos mascota. Nadie hablaba con nadie, y probablemente estaban pensando en una docena de cosas que preferirían estar haciendo antes que "perder tiempo" en ese consultorio. Nos contó lo siguiente en una de nuestras clases: "Había seis o siete clientes esperando cuando entró una joven con una criatura de nueve meses y su gatito. La suerte quiso que se sentara justo al lado del caballero que más malhumorado parecía por lo prolongado de la espera. El niñito lo miró con esa gran sonrisa tan característica de las criaturas. ¿Qué hizo el caballero? Lo que habríamos hecho ustedes o yo, por supuesto: le sonrió a su vez al niñito. No tardó en iniciar una conversación con la mujer, sobre el niño, y sobre los nietos de él, y todos los demás pacientes se unieron a la conversación, y el aburrimiento y la tensión se convirtieron en una experiencia agradable".

¿Una sonrisa poco sincera? No. A nadie engañaremos. Sabemos que es una cosa mecánica y nos causa enojo. Hablo de una verdadera sonrisa, que alegre el corazón, que venga de adentro, que valga buen precio en el mercado.

El profesor James V. McConnel, psicólogo de la Universidad de Michigan, expresó sus sentimientos sobre una sonrisa:

—La gente que sonríe —dijo— tiende a trabajar, enseñar y vender con más eficacia, y a criar hijos más felices. En una sonrisa hay mucha más información que en un gesto adusto. Es por eso que en la enseñanza es mucho más eficaz el estímulo que el castigo.

El jefe de personal de una gran tienda de Nueva York me confiaba que prefería emplear a una vendedora sin instrucción, siempre que poseyera una hermosa sonrisa, que a un doctor en filosofía con cara de pocos amigos.

El efecto de una sonrisa es poderoso... aun cuando no se la ve. Las compañías de teléfono de los Estados Unidos tienen un programa llamado "poder telefónico" que se le ofrece a compañías que usan el teléfono para vender sus servicios o productos. En este programa sugieren que uno sonría cuando habla por teléfono. Su "sonrisa" es transmitida, por la voz, al interlocutor.

Robert Cryer, gerente del departamento de computación de una compañía de Cincinnati, Ohio, contó cómo había logrado conseguir la persona justa para un puesto difícil:

—Trataba desesperadamente de encontrar un licenciado en Computación para mi departamento. Al fin localicé a un joven con los antecedentes ideales, que estaba a punto de graduarse en la Universidad de Purdue. Después de varias conversaciones telefónicas me enteré de que tenía diversas ofertas de otras compañías, muchas de ellas más grandes y más conocidas que la mía. Me encantó oír que había aceptado mi oferta. Cuando ya estaba trabajando, le pregunté por qué nos había preferido a los otros. Quedó un momento en silencio, y después me dijo: "Creo que fue porque los ejecutivos de las otras compañías hablaban por teléfono de un modo frío, que me hacía sentir como si yo fuera una transacción comercial más para ellos. Su voz en cambio sonaba como si usted se alegrara de oírme... como si realmente quisiera que yo fuera parte de su organización". Puedo asegurarles que hasta el día de hoy sigo respondiendo al teléfono con una sonrisa.

El presidente del directorio de una de las mayores industrias del caucho de los Estados Unidos me dijo que, según sus observaciones, rara vez triunfa una persona en cualquier cosa a menos que le divierta hacerla. Este jefe industrial no tiene mucha fe en el viejo adagio de que solamente el trabajo nos da la llave para la puerta de nuestros deseos. "He conocido personas —agregó— que triunfaron porque disfrutaron efectuando sus trabajos. Después vi a las mismas personas cuando se dedicaban a lo mismo como a una tarea. Se aburrían. Perdieron así todo interés en la tarea y fracasaron."

Tiene usted que disfrutar cuando se encuentra con la gente, si espera que los demás lo pasen bien cuando se encuentran con usted.

He pedido a miles de gente de negocios que sonrían a toda hora del día, durante una semana, y que vuelvan después a informar a la clase sobre los resultados obtenidos. Veamos cómo ha resultado esto... Aquí tenemos una carta de William B. Steinhardt, miembro de la Bolsa de Valores de Nueva York. No es un caso aislado. Por cierto que es típico de centenares de otros casos.

"Hace dieciocho años que me casé —escribe el Sr. Steinhardt— y en todo ese lapso pocas veces he sonreído a mi mujer, o le he dicho dos docenas de palabras desde el momento de levantarme hasta la hora de ir a trabajar. Yo era uno de los hombres más antipáticos que jamás ha habido en la ciudad.

"Desde que me pidió usted que diera un informe oral a la clase sobre mi experiencia con la sonrisa, pensé que debía hacer la prueba durante una semana. A la mañana siguiente, cuando me peinaba, me miré el seco semblante en el espejo y me dije: hoy vas a quitarte el ceño de esa cara de vinagre. Vas a sonreír. Y ahora mismo vas a empezar. Así me dije, y cuando me senté a tomar el desayuno saludé a mi esposa con un 'Buen día, querida', y una sonrisa.

"Ya me advirtió usted que seguramente mi mujer se sorprendería. Bien. Eso fue poco. Quedó atónita. Le dije que en el futuro mi sonrisa iba a ser de todos los días, y ya hace dos meses que la mantengo todas las mañanas.

"Este cambio de actitud en mí ha producido en nuestro hogar más felicidad en estos dos meses que durante todo el año anterior.

"Ahora, al ir a mi oficina, saludo al ascensorista de la casa de departamentos en que vivo con un 'Buen día' y una sonrisa. Saludo al portero con una sonrisa. Saludo al cajero del subterráneo cuando le pido cambio. Y en el recinto de la Bolsa sonrío a muchos hombres que jamás me habían visto sonreír.

"Bien pronto advertí que todos me respondían con sonrisas. A quienes llegan a mí con quejas o protestas atiendo con buen talante. Sonrío mientras los escucho, y compruebo que es mucho más fácil arreglar las cosas. He llegado a la conclusión de que las sonrisas me producen dinero, mucho dinero por día.

"Comparto una oficina con otro corredor de bolsa. Uno de sus empleados es un joven muy simpático, y tan encantado estaba yo de los resultados que iba obteniendo, que hace poco le referí mi nueva filosofía para las relaciones humanas. Entonces me confesó que cuando empecé a ir a la oficina me creyó un antipático, y sólo últimamente cambió de idea. Agregó que yo era humano solamente cuando sonreía.

"También he eliminado las críticas de mi sistema. Expreso apreciación y elogio ahora, en lugar de censurar. He dejado de hablar de lo que yo quiero. Trato de ver el punto de vista de los demás. Y estas cosas han revolucionado del todo mi vida. Soy un hombre diferente, más feliz, más rico, más rico en amistades y en felicidad, las únicas cosas que importan, al fin y al cabo."

¿No tiene usted ganas de sonreír? Bien, ¿qué hacer? Dos cosas. Primero, esforzarse en sonreír. Si está solo, silbe o taree o cante. Proceda como si fuera feliz y eso contribuirá a hacerlo feliz. Veamos la forma en que lo dijo el extinto profesor William James:

"La acción parece seguir al sentimiento, pero en realidad la acción y el sentimiento van juntos; y si se regula la acción, que está bajo el control más directo de la voluntad, podemos regular el sentimiento, que no lo está.

"De tal manera, el camino voluntario y soberano hacia la alegría, si perdemos la alegría, consiste en proceder con alegría, actuar y hablar con alegría, como si esa alegría estuviera ya con nosotros..."

Todo el mundo busca la felicidad, y hay un medio seguro para encontrarla. Consiste en controlar nuestros pensamientos. La felicidad no depende de condiciones externas, depende de condiciones internas.

No es lo que tenemos o lo que somos o donde estamos o lo que realizamos, nada de eso, lo que nos hace felices o desgraciados. Es lo que pensamos acerca de todo ello. Por ejemplo, dos personas pueden estar en el mismo sitio, haciendo lo mismo; ambas pueden tener sumas iguales de dinero y de prestigio, y sin embargo una es feliz y la otra no. ¿Por qué? Por una diferente actitud mental. He visto tantos semblantes felices entre los campesinos que trabajan y sudan con sus herramientas primitivas bajo el calor agobiante de los trópicos como los he visto en las oficinas con aire acondicionado en Nueva York, Chicago, Los Ángeles y otras ciudades.

"Nada es bueno o malo —dijo Shakespeare—, sino que el pensamiento es lo que hace que las cosas sean buenas o malas."

Abraham Lincoln señaló una vez que "casi todas las personas son tan felices como deciden serlo". Tenía razón. Hace poco conocí un notable ejemplo de esa verdad. Subía las escaleras de la estación de Long Island, en Nueva York. Frente a mí, treinta o cuarenta niños inválidos, con bastones y muletas, salvaban trabajosamente los escalones. Uno de ellos tenía que ser llevado en brazos. Me asombró la alegría y las risas de todos ellos, y hablé al respecto con uno de los hombres a cargo de los niños. "Ah, sí —me dijo—. Cuando un niño comprende que va a ser inválido toda la vida, queda asombrado al principio; pero, después de transcurrido ese asombro, se resigna generalmente a su destino y llega a ser más feliz que los niños normales."

Sentí deseos de quitarme el sombrero ante aquellos niños. Me enseñaron una lección que espero no olvidar.

Trabajar solo en un cuarto cerrado no sólo lo hace sentir a uno solitario, sino que no da oportunidad de hacer amistades entre los demás empleados de la compañía. La señora María González, de Guadalajara, México, tenía un trabajo así. Envidiaba la camaradería de las demás empleadas cada vez que oía sus charlas y risas. Durante sus primeras semanas en el trabajo, cuando las cruzaba en los pasillos, miraba tímidamente en otra dirección.

Al cabo de unas semanas, se dijo a sí misma: "María, no debes esperar que esas mujeres vengan a ti. Tienes que ir tú hacia ellas". Cuando volvió a salir al pasillo para tomar un vaso de agua, puso su mejor sonrisa y saludó con un "hola, qué tal" a todas las empleadas que encontró. El efecto fue inmediato. Las sonrisas y saludos fueron correspondidos, el pasillo pareció más luminoso, el trabajo más cálido. Se hizo de conocidas, y algunas de ellas llegaron a ser amigas.

Estudie estos consejos de Elbert Hubbard, pero recuerde que ningún provecho le dará su estudio si no los aplica en la vida:

Cada vez que salga al aire libre, retraiga el mentón, lleve erguida la cabeza y llene los pulmones hasta que no pueda más; beba el sol; salude a sus amigos con una sonrisa, y ponga el alma en cada apretón de manos. No tema ser mal comprendido y no pierda un minuto en pensar en sus enemigos. Trate de determinar firmemente la idea de lo que desearía hacer; y entonces, sin cambiar de dirección, irá directamente a la meta. Tenga fija la atención en las cosas grandes y espléndidas que le gustaría hacer, pues, a medida que pasen los días, verá que, inconscientemente, aprovecha todas las oportunidades requeridas para el cumplimiento de su deseo, tal como el zoófito del coral obtiene de la marea los elementos que necesita. Fórjese la idea de la persona capaz, empeñosa, útil, que desea ser, y esa idea lo irá transformando hora tras hora en tal individuo... El pensamiento es supremo. Observe una actitud mental adecuada: la actitud del valor, la franqueza y el buen talante. Pensar bien es crear. Todas las cosas se producen a través del deseo y todas las plegarias sinceras tienen respuesta. Llegamos a identificarnos con aquello en que se fijan nuestros corazones. Lleve, pues, retraído el mentón y erguida la cabeza: Todos somos dioses en estado de crisálida.

Los chinos eran hombres sabios, sabios en las cosas de este mundo, y tenían un proverbio que usted y yo deberíamos recortar y pegar en el tafilete del sombrero. Dice más o menos así: "El hombre cuya cara no sonríe no debe abrir una tienda".

Su sonrisa es una mensajera de bondad. Su sonrisa ilumina la vida de aquellos que la ven. A pesar de haber visto a docenas de personas fruncir el entrecejo, de mal humor o apáticas, su sonrisa sigue siendo como el sol que rompe a través de las nubes. Especialmente cuando alguien se encuentra bajo la presión del patrón, los clientes o maestros, de sus padres o de sus hijos, una sonrisa puede ayudar a comprender que no todo es en vano, que aún hay alegría en el mundo.

Unos años atrás, un gran almacén de la ciudad de Nueva York, reconociendo la presión de trabajo durante la temporada de Navidad por la que pasaban sus empleados, decidió exponer esta filosofía casera en su publicidad a los clientes.

EL VALOR DE LA SONRISA

No cuesta nada, pero crea mucho.

Enriquece a quienes reciben, sin empobrecer a quienes dan.

Ocurre en un abrir y cerrar de ojos, y su recuerdo dura a veces para siempre.

Nadie es tan rico que pueda pasarse sin ella, y nadie tan pobre que no pueda enriquecer por sus beneficios.

Crea la felicidad en el hogar, alienta la buena voluntad en los negocios y es la contraseña de los amigos.

Es descanso para los fatigados, luz para los decepcionados, sol para los tristes, y el mejor antídoto contra las preocupaciones.

Pero no puede ser comprada, pedida, prestada o robada, porque es algo que no rinde beneficio a nadie a menos que sea brindada espontánea y gratuitamente.

Y si en la extraordinaria afluencia de último momento de las compras de Navidad alguno de nuestros vendedores está demasiado cansado para darle una sonrisa, ¿podemos pedirle que nos deje usted una sonrisa suya?

Porque nadie necesita tanto una sonrisa como aquel a quien no le queda ninguna que dar.

REGLA 2

Sonría.

3

SI NO HACE USTED ESTO, VA
A PASARLO MAL

Allá por 1898, en Rockland County, Nueva York, ocurrió un hecho trágico. Había muerto un niño, y ese día los vecinos se preparaban para ir a los funerales. Jim Farley fue al establo para enganchar su caballo en el coche. El suelo estaba cubierto de nieve, el aire era frío; no se ejercitaba al caballo desde hacía días, y cuando se lo llevaba al abrevadero se encabritó juguetonamente, tiró un par de coces al aire, y mató a Jim Farley. La aldehuela de Stony Point tuvo, pues, aquella semana, dos funerales en lugar de uno.

Jim Farley dejó en el mundo a su viuda y tres hijos, y unos centenares de dólares de seguro.

Su hijo mayor, Jim, tenía entonces diez años, y fue a trabajar en un horno de ladrillos, a acarrear arena y volcarla en los moldes, y dar vuelta los ladrillos para secarlos al sol. Este niño Jim no tuvo jamás oportunidad de educarse. Pero con su humor de irlandés poseía especial talante para gustar a la gente, de modo que entró en la política y al pasar los años logró una pasmosa capacidad para recordar nombres ajenos.

Jamás asistió a una escuela secundaria; pero antes de cumplir los 46 años de edad cuatro universidades le habían acordado grados honorarios, había asumido la presidencia del comité nacional del Partido Demócrata, y el cargo de Director General de Correos de los Estados Unidos.

Yo entrevisté una vez a Jim Farley, y le pedí el secreto de sus triunfos. "Trabajar mucho", me dijo, y le contesté: "No haga bromas".

Entonces me preguntó cuál era, a mi juicio, la razón de sus triunfos. "Entiendo —respondí— que recuerda usted el nombre de pila de diez mil personas."

"No. Se equivoca usted —repuso Farley—. Recuerdo el nombre de pila de cincuenta mil personas."

Es preciso tener presente esto. Tal habilidad ayudó al Sr. Farley a llevar a Franklin D. Roosevelt a la Casa Blanca.

Durante los años en que Jim Farley trabajaba como vendedor viajero y durante los años en que ocupó un cargo municipal en Stony Point, perfeccionó un sistema para recordar nombres.

Al principio era muy sencillo. Cada vez que conocía a una persona averiguaba su nombre completo, su familia, sus ocupaciones, y el matiz de sus opiniones políticas. Tenía todos estos hechos en la memoria, y cuando volvía a encontrarse con el mismo hombre, aunque fuera al cabo de un año, podía darle una palmada en la espalda, preguntarle por su esposa e hijos, y por las plantas de su jardín. No extraña, pues, que consiguiera muchos partidarios.

Durante varios meses, antes de empezar la campaña presidencial del Sr. Roosevelt, Jim Farley escribió centenares de cartas por día a personas residentes en toda la extensión de los estados del oeste y del noroeste. Luego subió a un tren y durante diecinueve días recorrió doce mil millas en veinte estados, viajando en tren, coche, automóvil y canoa. Solía llegar a una aldea, reunirse con un grupo de personas para el desayuno, el almuerzo, el té o la comida, y conversar con ellas, francamente, llanamente. Luego emprendía otra etapa de su viaje.

Tan pronto como estuvo de regreso en el este escribió a un hombre de cada población que había visitado, para pedirle una lista de todas las personas con quienes había hablado en cada ocasión. La lista final tenía miles y miles de nombres; y a cada persona de esta lista Farley rindió el sutil agasajo de enviarle una carta personal. Una carta personal del gran personaje, que la dirigía a "Querido Bill" o "Querida Jane", y firmaba simplemente "Jim".

Jim Farley descubrió al principio de su vida que el común de los hombres se interesa más por su propio nombre que por todos los demás de la tierra. Si se recuerda ese nombre y se lo pronuncia con frecuencia, se ha rendido a su dueño un halago sutil y muy efectivo. Pero si se olvida o se escribe mal ese nombre, queda uno en gran desventaja. Por ejemplo, yo organicé cierta vez en París un concurso de oratoria, y envié circulares a todos los norteamericanos que residían en la ciudad. Las dactilógrafas francesas, con poco conocimiento de inglés, escribieron los nombres, y, naturalmente, cometieron muchos errores. Un hombre, gerente de un gran banco norteamericano en París, me escribió una carta furiosa porque su nombre estaba mal escrito.

A veces es difícil recordar un nombre, en especial si es extranjero y difícil. Hay personas que en lugar de tomarse el trabajo de intentar aprenderlo, deciden ignorarlo, o llaman a esa persona por un apodo más fácil. Sid Levy visitaba a un cliente cuyo nombre era Nicodemus Papadoulos. Todos lo llamaban "Nick". Levy nos contó:

—Hice el esfuerzo especial de aprender el nombre, y pronunciarlo varias veces a solas, antes de ir a verlo. Cuando lo saludé llamándolo por su nombre completo: "Buenas tardes, señor Nicodemus Papadoulos", el hombre quedó asombrado. Durante lo que parecieron varios minutos no me respondió nada. Por último, con lágrimas corriéndole por las mejillas, me dijo: "Señor Levy, en los quince años que llevo viviendo en este país, nadie había hecho nunca el esfuerzo de llamarme por mi nombre completo".

¿Cuál fue la razón del triunfo de Andrew Carnegie?

Se lo llamaba el Rey del Acero; pero poco era lo que sabía de la fabricación del acero. A sus órdenes trabajaban centenares de personas que conocían de ese tema mucho más que él.

Pero sabía cómo manejar a las personas, y esto fue lo que lo enriqueció. Al comenzar su vida demostró sus dones para la organización, su genio como dirigente. Cuando tenía diez años ya había descubierto la asombrosa importancia que atribuye la gente a sus propios nombres. Y utilizó ese descubrimiento para obtener cooperación. Por ejemplo: De niño, allá en Escocia, cazó una coneja. Bien pronto tuvo toda una cría de conejitos... y nada con que alimentarlos. Pero se le ocurrió una idea brillante. Dijo a los niños de la vecindad que si le llevaban trébol y hierbas para alimentar a los conejos bautizaría a los animalitos en honor de quienes cooperaban. El plan rindió mágicos resultados; y Carnegie jamás lo olvidó.

Años después ganó millones aplicando la misma psicología a los negocios. Por ejemplo, quería vender rieles de acero al Ferrocarril de Pennsylvania. J. Edgar Thomson era entonces presidente de ese ferrocarril. Y Andrew Carnegie construyó en Pittsburgh una enorme planta de altos hornos a la que puso el nombre de "Edgar Thomson Trabajos de Acero".

No es difícil adivinar a quién se hizo el pedido cuando el Ferrocarril de Pennsylvania necesitó rieles de acero.

Cuando Carnegie y George Pullman trabajaban por lograr la supremacía en la venta de vagones dormitorios, el Rey del Acero volvió a recordar la lección de los conejos.

La empresa Central de Transportación en la cual dominaba Andrew Carnegie, luchaba contra la compañía en que dominaba Pullman. Las dos empresas pugnaban por proveer de vagones dormitorios al Ferrocarril Unión Pacífico: rebajaban los precios, y destruían toda probabilidad de beneficio para la firma que obtuviera el negocio. Carnegie y Pullman habían ido a Nueva York para ver, cada uno por su cuenta, al directorio del ferrocarril. Una noche se encontraron en el Hotel St. Nicholas y Carnegie dijo:

—Buenas noches, Sr. Pullman. ¿No le parece que estamos procediendo como un par de tontos?

—¿Por qué?

Entonces Carnegie expresó las ideas que tenía: una fusión de las dos empresas. Habló con enorme optimismo de las ventajas mutuas que se desprenderían de la cooperación, en lugar de la pugna, entre los dos intereses. Pullman escuchó atentamente, pero no quedó del todo convencido. Por fin preguntó:

—¿Qué nombre tendría la nueva firma?

—Pues, la Pullman Palace Car Company, por supuesto.

Se le iluminó el rostro a Pullman.

—Venga a mi habitación —dijo—. Vamos a conversar del asunto.

Esa conversación hizo historia en la industria de los Estados Unidos.

Esta política de Andrew Carnegie, de recordar y honrar los nombres de sus amigos y allegados, fue uno de sus secretos mejores. Señalaba con orgullo el hecho de que recordaba y llamaba por su nombre de pila a muchos de sus obreros; y se vanagloriaba de que, cuando tuvo personalmente a su cargo los altos hornos, jamás se declaró en ellos una huelga.

Benton Love, presidente del Banco Texas Commerce Bancshares, cree que cuanto mayor es una corporación, más fría se vuelve.

—Un modo de darle calidez —dice—, es recordar los nombres de la gente. El ejecutivo que me dice que no puede recordar nombres, me está diciendo que no puede recordar una parte importante de su trabajo, y está operando sobre arenas movedizas.

Karen Kirsch, de Ranchos Palos Verdes, California, asistente de vuelo de la TWA, se hizo la costumbre de aprender la mayor cantidad posible de nombres de los pasajeros a los que debía atender, y usar esos nombres al servirles. Esto dio por resultado muchas felicitaciones a su servicio, tanto a ella como a su aerolínea. Un pasajero escribió: "Desde hace un tiempo no usaba la TWA para mis viajes, pero en adelante no pienso viajar por otra compañía. Me han hecho sentir que son una compañía muy personalizada, y eso es importante para mí".

Las personas sienten tanto orgullo por sus apellidos, que tratan de perpetuarlos a cualquier costa. Hasta el viejo P. T. Barnum, tan mundano, tan rudo, decepcionado porque no tenía hijos que conservaran su apellido, ofreció a su nieto, C. H. Seeley, veinticinco mil dólares si se agregaba el nombre de Barnum.

Durante siglos los nobles y magnates mantuvieron a artistas, músicos y escritores, con tal que éstos les dedicaran sus creaciones.

Bibliotecas y museos deben sus más ricas colecciones a personas que no pueden allanarse a pensar que sus nombres desaparezcan del recuerdo de la humanidad. La Biblioteca Pública de Nueva York tiene colecciones Astor y Lenox. El Museo Metropolitano perpetúa los nombres de Benjamin Altman y J. P. Morgan. Y casi todas las iglesias se ven embellecidas por ventanales que conmemoran los nombres de los donantes. Muchos de los edificios en la mayoría de las universidades llevan los nombres de quienes contribuyeron con donaciones para su construcción.

La mayoría de la gente no recuerda nombres por la sencilla razón de que no dedican el tiempo y la energía necesarios para concentrar y repetir y fijar nombres indeleblemente en la memoria. Se disculpan diciendo que están demasiado ocupados.

Pero seguramente no lo están más que Franklin D. Roosevelt, quien dedicaba mucho tiempo a recordar hasta los nombres de los mecánicos con quienes entraba en contacto.

Un ejemplo. La organización Chrysler construyó un automóvil especial para el Sr. Roosevelt, que no podía usar un auto corriente por tener paralizadas las piernas. W. F. Chamberlain y un mecánico lo entregaron en la Casa Blanca. Tengo a la vista una carta del Sr. Chamberlain que relata su experiencia.

"Enseñé al Sr. Roosevelt —dice la carta— cómo se maneja un automóvil, con muchos detalles inusitados; pero él me enseñó mucho acerca del arte de tratar con la gente.

"Cuando lo visité en la Casa Blanca, el presidente se mostró muy simpático y animoso. Me llamó por mi nombre, me hizo sentir cómodo, y me impresionó particularmente por el hecho de que estaba vitalmente interesado en las cosas que yo le mostraba y de las que le hablaba. El automóvil estaba construido de manera que se lo pudiera manejar exclusivamente con las manos. Una multitud se reunió para mirar el coche, y el presidente dijo: 'Creo que es maravilloso. Todo lo que hay que hacer es tocar un botón y empieza a andar, y se lo puede dirigir sin esfuerzo. Es notable. No sé cómo lo han podido hacer. Me encantaría tener tiempo para desarmarlo y ver cómo funciona'.

"Cuando los amigos y allegados del presidente admiraron la máquina, el Sr. Roosevelt dijo en mi presencia: 'Sr. Chamberlain, le aseguro que aprecio sobremanera todo el tiempo y los esfuerzos que ha dedicado usted a producir este coche. Es espléndido'. Admiró el radiador, el espejo retrospectivo especial, el reloj, el faro especial, el tapizado, la posición del asiento del conductor, las valijas especiales en el compartimiento de equipajes, con sus iniciales en cada una. En otras palabras, notó todos los detalles que, según sabía él, me habían preocupado más. Se esforzó por hacer notar todos esos detalles a la Sra. de Roosevelt, a la secretaria de Trabajo, Srta. Perkins, y a su secretario. Hasta hizo participar del episodio al viejo portero de la Casa Blanca, a quien comunicó: 'George, tendrás que cuidar especialmente esas valijas'.

"Terminada la lección que le di para manejar el coche, el presidente se volvió hacia mí y dijo: 'Bueno, Sr. Chamberlain, hace treinta minutos que hago esperar a la Junta de Reserva Federal. Creo que haría bien en volver a mi trabajo'.

"Yo había llevado un mecánico a la Casa Blanca, y al llegar lo presenté al Sr. Roosevelt. No habló con el presidente, quien sólo una vez oyó pronunciar su nombre. Era un mozo tímido, y se mantuvo alejado de los demás. Pero antes de retirarse el presidente buscó al mecánico, le dio la mano, lo llamó por su nombre, y le agradeció haber ido a Washington. Su agradecimiento no tenía nada de una falsa cortesía. Decía lo que sentía.

"Pocos días después de regresar a Nueva York recibí una fotografía del presidente Roosevelt, con su autógrafo y una cartita de agradecimiento. No sé cómo tiene tiempo para estas cosas."

Franklin D. Roosevelt sabía que uno de los medios más sencillos, más evidentes y más importantes para conquistar buena voluntad es el de recordar nombres y hacer que los demás se sientan importantes. Pero, ¿cuántos de nosotros hacemos lo mismo?

Cuando nos presentan a un extraño, conversamos con él unos minutos y generalmente no recordamos ya su nombre cuando nos despedimos.

Una de las primeras lecciones que aprende un político es ésta: "Recordar el nombre de un elector es cualidad de estadista. Olvidarlo equivale a ir al olvido político".

Y la capacidad para recordar nombres es casi tan importante en los negocios y los contactos sociales como en la política.

Napoleón III, emperador de Francia y sobrino del gran Napoleón, se envanecía de que, a pesar de todos sus deberes reales, recordaba el nombre de todas las personas a quienes conocía.

¿Su técnica? Muy sencilla. Si no oía claramente el nombre, decía: "Lo siento. No oí bien". Después, si el nombre era poco común, preguntaba cómo se escribía.

Durante la conversación se tomaba el trabajo de repetir varias veces el nombre, y trataba de asociarlo en la mente con las facciones, la expresión y el aspecto general del interlocutor.

Si la persona era alguien de importancia, Napoleón se tomaba más trabajo aun. Tan pronto como quedaba a solas escribía ese nombre en un papel, lo miraba, se concentraba en él, lo fijaba con seguridad en la mente, y rompía después el papel. De esta manera se formaba la impresión visual, además de la impresión auditiva, del nombre.

Todo esto requiere tiempo, pero "los buenos modales —dijo Emerson— se hacen de pequeños sacrificios".

La importancia de recordar y usar nombres no es sólo prerrogativa de reyes y ejecutivos de corporaciones. Nos puede servir a todos. Ken Nottingham, un empleado de la General Motors en Indiana, solía almorzar en la cafetería de la compañía. Notó que la mujer que trabajaba en el mostrador siempre tenía mal ceño.

—Hacía dos horas que estaba haciendo emparedados, y yo no era sino un emparedado más para ella. Pesó el jamón en una pequeña balanza, agregó una hoja de lechuga y un plato con un puñado de papas fritas.

"Al día siguiente, hice la misma cola. La misma mujer, el mismo mal ceño. La única diferencia fue que me fijé en la etiqueta con su nombre en el delantal. Le sonreí y le dije: 'Hola, Eunice', y después le pedí el emparedado que quería. Pues bien, la mujer se olvidó de la balanza, puso una pila de fetas de jamón, tres hojas de lechuga, y una montaña de papas fritas que se me caían del plato."

Deberíamos tener presente la magia que hay en un nombre, y comprender que es algo propio exclusivamente de esa persona, y de nadie más. El nombre pone aparte al individuo; lo hace sentir único entre todos los demás. La información que damos, o la pregunta que hacemos, toma una importancia especial cuando le agregamos el nombre de nuestro interlocutor. Desde la camarera hasta el principal ejecutivo de una empresa, el nombre obrará milagros cuando tratamos con la gente.

REGLA 3

Recuerde que para toda persona, su nombre
es el sonido más dulce e importante
en cualquier idioma.

4

FÁCIL MANERA DE CONVERTIRSE
EN UN BUEN CONVERSADOR

Hace poco fui invitado a jugar al bridge en casa de unos amigos. Yo no juego, y había allí una señora rubia que tampoco jugaba. Descubrió que trabajé con Lowell Thomas, antes de que éste se dedicara a la radiotelefonía, que he viajado por Europa en muchas ocasiones mientras le ayudaba a preparar las conferencias sobre viajes que por entonces pronunciaba.

—¡Oh, Sr. Carnegie! —me dijo esta dama—. Quiero que me hable de todos esos lugares que ha visitado usted.

Al sentarnos en un sofá me hizo saber que acababa de regresar de un largo viaje por África, efectuado en compañía de su esposo.

—¡África! —exclamé—. ¡Qué interesante! Siempre he querido ver África, pero, salvo una vez que estuve veinticuatro horas en Argel, no lo he conseguido jamás. Dígame, ¿visitaron la región de la caza mayor? ¿Sí? ¡Qué hermosura! ¡Cómo la envidio! Hábleme de África.

Cuarenta y cinco minutos habló la dama. Ya no volvió a preguntarme por dónde había estado yo ni qué había visto. No quería oírme hablar de viajes. Todo lo que quería era un oyente interesado, para poder revelar su yo y narrar todas sus experiencias.

¿Era una mujer extraordinaria? No. Hay muchas personas como ella.

Por ejemplo, hace poco encontré a un conocido botánico durante una comida dada en casa de un editor de Nueva York. Jamás había hablado con un botánico, y me pareció sumamente interesante. Me senté, literalmente, al borde de la silla, y escuché absorto mientras hablaba de plantas exóticas, experimentos en el desarrollo de formas nuevas de vida vegetal y jardines de interior y de cosas asombrosas acerca de la humilde papa. Yo tengo en casa un huerto interior, y tuvo este hombre la bondad de indicarme cómo debía resolver alguno de mis problemas.

He dicho que estábamos en una comida. Debe de haber habido otros doce invitados; pero violé todos los cánones de la cortesía e ignoré a todos los demás, y hablé horas y horas con el botánico.

Llegó la medianoche. Me despedí de todos y me marché. El botánico se volvió entonces a nuestro huésped y tuvo referencias muy elogiosas para mí. Yo era "muy estimulante". Yo era esto y aquello; y terminó diciendo que yo era un "conversador muy inteligente".

¿Un conversador inteligente? ¿Yo? ¿Por qué, si apenas había insinuado una palabra? No podría haberla pronunciado sin cambiar de tema, porque no sé de botánica más de lo que sé sobre anatomía del pingüino. Pero había escuchado con atención. Había escuchado porque tenía profundo interés en lo que decía mi interlocutor. Y él lo sabía. Naturalmente, estaba complacido. Esa manera de escuchar es uno de los más altos cumplimientos que se pueden rendir. "Pocos seres humanos —escribió Jack Woodford en *Extraños en el amor*— se libran de la implícita adulación que hay en el oyente absorto." Yo hice más que presentarme como oyente absorto. Fui "caluroso en mi aprobación y generoso en mis elogios".

Le dije que me había entretenido e instruido inmensamente, y así era. Le dije que deseaba tener sus conocimientos, y así era. Le dije que me gustaría recorrer los campos con él, y así era. Le dije que debía verlo de nuevo, y así era.

Y, de tal modo, le hice pensar que yo era un buen conversador cuando, en realidad, no había sido más que un buen oyente y lo había alentado a hablar.

¿Cuál es el misterio, el secreto de una feliz entrevista de negocios? Según Charles W. Eliot, que fue presidente de Harvard, "no hay misterios en una feliz conversación de negocios... Es muy importante prestar atención exclusiva a la persona que habla. Nada encierra tanta lisonja como eso".

El mismo Eliot era un maestro en el arte de escuchar. Henry James, uno de los primeros grandes novelistas norteamericanos y miembro de la facultad de Harvard, recordaba: "La escucha del Dr. Eliot no era mero silencio, sino una forma de actividad. Sentado muy erguido, con las manos unidas en el regazo, sin hacer otro movimiento que el de los pulgares girando uno alrededor del otro más rápido o más lento, enfrentaba a su interlocutor y parecía escuchar con los ojos tanto como con los oídos. Escuchaba con la mente y consideraba atentamente lo que uno tenía que decir, mientras lo decía... Al final de una entrevista con él, la persona que había hablado sentía que sus palabras habían llegado a su destino".

¿Evidente, verdad? No hay necesidad de estudiar cuatro años en Harvard para descubrirlo. Sin embargo, usted y yo conocemos comerciantes que alquilan costosos locales, que compran sus mercaderías económicamente, que adornan sus vidrieras con sapiencia, que gastan mucho dinero en publicidad, y emplean después personal sin el sentido común necesario para ser buenos oyentes, personal que interrumpe a los clientes, los contradice, los irrita, y los echa casi de la tienda.

Una tienda de Chicago estuvo a punto de perder un viejo cliente que hacía compras por varios miles de dólares anuales en esa tienda, por culpa de un empleado que no escuchaba. La señora Henrietta Douglas, que siguió nuestro curso en Chicago, había comprado un abrigo en una liquidación. Cuando llegó con el abrigo a su casa, notó que el forro tenía un desgarrón. Volvió al día siguiente y le pidió a la empleada de ventas que le cambiaran la prenda. La empleada se negó a escuchar su queja.

—Usted lo compró en una liquidación —dijo. Señaló un cartel en la pared—. Lea eso —exclamó—: *"No hay devoluciones"*. Si lo compró, tendrá que llevárselo como está. Cosa usted misma el forro.

—Pero es una mercadería fallada —se quejó la señora Douglas.

—No importa —la interrumpió la empleada—. Si no hay devoluciones, no hay devoluciones.

La señora Douglas estaba a punto de marcharse, indignada, jurando no volver nunca más a esa tienda, cuando se le acercó la gerente de la sección, que la conocía por sus muchos años de comprar allí. La señora Douglas le contó lo que había sucedido.

La mujer escuchó con atención toda la historia, examinó el abrigo, y después dijo:

—Las compras hechas en liquidaciones son "sin devolución", porque es el modo en que nos sacamos de encima toda la mercadería al terminar la temporada. Pero esta política no puede aplicarse a mercadería fallada. Le repararemos o reemplazaremos el forro, o si usted prefiere le devolveremos el dinero.

¡Qué diferencia de tratamiento! Si esa gerente no hubiera aparecido a tiempo para escuchar a la cliente, la tienda habría perdido para siempre a una compradora fiel.

Escuchar es tan importante en la vida cotidiana

de uno como en el mundo de los negocios. Millie Espósito, de Croton-on-Hudson, Nueva York, se había propuesto escuchar cuidadosamente cuando alguno de sus hijos quisiera hablarle. Una noche estaba sentada en la cocina con su hijo Robert, y después de una breve exposición de algo que tenía en mente, Robert dijo:

—Mamá, yo sé que tú me quieres mucho.

La señora Espósito, conmovida, dijo:

—Por supuesto que te quiero mucho. ¿Acaso lo dudabas?

—No —respondió Robert—, pero sé que realmente me quieres porque cada vez que deseo hablarte sobre cualquier cosa, tú dejas de hacer aquello que estás haciendo, y me escuchas.

El protestador crónico, aun el crítico más violento, se suavizará y apaciguará frecuentemente en presencia de un oyente que muestre paciencia y simpatía: un oyente que guarde silencio en tanto el iracundo protestador se dilate como una cobra y suelte el veneno de su sistema. Un ejemplo: La compañía telefónica de Nueva York descubrió hace pocos años que tenía que vérselas con un cliente furioso y amigo de maldecir a las telefonistas. Y cómo las maldecía. Insultaba. Amenazaba hacer pedazos el teléfono. Se negaba a pagar ciertas cuentas que decía eran falsas. Escribía cartas a los diarios. Formuló quejas numerosas a la Comisión de Servicios Públicos e inició varios juicios contra la compañía.

Por fin, uno de los más hábiles "francotiradores" de la empresa fue enviado a entrevistar al cliente. El "francotirador" escuchó y dejó que el iracundo gozara en la expresión de sus quejas. El empleado escuchó y dijo "sí" y demostró su simpatía.

"Siguió gritando y yo escuchando durante casi

tres horas —relataba el 'francotirador' ante nuestra clase—. Volví a verlo y seguí escuchando. Lo entrevisté cuatro veces y antes de terminar la cuarta visita me había convertido en socio de una organización que iba a iniciar. Era la Asociación Protectora de Abonados Telefónicos. Todavía soy miembro de la organización y, por cuanto he podido saber, soy el único, fuera del Sr. X.

"Yo lo escuché y le di la razón en cada uno de los puntos que suscitó en esas conversaciones. Hasta entonces ningún empleado telefónico lo había entrevistado en esa forma, y por fin se hizo muy amigo mío. Durante la primera visita no se mencionó el asunto por el cual lo iba a ver, lo mismo ocurrió en la segunda y en la tercera, pero en la cuarta entrevista dejé completamente resuelto el caso, cobré todas las cuentas y, por primera vez en la historia de sus dificultades con la compañía telefónica, lo convencí de que retirara sus quejas ante la Comisión."

Es indudable que el Sr. X se consideraba el iniciador de una santa cruzada en defensa de los derechos del público contra la explotación inicua. Pero, en realidad, lo que quería era sentirse importante. Lo conseguía protestando y quejándose. Pero tan pronto como su deseo de importancia fue satisfecho por un representante de la empresa, sus presuntos inconvenientes se desvanecieron del todo.

Una mañana, hace años, un furioso cliente penetró en la oficina de Julian F. Detmer, fundador de la Detmer Woolen Company, que después llegó a ser la empresa más grande dedicada a la distribución de tejidos de lana a sastrerías.

"Este hombre —me explicaba el Sr. Detmer— nos debía quince dólares. El cliente lo negaba, pero nosotros sabíamos que estaba errado. Nuestro departamento de crédito insistía, pues, en que pagara.

Después de recibir una cantidad de cartas de ese departamento, hizo su equipaje, viajó hasta Chicago y corrió a mi oficina para informarnos, no solamente de que no iba a pagar esa cuenta, sino que jamás lo veríamos comprar una sola cosa más en la Detmer Woolen Company.

"Escuché pacientemente todo lo que dijo. Sentí tentaciones de interrumpirlo, pero comprendí que eso sería una mala política. Lo dejé hablar y hablar, pues, hasta que se agotó. Cuando por fin se calmó y pareció de mejor talante, le dije:

"—Quiero agradecerle que haya venido a Chicago para decirme esto. Me ha hecho un gran favor, porque si nuestro departamento de crédito lo molesta es posible que también moleste a otros buenos clientes, y tal cosa nos perjudicaría. Créame: estoy más contento de oír esto que usted de decirlo.

"Aquello era lo último que esperaba que le dijera. Creo que quedó un poco decepcionado, porque había ido a Chicago para decirme unas cuantas verdades, y se encontraba con que yo le estaba agradecido, en lugar de enojado. Le aseguré que dejaríamos sin efecto la presunta deuda, porque el cliente era un hombre muy cuidadoso, con una sola cuenta que vigilar, en tanto que nuestros empleados tenían que vigilar miles de cuentas. Por lo tanto, era muy probable que él tuviera razón y nosotros nos equivocáramos.

"Le dije que comprendía exactamente su punto de vista y que, en su lugar, yo habría procedido indudablemente igual que él. Y como no quería comprarnos más mercancías, le recomendé otras fábricas de tejidos.

"En ocasiones anteriores habíamos almorzado juntos cuando iba a Chicago, y esta vez lo invité a almorzar. Aceptó de mala gana, pero cuando volvimos a la oficina nos hizo un pedido mayor que en cualquier ocasión anterior. Volvió a su ciudad mucho más tranquilo y, por el deseo de ser tan justo como habíamos sido nosotros, revisó sus libros, encontró una boleta extraviada, y nos envió un cheque, con una nota en que pedía disculpas.

"Posteriormente, cuando su mujer le dio un hijito, lo bautizó con el nombre de Detmer, y siguió siendo amigo y cliente de nuestra casa hasta que murió, veintidós años más tarde."

Hace años, un pobre niño, un inmigrante holandés, lavaba las ventanas de una panadería, después de ir a la escuela, por cincuenta centavos a la semana, y su familia era tan pobre, que solía salir todos los días a la calle con una cesta a recoger trozos de carbón caídos en las calles. Aquel niño, Edward Bok, no se educó en escuelas más que durante seis años de su vida; pero con el tiempo llegó a ser uno de los más prósperos directores de revistas que ha registrado la historia del periodismo norteamericano. ¿Cómo lo consiguió? La historia es larga, pero se puede referir brevemente la forma en que se inició. Se inició por medio de los principios que se recomiendan en este capítulo.

Salió de la escuela cuando tenía trece años, para emplearse como cadete de oficina de la Western Union, con un sueldo de seis dólares y veinticinco centavos por semana; pero no abandonó por un instante la idea de educarse. Empezó a educarse solo. Ahorró el dinero que debía emplear en transportes, y se pasó muchos días sin almorzar hasta que tuvo suficiente dinero para comprar una enciclopedia de biografías norteamericanas... y entonces hizo una cosa inusitada. Leyó las vidas de hombres famosos, y les escribió pidiéndoles información adicional. Era un buen oyente. Alentaba a personas famosas a hablar de sí mismas. Escribió al general James A.

Garfield, que era entonces candidato a presidente, y le preguntó si era cierto que había sido peón de remolque en un canal; y Garfield le respondió. Escribió al general Grant para inquirir sobre determinada batalla; y Grant le envió un mapa dibujado por él, y lo invitó a comer con él y a pasar la noche charlando. Bok tenía entonces catorce años.

Escribió a Emerson y lo alentó a hablar de su persona. Este mensajero de la Western Union mantenía bien pronto correspondencia con muchas de las personas más famosas del país: Emerson, Phillips Brooks, Oliver Wendell Holmes, Longfellow, la Sra. de Abraham Lincoln, Louisa May Alcott, el general Sherman y Jefferson Davis.

No solamente cruzaba cartas con ellas, sino que tan pronto como obtuvo vacaciones visitó a muchas de estas personas, y fue recibido como un huésped predilecto. Tal experiencia le dio una confianza que fue de valor incalculable para su vida ulterior. Estos hombres y estas mujeres de fama le inculcaron una visión y una ambición que revolucionaron su vida. Y permítaseme repetir que todo esto sólo fue posible por la aplicación de los principios de que hablamos aquí.

Isaac F. Marcosson, que es probablemente el campeón mundial de las entrevistas de celebridades, declaraba que muchas personas no logran causar una impresión favorable porque no escuchan con atención. "Están tan preocupados por lo que van a decir, que no escuchan nada... Hombres famosos me han dicho que prefieren buenos oyentes a buenos conversadores, pero que la habilidad para escuchar parece más rara que cualquier otra cualidad humana."

Y no solamente los grandes hombres desean tener buenos oyentes, sino que también ocurre lo mismo con la gente común. Ya lo dijo la revista

Selecciones del *Reader's Digest* cierta vez: "Muchas personas llaman a un médico, cuando lo que necesitan es alguien que los escuche".

Durante las horas más sombrías de la Guerra Civil, Lincoln escribió a un viejo amigo de Springfield, Illinois, pidiéndole que fuera a Washington. Lincoln decía que tenía algunos problemas que tratar con él. El viejo vecino fue a la Casa Blanca y Lincoln le habló durante horas acerca de la conveniencia de dar una proclama de liberación de los esclavos. Lincoln recorrió todos los argumentos en favor y en contra de tal decisión, y luego leyó artículos periodísticos y cartas, algunos de los cuales lo censuraban por no liberar a los esclavos, en tanto que otros lo censuraban por el temor de que los liberara. Después de hablar y hablar durante horas, Lincoln estrechó la mano de su viejo amigo, se despidió de él y lo envió de regreso a Illinois, sin pedirle siquiera una opinión. Lincoln era el único que había hablado. Esto pareció despejarle la mente: "Pareció sentirse mucho más a sus anchas después de la conversación", relataba después el amigo. Lincoln no quería consejo. Sólo quería un oyente amigo, comprensivo, ante quien volcar sus ideas. Eso es todo lo que nos hace falta cuando nos vemos en dificultades. Eso es, frecuentemente, lo que quiere el cliente irritado, o el empleado insatisfecho, o el amigo disgustado.

Uno de los más grandes en el arte de escuchar, en los tiempos modernos, fue el famoso psicólogo Sigmund Freud. Un hombre que conoció a Freud describió su modo de escuchar: "Me impresionó tanto que no lo olvidaré jamás. Tenía cualidades que nunca he visto en ningún otro hombre. Yo nunca había visto una atención tan concentrada. Y no se trataba en absoluto de una mirada penetrante y agresiva. Sus ojos eran cálidos y simpáticos. Su voz era grave y bondadosa. Gesticulaba poco. Pero la atención que me prestó, su captación de lo que yo decía, aun cuando me expresara mal, eran extraordinarias. *Es indescriptible lo que se siente cuando uno es escuchado así"*.

Si quiere usted que la gente lo eluda y se ría de usted apenas le vuelve la espalda, y hasta lo desprecie, aquí tiene la receta: jamás escuche mientras hablen los demás. Hable incesantemente de sí mismo. Si se le ocurre una idea cuando su interlocutor está hablando, no lo deje terminar. No es tan vivo como usted. ¿Por qué ha de perder el tiempo escuchando su estúpida charla? Interrúmpalo en medio de una frase.

¿Conoce usted a alguien que proceda así? Yo sí, desgraciadamente; y lo asombroso es que algunos de ellos figuran destacadamente en la sociedad.

Majaderos, esto es lo que son: majaderos embriagados por su propio yo, ebrios por la idea de su propia importancia.

La persona que sólo habla de sí, sólo piensa en sí. Y la "persona que sólo piensa en sí mismo —dice el Dr. Nicholas Murray Butler, presidente de la Universidad de Columbia— carece de toda educación". "No es educado —dice el Dr. Butler—, por mucha instrucción que tenga."

De manera que si aspira usted a ser un buen conversador, sea un oyente atento. Para ser interesante, hay que interesarse. Pregunte cosas que su interlocutor se complacerá en responder. Aliéntelo a hablar de sí mismo y de sus experiencias.

Recuerde que la persona con quien habla usted está cien veces más interesada en sí misma y en sus necesidades y sus problemas que en usted y sus problemas. Su dolor de muelas le importa más que una epidemia que mate a un millón de personas en China. Un forúnculo en el cuello significa para él una catástrofe mayor que cuarenta terremotos en África. Piense en eso la próxima vez que inicie una conversación.

REGLA 4

Sea un buen oyente. Anime a los demás a que hablen de sí mismos.

CÓMO INTERESAR A LA GENTE

Todos los que visitaron a Theodore Roosevelt en Oyster Bay quedaron asombrados por la profundidad y la diversidad de sus conocimientos. Fuese un vaquero o un soldado de caballería, un político de Nueva York o un diplomático quien lo visitaba, Roosevelt sabía de qué hablar. ¿Cómo lo lograba? Muy sencilla es la respuesta. Siempre que Roosevelt esperaba a un visitante se quedaba hasta muy tarde, la noche anterior a su llegada, instruyéndose en el tema sobre el cual sabía que se interesaba particularmente el huésped esperado.

Porque Roosevelt no ignoraba, como los grandes líderes, que *el camino real hasta el corazón es hablarle de las cosas que más preciadas le son.*

El cordial William Lyon Phelps, ensayista y profesor de Literatura en Yale, aprendió esta lección al comenzar la vida.

"Cuando tenía ocho años y me encontraba un fin de semana de visita en casa de mi tía Libby Linsley, en Stratford, sobre el Housatonic —escribe Phelps en su ensayo sobre 'Human Nature'—, llegó una noche un hombre maduro, y después de una cortés escaramuza verbal con mi tía volcó su atención en mí. Por aquel entonces me entusiasmaban los botes y los barcos, y el visitante trató este tema de una manera que me pareció sumamente interesante. Cuando se retiró, hablé de él con entusiasmo. ¡Qué hombre! ¡Y cómo se interesaba por la navegación! Mi tía me informó que era un abogado de Nueva York; que no tenía interés alguno en botes ni en barcos.

Pero, ¿por qué no hizo más que hablar de botes?

"—Porque es un caballero —respondió mi tía—. Advirtió que te interesaban los botes, y habló de las cosas que sabía te interesarían y agradarían. Quiso hacerse agradable.

"Nunca olvidé las palabras de mi tía."

Al escribir este capítulo tengo a la vista una carta de Edward L. Chalif, quien se dedicó activamente a la obra de los boy-scouts.

"Un día —escribía el Sr. Chalif— comprobé que necesitaba un favor. Se estaba por realizar una gran convención de boy-scouts en Europa, y quería que el presidente de una de las más grandes empresas del país pagara los gastos de viaje de uno de nuestros niños.

"Afortunadamente, poco antes de ir a ver a este hombre, supe que había extendido un cheque por un millón de dólares y que, después de pagado, y cancelado, le había sido devuelto para que lo pusiera en un marco.

"Lo primero que hice cuando entré a su despacho fue pedirle que me mostrara ese cheque. ¡Un cheque por un millón de dólares! Le dije que no sabía de otra persona que hubiera extendido un cheque por esa suma, y que quería contar a mis niños que había visto un cheque por un millón. Me lo mostró de buena gana; yo lo admiré y le pedí que me dijera cómo había llegado a extenderlo."

Ya habrá notado usted, ¿verdad?, que el Sr. Chalif no empezó a hablar de los boy-scouts ni de la convención en Europa, ni de lo que él quería. Habló sobre lo que interesaba al interlocutor. Veamos el resultado:

"Por fin, el hombre a quien entrevistaba me dijo:

"—Ah, ahora que recuerdo. ¿Para qué vino a verme?

"Se lo dije. Y con gran sorpresa mía, no solamente accedió inmediatamente a lo que le solicitaba, sino que concedió mucho más. Yo le pedía que enviara un solo niño a Europa, y en cambio él decidió enviar a cinco niños, y a mí mismo; me entregó una carta de crédito por mil dólares y me pidió que nos quedáramos siete semanas en Europa. Además, me dio cartas de presentación para los jefes de sus sucursales, a fin de que se pusieran a nuestro servicio; y él mismo nos recibió en París y nos mostró la ciudad. Desde entonces ha dado empleo a algunos de nuestros niños cuyos padres estaban necesitados; y no ha dejado de favorecer jamás a nuestro grupo.

"Pero bien sé que si yo no hubiese descubierto primero el interés principal de este hombre, y no le hubiera hablado de ello, no lo habría encontrado tan fácil de convencer."

¿Es valiosa esa técnica para emplearla en los negocios? Veamos. Tomemos el ejemplo de Henry G. Duvernoy, de la empresa Duvernoy & Sons, una de las mejores panaderías de Nueva York.

El Sr. Duvernoy quería vender pan a cierto hotel de la ciudad. Durante cuatro años había visitado al cliente todas las semanas. Asistía a las mismas fiestas que el gerente. Le hablaba en todas partes. Hasta tomó habitaciones en el hotel y vivió allí para tratar de hacer el negocio. Pero todo sin resultado.

"Entonces —nos dijo el Sr. Duvernoy— estudié relaciones humanas y resolví cambiar de táctica. Decidí investigar qué interesaba a este hombre, qué despertaba su entusiasmo.

"Descubrí que pertenecía a una sociedad de hoteleros llamada Hotel Greeters. No solamente pertenecía a ella sino que, merced a su gran entusiasmo, se le había llevado a la presidencia de la organización, y también a la de la entidad internacional. En cualquier parte donde se efectuaran las convenciones, este hombre asistía siempre, aunque tuviese que volar sobre montañas o cruzar desiertos y mares.

"Así pues, apenas lo vi, al día siguiente, empecé a hablarle de la entidad. ¡Qué respuesta obtuve! Me habló durante media hora acerca de aquel tema, vibrante de entusiasmo. Advertí fácilmente que esta sociedad era su pasatiempo, la pasión de su vida. Antes de salir de su oficina ya me había 'convencido' de que fuera socio de su organización.

"Pero yo no había hablado una palabra del pan. Y unos días más tarde un empleado del hotel me habló por teléfono para que enviara muestras y precios de nuestro producto.

"—No sé —me dijo el empleado— qué ha hecho con el gerente. Pero lo cierto es que está encantado con usted.

"¡Imagínense! Durante cuatro años había perseguido a aquel gerente procurando que me comprara nuestros productos, y todavía lo seguiría buscando si por fin no me hubiese tomado el leve trabajo de saber qué le interesaba y de qué le gustaba hablar."

Edward E. Harriman, de Hagerstown, Maryland, decidió vivir en el hermoso Valle Cumberland de Maryland después de completar su servicio militar. Lamentablemente, en aquel momento había pocos empleos disponibles en la zona. Una pequeña investigación sacó a luz el hecho de que muchas empresas de la región eran propiedad de un hombre que había triunfado espectacularmente en el mundo de los negocios, R. J. Funkhouser, cuyo ascenso de la pobreza a la opulencia intrigó al señor Harriman. No obstante, este empresario tenía fama de inaccesible para la gente que buscaba empleo. El señor Harriman nos escribió:

"Entrevisté a bastante gente, y descubrí que todos los intereses de Funkhouser estaban concentrados en su actividad tras el poder y el dinero. Como se protegía de la gente como yo por medio de una secretaria leal y severa, estudié los intereses y objetivos de ella, y recién entonces hice una visita sin anuncio previo a su oficina. Desde hacía unos quince años esta mujer había sido el satélite que giraba en la órbita del señor Funkhouser. Cuando le dije que tenía una proposición para él que podía resultar en un crédito financiero y político, se interesó. También conversé con ella sobre su participación constructiva en el éxito de su patrón. Después de esta conversación, me concedió una cita con Funkhouser.

"Entré en su enorme e impresionante oficina decidido a no pedir directamente un empleo. El hombre estaba sentado detrás de un gigantesco escritorio, y no bien me vio, tronó:

"—¿Qué pasa con usted, jovencito?

"—Señor Funkhouser —le dije—, creo que puedo hacerle ganar dinero.

"Inmediatamente se levantó y me invitó a sentarme en uno de los sillones. Le hice una lista de mis ideas y también de los antecedentes personales que me ponían en condiciones de hacer realidad esas ideas, subrayando los aspectos en que podrían contribuir a su éxito personal y al de sus empresas.

"'R. J.', como llegué a conocerlo después, me contrató al instante, y durante veinte años he trabajado para él, y he prosperado junto con sus empresas."

Hablar en términos de los intereses de la otra persona es beneficioso para las dos partes. Howard Z. Herzig, líder en el campo de las comunicaciones empresariales, siempre ha seguido este principio. Cuando se le preguntó qué obtenía de ello, el señor

Herzig respondió que recibía una recompensa diferente de cada persona, y que esas recompensas siempre habían dado por resultado una ampliación en su vida.

REGLA 5

Hable siempre de lo que interese a los demás.

CÓMO HACERSE AGRADABLE ANTE LAS PERSONAS INSTANTÁNEAMENTE

Estaba yo en una cola esperando registrar una carta en la oficina de correos de la calle 33 y la octava avenida, en Nueva York. Noté que el empleado de la ventanilla se hallaba aburrido de su tarea: pesar sobres, entregar los sellos, dar el cambio, escribir los recibos, la misma faena, monótonamente, año tras año. Me dije, pues: "Voy a tratar de agradar a este hombre. Evidentemente, para conseguirlo, debo decir algo agradable, no de mí, sino de él. ¿Qué hay en él que se pueda admirar honradamente?" A veces es difícil responder a esto, especialmente cuando se trata de extraños; pero en este caso me resultó fácil. Instantáneamente vi algo que no pude menos que admirar sobremanera.

Mientras el empleado pesaba mi sobre, exclamé con entusiasmo:

—¡Cuánto me gustaría tener el cabello como usted!

Alzó la mirada, sorprendido, pero con una gran sonrisa.

—Sí. Pero ahora no lo tengo tan bien como antes —contestó modestamente.

Le aseguré que si bien podía haber perdido algo de su gloria prístina, era de todos modos un cabello magnífico. Quedó inmensamente complacido. Conversamos agradablemente un rato, y su última frase fue:

—Mucha gente ha admirado mi cabello.

Apuesto a que aquel hombre fue a almorzar encantado de la vida. Apuesto a que fue a su casa y contó el episodio a su esposa. Apuesto a que se miró en un espejo y se dijo: "Es un cabello muy hermoso".

Una vez relaté este episodio en público, y un hombre me preguntó:

—¿Qué quería usted de aquel empleado?

¡Qué quería yo de él!

Si somos tan despreciables, por egoístas, que no podemos irradiar algo de felicidad y rendir un elogio honrado, sin tratar de obtener algo en cambio; si nuestras almas son de tal pequeñez, iremos al fracaso, a un fracaso merecido.

Pero es cierto. Yo quería algo de aquel empleado. Quería algo inapreciable. Y lo obtuve. Obtuve la sensación de haber hecho algo por él, sin que él pudiera hacer nada en pago. Ésa es una sensación que resplandece en el recuerdo mucho tiempo después de transcurrido el incidente.

Hay una ley de suma importancia en la conducta humana. Si obedecemos esa ley, casi nunca nos veremos en aprietos. Si la obedecemos, obtendremos incontables amigos y constante felicidad. Pero en cuanto quebrantemos esa ley nos veremos en interminables dificultades. La ley es ésta: *Trate siempre de que la otra persona se sienta importante.* El profesor John Dewey, como ya lo hemos señalado, dice que el deseo de ser importante es el impulso más profundo que anima al carácter humano; y el profesor William James: "El principio más profundo en el carácter humano es el anhelo de ser apreciado". Como ya lo he señalado, ese impulso es lo que nos diferencia de los animales. Es el impulso que ha dado origen a la civilización misma.

Los filósofos vienen haciendo conjeturas acerca de las reglas de las relaciones humanas desde hace miles de años, y de todas esas conjeturas ha surgido solamente un precepto importante. No es nuevo. Es tan viejo como la historia. Zoroastro lo enseñó a sus discípulos en el culto del fuego, en Persia, hace tres mil años. Confucio lo predicó en China hace veinticuatro siglos. Laotsé, el fundador del taoísmo, lo inculcó a sus discípulos en el valle del Han. Buda lo predicó en las orillas del Ganges quinientos años antes. Jesús lo enseñó entre las pétreas montañas de Judea hace diecinueve siglos. Jesús lo resumió en un pensamiento que es probablemente la regla más importante del mundo: "Haz al prójimo lo que quieras que el prójimo te haga a ti".

Usted quiere la aprobación de todos aquellos con quienes entra en contacto. Quiere que se reconozcan sus méritos. Quiere tener la sensación de su importancia en su pequeño mundo. No quiere escuchar adulaciones baratas, sin sinceridad, pero anhela una sincera apreciación. Quiere que sus amigos y allegados sean, como dijo Charles Schwab, "calurosos en su aprobación y generosos en su elogio". Todos nosotros lo deseamos.

Obedezcamos, pues, la Regla de Oro, y demos a los otros lo que queremos que ellos nos den.

¿Cuándo? ¿Dónde? ¿Cómo? La respuesta es: siempre, en todas partes.

David G. Smith, de Eau Claire, Wisconsin, contó en una de nuestras clases cómo manejó una situación delicada cuando le pidieron que se hiciera cargo del puesto de refrescos en un concierto de caridad.

"La noche del concierto llegué al parque y descubrí que me esperaban dos damas mayores, bastante malhumoradas, junto al puesto de refrescos. Al parecer, ambas creían estar a cargo del proyecto. Mientras yo estaba indeciso, preguntándome qué hacer, se me acercó uno de los miembros del comité organizador y me entregó una caja con cambio, al tiempo que me agradecía haber aceptado dirigir el puesto. A continuación me presentó a Rose y a Jane, que serían mis ayudantes, y se marchó.

"Siguió un largo silencio. Al comprender que esa caja con el cambio para las ventas era un símbolo de autoridad, se la di a Rose diciéndole que yo no podría ocuparme de la parte monetaria, pues no sabía hacerlo, y me sentiría mejor si ella se hacía cargo. De inmediato le sugerí a Jane que se ocupara de dar órdenes a las dos jovencitas que nos habían asignado para atender al público; le pedí que les enseñara a servir y la dejé a cargo de esa parte del asunto.

"Pasamos una velada perfecta, con Rose muy feliz contando el dinero, Jane supervisando a las muchachas, y yo disfrutando del concierto."

No es preciso esperar a que nos elijan embajador en Francia o presidente de la sociedad a que pertenecemos, para emplear esta filosofía del aprecio de los demás. Casi todos los días se pueden obtener resultados mágicos con ella.

Si, por ejemplo, la camarera nos trae puré de papas cuando hemos pedido papas fritas a la francesa, digámosle: "Siento tener que molestarla, pero prefiero las papas a la francesa". Ella responderá: "No es molestia", y se complacerá en satisfacernos, porque hemos demostrado respeto por ella.

Frases insignificantes, como "Lamento molestarlo", "Tendría usted la bondad de...", "Quiere hacer el favor de...", "Tendría usted la gentileza", o "Gracias"; pequeñas cortesías como éstas sirven para aceitar las ruedas del monótono mecanismo de la vida diaria y, de paso, son la seña de la buena educación.

Busquemos otro ejemplo. Las novelas de Hall Caine fueron grandes best-sellers en las primeras décadas del siglo. Millones de personas las han leído. Era hijo de un herrero. No fue a la escuela más que ocho años, y sin embargo cuando murió era el literato más rico de su época.

Su historia es así: Hall Caine tenía predilección por los sonetos y baladas, y devoraba toda la poesía de Dante Gabriel Rossetti. Hasta escribió un artículo en que formulaba el elogio de las realizaciones artísticas del poeta, y envió una copia al mismo Rossetti. Rossetti quedó encantado, y lo probable es que se dijera: "Un joven que tiene tan elevada opinión de mis condiciones debe de ser un joven brillante". Rossetti invitó, pues, al hijo del herrero a que fuese a Londres y trabajara como secretario suyo. Fue aquel el vuelco mayor en la vida de Hall Caine; porque, en su nuevo cargo, conoció a los artistas literarios del momento. Siguiendo sus consejos e inspirado por sus recomendaciones, se lanzó a una carrera que hizo lucir su nombre en el cielo de la literatura.

Su hogar, Greeba Castle, en la Isla del Hombre, llegó a ser la Meca de los turistas de todo el mundo; y cuando murió dejó una herencia de muchos millones de dólares. Pero quizás habría muerto pobre y desconocido si no hubiese expresado su admiración por un hombre famoso.

Tal es el poder, el poder estupendo, de la apreciación sincera.

Rossetti se consideraba importante. Y esto no es extraño, pues casi todos nos consideramos importantes, muy importantes.

Para que la vida de una persona cambie totalmente, puede bastar que alguien la haga sentir importante. Ronald J. Rowland, que es uno de los instructores de nuestro curso en California, es también maestro de artes y oficios. Nos escribió sobre un estudiante de su clase introductora de artesanías, llamado Chris.

"Chris era un chico muy callado y muy tímido,

desprovisto de toda confianza en sí mismo; la clase de estudiante que suele no recibir la atención que merece. Yo doy también una clase avanzada que se ha transformado en una especie de símbolo de status, pues es un privilegio muy especial que un estudiante se gane el derecho de asistir a ella.

"Un miércoles, Chris estaba trabajando con mucho empeño en su mesa. Yo sentía, auténticamente, que dentro de él ardía un fuego oculto. Le pregunté si no le gustaría asistir a la clase avanzada. Cómo me gustaría que hubieran visto la cara de Chris en ese momento, las emociones que embargaban a ese tímido muchachito de catorce años, cómo trataba de contener las lágrimas.

"—¿En serio, señor Rowland? ¿Haré buen papel?

"—Sí, Chris, eres muy bueno.

"En ese momento tuve que alejarme, porque sentía lágrimas en mis propios ojos. Cuando Chris salió de la clase ese día, parecía diez centímetros más alto; me miró con ojos brillantes y me dijo, con voz firme:

"—Gracias, señor Rowland.

"Chris me enseñó una lección que no olvidaré nunca: que en todos nosotros existe un deseo profundo de sentirnos importantes. Para ayudarme a no olvidarlo nunca, hice un cartel que dice: ERES IMPORTANTE. Tengo este cartel colgado en el aula, donde todos lo vean, para recordarme a mí mismo que cada uno de los estudiantes que tengo enfrente es igualmente importante."

La verdad sin ambages es que casi todos los hombres con quienes tropieza usted se sienten superiores a usted en algún sentido; y un camino seguro para llegarles al corazón es hacerles comprender, de algún modo muy sutil, que usted reconoce su importancia, y la reconoce sinceramente.

Recordemos que Emerson dijo: "Todos los hombres que encuentro son superiores a mí en algún sentido; y en tal sentido puedo aprender de todos".

Y lo patético es que frecuentemente las personas con menos razones para sentirse importantes tratan de apagar el sentimiento de insignificancia mediante una clamorosa y tumultuosa muestra exterior de envanecimiento, que es ofensiva y vergonzosa.

En palabras de Shakespeare: "¡Hombre, prodigio de soberbia! investido de su fugaz autoridad, realiza proezas tan fantásticas a la vista de los altos cielos, que los ángeles lloran de pena".

Voy a narrar ahora cómo varios hombres de negocios que seguían mis cursos han aplicado estos principios con notables resultados. Tomemos primero el caso de un abogado de Connecticut, que prefiere que no mencionemos su nombre, a causa de sus parientes. Lo llamaremos señor R.

Poco después de iniciar nuestro curso fue en automóvil con su esposa a visitar a algunos parientes de ésta en Long Island. La esposa lo dejó en casa de una anciana tía, y se fue sola a visitar a otros parientes más jóvenes. Como nuestro hombre tenía que pronunciar en el curso una conferencia sobre la forma en que aplicaba el principio de apreciar la importancia de las otras personas, consideró que podría empezar con la anciana. Miró, pues, a su alrededor, para ver qué podía admirar honradamente.

—Esta casa fue construida alrededor de 1890, ¿verdad? —preguntó.

—Sí —respondió la anciana—. Precisamente en ese año la construyeron.

—Me recuerda mucho la casa en que nací. Es hermosa. Bien construida. Amplia. Bien sabemos que ya no construyen casas así.

—Tiene razón. La gente de hoy no tiene interés por las casas hermosas. Todo lo que quieren es un departamentito y una heladera eléctrica; nunca están en casa. Siempre paseando en sus automóviles.

—Ésta es una casa de ensueño —prosiguió la anciana, con voz vibrante por los recuerdos—. Fue construida con amor. Mi marido y yo soñábamos con ella mucho antes de construirla. No llamamos a un arquitecto. La planeamos por nuestra cuenta.

Le mostró después toda la casa, y nuestro amigo expresó su calurosa admiración por todos los tesoros que la anciana había recogido en sus viajes durante toda su vida: mantillas de encaje, un viejo juego de té inglés, porcelana de Wedwood, camas y sillas francesas, pinturas italianas, y cortinados de seda que habían pertenecido a un castillo francés.

Después de mostrarle toda la casa, la anciana llevó al Sr. R. al garaje. Allí, colocado sobre tacos de madera, había un automóvil Packard, casi nuevo.

—Mi marido compró ese coche poco antes de morir —dijo dulcemente la anciana—. No se lo ha usado después de su muerte... Usted aprecia las cosas bellas, y le voy a regalar este automóvil.

—Pero tía —protestó el Sr. R.—, me abruma usted. Es claro que agradezco su generosidad, pero no podría aceptarlo. No soy siquiera pariente suyo. Tengo un automóvil nuevo, y usted tiene muchos parientes a quienes les gustaría ese Packard.

—¡Parientes! —exclamó la anciana—. Sí, tengo parientes que sólo esperan mi muerte para conseguir ese automóvil. Pero no se los voy a dejar.

—Si no quiere dejarlo a nadie, le será fácil venderlo.

—¡Venderlo! ¿Cree usted que podría vender este coche? ¿Cree que podría admitir que algún extraño recorriera las calles en ese automóvil que mi marido compró para mí? No puedo ni pensar en venderlo. Se lo voy a regalar. Usted aprecia las cosas bellas.

El Sr. R. trató de disuadirla, pero no pudo sin herir sus sentimientos.

Aquella anciana, sola en su casona, con sus tesoros y sus recuerdos, anhelaba un poco de admiración. Había sido joven y hermosa. Había construido una casa entibiada por el amor y había comprado cosas en toda Europa para embellecerla más. Ahora, en la aislada soledad de los años, anhelaba un poco de tibieza humana, un poco de auténtica apreciación, y nadie se la daba. Cuando la encontró, como un manantial en el desierto, su gratitud no podía tener otra expresión adecuada que el obsequio de un automóvil Packard.

Tomemos otro caso. Donald M. McMahon, superintendente de Lewis & Valentine, empresa de jardinería y de arquitectura panorámica de Rye, Nueva York, nos relató este incidente:

"Poco después de escuchar la conferencia sobre 'Cómo ganar amigos e influir sobre las personas', estaba yo dedicado a trazar los jardines en la finca de un famoso abogado. El propietario salió a darme algunas indicaciones sobre los sitios donde quería que se plantaran los rododendros y las azaleas.

"—Juez —le dije—, tiene usted un hermoso pasatiempo. He podido admirar los espléndidos perros que cría usted. Sé que todos los años ganan muchos premios en la exposición canina de Madison Square Garden.

"Fue sorprendente el efecto de esta pequeña muestra de apreciación.

"—Sí —respondió el juez—. Me entretengo mucho con los perros. ¿Le gustaría ver la perrera?

"Pasó casi una hora mostrándome los perros y los premios conquistados. Hasta buscó sus 'pedigrees' y explicó las líneas de sangre que daban

150

por resultado tanta belleza e inteligencia canina. Por fin se volvió a mí y preguntó:

"—¿No tiene usted un hijito?

"—Sí.

"—Bien, ¿no le gustaría tener un perrito?

"—Oh, es claro. Estaría encantado.

"—Bien. Le voy a regalar uno.

"Empezó a decirme cómo debía alimentarlo, pero luego se interrumpió.

"—Se va a olvidar usted —dijo—, si se lo digo. Le voy a escribir todo lo necesario.

"Entró en su casa, escribió a máquina el 'pedigree' y las instrucciones para el cuidado del perrito y me regaló un cachorro que valía cientos de dólares, además de una hora y quince minutos de su valioso tiempo, exclusivamente porque yo había admirado honradamente su pasatiempo."

George Eastman, famoso en relación con las cámaras Kodak, inventó la película transparente, que hizo posible la cinematografía actual, reunió una fortuna de cien millones de dólares, y llegó a ser uno de los más famosos hombres de negocios de la tierra. A pesar de todo esto, anhelaba que se reconocieran sus méritos, tanto como usted o yo.

Un ejemplo. Hace muchos años, Eastman decidió construir la Escuela de Música Eastman, en Rochester, además del Kilbourn Hall, un teatro en homenaje a su madre. James Adamson, presidente de la empresa Superior Seating Company, de Nueva York, quería obtener el pedido de las butacas para los dos edificios. Después de comunicarse telefónicamente con el arquitecto encargado de los planos, el Sr. Adamson fijó una entrevista con el Sr. Eastman en Rochester.

Cuando llegó allí, el arquitecto le dijo:

—Sé que usted quiere obtener este pedido; pero

desde ahora le advierto que no tendrá ni un asomo de probabilidad si hace perder más de cinco minutos de tiempo al Sr. Eastman. Está muy ocupado. Diga rápidamente, pues, lo que quiere y márchese.

Adamson estaba dispuesto a seguir el consejo.

Cuando se le hizo entrar en el despacho, notó al Sr. Eastman doblado sobre una pila de papeles que tenía encima del escritorio. En seguida el Sr. Eastman alzó la vista, se quitó los anteojos y caminó hacia el arquitecto y el Sr. Adamson, diciendo:

—Buen día, caballeros, ¿qué puedo hacer por ustedes? El arquitecto hizo la presentación, y entonces el Sr. Adamson inició la conversación:

—Mientras esperábamos que usted se desocupara, Sr. Eastman, he podido admirar esta oficina. Le aseguro que no me importaría trabajar si tuviera para ello una oficina así. Ya sabe usted que me dedico a los trabajos de decoración interior en madera, y jamás he visto una oficina más hermosa.

—Me hace recordar usted algo que casi tenía olvidado. ¿Es hermosa, verdad? Me gustaba cuando recién construida. Pero ahora llego con muchas cosas en la cabeza y no me fijo siquiera en la oficina durante muchas semanas —respondió Eastman.

Adamson se acercó a una pared y pasó la mano por un panel.

—Esto es roble inglés, ¿verdad? La textura es algo diferente del roble italiano.

—Sí. Es roble inglés importado. Fue elegido especialmente por un amigo que se especializa en maderas finas.

Luego Eastman le mostró toda la habitación, señalando las proporciones, los colores, las tallas a mano y otros efectos que había contribuido a proyectar y ejecutar personalmente.

Mientras andaban por la habitación, admirando el ambiente, se detuvieron junto a una ventana y George

Eastman, con su voz suave, modesta, señaló algunas de las instituciones por cuyo intermedio trataba de ayudar a la humanidad: la Universidad de Rochester, el Hospital General, el Hospital Homeopático, el Hogar Amigo, el Hospital de Niños. El Sr. Adamson lo felicitó calurosamente por la forma idealista en que empleaba su riqueza con el fin de aliviar los sufrimientos humanos. Poco después George Eastman abrió una caja de cristal y sacó la primera cámara de que había sido dueño: un invento adquirido a un inglés.

Adamson lo interrogó largamente acerca de sus primeras luchas para iniciarse en los negocios, y el señor Eastman habló con franqueza de la pobreza de su niñez, relató cómo su madre viuda había atendido una casa de pensión mientras él trabajaba en una compañía de seguros. El temor a la pobreza lo perseguía día y noche, hasta que resolvió ganar dinero suficiente para que su madre no tuviera que trabajar tan duramente en la casa de pensión. Adamson le hizo nuevas preguntas y escuchó, absorto, mientras el famoso inventor relataba la historia de sus experimentos con placas fotográficas secas. Contó Eastman cómo trabajaba en una oficina todo el día y a veces experimentaba toda la noche, durmiendo solamente a ratos, mientras operaban los productos químicos, hasta el punto de que a veces no se quitó la ropa durante setenta y dos horas seguidas.

James Adamson había entrado en la oficina de Eastman a las 10.15, con la advertencia de que no debía estar más de cinco minutos; pero pasó una hora, pasaron dos horas, y seguían hablando.

Por fin, George Eastman se volvió a Adamson y le dijo:

—La última vez que estuve en el Japón compré unas sillas, las traje y las puse en la galería del sol. Pero el sol ha despellejado la pintura, y el otro día fui a la ciudad, compré pintura y pinté yo mismo las sillas. ¿Le gustaría ver qué tal soy como pintor? Bueno. Venga a casa a almorzar y se las mostraré.

Después del almuerzo el Sr. Eastman mostró a Adamson las sillas que había comprado en el Japón. No valían más que unos pocos dólares, pero George Eastman, que había ganado cien millones en los negocios, estaba orgulloso de sus sillas, porque él mismo las había pintado.

El pedido de butacas representaba una suma de noventa mil dólares. ¿Quién les parece que lo consiguió, James Adamson o un competidor?

Desde aquel día hasta la muerte del Sr. Eastman, James Adamson fue un íntimo amigo suyo.

Claude Marais, dueño de un restaurante en Rouen, Francia, usó esta regla y salvó a su restaurante de la pérdida de un empleado importante. Se trataba de una mujer, que hacía cinco años que trabajaba para él y era un enlace esencial entre Marais y sus veintidós empleados. Quedó muy perturbado al recibir el telegrama de ella anunciándole su renuncia. El señor Claude Marais nos contó:

"Me sentía no sólo sorprendido sino, más aun, decepcionado, porque sabía que había sido justo con ella, y la había tratado bien. Pero, al ser una amiga además de una empleada, era posible que yo la hubiera descuidado un poco y le hubiera exigido más que a mis otros empleados.

"Por supuesto, no podía aceptar su renuncia así como así. La llevé aparte y le dije:

"—Paulette, debe entender que no puedo aceptar su renuncia. Usted significa mucho para mí y para la compañía, y es tan responsable como lo soy yo mismo del éxito de nuestro restaurante.

"Después repetí lo mismo delante de todo el

personal, y la invité a mi casa y le reiteré mi confianza, con toda mi familia presente.

"Paulette retiró su renuncia, y hoy puedo confiar en ella más que nunca antes. Y me tomo el trabajo de expresarle periódicamente mi aprecio por lo que hace, y reiterarle lo importante que es para mí y para el restaurante."

"Hábleles a las personas de ellas mismas —dijo Disraeli, uno de los hombres más astutos que han gobernado el Imperio Británico— y lo escucharán por horas."

REGLA 6

Haga que la otra persona se sienta importante, y hágalo sinceramente.

En pocas palabras

SEIS MANERAS DE AGRADAR A LOS DEMÁS

REGLA 1
Interésese sinceramente por los demás.

REGLA 2
Sonría.

REGLA 3
Recuerde que para toda persona,
su nombre es el sonido
más dulce e importante en cualquier idioma.

REGLA 4
Sea un buen oyente. Anime a los demás
a que hablen de sí mismos.

REGLA 5
Hable siempre de lo que interese a los demás.

REGLA 6
Haga que la otra persona se sienta importante
y hágalo *sinceramente*.

Tercera Parte

LOGRE QUE LOS DEMÁS PIENSEN COMO USTED

NO ES POSIBLE GANAR UNA DISCUSIÓN

Poco después de terminada la guerra aprendí una lección inolvidable. Estaba entonces en Londres, como apoderado de Sir Ross Smith. Durante la guerra, Sir Ross había sido el as australiano en Palestina; y, poco después de lograda la paz, dejó atónito al mundo con un vuelo de treinta días sobre la mitad de su circunferencia terrestre. Jamás se había intentado una hazaña así. El gobierno australiano lo premió con cincuenta mil dólares; el Rey de Inglaterra lo nombró caballero del Imperio; y por un tiempo fue el hombre de quien más se hablaba en todo ese Imperio. Una noche concurrí a un banquete que se servía en honor de Sir Ross; durante la comida, el comensal sentado a mi lado narró un relato humorístico basado en la cita: "Hay una divinidad que forja nuestros fines, por mucho que queramos alterarlos".

El comensal dijo que esta cita era de la Biblia. Se equivocaba. Yo lo sabía. Lo sabía positivamente. No me cabía ni asomo de duda. Y así, pues, para satisfacer mis deseos de importancia y exhibir mi superioridad, me designé corrector honorario, sin que nadie me lo pidiera y con evidente desgano por parte del interesado. Éste insistió en su versión. ¿Qué? ¿De Shakespeare? ¡Imposible! ¡Absurdo! Esa cita era de la Biblia. ¡Bien lo sabía él!

El narrador estaba sentado a mi derecha; y el Sr. Frank Gammond, viejo amigo mío, a mi izquierda. Gammond había dedicado muchos años al estudio de Shakespeare. El narrador y yo convinimos en someter la cuestión al señor Gammond. Éste escuchó, me dio un puntapié por debajo de la mesa, y dijo:

—Dale, este señor tiene razón. La cita es de la Biblia.

En camino a casa aquella noche dije al Sr. Gammond:

—Frank, bien sabes que esa cita era de Shakespeare.

—Sí, es claro. Hamlet, acto V, escena 2. Pero estábamos allí como invitados a una fiesta, querido Dale. ¿Por qué demostrar a un hombre que se equivoca? ¿Has de agradarle con eso? ¿Por qué no dejarle que salve su, dignidad? No te pidió una opinión. No le hacía falta. ¿Por qué discutir con él? Hay que evitar siempre el ángulo agudo.

"Hay que evitar siempre el ángulo agudo." Ha muerto ya el hombre que dijo esto, pero la lección que me dio sigue su curso.

Era una lección muy necesaria para mí, un discutidor inveterado. En mi juventud había discutido de todo con mi hermano. En el colegio estudié lógica y argumentación, y participé en torneos de debate. Posteriormente, en Nueva York, dicté cursos sobre debate y argumentación; y una vez, me avergüenza confesarlo, pensé escribir un libro sobre el tema. Desde entonces he escuchado, criticado, participado y estudiado los efectos de miles de discusiones. Como resultado de todo ello he llegado a la conclusión de que sólo hay un modo de sacar la mejor parte de una discusión: evitarla. Evitarla como se evitaría una víbora de cascabel o un terremoto.

Nueve veces de cada diez, cuando termina la discusión cada uno de los contendientes está más convencido que nunca de que la razón está de su parte.

No se puede ganar una discusión. Es imposible

porque, si se pierde, ya está perdida; y si se gana, se pierde. ¿Por qué? Pues, suponga usted que triunfa sobre el rival, que destruye sus argumentos y demuestra que es *non compos mentis*. ¿Y qué? Se sentirá usted satisfecho. Pero, ¿y él? Le ha hecho sentirse inferior. Ha lastimado su orgullo. Ha hecho que se duela de ver que usted triunfa. Y "un hombre convencido contra su voluntad sigue siendo de la misma opinión".

Hace años, un belicoso irlandés llamado Patrick J. O'Haire ingresó en una de mis clases. Tenía poca instrucción pero ¡cómo le gustaba discutir! Había sido chofer y se inscribió en mis cursos porque trataba por entonces, sin mucho resultado, de vender camiones. Unas pocas preguntas permitieron destacar el hecho de que no hacía más que discutir y pelear con las personas a quienes quería vender sus camiones. Si un presunto comprador decía algo en contra de los camiones que vendía, Pat se enceguecía y se lanzaba al ataque. Él mismo nos lo contaba:

—A menudo he salido de la oficina de un futuro cliente diciéndome: Se las he cantado claras a ese pajarraco. —Sí, es cierto que se las había cantado claras, pero no le había vendido nada.

Mi primer problema no fue el de enseñar a Patrick J. O'Haire a hablar. Mi misión inmediata era enseñarle a abstenerse de hablar y evitar las luchas verbales.

El Sr. O'Haire es ahora uno de los mejores vendedores que tiene en Nueva York la White Motor Company. ¿Cómo lo ha conseguido? Escuchemos su relato:

"Si entro ahora en la oficina de un presunto comprador y me dice:

"—¿Qué? ¿Un camión White? ¡No sirven para

nada! Yo no usaría uno aunque me lo regalaran. Voy a comprar un camión Tal.

"Yo le respondo:

"—Amigo mío, escúcheme. El camión Tal es muy bueno. Si lo compra no se arrepentirá. Los camiones Tales son fabricados por una buena compañía.

"El presunto comprador queda sin habla entonces. Ya no hay terreno para discutir. Si me dice que el Tal es el mejor camión, y yo asiento, tiene que callarse. No se puede pasar el día diciendo: 'Es el mejor', cuando yo estoy de acuerdo. Abandonamos entonces el tema del camión Tal y yo empiezo a hablar de las condiciones del camión White.

"Hubo una época en que si una persona me hubiera hablado así yo habría perdido el tino. Habría empezado a discutir contra el Tal; y cuanto más hablara tanto más discutiría el comprador, en favor del rival; y cuanto más discutiera el comprador, tanto más fácil sería a los rivales vender su camión.

"Al recordar ahora aquellas cosas, me pregunto cómo pude vender jamás un camión. Perdí muchos años de vida por discutir y pelear. Ahora cierro la boca. Da mejor resultado."

Ya lo dijo Benjamin Franklin:

"Si discute usted, y pelea y contradice, puede lograr a veces un triunfo; pero será un triunfo vacío, porque jamás obtendrá la buena voluntad del contrincante."

Piense, pues, en esto. ¿Qué prefiere tener: una victoria académica, teatral, o la buena voluntad de un hombre? Muy pocas veces obtendrá las dos cosas.

El diario *The Boston Transcript* publicó una vez este significativo epitafio en solfa:

Yacen aquí los despojos de un pobre viajero.
Murió defendiendo su derecho de paso:
Razón le sobraba, estaba en lo justo, lo cierto.
Mas tan muerto está como si hubiera errado.

Puede tener usted razón, puede estar en lo cierto cuando discute; pero en cuanto a modificar el criterio del contendiente lo mismo sería que se equivocara usted en los argumentos.

Frederick J. Parsons, consultor especializado en impuesto a la renta, relataba que durante una hora estuvo discutiendo con un inspector del gobierno sobre cuestión de impuestos: una partida de nueve mil dólares. El Sr. Parsons sostenía que esos nueve mil dólares eran en realidad una deuda incobrable, que jamás serían percibidos y que no debían ser afectados por el impuesto.

—¡Nada de deudas incobrables! —respondió el inspector—. Hay que pagar el impuesto.

"Este inspector —narraba el Sr. Parsons ante nuestra clase— era arrogante y empecinado. Razonar con él estaba de más; señalar los hechos también... Cuanto más discutíamos, tanto más empecinado se ponía. Decidí entonces evitar la discusión, cambiar de tema, y hacerle ver mi apreciación por su importancia.

"—Supongo —le dije— que este asunto es pequeño en comparación con las decisiones realmente importantes y difíciles que tendrá que adoptar usted tantas veces. Yo he estudiado la cuestión impositiva, pero sólo en los libros. Usted obtiene su conocimiento gracias a. la experiencia. A veces desearía tener un empleo como el suyo. Así podría aprender muchas cosas.

"Dije francamente lo que sentía al respecto. Pues bien: el inspector se irguió en su silla, se echó hacia atrás y conversó largamente acerca de su trabajo, de los hábiles fraudes que había descubierto. Su tono se hizo gradualmente más amistoso; y por fin empezó a hablarme de sus hijos. Al despedirse, me prometió espontáneamente que estudiaría mejor mi problema y en pocos días me haría conocer su decisión.

"Tres días más tarde llamó a mi oficina y me informó que había decidido dejar la declaración de impuestos tal como había sido formulada por mí."

Este inspector demostraba una de las debilidades humanas más comunes. Quería sentirse importante; y mientras el Sr. Parsons argumentaba con él, satisfacía ese deseo afirmando bruscamente su autoridad. Pero tan pronto como se admitió su importancia y se detuvo la discusión, cuando pudo revelar ampliamente su yo, se convirtió en un ser humano lleno de simpatía y bondad.

Buda dijo: "El odio nunca es vencido por el odio sino por el amor", y un malentendido no termina nunca gracias a una discusión sino gracias al tacto, la diplomacia, la conciliación, y un sincero deseo de apreciar el punto de vista de los demás.

Lincoln reprendió cierta vez a un joven oficial del ejército porque se había dejado llevar a una violenta controversia con un compañero. Y Lincoln dijo así: "No debe perder tiempo en discusiones personales la persona que está resuelta a ser lo más que pueda, y menos todavía debe exponerse a las consecuencias, incluso la ruina de su carácter y la pérdida de su serenidad. Ceded en las cosas grandes sobre las cuales no podéis exhibir más que derechos iguales; y ced en las más pequeñas aunque os sean claramente propias. Mejor es dar paso a un perro, que ser mordido por él al disputarle ese derecho. Ni aun matando al perro se curaría de la mordedura".

En un artículo aparecido en "Bits and Pieces"*, se publicaron algunas sugerencias para impedir que un desacuerdo se transforme en una discusión:

Acepte el desacuerdo. Recuerde el eslogan: "Cuando dos socios siempre están de acuerdo, uno de ellos no es necesario". Si hay algo que se le ha pasado por alto, agradezca a quien se lo recuerde. Quizá este desacuerdo es su oportunidad de corregirse antes de cometer un grave error.

Desconfíe de su primera impresión instintiva. Nuestra primera reacción natural en una situación desagradable es ponernos a la defensiva. Puede ser para peor, no para mejor.

Controle su carácter. Recuerde que se puede medir la dimensión de una persona por lo que la irrita.

Primero, escuche. Dele a su oponente la oportunidad de hablar. Déjelo terminar. No se resista, defienda ni discuta. Eso sólo levanta barreras. Trate de construir puentes de comprensión. No construya altos muros de incomprensión.

Busque las áreas de acuerdo. Una vez que haya oído hasta el fin a su oponente, exponga antes que nada los puntos y áreas en que están de acuerdo.

Sea honesto. Busque los puntos donde puede admitir su error, y hágalo. Discúlpese por sus errores. Eso desarmará a sus oponentes y reducirá la actitud defensiva.

* "Trozos y pedazos", publicado por *The Economic Press*, Fairfield N. J.

Prometa pensar y analizar con cuidado las ideas de sus oponentes. Y hágalo en serio. Sus oponentes pueden tener razón. Es mucho más fácil, en este estadio, acceder a pensar en sus posiciones, antes que avanzar a ciegas y verse después en una posición en que sus oponentes puedan decir: "Quisimos decírselo, pero usted no escuchó".

Agradezca sinceramente a sus oponentes por su interés. Cualquiera que se tome el trabajo de presentar y sostener objeciones está interesado en lo mismo que usted. Piénselos como gente que realmente quiere ayudarlo, y haga amigos de sus oponentes.

Posponga la acción de modo que ambos bandos tengan tiempo de repensar el problema. Sugiera realizar otra reunión más tarde ese mismo día, o al día siguiente, para presentar nuevos datos. Al prepararse para esta reunión, hágase algunas preguntas difíciles: ¿Tendrán razón mis oponentes? ¿Tendrán parcialmente razón? ¿Su posición tiene bases o méritos ciertos? ¿Mi reacción solucionará el problema, o sólo impedirá mi frustración? ¿Mi reacción acercará o alejará de mí a mis oponentes? ¿Mi reacción elevará la estima que me tiene la mejor gente? ¿Ganaré o perderé? ¿Qué precio tendré que pagar por ganar? ¿Si no digo nada el desacuerdo se desvanecerá? ¿Esta ocasión tan difícil es una oportunidad para mí?

Jan Peerce, el tenor de ópera, después de casi cincuenta años de matrimonio, observó: "Hace mucho tiempo mi esposa y yo hicimos un pacto que hemos mantenido a pesar de toda la furia que hemos podido llegar a sentir uno hacia el otro. Cuando uno grita, el otro escucha. Cuando dos personas gritan, no hay comunicación, sólo ruido y malas vibraciones".

REGLA 1

La única forma de salir ganando en una discusión es evitándola.

UN MEDIO SEGURO DE CONQUISTAR ENEMIGOS... Y CÓMO EVITARLO

Cuando Theodore Roosevelt estaba en la Casa Blanca, confesó que si podía tener razón en el 75 por ciento de los casos, llegaría a la mayor satisfacción de sus esperanzas.

Si ésa era la más alta proporción que podía esperar uno de los hombres más distinguidos del siglo XX, ¿qué diremos usted o yo?

Si tiene usted la seguridad de estar en lo cierto solamente el 55 por ciento de las veces, ya puede ir a Wall Street, ganar un millón de dólares por día, comprarse un yate, casarse con una corista. Y si no puede estar seguro de hallarse en lo cierto ni siquiera el 55 por ciento de las veces, ¿por qué ha de decir a los demás que están equivocados?

Puede decirse a la otra persona que se equivoca, con una mirada o una entonación o un gesto, tan elocuentemente como con palabras, y si le dice usted que se equivoca, ¿quiere hacerle convenir por usted? ¡Jamás! Porque ha asestado un golpe directo a su inteligencia, su juicio, su orgullo, su respeto por sí mismo. Esto hará que quiera devolverle el golpe. Pero nunca que quiera cambiar de idea. Podrá usted volcar sobre él toda la lógica de un Platón o de un Kant, pero no alterará sus opiniones, porque ha lastimado sus sentimientos.

No empiece nunca anunciando: "Le voy a demostrar tal y tal cosa". Está mal. Eso equivale a decir: "Soy más vivo que usted. Voy a decirle una o dos cosas y le haré cambiar de idea".

Esto es un desafío. Despierta oposición y hace

que quien lo escucha quiera librar batalla con usted, antes de que empiece a hablar.

Es difícil, aun bajo las condiciones más benignas, hacer que los demás cambien de idea. ¿Por qué hacerlo aun más difícil, pues? ¿Por qué ponerse en desventaja?

Si va usted a demostrar algo, que no lo sepa nadie. Hágalo sutilmente, con tal destreza que nadie piense que lo está haciendo.

Así lo expresó Alexander Pope:

"Se ha de enseñar a los hombres como si no se les enseñara.

Y proponerles cosas ignoradas como si fueran olvidadas."

Hace más de trescientos años, Galileo dijo:

"No se le puede enseñar nada a nadie; sólo se lo puede ayudar a que lo encuentre dentro de sí."

Lord Chesterfield dijo así a su hijo:

"Has de ser más sabio que los demás, si puedes; pero no lo digas."

Sócrates decía repetidamente a sus discípulos en Atenas: "Sólo sé que no sé nada".

Bien: no puedo tener ya la esperanza de ser más inteligente que Sócrates; por lo tanto, he dejado de decir a los demás que se equivocan. Y compruebo que rinde beneficios.

Si alguien hace una afirmación que a juicio de usted está errada —si, aun cuando usted *sepa* que está errada— es mucho mejor empezar diciendo: "Bien, escuche. Yo pienso de otro modo, pero quizá me equivoque. Me equivoco con tanta frecuencia... Y si me equivoco, quiero corregir mi error. Examinemos los hechos".

Hay algo de mágico, positivamente mágico, en frases como esas: "Quizá me equivoque". "Me equivoco con tanta frecuencia..."

Nadie en el mundo o fuera de él objetará nada si usted dice: "Quizá me equivoque. Examinemos los hechos".

Uno de los miembros de nuestras clases usaba este método para tratar con sus clientes; era Harold Reinke, concesionario de la empresa Dodge en Billing, Montana. Nos contó que las presiones del negocio de venta de automóviles lo habían llevado a desplegar una dureza inusual al enfrentarse con las quejas de sus clientes. Esto provocaba discusiones, pérdida de negocios y un malestar generalizado.

Le contó a la clase en la que se hallaba:

—Cuando llegué a reconocer que esta actitud me estaba llevando a la quiebra, probé una táctica distinta. Empecé a decir: "En nuestra agencia hemos cometido tantos errores, que con frecuencia me siento avergonzado. Es posible que nos hayamos equivocado en su caso. Dígame cómo fue".

"Este enfoque desarma a los quejosos, y cuando el cliente termina de liberar sus sentimientos suele mostrarse mucho más razonable que antes. De hecho, muchos clientes me han agradecido por mi comprensión. Y dos de ellos incluso han traído amigos a comprar autos a mi agencia. En este mercado tan competitivo, necesitamos siempre más de este tipo de clientes, y creo que mostrando respeto por las opiniones de todos los clientes y tratándolos con diplomacia y cortesía podré ponerme a la cabeza de la competencia."

Jamás se verá en aprietos por admitir que quizá se equivoque. Eso detendrá todas las discusiones y dará a la otra persona el deseo de ser tan justo y ecuánime como usted. Le hará admitir que también él puede equivocarse.

Si usted sabe positivamente que la otra persona se equivoca, y se lo dice usted redondamente, ¿qué ocurre? Tomemos un ejemplo específico. El Sr. S., joven abogado de Nueva York, debatía un caso muy importante, hace poco, ante la Suprema Corte de los Estados Unidos (*Lustgarten v. Fleet Corporation* 280 U.S. 320). Del proceso dependía la posesión de una vasta suma de dinero, y también la dilucidación de una importante deuda legal.

Durante el debate, uno de los ministros de la Corte dijo al Sr. S.:

—El estatuto de limitaciones en derecho marítimo es de seis años, ¿verdad?

El Sr. S. se detuvo, miró al ministro por un momento y contestó después, rotundamente:

—Usía: no hay estatuto de limitaciones en derecho marítimo.

"Se hizo el silencio en la sala del tribunal —decía el Sr. S. al narrar este episodio ante una de nuestras clases— y pareció que la temperatura ambiente había bajado a cero. Yo tenía razón. El ministro de la Corte estaba equivocado. Y yo se lo señalé. Pero, ¿lo bienquisté conmigo? No. Sigo creyendo que en aquel caso el derecho estaba de mi parte. Y sé que defendí mi caso como jamás lo he hecho. Pero no conseguí persuadir al tribunal. Cometí el enorme error de decir a un hombre famoso y muy culto que se equivocaba."

Pocas personas son lógicas. Casi todos tenemos prejuicios e ideas preconcebidas. Casi todos nos hallamos cegados por esas ideas, por los celos, sospechas, temores, envidia y orgullo. Y en su mayoría las personas no quieren cambiar de idea acerca de su religión, o su corte de cabello, o el comunismo, o su astro de cine favorito. De manera que si usted suele decir a los demás que se equivocan, sírvase leer el siguiente párrafo todas las mañanas antes del desayuno. Es del ilustrativo libro *La mente en proceso,* del profesor James Harvey Robinson:

A veces notamos que vamos cambiando de idea sin resistencia alguna, sin emociones fuertes, pero si se nos dice que nos equivocamos nos enoja la imputación, y endurecemos el corazón. Somos increíblemente incautos en la formación de nuestras creencias, pero nos vemos llenos de una ilícita pasión por ellas cuando alguien se propone privarnos de su compañía. Es evidente que lo que nos resulta caro no son las ideas mismas, sino nuestra estima personal, que se ve amenazada... Esa palabrita "mi" es la más importante en los asuntos humanos, y el comienzo de la sabiduría consiste en advertir todo su valor. Tiene la misma fuerza siempre, sea que se aplique a "mi" comida, "mi" perro, y "mi" casa, o a "mi" padre, "mi" patria, y "mi" Dios. No solamente nos irrita la imputación de que nuestro reloj funciona mal o nuestro coche ya es viejo, sino también la de que puede someterse a revisión nuestro concepto de los canales de Marte, de la pronunciación de "Epicteto", del valor medicinal del salicilato, o de la fecha en que vivió Sargón I... Nos gusta seguir creyendo en lo que hemos llegado a aceptar como exacto, y el resentimiento que se despierta cuando alguien expresa duda acerca de cualquiera de nuestras presunciones nos lleva a buscar toda suerte de excusas para aferrarnos a ellas. El resultado es que la mayor parte de lo que llamamos razonamiento consiste en encontrar argumentos para seguir creyendo lo que ya creemos.

Carl Rogers, el eminente psicólogo, escribió en su libro *Realización de una persona**:

* Adaptado de Carl Rogers, *On Becoming a Person,* Boston, Houghton Mifflin Co., 1961, pág. 18 y sigs.

Me ha resultado de enorme valor permitirme comprender a la otra persona. Puede resultarles extraño el modo en que he formulado la frase. ¿Acaso es necesario permitirse comprender a otro? Creo que lo es. Nuestra primera reacción a la mayoría de las proposiciones (que oímos en boca del prójimo) es una evaluación o un juicio, antes que una comprensión. Cuando alguien expresa un sentimiento, opinión o creencia, nuestra tendencia es casi inmediatamente sentir "tiene razón", o "qué estúpido", "es anormal", "es irracional", "se equivoca", "es injusto". Es muy raro que nos permitamos *comprender* precisamente qué sentido le ha dado a sus palabras la otra persona.

Yo encargué una vez a un decorador de interiores que hiciera ciertos cortinados para mi casa. Cuando llegó la cuenta, quedé sin aliento.

Pocos días más tarde nos visitó una amiga, que vio los cortinados. Se mencionó el precio, y la amiga exclamó con una nota de triunfo en la voz:

—¿Qué? ¡Es una enormidad! Parece que se ha dejado engañar esta vez.

¿Era cierto? Sí, era la verdad, pero a pocas personas les gusta escuchar una verdad que es denigrante para su juicio. Por ser humano traté de defenderme. Señalé que lo mejor es con el tiempo lo más barato, que no se encuentra buena calidad y gusto artístico a precios de liquidación, y así por el estilo.

Al día siguiente nos visitó otra amiga, que admiró los cortinados, se mostró entusiasmada, y expresó el deseo de poder estar en condiciones de adquirir cosas parecidas para su hogar. Mi reacción fue del todo diferente.

—Para decirle la verdad —reconocí—, yo no puedo darme estos lujos. Pagué demasiado. Ahora lamento haber encargado esos cortinados.

Cuando nos equivocamos, a veces lo admitimos para nuestros adentros. Y si se nos sabe llevar, con suavidad y con tacto, quizá lo admitamos ante los demás, y acaso lleguemos a enorgullecernos de nuestra franqueza y ecuanimidad en tal caso. Pero no ocurre así cuando otra persona trata de meternos a golpes en la garganta el hecho poco sabroso de que no tenemos razón.

Horace Greeley, el más famoso periodista de los Estados Unidos durante la Guerra Civil, estaba en violento desacuerdo con la política de Lincoln. Creía que podía obligar a Lincoln a convenir con él mediante una campaña de argumentación, burlas e insultos. Libró esta acerba campaña mes tras mes, año tras año. Hasta la noche en que Booth hirió a Lincoln, escribió un ataque personal de tono brutal, amargo, sarcástico, contra el presidente.

Pero, ¿consiguió Greeley, con esta acerbidad, que Lincoln estuviera de acuerdo con él? Jamás. La burla y el insulto no sirven para esto.

Si quiere usted conocer algunas indicaciones excelentes acerca de la manera de tratar con las personas, de dominarse y mejorar su personalidad, lea la autobiografía de Benjamin Franklin, una de las obras más fascinadoras que se han escrito, clásica en la literatura norteamericana.

En esta historia de su vida, Franklin narra cómo triunfó sobre el hábito inicuo de discutir, y se transformó en uno de los hombres más capaces, suaves y diplomáticos que figuran en la historia nacional.

Un día, cuando Franklin era un jovenzuelo arrebatado, un viejo cuáquero, amigo suyo, lo llevó a un lado y le descargó unas cuantas verdades, algo así como esto:

Ben, eres imposible. Tus opiniones son como una cachetada para quien difiera contigo. Tan es así, que ya a nadie interesan tus opiniones. Tus amigos van descubriendo que lo pasan mejor cuando no estás con ellos. Sabes tanto, que nadie te puede decir nada. Por cierto que nadie va a intentarlo siquiera, porque ese esfuerzo sólo le produciría incomodidades y trabajos. Por tal razón, es probable que jamás llegues a saber más de lo que sabes ahora, que es muy poco.

Uno de los rasgos más hermosos que ha tenido Franklin, a mi juicio, es la forma en que aceptó esta dolorosa lección. Tenía ya edad suficiente, y suficiente cordura, para comprender que era exacta, que si seguía como hasta entonces sólo podría llegar al fracaso y a la catástrofe social. Dio, pues, una media vuelta. Comenzó inmediatamente a modificar su actitud insolente, llena de prejuicios.

"Adopté la regla —refiere Franklin en su biografía— de eludir toda contradicción directa de los sentimientos de los demás, y toda afirmación positiva de los míos. Hasta me prohibí el empleo de aquellas palabras o expresiones que significan una opinión fija, como 'por cierto', 'indudablemente', etc., y adopté, en lugar de ellas, 'creo', 'entiendo', o 'imagino' que una cosa es así; o 'así me parece por el momento'. Cuando otra persona aseguraba algo que a mi juicio era un error, yo me negaba el placer de contradecirla abiertamente y de demostrar en seguida algún absurdo en sus palabras: y al responder comenzaba observando que en ciertos casos o circunstancias su opinión sería acertada, pero que, en el caso presente, me parecía que habría cierta diferencia, etc. Pronto advertí las ventajas de este cambio de actitud. Las conversaciones que entablaba procedían más agradablemente; la forma modesta en que exponía mis opiniones les procuraba una recepción más pronta y menos contradicción; me veía menos mortificado cuando notaba que estaba en un error, y conseguía más fácilmente que los otros admitieran sus errores y se sumaran a mi opinión cuando era la justa.

"Y esta manera de actuar, que al principio empleé con cierta violencia en cuanto a las inclinaciones naturales, se hizo con el tiempo tan fácil, y fue tan habitual, que acaso en los últimos cincuenta años nadie ha escuchado de mis labios una expresión dogmática. Y a esta costumbre (después de mi carácter de integridad) considero deber principalmente el hecho de que tuve tanto peso ante mis conciudadanos cuando propuse nuevas instituciones, o alteraciones en las antiguas, y tanta influencia en los consejos públicos cuando fui miembro de ellos; porque yo era un mal orador, jamás elocuente, sujeto a mucha vacilación en mi elección de las palabras, incorrecto en el idioma, y sin embargo generalmente hice valer mis opiniones."

¿Qué resultado dan en los negocios los métodos de Benjamin Franklin? Veamos dos ejemplos.

Katherine A. Allred, de Kings Mountain, Carolina del Norte, es supervisora de ingeniería industrial en una fábrica textil. Le contó a una de nuestras clases cómo manejó un problema delicado antes y después de seguir nuestro curso:

—Parte de mi responsabilidad —dijo—, es crear y mantener sistemas y normas de incentivación para nuestros operarios, de modo que puedan hacer más dinero produciendo más hilados. El sistema que habíamos estado usando funcionaba muy bien cuando sólo teníamos dos o tres tipos diferentes de hilado, pero recientemente ampliamos nuestro inventario e instalaciones de modo de permitirnos producir más de doce variedades diferentes. El sistema actual ya no es adecuado para pagar con justicia a los operarios por el trabajo que realizan dándoles un incentivo para aumentar la producción. Yo había ideado un sistema nuevo que nos permitiría pagarle al operario por la clase de hilado que estuviera produciendo en cada momento. Con mi nuevo sistema en la mano, entré a una reunión de directorio decidida a probar que mi idea era la más adecuada. Les expliqué en detalle en qué se habían equivocado y les mostré lo injustos que habían sido, y les dije que yo tenía todas las respuestas que necesitaban. Para decirlo suavemente, fracasé miserablemente. Me había afanado tanto en defender mi nuevo sistema, que no les había dado oportunidad de admitir decorosamente que el viejo sistema ya no les servía. La cuestión quedó congelada.

"Después de varias clases en este curso, comprendí muy bien dónde había estado mi error. Pedí otra reunión, y esta vez les pregunté dónde creían que tenían problemas. Discutimos cada punto, y les pedí sus opiniones sobre los mejores modos de proceder. Con unas pocas sugerencias lanzadas aquí y allá, dejé que ellos mismos presentaran mi sistema. Al final de la reunión, cuando lo expuse lo aceptaron con entusiasmo.

"Ahora estoy convencida de que no puede lograrse nada bueno, y sí puede hacerse mucho daño, si uno le dice directamente a una persona que está equivocada. Sólo se consigue despojar a esa persona de su autodignidad, y uno queda como un entrometido."

Tomemos otro ejemplo, y recordemos que estos casos son típicos de las experiencias de miles de personas. R. V. Crowley es vendedor en una gran empresa maderera de Nueva York. Crowley admite que durante años estuvo diciendo que se equivocaban a muchos experimentados inspectores de maderas. Y había ganado las discusiones. Pero sin ningún beneficio. "Porque estos inspectores —dijo el

177

Sr. Crowley— son como árbitros de fútbol. Una vez que llegan a una decisión no la cambian más."

El Sr. Crowley comprobó que su empresa perdía mucho dinero gracias a las discusiones que él ganaba. De modo que, mientras seguía uno de mis cursos, resolvió cambiar de táctica y renunciar a las discusiones. ¿Con qué resultados? Veamos el relato que hizo ante sus compañeros de clase.

Una mañana sonó el teléfono de mi oficina. Un hombre acalorado e iracundo procedió a informarme que un camión de madera que habíamos enviado a su fábrica era completamente insatisfactorio. Su firma había dejado de descargarlo y solicitaba que dispusiéramos inmediatamente lo necesario para retirar la mercadería de su corralón. Después de descargada aproximadamente la cuarta parte del envío, el inspector de la empresa informaba que la madera estaba un 55 por ciento por debajo de la calidad normal. En esas circunstancias, la casa se negaba a aceptar el cargamento.

Salí inmediatamente para la fábrica, y en el camino pensé en la mejor manera de resolver la situación. En esas circunstancias, yo habría recordado, ordinariamente, las reglas sobre calidad de la madera, y procurado, como resultado de mi experiencia y mis conocimientos como inspector de maderas, convencer al otro inspector de que la madera era de la calidad requerida, y que él interpretaba erróneamente las reglas de inspección. Pero, en cambio, me decidí a aplicar los principios aprendidos en estos cursos.

Cuando llegué a la fábrica encontré al comprador y al inspector de muy mal talante, dispuestos a discutir y pelear. Llegamos hasta el camión y les pedí que continuaran descargando para poder ver cómo se presentaban las cosas. Pedí al inspector que siguiera en su tarea y dejara a un lado los rechazos, como había venido haciendo, y pusiera las maderas buenas en otra pila.

Después de contemplarlo por un rato comencé a advertir que su inspección era estricta en exceso y que no interpretaba bien las reglas. La madera en cuestión era pino blanco, y yo sabía que el inspector era muy entendido en maderas duras, pero no tenía competencia ni experiencia en cuanto al pino blanco. En cambio, el pino blanco es mi fuerte. Sin embargo, no formulé objeción alguna por la forma en que aquel hombre clasificaba la madera. Seguí mirando, y por fin empecé a preguntar por qué ciertas piezas eran rechazadas. Ni por un instante insinué que el inspector se equivocaba. Destaqué que la única razón de mis preguntas era el deseo de poder dar a la empresa exactamente lo que necesitaba, en los envíos futuros.

Con estas preguntas, hechas siempre en forma amistosa y de cooperación, y con mi insistencia en que tenían razón al rechazar tablones que no les satisfacían, conseguí que las relaciones entre nosotros dejaran de ser tensas. Alguna frase cuidadosamente formulada por mi parte dio origen, en el ánimo del inspector, a la idea de que tal vez algunas de las piezas rechazadas estaban en realidad dentro de la calidad que habría querido comprar, y que las necesidades de la casa requerían una calidad más costosa. Tuve buen cuidado, no obstante, de no hacerle pensar que yo defendía un punto de vista opuesto al suyo.

Gradualmente cambió toda su actitud. Por fin admitió que no tenía experiencia en la clasificación de pino blanco y comenzó a hacerme preguntas acerca de cada una de las piezas que se descargaban. Yo explicaba entonces por qué tal o cual pieza entraba dentro de la calidad especificada en el pedido, pero insistiendo siempre en que no quería que la casa la aceptara si no respondía a sus necesidades. Por fin el inspector llegó al punto de sentirse culpable cada vez que colocaba un tablón en la pila de los rechazos. Y por último comprendió que el error había sido de su empresa, por no especificar en el pedido una calidad tan buena como la que necesitaban.

El resultado final fue que volvió a revisar todo el cargamento después de marcharme yo, que aceptó toda la madera y que recibimos un cheque por el pago total.

En este caso solo, un poco de tacto y la decisión de abstenerse de decir a la otra persona que se equivoca, resultó para mi compañía una economía de una buena cantidad de dinero contante y sonante, y sería difícil fijar el valor monetario de la buena voluntad que se salvó por ese medio.

Una vez le preguntaron a Martin Luther King cómo podía admirar, siendo un pacifista, al General de la Fuerza Aérea Daniel "Chappie" James, que en aquel entonces era el militar negro de más rango en el país. El Dr. King respondió:

—Juzgo a la gente por sus principios, no por los míos.

De modo similar, el General Robert E. Lee le habló una vez al presidente de la Confederación, Jefferson Davis, en los términos más elogiosos, sobre cierto oficial bajo su mando. Otro oficial que estaba presente quedó atónito:

—General —le dijo—, ¿no sabe que el hombre del que habla con tanta admiración es uno de sus peores enemigos, que no pierde ocasión de denigrarlo?

—Sí —respondió el General Lee—. Pero el presidente me pidió mi opinión de él, no la opinión que él tiene de mí.

Pero yo no revelo nada nuevo en este capítulo. Hace diecinueve siglos, Jesucristo dijo: "Ponte rápidamente de acuerdo con tu adversario".

Y 2.200 años antes del nacimiento de Jesucristo, el Rey Akhtoi de Egipto dio a un hijo ciertos consejos muy sagaces, consejos que nos son muy necesarios hoy. "Sé diplomático —le dijo el rey—, te ayudará a obtener tus deseos."

En otras palabras: no hay que discutir con el cliente o con el cónyuge o con el adversario. No le diga que se equivoca, no lo haga enojar; utilice un poco de tacto, de diplomacia.

REGLA 2

Demuestre respeto por las opiniones ajenas.
Jamás diga a una persona que está equivocada.

3

SI SE EQUIVOCA USTED, ADMÍTALO

A un minuto de marcha de mi casa había un amplio terreno con bosques vírgenes, donde las plantas salvajes florecían en la primavera, donde las ardillas hacían sus hogares y criaban a sus hijos, y donde los matorrales crecían hasta tapar a un hombre. Este bosque se llamaba Forest Park, y era un bosque que probablemente no difiriera mucho en aspecto de lo que era cuando Colón descubrió América. Con frecuencia iba a pasear por este bosque con Rex, mi pequeño bullterrier de Boston. Era un perrito amigable, nada dañino, y como rara vez encontrábamos a alguien en el parque, lo llevaba sin collar y sin bozal.

Un día encontramos a un policía montado, un hombre deseoso de mostrar su autoridad.

—¿Qué es eso de dejar al perro suelto en el parque, sin bozal? —me reprendió—. ¿No sabe que es ilegal?

—Sí, lo sé —respondí suavemente—, pero no creí que podría hacer daño aquí.

—¡No *creyó*! ¡No creyó! La ley no se interesa un pepino por lo que usted cree. Ese perro puede matar a una ardilla o morder a un niño. Por esta vez no le diré nada; pero si vuelvo a encontrar a ese perro sin bozal y sin su collar y correa, lo llevaré ante el juez.

Prometí obedecer.

Y obedecí, unas pocas veces. Pero Rex estaba incómodo con el bozal; y a mí me dolía ponérselo, de modo que decidí no colocárselo más. Todo marchó bien por un tiempo, pero de pronto tuvimos un tropiezo. Rex y yo corríamos por un sendero, cierta tarde, cuando repentinamente vi la majestad de la ley, montada en un caballo alazán. Rex corría adelante, directamente hacia el policía.

Yo sabía ya que estaba perdido. No esperé que el policía empezara a hablar. Le gané. Le dije:

—Agente, me ha sorprendido con las manos en la masa. Soy culpable. No tengo excusas ni disculpas. La semana pasada me advirtió usted que si volvía a traer al perro sin bozal me iba a aplicar una multa.

—Sí, es cierto —respondió el agente con tono muy suave—. Pero yo sé que es una tentación dejar que el pobre perrito corra un poco por aquí, cuando no hay nadie cerca.

—Claro que es una tentación, pero es contrario a la ley.

—Bueno, un perrito tan chico no va a hacer daño a nadie —recordó el agente.

—No, pero puede matar a alguna ardilla —insistí.

—Vamos, creo que usted está extremando las cosas. Escúcheme. Déjelo correr más allá de esa colina, donde yo no pueda verlo... y aquí no ha pasado nada.

Aquel agente de policía, por ser humano, quería sentirse importante; cuando yo empecé a condenar mi proceder, la única forma en que él podía satisfacer su deseo de importancia era la de asumir una actitud magnánima.

Pero supongamos que yo hubiera tratado de defenderme... ¿Ha discutido usted alguna vez con la policía?

En lugar de lanzarme a la batalla contra él, admití desde el principio que la razón estaba de su parte, que yo no la tenía; lo admití rápidamente, abiertamente, y con entusiasmo. Y la cuestión terminó agradablemente: él pasó a ocupar mi parte y yo pasé a ocupar la suya.

Si sabemos que de todas maneras se va a demostrar nuestro error, ¿no es mucho mejor ganar la delantera y reconocerlo por nuestra cuenta? ¿No es mucho más fácil escuchar la crítica de nuestros labios que la censura de labios ajenos?

Diga usted de sí mismo todas las cosas derogatorias que sabe está pensando la otra persona, o quiere decir, o se propone decir, y dígalas antes de que ella haya tenido una oportunidad de formularlas, y le quitará la razón de hablar. Lo probable —una probabilidad de ciento a uno— es que su contendiente asuma entonces una actitud generosa, de perdón, y trate de restar importancia al error por usted cometido, exactamente como ocurrió en el episodio del policía montado.

Ferdinand E. Warren, artista comercial, utilizó esta técnica para obtener la buena voluntad de un comprador petulante, irritable.

El Sr. Warren nos narró su experiencia en estos términos:

"Es de suma importancia, al hacer dibujos para fines de publicidad y para los periódicos, ser muy preciso y muy exacto.

"Algunos compradores exigen que sus pedidos sean ejecutados inmediatamente, y en esos casos suelen ocurrir algunos ligeros errores. Yo conocí particularmente a uno que se complacía en encontrar hasta los menores defectos. A menudo he salido de su despacho irritado, no por sus críticas sino por sus métodos de ataque. Hace poco entregué un trabajo apresurado a este comprador y poco después me dijo por teléfono que fuera inmediatamente a su oficina. Cuando llegué encontré lo que esperaba y temía. Estaba lleno de hostilidad, encantado de tener una oportunidad de criticarme. Preguntó, acaloradamente, por qué yo había hecho esto y aquello. Vi una oportunidad para aplicar la autocrítica, según lo recomendado en este curso. Así, pues, le contesté:

"—Señor Fulano, si lo que dice usted es cierto, la culpa es mía y no hay excusas por este error. Después de hacer dibujos para usted durante tanto tiempo, ya debía saber estas cosas. Estoy avergonzado por lo que ocurre.

"El comprador empezó a defenderme inmediatamente.

"—Sí, es cierto —afirmó—, pero al fin y al cabo no es un error muy grave. Es solamente...

"—Cualquier error —le interrumpí— puede resultar costoso, y todos son irritantes.

"Quiso hablar, pero no lo dejé. Yo estaba a mis anchas. Por primera vez en la vida me criticaba a mí mismo, y estaba encantado.

"—Debí tener más cuidado —proseguí—. Usted me encarga mucho trabajo y merece que se le entregue lo mejor. Así, pues, voy a hacer este dibujo de nuevo.

"—¡No, no! —protestó—. Ni piense en tomarse toda esa molestia.

"Elogió después mi trabajo, me aseguró que sólo hacía falta una leve modificación, y que mi ligero error no había costado dinero a su firma; que, al fin y al cabo, era una cuestión de detalle, que no valía la pena preocuparse.

"Mi prontitud en criticarme le había quitado el ansia de pelear. Terminó por invitarme a almorzar, y antes de separarnos me pagó mi trabajo y me encargó otro."

Hay un cierto grado de satisfacción en tener el valor de admitir los errores propios. No sólo limpia el aire de culpa y actitud defensiva, sino que a menudo ayuda a resolver el problema creado por el error.

Bruce Harvey, de Albuquerque, Nuevo México, había autorizado incorrectamente el pago del salario completo a un empleado que tenía licencia por enfermedad. Cuando descubrió su error, llamó al empleado, le explicó la situación y le dijo que para corregir el error tendría que descontar de su siguiente pago el monto completo del exceso pagado antes. El empleado dijo que eso le causaría un grave problema financiero, y pidió que los descuentos se hicieran a lo largo de determinado espacio de tiempo. Harvey le explicó que para hacer esto último necesitaba la aprobación de su supervisor.

—Y yo sabía que esto —nos dijo Harvey—, provocaría una explosión por parte de mi jefe. Mientras trataba de decidir cómo manejar esta situación, comprendí que todo el problema había salido de un error mío, y tendría que admitirlo así.

"Entré en la oficina de mi jefe, le dije que había cometido un error, y después le hice un informe completo de los hechos. Replicó de modo explosivo que era culpa del departamento de personal. Repetí que la culpa era mía. Volvió a explotar contra el descuido del departamento contable. Una vez más le expliqué que la culpa era toda mía. Culpó a otras dos personas de la oficina. Pero cada vez yo repetía que era culpa mía. Al fin me miró y me dijo: 'De acuerdo, es culpa suya. Arréglelo como mejor le parezca'. El error fue corregido y no hubo problemas para nadie. Me sentí muy satisfecho porque pude manejar una situación tensa y tuve el valor de no buscar excusas. Desde entonces mi jefe me respetó más."

Cualquier tonto puede tratar de defender sus errores —y casi todos los tontos lo hacen—, pero está por encima de los demás, y asume un sentimiento de nobleza y exaltación, quien admite los propios errores. Por ejemplo, una de las cosas más bellas que registra la historia de Robert E. Lee es la forma en que se echó toda la culpa por el fracaso de la carga de Pickett en Gettysburg.

La carga de Pickett fue sin duda el ataque más brillante y pintoresco que jamás ha ocurrido en el mundo occidental. El mismo general George E. Pickett era pintoresco. Usaba tan largos los cabellos que sus rizos castaños le tocaban casi los hombros; y, como Napoleón en sus campañas de Italia, escribía ardientes cartas de amor día por día en el campo de batalla. Sus soldados, adictos a él, lo saludaron con vítores aquella trágica tarde de julio en que emprendió la marcha hacia las líneas de la Unión, la gorra requintada sobre la oreja derecha. Le dieron vítores y lo siguieron, hombro contra hombro, fila tras fila, estandartes al viento y bayonetas resplandecientes al sol. Era un gallardo espectáculo. Osado. Magnífico. Un murmullo de admiración corrió por las líneas de la Unión al avistarlo.

Las tropas de Pickett avanzaron con paso fácil, a través de huertos y maizales, a través de un prado, y sobre una quebrada. Pero entretanto los cañones del enemigo destrozaban sus filas. Y ellos seguían, decididos, irresistibles. De pronto la infantería de la Unión se alzó detrás del muro de piedra en el Cerro del Cementerio, donde se había ocultado, y disparó andanada tras andanada contra las fuerzas indefensas que iban avanzando. La cima del cerro era una llamarada, un matadero, un volcán. En pocos minutos, todos los comandantes de brigada, salvo uno, habían caído, y con ellos estaban en el suelo las cuatro quintas partes de los cinco mil hombres que mandaba Pickett.

El general Lewis A. Armistead, que conducía las tropas en el embate final, corrió adelante, saltó sobre el muro de piedra y, agitando la gorra en la punta de la espada, gritó:

—A ellos, muchachos.

Así lo hicieron. Saltaron sobre el muro, hincaron bayonetas en los cuerpos enemigos, aplastaron cráneos con sus mosquetes, y clavaron las banderas del Sur en el Cerro del Cementerio."

Las banderas flamearon allí por un momento apenas. Pero ese momento, breve como fue, resultó el momento supremo para la Confederación.

La carga de Pickett, brillante, heroica, fue no obstante el comienzo del fin. Lee había fracasado. No podía penetrar en el Norte. Y lo sabía. El Sur estaba perdido.

Tan triste, tan atónito quedó Lee, que envió su renuncia y pidió a Jefferson Davis, presidente de la Confederación, que designara a "un hombre más joven y más capaz". Si hubiera querido culpar a cualquier otro jefe por el desastroso fracaso de la carga de Pickett, habría encontrado muchas excusas. Algunos de sus comandantes divisionarios fallaron. La caballería no llegó a tiempo para apoyar el ataque de la infantería. Esto resultó mal y aquello también.

Pero Lee era demasiado noble para culpar a los demás. Cuando los soldados de Pickett, vencidos, ensangrentados, volvieron trabajosamente a las líneas confederadas, Robert E. Lee salió a su encuentro, a solas, y los recibió con una autocrítica que era poco menos que sublime.

—Todo esto —confesó— ha sido por culpa mía. Yo, y solamente yo, he perdido esta batalla.

Pocos generales de la historia han tenido el valor y la fuerza de carácter necesarios para admitir tal cosa.

Michel Cheung, instructor de uno de nuestros cursos en Hong Kong, nos contó que la cultura china presenta algunos problemas especiales, y dijo que a veces es necesario reconocer que los beneficios de aplicar un principio pueden superar las ventajas de mantener una antigua tradición. Tenía un alumno, un hombre maduro, que hacía muchos años estaba distanciado de su hijo. El padre había sido adicto al opio, pero ahora estaba curado. En la tradición china, una persona mayor no puede tomar la iniciativa en un caso como aquél. El padre sentía que le correspondía al hijo dar el primer paso hacia la reconciliación. En una de las primeras clases del curso habló de sus nietos que no conocía, y de lo mucho que deseaba reunirse con su hijo. Los alumnos del curso, todos chinos, comprendieron su conflicto entre su deseo y una antigua tradición. El padre sentía que los jóvenes debían mostrar respeto por sus mayores, y que estaba en lo justo al no ceder a su deseo y esperar a que fuera su hijo quien se acercara a él.

Hacia el fin del curso, el padre volvió a dirigirse a la clase:

—He estado pensando en mi problema —dijo—. Dale Carnegie dice: "Si usted se equivoca, admítalo rápida y enfáticamente". Es demasiado tarde para que yo lo admita rápido, pero puedo hacerlo enfáticamente. Me porté mal con mi hijo. Él tuvo razón en no querer verme y en alejarme de su vida. Puedo perder dignidad al pedirle perdón a una persona más joven, pero fue mi culpa, y es mi responsabilidad admitirlo.

La clase lo aplaudió y le dio todo su apoyo. En la clase siguiente contó que había ido a la casa de su hijo, le había pedido perdón, y ahora había iniciado una nueva relación con su hijo, su nuera y sus nietos a los que al fin había conocido.

Elbert Hubbard fue uno de los autores más originales y que más agitaron a los Estados Unidos, y sus mordaces escritos despertaron a menudo fieros resentimientos. Pero Hubbard, gracias a su rara habilidad para tratar con la gente, convirtió frecuentemente a sus enemigos en amigos.

Por ejemplo, cuando un lector irritado le escribía para decir que no estaba de acuerdo con tal o cual artículo, y terminaba llamando a Hubbard esto y aquello, el escritor solía responder más o menos así:

Ahora que lo pienso bien, yo tampoco estoy muy de acuerdo con ese artículo. No todo lo que escribí ayer me gusta hoy. Me alegro de poder saber lo que opina usted al respecto. Si alguna vez viene por aquí, debe visitarnos, y ya desgranaremos este tema para siempre. A la distancia, con un apretón de manos, soy de usted, muy atentamente.

¿Qué se puede decir a un hombre que nos trata así?

Cuando tenemos razón, tratemos pues de atraer, suavemente y con tacto, a los demás a nuestra manera de pensar; y cuando nos equivocamos —muy a menudo, por cierto, a poco que seamos honestos con nosotros mismos— admitamos rápidamente y con entusiasmo el error. Esa técnica, no solamente producirá resultados asombrosos, sino que, créase o no, nos hará comprender que criticarse es en esas circunstancias mucho más divertido que tratar de defenderse.

Recordemos el viejo proverbio: "Peleando no se consigue jamás lo suficiente, pero cediendo se consigue más de lo que se espera".

REGLA 3

*Si usted está equivocado, admítalo rápida
y enfáticamente.*

4

UNA GOTA DE MIEL

Si se irrita usted y dice unas cuantas cosas a otra persona, usted descarga sus sentimientos. Pero, ¿y la otra persona? ¿Compartirá acaso ese placer suyo? ¿Le será fácil convenir con usted, al oír sus arranques belicosos, y su actitud hostil?

"Si vienes hacia mí con los puños cerrados —dijo Woodrow Wilson— creo poder prometerte que los míos se aprestarán más rápido que los tuyos; pero si vienes a mí y me dices: 'Sentémonos y conversemos y, si estamos en desacuerdo, comprendamos por qué estamos en desacuerdo, y precisamente en qué lo estamos', llegaremos a advertir que al fin y al cabo no nos hallamos tan lejos uno de otro, que los puntos en que diferimos son pocos y los puntos en que convenimos son muchos, y que si tenemos la paciencia y la franqueza y el deseo necesario para ponernos de acuerdo, a ello llegaremos."

Nadie aprecia más que John D. Rockefeller, hijo, la verdad de esta afirmación de Woodrow Wilson. Allá por 1915, Rockefeller era el hombre más despreciado en Colorado. Durante dos años terribles había sacudido a ese estado una de las más cruentas huelgas en la historia de la industria norteamericana. Los mineros, furiosos, belicosos, exigían paga más elevada a la Colorado Fuel & Iron Company; y Rockefeller dominaba en esa compañía. Había habido destrucción de propiedades, y se había llamado a las fuerzas del ejército. Había corrido sangre, habían caído huelguistas alcanzados por las balas.

En un momento como ese, ardiente de odio el aire, Rockefeller quería conquistar a su manera de pensar a todos los huelguistas. Y lo consiguió. ¿Cómo? Veamos cómo. Después de varias semanas dedicadas a conquistar amigos entre ellos, Rockefeller dirigió la palabra a los representantes de los huelguistas. Ese discurso, completo, es una obra maestra. Produjo resultados asombrosos. Calmó las tempestuosas olas de odio que amenazaban envolverlo. Le valió una hueste de admiradores. Presentó los hechos en forma tan amistosa, que los huelguistas volvieron a trabajar sin decir una sola palabra más acerca de los aumentos de salarios por los cuales habían luchado tan violentamente.

Estudiemos la iniciación de ese notable discurso. Veamos que resplandece, literalmente, de amistad.

Recordemos que Rockefeller hablaba a unos hombres que pocos días antes querían colgarlo de la rama más alta de un árbol; pero su discurso no pudo ser más gentil, más amistoso, si lo hubiera dirigido a un grupo de misioneros. Lleno está el discurso de frases como "estoy orgulloso de encontrarme aquí", "después de visitaros en vuestros hogares", "no nos encontramos aquí como extraños, sino como amigos", "espíritu de mutua amistad", "nuestros intereses comunes", "sólo por vuestra cortesía me encuentro aquí".

"Éste es un día de fiesta en mi vida —comenzó Rockefeller—. Es la primera vez que tengo la fortuna de encontrarme con los representantes de los empleados de esta gran compañía, sus funcionarios y superintendentes, todos juntos, y puedo aseguraros que estoy orgulloso de encontrarme aquí, y que mientras viva recordaré esta reunión. Si este mitin se hubiese efectuado hace dos semanas, hubiera estado yo aquí como un extraño para casi todos vosotros, pues sólo habría podido reconocer unas pocas caras. Pero he tenido la oportunidad de visitar durante la última semana todos los campamentos en las minas del sur y de hablar individualmente con casi todos los representantes, salvo los que se habían marchado; después de visitaros en vuestros hogares, y de conocer a muchas de vuestras esposas e hijos, no nos reunimos aquí como extraños, sino como amigos, y en ese espíritu de mutua amistad me complace tener esta oportunidad de discutir con vosotros acerca de nuestros intereses comunes.

"Como se trata de una reunión de funcionarios de la compañía y representantes de los empleados, sólo por vuestra cortesía me encuentro aquí, porque no tengo la fortuna de ser un funcionario ni un empleado; y sin embargo entiendo estar íntimamente asociado con vosotros porque, en cierto sentido, yo represento a la vez a los accionistas y a los directores."

¿No es éste un ejemplo espléndido del arte de convertir a los enemigos en amigos?

Imaginemos que Rockefeller hubiese tomado otro camino. Imaginemos que hubiese discutido con los mineros, y les hubiese dicho cosas desagradables. Imaginemos que, por sus tonos e insinuaciones, les hubiese imputado que se equivocaban. Imaginemos que, con todas las reglas de la lógica, les hubiese demostrado cada uno de sus errores. ¿Qué habría ocurrido? Habría despertado más ira, más odio, más rebelión.

Si el corazón de un hombre está lleno de discordia y malos sentimientos contra usted, no puede usted atraerlo a su manera de pensar ni con toda la lógica de la Creación. Los padres regañones, los patrones mandones y los maridos o esposas rezongones deben comprender que a nadie le gusta cambiar de idea. A nadie es posible obligar por la fuerza a que convenga con usted o conmigo. Pero es posible conducir a la otra persona a ello, si somos suaves y amables.

Ya lo dijo Lincoln hace cerca de cien años. Éstas son sus palabras:

Una vieja y exacta máxima dice que "una gota de miel caza más moscas que un galón de hiel". También ocurre con los hombres que si usted quiere ganar a alguien a su causa, debe convencerlo primero de que es usted un amigo sincero. Ahí está la gota de miel que caza su corazón; el cual, dígase lo que se quiera, es el camino real hacia su razón.

Las personas de negocios van aprendiendo que rinde beneficios el ser amables con los huelguistas. Por ejemplo, cuando dos mil quinientos empleados de la fábrica de la White Motor Company se declararon en huelga, pidiendo aumento de salarios y reconocimiento del sindicato, Robert F. Black, presidente de la empresa, no formuló acres censuras, ni amenazas, ni habló de tiranía y de comunismo. Elogió a los huelguistas. Publicó en los diarios de Cleveland un anuncio en que los felicitaba por la "forma pacífica en que han abandonado sus herramientas". Al ver que los huelguistas que cuidaban que no trabajaran los rompehuelgas estaban ociosos, les compró un par de docenas de palos de béisbol, y los guantes correspondientes, y los invitó a jugar en terrenos baldíos. Para quienes preferían jugar a los bolos, alquiló un local adecuado.

Esta muestra de amistad por parte del Sr. Black logró lo que siempre logra la amistad: engendró más amistad. Entonces los huelguistas consiguieron escobas, palas y carros, y comenzaron a recoger los fósforos, papeles y colillas de cigarros en torno a la fábrica. Imaginemos eso. Imaginemos a unos huelguistas dedicados a limpiar el terreno de la fábrica mientras batallaban por salarios más elevados y por el reconocimiento del sindicato. Jamás se había producido un acontecimiento así en la larga y tempestuosa historia de los conflictos obreros en los Estados Unidos. Esta huelga terminó en menos de una semana con una transacción, y terminó sin rencores ni malos sentimientos.

Daniel Webster, que parecía un dios y hablaba como Jehová, fue uno de los abogados de mayor éxito; pero solía emitir sus argumentos más poderosos con expresiones tan amables como éstas: "Al jurado corresponde considerar", "Quizá valga la pena pensar en esto, caballeros", "Aquí hay algunos hechos que espero no serán perdidos de vista, caballeros", o "Ustedes, señores, con su conocimiento del carácter humano, verán fácilmente el significado de estos hechos". Nada de presión. Ni un intento de forzar las opiniones sobre los demás. Webster utilizaba el método tranquilo, calmo, amistoso, y esto contribuyó a hacerlo famoso.

Tal vez no tenga usted que resolver una huelga o que dirigirse a un jurado jamás, pero acaso quiera obtener una rebaja en el alquiler. ¿Le servirá entonces este método? Veamos.

O. L. Straub, ingeniero, quería que le rebajaran el alquiler. Y sabía que el dueño de casa era un hombre muy enérgico. En una conversación ante nuestra clase relató:

"Escribí al dueño de casa notificándole que iba a dejar el departamento tan pronto como expirara el contrato. La verdad es que no quería mudarme de casa. Quería permanecer en ella, siempre que me redujeran el alquiler. Pero la situación no ofrecía esperanzas. Otros inquilinos lo habían intentado infructuosamente. Pero yo me dije: 'Estoy estudiando la manera de tratar con la gente, de modo que puedo probarlo con él, para ver qué resulta'.

"El dueño de casa y su secretario vinieron a verme tan pronto como recibieron la carta.

"Los recibí en la puerta con amistosa deferencia. Irradiaba buena voluntad y entusiasmo. No empecé a hablar de lo elevado que era el alquiler. Empecé hablando de lo mucho que me gustaba el departamento. Fui 'caluroso en mi aprobación y generoso en mis elogios'. Lo felicité por la forma en que se atendía a los inquilinos y funcionaba la casa de departamentos, y agregué que me encantaría poder seguir otro año allí, pero no me alcanzaba el presupuesto.

"Es evidente que jamás había tenido aquel hombre una recepción así de un inquilino. No sabía qué pasaba.

"Entonces empezó a narrarme sus dificultades. Inquilinos quejosos. Uno había escrito catorce cartas, varias de ellas insultantes. Otro amenazaba desconocer el contrato a menos que el propietario prohibiera roncar al hombre que vivía en el piso superior.

"—Qué consuelo —dijo— es tener un inquilino como usted.

"Y luego, sin que se lo pidiera yo, ofreció reducirme algo el alquiler. Yo quería una rebaja mayor, de modo que indiqué la cifra que podía pagar sin desequilibrar el presupuesto, y el dueño aceptó sin una protesta.

"Cuando se marchaba, se volvió hacia mí y preguntó:

"—¿Cómo quiere que le decoremos el departamento?

"Si yo hubiese tratado de obtener una rebaja de

alquiler por el método de los otros inquilinos, estoy seguro de que habría tropezado con el mismo fracaso que ellos. El triunfo se debió al método amistoso, de simpatía, de apreciación."

Dean Woodcock, de Pittsburgh, Pennsylvania, es superintendente de un departamento de la compañía eléctrica local. Se llamó a personal a su cargo para reparar unos equipos en lo alto de un poste. Antes este tipo de trabajo lo había realizado otro departamento, y hacía poco que la responsabilidad había sido transferida a la sección de Woodcock. Aunque sus hombres estaban preparados para hacerlo, era la primera vez que los llamaban para hacer este tipo de reparaciones. Todo el mundo en la compañía estaba interesado en ver cómo se las arreglarían. El señor Woodcock, varios de sus funcionarios subordinados y gente de otros departamentos fueron a ver la operación. Se reunieron muchos autos y camiones, y una cantidad de gente observaba a los dos hombres que habían subido al poste.

Woodcock vio que un hombre en la calle había salido de su auto con una cámara y estaba tomando fotografías de la escena. El personal de la compañía de electricidad es extremadamente sensible a las relaciones públicas, y de pronto Woodcock comprendió cómo debía de estar viendo el espectáculo el hombre de la cámara: exceso de personal ocioso, docenas de personas sin hacer nada, mirando a dos hombres que hacían su trabajo. Cruzó la calle y fue hacia el fotógrafo.

—Veo que está interesado en nuestra operación.

—Sí, pero mi madre estará más interesada. Ella tiene acciones en la compañía. Esto le abrirá los ojos. Incluso puede decidir que su inversión fue imprudente. Desde hace años vengo diciéndole que en compañías como la suya hay mucha gente ociosa. Esto lo prueba. Y es posible que a los diarios también les interesen las fotos.

—Da esa impresión, ¿no es cierto? Yo pensaría lo mismo en su caso. Pero sucede que es una situación muy especial... —Y explicó de qué se trataba: que era la primera salida de este tipo para su departamento, y todos estaban interesados en ver los resultados, de los ejecutivos para abajo. Le aseguró que bajo condiciones normales, los dos hombres vendrían a trabajar solos. El fotógrafo bajó la cámara, le dio la mano a Woodcock y le agradeció que se hubiera tomado la molestia de explicarle la situación.

La actitud amistosa de Dean Woodcock le ahorró a su compañía una mala publicidad.

Otro miembro de una de nuestras clases, Gerald H. Winn, de Littleron, New Hampshire, nos contó cómo, mediante una actitud amistosa, obtuvo un arreglo muy ventajoso en un caso de reclamo por daños.

—A comienzos de la primavera —contó—, antes de que comenzara el deshielo, hubo una tormenta especialmente fuerte, y el agua, que normalmente se habría escurrido por los desagües, tomó otra dirección al encontrar helados a éstos, y se introdujo en un lote donde yo acababa de construir una casa.

"Al no poder salir, el agua hizo presión contra los cimientos de la casa. Se filtró bajo el piso de concreto del sótano, lo rajó, y el sótano terminó inundado. Esto arruinó la caldera y los calentadores de agua. El costo de las reparaciones superaba los dos mil dólares. Y yo no tenía seguro que cubriera este tipo de daños.

"No obstante, descubrí que el dueño del lote había olvidado hacer un drenaje cerca de la casa, que habría impedido que se produjera el daño. Hice una cita para verlo. Durante el viaje de cuarenta kilómetros hasta su oficina, pensé cuidadosamente en todos los detalles de la situación, y recordé los principios que había aprendido en este curso: decidí entonces que mostrar mi ira no serviría de nada, como no fuera hacerme más difíciles las cosas. Cuando llegué, me mantuve muy tranquilo, y comencé hablando de sus recientes vacaciones al Caribe; después, cuando sentí que había llegado el momento, le mencioné el 'pequeño' problema de los daños que había causado el agua. Accedió inmediatamente a pagar su parte en los arreglos.

"Pocos días después me llamó para decirme que no sólo pagaría todo el arreglo, sino que mandaría hacer un drenaje para impedir que volviera a suceder algo parecido en el futuro.

"Aun cuando la culpa era de él, si yo no hubiera empezado de un modo amistoso, habría tenido muchas dificultades para lograr que pagara una parte de los arreglos."

Hace años, cuando yo era un niño que caminaba descalzo por los bosques hasta una escuela campestre en el noroeste de Missouri, leí una fábula acerca del sol y el viento. Discutieron ambos acerca de cuál era más fuerte, y el viento dijo:

—Te demostraré que soy el más fuerte. ¿Ves aquel anciano envuelto en una capa? Te apuesto a que le haré quitar la capa más rápido que tú.

Se ocultó el sol tras una nube y comenzó a soplar el viento, cada vez con más fuerza, hasta ser casi un ciclón, pero cuanto más soplaba tanto más se envolvía el hombre en la capa. Por fin el viento se calmó y se declaró vencido. Y entonces salió el sol y sonrió benignamente sobre el anciano. No pasó mucho tiempo hasta que el anciano, acalorado por la tibieza del sol, se quitó la capa. El sol demostró entonces al viento que la suavidad y la amistad son más poderosas que la furia y la fuerza.

Los beneficios de la suavidad y la amistad los demuestra cotidianamente la gente que ha aprendido que una gota de miel captura más moscas que un litro de hiel. F. Gale Connor, de Lutherville, Maryland, lo comprobó cuando tuvo que llevar por tercera vez al taller del concesionario a su auto de sólo cuatro meses de vida. Le contó a nuestra clase:

—Ya era evidente que hablar, razonar o gritarle a la gente de la concesionaria no me daría una solución satisfactoria al problema.

"Entré al salón de exposición y pedí ver al dueño de la agencia, el señor White. Tras una corta espera, me hicieron pasar a su oficina. Me presenté, y le dije que había comprado mi auto en su agencia en razón de las recomendaciones de amigos que habían hecho tratos con él. Me habían dicho que los precios eran competitivos, y el servicio excelente. Sonrió con satisfacción al escucharme. Después le expliqué el problema que tenía con el departamento de servicio. 'Pensé que le interesaría enterarse de una situación que podría empañar su buena reputación', le dije. Me agradeció que se lo hubiera hecho notar, y me aseguró que no tendría más problemas. No sólo se ocupó personalmente de mi caso, sino que además me prestó un auto suyo para que usara mientras reparaban el mío."

Esopo era un esclavo griego que vivió en la corte de Creso y que ideó fábulas inmortales seiscientos años antes de Jesucristo. Pero las verdades que enseñó acerca de la naturaleza humana son tan exactas en Boston o en Birmingham ahora como lo fueron veinticinco siglos atrás en Atenas. El sol puede hacernos quitar la capa más rápidamente que el viento; y la bondad, la amabilidad y la apreciación para con el prójimo puede hacerle cambiar de idea más velozmente que todos los regaños y amenazas del mundo.

Recordemos lo que dijo Lincoln: "Una gota de miel caza más moscas que un galón de hiel".

REGLA 4

Empiece en forma amigable.

EL SECRETO DE SÓCRATES

Cuando hable con alguien, no empiece discutiendo las cosas en que hay divergencia entre los dos. Empiece destacando —y siga destacando— las cosas en que están de acuerdo. Siga acentuando —si es posible— que los dos tienden al mismo fin y que la única diferencia es de método y no de propósito.

Haga que la otra persona diga "Sí, sí", desde el principio. Evite, si es posible, que diga "No".

"Un *No* como respuesta —dice el profesor Overstreet*— es un obstáculo sumamente difícil de vencer. Cuando una persona ha dicho *No*, todo el orgullo que hay en su personalidad exige que sea consecuente consigo misma. Tal vez comprenda más tarde que ese *No* fue un error; pero de todos modos tiene que tener en cuenta su precioso orgullo. Una vez dicha una cosa, tiene que atenerse a ella. Por lo tanto, es de primordial importancia que lancemos a una persona en la dirección afirmativa."

El orador hábil obtiene "desde el principio una serie de *Sí*", como respuesta. Con ello ha puesto en movimiento en la dirección afirmativa, los procesos psicológicos de quienes lo escuchan. Es como el movimiento de una bola de billar. Impúlsesela en una dirección, y se necesita cierta fuerza para desviarla; mucha más para enviarla de vuelta en la dirección opuesta.

"Son muy claros aquí los patrones psicológicos.

*Harry A. Overstreet, *Influencing Human Behavior*.

Cuando una persona dice *No* y en realidad quiere decir *Sí*, ha hecho mucho más que pronunciar una palabra de dos letras. Todo su organismo —glandular, nervioso, muscular— se aúna en un estado de rechazo. Suele haber, en un grado diminuto pero a veces perceptible, una especie de retirada física, o de prontitud para la retirada. Todo el sistema neuromuscular, en suma, se pone en guardia contra la aceptación. Por lo contrario, cuando una persona dice *Sí*, no se registra ninguna de estas actividades de retirada. El organismo está en una actitud de movimiento positivo, aceptable, abierta. Por ende, cuantos más *Sí* podamos incluir desde un comienzo, tanto más probable es que logremos captar la atención del interlocutor para nuestra proposición final.

"Es una técnica muy sencilla esta respuesta afirmativa. ¡Y cuán descuidada! A menudo parece que la gente lograra un sentimiento de importancia mediante el antagonismo inicial en una conversación.

"Si hacemos que un estudiante, o un cliente, o un hijo, o un esposo, o una esposa, diga *No* en un comienzo, necesitaremos la sabiduría y la paciencia de los ángeles para transformar esa erizada negativa en una afirmativa."

El empleo de esta técnica del "sí, sí" permitió a James Eberson, cajero del Greenwich Savings Bank, de Nueva York, obtener un nuevo cliente que, en el caso contrario, se habría perdido.

"Este hombre —relató Eberson— entró a abrir una cuenta, y yo le di la solicitud acostumbrada para que la llenara. Respondió de buen grado a algunas de las preguntas, pero se opuso rotundamente a responder a otras.

"Antes de empezar mi estudio de las relaciones humanas, yo habría dicho a este futuro cliente que si se negaba a dar la información al banco tendríamos que negarnos a aceptar su cuenta. Me avergüenza confesar que en el pasado hice muchas veces tal cosa. Naturalmente, un ultimátum como ése me daba la impresión de mi importancia. Demostraba que yo era el que mandaba y que no se podían desobedecer las reglas del banco. Pero esa actitud no causaba por cierto una sensación de bienvenida y de importancia al hombre que entraba a confiarnos sus depósitos.

"Esa mañana resolví emplear el sentido común. Decidí no hablar de lo que quería el banco sino de lo que quería el cliente. Y, sobre todo, resolví lograr que me dijera 'sí, sí' desde un principio. Convine con él, pues. Le dije que la información que se negaba a dar no era absolutamente necesaria.

"—Pero —agregué— supóngase que al morir tiene usted dinero en este banco. ¿No le gustaría que lo transfiriéramos a su pariente más cercano, que tiene derecho a ese dinero según la ley?

"—Sí, es claro.

"—¿No le parece, pues, que sería una buena idea darnos el nombre de su pariente más cercano para que, en el caso de morir usted, podamos cumplir sus deseos sin errores ni retrasos?

—Sí —dijo otra vez el hombre.

"Se suavizó y cambió la actitud del cliente cuando comprendió que no pedíamos la información para beneficio del banco sino para el suyo. Antes de retirarse, este joven no solamente me dio una información completa sino que, por indicación mía, abrió una cuenta auxiliar por la cual designaba a su madre como beneficiaria de sus depósitos en caso de muerte, y respondió con presteza a todas las preguntas relativas a su madre.

"Comprobé que al hacerle decir 'sí, sí' desde un comienzo, le había hecho olvidar la cuestión principal y responder complacido todas las cosas que yo quería."

"Había en mi territorio un hombre a quien nuestra compañía deseaba vender motores —nos contaba otra vez el señor Joseph Allison, vendedor de la Westinghouse—. Mi predecesor lo había visitado durante diez años sin conseguir nada. Cuando yo me hice cargo del territorio seguí insistiendo durante tres años sin lograr nada. Por fin, al cabo de trece años de visitas y esfuerzos, conseguimos venderle unos pocos motores. Yo tenía la seguridad de que si esos motores daban buen resultado nos compraría varios centenares. Éstas eran mis esperanzas.

"Yo sabía que los motores darían resultado, de modo que cuando lo visité, tres semanas más tarde, iba encantado de la vida.

"Pero no me duró mucho el entusiasmo, porque el jefe de mecánicos de la fábrica me recibió con este sorprendente anuncio:

"—Allison, no puedo comprarle más motores.

"—¿Por qué? —inquirí atónito.

"—Porque esos motores recalientan mucho. No se los puede ni tocar.

"Yo sabía que de nada serviría discutir. Muchas veces lo había intentado infructuosamente. Pensé, pues, en obtener por respuesta 'sí, sí'.

"—Bien —dije—. Escuche, Sr. Smith: estoy en un todo de acuerdo con usted. Si esos motores recalientan demasiado, no debe comprarnos más. Debe tener motores que no se recalienten más de lo establecido por los reglamentos de la Asociación Nacional de Fabricantes Eléctricos. ¿No es así?

"Advirtió que era así. Ya había obtenido mi primer 'sí'.

"—La Asociación de Fabricantes Eléctricos dice en sus estipulaciones que un motor debidamente construido puede tener una temperatura de 72 grados Fahrenheit sobre la temperatura ambiente. ¿Es así?

"—Sí —convino—. Es así. Pero sus motores recalientan mucho más.

"No discutí con él. Sólo le pregunté:

"—¿Qué temperatura hay en la sala de los motores?

"—Ah —dijo—, unos 75 grados Fahrenheit.

"—Bien. Si la sala está a 75 grados, y usted le agrega 72, se llega a un total de 147 grados Fahrenheit. ¿No se quemaría la mano si la pusiera usted bajo un chorro de agua caliente, a una temperatura de 147 grados Fahrenheit?

"Otra vez se vio obligado a responder afirmativamente.

"—¿No sería una buena idea, pues, no poner la mano en esos motores?

"—Sí —me respondió—. Creo que usted tiene razón.

"Continuamos un rato la conversación, y por fin mi interlocutor llamó a su secretario y concluyó conmigo un nuevo negocio para el mes siguiente.

"Necesité años de tiempo y mucho dinero en negocios perdidos antes de aprender que discutir no da beneficios, que es mucho más provechoso e interesante mirar las cosas desde el punto de vista del interlocutor, y hacerle decir 'sí, sí' desde un principio."

Eddie Snow, patrocinador de nuestros cursos en Oakland, California, cuenta cómo se volvió buen cliente de un negocio sólo porque el propietario logró hacerle decir "sí, sí". Eddie se había interesado en la caza con arco y flecha, y había gastado bastante dinero en la compra de equipo en un negocio de artículos deportivos. En una ocasión en que su hermano fue a visitarlo, quiso llevarlo de caza con él, trató de alquilar un arco en este mismo negocio. El empleado que atendió a su llamado telefónico le respondió, sin más, que no alquilaban arcos. De modo que Eddie llamó a otro negocio. He aquí su relato de lo que pasó:

—Me respondió un caballero muy agradable. Su respuesta a mi pedido de alquiler fue totalmente diferente a la que había recibido en el otro negocio. Me dijo que lamentablemente ya no alquilaban más arcos, porque no les resultaba rentable. Después me preguntó si yo había alquilado alguna vez un arco. Le dije que sí, que lo había hecho años atrás. Me recordó que probablemente yo habría pagado entre 25 y 30 dólares por el alquiler. Volví a decir que sí. Entonces me preguntó si yo era de la clase de personas a las que les agrada ahorrar dinero. Naturalmente, respondí que sí. Me explicó que tenían equipos de arcos con todos los extras, en venta por 34,95 dólares. Yo podía comprarme un equipo por sólo 4,95 más que lo que me costaría alquilarlo. Me explicó que ése era el motivo por el que habían dejado de alquilar. ¿No me parecía razonable? Mi respuesta, que volvió a ser afirmativa, llevó a mi adquisición de un equipo, y cuando fui al local a retirarlo le compré varios elementos más, y desde entonces he seguido siendo cliente suyo.

Sócrates, "el tábano de Atenas", fue uno de los más grandes filósofos que haya habido. Hizo algo que sólo un puñado de hombres han podido lograr en toda la historia: cambió radicalmente todo el curso del pensamiento humano, y ahora, veinticuatro siglos después de su muerte, se lo honra como a uno de los hombres más hábiles para persuadir a los demás.

¿Sus métodos? ¿Decía a los demás que se equivocaban? Oh, no. Era demasiado sagaz para eso. Toda su técnica, llamada ahora "método socrático", se basaba en obtener una respuesta de "sí, sí". Hacía preguntas con las cuales tenía que convenir su interlocutor. Seguía ganando una afirmación tras otra, hasta que tenía una cantidad de "síes" a su favor. Seguía preguntando, hasta que por fin, casi sin darse cuenta, su adversario se veía llegando a una conclusión que pocos minutos antes habría rechazado enérgicamente.

La próxima vez que deseemos decir a alguien que se equivoca, recordemos al viejo Sócrates y hagamos una pregunta amable, una pregunta que produzca la respuesta: "Sí, sí".

Los chinos tienen un proverbio lleno de la vieja sabiduría oriental: "Quien pisa con suavidad va lejos".

Estos chinos, tan cultos, han pasado cinco mil años estudiando la naturaleza humana, y han empleado en ello mucha perspicacia: "Quien pisa con suavidad va lejos".

REGLA 5

Consiga que la otra persona diga "sí, sí" inmediatamente.

6

LA VÁLVULA DE SEGURIDAD PARA
ATENDER QUEJAS

Casi todos nosotros, cuando tratamos de atraer a los demás a nuestro modo de pensar, hablamos demasiado. Los vendedores, especialmente, son adictos a este costoso error. Dejemos que hable la otra persona. Ella sabe más que nosotros acerca de sus negocios y sus problemas. Hagámosle preguntas. Permitámosle que nos explique unas cuantas cosas.

Si estamos en desacuerdo con ella, podemos vernos tentados a interrumpirla. Pero no lo hagamos. Es peligroso. No nos prestará atención mientras tenga todavía una cantidad de ideas propias que reclaman expresión. Escuchemos con paciencia y con ecuanimidad. Seamos sinceros. Alentémosla a expresar del todo sus ideas.

¿Da resultados esta política en los negocios? Veamos. Aquí tenemos el relato de un hombre que se vio *obligado a emplearla.*

Uno de los más grandes fabricantes de automóviles de los Estados Unidos negociaba la compra de tejidos para tapizar sus coches durante todo el año. Tres fábricas importantes habían preparado tejidos de muestra. Todos habían sido inspeccionados por los directores de la compañía de automóviles, y a cada fabricante se le había comunicado que en un día determinado se daría a su representante una oportunidad para intentar por última vez la obtención del contrato.

G. B. R., representante de uno de los fabricantes, llegó a la ciudad con un ataque de laringitis muy fuerte. "Cuando me llegó el turno de reunirme con los directores en conferencia —relataba el Sr. R. ante una de mis clases— había perdido la voz. Apenas podía hablar en un susurro. Se me hizo entrar en una sala, donde me encontré ante el jefe de tapicería, el agente de compras, el director de ventas y el presidente de la compañía. Yo hice un valiente esfuerzo por hablar, pero de mi garganta no salió más que un chillido.

"Estaban todos sentados en torno a una mesa, de modo que escribí en un trozo de papel: 'Señores, he perdido la voz. No puedo hablar'.

"—Yo hablaré por usted —dijo el presidente. Así lo hizo. Exhibió mis muestras y ensalzó sus ventajas. Se planteó una viva discusión acerca de los méritos de mi mercancía. Y el presidente, como hablaba por mí, tomó mi partido en la discusión. Yo no participé más que para sonreír, asentir con la cabeza y hacer unos pocos gestos.

"Como resultado de esta conferencia extraordinaria se me concedió el contrato, que significaba la venta de un millón de metros de tejidos para tapizados, con un valor total de 1.600.000 dólares, o sea el negocio más grande que jamás he realizado.

"Sé que lo habría perdido si hubiese conservado la voz, porque tenía ideas erróneas de todo el asunto. Sólo por este accidente descubrí cuánto beneficio rinde a veces que el interlocutor sea el que hable."

Dejar hablar a la otra persona ayuda en situaciones familiares, así como en los negocios. Las relaciones de Barbara Wilson con su hija, Laurie, se estaban deteriorando rápidamente. Laurie, que fue siempre una criatura quieta, complaciente, se convirtió en una joven hostil y algunas veces agresiva. La Sra. de Wilson le hablaba, la amenazaba y castigaba, pero sin lograr nada.

Un día, la Sra. de Wilson dijo en una de nuestras clases: "Me di por vencida. Laurie me desobedeció y dejó la casa para visitar a una amiga antes de completar sus quehaceres. Cuando retornó a la casa yo estaba por gritar por milésima vez, pero ya no tenía fuerzas para hacerlo. Simplemente la miré y tristemente le pregunté: ¿por qué, Laurie, por qué?

"Laurie notó mi estado de ánimo y en voz calmada respondió: ¿De verdad quieres saber? Yo afirmé con la cabeza y Laurie comenzó a hablar, primero con hesitación y luego fue un torrente de palabras. Yo jamás la escuchaba. Siempre estaba ordenándole lo que debía hacer. Cuando ella quería contarme sus pensamientos, sentimientos, ideas, yo la interrumpía con más órdenes. Entonces comencé a darme cuenta de que ella me necesitaba, no como una madre dominadora, sino como una confidente, un escape por toda la confusión que sentía en sus años de crecimiento. Y todo lo que yo estuve haciendo fue hablar, cuando lo que debía haber hecho era escucharla.

"Desde ese momento la dejo hablar. Ella me dice lo que piensa y nuestras relaciones han mejorado inmensurablemente. Ella es otra vez una persona que colabora."

En la página financiera de un diario de Nueva York apareció un gran anuncio en que se pedía un hombre de capacidad y experiencia. Charles T. Cubellis respondió al anuncio, con una carta enviada a una casilla postal. Unos días más tarde se le invitó, también por carta, a entrevistarse con los patrones. Antes de ir pasó varias horas en Wall Street para averiguar todo lo que pudiera acerca del fundador de la casa. Durante la entrevista final declaró francamente:

—Sería para mí un orgullo estar vinculado con una gran entidad como esta. Creo que usted se inició hace veintiocho años sin más elementos que una oficina y una estenógrafa. ¿No es cierto?

Casi todos los hombres que han triunfado se complacen en recordar sus luchas iniciales. Este hombre no era una excepción. Habló un largo rato acerca de cómo había comenzado en los negocios, con cuatrocientos cincuenta dólares y una idea original. Relató sus luchas contra el desaliento y sus batallas contra las mofas ajenas, cómo trabajaba los domingos y feriados, de doce a dieciséis horas por día y cómo triunfó al fin, contra todas las probabilidades, hasta que ahora los hombres más importantes de Wall Street iban a pedirle consejo e informaciones. Estaba orgulloso de esa historia. Tenía derecho a sentirse orgulloso, y pasó un rato espléndido contando su actuación. Por fin interrogó brevemente a Cubellis acerca de su experiencia, llamó entonces a uno de los vicepresidentes y le dijo:

—Creo que éste es el hombre que necesitamos.

El Sr. Cubellis se había tomado el trabajo de averiguar los antecedentes de su patrón en perspectiva. Demostró interés en los demás y por sus problemas. Lo alentó a hablar de él, y así causó una impresión favorable.

Roy G. Bradley, de Sacramento, California, tenía el problema opuesto. Escuchó cuando un buen candidato para un puesto se convenció a sí mismo de aceptar el trabajo en su firma. Nos contó esto:

—Como éramos una firma pequeña, no teníamos beneficios sociales para nuestros empleados, como hospitalización, seguro médico y pensiones. En nuestra compañía, cada representante es un agente independiente. Ni siquiera les damos tantas facilidades de trabajo como nuestros competidores más importantes, por cuanto no podemos publicitar su trabajo.

"Richard Pryor tenía el carácter y la experiencia

que necesitábamos para este puesto, y lo entrevistó primero mi ayudante, quien le explicó todos los aspectos negativos de este empleo. Cuando entró en mi oficina, parecía ligeramente desalentado. Yo me limité a mencionar el único beneficio claro de asociarse con mi firma, que era el de ser un contratista independiente, y en consecuencia no tener prácticamente patrones.

"Él respondió hablando de esta ventaja, y poco a poco empezó a sacarse de encima las ideas negativas con que había entrado para la entrevista. En varias ocasiones me pareció como si estuviera hablando para sí mismo. Por momentos me sentía tentado de agregar algo; pero, cuando la entrevista llegó a su fin, sentí que él se había convencido a sí mismo, él solo, de que le gustaría trabajar para mi firma.

"Al escucharlo con atención y dejar que Dick hablara, sin interrumpirlo, le permití sopesar los pros y los contras, y llegar a la conclusión de que el empleo era un desafío que le gustaría enfrentar. Lo contratamos, y desde entonces ha sido un prominente representante de nuestra empresa."

La verdad es que hasta nuestros amigos prefieren hablarnos de sus hazañas antes que escucharnos hablar de las nuestras.

La Rochefoucauld, el filósofo francés, dijo: "Si quieres tener enemigos, supera a tus amigos; si quieres tener amigos, deja que tus amigos te superen".

¿Por qué es así? Porque cuando nuestros amigos nos superan tienen sensación de su importancia; pero cuando los superamos se sienten inferiores y ello despierta su envidia y sus celos.

De lejos, la más querida de las consejeras de colocación de la Agencia de Personal Midtown, era Henrietta G., pero no siempre había sido así. Durante los primeros meses de su asociación con la agencia, Henrietta no tenía un solo amigo entre sus colegas. ¿Por qué? Porque todos los días se jactaba de las cuentas nuevas que había abierto y de todo lo que había logrado.

—Yo era buena en mi trabajo y estaba orgullosa de ello —contó Henrietta en una de nuestras clases—. Pero mis colegas, en lugar de alegrarse de mis triunfos, parecían resentirse por ellos. Yo quería ser apreciada por esta gente. De veras quería que fueran mis amigos. Después de escuchar algunas de las sugerencias hechas en este curso, empecé a hablar menos sobre mí y a escuchar más a mis asociados. Ellos también tenían cosas de qué jactarse, y les entusiasmaba más la idea de hablar sobre ellos que de escucharme a mí. Ahora, cuando nos reunimos a charlar, les pido que compartan sus alegrías conmigo y sólo menciono mis logros cuando ellos me preguntan.

REGLA 6

Permita que la otra persona sea quien hable más.

7

CÓMO OBTENER COOPERACIÓN

¿**N**o tiene usted más fe en las ideas que usted mismo descubre que en aquellas que se le sirven en bandeja de plata? Si es así, ¿no demuestra un error de juicio al tratar que los demás acepten a toda fuerza las opiniones que usted sustenta? ¿No sería más sagaz hacer sugestiones y dejar que los demás lleguen por sí solos a la conclusión?

El Sr. Adolph Seltz, de Filadelfia, estudiante en uno de mis cursos, se vio de pronto ante la necesidad de inyectar entusiasmo a un grupo de vendedores de automóviles, desalentados y desorganizados. Los convocó a una reunión y los instó a decirle con claridad qué esperaban de él. A medida que hablaba, el Sr. Seltz iba escribiendo sus ideas en un pizarrón. Finalmente dijo: "Yo voy a hacer todo lo que ustedes esperan de mí. Ahora quiero que me digan qué tengo derecho a esperar de ustedes". Las respuestas fueron rápidas: lealtad, honestidad, iniciativa, optimismo, trabajo de consuno, ocho horas por día de labor entusiasta. Un hombre se ofreció para trabajar catorce horas por día. La reunión terminó con una nueva valentía, una nueva inspiración, en todos los presentes, y el Sr. Seltz me informó luego que el aumento de ventas fue fenomenal.

"Estos vendedores —concluyó Seltz— hicieron una especie de pacto moral conmigo, y mientras yo cumpliera con mi parte ellos estaban decididos a cumplir con la suya. Consultarles sobre sus deseos era el aliciente que necesitaban."

A nadie agrada sentir que se le quiere obligar a

que compre o haga una cosa determinada. Todos preferimos creer que compramos lo que se nos antoja y aplicamos nuestras ideas. Nos gusta que se nos consulte acerca de nuestros deseos, nuestras necesidades, nuestras ideas.

El gran poeta inglés Alexander Pope lo expresó de modo sucinto:

Al hombre hay que enseñarle como si no se le enseñara, y proponerle lo desconocido como olvidado.

Tomemos, por ejemplo, el caso de Eugene Wesson. Perdió incontables millares de dólares en comisiones antes de aprender esta verdad. El Sr. Wesson vendía dibujos para un estudio que crea diseños para estilistas y para fábricas textiles. Wesson venía visitando una vez por semana, durante tres años, a uno de los principales estilistas de modas en Nueva York. "Nunca se negaba a verme —contaba Wesson— pero jamás me compraba nada. Miraba siempre con mucho cuidado mis dibujos y luego los rechazaba."

Después de ciento cincuenta fracasos, Wesson comprendió que debía de estar en una especie de estancamiento mental, y resolvió dedicar una noche por semana al estudio de la forma de influir en el comportamiento humano, y a desarrollar nuevas ideas y generar nuevos entusiasmos.

Por fin se resolvió a probar una nueva manera de actuar. Recogió media docena de dibujos sin terminar, en que estaban trabajando todavía los artistas, y fue con ellos a la oficina del comprador en perspectiva.

—Quiero —le dijo—, que me haga usted un favor, si es que puede. Aquí traigo algunos dibujos sin terminar. ¿No quiere usted tener la gentileza de decirnos cómo podríamos terminarlos de manera que le sirvan?

El comprador miró los dibujos un buen rato, sin hablar, y por fin manifestó:

—Déjelos unos días, Wesson, y vuelva a verme.

Wesson regresó tres días más tarde, recibió las indicaciones del cliente, volvió con los dibujos al estudio y los hizo terminar de acuerdo con las ideas del comprador. ¿El resultado? Todos aceptados.

Desde entonces el mismo comprador ha ordenado muchos otros dibujos, trazados todos de conformidad con sus ideas.

"Ahora comprendo —nos refería el Sr. Wesson— por qué durante años no conseguí vender un solo diseño a este comprador. Le recomendaba que comprara lo que se me ocurría que debía comprar. Ahora hago todo lo contrario. Le pido que me dé sus ideas, y él cree que los dibujos son de su creación, como es cierto. Ahora no tengo que esforzarme por venderle nada. Él compra solo."

Dejar que la otra persona sienta que la idea es suya no sólo funciona en los negocios o la política, sino también en la vida familiar. Paul M. Davis, de Tulsa, Oklahoma, le contó a su clase cómo aplicaba este principio.

—Mi familia y yo pasamos una de las vacaciones más interesantes que hayamos tenido. Yo soñaba desde hacía mucho tiempo con visitar sitios históricos como el campo de batalla de Gettysburg, el Salón de la Independencia en Filadelfia, y la capital de la nación. En la lista de cosas que quería ver figuraban en lugar prominente el Valle Forge, Jamestown y la aldea colonial restaurada de Williamsburg.

"En marzo mi esposa Nancy dijo que tenía ciertas ideas para nuestras vacaciones de verano, que incluían una gira por los estados del oeste, visitando puntos de interés en Nuevo México, Arizona, California y Nevada. Hacía años que quería realizar este viaje. Obviamente, no podíamos satisfacer ambos deseos.

"Nuestra hija Anne terminaba de hacer un curso

en la secundaria sobre historia nacional, y se había interesado mucho en los hechos que conformaron el crecimiento de nuestro país. Le pregunté si le gustaría visitar los sitios sobre los que había estado estudiando, en nuestras próximas vacaciones. Dijo que le encantaría hacerlo.

"Dos noches después, sentados a la cena, Nancy anunció que si todos estábamos de acuerdo, en las vacaciones de verano haríamos un viaje por los estados del este, lo que sería instructivo para Anne e interesante para todos nosotros. No hubo objeciones."

Esta misma psicología fue utilizada por un fabricante de aparatos de rayos X para vender su equipo a uno de los más grandes hospitales de Brooklyn. Este hospital iba a construir un nuevo pabellón y se disponía a equiparlo con el mejor consultorio de rayos X que hubiera en el país. El Dr. L., a cargo del departamento de rayos, se veía abrumado por vendedores que defendían entrañablemente las ventajas de sus respectivos equipos.

Pero un fabricante fue más hábil que los demás. Sabía más acerca de la forma de tratar con las personas. Escribió al Dr. L. una carta concebida más o menos en estos términos:

Nuestra fábrica ha completado recientemente una serie de aparatos de rayos X. La primera partida de estas máquinas acaba de llegar a nuestros salones de venta. No son perfectas. Lo sabemos y queremos mejorarlas. Nos sentiríamos profundamente agradecidos a usted si pudiera dedicarnos el tiempo necesario para estudiar estos aparatos y darnos sus impresiones acerca de la forma en que pueden ser más útiles a su profesión. Sabiendo lo ocupado que está usted, me complacerá enviarle mi automóvil a buscarlo, a la hora que usted decida.

"Me sorprendió recibir aquella carta —dijo el Dr. L., al relatar este incidente ante nuestra clase—. Quedé sorprendido y halagado. Jamás un fabricante de aparatos de rayos X me había pedido consejo. Me sentí importante. Estaba ocupado, tan ocupado que no tenía libre una sola noche de aquella semana, pero dejé sin efecto un compromiso para una comida, a fin de revisar aquellos aparatos. Cuanto más los estudiaba, tanto más descubría, por mi propia cuenta, que me gustaban mucho.

"Nadie había tratado de vendérmelos. Consideré que la idea de comprar aquel equipo era mía, solamente mía. Yo mismo me convencí de su superior calidad y ordené que fuera instalado en el hospital."

Ralph Waldo Emerson, en su ensayo "Autodependencia", dijo: "En todo trabajo de genio reconocemos nuestras propias ideas desechadas: vuelven a nosotros con cierta majestad ajena".

El coronel Edward H. House tenía una enorme influencia en los asuntos nacionales e internacionales cuando Woodrow Wilson ocupaba la Casa Blanca. Wilson recurría al coronel House para pedirle consejos y ayuda en secreto, más que a cualquier otra persona, sin exceptuar los miembros de su gabinete.

¿Qué método empleaba el coronel para influir sobre el presidente? Afortunadamente, lo sabemos, porque el mismo House lo reveló a Arthur D. Howden Smith, quien lo refirió en un artículo aparecido en el diario The Saturday Evening Post.

"Una vez que llegué a conocer bien al presidente —relató House— supe que el mejor medio para convertirlo a cualquier idea era dársela a conocer como al pasar, pero interesándolo en ella, de modo de hacerle pensar en esa idea por su propia cuenta.

La primera vez que utilicé este sistema fue por accidente. Yo lo había visitado en la Casa Blanca, y recomendado una política que él parecía rechazar. Pero unos días después, en una comida, me sorprendió oírle proponer mi indicación como si fuera de él."

House no lo interrumpió para decirle: "Esa idea no es suya. Es mía". No; House no iba a hacer tal cosa. Era demasiado diestro para hacerlo. No le interesaba darse importancia. Quería resultados. Por eso dejó que Wilson siguiera creyendo que la idea era suya. Aun más; anunció públicamente que Wilson era el autor de esas ideas.

Recordemos que las personas con quienes entraremos mañana en contacto serán por lo menos tan humanas como Woodrow Wilson. Utilicemos, pues, la técnica del coronel House.

Un hombre de la hermosa provincia canadiense de Nueva Brunswick utilizó esta técnica conmigo hace algún tiempo y me ganó como cliente. Por aquel entonces yo pensaba hacer una excursión de pesca y de remo por Nueva Brunswick. Escribí a la oficina de turismo para pedir información. Mi nombre y dirección, evidentemente, aparecieron en una lista pública, porque me vi inmediatamente asediado por cartas y folletos y revistas de campamentos y guías para veraneantes. Yo estaba atónito. No sabía cuál elegir. Pero el dueño de uno de los campamentos hizo algo muy hábil. Me envió los nombres y números telefónicos de varias personas de Nueva York que habían ido a su campamento, y me invitó a descubrir por mi cuenta qué me podía ofrecer. Con gran sorpresa vi que conocía a un hombre que figuraba en la lista. Le hablé por teléfono, supe cuál había sido su experiencia en el campamento, y luego telegrafié al dueño la fecha de mi llegada. Los demás habían tratado de convencerme, pero este hombre no: éste me dejó que yo decidiera. Y fue quien ganó.

Hace veinticinco siglos el sabio chino Laotsé dijo ciertas cosas que los lectores de este libro podrían utilizar hoy:

"La razón por la cual los ríos y los mares reciben el homenaje de cien torrentes de la montaña es que se mantienen por debajo de ellos. Así son capaces de reinar sobre todos los torrentes de la montaña. De igual modo, el sabio que desea estar por encima de los hombres se coloca debajo de ellos; el que quiere estar delante de ellos, se coloca detrás. De tal manera, aunque su lugar sea por encima de los hombres, éstos no sienten su peso; aunque su lugar sea delante de ellos, no lo toman como insulto."

REGLA 7

*Permita que la otra persona sienta
que la idea es de ella.*

8

UNA FÓRMULA QUE LE RESULTARÁ MARAVILLOSA

Recuerde que la otra persona puede estar equivocada por completo. Pero ella no lo cree. No la censure. Cualquier tonto puede hacerlo. Trate de comprenderla. Sólo las personas sagaces, tolerantes, excepcionales, tratan de proceder así.

Hay una razón por la cual la otra persona piensa y procede como lo hace. Descubra la razón oculta y tendrá la llave de sus acciones, quizá de su personalidad.

Trate honradamente de ponerse en el lugar de la otra persona.

Si usted llegara a decirse: "¿Qué pensaría, cómo reaccionaría yo si estuviera en su lugar?", habrá ahorrado mucho tiempo e irritación, pues "al interesarnos en las causas es menos probable que nos disgusten los efectos". Y, además, habrá aumentado usted considerablemente su habilidad para tratar con la gente.

"Deténgase usted un minuto —dice Kenneth M. Goode en su libro *Cómo convertir a la gente en oro*— a destacar el contraste de su hondo interés por los asuntos propios con su escaso interés por todo lo demás. Comprenda, entonces, que todos los demás habitantes del mundo piensan exactamente lo mismo. Entonces, junto con Lincoln y Roosevelt, habrá captado usted la única base sólida en relaciones interpersonales: que el buen éxito en el trato con los demás depende de que se capte con simpatía el punto de vista de la otra persona."

Sam Douglas, de Hampstead, Nueva York, solía

decirle a su esposa que pasaba demasiado tiempo trabajando en el jardín, sacando malezas, fertilizando, cortando la hierba dos veces por semana, a pesar de todo lo cual el jardín no lucía mucho mejor que cuatro años atrás, cuando se habían mudado a esa casa. Naturalmente, ella quedaba deprimida por estos comentarios, y cada vez que él los hacía, la velada quedaba arruinada.

Después de seguir nuestro curso, el señor Douglas comprendió qué tonto había sido durante todos esos años. Nunca se le había ocurrido que a su esposa podía agradarle hacer el trabajo, y también podría agradarle oír un elogio a su laboriosidad.

Una noche después de la cena, su esposa dijo que quería salir a arrancar unas malezas, y lo invitó a acompañarla. Al principio él se sintió tentado de no aceptar, pero después lo pensó mejor y salió con ella y la ayudó a arrancar malezas. Ella quedó visiblemente complacida, y pasaron una hora trabajando y charlando muy contentos.

Desde esa vez, la ayudó siempre en la jardinería, y la felicitó con frecuencia por lo bien que se veía el prado, el trabajo fantástico que estaba haciendo a pesar de lo malo del terreno. Resultado: una vida más feliz para los dos, gracias a que él aprendió a ver las cosas desde el punto de vista de ella... aunque se tratara de algo tan nimio como unas malezas.

En su libro *Cómo llegar a la gente**, el doctor Gerald S. Nirenberg comentó: "Se coopera eficazmente en la conversación cuando uno muestra que considera las ideas y sentimientos de la otra persona tan importantes como los propios. El modo de

---

* Dr. Gerald S. Nirenberg, *Cómo llegar a la gente* (Englewood Cliff, N.J.: Prentice Hall, 1963).

alentar al interlocutor a tener la mente abierta a nuestras ideas, es iniciar la conversación dándole claras indicaciones sobre nuestras intenciones, dirigiendo lo que decimos por lo que nos gustaría oír si estuviéramos en la piel del otro, y aceptando siempre sus puntos de vista".

Durante años he pasado muchos de mis ratos de ocio caminando y andando a caballo en un parque cercano a mi casa. Como los druidas de la antigua Galia, yo veneraba los robles, de manera que todos los años me afligía ver los arbustos y matorrales asesinados por fuegos innecesarios. Esos fuegos no eran causados por fumadores descuidados. Casi todos eran producidos por niños que iban al parque a convertirse en exploradores y a asar una salchicha bajo los árboles. A veces estos incendios cundían tanto que era menester llamar a los bomberos para luchar contra las llamas.

Al borde del parque había un cartel que amenazaba con multa y prisión a todo el que encendiera fuego; pero el cartel estaba en una parte poco frecuentada del parque y pocos niños lo veían. Un policía montado debía cuidar el parque; pero no se tomaba muy en serio estos deberes, y los incendios seguían propagándose verano tras verano. En una ocasión corrí hasta un policía y le dije que un incendio se estaba propagando rápidamente ya y que debía avisar al cuartel de bomberos; y me respondió despreocupadamente que no era cuestión suya, pues no estaba en su jurisdicción. Desde entonces, cuando salía a caballo, iba yo constituido en una especie de comité individual para proteger los bienes públicos. Me temo que en un principio no intenté siquiera comprender el punto de vista de los niños. Cuando veía una hoguera entre los árboles, tanto me afligía el hecho, tanto deseaba hacer lo que correspondía, que hacía lo que no correspondía. Me acercaba hasta los niños, les advertía que se les podía encarcelar por encender fuego, les ordenaba que lo apagaran, con tono de mucha autoridad; y si se negaban los amenazaba con hacerlos detener. Yo descargaba mis sentimientos, sin pensar en los otros.

¿El resultado? Los niños obedecían, de mala gana y con resentimiento. Lo probable es que, una vez que me alejaba yo, volvieran a encender su hoguera, y con muchos deseos de incendiar el parque entero.

Al pasar los años creo haber adquirido un poco de conocimiento de las relaciones humanas, algo más de tacto, mayor tendencia a ver las cosas desde el punto de vista del prójimo. Así, pues, años más tarde, al ver una hoguera en el parque, ya no daba órdenes, sino que me acercaba a decir algo como esto:

¿Se están divirtiendo, muchachos? ¿Qué van a hacer de comida? Cuando yo era niño, también me gustaba hacer hogueras como ésta, y todavía me gusta. Pero ya saben ustedes que son peligrosos los fuegos en el parque. Yo sé que ustedes no quieren hacer daño; pero hay otros menos cuidadosos. Llegan y los ven junto a la hoguera, se entusiasman y encienden otra, y no la apagan cuando se marchan, y se propaga a las hojas secas y mata los árboles. Si no ponemos un poco más de cuidado no nos quedarán árboles en el parque. Ustedes podrían ir a la cárcel por lo que hacen, pero yo no quiero hacerme el mandón y privarlos de este placer. Lo que me gusta es ver que se divierten, pero, ¿por qué no quitan las hojas secas alrededor del fuego? Y cuando se marchen, tendrán cuidado de tapar las brasas con mucha tierra, ¿verdad? La próxima vez que quieran divertirse, ¿por qué no encienden el fuego allá en el arenal? Allá no hay peligro alguno... Gracias, muchachos. Que se diviertan.

¡Qué diferencia notaba cuando hablaba así! Conseguía que los niños quisieran cooperar. Nada de asperezas ni de resentimientos. No les obligaba a obedecer mis órdenes. Les dejaba salvar las apariencias. Ellos quedaban contentos, y yo también porque había encarado la situación teniendo en cuenta el punto de vista de los demás.

Ver las cosas según el punto de vista ajeno puede facilitarlo todo cuando los problemas personales se vuelven abrumadores. Elizabeth Novak, de Nueva Gales del Sur, Australia, estaba atrasada seis semanas en el pago de las cuotas de su auto.

—Un viernes —contó—, recibí un desagradable llamado telefónico del hombre que se ocupaba de mi cuenta, para informarme que si no me presentaba con U$S 122 el lunes a la mañana, la compañía iniciaría acciones legales contra mi persona. No tuve modo alguno de reunir el dinero durante el fin de semana, por lo que, al recibir otro llamado de la misma persona el lunes a la mañana, anticipé lo peor. En lugar de derrumbarme, traté de ver la situación desde el punto de vista de este hombre. Me disculpé con la mayor sinceridad posible por causarle tantos inconvenientes, y le hice notar que yo debía de ser la cliente que más problemas le traía, pues no era la primera vez que me demoraba en los pagos. Su tono de voz cambió inmediatamente, y me tranquilizó diciéndome que yo estaba muy lejos de ser uno de sus clientes realmente problemáticos. Me contó algunos ejemplos de lo groseros que podían llegar a ser sus clientes en ocasiones, cómo le mentían o trataban de evitar hablar con él. No dije nada. Lo escuché y dejé que descargara en mí sus problemas. Después, sin que mediara ninguna sugerencia de mi parte, dijo que no tenía tanta importancia si no podía pagar de inmediato. Estaría bien con que le pagara U$S 20 a fin de mes y me pusiera al día cuando pudiera.

Mañana, antes de pedir a alguien que apague una hoguera o compre su producto o contribuya a su caridad favorita, ¿por qué no cierra usted los ojos y trata de verlo todo desde el punto de vista de la otra persona? Pregúntese: ¿Por qué esta persona va a querer hacerlo? Es cierto que esto le llevará tiempo; pero le ayudará a lograr amigos y a obtener mejores resultados, con menos fricción y menos trabajo.

"Yo prefiero caminar dos horas por la acera frente a la oficina de un hombre a quien debo entrevistar —dijo el decano de la escuela de negocios de Harvard, Sr. Donham—, antes que entrar en su oficina sin una idea perfectamente clara de lo que voy a decirle y de lo que es probable que él, según mis conocimientos de sus intereses y motivos, ha de responderme."

Esto es de tal importancia que voy a repetirlo:

Yo prefiero caminar dos horas por la acera frente a la oficina de un hombre a quien debo entrevistar, antes que entrar en su oficina sin una idea perfectamente clara de lo que voy a decirle y de lo que es probable que él, según mis conocimientos de sus intereses y motivos, ha de responderme.

Si como resultado de la lectura de este libro consigue usted tan sólo una cosa, una mayor tendencia a pensar siempre en términos del punto de vista ajeno, y a ver las cosas desde ese punto de vista tanto como desde el suyo; si tan sólo ese resultado logra de la lectura de este libro, bien puede resultar uno de los pasos culminantes de su carrera.

REGLA 8

Trate honradamente de ver las cosas desde el punto de vista de la otra persona.

9

LO QUE TODOS QUIEREN

¿No le gustaría tener una frase mágica que sirva para detener las discusiones, para eliminar malos sentimientos, crear buena voluntad y hacer que se lo escuche atentamente?

¿Sí? Pues bien, aquí está. Comience diciendo: "Yo no lo puedo culpar por sentirse como se siente. Si yo estuviera en su lugar, no hay duda de que me sentiría de la misma manera".

Una frase como esa suavizará a la persona más pendenciera del mundo. Y usted puede pronunciarla con toda sinceridad, porque si estuviera usted en el lugar del otro es evidente que pensaría como él. Un ejemplo. Tomemos a Al Capone. Supongamos que usted hubiera heredado el mismo cuerpo y el temperamento y el cerebro que heredó Al Capone. Supongamos que hubiese tenido usted su misma educación, sus experiencias y ambiente. Sería usted precisamente lo que él era, y estaría donde estuvo él. Porque esas cosas —y solamente esas cosas— son las que lo han hecho como es.

La única razón, por ejemplo, de que no sea usted una víbora de cascabel, es que sus padres no eran víboras de cascabel.

Muy poco crédito merece usted por ser lo que es, y recuerde también que muy poco descrédito merece por ser como es la persona que se le acerca irritada, llena de prejuicios, irrazonable. Tenga compasión del pobre diablo.

Apiádese de él. Simpatice con él. Dígase: "Ése, si no fuera por la gracia de Dios, podría ser yo".

Las tres cuartas partes de las personas con quienes se encontrará usted mañana tienen sed de simpatía. Déles esa simpatía, y le tendrán cariño.

Yo pronuncié cierta vez una conferencia radiotelefónica acerca de la autora de *Mujercitas*, Louisa May Alcott. Naturalmente, yo sabía que había vivido y escrito sus libros inmortales en Concord, Massachusetts. Pero, sin pensar en lo que decía, hablé de una visita hecha por mí a su viejo hogar en Concord, Nueva Hampshire. Si hubiese dicho Nueva Hampshire sólo una vez, se me podría haber perdonado. Pero, desgraciadamente, lo dije dos veces. Me vi asediado por cartas y telegramas, agrios mensajes que giraban en torno a mi indefensa cabeza como un enjambre de avispas. Muchos de ellos mostraban indignación. Unos pocos eran insultantes. Una dama colonial, criada en Concord, Massachusetts, y residente por entonces en Filadelfia, volcó en mí su ira más ardiente. No podría haberse mostrado más punzante si yo hubiese dicho que la Srta. Alcott pertenecía a una tribu de caníbales. Al leer la carta, reflexioné: "Gracias a Dios que no me he casado con esta señora". Tuve impulsos de escribirle manifestándole que, si bien yo había cometido un error geográfico, ella lo había cometido en cuanto a cortesía. Ésa iba a ser mi frase inicial. Después, ya vería lo que pensaba de ella. Pero no lo hice. Me dominé. Comprendí que cualquier tonto acalorado haría lo mismo.

Yo quería estar por encima de los tontos. Por eso decidí tratar de convertir esa hostilidad en amistad. Sería una especie de desafío, una especie de juego para mí. Me dije: "Después de todo, si yo estuviera en su lugar, pensaría probablemente lo mismo que ella". Así, pues, decidí simpatizar con su punto de vista. Tuve que ir a Filadelfia, y no tardé en llamarla por teléfono. La conversación fue algo así:

YO: Señora Fulana de Tal, usted me escribió una carta hace pocas semanas, y quiero darle las gracias.

ELLA (en tono culto, bien educado): ¿Con quién tengo el honor de hablar?

YO: Usted no me conoce. Me llamo Dale Carnegie. Hace unos pocos domingos di una conferencia sobre Louisa May Alcott, y cometí el error imperdonable de decir que había vivido en Concord, Nueva Hampshire. Fue un error estúpido y quiero pedirle disculpas. Fue usted muy amable al dedicar parte de su tiempo a escribirme.

ELLA: Siento mucho, Sr. Carnegie, haberle escrito como lo hice. Perdí el tino. Quiero que me disculpe.

YO: ¡No, no! No es usted quien debe pedir disculpas, sino yo. Un niño no habría cometido el error que hice yo. Pedí disculpas por radio el domingo siguiente, pero quiero pedírselas personalmente ahora.

ELLA: Es que yo nací en Concord, Massachusetts. Mi familia se ha destacado en ese estado durante dos siglos, y yo estoy muy orgullosa de todo lo que se refiere a Massachusetts. Me afligió mucho, en verdad, oírle decir que la Srta. Alcott nació en Nueva Hampshire. Pero estoy avergonzada de esa carta.

YO: Le aseguro que usted no pudo afligirse ni la décima parte de lo que me afligí yo. Mi error no lastimó a Massachusetts, pero a mí sí. Pocas veces las personas de su posición y su cultura tienen tiempo para escribir a quienes hablan por radio, y abrigo la esperanza de que me escribirá otra vez si nota algún error en mis conferencias.

ELLA: Quiero que sepa que me ha gustado mucho la forma en que acepta usted mis críticas. Debe ser usted muy simpático. Me gustaría conocerlo mejor.

Así, pidiendo disculpas y simpatizando con su punto de vista, logré que ella se disculpara y simpatizara con el mío. Tuve la satisfacción de dominar mi mal genio, la satisfacción de devolver bondad por un insulto. Y me divertí mucho más al conseguir la simpatía de esa mujer que si le hubiera dicho que se arrojara de cabeza al río.

Todo hombre que ocupa la Casa Blanca se ve diariamente ante espinosos problemas de relaciones humanas. El presidente Taft no fue una excepción, y por experiencia conoció el enorme valor químico de la simpatía para neutralizar el ácido de los resquemores. En su libro *Ética en Servicio,* Taft da un ejemplo bastante divertido sobre la forma en que suavizó la ira de una madre decepcionada y ambiciosa.

"Una señora de Washington —escribe Taft— cuyo marido tenía cierta influencia política, trató conmigo durante seis semanas o más a fin de que designara a su hijo para cierto cargo. Consiguió la ayuda de senadores y representantes en número formidable, y los acompañaba a verme para cuidar que defendieran bien su pedido. El cargo requería una preparación técnica y, según las recomendaciones del cuerpo administrativo, designé a otra persona. Entonces recibí una carta de la madre, diciéndome que yo era un desagradecido, por haberme negado a convertirla en una mujer feliz con un trazo de mi pluma. Se quejaba, además, de haber trabajado con los legisladores de su estado para conseguir todos los votos en favor de un proyecto en que yo estaba especialmente interesado, y que ésta era la forma en que yo le pagaba.

"Cuando uno recibe una carta así, lo primero

que hace es pensar cómo puede mostrar severidad con una persona que ha cometido una impropiedad, o aun cierta impertinencia. Entonces escribe uno la respuesta. Pero, si es prudente, guarda la carta en un cajón y cierra el cajón con llave. La saca uno a los dos días —estas comunicaciones pueden retrasarse siempre dos días— y entonces no la envía ya. Ése es el camino que seguí yo. Pasados dos días me senté a escribir otra carta, una carta tan cortés como pude, en la cual decía comprender la decepción maternal en las circunstancias, pero que en verdad el nombramiento no dependía solamente de mis preferencias personales, que tenía que elegir a una persona con experiencia técnica y, por lo tanto, había tenido que seguir las recomendaciones del cuerpo administrativo. Expresaba la esperanza de que su hijo realizara en el cargo que ocupaba, las esperanzas que en él depositaba la madre. Esto la calmó, y me escribió para decirme que lamentaba haberme enviado la primera carta.

"Pero el nombramiento no fue confirmado en seguida, y al cabo de un tiempo recibí una carta que figuraba ser del marido de esta mujer, aunque la letra era la misma de antes. Se me informaba en esa carta que, debido a la postración nerviosa sufrida por la decepción de la señora en este caso, había tenido que ponerse en cama y sufría ahora un grave cáncer al estómago. ¿No querría yo devolverle la salud, retirando el primer candidato y reemplazándolo por su hijo? Tuve que escribir otra carta, esta vez al marido, para decirle que esperaba que el diagnóstico no fuera exacto, que lo acompañaba en la pena que debía producirle la enfermedad de su esposa, pero que me era imposible retirar el nombre del candidato al cargo. El hombre por mí designado fue confirmado, y dos días después de haber recibido esa carta dimos una fiesta en la Casa Blanca. Las primeras dos personas que llegaron a saludar a mi esposa y a mí fueron el marido y la mujer del caso, a pesar de que ella había estado *in articulo mortis* tan poco tiempo antes."

Jay Mangum representaba a una compañía de mantenimiento de ascensores y escaleras mecánicas en Tulsa, Oklahoma, que tenía el contrato de mantenimiento de las escaleras mecánicas de uno de los principales hoteles de Tulsa. El director del hotel no quería clausurar las escaleras por más de dos horas seguidas, debido a los inconvenientes que eso causaría a los pasajeros. La reparación que debía hacerse insumiría por lo menos ocho horas, y la compañía no disponía de un mecánico especializado en todo momento, como habría sido necesario para satisfacer al hotel.

Cuando el señor Mangum logró agendar a un buen mecánico para hacer el trabajo, llamó al gerente del hotel y en lugar de discutir con él para obtener el tiempo necesario, le dijo:

—Rick, sé que su hotel tiene muchos pasajeros y a usted le gustaría que la clausura de las escaleras mecánicas se redujera a un mínimo. Entiendo su preocupación por este punto, y haré todo lo posible por acomodarme. No obstante, después de estudiar la situación hemos llegado a la conclusión de que si no hacemos el trabajo completo ahora, la escalera podría sufrir un perjuicio más serio, y la clausura a la larga sería más prolongada. Estoy seguro de que usted no querrá causarle ese inconveniente a sus pasajeros durante varios días seguidos.

El gerente debió admitir que un cierre de ocho horas seguidas era preferible a uno de varios días. Simpatizando con el deseo del gerente de mantener felices a sus pasajeros, el señor Mangum pudo hacerlo pensar como él, fácilmente y sin rencores.

Joyce Norris, una profesora de piano de St.

Louis, Missouri, contó cómo había manejado un problema que las profesoras de piano suelen tener con chicas adolescentes. Babette tenía uñas excepcionalmente largas. Lo cual es un inconveniente serio para quienquiera que desee ejecutar el piano con buena y brillante técnica.

La señora Norris nos contó:

—Yo sabía que sus uñas largas serían una barrera a su deseo de aprender a tocar bien. Durante nuestras conversaciones antes de iniciar las lecciones, no le dije nada sobre las uñas. No quería desalentarla al comenzar el estudio, y además sabía que no querría perder esas uñas de las que se enorgullecía y cuidaba tanto.

"Después de la primera lección, cuando sentí que era el momento adecuado, le dije:

"—Babette, tienes manos atractivas y uñas hermosas. Si quieres tocar el piano tan bien como puedes hacerlo, y como te gustaría, te sorprenderá ver cuánto te ayudará tener las uñas algo recortadas. Piénsalo, ¿eh? —Hizo un gesto que representaba una negativa absoluta. Hablé con su madre sobre esta situación, pero sin olvidar hacer mención de lo hermosas que eran sus uñas. Otra reacción negativa. Era evidente que las hermosas uñas manicuradas de Babette eran importantes para ella.

"A la semana siguiente Babette volvió para la segunda lección. Para mi sorpresa, se había cortado las uñas. La felicité y la elogié por haber hecho el sacrificio. También le agradecí a la madre por haber ejercido su influencia para que Babette se cortara las uñas. La respuesta de la madre fue:

"—Oh, yo no tuve nada que ver con el asunto. Ella decidió hacerlo por sí misma, y es la primera vez que se ha cortado las uñas por pedido de alguien."

¿La señora Norris amenazó a Babette? ¿Le dijo

que se negaría a darle clases a una estudiante con uñas largas? No, nada de eso. Le informó a Babette que sus uñas eran hermosas, y que sería un sacrificio cortárselas. Fue como si le dijera: "Me pongo en tu lugar: sé que no será fácil, pero la recompensa será un desarrollo musical más rápido".

S. Hurok fue probablemente el primer empresario musical de los Estados Unidos. Durante un quinto de siglo ha dirigido artistas, artistas tan famosos como Chaliapin, Isadora Duncan y la Pavlova. El Sr. Hurok me dijo que una de las primeras lecciones que aprendió al tratar con estas estrellas llenas de temperamento se refería a la necesidad de mostrar simpatía, simpatía y más simpatía por su ridícula idiosincrasia.

Durante tres años fue empresario de Feodor Chaliapin, uno de los más grandes bajos que ha conocido el mundo. Pero Chaliapin era un problema constante. Se comportaba como un niño malcriado. La frase de Hurok es inimitable: "Era un infierno de tipo en todo sentido".

Por ejemplo, Chaliapin llamaba un día al Sr. Hurok, a mediodía, para decirle:

—Me siento muy mal. Tengo la garganta inflamada. Me va a ser imposible cantar esta noche.

¿Discutía con él el Sr. Hurok? Jamás. Ya sabía que un empresario no podía tratar así con los artistas. Corría al hotel de Chaliapin, lleno de compasión.

—¡Qué lástima! —se lamentaba—. ¡Qué lástima! Pobre amigo mío. Es claro que no podrá cantar. Ahora mismo voy a cancelar el concierto. No le costará más que una gran cantidad de dinero, pero eso no es nada comparado con su reputación.

Entonces suspiraba Chaliapin, y decía:

—Quizá sea mejor que vuelva usted más tarde. Venga a verme a las cinco y ya veremos cómo me encuentro entonces.

A las cinco volvía Hurok al hotel, siempre lleno de simpatía y compasión. Insistía en que debía cancelarse el concierto, y otra vez suspiraba Chaliapin y decía:

—Bueno, quizá sea mejor que vuelva más tarde. Quizás esté mejor entonces.

A las 7.30 el gran bajo aceptaba cantar pero con la condición de que Hurok apareciera primero en el escenario de la Ópera Metropolitana para anunciar que Chaliapin sufría un resfriado y no estaba esa noche en plena posesión de su voz. El Sr. Hurok debía mentir, pero dijo que así lo haría, porque sabía que ésa era la única manera de conseguir que el gran bajo se presentara en público.

El Dr. Arthur I. Gates dice en su espléndido libro *Psicología educacional:* "La especie humana ansía universalmente la simpatía. El niño muestra a todos unas lastimaduras; o aun llega a infligirse un tajo o un machucón para que se conduelan de él. Con el mismo fin los adultos muestran sus cicatrices, relatan sus accidentes, enfermedades, especialmente los detalles de sus operaciones quirúrgicas. La 'autocondolencia' por los infortunios reales o imaginarios es, en cierto modo, una práctica casi universal".

De manera que si usted quiere que los demás piensen como usted, ponga en práctica la...

REGLA 9

Muestre simpatía por las ideas y deseos
de la otra persona.

10

UN LLAMADO QUE GUSTA A TODOS

Yo me crié en el linde del país de Jesse James en Missouri, y he visitado la granja de los James, en Kearney, Missouri, donde vive todavía el hijo del bandolero.

Su esposa me ha narrado cómo Jesse asaltaba trenes y bancos y luego daba el dinero a granjeros vecinos para que pagaran sus hipotecas.

Jesse James se consideraba, probablemente, un idealista en el fondo, tal como pensaron por su parte Dutch Schultz, "Dos Pistolas" Crowley, Al Capone y muchos otros grupos de "Padrinos" de crimen organizado dos generaciones más tarde. Lo cierto es que todas las personas con quienes se encuentra usted —hasta la persona a quien ve en el espejo— tienen un alto concepto de ellas mismas, y quieren ser nobles y altruistas para su propio juicio.

J. Pierpont Morgan observó, en uno de sus interludios analíticos, que por lo común la gente tiene dos razones para hacer una cosa: una razón que parece buena y digna, y la otra, la verdadera razón.

Cada uno piensa en su razón verdadera. No hay necesidad de insistir en ello. Pero todos, como en el fondo somos idealistas, queremos pensar en los motivos que parecen buenos. Así pues, a fin de modificar a la gente, apelemos a sus motivos más nobles.

¿Es este sistema demasiado idealista para aplicarlo a los negocios? Veamos. Tomemos el caso de Hamilton J. Farrell, de la Farrell-Mitchell Company, de Glenolden, Pennsylvania. El Sr. Farrell tenía un inquilino descontento, que quería mudarse de casa. El contrato de alquiler debía seguir todavía durante cuatro meses; pero el inquilino comunicó que iba a dejar la casa inmediatamente, sin tener en cuenta el contrato.

"Aquella familia —dijo Farrell al relatar el episodio ante nuestra clase— había vivido en la casa durante el invierno entero, o sea la parte más costosa del año para nosotros, y yo sabía que sería difícil alquilar otra vez el departamento antes del otoño. Pensé en el dinero que perderíamos, y me enfurecí.

"Ordinariamente, yo habría ido a ver al inquilino para advertirle que leyera otra vez el contrato. Le habría señalado que, en el caso de dejar la casa, podríamos exigirle inmediatamente el pago de todo el resto de su alquiler, y que yo podría, y haría, los trámites necesarios para cobrar.

"Pero, en lugar de dejarme llevar por mis impulsos, decidí intentar otra táctica. Fui a verlo, y le hablé así:

"—Señor Fulano; he escuchado lo que tiene que decirme, y todavía no creo que se proponga usted mudarse. Los años que he pasado en este negocio me han enseñado algo acerca de la naturaleza humana, y desde un principio he pensado que usted es un hombre de palabra. Tan seguro estoy, que me hallo dispuesto a jugarle una apuesta. Escuche mi proposición. Postergue su decisión por unos días y piense bien en todo. Si, entre este momento y el primero de mes, cuando vence el alquiler, me dice usted que sigue decidido a mudarse, yo le doy mi palabra de que aceptaré esa decisión como final. Le permitiré que se mude y admitiré que me he equivocado. Pero todavía creo que usted es un hombre de palabra y respetará el contrato. Porque, al fin y al cabo, somos hombres o monos, y nadie más que nosotros debe decidirlo.

"Bien: cuando llegó el mes siguiente, este caballero fue a pagarnos personalmente el alquiler. Dijo que había conversado con su esposa... y decidido quedarse en el departamento. Habían llegado a la conclusión de que lo único honorable era respetar el contrato."

Cuando el extinto Lord Northcliffe veía en un diario una fotografía suya que no quería que se publicara, escribía una carta al director. Pero no le decía: "Por favor, no publique más esa fotografía, pues no me gusta". No, señor, apelaba a un motivo más noble. Apelaba al respeto y al amor que todos tenemos por la madre. Escribía así: "Le ruego que no vuelva a publicar esa fotografía mía. A *mi madre* no le gusta".

Cuando John D. Rockefeller, hijo, quiso que los fotógrafos de los diarios no obtuvieran instantáneas de sus hijos, también apeló a los motivos más nobles. No dijo: "Yo no quiero que se publiquen sus fotografías". No; apeló al deseo, que todos tenemos en el fondo, de abstenernos de hacer daño a los niños. Así pues, les dijo: "Ustedes saben cómo son estas cosas. Algunos de ustedes también tienen hijos. Y saben que no hace bien a los niños gozar de demasiada publicidad".

Cuando Cyrus H. K. Curtis, el pobre niño de Maine, iniciaba su meteórica carrera que lo iba a llevar a ganar millones como propietario del diario *The Saturday Evening Post* y de *Ladies' Home Journal,* no podía allanarse a pagar el precio que pagaban otras revistas por las contribuciones. No podía contratar autores de primera categoría. Por eso apeló a los motivos más nobles. Por ejemplo, persuadió hasta a Louisa May Alcott, la inmortal autora de *Mujercitas,* de que escribiera para sus revistas, cuando la Srta. Alcott estaba en lo más alto de su fama; y lo consiguió ofreciéndole un cheque de cien dólares, no para ella, sino para una institución de caridad.

Tal vez diga aquí el escéptico: "Sí, eso está muy bien para Northcliffe o Rockefeller o una novelista sentimental. Pero, ya querría ver este método con la gente a quienes tengo que cobrar cuentas".

Quizá sea así. Nada hay que dé resultado en todos los casos, con todas las personas. Si está usted satisfecho con los resultados que logra, ¿a qué cambiar? Si no está satisfecho, ¿por qué no hace la prueba?

De todos modos, creo que le agradará leer este relato veraz, narrado por James L. Thomas, ex estudiante mío:

Seis clientes de cierta compañía de automóviles se negaban a pagar sus cuentas por servicios prestados por la compañía. Ningún cliente protestaba por la cuenta total, pero cada uno sostenía que algún renglón estaba mal acreditado. En todos los casos los clientes habían firmado su conformidad por los trabajos realizados, de modo que la compañía sabía que tenía razón, y lo *decía*. Ése fue el primer error.

Veamos los pasos que dieron los empleados del departamento de créditos para cobrar esas cuentas ya vencidas. ¿Cree usted que consiguieron algo?

1. Visitaron a cada cliente y le dijeron redondamente que habían ido a cobrar una cuenta vencida hacía mucho tiempo.

2. Dijeron con mucha claridad que la compañía estaba absoluta e incondicionalmente en lo cierto; por lo tanto, el cliente estaba absoluta e incondicionalmente equivocado.

3. Dieron a entender que la compañía sabía de automóviles mucho más de lo que el cliente podría aprender jamás. ¿Cómo iba a discutir entonces el cliente?

4. Resultado: discusiones.

¿Se consiguió, con estos métodos, apaciguar al cliente y arreglar la cuenta? No hay necesidad de que respondamos.

Cuando se había llegado a tal estado de cosas, el gerente de créditos estaba por encargarle el problema a un batallón de abogados, pero afortunadamente el caso pasó a consideración del gerente general, quien investigó debidamente y descubrió que todos los clientes en mora tenían la reputación de pagar puntualmente sus cuentas. Había, pues, un error, un error tremendo en el método de cobranza. Llamó entonces a James L. Thomas y le encargó que cobrara esas cuentas incobrables.

Veamos los pasos que dio el Sr. Thomas, según sus mismas palabras:

1. "Mi visita a cada cliente fue también con el fin de cobrar una cuenta, que debía haber pagado mucho tiempo antes, y que nosotros sabíamos era una cuenta justa. Pero yo no dije nada de esto. Expliqué que iba a descubrir qué había hecho de malo, o qué no había hecho la compañía."

2. "Aclaré que, hasta después de escuchar la versión del cliente, yo no podía ofrecer una opinión. Le dije que la compañía no pretendía ser infalible."

3. "Le dije que sólo me interesaba su automóvil, y que él sabía de su automóvil más que cualquier otra persona; que él era la autoridad sobre este tema."

4. "Lo dejé hablar, y lo escuché con todo el interés y la simpatía que él deseaba y esperaba."

5. "Finalmente, cuando el cliente estuvo con ánimo razonable, apelé a su sentido de la decencia. Apelé a los motivos más nobles. Le dije así: —Primero, quiero que sepa que esta cuestión ha sido mal

llevada. Se lo ha molestado e incomodado e irritado con las visitas de nuestros representantes. Nunca debió procederse así. Lo lamento y, como representante de la compañía, le pido disculpas. Al escuchar ahora su versión no he podido menos que impresionarme por su rectitud y su paciencia. Y ahora, como usted es ecuánime y paciente, voy a pedirle que haga algo por mí. Es algo que usted puede hacer mejor que cualquiera, porque usted sabe más que cualquiera. Aquí está su cuenta. Sé que no me arriesgo al pedirle que la ajuste, como lo haría si fuera el presidente de mi compañía. Dejo todo en sus manos. Lo que usted decida se hará. —¿Pagó la cuenta? Claro que sí, y muy complacido quedó al hacerlo. Las cuentas oscilaban entre 150 y 400 dólares, y ¿se aprovecharon los clientes? Sí, uno de ellos se negó a pagar un centavo del renglón protestado, pero los otros cinco pagaron todo lo que decía la compañía. Y lo mejor del caso es que en los dos años siguientes entregamos automóviles nuevos a los seis clientes, encantados ahora de tratar con nosotros."

"La experiencia me ha enseñado —dijo el Sr. Thomas finalmente— que, cuando no se puede obtener un informe exacto acerca del cliente, la única base sobre la cual se puede proceder es la de presumir que es una persona sincera, honrada, veraz, deseosa de pagar sus cuentas, una vez convencida de que las cuentas son exactas. En otras palabras, más claras quizá, la gente es honrada y quiere responder a sus obligaciones. Las excepciones de esta regla son comparativamente escasas, y yo estoy convencido de que el individuo inclinado a regatear reaccionará favorablemente en casi todos los casos si se le hace sentir que se lo considera una persona honrada, recta y justa."

REGLA 10

Apele a los motivos más nobles.

ASÍ SE HACE EN EL CINE Y EN LA TELEVISIÓN. ¿POR QUÉ NO LO HACE USTED?

Hace pocos años, el diario *Evening Bulletin*, de Filadelfia, sufría los perjuicios de una campaña de chismes consistente en peligrosas calumnias. Se hacía circular un malicioso rumor. Se decía a los clientes del diario que tenía demasiados anuncios y muy escasas noticias, que ya no resultaba atractivo para los lectores. Era necesario tomar medidas inmediatas. Había que aplastar el rumor.

Pero, ¿cómo?

Veamos qué se hizo.

El *Bulletin* recortó de su edición regular de un día cualquiera todo el material de lectura, lo clasificó y con él publicó un libro, que se tituló *Un día*. Constaba de 307 páginas, tantas como un libro corriente; pero el diario había publicado todo ese material en un día, para venderlo, no por varios dólares, sino por unos pocos centavos.

La publicación de este libro dramatizó el hecho de que el diario daba a sus lectores una enorme cantidad de interesante material de lectura. Hizo conocer este hecho más vívidamente, con mayor interés, que lo que se podría haber logrado en muchos días de publicación de cifras y anuncios.

Éste es el tiempo de la dramatización. No basta con decir una verdad. Hay que hacerla vívida, interesante, dramática. El cine lo hace; la televisión lo hace. Y usted también tendrá que hacerlo si quiere llamar la atención. Los peritos en arreglo de vidrieras conocen el gran poder de la dramatización. Por ejemplo, los fabricantes de un nuevo veneno para ratas dieron a los comerciantes una vidriera que contenía dos ratas vivas. La semana en que se mostraron esas ratas, las ventas subieron cinco veces por encima de lo normal.

Los comerciales de televisión muestran abundancia de ejemplos del uso de las técnicas dramáticas para vender productos. Siéntese una noche delante de su televisor y analice lo que hacen los publicitarios en cada una de sus presentaciones. Notará cómo un medicamento antiácido cambia el color de un ácido en un tubo de ensayo, mientras el producto de la competencia no lo hace, cómo una marca de jabón o detergente limpia una camisa engrasada mientras otra marca la deja grisácea. Verá un auto maniobrando a través de una serie de curvas y obstáculos... lo cual es mucho mejor que simplemente oír cómo lo dicen. Verá caras felices mostrando la satisfacción que dan una cantidad de productos. Todo lo cual dramatiza, para los espectadores, las ventajas de cualquier cosa que se venda... y logra que la gente la compre.

Pueden dramatizarse las ideas en los negocios o en cualquier otra área de la vida. Es fácil. Jim Yeamans, vendedor de la "NCR", una fábrica de cajas registradoras de Richmond, Virginia, nos contó cómo hizo una venta gracias a una demostración dramatizada.

—La semana pasada visité a un almacenero del vecindario, y vi que la caja registradora que usaba en su mostrador era muy anticuada. Me acerqué entonces al dueño y le dije:

"—Usted está literalmente tirando centavos a la calle cada vez que un cliente se pone en fila. —Y al decirlo arrojé hacia la puerta un puñado de monedas. Capté su atención de inmediato. Las meras palabras no le habrían resultado demasiado interesantes, pero el sonido de las monedas en el piso despertó de veras su interés. Y logré un pedido para reemplazar su vieja máquina."

También funciona en la vida doméstica. Cuando el novio clásico le proponía matrimonio a su chica, ¿lo hacía con meras palabras? ¡Claro que no! Se ponía de rodillas. Eso significaba que hablaba en serio. Ya no nos ponemos más de rodillas, pero muchos novios siguen prefiriendo una atmósfera romántica antes de lanzar su gran pregunta.

Dramatizar lo que queremos también da resultado con los niños. Joe B. Fant, Jr., de Birmingham, Alabama, tenía dificultades para lograr que su hijo de cinco años y su hija de tres recogieran los juguetes, por lo que inventó un "tren". Joey era el maquinista (Capitán Casey Jones) montado en su triciclo. Al triciclo se enganchaba el carrito de Janet, y en poco rato ella cargaba todo el "carbón" sobre el vagón, y después subía ella misma y su hermano la llevaba de paseo por toda la casa. De este modo se juntaban todos los juguetes: sin retos, amenazas ni discusiones.

Mary Catherine Wolf, de Mishawaka, Indiana, tenía problemas en el trabajo, y decidió hacerle una exposición de ellos a su patrón. El lunes a la mañana pidió una entrevista, pero él le hizo decir que estaba muy ocupado y que debería hacer una cita con la secretaria para algún otro día de la semana. La secretaria le indicó que la agenda del jefe estaba muy cargada, pero tratarían de hacerle un lugarcito.

La señorita Wolf describió lo que sucedió:

—No recibí respuesta alguna de la secretaria durante toda la semana. Cada vez que la interrogaba, me daba un motivo distinto por el que mi jefe no podía atenderme. El viernes a la mañana fui otra vez, y tampoco hubo nada definido. Yo realmente quería verlo y hablarle de mis problemas antes del fin de semana, así que me pregunté cómo podía lograr enfrentarlo.

"Lo que hice al fin fue esto. Le escribí una carta formal. En ella le decía que entendía perfectamente lo ocupado que estaba durante la semana, pero era importante que yo le hablara. Incluía un formulario hecho por mí, y un sobre con mi nombre, y le pedía que por favor lo llenara, o le pidiera a su secretaria que lo hiciera, y me lo enviara. El formulario decía esto:

"'Señorita Wolf:
Podré verla el día... a la hora... Le concederé... minutos de mi tiempo.'

"Puse esta carta en su canasta de correspondencia a las 11 de la mañana. A las 2 de la tarde miré mi correspondencia. Allí estaba mi sobre. Había respondido diciendo que podría verme esa tarde, y me concedería 10 minutos de su tiempo. Fui a verlo, hablamos durante más de una hora, y mis problemas quedaron resueltos.

"Si yo no hubiera dramatizado el hecho de que realmente quería verlo, probablemente seguiría esperando que me diera una cita."

James B. Boynton tuvo que presentar una vez un extenso informe sobre el mercado. Su firma acababa de terminar un detallado estudio sobre una conocida marca de crema facial. Se necesitaban sin tardanza datos sobre la amenaza de una venta por debajo del costo; el cliente en perspectiva era uno de los más grandes —y más formidables— publicistas.

"La primera vez que fui a verlo —admitió el Sr. Boynton— me encontré desviado hacia una inútil discusión de los métodos empleados en la investigación. Discutimos. El hombre me dijo que me equivocaba, y yo traté de demostrar que no.

"Gané finalmente la discusión, y quedé satisfecho en cuanto a eso, pero terminó la entrevista y yo no había conseguido resultado alguno.

"La segunda vez no me preocupé por tablas de cifras y datos. Dramaticé los hechos.

"Al entrar en el despacho de este hombre lo vi hablando por teléfono. Mientras él seguía la conversación abrí una valija y puse treinta y dos frascos de crema facial sobre su escritorio. Eran productos conocidos por él, competidores del suyo.

"En cada frasco había puesto una etiqueta que exponía brevemente los resultados de la investigación comercial. Y cada una daba con brevedad, dramáticamente, una historia del caso.

"Ya no hubo discusiones. Yo presentaba algo nuevo, diferente. El cliente tomó uno y después otro de los frascos y leyó las informaciones de las etiquetas. Se produjo una amistosa conversación. Me hizo muchas preguntas, intensamente interesado. Me había concedido sólo diez minutos para exponer mis hechos, pero pasaron los diez, y veinte, y cuarenta, y al cabo de una hora seguíamos hablando.

"Presentaba yo esta vez los mismos hechos de antes. Pero ahora empleaba la dramatización, el exhibicionismo... y ahí estaba toda la diferencia."

REGLA 11

Dramatice sus ideas.

CUANDO NINGUNA OTRA COSA
LE DÉ RESULTADO, PRUEBE ESTO

Charles Schwab tenía un capataz de altos hornos cuyo personal no producía su cuota de trabajo.

—¿Cómo es —preguntó Schwab— que un hombre de su capacidad no consigue que esta planta rinda lo que debe?

—No sé —respondió el hombre—. He pedido a los obreros que trabajen más; les he dado el ejemplo; los he regañado; los he amenazado con el despido. Pero nada se consigue. No producen, y nada más.

Estaba cayendo el día, poco antes de que entrara a trabajar el turno de la noche.

—Déme un trozo de tiza —dijo Schwab. Y luego, volviéndose a un obrero cercano—: ¿Cuántas veces descargó el horno el turno de hoy?

Sin decir palabra, Schwab trazó un gran número seis en el piso y se alejó.

Cuando entró el turno de la noche, los obreros vieron el seis y preguntaron qué significaba aquello.

—Hoy estuvo el jefe —fue la respuesta— y después de preguntarnos cuántas veces descargamos el horno, escribió en el piso ese seis, el número que le dijimos.

A la mañana siguiente volvió Schwab al taller. El turno de la noche había borrado el seis y escrito un siete.

Cuando los obreros diurnos fueron a trabajar, vieron esa cifra. ¿De modo que los de la noche creían ser mejores, eh? Bien: ya les iban a enseñar a trabajar. Se pusieron a la tarea con entusiasmo y cuando se marcharon aquella noche dejaron en el piso un enorme número diez.

A poco, este taller, que se había quedado atrás en producción, rendía más que cualquier otro de la fábrica.

¿Cuál es el principio?

Dejemos que Charles Schwab nos lo diga. "La forma de conseguir que se hagan las cosas —dice Schwab— es estimular la competencia. No hablo del estímulo sórdido, monetario, sino del deseo de superarse."

¡El deseo de superarse! ¡El desafío! ¡Arrojar el guante! Un medio infalible de apelar a los hombres de carácter.

Sin un desafío, Theodore Roosevelt no habría sido jamás presidente de los Estados Unidos. Apenas de regreso de Cuba se le quería designar candidato a gobernador del Estado de Nueva York. La oposición descubrió que ya no era residente legal en el estado; y Roosevelt, atemorizado, quería retirar su candidatura. Pero Thomas Collier Platt le arrojó el guante. Volviéndose de pronto hacia Roosevelt exclamó con su voz potente: "¿Es un cobarde el héroe del cerro de San Juan?"

Roosevelt emprendió la lucha, y lo demás es ya cosa de la historia. Ese desafío no solamente cambió su vida sino que tuvo un efecto tremendo sobre la historia de la nación.

"Todos los hombres tienen temores, pero los valientes los olvidan y van adelante, a veces hasta la muerte, pero siempre hasta la victoria." Ése era el lema de la Guardia Real en la antigua Grecia. Qué mayor desafío puede ofrecerse que la oportunidad de superar estos temores.

Cuando Al Smith era gobernador de Nueva York, se vio en un grave aprieto. Sing Sing, la más famosa penitenciaría después de la Isla del Diablo, no tenía alcaide. A través de sus murallas corrían rumores muy feos, escándalos y otras cosas. Smith necesitaba un hombre fuerte para que dirigiera la prisión, un hombre de hierro. Pero, ¿quién? Llamó a Lewis E. Lawes, de New Hampton.

—¿Qué le parecería ir a hacerse cargo de Sing Sing? —dijo jovialmente cuando Lawes estuvo ante él—. Allí necesitaban a un hombre de experiencia.

Lawes quedó alelado. Conocía los peligros de Sing Sing. Era un cargo político, sujeto a las variaciones de los caprichos políticos. Los alcaides entraban y salían de allí rápidamente; uno había durado apenas tres semanas. Y él tenía que tener en cuenta su carrera. ¿Valía la pena correr ese riesgo?

Y entonces Smith, que advirtió su vacilación, se echó hacia atrás y sonrió:

—Joven, no lo puedo censurar por tener miedo. Es un lugar muy bravo. Necesita mucha valentía un hombre para ir allí y quedarse.

¿Un desafío, eh? Lawes aceptó entonces la idea de intentar una labor que requería un hombre de hierro.

Fue a Sing Sing. Y se quedó allí, hasta ser el más famoso de los alcaides habidos en la penitenciaría. Su libro *Veinte mil años en Sing Sing* se vendió a centenares de miles de lectores. Lawes ha hablado por radio; sus relatos de la vida en una prisión han inspirado muchas películas. Y su "humanización" de los criminales ha producido milagros en cuanto a las reformas carcelarias.

"Según mi experiencia —ha dicho Harvey S. Firestone, fundador de la gran empresa Firestone Tire & Rubber Company— con la paga por sí sola no se atrae ni se retiene a la gente de algún valor. Creo que es más bien el juego mismo..."

Frederic Herzberg, uno de los grandes tratadistas del comportamiento humano, estuvo de acuerdo en este punto. Estudió en profundidad la actitud ante el trabajo de miles de personas, desde obreros de fábricas hasta importantes ejecutivos. Y descubrió que el factor más motivador, la faceta del trabajo que resultaba más estimulante, era... ¿Cuál creen ustedes? ¿El dinero? ¿Las buenas condiciones de trabajo? ¿Los beneficios adicionales? No, nada de eso. El principal factor motivador de la gente era el trabajo mismo. Si el trabajo era excitante e interesante, el obrero lo enfrentaba con gusto, y ésa era toda la motivación que necesitaba para hacerlo bien.

Eso es lo que encanta a toda persona que triunfa: el juego. La oportunidad de expresarse. La oportunidad de demostrar lo que vale, de destacarse, de ganar. Esto es lo que da atracción a las carreras pedestres. El deseo de sobresalir. El deseo de sentirse importante.

REGLA 12

Lance, con tacto, un reto amable.

En pocas palabras

LOGRE QUE LOS DEMÁS PIENSEN COMO USTED

REGLA 1
La única forma de salir ganando en una discusión
es evitándola.

REGLA 2
Demuestre respeto por las opiniones ajenas. Jamás
diga a una persona que está equivocada.

REGLA 3
Si usted está equivocado, admítalo rápida
y enfáticamente.

REGLA 4
Empiece en forma amigable.

REGLA 5
Consiga que la otra persona diga "sí, sí"
inmediatamente.

REGLA 6
Permita que la otra persona sea quien hable más.

REGLA 7
Permita que la otra persona sienta que la idea es
de ella.

REGLA 8
Trate honradamente de ver las cosas desde el
punto de vista de la otra persona.

REGLA 9
Muestre simpatía por las ideas y deseos
de la otra persona.

REGLA 10
Apele a los motivos más nobles.

REGLA 11
Dramatice sus ideas.

REGLA 12
Lance, con tacto, un reto amable.

Cuarta Parte

SEA UN LÍDER:
CÓMO CAMBIAR A LOS DEMÁS
SIN OFENDERLOS
NI DESPERTAR
RESENTIMIENTOS

SI TIENE USTED QUE ENCONTRAR
DEFECTOS, ÉSTA ES LA MANERA DE EMPEZAR

Un amigo mío fue invitado a pasar un fin de semana en la Casa Blanca durante la administración de Calvin Coolidge. Al entrar por casualidad en la oficina privada del presidente le oyó decir, dirigiéndose a una de sus secretarias:

—Lindo vestido lleva usted esta mañana, señorita; la hace aun más atractiva.

Fue ésa, quizá, la alabanza mayor que el silencioso Coolidge hizo a una secretaria en toda su vida. Resultó tan inesperada, tan inusitada, que la joven enrojeció confusa. Pero Coolidge manifestó en seguida:

—No se acalore. Lo he dicho solamente para que se sintiera contenta. En adelante, desearía que tuviera algo más de cuidado con la puntuación.

Su método, probablemente, pecaba por exceso de claridad, pero la psicología era espléndida. Siempre es más fácil escuchar cosas desagradables después de haber oído algún elogio.

El barbero jabona la cara del hombre antes de afeitarlo, y esto es precisamente lo que hizo McKinley en 1896, cuando era candidato a la presidencia. Uno de los republicanos más prominentes de la época había escrito un discurso para la campaña electoral, y a su juicio era una pieza mejor que todas las de Cicerón, Patrick Henry y Daniel Webster reunidas. Con gran entusiasmo, este señor leyó su inmortal discurso a McKinley. Tenía el discurso sus cosas buenas, pero no servía. Despertaría una tormenta de críticas. McKinley no quería herir los sentimientos del autor. No debía anular el espléndido entusiasmo del hombre, pero tenía que decirle que no. Veamos con cuánta destreza lo logró.

—Amigo mío —le dijo—, ese discurso es espléndido, magnífico. Nadie podría haber preparado uno mejor. En muchas ocasiones sería exactamente lo que habría que decir, pero ¿se presta para la situación actual? Veraz y sobrio como es, desde su punto de vista, yo tengo que considerarlo desde el punto de vista del partido. Yo desearía que volviera usted a su casa y escribiera un discurso según las indicaciones que yo le hago, enviándome después una copia.

Así lo hizo. McKinley tachó y corrigió, ayudó a su correligionario a escribir el nuevo discurso, y así pudo contar con él como uno de los oradores más eficaces de la campaña.

Aquí tenemos una de las dos cartas más famosas que escribió Abraham Lincoln (la más famosa fue la escrita a la Sra. de Bixley para expresarle el pesar del presidente por la muerte de los cinco hijos de esta pobre mujer, todos ellos en combate). Lincoln terminó esta carta probablemente en cinco minutos; pero se vendió en subasta pública, en 1926, por doce mil dólares. Suma que, digámoslo al pasar, es mayor que todo el dinero que pudo economizar Lincoln al cabo de medio siglo de dura tarea.

Esta carta fue escrita el 26 de abril de 1863, en el período más sombrío de la Guerra Civil. Durante dieciocho meses los generales de Lincoln venían conduciendo el ejército de la Unión de derrota en derrota. Aquello era trágico: nada más que una carnicería humana, inútil y estúpida. La nación estaba atónita, aterrorizada. Miles de soldados desertaban del ejército; y hasta los miembros republicanos del Senado se rebelaron y quisieron forzar a Lincoln a dejar la Casa Blanca. "Estamos ahora —dijo Lincoln por entonces— al borde de la destrucción. Me parece que hasta el Todopoderoso se halla contra nosotros. Apenas puedo ver un rayo de esperanza." Tal era el período de negros pesares y de caos que dio origen a esta carta.

Voy a reproducirla aquí porque demuestra cómo trató Lincoln de cambiar a un turbulento general cuando la suerte de la nación podía depender de los actos de ese general.

Es, quizá, la carta más enérgica que escribió Lincoln en su presidencia; pero se ha de advertir que elogió al general Hooker antes de hablar de sus graves errores.

Sí, eran defectos muy graves; pero Lincoln no los llamaba así. Lincoln era más conservador, más diplomático. Lincoln escribió solamente: "Hay ciertas cosas a cuyo respecto no estoy del todo satisfecho con usted". Eso es tacto y diplomacia.

Aquí está la carta dirigida al mayor general Hooker:

Yo lo he puesto al frente del Ejército del Potomac. He hecho así, claro está, por razones que me parecen suficientes, mas creo mejor hacerle saber que hay ciertas cosas a cuyo respecto no estoy del todo satisfecho con usted.

Creo que es usted un soldado valiente y hábil, cosa que, naturalmente, me agrada. También creo que no mezcla usted la política con su profesión, en lo cual está acertado. Tiene usted confianza en sí mismo, cualidad valiosa, si no indispensable.

Es usted ambicioso, lo cual, dentro de límites razonables, hace más bien que mal. Pero creo que durante el comando del general Burnside en el ejército se dejó llevar usted por su ambición y lo contrarió usted todo lo que pudo, con lo cual hizo un grave daño al país y a un compañero de armas sumamente meritorio y honorable.

He escuchado, en forma tal que debo creerlo, que ha dicho usted recientemente que tanto el ejército como el gobierno necesitan un dictador. Es claro que no fue por esto sino a pesar de esto que le he dado el mando.

Sólo los generales que obtienen triunfos pueden erigirse en dictadores. Lo que pido ahora de usted es que nos dé triunfos militares, y correré el riesgo de la dictadura.

El gobierno le prestará apoyo hasta donde dé su capacidad, o sea ni más ni menos de lo que ha hecho y hará por todos los comandantes. Mucho me temo que el espíritu que ha contribuido usted a infundir en el ejército, de criticar al comandante y no tenerle confianza, se volverá ahora contra usted. Yo lo ayudaré, en todo lo que pueda, para acallarlo.

Ni usted ni Napoleón, si volviera a vivir, obtendría bien alguno de un ejército en el que predomina tal espíritu, pero ahora cuídese de la temeridad. Cuídese de la temeridad, pero con energía y con constante vigilancia marche usted adelante y dénos victorias.

Usted no es un Coolidge, ni un McKinley, ni un Lincoln. ¿Quiere saber usted si esta filosofía le dará resultados en los contactos de los negocios diarios? Veamos. Tomemos el caso de W. P. Gaw, de la Wark Company, Filadelfia.

La empresa Wark había conseguido un contrato para construir y completar un gran edificio de escritorios en Filadelfia, para una fecha determinada. Todo marchaba como sobre rieles, el edificio estaba casi terminado, cuando de pronto el subcontratista encargado de la obra ornamental de bronce que debía adornar el exterior del edificio declaró que no podía entregar el material en la fecha fijada. ¡Toda la obra paralizada! ¡Grandes multas y tremendas pérdidas por la falla de un hombre!

Hubo comunicaciones telefónicas a larga distancia, discusiones, conversaciones acaloradas. Todo en vano. Por fin el Sr. Gaw fue enviado a Nueva York para entrevistar al león en su cueva.

—¿Sabe usted que es la única persona en Brooklyn con ese apellido? —preguntó Gaw apenas hubo entrado en el despacho del presidente.

—No lo sabía —repuso sorprendido el presidente.

—Así es —insistió Gaw—. Cuando salí del tren, esta mañana, miré la guía telefónica para conocer su dirección, y vi que es usted el único que tiene este apellido en la guía telefónica de Brooklyn.

—No lo sabía —repitió el presidente, y examinó con interés la guía de teléfonos. Luego, con orgullo, añadió—: En realidad, no es un apellido muy común. Mi familia vino de Holanda y se instaló en Nueva York hace casi doscientos años.

Siguió hablando unos minutos de su familia y sus antepasados. Cuando terminó, Gaw lo felicitó por la importancia de la fábrica que tenía, y la comparó elogiosamente con otras empresas similares que había conocido.

—He pasado toda la vida dedicado a este negocio —dijo el presidente— y estoy orgulloso de ser el dueño. ¿Le gustaría dar una vuelta por la fábrica?

Durante esta gira de inspección, el Sr. Gaw lo felicitó por el sistema de trabajo empleado, y le explicó cómo y por qué le parecía superior al de algunos competidores. Gaw comentó algunas máquinas poco comunes, y el presidente le anunció que las había inventado él. Dedicó mucho tiempo a mostrar cómo funcionaban y los buenos resultados que daban. Insistió en que Gaw lo acompañara a almorzar. Hasta entonces no se había pronunciado una palabra sobre el verdadero propósito de la visita del Sr. Gaw.

Después de almorzar, el presidente manifestó:

—Ahora, a lo que tenemos que hacer. Naturalmente, yo sé por qué ha venido usted. No esperaba que nuestra entrevista sería tan agradable. Puede volver a Filadelfia con mi promesa de que el material para esa obra será fabricado y despachado a tiempo, aunque haya que retrasar la entrega de otros pedidos.

El Sr. Gaw consiguió lo que quería, sin pedirlo siquiera. El material llegó a tiempo, y el edificio quedó terminado el día en que expiraba el contrato para su entrega.

¿Habría ocurrido lo mismo si Gaw hubiera usado el método de la brusquedad que se suele emplear en tales ocasiones?

Dorothy Wrublewski, gerente de área del Federal Credit Union de Fort Monmouth, Nueva Jersey, contó en una de nuestras clases cómo pudo ayudar a una de sus empleadas a producir más.

—Hace poco tomamos a una joven como cajera aprendiza. Su contacto con nuestros clientes era muy bueno. Era correcta y eficiente en el manejo de transacciones individuales. El problema aparecía al final de la jornada, cuando había que hacer el balance.

"El jefe de cajeros vino a verme y me sugirió con firmeza que despidiera a esta joven:

"—Está demorando a todos los demás por su lentitud en cerrar su caja. Se lo he dicho una y otra vez, pero no aprende. Tiene que irse.

"Al día siguiente la vi trabajar rápido y a la perfección en el manejo de las transacciones cotidianas, y era muy agradable en el trato con los demás empleados.

"No me llevó mucho tiempo descubrir por qué tenía problemas con el balance. Después de cerrar las puertas al público, fui a hablar con ella. Se la veía nerviosa y deprimida. La felicité por su espíritu amistoso y abierto con los demás empleados, así como por la corrección y velocidad con que trabajaba. Después le sugerí que revisáramos el procedimiento que usaba para hacer el balance del dinero en su caja. No bien comprendió que yo confiaba en ella, siguió mis sugerencias, y no tardó en dominar sus funciones. Desde entonces no hemos tenido ningún problema con ella."

Empezar con elogios es hacer como el dentista que empieza su trabajo con novocaína. Al paciente se le hace todo el trabajo necesario, pero la droga ya ha insensibilizado al dolor. De modo que un líder debe usar la...

REGLA 1

Empiece con elogio y aprecio sincero.

CÓMO CRITICAR Y NO SER ODIADO
POR ELLO

Charles Schwab pasaba por uno de sus talleres metalúrgicos, un mediodía, cuando se encontró con algunos empleados fumando. Tenían sobre las cabezas un gran letrero que decía: "Prohibido fumar". Pero Schwab no señaló el letrero preguntando: "¿No saben leer?" No, señor. Se acercó a los hombres, entregó a cada uno un cigarro y dijo: "Les agradeceré mucho, amigos, que fumen éstos afuera". Ellos no ignoraban que él sabía que habían desobedecido una regla, y lo admiraron porque no decía nada al respecto, les obsequiaba y los hacía sentir importantes. No se puede menos que querer a un hombre así, ¿verdad?

John Wanamaker empleaba la misma táctica. Todos los días solía efectuar una gira por su gran tienda de Filadelfia. Una vez vio a una cliente que esperaba junto a un mostrador. Nadie le prestaba la menor atención. ¿Los vendedores? Estaban reunidos en un grupo al otro extremo del mostrador, conversando y riendo. Wanamaker no dijo una palabra. Se colocó detrás del mostrador, atendió personalmente a la mujer y después entregó su compra a los vendedores, para que la hicieran envolver, y siguió su camino.

A los funcionarios públicos se los suele criticar por no mostrarse accesibles a sus votantes. Son gente ocupada, y el defecto suele estar en empleados sobreprotectores que no quieren recargar a sus jefes con un exceso de visitantes. Carl Langford, que fue alcalde de Orlando, Florida, donde se encuentra Disney World, durante muchos años insistió en que su personal permitiera que la gente que fuera a verlo pudiera hacerlo. Decía tener una política de "puertas abiertas", y aun así los ciudadanos de su comunidad se veían bloqueados por secretarias y empleados cada vez que querían verlo.

Al fin el alcalde encontró una solución. ¡Sacó la puerta de su oficina! Sus ayudantes comprendieron el mensaje, y el alcalde tuvo una administración realmente abierta al público desde que derribó simbólicamente la puerta.

El mero cambio de una pequeña palabra puede representar la diferencia entre el triunfo y el fracaso en cambiar a una persona sin ofenderla o crear resentimientos.

Muchos creen eficaz iniciar cualquier crítica con un sincero elogio seguido de la palabra "pero" y a continuación la crítica. Por ejemplo, si se desea cambiar la actitud descuidada de un niño respecto de sus estudios, podemos decir: "Estamos realmente orgullosos de ti, Johnnie, por haber mejorado tus notas este mes. *Pero* si te hubieras esforzado más en álgebra, los resultados habrían sido mejores todavía".

Johnnie se sentirá feliz hasta el momento de oír la palabra "pero".

En ese momento cuestionará la sinceridad del elogio, que le parecerá un truco para poder pasar de contrabando la crítica. La credibilidad sufrirá, y probablemente no lograremos nuestro objetivo de cambiar la actitud de Johnnie hacia sus estudios.

Esto podría evitarse cambiando la palabra *pero* por *y*: "Estamos realmente orgullosos de ti, Johnnie, por haber mejorado tus notas este mes, *y* si sigues esforzándote podrás subir las notas de álgebra al nivel de las demás".

Ahora sí Johnnie podrá aceptar el elogio porque

no hubo un seguimiento con crítica. Le hemos llamado indirectamente la atención sobre la conducta que queríamos cambiar, y lo más seguro es que se adecuará a nuestras expectativas.

Llamar la atención indirectamente sobre los errores obra maravillas sobre personas sensibles que pueden resentirse ante una crítica directa. Marge Jacob, de Woonsocket, Rhode Island, contó en una de nuestras clases cómo convenció a unos desprolijos obreros de la construcción de que hicieran la limpieza al terminar el trabajo mientras construían una adición en su casa.

Durante los primeros días de trabajo, cuando la señora Jacob volvía de su oficina, notaba que el patio estaba cubierto de fragmentos de madera. No quería ganarse la enemistad de los obreros, que por lo demás hacían un trabajo excelente. De modo que cuando se marcharon, ella y sus hijos recogieron y apilaron todos los restos de madera en un rincón. A la mañana siguiente llamó aparte al capataz y le dijo:

—Estoy realmente contenta por el modo en que dejaron el patio anoche; así de limpio y ordenado, no molestará a los vecinos.

Desde ese día, los obreros recogieron y apilaron los restos de madera, y el capataz se acercaba todos los días a la dueña de casa buscando aprobación por el orden que habían hecho el día anterior.

Una de las áreas de controversia más áspera entre los miembros de la Reserva de las Fuerzas Armadas y los oficiales regulares, es el corte de pelo. Los reservistas se consideran civiles (cosa que son la mayor parte del tiempo), y no les agrada tener que hacerse un corte militar.

El sargento Harley Kaiser, de la Escuela Militar 542, se vio ante este problema al trabajar con un grupo de oficiales de la reserva sin destinos. Como veterano sargento, lo normal en él habría sido aullarle a las tropas, y amenazarlas. En lugar de eso, prefirió utilizar un enfoque indirecto.

—Caballeros —comenzó—: ustedes son líderes. Y el modo más eficaz de practicar el liderazgo, es hacerlo mediante el ejemplo. Ustedes deben ser un ejemplo que sus hombres quieran seguir. Todos saben lo que dicen los Reglamentos del Ejército sobre el corte de pelo. Yo me haré cortar el cabello hoy, aunque lo tengo mucho más corto que algunos de ustedes. Mírense al espejo, y si sienten que necesitan un corte para ser un buen ejemplo, nos haremos tiempo para que hagan una visita al peluquero.

El resultado fue predecible. Varios de los candidatos se miraron al espejo y fueron a la peluquería esa tarde y se hicieron un corte "de reglamento". A la mañana siguiente el sargento Kaiser comentó que ya podía ver el desarrollo de las cualidades de liderazgo en algunos miembros del escuadrón.

El 8 de marzo de 1887 murió el elocuente Henry Ward Beecher. Al domingo siguiente, Lyman Abbott fue invitado a hablar desde el púlpito vacante por el deceso de Beecher. Ansioso de causar buena impresión, Abbott escribió, corrigió y pulió su sermón con el minucioso cuidado de un Flaubert. Después lo leyó a su esposa. Era pobre, como lo son casi todos los discursos escritos. La esposa, si hubiera tenido menos cordura, podría haber dicho: "Lyman, eso es horrible. No sirve para nada. Harás dormir a los fieles. Parece un artículo de una enciclopedia. Al cabo de tantos años de predicar, ya deberías saber de estas cosas. Por Dios, ¿por qué no hablas como un ser humano? ¿Por qué no eres natural? No vayas a leer ese discurso".

Eso es lo que pudo decirle. Y si así hubiera hecho, ya se sabe lo que habría ocurrido. Y ella también lo sabía. Por eso se limitó a señalar que aquel discurso podría servir como un excelente artículo para una revista literaria. En otras palabras, lo ensalzó y al mismo tiempo sugirió sutilmente que como discurso no servía. Lyman Abbott comprendió la indicación, desgarró el manuscrito tan cuidadosamente preparado, y predicó sin utilizar notas siquiera.

Una eficaz manera de corregir los errores de los demás es...

REGLA 2

Llame la atención sobre los errores de los demás indirectamente.

3

HABLE PRIMERO DE SUS PROPIOS ERRORES

Mi sobrina, Josephine Carnegie, había venido a Nueva York para trabajar como secretaria mía. Tenía 19 años, se había recibido tres años antes en la escuela secundaria, y su experiencia de trabajo era apenas superior a cero. Hoy es una de las más perfectas secretarias del mundo; pero en los comienzos era... bueno, susceptible de mejorar. Un día en que empecé a criticarla, reflexioné: "Un minuto, Dale Carnegie; espera un minuto. Eres dos veces mayor que Josephine. Has tenido diez mil veces más experiencia que ella en estas cosas. ¿Cómo puedes esperar que ella tenga tus puntos de vista, tu juicio, tu iniciativa, aunque sean mediocres? Y, otro minuto, Dale; ¿qué hacías tú a los 19 años? ¿No recuerdas los errores de borrico, los disparates de tonto que hacías? ¿No recuerdas cuando hiciste esto... y aquello...?"

Después de pensar un momento, honesta e imparcialmente llegué a la conclusión de que el comportamiento de Josephine a los diecinueve años era mejor que el mío a la misma edad, y lamento confesar que con ello no hacía un gran elogio a Josephine.

Desde entonces, cada vez que quería señalar un error a Josephine, solía comenzar diciendo: "Has cometido un error, Josephine, pero bien sabe Dios que no es peor que muchos de los que he hecho. No has nacido con juicio, como pasa con todos. El juicio llega con la experiencia, y eres mejor de lo que era yo a tu edad. Yo he cometido tantas barrabasadas que me siento muy poco inclinado a censurarte. Pero, ¿no te parece que habría sido mejor hacer esto de tal o cual manera?"

No es tan difícil escuchar una relación de los defectos propios si el que la hace empieza admitiendo humildemente que también él está lejos de la perfección.

E. G. Dillistone, un ingeniero de Brandon, Manitoba, Canadá, tenía problemas con su nueva secretaria. Las cartas que le dictaba llegaban a su escritorio para ser firmadas con dos o tres errores de ortografía por página. El señor Dillistone nos contó cómo manejó el problema:

—Como muchos ingenieros, no me he destacado por la excelencia de mi redacción u ortografía. Durante años he usado una pequeña libreta alfabetizada donde anotaba el modo correcto de escribir ciertas palabras. Cuando se hizo evidente que el mero hecho de señalarle a mi secretaria sus errores no la haría consultar más el diccionario, decidí proceder de otro modo. En la próxima carta donde vi errores, fui a su escritorio y le dije:

"—No sé por qué, pero esta palabra no me parece bien escrita. Es una de esas palabras con las que siempre he tenido problemas. Es por eso que confeccioné este pequeño diccionario casero. —Abrí la libreta en la página correspondiente.— Sí, aquí está cómo se escribe. Yo tengo mucho cuidado con la ortografía, porque la gente nos juzga por lo que escribimos, y un error de ortografía puede hacernos parecer menos profesionales.

"No sé si habrá copiado mi sistema, pero desde esa conversación la frecuencia de sus errores ortográficos ha disminuido significativamente."

El culto príncipe Bernhard von Bülow aprendió la gran necesidad de proceder así, allá por 1909. Von Bülow era entonces canciller imperial de Alemania, y el trono estaba ocupado por Guillermo II, Guillermo el altanero, Guillermo el arrogante, Guillermo el último de los Káiseres de Alemania, empeñado en construir una flota y un ejército que, se envanecía él, serían superiores a todos.

Pero ocurrió una cosa asombrosa. El Káiser pronunciaba frases, frases increíbles que conmovían al continente y daban origen a una serie de explosiones cuyos estampidos se oían en el mundo entero. Lo que es peor, el Káiser hacía estos anuncios tontos, egotistas, absurdos, en público; los hizo siendo huésped de Inglaterra, y dio su permiso real para que se los publicara en el diario *Daily Telegraph*. Por ejemplo, declaró que era el único alemán que tenía simpatía por los ingleses; que estaba construyendo una flota contra la amenaza del Japón; que él, y sólo él, había salvado a Inglaterra de ser humillada en el polvo por Rusia y Francia; que su plan de campaña había permitido a Lord Roberts vencer a los bóers en África del Sur; y así por el estilo.

En cien años, ningún rey europeo había pronunciado palabras tan asombrosas. El continente entero zumbaba con la furia de un nido de avispas. Inglaterra estaba furiosa. Los estadistas alemanes, asustados. Y en medio de esta consternación, el Káiser se asustó también y sugirió al príncipe von Bülow, el canciller imperial, que asumiera la culpa. Sí, quería que von Bülow anunciara que la responsabilidad era suya, que él había aconsejado al monarca decir tantas cosas increíbles.

—Pero Majestad —protestó von Bülow—, me parece imposible que una sola persona, en Alemania o Inglaterra, me crea capaz de aconsejar a Vuestra Majestad que diga tales cosas.

En cuanto hubo pronunciado estas palabras comprendió que había cometido un grave error. El Káiser se enfureció.

—¡Me considera usted un borrico —gritó— capaz de hacer disparates que usted no habría cometido jamás!

Von Bülow sabía que debió elogiar antes de criticar; pero como ya era tarde, hizo lo único que le quedaba, por remediar su error. Elogió después de haber criticado. Y obtuvo resultados milagrosos, como sucede tan a menudo.

—Lejos estoy de pensar eso —respondió respetuosamente—. Vuestra Majestad me supera en muchas cosas; no sólo, claro está, en conocimientos navales y militares, sino sobre todo en las ciencias naturales. A menudo he escuchado lleno de admiración cuando Vuestra Majestad explicaba el barómetro, la telegrafía o los rayos Röntgen. Me avergüenzo de mi ignorancia en todas las ramas de las ciencias naturales, no tengo una noción siquiera de la química o la física, y soy del todo incapaz de explicar el más sencillo de los fenómenos naturales. Pero, como compensación, poseo ciertos conocimientos históricos, y quizás ciertas cualidades que son útiles en la política, especialmente la diplomacia.

Sonrió encantado el Káiser. Von Bülow lo había elogiado. Von Bülow lo había exaltado y se había humillado. El Káiser podía perdonar cualquier cosa después de eso.

—¿No he dicho siempre —exclamó con entusiasmo— que nos complementamos espléndidamente? Debemos actuar siempre juntos, y así lo haremos.

Estrechó la mano a von Bülow, no una sino varias veces. Y ese mismo día estaba tan entusiasmado, que exclamó con los puños apretados:

—Si alguien me habla mal del príncipe von Bülow, le aplastaré la nariz de un puñetazo.

Von Bülow se salvó a tiempo pero, a pesar de ser un astuto diplomático, cometió un error; debió empezar hablando de sus defectos y de la superioridad de Guillermo, y no dando a entender que el Káiser era un imbécil que necesitaba un alienista.

Si unas pocas frases para elogiar al prójimo y humillarse uno pueden convertir a un Káiser altanero e insultado en un firme amigo, imaginemos lo que podemos conseguir con la humildad y los elogios en nuestros diarios contactos. Si se los utiliza con destreza, darán resultados verdaderamente milagrosos en las relaciones humanas.

Admitir los propios errores, aun cuando uno no los haya corregido, puede ayudar a convencer al otro de la conveniencia de cambiar su conducta. Esto lo ejemplificó Clarence Zerhusen, de Timonium, Maryland, cuando descubrió que su hijo de quince años estaba experimentando con cigarrillos.

—Naturalmente, no quería que David empezara a fumar —nos dijo el señor Zerhusen—, pero su madre y yo fumábamos; le estábamos dando constantemente un mal ejemplo. Le expliqué a David cómo empecé a fumar yo más o menos a su edad, y cómo la nicotina se había apoderado de mí y me había hecho imposible abandonarla. Le recordé lo irritante que era mi tos, y cómo él mismo había insistido para que yo abandonara el cigarrillo, pocos años antes.

"No lo exhorté a dejar de fumar ni lo amenacé o le advertí sobre los peligros. Todo lo que hice fue contarle cómo me había enviciado con el cigarrillo, y lo que había significado para mí.

"El muchacho lo pensó, y decidió que no fumaría hasta terminar la secundaria. Pasaron los años y David nunca empezó a fumar, y ya no lo hará nunca.

"Como resultado de esa misma conversación, yo tomé la decisión de dejar de fumar, y con el apoyo de mi familia lo he logrado."

Un buen líder sigue esta regla:

REGLA 3

*Hable de sus propios errores antes de criticar
los de los demás.*

4

A NADIE LE AGRADA RECIBIR ÓRDENES

Tuve recientemente el placer de comer con la Srta. Ida Tarbell, decana de los biógrafos norteamericanos. Cuando le comuniqué que estaba escribiendo este libro, comenzamos a tratar el tema, tan importante, de llevarse bien con la gente, y me confió que cuando escribía su biografía de Owen D. Young entrevistó a un hombre que durante tres años trabajó en el mismo despacho que el Sr. Young. Este hombre declaró que en todo ese lapso no oyó jamás al Sr. Young dar una orden directa a nadie. Siempre hacía indicaciones, no órdenes. Nunca decía, por ejemplo: "Haga esto o aquello", o "No haga esto" o "¿Le parece que aquello dará resultado?" Con frecuencia, después de dictar una carta, preguntaba: "¿Qué le parece esto?" Al revisar una carta de uno de sus ayudantes, solía insinuar: "Quizá si la corrigiéramos en este sentido sería mejor". Siempre daba a los demás una oportunidad de hacer una u otra cosa; los dejaba hacer, y los dejaba aprender a través de sus errores.

Una técnica así facilita a cualquiera la corrección de sus errores. Una técnica así salva el orgullo de cada uno y le da una sensación de importancia. Le hace querer cooperar en lugar de rebelarse.

El resentimiento provocado por una orden violenta puede durar mucho tiempo, aun cuando la orden haya sido dada para corregir una situación evidentemente mala. Dan Santarelli, maestro de una escuela vocacional en Wyoming, Pennsylvania, contó en una de nuestras clases cómo un estudiante suyo había bloqueado la entrada a uno de los talleres de la escuela estacionando ilegalmente su auto enfrente. Uno de los otros instructores irrumpió en la clase y preguntó en tono arrogante:

—¿De quién es el auto que está bloqueando la entrada? —Cuando el estudiante dueño del auto respondió, el instructor le gritó:— Saque ese auto ya mismo, o iré yo y lo remolcaré muy lejos.

Es cierto que ese estudiante había actuado mal. No debía haber estacionado en ese lugar. Pero desde ese día no sólo ese estudiante odió al instructor, sino que todos los estudiantes de la clase hicieron todo lo que pudieron por darle problemas al instructor y hacerle las cosas difíciles.

¿Cómo se habría podido manejar el problema? Preguntando de modo amistoso: "¿De quién es el auto que está en la entrada?" y después sugiriendo que si se lo movía de ahí, podrían entrar y salir otros autos; el estudiante lo habría movido con gusto, y ni él ni sus compañeros habrían quedado molestos y resentidos.

Hacer preguntas no sólo vuelve más aceptables las órdenes, sino que con frecuencia estimula la creatividad de la persona a quien se le pregunta. Es más probable que la gente acepte con gusto una orden si ha tomado parte en la decisión de la cual emanó la orden.

Cuando Ian Macdonald, de Johannesburg, Sudáfrica, gerente general de una pequeña fábrica especializada en partes de máquinas de precisión, tuvo la oportunidad de aceptar un pedido muy grande, estaba convencido de que no podría mantener la fecha prometida de entrega. El trabajo ya agendado en la fábrica y el plazo tan breve que se le daba para esta entrega hacían parecer imposible que aceptara el pedido.

En lugar de presionar a sus empleados para que

aceleraran el trabajo, llamó a una reunión general, les explicó la situación y les dijo cuánto significaría para la compañía poder aceptar ese pedido. Después empezó a hacer preguntas:

—¿Hay algo que podamos hacer para entregar el pedido?

—¿A alguien se le ocurre una modificación en nuestro proceso de modo que podamos cumplir con el plazo?

—¿Habría algún modo de reordenar nuestros horarios que pueda ayudarnos?

Los empleados propusieron ideas, e insistieron en que se aceptara el pedido. Lo enfrentaron con una actitud de "Podemos hacerlo", y el pedido fue aceptado, producido y entregado a tiempo.

Un líder eficaz utilizará la...

REGLA 4

Haga preguntas en vez de dar órdenes.

PERMITA QUE LA OTRA PERSONA SALVE SU PRESTIGIO

Hace años, la General Electric Company se vio ante la delicada necesidad de retirar a Charles Steinmetz de la dirección de un departamento. Steinmetz, genio de primera magnitud en todo lo relativo a electricidad, era un fracaso como jefe del departamento de cálculos. Pero la compañía no quería ofenderlo. Era un hombre indispensable, y sumamente sensible. Se le dio, pues, un nuevo título. Se lo convirtió en Ingeniero Consultor de la General Electric Company —nuevo título para el trabajo que ya hacía— al mismo tiempo que se puso a otro hombre al frente del departamento.

Steinmetz quedó encantado. Y también los directores de la compañía. Habían maniobrado con su astro más temperamental, sin producir una tormenta, al dejarlo que salvara su prestigio.

¡Salvar el prestigio! ¡Cuán importante, cuán vitalmente importante es esto! ¡Y cuán pocos entre nosotros nos detenemos a pensarlo! Pisoteamos los sentimientos de los demás, para seguir nuestro camino, descubrimos defectos, proferimos amenazas, criticamos a un niño o a un empleado frente a los demás, sin pensar jamás que herimos el orgullo del prójimo. Y unos minutos de pensar, una o dos palabras de consideración, una comprensión auténtica de la actitud de la otra persona contribuirán poderosamente a aligerar la herida.

Recordemos esto la próxima vez que nos veamos en la desagradable necesidad de despedir a un empleado.

"Despedir empleados no es muy divertido. Ser despedido lo es menos todavía —dice una carta que me escribió Marshall A. Granger, contador público—. Nuestro negocio trabaja según las temporadas. Por lo tanto, tenemos que despedir a muchos empleados en marzo.

"En nuestra profesión es cosa ya sabida que a nadie le agrada ser el verdugo. Por consiguiente, se adoptó la costumbre de acabar lo antes posible, generalmente así:

"—Siéntese, Sr. Fulano. Ha terminado la temporada y parece que ya no tenemos trabajo para usted. Claro está que usted sabía que lo íbamos a ocupar durante la temporada... etcétera.

"El efecto que se causaba en los empleados era de decepción, la sensación de que se los había 'dejado en la estacada'. Casi todos ellos eran contadores permanentes y no conservaban cariño alguno por una casa que los dejaba en la calle con tan pocas contemplaciones.

"Yo decidí hace poco despedir a nuestros empleados extraordinarios con un poco más de tacto y consideración. He llamado a cada uno a mi despacho, después de considerar cuidadosamente el trabajo rendido durante el invierno. Y les he dicho algo así:

"—Sr. Fulano; ha trabajado usted muy bien (si así ha sido). La vez que lo enviamos a Newark tuvo una misión difícil. No obstante, la cumplió usted con grandes resultados, y queremos hacerle saber que la casa se siente orgullosa de usted. Progresará mucho, dondequiera que trabaje. La casa cree en usted, y no queremos que lo olvide.

"El efecto obtenido es que los empleados despedidos se marchan con la sensación de que no se los 'deja en la estacada'. Saben que si tuviéramos trabajo para ellos los conservaríamos. Y cuando los necesitamos nuevamente, vienen con gran afecto personal."

En una sesión de nuestro curso, dos alumnos hablaron ejemplificando los aspectos negativos y positivos de permitir que la otra persona salve su prestigio.

Fred Clark, de Harrisburg, Pennsylvania, contó un incidente que había tenido lugar en su compañía:

—En una de nuestras reuniones de producción, un vicepresidente le hacía preguntas muy insistentes a uno de nuestros supervisores de producción, respecto de un proceso determinado. Su tono de voz era agresivo, y se proponía demostrar fallas en la actuación de este supervisor. Como no quería quedar mal delante de sus compañeros, el supervisor era evasivo en sus respuestas. Esto hizo que el vicepresidente perdiera la paciencia, le gritara al supervisor y lo acusara de mentir.

"En unos pocos momentos se destruyó toda la buena relación de trabajo que hubiera podido existir antes del encuentro. A partir de ese momento este supervisor, que básicamente era un buen elemento, dejó de ser de toda utilidad para nuestra compañía. Pocos meses después abandonó nuestra firma y fue a trabajar para un competidor, donde según tengo entendido ha hecho una espléndida carrera."

Otro participante de la clase, Anna Mazzone, contó un incidente similar que había tenido lugar en su trabajo... ¡pero con qué diferente enfoque y resultados! La señorita Mazzone, especialista en mercado de una empresa empacadora de alimentos, recibió su primera tarea de importancia: la prueba de mercado de un producto nuevo. Le contó a la clase:

—Cuando llegaron los resultados de la prueba, me sentí morir. Había cometido un grave error en la planificación, y ahora toda la prueba tendría que volver a hacerse. Para empeorar las cosas, no tenía tiempo de exponerle la situación a mi jefe antes de la reunión de esa mañana, en la que debía informar de este proyecto.

"Cuando me llamaron para dar el informe, yo temblaba de pavor. Había hecho todo lo posible por no derrumbarme, pero resolví que no lloraría y no les daría ocasión a todos esos hombres de decir que las mujeres no pueden recibir tareas de responsabilidad por ser demasiado emocionales. Di un informe muy breve, diciendo que debido a un error tendría que repetir todo el estudio, cosa que haría antes de la próxima reunión. Me senté, esperando que mi jefe estallara.

"Pero no lo hizo: me agradeció mi trabajo y observó que no era infrecuente que alguien cometiera un error la primera vez que se le asignaba una tarea de importancia, y que confiaba en que el informe final sería correcto y útil para la compañía. Me aseguró, delante de todos mis colegas, que tenía fe en mí, y sabía que yo había puesto lo mejor de mí, y que el motivo de esta falla era mi falta de experiencia, no mi falta de capacidad.

"Salí de esa reunión caminando en las nubes, y juré que nunca decepcionaría a ese extraordinario jefe que tenía."

Aun cuando tengamos razón y la otra persona esté claramente equivocada, sólo haremos daño si le hacemos perder prestigio. El legendario escritor y pionero de la aviación Antoine de Saint-Exupéry escribió: "No tengo derecho a decir o hacer nada que disminuya a un hombre ante sí mismo. Lo que importa no es lo que yo pienso de él, sino lo que él piensa de sí mismo. Herir a un hombre en su dignidad es un crimen".

Un auténtico líder siempre seguirá la...

REGLA 5

Permita que la otra persona salve
su propio prestigio.

6

CÓMO ESTIMULAR A LAS PERSONAS
HACIA EL TRIUNFO

Pete Barlow, un viejo amigo, tenía un número de perros y caballos amaestrados y pasó la vida viajando con circos y compañías de variedades. Me encantaba ver cómo adiestraba a los perros nuevos para su número. Noté que en cuanto el perro demostraba el menor progreso, Pete lo palmeaba y elogiaba y le daba golosinas.

Esto no es nuevo. Los domadores de animales emplean esa técnica desde hace siglos.

¿Por qué, entonces, no utilizamos igual sentido común cuando tratamos de cambiar a la gente que cuando tratamos de cambiar a los perros? ¿Por qué no empleamos golosinas en lugar de un látigo? ¿Por qué no recurrimos al elogio en lugar de la censura? Elogiemos hasta la menor mejora. Esto hace que los demás quieran seguir mejorando.

En su libro *No soy gran cosa, nena, pero soy todo lo que puedo ser,* el psicólogo Jess Lair comenta: "El elogio es como la luz del sol para el espíritu humano; no podemos florecer y crecer sin él. Y aun así, aunque casi todos estamos siempre listos para aplicar a la gente el viento frío de la crítica, siempre sentimos cierto desgano cuando se trata de darle a nuestro prójimo la luz cálida del elogio".*

Al recordar mi vida puedo ver las ocasiones en que unas pocas palabras de elogio cambiaron mi porvenir entero. ¿No puede usted decir lo mismo de

---

* Jess Lair: *No soy gran cosa, nena, pero soy todo lo que puedo ser* (Greenwich, Conn.: Fawcett 1976).

su vida? La historia está llena de notables ejemplos de esta magia del elogio.

Por ejemplo, hace medio siglo, un niño de diez años trabajaba en una fábrica de Nápoles. Anhelaba ser cantor, pero su primer maestro lo desalentó. Le dijo que no podría cantar jamás, que no tenía voz, que tenía el sonido del viento en las persianas.

Pero su madre, una pobre campesina, lo abrazó y ensalzó y le dijo que sí, que sabía que cantaba bien, que ya notaba sus progresos; y anduvo descalza mucho tiempo a fin de economizar el dinero necesario para las lecciones de música de su hijo. Los elogios de aquella campesina, sus palabras de aliento, cambiaron la vida entera de aquel niño. Quizá haya oído usted hablar de él. Se llamaba Caruso. Fue el más famoso y el mejor cantante de ópera de su tiempo.

A comienzos del siglo XIX, un jovenzuelo de Londres aspiraba a ser escritor. Pero todo parecía estar en su contra. No había podido ir a la escuela más que cuatro años. Su padre había sido arrojado a una cárcel porque no podía pagar sus deudas, y este jovencito conoció a menudo las punzadas del hambre. Por fin consiguió un empleo para pegar etiquetas en botellas de betún, dentro de un depósito lleno de ratas; y de noche dormía en un triste desván junto con otros dos niños, ratas de albañal en los barrios pobres. Tan poca confianza tenía en sus condiciones de escritor que salió a hurtadillas una noche a despachar por correo su primer manuscrito, para que nadie pudiera reírse de él. Un cuento tras otro le fue rechazado. Finalmente, llegó el gran día en que le aceptaron uno. Es cierto que no se le pagaba un centavo, pero un director lo elogiaba. Un director de diario lo reconocía como escritor. Quedó el mozo tan emocionado que ambuló sin destino por las calles, llenos los ojos de lágrimas.

El elogio, el reconocimiento que recibía al conseguir que imprimieran un cuento suyo, cambiaban toda su carrera, pues si no hubiera sido por ello quizá habría pasado la vida entera trabajando como hasta entonces. Es posible que hayan oído hablar ustedes de este jovenzuelo. Se llamaba Charles Dickens.

Otro niño de Londres trabajaba en una tienda de comestibles. Tenía que levantarse a las cinco, barrer la tienda y trabajar después como esclavo durante catorce horas. Era una esclavitud, en verdad, y el mozo la despreciaba. Al cabo de dos años no pudo resistir más; se levantó una mañana y, sin esperar el desayuno, caminó veinticinco kilómetros para hablar con su madre, que estaba trabajando como ama de llaves.

El muchacho estaba frenético. Rogó a la madre, lloró, juró que se mataría si tenía que seguir en aquella tienda. Después escribió una extensa y patética carta a su viejo maestro de escuela, declarando que estaba desalentado, que ya no quería vivir. El viejo maestro lo elogió un poco y le aseguró que era un joven muy inteligente, apto para cosas mejores; y le ofreció trabajo como maestro.

Esos elogios cambiaron el futuro del mozo, y dejaron una impresión perdurable en la historia de la literatura inglesa. Porque aquel niño ha escrito desde entonces innumerables libros y ha ganado cantidades enormes de dinero con su pluma. Quizá lo conozca usted. Se llamaba H. G. Wells.

El uso del elogio en lugar de la crítica es el concepto básico de las enseñanzas de B. F. Skinner. Este gran psicólogo contemporáneo ha mostrado, por medio de experimentos con animales, y con seres humanos, que minimizando las críticas y destacando el elogio, se reforzará lo bueno que hace la gente, y lo malo se atrofiará por falta de atención.

John Ringelspaugh, de Rocky Mount, Carolina del Norte, usó el método en el trato con sus hijos. Como en muchas familias, en la suya parecía que la única forma de comunicación entre madre y padre por un lado, e hijos por el otro, eran los gritos. Y, como suele suceder, los chicos se ponían un poco peores, en lugar de un poco mejores, después de cada una de tales sesiones... y los padres también. El problema no parecía tener una solución a la vista.

El señor Ringelspaugh decidió usar alguno de los principios que estaba aprendiendo en nuestro curso. Nos contó:

—Decidimos probar con los elogios en lugar de la crítica a sus defectos. No era fácil, cuando todo lo que podíamos ver eran las cosas negativas de nuestros hijos; fue realmente duro encontrar algo que elogiar. Conseguimos encontrar algo, y durante el primer día o dos algunas de las peores cosas que estaban haciendo desaparecieron. Después empezaron a desaparecer sus otros defectos. Empezaron a capitalizar los elogios que les hacíamos. Incluso empezaron a salirse de sus hábitos para hacer las cosas mejor. No podíamos creerlo. Por supuesto, no duró eternamente, pero la norma en que nos ajustamos después fue mucho mejor que antes. Ya no fue necesario reaccionar como solíamos hacerlo. Los chicos hacían más cosas buenas que malas. Todo lo cual fue resultado de elogiar el menor acierto en ellos antes que condenar lo mucho que hacían mal.

También en el trabajo funciona. Keith Roper, de Woodland Hills, California, aplicó este principio a una situación en su compañía. Recibió un material impreso en las prensas de la compañía, que era de una calidad excepcionalmente alta. El hombre que había hecho este trabajo había tenido dificultades para adaptarse a su empleo. El supervisor estaba preocupado ante lo que consideraba una actitud negativa, y había pensado en despedirlo.

Cuando el señor Roper fue informado de esta situación, fue personalmente a la imprenta y tuvo una charla con el joven. Le manifestó lo mucho que le había gustado el trabajo que había recibido, y dijo que era lo mejor que se había hecho en la imprenta desde hacía tiempo. Se tomó el trabajo de señalar en qué aspectos la impresión había sido excelente, y subrayó lo importante que sería la contribución de este joven a la compañía.

¿Les parece que esto afectó la actitud del joven impresor hacia la empresa? En pocos días hubo un cambio completo. Les contó a varios de sus compañeros esta conversación, y se mostraba orgulloso de que alguien tan importante apreciara su buen trabajo. Desde ese día fue un empleado leal y dedicado.

El señor Roper no se limitó a halagar al joven obrero diciéndole: "Usted es bueno". Señaló específicamente los puntos en que su trabajo era superior. Elogiando un logro específico, en lugar de hacer una alabanza generalizada, el elogio se vuelve mucho más significativo para la persona a quien se lo dirige. A todos les agrada ser elogiados, pero cuando el elogio es específico, se lo recibe como sincero, no algo que la otra persona puede estar diciendo sólo para hacernos sentir bien.

Recordémoslo: todos anhelamos aprecio y reconocimiento, y podríamos hacer casi cualquier cosa por lograrlo. Pero nadie quiere mentiras ni adulación.

Lo repetiré una vez más: los principios que se enseñan en este libro sólo funcionarán cuando provienen del corazón. No estoy promoviendo trucos. Estoy hablando de un nuevo modo de vida.

No hablemos ya de cambiar a la gente. Si usted y yo inspiramos a aquellos con quienes entramos en contacto para que comprendan los ocultos tesoros que poseen, podemos hacer mucho más que cambiarlos. Podemos transformarlos, literalmente.

¿Exageración? Escuche usted estas sabias palabras del profesor William James, de Harvard, el más distinguido psicólogo y filósofo, quizá, que ha tenido Norteamérica:

En comparación con lo que deberíamos ser, sólo estamos despiertos a medias. Solamente utilizamos una parte muy pequeña de nuestros recursos físicos y mentales. En términos generales, el individuo humano vive así muy dentro de sus límites. Posee poderes de diversas suertes, que habitualmente no utiliza.

Sí, usted mismo posee poderes de diversas suertes que habitualmente no utiliza; y uno de esos poderes, que no utiliza en toda su extensión, es la mágica capacidad para elogiar a los demás e inspirarlos a comprender sus posibilidades latentes.

Las capacidades se marchitan bajo la crítica; florecen bajo el estímulo. De modo que para volverse un líder más eficaz de la gente utilice la...

REGLA 6

Elogie el más pequeño progreso y, además, cada progreso. Sea "caluroso en su aprobación y generoso en sus elogios".

7

CRÍA FAMA Y ÉCHATE A DORMIR

¿Qué hacer cuando una persona que ha trabajado bien empieza a hacerlo mal? Se lo puede despedir, pero eso no soluciona nada. Se lo puede tratar
con energía, pero eso por lo general provoca resentimiento. Henry Henke, gerente de servicios de una
importante agencia de camiones en Lowell, Indiana,
tenía un mecánico cuyo trabajo se había vuelto menos satisfactorio. En lugar de gritarle o amenazarlo,
el señor Henke lo llamó a su oficina, y tuvo una
charla sincera con el hombre:

—Bill —le dijo—. Usted es un excelente mecánico. Hace años que trabaja con nosotros. Ha repa-
rado muchos vehículos dejando plenamente satisfe-
chos a los clientes. De hecho, hemos recibido no
pocos elogios por el buen trabajo que usted ha
hecho. Pero últimamente el tiempo que se toma para
terminar cada tarea se está haciendo mayor, y los
resultados no son los de antes. Como usted ha sido
un mecánico tan excelente en el pasado, estoy seguro de que le interesará saber que no me siento feliz
con la situación, y quizás entre los dos podamos
encontrar el modo de corregir el problema.

Bill respondió que no había advertido el desme-
joramiento de su rendimiento, y le aseguró al jefe
que seguía siendo capaz de realizar bien su trabajo,
y trataría de mejorarlo en el futuro.

¿Lo hizo? Vaya si lo hizo. Volvió a ser un
mecánico rápido y seguro. Con la reputación que
le había dado el señor Henke para mantener, ¿qué
otra cosa podía hacer sino realizar un trabajo

comparable con el que había hecho en el pasado?

"La persona común —escribe Samuel Vauclain, presidente de la Baldwin Locomotive Works— puede ser llevada fácilmente si se obtiene su respeto y se le muestra respeto por alguna clase de capacidad suya."

En suma, si quiere usted que una persona mejore en cierto sentido, proceda como si ese rasgo particular fuera una de sus características sobresalientes. Shakespeare dijo: "Asume una virtud si no la tienes". Y lo mismo se puede presumir con respecto a los demás y afirmar abiertamente que tiene aquella virtud que uno quiere desarrollar en él. Désele una reputación, y se le verá hacer esfuerzos prodigiosos antes de desmentirla.

Georgette Leblanc, en su libro *Recuerdos. Mi vida con Maeterlinck*, describe la asombrosa transformación de una humilde Cenicienta belga.

"Una sirvienta de un hotel cercano me llevaba las comidas. Se llamaba Marie, la Lavaplatos, porque había comenzado su carrera como ayudante de cocina. Era una especie de monstruo, bizca, de piernas combadas, pobre en carne y en espíritu.

"Un día en que me acercaba con sus rojas manos un plato de fideos, le dije a boca de jarro:

"—Marie, no sabe usted qué tesoros tiene ocultos.

"Acostumbrada a dominar sus emociones, Marie esperó unos momentos, sin atreverse a hacer un gesto por temor a una catástrofe. Por fin dejó el plato en la mesa, suspiró y exclamó ingenuamente:

"—Señora, jamás lo habría creído.

"No tuvo una duda, ni hizo una pregunta. Volvió a la cocina y repitió lo que yo había dicho, y tal es la fuerza de la fe, que nadie se rió de ella. Desde aquel día se le tuvo cierta consideración. Pero el cambio más curioso se produjo en la misma Marie. Con la idea de que era el receptáculo de maravillas invisibles, comenzó a cuidarse la cara y el cuerpo, tanto que su olvidada juventud pareció florecer y ocultar su fealdad.

"Dos meses más tarde, cuando yo me marchaba de allí, anunció su próxima boda con el sobrino del 'chef'.

"—Voy a ser una señora —dijo, y me agradeció. Una pequeña frase había cambiado su vida entera."

Georgette Leblanc había dado a Marie una reputación que justificar, y esa reputación la transformó.

Bill Parker, representante de ventas de una compañía de comida en Daytona Beach, Florida, se entusiasmó mucho con la nueva línea de productos que introducía su compañía, y quedó apesadumbrado cuando el gerente de un gran almacén de alimentos rechazó la oportunidad de introducir el nuevo producto en su negocio. Bill pasó todo el día lamentando este rechazo, y decidió volver al almacén antes de irse a su casa esa noche, y probar una vez más.

—Jack —le dijo al dueño—, cuando me marché esta mañana, comprendí que no te había presentado un cuadro completo de la nueva línea, y te agradecería que me des unos minutos para señalarte todos los puntos que omití. Siempre te he admirado por tu capacidad para escuchar, y por tu buena disposición a cambiar cuando los hechos piden un cambio.

¿Podía rehusarse Jack a darle otra oportunidad? No después de que el vendedor le hubo establecido esa reputación.

Una mañana, el doctor Martin Fitzhugh, dentista de Dublín, Irlanda, se sorprendió al oír que una paciente le señalaba que la taza metálica que estaba usando para enjuagarse la boca no estaba muy limpia. Es cierto que la paciente bebía del vasito de papel, pero de todos modos no era digno de un profesional usar equipo sucio.

Cuando la paciente se marchó, el doctor Fitzhugh pasó a su oficina privada a escribirle una carta a Bridgit, la mujer que venía dos veces por semana a limpiar su oficina. Escribió esto:

"Mi querida Bridgit:

Nos vemos tan rara vez que quise tomarme un momento para agradecerle el excelente trabajo de limpieza que hace. A propósito, querría decirle que, como dos horas dos veces por semana, es un tiempo muy limitado, puede trabajar una media hora extra de vez en cuando, cada vez que sienta necesidad de ocuparse de esas cosas que se hacen "de tanto en tanto", como limpiar la taza de metal donde van los vasitos de papel, o cosas así. Por supuesto que le pagaré el tiempo extra."

—Al día siguiente cuando entré al consultorio —contó el doctor Fitzhugh—, mi escritorio había sido limpiado hasta quedar como un espejo, lo mismo que la silla, de la que casi me resbalé. Al entrar a la sala de tratamiento, encontré la taza de metal más brillante que hubiera visto nunca. Le había dado a la mujer de la limpieza una excelente reputación que mantener, y este pequeño gesto mío había hecho que se superara a sí misma. ¿Y cuánto tiempo adicional creen que le tomó? Ni un minuto.

Hay un viejo dicho: "Cría fama y échate a dormir". Demos fama a los demás y veamos qué ocurre.

Cuando la señora Ruth Hopkins, maestra de cuarto grado de una escuela de Brooklyn, Nueva York, echó una mirada a su clase el primer día del año, su entusiasmo y alegría por empezar un nuevo término quedaron matizados por el temor. En su clase este año tendría a Tommy T., el más notorio "chico malo" de la escuela. Su maestra de tercer grado se había quejado constantemente de Tommy T. con sus colegas, la directora y todos los que quisieran escucharla. No era sólo un chico díscolo, sino que además provocaba graves problemas de disciplina en la clase, buscaba pelea con los chicos, molestaba a las niñas, le respondía a la maestra, y parecía empeorar a medida que crecía. Su único rasgo redentor era su facilidad para aprender.

La señora Hopkins decidió enfrentar el "problema Tommy" de inmediato. Cuando saludó a sus nuevos alumnos, hizo pequeños comentarios sobre cada uno de ellos: "Rose, es muy lindo el vestido que tienes", "Alicia, me han dicho que eres muy buena dibujante". Cuando llegó a Tommy, lo miró a los ojos y le dijo: "Tommy, tengo entendido que tienes alma de líder. Dependeré de ti para que me ayudes a hacer de esta división el mejor de los cuartos grados". Reforzó esto en los primeros días de clase felicitando a Tommy por cada cosa que hacía, y comentando lo buen alumno que era. Con esa reputación que mantener, ni siquiera un chico de nueve años podía defraudarla... y no la defraudó.

Si usted quiere obtener buenos resultados en esa difícil misión de cambiar la actitud o conducta de los otros, recuerde la...

REGLA 7

Atribuya a la otra persona una buena reputación para que se interese en mantenerla.

8

HAGA QUE LOS ERRORES PAREZCAN FÁCILES DE CORREGIR

Un amigo mío, soltero, de unos cuarenta años de edad, se comprometió para casarse, y su novia lo persuadió de que tomara unas tardías lecciones de baile.

—Bien sabe Dios —me confesó este hombre al narrarme el caso— que necesitaba lecciones de baile, porque yo bailaba tal como cuando empecé, hace veinte años. La primera profesora a quien vi me dijo probablemente la verdad. Me dijo que tenía que olvidarme de todo lo aprendido y empezar otra vez. Con eso me desalentó. No me quedaba un incentivo para seguir aprendiendo. Así, pues, la dejé.

"Quizá mintiera la profesora a quien fui a ver después; pero de todos modos me gustó. Dijo, tranquilamente, que quizá mi manera de bailar era un poco anticuada, pero que en lo fundamental todo iba bien, y que no tendría inconveniente alguno para aprender unos cuantos pasos nuevos. La primera profesora me había desalentado al acentuar o destacar mis errores. Esta nueva profesora hizo lo contrario. Me aseguró que yo tenía un sentido natural del ritmo, que era un bailarín nato. El sentido común me dice que he sido siempre y siempre seré un bailarín de cuarta categoría; pero en lo hondo del corazón me gusta pensar que quizá la profesora tenía razón. Es claro que yo le pagaba para que me lo dijera, pero ¿a qué recordar eso?

"De todos modos, sé que soy mejor bailarín de lo que habría sido si no me hubiese dicho que tengo un sentido natural del ritmo. Eso me alentó.

Me dio esperanza. Me hizo desear el progreso."

Digamos a un niño, a un esposo, o a un empleado, que es estúpido o tonto en ciertas cosas, que no tiene dotes para hacerlas, que las hace mal, y habremos destruido todo incentivo para que trate de mejorar. Pero si empleamos la técnica opuesta; si somos liberales en la forma de alentar; si hacemos que las cosas parezcan fáciles de hacer; si damos a entender a la otra persona que tenemos fe en su capacidad para hacerlas, la veremos practicar hasta que asome la madrugada, a fin de superarse.

Ésta es la técnica que emplea Lowell Thomas, y a fe mía que este hombre es un artista supremo en cuanto atañe a las relaciones humanas. Da coraje a los demás. Da confianza. Inspira valor y fe. Por ejemplo, pasé el fin de semana con él y su esposa, y el sábado por la noche se me pidió que participara de un amistoso juego de la canasta. ¿Canasta? ¿Yo? ¡Ah, no! ¡No, no! Yo no. Yo no sabía nada de este juego. Siempre había sido un misterio para mí. ¡No, no! ¡Imposible!

—Pero Dale —dijo Lowell—, si no es un misterio. No se necesita más que buena memoria y buen juicio. Tú escribiste una vez un capítulo sobre la memoria. La canasta será cosa facilísima para ti. Tienes todas las condiciones para juzgarlo.

Y sin tardanza, casi antes de saber lo que hacía, me encontré por primera vez ante una mesa de canasta. Todo porque se me decía que tenía dotes naturales para el juego, y así se me hizo considerar que me sería fácil.

Al hablar de canasta recuerdo a Ely Culbertson. Ahora, en todas partes donde se juega canasta, el nombre de Culbertson es cosa conocida; y sus libros sobre el tema han sido traducidos en una docena de idiomas, y vendidos a millones de lectores. Pero él mismo me ha dicho que nunca habría pensado en convertir el juego en una profesión si una joven no le hubiese asegurado que estaba especialmente dotado para ello.

Cuando llegó a los Estados Unidos, en 1922, trató de conseguir empleo como profesor de psicología y sociología, pero no pudo.

Después trató de vender carbón, y fracasó.

Después trató de vender café, y fracasó.

Jamás pensó, en esos días, en enseñar canasta. No solamente era un mal jugador sino también muy terco. Hacía tantas preguntas y efectuaba tantos estudios de cada partido después de hecho, que nadie quería jugar con él.

Pero conoció a una bella jugadora, Josephine Dillon, se enamoró y se casó con ella. Josephine notó con cuánto cuidado analizaba Culbertson sus cartas, y lo persuadió de que era un genio en potencia. Este aliento, me ha dicho Culbertson, fue lo que lo llevó a hacer de la canasta una profesión.

Clarence M. Jones, uno de los instructores de nuestro curso en Cincinnati, Ohio, contó cómo el elogio, y el hacer que los defectos fueran fáciles de corregir, cambiaron completamente la vida de su hijo David.

—En 1970 mi hijo David, que tenía quince años, vino a vivir conmigo a Cincinnati. Su vida no había sido fácil. En 1958 se rompió la cabeza en un accidente automovilístico, y quedó con una fea cicatriz en la frente. En 1960 su madre y yo nos divorciamos, y ella lo llevó a Dallas, Texas. Hasta los quince años había pasado la mayor parte de su vida escolar en clases especiales para aprendizaje lento. Posiblemente en razón de su cicatriz, los directores escolares habían decidido que tenía una lesión cerebral y no podía funcionar a nivel normal. Estaba dos años por debajo del nivel de su grupo de edad, por lo que sólo había alcanzado el séptimo grado. Pero no sabía las tablas de multiplicar, sumaba con los dedos, y apenas si podía leer.

"Había un punto positivo: le gustaba trabajar con aparatos de radio y televisión. Quería llegar a ser técnico de televisión. Lo alenté en este punto, y le recordé que necesitaría saber bastante de matemáticas para ese tipo de estudios. Decidí ayudarlo a mejorar en esa materia. Compramos cuatro series de tarjetas de ejercicios: multiplicación, división, suma y resta. Cuando íbamos sacando las tarjetas, yo ponía las respuestas correctas en una pila a un costado. Cuando David se equivocaba, le explicaba cuál era la respuesta acertada y volvía a poner la tarjeta en el montón a sacar, y así seguíamos hasta que no quedaba ninguna. Yo celebraba ruidosamente cada tarjeta que acertaba, sobre todo si se había equivocado en una antes. Todas las noches hacíamos de esa manera con todas las tarjetas. Yo siempre controlaba el tiempo con un cronómetro. Le prometí que cuando hiciera todas las tarjetas en ocho minutos, sin respuestas incorrectas, dejaríamos de hacerlo todas las noches. A David le pareció un objetivo imposible. La primera noche le llevó 52 minutos, la segunda 48, después 45, 44, 41, después bajó de los 40 minutos. Celebrábamos cada reducción. Yo llamaba a mi esposa, y lo abrazábamos y nos reíamos. A fines del mes, estaba haciendo todas las tarjetas perfectamente en menos de ocho minutos. Cuando hacía un pequeño adelanto, pedía hacerlo otra vez. Había hecho el descubrimiento fantástico de que aprender era fácil y divertido.

"Naturalmente, sus notas en aritmética dieron un salto. Es increíble cuánto más fácil resulta la aritmética cuando uno puede multiplicar bien. Se asombró él mismo de traer una buena nota en matemáticas. Nunca antes había llegado a un nivel tan bueno. Y eso arrastró otros cambios, a una velocidad casi increíble. Su lectura mejoró rápidamente, y empezó a usar su talento natural para el dibujo. Ese mismo año, el maestro de ciencia le asignó la tarea de dar una clase. Él quiso desarrollar una serie de modelos, altamente complejos, para demostrar el efecto de las palancas. Ese trabajo no sólo exigía habilidad en el dibujo y la fabricación de modelos, sino también en matemáticas aplicadas. Su clase ganó el primer premio en la feria científica de la escuela, y fue enviada a la competencia interescolar y ganó el tercer premio de toda la ciudad de Cincinnati.

"Con eso bastó. Aquí estaba el chico que había repetido dos grados, que había sido diagnosticado con 'lesión cerebral', al que sus compañeros de clase habían llamado 'Frankenstein' y le habían dicho que los sesos se le habían salido por la herida. De pronto descubría que realmente podía aprender y lograr cosas. ¿El resultado? A partir del último término del octavo grado y a lo largo de toda la secundaria, nunca dejó de estar en el cuadro de honor. No bien descubrió que aprender era fácil, toda su vida cambió."

Si quiere ayudar a los otros a mejorar, recuerde la...

REGLA 8

Aliente a la otra persona. Haga que los errores parezcan fáciles de corregir.

PROCURE QUE LA OTRA PERSONA SE SIENTA SATISFECHA DE HACER LO QUE USTED QUIERE

En 1915 los Estados Unidos estaban atemorizados. Durante más de un año las naciones de Europa se mataban en una escala jamás soñada en los sangrientos anales de la historia de la humanidad. ¿Se podría conseguir la paz? Nadie lo sabía. Pero Woodrow Wilson estaba decidido a hacer la prueba. Decidió enviar un representante personal, un emisario de paz, para conferenciar con los señores de la guerra en Europa.

William Jennings Bryan, secretario de Estado, abogado de la paz, ansiaba hacer el viaje. Veía en él la oportunidad de realizar un gran servicio e inmortalizar su nombre. Pero Wilson designó a otro hombre, a su amigo íntimo, el coronel Edward M. House; y a House le cupo la espinosa misión de dar la desagradable noticia a Bryan sin ofenderlo.

"Bryan estaba muy decepcionado cuando supo que yo iba a Europa como emisario de paz —ha anotado el coronel House en su diario—. Dijo que había pensado ir él...

"Yo le contesté que el presidente consideraba imprudente efectuar esta gestión en forma oficial, *y que el viaje de Bryan despertaría mucha atención* y la gente se preguntaría por qué iba a Europa..."

¿Advierte usted la insinuación? House dijo, o dio a entender a Bryan, que él era demasiado importante para aquella misión, y Bryan quedó satisfecho.

El coronel House, diestro, experimentado en las cosas del mundo, seguía así una de las reglas más importantes en las relaciones humanas: *Procu-*

re que la otra persona se sienta satisfecha de hacer lo que usted sugiere.

Woodrow Wilson siguió también esa política, hasta cuando invitó a William Gibbs McAdoo a ser miembro de su gabinete. Era éste el más alto honor que podía conferir, y sin embargo lo hizo de manera tal que el otro se sintió doblemente importante. Veamos la narración de las palabras del mismo McAdoo: "Me dijo que estaba preparando su gabinete y que se sentiría muy contento si yo aceptaba el cargo de secretario del Tesoro. Tenía una forma encantadora de presentar las cosas; daba la impresión de que, al aceptar este gran honor, yo le haría un favor enorme".

Desgraciadamente, Wilson no empleó siempre tanto tacto. Si lo hubiera hecho, podría ser diferente la historia. Por ejemplo, Wilson no contentó al Senado ni al Partido Republicano cuando incorporó los Estados Unidos a la Liga de las Naciones. Wilson se negó a llevar a Elihu Root, o a Hughes, o a Henry Cabot Lodge a la Conferencia de Paz. En lugar de ello, se hizo acompañar por hombres desconocidos de su propio partido. Hizo un desaire a los republicanos, no quiso dejarles pensar que la Liga era idea de ellos tanto como de él, se negó a permitirles una participación; y como resultado de estos errores en el manejo de las relaciones humanas, Wilson destruyó su carrera, arruinó su salud, abrevió su vida, hizo que los Estados Unidos quedaran al margen de la Liga, y alteró la historia del mundo.

No sólo los estadistas y diplomáticos usan este método para hacer que la gente se sienta feliz haciendo lo que ellos quieren que haga. Dale O. Ferrier, de Fort Wayne, Indiana, nos contó cómo alentó a uno de sus hijos a hacer con buena voluntad sus tareas.

—Una de las tareas de Jeff era recoger las

peras de abajo del peral, para que la persona que estaba cortando el césped no tuviera que detenerse a hacerlo. No le gustaba este trabajo, y con frecuencia no lo hacía, o lo hacía tan mal que el que manejaba la cortadora de césped tenía que detenerse y recoger varias peras que el niño había pasado por alto. En lugar de tener un enfrentamiento violento con él, salí un día cuando se preparaba para hacer el trabajo y le dije:

"—Jeff, haré un trato contigo. Por cada cesta llena de peras que recojas, te pagaré un dólar. Pero cuando hayas terminado, por cada pera que yo encuentre en el patio, te cobraré un dólar. ¿Qué te parece?

"Como podría esperarse, no sólo recogió todas las peras, hasta la última, sino que tuve que vigilarlo para que no arrancara más del árbol para llenar sus cestas."

Conozco a un hombre que ha rechazado muchas invitaciones para hablar, invitaciones hechas por amigos, por personas a quienes está obligado; pero lo hace con tal destreza que los demás quedan contentos con la negativa. ¿Cómo lo consigue? No es porque hable de estar muy ocupado o muy esto o aquello. No, después de expresar cuánto agradece la invitación y de lamentar la imposibilidad de aceptarla, sugiere un orador para que lo reemplace. En otras palabras, no da tiempo a que los demás se sientan desagradados por la negativa. Logra que los demás piensen inmediatamente en algún orador reemplazante.

Gunter Schmidt, que siguió nuestro curso en Alemania Occidental, contó sobre una empleada en su almacén de comestibles, que olvidaba poner las tarjetas con los precios en los estantes donde se exhibían los productos. Esto provocaba confusión y quejas por parte de los clientes. Recordatorios, admoniciones, enfrentamientos, no servían de nada. Al fin, el señor Schmidt la llamó a su oficina y le dijo que la nombraría Supervisora de Marcación de Precios de todo el almacén, y ella sería la responsable de mantener cada producto con su precio bien visible. Esta nueva responsabilidad y título cambiaron por completo la actitud de la empleada, y desde entonces realizó sus tareas satisfactoriamente.

¿Infantil? Acaso. Pero lo mismo dijeron de Napoleón cuando creó su Legión de Honor y distribuyó 15.000 cruces entre sus soldados, y ascendió a dieciocho de sus generales a Mariscales de Francia, y llamó a sus tropas el Gran Ejército. Se criticó a Napoleón por dar "juguetes" a veteranos endurecidos en muchas guerras, y Napoleón respondió a ello: "Los hombres son manejados por los juguetes".

Esta técnica de conceder títulos y autoridad rindió resultados a Napoleón, y los rendirá también para usted. Por ejemplo, una amiga mía, la Sra. Ernest Gent, de Scarsdele, Nueva York, se afligía porque unos niños le arruinaban el césped. Trató de corregirlos con sus críticas. Trató de corregirlos con sus retos. No obtuvo resultados. Pero después hizo la prueba de dar al peor de los niños de la banda un título y una sensación de autoridad. Lo nombró su "detective" y le encargó evitar que los demás pisaran el césped. Así se resolvió el problema. Su "detective" hizo una hoguera en el patio, calentó un hierro al rojo y amenazó con quemar al primer niño que pisara el césped.

El líder eficaz tendrá presentes las siguientes guías cuando sea necesario cambiar conductas o actitudes:

1. Ser sincero. No prometer nada que no se pueda cumplir. Olvidarse de los beneficios de uno y concentrarse en los de la otra persona.

2. Saber exactamente qué es lo que se quiere que haga la otra persona.

3. Ser empático. Preguntarse a sí mismo qué quiere verdaderamente la otra persona.

4. Considerar los beneficios que recibirá la otra persona por hacer lo que usted le sugiere.

5. Hacer coincidir esos beneficios con los deseos de la otra persona.

6. Al hacer el pedido, hacerlo en una forma que destaque los beneficios que redundará para la otra persona. Por ejemplo, en lugar de dar una orden seca como ésta: "Juan, mañana vendrán clientes y quiero que el depósito esté limpio, así que bárralo, apile con prolijidad la mercadería y limpie el mostrador", podemos expresar lo mismo mostrando los beneficios que obtendrá Juan si hace su trabajo: "Juan, tenemos un trabajo que habrá que hacer, *y si se hace ahora, no habrá que preocuparse después.* Mañana traeré a unos clientes a mostrarles las instalaciones. Me gustaría mostrarles el depósito, pero no está presentable. Si usted puede barrerlo, apilar la mercadería con prolijidad y limpiar el mostrador, nos hará lucir más eficientes y *usted habrá hecho su parte para darle una buena imagen a nuestra compañía".*

¿Se sentirá feliz Juan haciendo lo que se le sugiere? Probablemente no muy feliz, pero más que si no se le hubieran indicado sus beneficios. Suponiendo que uno sabe que Juan se enorgullece de la higiene de su depósito, y está interesado en contribuir a la imagen de la compañía, habrá más probabilidades de que coopere. También se le ha indicado a Juan que ese trabajo habrá que hacerlo tarde o temprano, y si se lo hace ahora ya no causará problemas en el futuro.

Es ingenuo creer que siempre se obtiene una

reacción favorable de la otra persona cuando se usan estos métodos, pero la experiencia de la mayoría indica que es más probable cambiar actitudes de este modo que no usando estos principios; y si con ellos se aumenta el rendimiento aunque más no sea en un diez por ciento, usted es un líder un diez por ciento más eficaz y éste es su beneficio.

Es más probable que la gente haga lo que usted sugiere cuando se usa la...

REGLA 9

Procure que la otra persona se sienta satisfecha de hacer lo que usted sugiere.

SEA UN LÍDER

El trabajo de un líder consiste, entre otras cosas, en cambiar la actitud y conducta de su gente. Algunas sugerencias para lograrlo:

REGLA 1
Empiece con elogio y aprecio sincero.

REGLA 2
Llame la atención sobre los errores de los demás indirectamente.

REGLA 3
Hable de sus propios errores antes de criticar los de los demás.

REGLA 4
Haga preguntas en vez de dar órdenes.

REGLA 5
Permita que la otra persona salve su propio prestigio.

REGLA 6
Elogie el más pequeño progreso y, además, cada progreso. Sea "caluroso en su aprobación y generoso en sus elogios".

REGLA 7
Atribuya a la otra persona una buena reputación para que se interese en mantenerla.

REGLA 8
Aliente a la otra persona. Haga que los errores
parezcan fáciles de corregir.

REGLA 9
Procure que la otra persona se sienta satisfecha
de hacer lo que usted sugiere.

UN BREVE CAMINO HACIA LA DISTINCIÓN

por Lowell Thomas

Esta información biográfica acerca de Dale Carnegie fue escrita en la edición original de *Cómo ganar amigos e influir sobre las personas,* como su Introducción. La incorporamos al final de esta edición para brindar mayor información acerca del autor.

Una fría noche de invierno, en enero de 1935, dos mil quinientos hombres y mujeres llenaban el gran salón de baile del Hotel Pennsylvania, en Nueva York. Todos los asientos disponibles estaban ocupados a las 19.30. Media hora después seguía llegando la ansiosa muchedumbre. El espacioso palco estuvo pronto repleto; más tarde, era difícil conseguir colocación de pie, y centenares de personas, fatigadas de lidiar un día con sus negocios, se mantuvieron de pie una hora y media aquella noche para presenciar... ¿qué?

¿Una exposición de modelos?

¿Una carrera de seis días en bicicleta o una presentación personal de Clark Gable?

No. Esa gente había sido atraída por un anuncio periodístico. Dos noches antes habían leído un ejemplar de The New York Sun *y encontrado un anuncio a toda página:*

Aprenda a hablar con efectividad
Prepárese para dirigir

¿Cosas ya sabidas? Sí, pero, créase o no, en la más moderna ciudad de la tierra, durante una crisis

que había dejado a cargo de la ayuda oficial un veinte por ciento de la población, dos mil quinientas personas dejaron sus casas y fueron presurosamente al hotel en respuesta a ese anuncio.

Quienes respondieron fueron gentes de las capas económicas superiores: jefes de empresas, patrones y profesionales.

Estos hombres y estas mujeres habían acudido a oír el cañonazo inicial de un curso ultramoderno y ultrapráctico sobre "Cómo hablar en forma eficaz e influir sobre los hombres en los negocios", curso organizado por el Instituto Dale Carnegie de Comunicación Eficaz y Relaciones Humanas.

¿Por qué acudieron esos dos mil quinientos hombres y mujeres de negocios?

¿Debido a una repentina ansia por educarse, a causa de la crisis?

Aparentemente no, porque ese mismo curso se venía dictando, ante salas repletas, en Nueva York, todas las temporadas desde hacía veinticuatro años. Durante ese lapso, más de quince mil hombres de negocios y profesionales fueron preparados por Dale Carnegie. Y hasta organizaciones tan grandes, tan escépticas y tan conservadoras como la Westinghouse Electric & Manufacturing Company, McGraw-Hill Publishing Company, Brooklyn Union Gas Company, la Cámara de Comercio de Brooklyn, el Instituto de Ingenieros Electricistas y la New York Telephone Company, han empleado a Carnegie para instruir a sus miembros y sus directores en las oficinas de las mismas entidades.

El hecho de que estos hombres, diez o veinte años después de haber salido de sus escuelas o colegios, acudan a recibir estas enseñanzas, constituye un decisivo comentario con respecto a las sorprendentes fallas de nuestro sistema educativo.

¿Qué quieren estudiar los adultos? Se trata de

una pregunta muy importante; y con el fin de responderla, la Universidad de Chicago, la Asociación para la Educación de Adultos y las Escuelas Unidas de la Asociación Cristiana de Jóvenes efectuaron un estudio que duró dos años.

Esa indagación reveló que el interés primario de los adultos es la salud. Reveló también que en segundo término está el interés por lograr habilidad en el trato con los demás; los adultos quieren aprender la técnica de llevarse bien e influir sobre las personas. No quieren ser oradores públicos; y no quieren escuchar palabras rimbombantes sobre psicología: quieren indicaciones que les sea posible emplear inmediatamente en los negocios, en los contactos sociales y en el hogar.

—¿De modo que era eso lo que querían estudiar los adultos?

—Muy bien —dijeron quienes hacían la indagación—. Espléndido. Si quieren eso, los haremos estudiar.

A la busca de un texto, descubrieron que jamás se había escrito un manual para ayudar a la gente a resolver sus diarios problemas de las relaciones humanas.

¡Bonito estado de cosas! Durante centenares de años se habían escrito eruditos volúmenes sobre griego y latín y matemáticas superiores, temas que no interesan un pepino al adulto común. Pero en cuanto al único tema que despierta su sed de conocimiento, que reclama guía y ayuda: ¡nada!

Esto explica la presencia de dos mil quinientos adultos en el gran salón de baile del Hotel Pennsylvania en respuesta a un anuncio periodístico. Pues allí, aparentemente, tenían por fin lo que buscaban con tanto afán.

En los lejanos tiempos de la escuela o del colegio habían leído y releído libro tras libro, con la idea de que sólo el conocimiento era el "ábrete sésamo" para *obtener recompensas financieras y profesionales.*

Pero unos pocos años en la brega de los negocios y la vida profesional les causaron aguda decepción. Vieron que algunos de los mayores triunfos correspondían, en la vida de los negocios, a hombres que además de sus conocimientos poseían la capacidad de hablar bien, de conquistar gentes a su manera de pensar, y de "vender" sus personalidades y sus ideas.

Pronto descubrieron que si se quiere ser capitán y dirigir la nave de los negocios, la personalidad y la facilidad de palabra son más importantes que el conocimiento de los verbos latinos o un diploma de Harvard.

El anuncio aparecido en The New York Sun *prometía que la reunión en el Hotel Pennsylvania sería sumamente entretenida. Lo fue.*

Dieciocho personas que habían seguido el curso fueron presentadas ante el altoparlante, y a quince de ellas se les dio precisamente setenta y cinco segundos para que narraran sus experiencias. Sólo setenta y cinco segundos de alocución; luego caía el martillo y el presidente gritaba: ¡Tiempo! ¡El siguiente orador!

La función tuvo la velocidad de un rebaño de búfalos disparado por la llanura. Los espectadores permanecieron allí una hora y media.

Los oradores eran una muestra cabal de la vida de los negocios en los Estados Unidos: el director de una cadena de tiendas; un panadero; el presidente de una asociación comercial; dos banqueros; un vendedor de camiones; un vendedor de productos químicos; un corredor de seguros; el secretario de una asociación de fabricantes de ladrillos; un contador; un dentista; un arquitecto; un vendedor de whisky; un farmacéutico que había llegado de Indianápolis a Nueva York para seguir el curso; un abogado venido de La Habana para prepararse con el fin de pronunciar un importante discurso de tres minutos.

El primer orador tenía el gaélico nombre de Patrick J. O'Haire. Nacido en Irlanda, asistió a la escuela durante cuatro años, emigró a los Estados Unidos, trabajó como mecánico y después como chofer.

A los cuarenta años de edad, en aumento su familia, necesitaba más dinero; por ese motivo trató de vender camiones automóviles. Afectado por un complejo de inferioridad que, según sus palabras, le carcomía el corazón, tenía que pasar y volver a pasar frente a una oficina media docena de veces hasta adquirir el valor suficiente para abrir la puerta. Tan desalentado estaba por su actuación como vendedor, que ya pensaba volver a trabajar con sus manos en un taller mecánico, cuando un día recibió una carta en que se le invitaba a un mitin de organización del Curso Dale Carnegie® sobre comunicación eficaz.

No quería ir. Temía verse fuera de su medio, encontrarse con una cantidad de profesionales.

Su esposa, afligida, insistió en que fuera.

—Quizá te dé resultado, Pat —dijo—. Dios sabe que lo necesitas.

Fue, pues, al lugar donde se debía realizar la reunión, y durante cinco minutos estuvo en la acera, antes de poder reunir la suficiente confianza en sí mismo para entrar.

Las primeras veces que quiso hablar se mareaba de temor. Pero al pasar las semanas perdió todo temor a los oyentes y pronto descubrió que le gustaba hablar, y cuanto mayor público, tanto mejor. Y perdió también el temor a los individuos. Perdió el temor a sus propios clientes. Sus ingresos aumentaron enormemente. Hoy es uno de los mejores vendedores de la ciudad. Aquella noche en el Hotel Pennsylvania, Patrick O'Haire se presentó ante dos mil quinientas personas y narró una alegre, risueña relación de sus realizaciones. Ola tras ola de risas sacudió al auditorio. Pocos oradores profesionales habrían igualado su actuación.

El siguiente orador, Godfrey Meyer, era un canoso banquero, padre de siete niños. La primera vez que intentó hablar enmudeció, literalmente, de pánico. Su mente se rehusaba a funcionar. Su historia es claro ejemplo de cómo la dirección de las cosas va a manos de los hombres que saben hablar.

Meyer trabajaba en Wall Street y desde hace veinticinco años vive en Clifton, Nueva Jersey. Durante ese lapso no tomó parte activa en los asuntos de la comunidad y conoció, a lo sumo, a unas quinientas personas.

Poco después de inscribirse en el Curso Carnegie® recibió su cuenta de impuestos y se enfureció al ver tasas que consideraba injustas. Ordinariamente se hubiese contentado con quedarse en casa y pasar allí su ira, o ir a comentar la injusticia con sus vecinos. Pero en esta ocasión se puso el sombrero, fue a un mitin ciudadano y dio cauce a su ira en público.

A raíz de esa elocuente muestra de indignación, los ciudadanos de Clifton lo instaron a presentar su candidatura a concejal municipal. Durante varias semanas fue Meyer de un mitin a otro, censurando los excesivos gastos municipales.

Había noventa y seis candidatos. Cuando se contaron los votos, el nombre de Godfrey Meyer era el que estaba a la cabeza. Casi de la noche a la mañana se había convertido en una figura pública entre las cuarenta mil personas de la comunidad. Fruto de sus discursos y sus conversaciones: conquistó en seis semanas ochenta veces más amigos que en los veinticinco años anteriores.

Y su salario como concejal significaba un rendimiento de mil por ciento anual con relación a su inversión en el Curso Dale Carnegie®.

El tercer orador, jefe de una gran asociación nacional de fabricantes de productos alimenticios, narró que en las reuniones del directorio había sido incapaz de expresar sus ideas.

314

Como consecuencia de su aprendizaje ocurrieron dos cosas asombrosas. Muy pronto fue elegido presidente de su asociación y, en tal carácter, se vio obligado a dirigir la palabra en reuniones efectuadas en todo el país. Los cables de la Associated Press transmitieron extractos de sus discursos, que fueron publicados en diarios y en revistas del ramo de la nación entera.

En dos años, después de haber aprendido a hablar, recibió más publicidad gratuita para su compañía y sus productos que la que había podido obtener anteriormente a costa de doscientos cincuenta mil dólares de anuncios directos. Este orador admitió que con anterioridad hasta vacilaba antes de hablar por teléfono con algún jefe de empresa de Manhattan e invitarlo a almorzar con él. Pero como resultado del prestigio logrado mediante sus discursos, esos mismos jefes de empresa eran quienes le hablaban ahora, lo invitaban a almorzar y le pedían disculpas por molestarlo.

La capacidad de hablar bien es el camino más breve hacia la distinción. Ella es la que destaca a una persona, la hace sobresalir entre la multitud. Y el hombre que puede hablar en forma aceptable es considerado dueño de cualidades ajenas a las que posee en realidad.

Predomina hoy en los Estados Unidos un movimiento en favor de la educación de los adultos; y la fuerza más espectacular en ese movimiento es Dale Carnegie®; un hombre que ha escuchado y criticado más discursos y conversaciones de adultos que cualquier otro hombre en cautividad. Según un reciente dibujo de Ripley en "Créase o no", ha hecho la crítica de 150.000 discursos. Si esta cifra no impresiona al lector, recuerde que significa un discurso por cada día transcurrido desde que Colón descubrió América. O, en otras palabras, si todas las personas que han ha-

blado ante Carnegie sólo hubiesen empleado tres minutos cada una y se hubieran presentado ante él en orden sucesivo, se necesitaría un año entero para escuchar a todas, sin descansar un minuto de la noche o del día.

La misma carrera de Dale Carnegie, llena de grandes contrastes, es un notable ejemplo de lo que puede realizar un hombre cuando siente obsesión por una idea original y le enciende el entusiasmo.

Nacido en una granja de Missouri, a diez millas de un ferrocarril, no vio un tranvía hasta que tuvo doce años; pero hoy, a los 46, está familiarizado con todos los extremos de la Tierra, desde Hong Kong hasta Hammerfest; y en una ocasión estuvo más cerca del Polo Norte que lo que el cuartel general del almirante Byrd, en Pequeña América, estuvo jamás del Polo Sur.

Este mozo de Missouri, que solía recoger fresas y cortar cizaña a razón de cinco centavos la hora, percibe ahora un dólar por minuto por adiestrar en el arte de la autoexpresión a los dirigentes de grandes empresas.

Este vaquero de otrora, que arreaba ganado y marcaba terneros en el oeste de Dakota del Sur, fue más tarde a Londres y organizó funciones teatrales bajo el patrocinio de la familia real.

Este hombre, que fue un fracasado la primera docena de veces que trató de hablar en público, se convirtió después en mi gerente general. Gran parte de mis triunfos se han debido al aprendizaje que realicé a las órdenes de Dale Carnegie.

El joven Carnegie tuvo que luchar por conseguir una educación, porque la mala suerte golpeaba sin cesar a las puertas de la vieja granja en el noroeste de Missouri. Año tras año el Río 102 se salía de cauce y ahogaba el maíz y se llevaba el heno. Una vez tras otra, los cerdos ya engordados enfermaban y morían de cólera, desaparecía el mercado para las vacas y las mulas, y el banco amenazaba con ejecutar la hipoteca.

Enferma de desaliento, la familia vendió la granja y compró otra, cerca del Colegio de Maestros del Estado, en Warrensburg, Missouri. Podía conseguirse alojamiento y comida en la ciudad a razón de un dólar por día; pero Carnegie no tenía ese dinero. Por eso vivía en la granja e iba a caballo al colegio, en un viaje de una legua todos los días. En la granja ordeñaba las vacas, cortaba leña, alimentaba los cerdos, y estudiaba sus verbos latinos a la luz de una lámpara primitiva hasta que se le nublaban los ojos y comenzaba a cabecear.

Y al irse a la cama, a medianoche, ponía el despertador para las tres de la madrugada. Su padre criaba cerdos Duroc-Jersey de pura raza, y durante las noches más frías había peligro de que los lechones murieran helados. Para impedirlo se los colocaba en un cesto, cubierto por una arpillera, y se los dejaba junto a la cocina. Los lechones exigían alimento a las tres de la mañana. Cuando sonaba el despertador, Dale Carnegie dejaba el abrigo de su cama, tomaba el cesto y llevaba los lechones hasta las madres; esperaba a que mamaran y los llevaba de vuelta a la tibieza de la cocina.

Había seiscientos estudiantes en el Colegio de Maestros del Estado; y Dale Carnegie formaba parte de un aislado grupo de media docena de niños que no tenían dinero para vivir en la ciudad. Estaba avergonzado de la pobreza que le hacía necesario volver a la granja, a ordeñar vacas, todas las noches. Le avergonzaba su ropa —pantalones demasiado cortos, chaqueta demasiado ajustada. A medida que se desarrollaba rápidamente su complejo de inferioridad, buscaba algún camino para distinguirse. Bien pronto vio que en el colegio había ciertos estudiantes que gozaban de influencia y prestigio: los jugadores de fútbol y béisbol y los que triunfaban en torneos de oratoria y de debates.

Como comprendió que no tenía facilidad para el deporte, decidió ganar uno de los torneos de oratoria. Tardó meses en prepararse para ello. Practicaba mientras galopaba a caballo de su casa al colegio y del colegio a su casa; practicaba discursos mientras ordeñaba las vacas; y después subía a un fardo de heno en el granero y con gran entusiasmo y muchos gestos arengaba a las asustadas palomas acerca de la necesidad de contener la inmigración japonesa.

Mas, a pesar de todo este entusiasmo y de tantos preparativos, fue derrotado una vez tras otra. Tenía entonces 18 años: era sensitivo y orgulloso. Tanto se desalentó, quedó tan deprimido, que hasta pensó suicidarse. Y de pronto comenzó a triunfar, no solamente en un torneo, sino en todos los torneos de oratoria del colegio.

Otros estudiantes le rogaron que los preparara; y también ellos triunfaron.

Terminados ya sus estudios, empezó a vender cursos por correspondencia a los rancheros del oeste de Nebraska y del este de Wyoming.

A pesar de su energía y su entusiasmo sin límites, no pudo prosperar. Llegó a tal punto su decepción, que fue a su cuarto en un hotel de Alliance, Nebraska, en pleno día, se arrojó sobre la cama y lloró desesperado. Ansiaba volver al colegio, anhelaba retirarse de la dura batalla de la vida; pero no podía. Decidió entonces ir a Omaha y conseguirse otro empleo. No tenía dinero para el pasaje ferroviario, y por ello viajó en un tren de carga, dando agua y forraje a dos vagones de caballos a cambio de su pasaje. Llegado al sur de Omaha, consiguió un empleo de vendedor de tocino, jamón y cecina para Armour y Cía. Le asignaron un territorio difícil, entre las Tierras Malas y las zonas de indios y de hacendados en el oeste de Dakota del

Sur. Recorría el territorio en trenes de carga y en diligencias y a caballo, y dormía en hoteles primitivos donde la única separación entre las habitaciones era un tabique de lona. Estudió libros para viajantes de comercio, montó potros, jugó al póquer con hombres rudos, y aprendió a cobrar las cuentas. Cuando algún tendero no le podía pagar en efectivo el tocino y los jamones que había pedido, Dale Carnegie retiraba de los estantes una docena de pares de zapatos, los vendía a los empleados ferroviarios y entregaba el producto a la Armour y Cía.

A menudo tenía que viajar en tren de carga ciento cincuenta kilómetros por día. Cuando el tren se detenía para descargar mercancías, Carnegie corría al centro de la población, veía a tres o cuatro comerciantes, recibía sus pedidos; y cuando sonaba el silbato de la locomotora corría calle abajo otra vez y subía al tren ya en movimiento.

En menos de dos años convirtió a un territorio improductivo, que estaba en el vigesimoquinto lugar de la lista, en el primero de todos los 29 que dependían de la central de Omaha. Armour y Cía. ofreció ascenderlo, diciéndole: "Usted ha conseguido lo que parecía imposible". Pero rechazó el aumento y renunció. Sí, renunció, fue a Nueva York, estudió en la Academia de Artes Dramáticas y recorrió el país haciendo el papel de Dr. Hartley en Polly la del Circo.

Jamás sería un Booth o un Barrymore. Tuvo sentido común para reconocerlo. De modo que volvió a trabajar como vendedor, esta vez de camiones automóviles, para la Packard Motor Car Company.

Nada sabía de mecánica, y nada le importaba de motores. Terriblemente desgraciado, tenía que hostigarse todos los días para ir a trabajar. Anhelaba tener tiempo para estudiar, para escribir los libros que allí, en el colegio, había deseado escribir. Por eso renunció otra vez. Iba a pasar su tiempo escribiendo cuentos y novelas, de día, y a ganarse el sustento como maestro en alguna escuela nocturna.

¿Maestro de qué? Al recapacitar y valorar su actuación en el colegio advirtió que su adiestramiento para hablar en público le había dado más confianza, valor, soltura y capacidad para conversar y tratar con la gente de negocios, que todo el resto de las asignaturas estudiadas. Por este motivo instó a las escuelas de la Asociación Cristiana de Jóvenes en Nueva York a que le dieran una oportunidad para organizar cursos sobre oratoria para hombres de negocios.

¿Qué? ¿Convertir a los hombres de negocios en oradores? Absurdo. Ya lo sabían. Habían hecho la prueba con estos recursos, y siempre fracasaba.

Cuando se negaron a pagarle el sueldo de dos dólares por noche que pedía Carnegie, éste convino en enseñar a comisión, y percibir un porcentaje de los beneficios netos, si es que se hacían beneficios. Y en menos de tres años le pagaban treinta dólares por noche, sobre esta base, en lugar de dos.

El curso fue creciendo. Otras ramas de la Asociación oyeron hablar del caso; después la voz se pasó a otras ciudades. Dale Carnegie se convirtió bien pronto en un famoso profesor ambulante que cubría Nueva York, Filadelfia, Baltimore, y más adelante Londres y París. Todos los textos eran demasiado académicos y poco prácticos para los hombres de negocios que acudían a sus cursos. Intrépido como siempre, se sentó a escribir uno que tituló Cómo hablar bien en público e influir en los hombres de negocios. Este libro es ahora el texto oficial de todas las escuelas de la Asociación Cristiana de Jóvenes, así como de la Asociación de Banqueros y de la Asociación Nacional de Hombres de Crédito.

Dale Carnegie sostiene que cualquier hombre puede hablar cuando se enoja. Dice que si se derriba de un puñetazo en la mandíbula al hombre más ignorante de la ciudad, se lo verá ponerse de pie y hablar con una elocuencia, un calor y un vigor que rivalizarán con los mejores esfuerzos de William Jennings Bryan en sus días famosos. Sostiene Carnegie que casi todas las personas pueden hablar pasablemente en público si tienen confianza en sí mismos y hay una idea que hierve en su interior.

La forma de lograr confianza en sí mismo, añade, es hacer lo que se teme hacer, y reunir en este sentido una historia de experiencias felices. Por eso obliga a cada alumno a hablar en todas las clases del curso. El auditorio está lleno de simpatía por el orador. Todos están en el mismo aprieto; y mediante una práctica constante todos logran la confianza, el valor y el entusiasmo que han de hacer valer cuando hablen en privado.

Dale Carnegie dice que se ha ganado la vida en estos años, pero no como profesor de oratoria pública: esto ha sido un incidente. Dice que su tarea principal ha consistido en ayudar a los hombres a dominar sus temores y a desarrollar su seguridad y su coraje.

Al principio empezó solamente con un curso de oratoria pública, pero los estudiantes que lo seguían eran hombres de negocios. Muchos de ellos no habían entrado en una aula durante treinta años. Muchos pagaban esa enseñanza por cuotas. Querían resultados, y los querían rápidos: resultados que pudiesen utilizar al día siguiente en sus entrevistas comerciales y al hablar ante grupos de hombres de negocios.

Por esa razón Carnegie se vio obligado a ser veloz y práctico. De ello ha surgido su sistema de enseñanza, que es único: una notable combinación de oratoria en público, de capacidad como vendedor, de relaciones humanas y de psicología aplicada.

Como no es un esclavo de ninguna regla inflexible, ha logrado presentar un curso que es tan eficaz como la viruela, y mucho más divertido.

Cuando terminan las clases, los alumnos forman clubes y continúan reuniéndose en ellos cada quince días, durante muchos años. Un grupo de diecinueve hombres de Filadelfia se ha venido reuniendo dos veces por mes durante la época invernal desde hace diecisiete años. Hay muchos hombres que viajan ochenta o cien kilómetros en automóvil para asistir a las clases de Carnegie. Un estudiante solía hacer todas las semanas, con ese fin, el viaje de Chicago a Nueva York.

El profesor William James, de la Universidad de Harvard, solía decir que la persona común sólo desarrolla el diez por ciento de su capacidad mental latente. Dale Carnegie, al ayudar a los hombres y las mujeres de negocios a desarrollar sus posibilidades latentes, ha creado uno de los movimientos más significativos en la historia de la educación de los adultos.

LOWELL THOMAS
1936

CURSOS DALE CARNEGIE

CURSO DALE CARNEGIE® DE COMUNICACIÓN EFICAZ Y RELACIONES HUMANAS

Probablemente es el programa más popular que se ha ofrecido con el objeto de fomentar una mejor relación entre las personas. Este curso está diseñado para ayudar a desarrollar una mayor seguridad personal, habilidad para llevarse mejor con otros dentro de la misma familia y en relaciones tanto sociales como de trabajo, incrementar la capacidad de comunicación de ideas, desarrollar en la persona una actitud positiva, aumentar el entusiasmo, reducir la tensión, la angustia y disfrutar de una vida más rica y plena.

No solamente miles de personas se inscriben en este curso cada año, sino que es utilizado por empresas, agencias gubernamentales y otras organizaciones para ayudar al desarrollo del potencial de su gente.

CURSO DE VENTAS DALE CARNEGIE®

Este programa, altamente participativo, está diseñado para ayudar a las personas que actualmente están dedicadas a las ventas o a la administración de ventas a que sean aun más profesionales y tengan mayor éxito en sus carreras.

Este curso abarca el vital y poco reconocido pero muy esencial elemento de la motivación del cliente y su aplicación a cualquier producto o servicio que se venda. Los participantes de este curso experimentan situaciones similares a las que se les presentan cada día en sus actividades y aprenden a utilizar métodos de venta motivacional para que de esta manera el porcentaje de cierres de venta sea aun mayor.

SEMINARIO DE DIRECCIÓN DALE CARNEGIE®

Este programa enfoca los principios de Relaciones Humanas de Dale Carnegie y los aplica al mundo de los negocios.

Subraya la importancia de los resultados equilibrados alcanzados con el desarrollo del potencial humano, para asegurar así un crecimiento tanto en la empresa como en los beneficios a largo plazo.

Los directivos participantes diseñan las descripciones de sus cargos orientados hacia los resultados y aprenden a estimular la creatividad de su gente, motivar, delegar y comunicar, así como resolver problemas y tomar decisiones de una manera sistemática. La aplicación de estos principios en el trabajo diario del directivo es enfatizada.

Si usted está interesado en saber más acerca de los cursos, dónde y cuándo se imparten en su comunidad, puede obtener mayor información escribiendo a:

Dale Carnegie & Associates Inc.
1475 Franklin Avenue
Garden City, New York 11530

EXPERIENCIAS PERSONALES EN LA APLICACIÓN DE LOS PRINCIPIOS QUE SE DESARROLLAN EN ESTE LIBRO

EXPERIENCIAS PERSONALES EN LA APLICACIÓN DE LOS PRINCIPIOS QUE SE DESARROLLAN EN ESTE LIBRO

ÍNDICE DE NOMBRES

IN THE INTEREST
OF CHILDREN

Advocacy, Law Reform, and Public Policy

Robert H. Mnookin

and contributing original studies

Robert A. Burt
David L. Chambers and Michael S. Wald
Stephen D. Sugarman
Franklin E. Zimring and Rayman L. Solomon

W. H. Freeman and Company
NEW YORK

Library of Congress Cataloging in Publication Data

Mnookin, Robert H.
In the interest of children.

Bibliography: p.
Includes index.
1. Children—Legal status, laws, etc.—United States.
2. Legal assistance to children—United States.
3. Public interest law—United States.
4. Judicial process—United States.
5. Child welfare—Government policy—United States.
I. Title
KF479.M55 1985   346.7301'35   84-24635
ISBN 9-7167-1679-8   347.306135
ISBN 0-7167-1627-5 (pbk.)

Printed in the United States of America

1234567890 MP   3210898765

For our children.

Contents

Preface

Is test-case litigation a sensible way to promote the welfare of children? The seeds for this study were planted several years ago when the Board of Directors of the Foundation for Child Development posed that seemingly simple question. Among its other good works, the Foundation had for a number of years provided financial support for a small number of legal child advocacy groups. Some board members of the Foundation had doubts about this support. Bert Brim and Jane Dustan, the president and vice president respectively, thought that the Foundation had a responsibility to see that this question was seriously discussed not just by the board, but also by the public, by lawyers involved in test-case litigation, by students and scholars concerned with policy issues, and by public officials—including judges—who have been responsible for the formulation and implementation of relevant policies. How best could thoughtful analysis of this issue be stimulated?

Jane Dustan talked to a number of people about how best to proceed. Some thought a conference might make sense if it brought together academics, advocates, and policy types. Justine Wise Polier, a retired judge of the New York City Family Court, suggested to Jane a conference or seminar organized around case studies. Jane shared those ideas with me. I was concerned that such a conference, like most meetings about difficult topics among people of varying perspectives, would generate smoke, heat, and hot air, but not much light—particularly if the conference lacked a common focus.

But Judge Polier's notion of case studies appealed to me. Why not prepare four or five in-depth studies of particular test cases? Such studies, based on field investigations, could show how test-case litigation worked in particular circumstances. The contextual richness of the cases might stimulate more refined questions about test-case litigation. The case studies could also provide a rich (albeit limited) empirical basis for better understanding the process of test-case litigation and its strengths and weaknesses as a means of promoting the welfare of children. Perhaps a seminar might be organized around the studies. Thereafter, a book might emerge that could provoke and inform broader discussion of the question.

When I began the study, I had no strong views on whether test-case litigation was a sensible way to make policy on behalf of children. I did, however, have some general notions about the legitimacy and capacity of judicial policy making, and the difficulties of formulating policies that benefit children. I hoped that more refined generalizations might emerge from, and in turn shape the interpretation of, the particulars of these cases. Of course, there is often more than one way to read the evidence. Case studies, like appellate opinions, often support alternative interpretations.

This book represents a deeply collaborative effort, and both the players and the process are worth describing. At the heart of this book are five case studies. Baseball fans dream about bringing individual stars from different clubs together on one team. It was my good fortune to involve in this project an outstanding team of legal academics concerned with children's law. Robert Burt, Stephen Sugarman, David Chambers and Michael Wald, and Franklin Zimring and Rayman Solomon joined me in preparing case studies. Before our individual field work began, we met together to select the cases we would study. We discussed the questions we would ask the lawyers and other parties to be interviewed. Thereafter we met periodically to talk about our cases, hoping that each study would be enriched by discoveries made in others. But the studies themselves, in the final analysis, represent the ideas and conclusions of the authors. Each is an independent contribution.

Nor do my collaborators deserve blame for my chapters introducing and concluding the book. The first five chapters provide what I hope will be a helpful framework for understanding test-case litigation and the difficulties of formulating policy for children. The ideas expressed were very much shaped by the project and the collaborative process, but I did not attempt to create a consensus. Instead, these chapters describe how I approach the task of thinking about test-case litigation for children, and the final chapter describes the important lessons that I have learned. My colleagues, like our readers, will draw their own conclusions.

There are many people to thank for their help and support. In December 1981, a weekend seminar was held in Mt. Kisco, New York, to discuss drafts of the case studies. An outstanding group of thirty advocates, legal scholars, scholars from other disciplines concerned with public policy, and public officials—including a federal judge—analyzed the five studies and various overarching issues concerning public-interest litigation. I want to express our gratitude to the seminar participants. Their questions, criticisms, and comments enriched the book.

As should be obvious, this project would never have happened but for Jane Dustan. The Foundation for Child Development generously supported this research, and Jane's enthusiasm for the project sustained us along the way and kept us on schedule.

It was my good fortune to spend the 1981–82 academic year as a Fellow at the Center for Advanced Study in the Behavioral Sciences at Stanford, California. In this stimulating and supportive environment, I largely completed a draft of the book. I am grateful to the Center, and to those whose financial support made my year there possible. In addition to support by the Foundation for Child Development, my research has been supported by the Stanford Legal Research Fund (made possible by a bequest from the Estate of Ira S. Lillich and by gifts from Roderick M. and Carla A. Hills and other friends of Stanford Law School), by the Stanford Center for Youth Studies, and by a grant to the Center for Advanced Study from the National Science Foundation (Grant No. BNS 76-22943).

Numerous people provided valuable help at various stages in this project over the past five years. Many friends and colleagues read drafts and made suggestions along the way. Special thanks go to Ralph Albouchar, Robert Axelrod, Ralph Cavanagh, Ronald Gilson, and Martin Shapiro. Several students at the University of California, Berkeley School of Law (Boalt Hall) and at the Stanford Law School assisted me a great deal: Laurence Gibbs; Cathy Pagano; Michael Zigler; William Skrzyniarz; Daniel Gonzales; and Ellen Brady all deserve thanks. I am particularly grateful to Betsy Buchalter Adler. While a law student, Betsy helped me with the field research in my study of *Bellotti*, and then three years later, at a time when she had competing responsibilities to family and firm, she carefully edited my introductory chapters, pruned my prose, and challenged me to say what I meant. Thanks go to Barbara Mnookin for preparing the index. Finally, I want to thank Ann Babb, Doreen Balaban and those who helped them process this manuscript. Notwithstanding the wonders of word processing (or perhaps because of it), more drafts were produced than any of us dare to recall.

Robert H. Mnookin
Stanford, California

Introduction

Robert H. Mnookin

CHAPTER 1

Test-Case Litigation
on Behalf of Children

To Danielle and Eric Gandy, "Ma" meant their foster mother, Madeleine Smith. They had lived with her for three and a half years, and they loved her. Now the agency that had sent them to Mrs. Smith's home wanted to remove them, claiming Mrs. Smith's severe arthritis prevented her from giving them adequate care. Mrs. Smith was devastated. She went to a lawyer.

• • •

A sixteen-year-old girl sat in a Boston abortion clinic in fear and confusion. If her father knew she was pregnant, she feared, he would beat her up and kill her boyfriend. But the clinic's founder, Bill Baird, had just explained that, under a new state law, she could not get an abortion unless both her parents consented or a state judge overruled their refusal. Mr. Baird had told her that he might be able to change the law, but only if she helped—only if she would go to court and tell her story. He had promised that no one would ever learn her name. Moreover, he had promised a free abortion. She agreed to talk to Baird's lawyer.

·   ·   ·

Terry Lee Halderman had lived at Pennhurst, a state residence for the retarded, since she was twelve. Her mother was angered and appalled by the conditions in this institution and the quality of care her daughter was receiving. During the time Terry had lived there, her jaw, a finger, and several teeth had been broken, and she was constantly bruised and cut. She no longer spoke. She repeatedly banged her head against the wall. Terry's mother would have removed her daughter from Pennhurst, but there was nowhere else for her to go. When a sympathetic staff member suggested a lawsuit might force the state to improve conditions at Pennhurst, Mrs. Halderman went to a lawyer.

·   ·   ·

To one Connecticut welfare mother, the choice looked like "Heads you win, tails I lose." If she did not help welfare officials find her child's father, so that support payments could be collected from him, she could be sent to jail for contempt of court. But if she identified her child's father, she feared he would retaliate, certainly against her and perhaps against the child. Besides, she felt it was none of the government's business. She went to Legal Aid.

·   ·   ·

Betty Jean Crome's parents were furious. Their daughter, along with many other black students, had been arrested following racial disturbances at her junior high school in Columbus, Ohio. As a consequence, Betty Jean and the others had been "suspended"— forbidden to return to school—for five days. To the parents, this looked like blatant racist harassment. What could they do about it? The NAACP introduced them to a lawyer.

·   ·   ·

These cases—the five cases we will study in this book—are not typical of judicial business in the United States. Most civil lawsuits involve disputes where one private party finally hires a lawyer and sues another, usually in state court, commonly demanding that a debt be paid, a contract enforced, a divorce granted, or injuries compensated for. Such disputes are usually resolved before trial, through informal negotiations. The issues are usually factual; they rarely require a searching re-examination of the governing law.

In our cases, although individual plaintiffs sought judicial help, their disputes involved a government agency; many other individuals faced similar problems. These lawsuits sought to reform and affect the interests of many people. They were brought as class actions in federal court, and they sought not simply money but basic changes in the law.

Moreover, none of these cases was brought by a private attorney whose firm billed the plaintiff for legal services at ordinary commercial rates. Instead, they were brought by reform-minded lawyers, most of whom were employed by public interest law firms dedicated to using litigation on behalf of groups and interests that ordinarily could not afford to hire lawyers in the marketplace.

The cases are also atypical in that they were undertaken, at least in part, on behalf of children. Because children cannot normally articulate and defend their own policy interests, such cases provide a fascinating context in which to examine the changing role of courts and the ways public interest advocates involve themselves in the formulation of policy. Ironically, this incapacity of children strengthens the conflicting claims of both defenders and critics of judicial activism and public interest advocates.

While our cases are unusual compared to ordinary litigation, they are typical of what lawyers call "test cases." By asking courts to change policies adopted by other branches of government, they test not only the legal rules but the limits of the legal system itself.

The Scope of Judicial Policymaking

To some extent, American courts have always made public policy. Over a century ago Alexis de Tocqueville noted that Americans express social problems in legal terms and accordingly give courts and lawyers substantial power in governance.[1] Nonetheless, the expansion of judicial power during the last twenty-five years has been striking. In addition to traditional areas of concern, such as establishing standards for the criminal process, courts now help shape

environmental regulations, welfare standards, employment practices, prison administration, procedures for the treatment of the
mentally ill, and educational policies. Some cases require the interpretation of a statute; others, of the Constitution itself.

Litigants today ask courts to decide a dazzling array of questions:
Can a state condition welfare eligibility on a one year in-state residence? May the income of an unmarried mother's live-in lover be
presumed to be available for child support in determining the child's
eligibility for AFDC, even though the man is not the child's father?
Is a high school diploma a legitimate requirement for a firefighter's
job? If a father dies without a will, must state law provide his illegitimate child with the same inheritance rights as a child born in
wedlock? May a state deny a free elementary education to children
of Mexican origin whose parents brought them to the United States
illegally? May the property tax be the primary source for financing
a state's public schools if, as a consequence, there are substantial
inequalities in educational expenditures? By answering such questions courts do more than resolve disputes between particular litigants: the decisions forge policies with broad impact. As a result of
litigation, bilingual education has been required; certain uses of I.Q.
tests prohibited; abortions legalized; state legislatures reapportioned;
and school prayers outlawed. Each of us has been touched.

In addition to shaping rules that govern us, courts have also become
deeply involved in the ongoing administration of many public institutions. Judicial remedies are no longer limited to awarding money
damages or to enjoining the enforcement of statutes found to be
unconstitutional. Courts now sometimes engage in what Professor
Owen Fiss has called "structural reform."[2] Litigants ask judges to
oversee the implementation of new court-ordered standards, to
supervise changes in public institutions, and, in essence, to push
the legislative or executive branches into spending more for certain
public activities. The *New York Times* reported that twenty-nine
states are presently operating either individual penal institutions or
entire systems under the supervision of federal judges.[3]

By engaging in structural reform, the trial judge has "increasingly
become the creator and manager of complex forms of ongoing relief,
which have widespread effects on persons not before the court and
require the judge's continuing involvement in administration and
implementation."[4] The Rhode Island Director of Corrections recently

5

complained that "the judges are regulating temperatures in buildings, hours inmates should be involved in activities, the location and size of prisons, staff-inmate ratios and even the number of cubic feet of air that should move through a given area."[5] Active players in a reform process, judges are now seen as managers and political power brokers orchestrating a complicated bargaining game. This is a far cry from traditional adjudication, in which a judge resolves a dispute between two private parties by interpreting the existing law. Through litigation, reformers invite courts to participate actively in problem-solving and policymaking. Courts are now "more openly, self-consciously, and broadly than before, 'engaging' in efforts to shape or control the behavior of identifiable social groups, groups not necessarily before the court."[6]

The expansion of the judicial role and the growth of public interest advocacy have stirred substantial conflict, both political and academic. Denouncing judicial imperialism, politicians propose constitutional amendments to overrule disfavored decisions and new limits to control federal court jurisdiction. Critics also attack the role of the public interest lawyers who, they suggest, are ultimately committed to causes, not clients. Why, they ask, should activist lawyers, largely unconstrained by the need to satisfy individual clients, be subsidized to pursue through litigation their own biased vision of the public good?[7]

Academic commentators challenge the legitimacy of active judicial participation in policymaking on the basis of democratic theory. Federal judges are not, after all, elected officials accountable to voters, but instead are lifetime appointees. Other scholars question the capacity of courts to make and implement sound policy judgments because of the limitations of the judicial process and the training of judges.

Defenders of the judiciary respond to these challenges by suggesting that the courts, and the legal activists who use them, are playing an indispensable role in making our society more just. The courts, they suggest, protect groups whose interests have been largely unrepresented in the political arena and whose rights are too easily ignored by an indifferent majority. Courts, according to Judge Richard Neely, have "evolved over nine hundred years into an engine for alleviating the more dangerous structural deficiencies of the other institutions of democratic government—the legislative branch, executive branch, nonpolitical bureaucracies, and political machines."[8]

The Seminal Role of *Brown* v. *Board of Education*

Why has the role of the judiciary—particularly the federal courts—expanded? Looking back, there has been no single abrupt departure from the past. Evolution, not revolution, has characterized the change. Nonetheless, the school desegregation cases, beginning with the Supreme Court's 1954 decision in *Brown* v. *Board of Education,*[9] seem to be a turning point. In the years that followed *Brown,* lower federal courts necessarily became involved in dismantling dual systems of education—one for blacks, another for whites—in school districts throughout the country. The judicial declaration that an old practice was wrong did not produce instant reform. In order to change school districts throughout the country, and to respond to evasive actions and unanticipated complexities, the federal courts became very actively involved in school desegregation. This task, as Professor Fiss has pointed out, required an adjustment of "traditional procedural forms to meet the felt necessities."[10] It was only natural that "the lessons of school desegregation were transferred to other contexts."[11]

The school desegregation cases were an important precursor for a second reason. These lawsuits were brought by reform-oriented organizations—the National Association for the Advancement of Colored People (NAACP) and its offshoot, the NAACP Legal Defense and Education Fund—which used litigation as a tool to change public policy, not simply to protect the existing rights of individual clients. The Legal Defense Fund foreshadowed the public interest law movement. During the late 1960s and throughout the 1970s, with support from charitable foundations and the federal government, new organizations not dependent on fees from clients were established to use law to promote change on behalf of groups and interests said to be previously unrepresented. Some public interest law firms handled many types of cases. Others specialized in areas such as the environment, mental health law, welfare rights, civil rights, consumer protection, or the particular concerns of racial and ethnic minorities. During the same period, the federal government established and subsidized a legal services program to better meet the legal needs of the poor. In addition to serving the needs of individual clients, legal service lawyers, especially those employed in specialized back-up centers, used test-case litigation to change policies. These new institutions, bringing together reform-minded lawyers, have played an important role in expanding the policy-making activity of courts.

Brown is rightly celebrated for its condemnation of state-imposed segregation. Indeed, there is no clearer example of a situation where judicial involvement was essential to redress the political branches' failure to dismantle the constitutionally forbidden remnants of Jim Crow. The four class action lawsuits considered in *Brown* were the culmination of twenty years of NAACP efforts to undermine *Plessy v. Ferguson*,[12] an 1896 Supreme Court decision holding that segregation was constitutional as long as the segregated facilities were "separate but equal." But *Brown* is important to us, as students of judicial policymaking, for still another reason: it was also a children's case.

It was no accident that the lawsuits in *Brown* were brought on behalf of black children, by their parents, to challenge segregated school systems in four different states. True, laws in many states still required "separate but equal" public parks, beaches, buses, golf courses, and housing. But education was different. Not only was education more important; the involvement of innocent children gave the claims of black people even greater moral resonance.

Like the test cases on behalf of children examined in detail in this book, *Brown* illustrates both the need for judicial involvement and the special problems such involvement creates. On the one hand, it is difficult to imagine a situation where the interests of children received less protection from ordinary political channels. Black children, even with parental involvement, lacked the political power to force states and local districts to desegregate schools. However, the children on whose behalf suit was brought exerted no influence or control over the litigation, which was controlled by the NAACP.

According to Richard Kluger, who has written an outstanding history of the case, the involvement of Oliver Brown—the principal named plaintiff—was quite fortuitous. Brown was in no sense a leader of the civil rights movement; he simply responded when the

8

local NAACP approached him, "as it had several dozen other black parents whose children had to make particularly long trips to school,"[13] and asked him to participate in a lawsuit. Mr. Brown never even discussed with his eight-year-old daughter Linda, who walked past a white school seven blocks from her home on her way to an all-black school a mile away, his decision to sue on her behalf. "At no time did her father sit her down and tell her what it was all about."[14] In reality, the NAACP as an organization was the plaintiff. Oliver Brown was only a willing participant, and Linda Brown was never told about the battle fought on her behalf.[15]

Linda's lack of participation is less troubling than two more basic questions: How carefully did the courts, in both *Brown* and its progeny, consider whether the actions taken in the name of school desegregation would benefit black children educationally? How well can courts evaluate social science evidence bearing on such questions? In the *Brown* opinion itself, the Supreme Court declared that "separate educational facilities are inherently unequal." Quoting a lower court finding that "[s]egregation with the sanction of law . . . has the tendency to [retard] the educational and mental development of negro children," the Court asserted that "[w]hatever may have been the extent of psychological knowledge at the time of *Plessy* v. *Ferguson*, this finding is amply supported by modern authority." In a now famous footnote, the court then cited a number of social science studies. It did not, however, discuss them or analyze their relevance to this case.

The Supreme Court's explicit reliance on social science evidence also makes *Brown* seminal. The use of such evidence in desegregation cases may well have been related to the fact that *Brown* involved children. Where children's interests are involved, we are especially concerned with the future. There is an inevitable need to make predictions. If *Brown* had been brought to desegregate public transportation, an adult could have been asked how he or she felt about being required to sit in the back of the bus. But somehow it seems less likely, in a case involving the segregation of elementary school children, that testimony by children about their views on having to attend a segregated school would suffice. Instead, social science studies were introduced to suggest that black children had very little self-esteem.

As it turns out, the studies cited by the Court do not justify the

9

Court's conclusion that school segregation retarded the educational and mental development of black children. The reaction of black children to black and white dolls in Kenneth Clark's famous studies had nothing to do with whether schools were segregated or not, but instead to the totality of their experience in a society plagued by racial prejudice. "Subsequent studies indicate that the Court's apparent certainty [about effects of school segregation on education] was unwarranted, and the empirical issues are nowhere near resolution today."[16] Professor Frank Goodman, for example, carefully reviewed the social science literature about the relationship between integration and educational achievement. He concluded that "the influence of biracial schooling upon the achievement of black students is highly *uncertain . . .*" and in all events a very complex issue.[17]

Brown also illumines another aspect of children's cases: the sometimes heavy costs to children of the battles waged by adults in their name. While the nation has surely benefited from the *Brown* decision, the desegregation of schools imposed substantial burdens on many children, particularly the black children in the vanguard who attended formerly all-white schools in the face of considerable white hostility. Many suffered terribly. There were obviously broader interests at stake as well; policy cannot (and should not) consider only the interests of children. But the fact remains that in *Brown* the civil rights movement used a children's case—not a voting case or a case involving housing—to dismantle segregation. How many children were unconsenting footsoldiers sent off to war by judges and parents fighting to save this nation's soul? Subsequent generations owe them a great deal.

The Road Ahead

Viewed from the perspective of children's needs, *Brown* poses disquieting questions that are central to this book's concerns. If children cannot identify and pursue their own interests, can it be assumed that a child advocate—whether in a legislative setting or a courtroom—will pursue those interests? How do legislatures and courts assess and respond to the needs of children? If the legislature is unresponsive to children's needs, should courts assume a more active role? How well-suited is the judicial process for the formulation and implementation of better policies?

The five studies which lie at the heart of this book are a rich context in which to examine these questions, explore the policy-making roles of courts and of the advocates who initiate lawsuits, and expose the dilemmas necessarily involved in formulating policies for the benefit of children.

To prepare the way for the case studies, Part II provides a framework for analyzing the dilemmas inherent in children's policy issues and for understanding the debate over judicial policymaking. It explores three distinct, but interrelated, puzzles that make a definitive assessment of the wisdom of test-case litigation on behalf of children impossible. Having the puzzles in mind will enrich your understanding of the case studies. At the same time, the case studies will refine your understanding of the puzzles themselves.

The first puzzle is an enigma: How does one know what policies best serve the interests of children? This question exposes what I believe to be the root problem facing anyone concerned with children's policy. Because of our limited ability to predict the consequences of alternative policies and the lack of consensus about the values that should inform choice, broad conclusions about the interests of children are necessarily indeterminate and speculative. From the perspective of rational discourse, the argument that anyone, including judges, can discover and articulate the best interests of children is tenuous at best.

The second puzzle is a dilemma, and it concerns the legitimate role of courts in our governance: In a democracy, how much policymaking power should be exercised by judges who are largely insulated from electoral politics and not subject to direct popular control? Examining this basic constitutional question in the context of children's policy reveals a dilemma. On the one hand, while the legislature and executive are accountable to the electorate, the interests of children may be given little weight in the ordinary give and take of politics. The need for special judicial solicitude may therefore be especially great with respect to children's policies. On the other hand, given the indeterminate nature of children's interests, having courts play an active role is especially problematic. Most test cases involve federal judges telling state officials what to do. Thus, the decisions in test cases can affect both the relative power of federal and state lawmakers to establish policy, and the division of authority between courts and the other branches of the government.

The third is a paradox, and it concerns the proper role of the child advocate. Test cases are often brought by reform-minded lawyers, many of whom are employed by public interest law firms dedicated to using litigation to promote change. After describing the development of the public interest law movement and the structure of the law firms that are responsible for many test cases, a paradox will be exposed. Children need advocates because, in most circumstances, children cannot speak for and defend their own interests. Whether policy is made in the legislature or the courthouse, the interests of children need and deserve representation. And yet, because children cannot speak for their own interests, how can the advocate know for certain what those interests are? The traditional legal model is premised on the notion that there are individual clients with identifiable views and interests who determine the objective of litigation. In test-case litigation, there are no mechanisms to make the advocates genuinely accountable to their child clients. Consequently, what assurance can there be that the advocates, claiming to speak for the interests of children, are not simply pressing for their own vision of those interests, unconstrained by clients? In the face of this risk, can judges ensure that child advocates are in fact responsive to children's needs?

Part II concludes by introducing the debate over the capacity of courts to make policy, apart from the legitimacy of their doing so. By describing the characteristics of adjudication, and comparing these characteristics with those of the legislative process, I expose the arguments about the comparative competence of courts to make policy. These arguments in turn highlight a set of questions central to the case studies themselves.

The core of this book, Parts III–VII, contains studies of five important law reform cases. Each case was selected to shed light on different policy issues affecting children. In choosing the cases we did not attempt to find a representative sample. Indeed, we chose difficult cases, ones where it was not at all clear what result best served the interests of children. By examining such cases in considerable detail, we hoped to learn more about how courts and advocates alike dealt with difficult policy issues.

The studies are based on field interviews with the parties to the litigation and their lawyers, careful examination of the full legal records, and extensive research concerning the policies involved. You will have a different guide for each case, and, as you might expect, each will emphasize different points. In each study, an introductory chapter puts the case in perspective by describing the underlying policy problems and the legal context. Next, the story of the particular case is told in non-technical terms: why the action was brought; the parties' motives; the lawyers' strategic judgments; the judges' decisions. A final chapter then evaluates the probable impact of the particular lawsuit, and uses the case to analyze in depth a particular aspect of the litigation process.

—Professors David Chambers and Michael Wald, in Part III, examine *Smith* v. *OFFER*, a class-action suit filed by the Children's Rights Project of the New York Civil Liberties Union, challenging the power of New York officials to remove a child from a foster home against the wishes of the foster parent, where the child has lived with foster parents for more than a year, without first offering the foster parents a hearing.

—In Part IV, I analyze *Bellotti* v. *Baird*, where the plaintiffs sought to strike down as unconstitutional a Massachusetts statute permitting an unmarried minor to have an abortion only if she first obtained the consent of both parents or had her parents' refusal overridden by a state court judge.

—Professor Robert Burt explores, in Part V, *Halderman* v. *Pennhurst State School and Hospital*, which began as one mother's efforts to improve conditions at a state institution in Pennsylvania where her mentally retarded daughter lived, and which grew into a test case in which advocates sought to close the institution altogether and disperse its residents to small-scale, community-based facilities.

—In Part VI Professor Stephen Sugarman assesses *Roe* v. *Norton*, where Legal Aid lawyers and child advocates sued to stop Connecticut welfare officials from forcing unwed mothers to cooperate in establishing the paternity of their illegitimate children.

—Professor Franklin Zimring and Mr. Rayman Solomon evaluate, in Part VII, *Goss* v. *Lopez*, which arose out of racial conflicts in the Columbus, Ohio, schools that had resulted in the suspension of a number of black students, and produced a Supreme Court decision that a public school could not suspend a student without first providing some sort of hearing.

In conclusion, Part VIII uses the five case studies to analyze both the strengths and weaknesses of litigation as a means of achieving reform. It evaluates child advocacy, first from the perspective of the advocacy groups themselves, and then from a broader social perspective. The book concludes with a general discussion of the opportunities and problems for child advocacy litigation today.

PART II

Defining the Questions

Robert H. Mnookin

CHAPTER · 2

The Enigma of Children's Interests

In debates over children's policy, those involved often agree that the best interests of children should guide decisionmaking. But what policies are in the best interests of children? How can a policymaker—whether a judge, a legislator, or a state administrative official—rationally decide what policy is best? For many issues, what is best for children, individually or as a group, is indeterminate and speculative, and is not demonstrable by scientific proof.[1]

Rational decisionmaking requires that the problem be identified, the consequences of alternative solutions compared, and the best alternative chosen. Choosing requires the decisionmaker to predict the consequences of alternative policies, and then to evaluate these consequences by some criteria in order to decide which is best. This model, in the context of children's issues, is problematic.

Two fundamental problems typically confront a policymaker trying to make a rational decision about the best interests of children. The first, *the prediction problem*, is that it is often exceedingly difficult to predict the consequences of alternative children's policies. The second, *the value problem*, arises from the difficulty of selecting the criteria that should be used to evaluate the alternative consequences. The choice of criteria is inherently value-laden; all too often there is no consensus about what values should inform this choice. These problems are not unique to children's policies, but they are especially acute in this context because children themselves often cannot speak for their own interests. Very young children are often entirely unable to articulate their own preferences. And though older children may have much to say, their inexperience and immaturity often cause adults to doubt children's capacity to decide what is in their own interests.

An Example of Indeterminacy

The prediction and value problems in a litigation context can best be introduced through a seemingly simple example involving only a single child. Suppose a mother and father are divorcing and disagree concerning who should have custody of the child. Suppose further that the child has some substantial psychological ties to both parents and that neither parent would put the child in any immediate or substantial danger if he or she had custody. The judge's task is to decide which parent should have the child. Decision theorists suggest that a rational decision would specify the alternative outcomes of various courses of action and then choose that alternative that "maximizes" what is good for the child—in legal terms, what is in the child's "best interest." The judge would, for example, wish to compare the expected utility for the child of living with the mother to that of living with the father. This requires considerable information and predictive capacity as well as some source of values by which to measure utility for the child. My own hunch is that all three are typically very problematic.

Assuming for the moment that the judge has substantial information about the child's past home life and present alternatives, our knowledge today about human behavior provides no basis for the individualized prediction required by the "best interest" standard. There are numerous competing theories of human behavior based on radically different conceptions of the nature of man, and no consensus exists among the experts that any one is correct. No theory

17

is considered widely capable of generating reliable predictions about the psychological and behavioral consequences of alternative decisions for a particular child.

Even if predictions were possible, what set of values should a judge use to determine a child's best interest? Whenever someone is faced with a decision based on the "best interest of the child" standard, he must have some way of deciding what counts as good and what counts as bad. In economists' terms, how is utility to be determined? For many decisions in an individualistic society, one asks the person affected what he or she wants. Applying this notion to custody cases, one could ask a child to specify those values or even to choose the custodial parent himself. But to make the child responsible for the choice may jeopardize his future relationship with the other parent. Moreover, we often lack confidence that a child has the capacity and maturity to determine his own values.

Whether or not the judge looks to the child for some guidance, there remains the question whether best interests should be viewed from a long-term or short-term perspective. The conditions that make the child happiest in the next year? Or at forty? Or at seventy? Should the judge decide by picturing the child as an adult looking back? How is happiness at one age to be compared with happiness at another?

Deciding what is best for a child often poses a question no less ultimate than the purposes and values of life itself. Should the decisionmaker be primarily concerned with the child's happiness or with the child's spiritual and religious training? Is the primary goal long-term economic productivity when the child grows up? Or are the most important values of life found in warm relationships? In discipline and self-sacrifice? Are stability and security for a child more desirable than intellectual stimulation? These questions could be elaborated endlessly. And yet, where is one to look for the set of values that should guide decisions concerning what is best for the child? Normally judges look to statutes, but custody statutes do not themselves give content or relative weight to the pertinent values. Moreover, if one looks to our society at large, one finds neither a clear consensus as to the best child-rearing strategies, nor an appropriate hierarchy of ultimate values. The answer, in short, is indeterminate.

Indeterminacy in the Policymaking Context

The custody dispute illustrates the prediction and value problems, but in policymaking there are three additional complications that make rational choice even more difficult, whether policy is being formulated in the legislative or executive branches, or in test-case litigation.

First, policy decisions affect many children—not simply the single child in our example. Children vary enormously. The prediction problem is made more difficult because one must predict the consequences of alternative policies on children in very different circumstances. The value problem is made more difficult because a policy that may benefit some children may hurt others. This problem can arise even in a case as morally compelling as *Brown* v. *Board of Education*. As we saw in Chapter One, research suggests that desegregation may have helped some black children but harmed others. In short, there may be "trade-offs" with respect to the interests of children; the interests of all children seldom coincide.

Second, solutions become much more intricate as more individuals and large organizations are involved in implementing them. In a custody dispute, the judge is concerned principally with the future behavior of the mother and the father. Things may be very different if the decision must be implemented through a large bureaucracy such as a school district or a welfare department.

Third, in the custody context the dominant legal standard instructs the judge to consider only the interests of the child. In most policy contexts, despite claims to the contrary, the interests of others— including bureaucracies—plainly are at stake, and may have a legitimate claim to consideration.

The five case studies presented in this book reveal these additional complexities and illustrate the enigmatic nature of the interests of children.

Smith v. *OFFER* illustrates both the knowledge and value problems. The case involves whether the due process clause of the Constitution should be interpreted to require a hearing before a child is moved out of a foster home where the child has lived for more than a year. As Chambers and Wald point out, it is difficult to predict the consequences of such a move for any particular child. Would a

19

hearing lead to a better decision about removal? According to Chambers and Wald, because "very little is known about what is best for a child in any given case," there is "little reason" to believe a hearing officer, after a formal hearing, would make a better decision than a social worker. They further point out that evaluating the wisdom of requiring hearings for children as a group is even more complicated:

> In any given situation, the child's needs might be best met by remaining in a long-term foster home, by being returned to a biological parent, or by being placed in an adoptive home. Thus a legal rule that would protect the interests of some children may not be the best rule to protect most children. For example, a rule protecting foster parents' rights to a child may help some children but harm others who would be best off returned to the natural parents without any protracted litigation.

The *OFFER* study also suggests the difficulty of predicting the consequences of a new rule on the foster care system as a whole. A hearing requirement might make social workers more reluctant to move children from foster homes. This might avoid some unnecessary moves, but at the same time it could discourage moves from inadequate foster homes. It might also affect the willingness of social workers to push for adoption. Moreover, it might delay beneficial moves back to biological parents, making reunification more difficult. What effects would hearings have on recruitment of foster parents? On the commitment of foster parents to foster children? Would hearing requirements affect the number of voluntary placements? The *OFFER* study makes clear that the court had inadequate information on all these questions.

Finally, *OFFER* conspicuously demonstrates that the formulation of children's policy affects the interests not only of children, but of others as well. That case implicated the interests of biological parents, foster parents, and social service agencies. The presence of these other interests suggests both prediction and value problems: prediction problems, because their behavior could be affected, thus raising questions of whether we can predict the consequences of a particular policy; and value problems, because the formulation of policy requires that their interests be weighed in the decision. There is no scale to indicate, however, what weight should be attached to these other interests.

Bellotti v. *Baird* involves an attack on a Massachusetts statute that permitted an unmarried minor to have an abortion only if she first obtained the consent of both parents or convinced a state court judge to override her parents' refusal. Again, the study suggests that this legal standard might help some children but harm others. While the case was being litigated, however, little was known about the possible consequences of alternative standards. There is little basis to make confident predictions about:

1. How different rules would affect the number of pregnant minors who have an abortion;

2. For those who have an abortion, how various rules affect when, how, or where abortions are secured;

3. For those who bear the child, how many will put the child up for adoption, marry the father, or become an unwed mother;

4. How alternative rules affect decisions among young people whether (a) to have intercourse or (b) to use contraceptives; and

5. What differences, if any, alternative rules make with respect to the minor's psychological well-being, family relationships, education, and economic well-being.

The lack of social consensus about what values should inform policy choices in this area is especially striking. There is profound disagreement in our society about the morality of abortion. Moreover, there is little consensus about what the appropriate standards are for teenage sexual behavior, or for the proper relationship between an adolescent and her family.

In *Pennhurst*, the trial judge was faced with the question of whether Pennhurst, an institution for the retarded, should be closed. As Burt indicates, the wisdom of closure must turn not simply on assessing the conditions at Pennhurst, but also on evaluating alternatives. The remedial question could be answered only by predicting many different people's future attitudes and conduct, including their willingness to accept apparent immediate burdens for some longer-range valued goals.

It is by no means clear that it was in the interests of all the mentally retarded people living at Pennhurst to have the institution closed.

21

Some might benefit and some might not. While the trial judge may have wanted to treat as a "factual" question whether "all mentally retarded people were educable or that community residences were better than mental institutions for all mentally retarded people," Professor Burt points out that the closure decision ultimately involved "discretionary guesses about the future in order to impose personal or financial sacrifices on other people." Moreover, the closure of Pennhurst and the establishment of community-based facilities would affect the interests of many other persons. The families of those who had been institutionalized would obviously be affected. Those who lost their jobs at Pennhurst might not find jobs in community facilities. Those who paid the costs for the state institution might not be involved in financing community institutions.

Goss v. Lopez involves the question of whether a short-term suspension from a public school first requires some kind of hearing. Zimring and Solomon suggest that Goss involved a symbolic battle that raised the issues about authority relations between public school officials and students. School systems in big cities involve large bureaucracies. Lawyers often have faith that hearings control discretion and reduce the risk of arbitrariness and impersonality. But in fact there is little research that demonstrates that substantial benefits result from the increasing legalization of authority relationships in large organizations. The distrust of authority within the schools may have led to increased reliance on formal procedures and rules. But, as Professor Mark Yudof recently suggested, legalization itself can lead to the breakdown of "informal trust in the exercise of authority by superiors." How does the court, or a policymaker, know how to achieve "a balance that avoids this vicious cycle"?[2]

Predicting the behavioral response of teachers and school administrators to a decision like Goss is difficult, if not impossible. Will teachers and principals feel that their authority has been undercut, and therefore impose less discipline in the classroom? Like doctors who fear malpractice suits, will teachers practice "defensive education" to avoid subjecting themselves to the hazards of personal liability and injunctions? Will they be "less likely to make controversial decisions, such as suspending rowdy students or affording special treatment to children with unusual talents or disabilities"?[3] There are a variety of ways, both subtle and not, that teachers and school administrators may change their behavior because of a procedural requirement. And yet, for reasons that Zimring and Solomon describe, determining the actual impact after the decision is not possible.

Sugarman's study of *Roe* v. *Norton* considers the legal challenges to Connecticut laws that sought to require welfare mothers to cooperate with state welfare officials in establishing the paternity of their illegitimate children. The public interest lawyers that participated in these test cases, and in the legislative and administrative activities that followed, saw themselves as being concerned with the well-being of *all* AFDC children. But, as Sugarman points out, there is "the real potential [for] hurting some children while helping others." Compelling cooperation may well increase the collection of support payments, thereby enhancing children's economic well-being. But some men, forced to acknowledge paternity, may physically abuse or otherwise harass the child. Others, previously cooperative, might abandon the child rather than face a judicial system which, in their experience, is punitive.

Moreover, the resolution of this case implicates the interests of others as well. Some welfare mothers may be willing to trade their privacy for the possibility of more money; others may not, fearing retaliation from the father as well as resenting government intrusion. Taxpayers may find that the money collected from biological fathers may not cover the costs of collecting it, leaving the total bill higher than before. As in all of our cases, the problem is plagued by indeterminacy.

Easy Cases: The Limits of Indeterminacy

Are the studies presented in this book fairly representative? Notwithstanding the indeterminacy these five cases represent to a policymaker, one can argue that most policy problems concerning children typically involve no such difficulties. Indeed, these cases are in no sense a random sample. They were chosen to illustrate the difficulties of deciding what is in the interests of children.

Prediction and value problems do not necessarily pervade every aspect of the adjudication of children's issues. In some "easy" cases, it is reasonably clear that the interests of children require some immediate policy change. For example, some test cases have challenged the conditions in residential institutions where juveniles were

23

being subjected to inhumane and, in some cases, barbaric treatment. When young people are exposed to a substantial risk of immediate harm, there may be little need to make long-term predictions about alternatives. Moreover, it seems unlikely that anyone could find fault with attempts to correct such conditions of confinement.

Even here, however, as *Pennhurst* vividly illustrates, it may be difficult to decide what remedy to seek and to grant. As Burt's study shows, all parties seemed to agree that the conditions at Pennhurst were intolerable. Ironically, this agreement misled the trial court into believing that the parties could easily and cooperatively develop a remedy. Indeed, the trial court's reliance on this illusion of agreement inhibited the court from exposing and exploring the costs and benefits of alternative solutions. Furthermore, important questions may be raised about the capacity of courts to implement reform in such cases. Nonetheless, there plainly are circumstances where, from the perspective of children, reform is clearly desirable.[4]

Other relatively easy test cases are those that expand children's access to existing governmental benefits. For example, in the 1960s Alabama refused to provide welfare benefits to children otherwise eligible for AFDC if their mother was cohabiting with a man who was neither her husband nor the father of her children. The state argued that this practice supported important social policies, including encouraging marriage. If Alabama's policy in fact did not change parental behavior, then it would surely be in the interest of the excluded children to invalidate the regulation and allow them to be eligible for governmental benefits. The behavioral reactions to policy change, however, are often unclear. Some might fear that expanding welfare benefits for some children might decrease the benefits of others.

Clearly, if a child is being brutalized, or is living in circumstances that create immediate substantial danger to his physical well-being, one can easily conclude that some alternative arrangement that avoids the danger is in the child's best interest. Nonetheless, I believe that easy cases are the exception, not the rule. In more typical circumstances, value and prediction problems make the best interests of children indeterminate for legislators, administrators and judges alike. As the case studies will demonstrate, the enigmatic nature of children's interests has profound implications for children's policy— whether made in the courthouse or the statehouse.

24

CHAPTER 3

A Dilemma:

The Legitimate Role of Courts

How much power of governance should judges exercise? The answer depends upon an analysis of two distinct but interrelated issues—capacity and legitimacy. The capacity question is essentially a practical issue: is the adversarial process of litigation an effective way to make sound policy decisions and create and enforce remedies? The legitimacy issue poses a fundamental question of political theory: can policymaking by courts in a democracy be squared with majority rule and popular control? These issues, while separate, are related. If a court assumes a policymaking role that the public perceives as illegitimate, the court's capacity to implement reform may be quite limited, either because its decrees are ignored or because of political backlash. Conversely, if limitations on judicial capacity lead to the formulation of unsatisfactory policies, the perceived failure of the courts may contribute to a loss of legitimacy. The question of capacity is discussed in Chapter 5. This chapter focuses on the question of legitimacy.

The debate over the legitimacy of judicial policymaking in a democratic state is central to American political and constitutional theory. The discussion is characteristically couched in terms far broader than children's policy. Nonetheless, the arguments take on special meaning for one concerned about children's policy. Because children lack the ability and the power to represent themselves adequately, the exercise of judicial discretion in interpreting the law to protect children appears to be warranted. Yet, because children's interests are often indeterminate, judges may have no better insight than legislators about what policies are best for children. Moreover, unlike legislators, judges are not directly accountable to voters. In the absence of superior judicial insight and competence, judicial rejection of legislative choices is extremely troubling.

Must Courts Make Policy?

According to the theory of separation of powers, as we learned it in high school, the legislature makes the laws, the executive agencies administer them, and the courts interpret them. Within this framework, conventional wisdom requires judges to be apolitical. They must be independent, non-partisan, and impartial. They must remain above the political fray so that they can settle disputes by dispassionately applying "the law" in particular circumstances. Courts enforce rights and settle disputes; they do not make policy. Policymaking is the responsibility of the political branches of government.

Notwithstanding the idealization of the judicial function implicit in the separation of powers scheme, when courts are asked to interpret the laws they inevitably assume some policymaking role. By defining the reach and limits of a legislative enactment, courts necessarily engage in some lawmaking. Today's legal ruling may create precedent for courts to follow in the future when dealing with cases involving similar circumstances. These judicial decisions become a part of the law, affecting how people will behave and how future courts will evaluate their behavior. Indeed, the reach of a law is often uncertain until the courts establish the boundaries of the legislature's language. "Rights" under a statutory scheme are not simply the words enacted by the legislature, but instead are shaped by how courts interpret and apply the legislative language.

This inevitable policymaking role might not be problematic if the judicial function could be limited to implementing clear legislative

26

mandates. However, since language is often (if not inherently) open to more than one interpretation, a judge may have great latitude in deciding how to interpret and apply a statute. Moreover, even if the language is clear with respect to situations the legislation did envision, cases often present situations not contemplated by the legislature. The court must then extrapolate from what it perceives to be the legislative purpose. Often, however, there is no way to determine legislative intent, particularly with respect to an issue not specifically addressed. In such circumstances, a search for legislative intent may permit the court to make policy judgments.

Judicial policymaking is, of course, not the norm for the courts. In most circumstances clear statutory language or binding precedent afford little, if any, latitude to make policy. If a state law requires a person to be sixteen years old to be eligible for a driver's license, a court cannot decide that a fourteen-year-old is old enough. The court's inquiry is confined to the narrow factual question of whether a person is actually at least sixteen years old.

In most instances, adjudication affects no one but the parties to the case, because the decision does not change the law which governs the situation, but turns simply on the court's determination of the facts. For example, in presiding over a dispute about liability for an auto accident the court does not undertake to rewrite the legal definition of negligence. Rather, it looks to the facts of the case to determine which party was neligent under the existing standard. Most disputes that come before a court are resolved without affecting policy.

In other situations, where a statute or administrative regulation is unclear, the power of interpretation affords a judge substantial policymaking power. The ambiguous language of criminal homicide statutes, for example, lends itself to widely differing interpretations with significant consequences to the individual defendant. Murder in the first degree—punishable by death or by life imprisonment—is generally defined as a "deliberate" and "premeditated" homicide. In establishing the degree of planning which is required by this definition, Pennsylvania courts have found that any intention to kill, even if formulated only seconds before the act of killing, constitutes premeditation. California courts, however, interpreting the same language, require that the killing be the result of careful thought and weighing of considerations, not a mere unconsidered or rash impulse, hastily executed. In the absence of such facts as a plan to dispose of the body and to escape, California courts might allow a finding of only second degree murder—punishable only by imprisonment for a term of years. The legislature could have explicitly chosen either result as a matter of policy. But in the absence of legislative action, there is no alternative to judicial policymaking.

Of course, where a court interprets a statute, the legislature retains the power to amend the law if it does not like the result. However, through its interpretation a court may shift the burden of changing the status quo to different interest groups. This is a substantial power since the judicial interpretation will stand unless a new law is enacted. In the world of politics, passing legislation is much more difficult than blocking legislation. Thousands of bills are proposed, but only a few become law. Judicially created policies which could never have been enacted legislatively may thus prove impossible for the legislature to overturn. Powerful southern congressmen, for example, blocked civil rights legislation for a number of years. But when courts extended the application of nineteenth century civil rights statutes far beyond their previously perceived limits, the Southerners could not muster enough support to overturn new judicial interpretations. Thus, while the court's interpretation of a statute may not be the last word, judicial decisions can very much affect the political balance. Nonetheless, this policy role may well be an inevitable by-product of the primary judicial function of interpreting and applying the law.

Judicial Policymaking in the Context of Constitutional Adjudication

In constitutional litigation, the legitimate judicial role is more difficult to define. While the legislature can override a court's *interpretation* of a statute, it cannot revive a statute the court has found *unconstitutional*. When a court imposes a new policy by reason of its interpretation of the Constitution, the tension between the judicial role and democratic principles therefore becomes much greater. Unless the Supreme Court itself subsequently overrules its prior decision, a constitutional ruling can be changed only by amending the Constitution. As a practical matter, because a new amendment must be approved by two-thirds of the states, overturning the Court is next to impossible. In our nation's entire history only four Supreme Court decisions have been reversed by constitutional amendment. Constitutional adjudication is therefore not a flexible way to make policy. The legislature cannot modify or change the Court's interpretation in light of new information or changing needs. All future attempts to deal with related problems must work around the moral, political, and policy constraints imposed by the Court's decisions.

Constitutional litigation also poses questions concerning federalism—the deliberate division of power between states and the national government. Traditionally, state courts hear a broad variety of cases. They were intended by the framers of the Constitution to be the primary arena for most lawsuits. By contrast, the jurisdiction of federal courts is limited to cases that involve either a claim under a federal statute or the U.S. Constitution, or a dispute arising between citizens of different states. The federal forum is simply unavailable for most family law matters, debtor/creditor disputes, or tort cases. However, if a case can be framed to raise a federal question—for example, an alleged violation of the federal constitution—the lawyer may choose whether to sue in federal court or state court. Public interest lawyers usually choose federal court.

That constitutional adjudication is typically litigated in federal court may have important implications for the distribution of political power under the federal system. State laws have traditionally provided most of the basic rules affecting everyday life, especially those rules most directly concerning children and their families. While power and administrative authority remain very decentralized, particularly for policies affecting children, the importance of national rules is increasing. Constitutional litigation in the federal courts, in conjunction with other factors, has contributed to this trend. To the extent that federal courts impose new obligations on the state, whether through interpretations of federal statutes or the federal constitution, the power of state and local governments to tailor different statutes to their citizens' perceived needs is constrained. Constitutional litigation may tend to augment both the power of courts as against other political institutions, and the importance of national rules, as opposed to state rules. Both of these consequences affect the federal/state allocation of power. Some claim that such a shift of authority makes it more difficult for government to adopt policies that respect the enormous diversity of American families.

Acknowledging these problems reveals a basic tension in the scheme of constitutional adjudication. A court's ability to overturn a legislative enactment as unconstitutional is both fundamental to our scheme of government and, at the same time, deeply problematic. Since the Constitution was intended as an explicit check on the will of the majority, the courts—a non-majoritarian body—appropriately have the power to protect citizens against the excesses of the majority by vigorously policing encroachments on individual rights. And yet, to the extent that the scope of constitutional rights is not well defined, courts have a potential policymaking power that is extremely broad and, when exercised, almost impossible to overrule or alter.

The Problem of Interpreting the Constitution

What makes this tension real is that constitutional adjudication often requires interpretation and application of clauses that are open-textured and ambiguous. If the scope of the rights granted by the Constitution were clear, it might be argued that in constitutional adjudication the courts are not making policy but are merely enforcing rights. But phrases like "due process," "equal protection," "freedom of speech," and "privileges and immunities" are not self-defining. The potential discretion of the courts when giving practical content to these open-ended phrases is virtually unbounded.

When interpreting open-ended phrases, it is usually neither possible nor appropriate for the courts to discover the proper meaning of a provision or a term by searching for the intent or the original understanding of the Framers. Whose intention is controlling? Many different persons participated in the adoption of the Constitution and its Amendments. Their motivations may have varied. Usually there is no evidence about the reasons most of those voting for adoption of a provision favored the particular provision, much less that they even thought about a particular application for it. Moreover, the social and technological context has changed dramatically. How is the court to identify the Framers' intent with regard to problems never envisioned by the Framers? In most cases, neither the literal language of the text nor the historical record controls.

To avoid such questions, contemporary courts might honor the intent of the Framers by searching for modern analogues to older conceptions. But such a process, as Professor Paul Brest has pointed out, "involves the counterfactual and imaginary act of projecting the adopters' concepts and attitudes into a future they probably could not have envisioned. When the interpreter engages in this sort of projection, she is in a fantasy world more of her own than of the adopters' making."[1] It is at least plausible, and certainly more comforting, to conclude that the adopters intended to delegate to future decisionmakers the authority to apply a clause in light of the general principles underlying it,[2] aided by intervening judicial precedent and contemporary values. Because general principles necessarily are vague and the text and original history typically are indeterminate, the courts, particularly the Supreme Court, are left with considerable room for choice in deciding what the Constitution requires.

Precedent may be a helpful guide for the judges, but it does not always control the decision. The case studies indicate that, far from being governed by precedent, the courts had to grapple with the limits of the constitutional terms at issue. Goss, for example, challenged the absence of procedural rights for a student facing possible suspension from school. In Bellotti, the plaintiffs challenged a statute requiring parental involvement in an unmarried minor's abortion decision. When these suits were filed, there was no controlling precedent. Nor did explicit constitutional language provide the answer.

Defining The Constitutional Rights of Children

The problems involved in giving practical content to constitutional rights are especially vivid when children's rights are at issue. Over the years, the Supreme Court has noted two basic difficulties. First, because children lack adult capacity and maturity, giving children the *same* rights and obligations as adults would often do them a substantial disservice. They may need special protection. As Bellotti's distinction between mature and immature minors suggests, however, not all children need the same amount or kind of protection. Second, children are part of families, and our traditions emphasize the primacy of the parental role in childrearing. The rights of children cannot be defined without reference to their parents. But, as *Smith* v. *OFFER* suggests, it may not always be clear which adult is entitled to deference as a "parent." Nor is it clear who should prevail when the "rights" of parents and the needs of children collide. The Constitution provides no explicit guidance. Indeed, there is no evidence that the Framers of the Constitution ever considered the rights of children.

Taking contemporary constitutional doctrine at face value three basic principles delineate the constitutional rights of children. *First,* as the Supreme Court declared in *In re Gault,* the seminal children's rights case, "whatever may be their precise impact, neither the Fourteenth Amendment nor the Bill of Rights is for adults alone."[3] In other words, young people may have rights of their own, some of which are of constitutional dimension. *Second,* parents have a broad range of authority over the child. This parental authority has a constitutional dimension: the state may not intrude too deeply into the parent-child relationship lest it offend parental rights. Drawing on this principle, the Supreme Court, for example, has declared that Wisconsin may not compel children to attend public schools where their Old Order Amish parents believe that public schooling infringes on their right to raise their children as their religion dictates.[4] The *third* principle suggests that the state need not treat children like adults. Indeed, the state has a special obligation to protect children, even from their parents. "Parents may be free," declared the Supreme Court, "to become martyrs themselves. But it does not follow they are free, in identical circumstances, to make martyrs of their children before they have reached the age of full and legal discretion when they can make that choice for themselves."[5] The state's interest in protecting children has frequently been characterized as "compelling," and has been drawn on to justify a variety of child protective measures that constrain the liberty of parents and children alike.[6]

But any one of these three principles, if taken very far, cuts deeply into the others. In the context of family issues, constitutional rights are especially vague and open-ended. It is entirely illusory to believe that somehow a balance can be struck in a particular context without reference to policy considerations.

For example, in *Bellotti,* the court was asked to determine whether

32

minors have the same right to an abortion as *Roe* v. *Wade*[7] granted to adults. The court could not answer this question without reference to other constitutional interests of both the family and the state. The court was forced to reconcile the minor's right to an abortion with the parents' right to be informed and give consent to major medical operations performed on their children. The situation was complicated by the state's interest in protecting the potential life of the unborn child as well as protecting the unwed minor mother. The language of the Constitution offers no clear answer. Similarly, the Constitution had little to say about the nature of the procedural rules a state must follow before suspending students, as in *Goss*, or before removing a child from foster homes, as in *Smith* v. *OFFER*. The notion that courts can resolve these questions merely by enforcing well-defined rights, and not by making policy, is simply wrong when courts are dealing with constitutional rights affecting children. By defining the scope of these rights, the courts inevitably exercise a substantial policymaking role.

The Debate Over Legitimacy:
The Appropriate Limits of Judicial Activism

It is difficult to square broad judicial discretion to make policy with our notions of democratic governance. While the concept of democracy eludes precise definition, a useful starting point is that "a democratic political system is one in which public policies are made, on a majority basis, by representatives subject to effective popular control at periodic elections which are conducted on the principle of political equality and under conditions of political freedom."[8] However, all federal judges, and many state judges, are appointed for life. They need never account to the electorate for their decisions. Even state judges who are subject to election are less vulnerable to popular pressure than other elected officals because of lengthier terms or non-partisan elections. Why should these judges be allowed to override the popular mandate as expressed in legislative enactment? More precisely, how much power to review legislative and administrative actions should a democratic system grant to judges who are largely insulated from the political pressures facing elected officeholders?

Over the last twenty-five years, three sets of controversial Supreme Court decisions—the desegregation cases, the reapportionment cases, and the abortion cases—have rekindled debate among legal scholars about the proper scope of judicial review. Some would allow virtually no role for judicial intervention; others argue that active judicial intervention is not only necessary but fundamental to our democratic scheme. A brief introduction to this debate is helpful background for our case studies.

Learned Hand, a distinguished federal circuit court judge, suggested a very restricted scope of judicial review. He confessed late in his career that he could not justify the ability of those not responsible to the electorate to nullify the acts of those who are, unless judges applied a fixed historical interpretation of the Constitution's provisions.[9] As we have seen, however, history provides little guidance.

Professor Herbert Wechsler, who questioned judicial activism even in the setting of *Brown* v. *Board of Education*, also believed the courts should exercise only a limited policymaking role. Wechsler suggested in 1959 that judicial decisions are legitimate only when they rest on "neutral principles"—*i.e.*, "on analysis and reasons quite transcending the immediate result that is achieved."[10] Otherwise courts are bound to function as a "naked power organ," engaging in ad hoc political decisions.[11] According to Wechsler, the executive and legislative branches can legitimately exercise power without "reasoned explanation," but not a court.

To apply Wechsler's neutral principles, however, a court must somehow find an objective criterion by which to order competing values. Such a criterion would have to be applicable not only to the case at hand but across the board. Furthermore, the court must be able to explain why a particular principle governs certain cases and not others. Yet Wechsler neither defines such principles nor suggests how courts might discover them. The idea of neutral principles suggests that they are somehow value-free. But the term "neutral" implies a referent: neutral as to what? There is no escaping the need to choose among and order appropriate values in constitutional adjudication. Nor is there some objective source to determine which values deserve general application as "neutral," or when their application has been pushed beyond the limits of neutrality. It is difficult to see how neutral principles can ever remain neutral in practice.

If Hand and Wechsler would limit the judicial role, at the opposite extreme in the debate, others have defended the legitimacy of regular and active judicial involvement in policymaking. They argue that the judiciary exercises a democratic influence when the system is considered as a whole. They would stand the legitimacy argument on its head, claiming that "American courts, both state and federal, are the central institution in the United States which makes American democracy work, contrary to the assertion that courts are a uniquely undemocratic institution in an otherwise completely democratic society."[12]

Those justifying judicial activism use three arguments, alone or in combination with each other. First, they argue that legislative and executive bureaucracies are far less accountable to the public, and less democratic in actual operation, than high school civics books or egalitarian theorists would have us believe. The legislature is power-oriented, and interest groups hold the most power. In a system of interest group pluralism, those who are least powerful in our society are typically neglected; the public interest is often ignored. Judicial intervention on behalf of groups who are unrepresented or underrepresented in the legislative or executive arenas makes our society more democratic by compensating for the other branches' institutional infirmities.[13]

Second, they suggest that courts are, in fact, less insulated from and more responsive to the democratic process than they appear to those who wave the flag of majoritarian democracy. Judges are appointed by elected officials. If the courts consistently make politically unpopular decisions, elected officials can, over time, appoint judges whose political values are more consonant with those of the majority. "[T]he policy views dominant on the Court are never for long out of line with the policy views dominant among the lawmaking majorities of the United States."[14] Moreover, even the most activist judges know or soon learn that their power to implement ambitious remedies is limited. Judges find that the success of the courts in achieving reform ultimately depends upon political process and popular acceptance. Finally, in extreme circumstances, popular control over the courts may be reasserted through amendment to the Constitution, impeachment of judges, or congressional control of jurisdiction and procedure. In any case, the defenders argue, the courts often decide highly controversial isssues with the implicit blessing of elected officials who themselves want to avoid the heat.

In such circumstances, rhetorical outbursts notwithstanding, the courts are really implementing the tacit legislative will.

The third argument suggests that judicial activism is legitimate in itself, regardless of the insulation of judges from the electorate, provided the courts impose proper policies. According to this view, legitimacy depends on the content of the policies the courts adopt, not simply on the process of policymaking. Even if judicial policy-making strains the principle of majority rule, that strain does not make a judicial decision illegitimate,[15] provided the courts establish a more just policy. Critics of an active judiciary assume "the process of policymaking is a higher value than the content of policymak-ing."[16] But democracy is not the only value. Why shouldn't the legitimacy of a judicial decision also depend on what the elected officials had previously done (or failed to do), and whether the policy subsequently imposed by the courts was better?

While the first two arguments may accurately describe how our political system sometimes works, neither provides any basis for a systematic theory of legitimate judicial review. They provide no effective guidelines for judicial intervention. For example, what constrains judges to protect only the disadvantaged? Is anything that does not lead to impeachment legitimate? Furthermore, the theories may exaggerate the political constraints on judicial policymakers. The courts need not build coalitions to enact policy. The political pressure they feel is often vastly different than the democratic ideal presupposes. In short, if practical politics are the only limit, courts and judges are largely free to consult their own values in determining when and how to intervene.

Those who favor judicial activism respond to these problems by defining away the legitimacy question. They suggest that courts can generate and sustain the legitimacy of judicial policymaking, not-withstanding the abstract claims of majority rule, provided the courts do the job well. Over the long haul, they argue, popular accceptance of judicial intervention is what counts. For the most part, there has been such acceptance, despite the "verbal thunderbolts of academics or politicians offended by a particular Supreme Court decision."[17] According to Professor Charles Black, "the people have, precisely through the political process, given the stamp of approval in the only way they could give approval to an institution in being—by leaving it alone and by providing procedural and jurisdictional facilities for its exercise as they saw it being exercised."[18] Under this approach, intervention is legitimate if the courts can get away with it.

This response begs the obvious question: what values should a court implement in the course of active judicial review? If the legitimacy of judicial activism is to be sustained over the long haul, judges cannot simply use their own personal values to override policies adopted by officials subject to electoral check. Absent a more reasoned theory, there is nothing to prevent them from doing exactly that. Some scholars suggest that the courts "give content to the Constitution's open-ended provisions by identifying and enforcing upon the political branches those values that are, by one formula or another, truly important or fundamental."[19] The problem, of course, is that there is no agreed-upon method by which courts can decide what is fundamental.[20]

Does The Powerlessness of Children Justify Judicial Activism on Their Behalf?

Forty years ago, Supreme Court Justice Harlan Stone suggested a more principled justification of judicial activism. Justice Stone argued that courts should direct their most searching scrutiny toward (1) legislation that "restricts those political processes which can ordinarily be expected to bring about repeal of undesirable legislation," and (2) legislation by majorities which affects "discrete and insular" minorities. Specifically, laws "directed at particular religious . . . or national . . . or racial minorities," especially under circumstances where "prejudice against discrete and insular minorities may be a special condition, which tends seriously to curtail the operation of those political processes ordinarily to be relied upon to protect minorities," will not be given the deference normally accorded to the will of the majority.[21] Where the majority may be abusing its power, stricter scrutiny is required.

Justice Stone's argument, couched in a somewhat cryptic footnote in an otherwise undistinguished case, has recently been cultivated into a full-blown theory by Professor John Ely. He argues that the scope of judicial review in constitutional litigation can be circumscribed to ensure that public policymaking remains the responsibility of officials who are accountable to the electorate. "The tricky task," according to Ely, "has been and remains that of devising a way or ways of protecting minorities from majority tyranny that is not a flagrant contradiction of the principle of majority rule."[22] Ely argues in favor of a "participation-oriented, representation-reinforcing approach to judicial review."[23] He suggests that, consistent with democratic theory, a court should intervene when the political system is systematically malfunctioning. It is the court's responsibility to ensure that the democratic process works. "[J]udicial review under the Constitution's open-ended provisions . . . can appropriately concern itself only with questions of participation, and not with the substantive merit of the political choice under attack."[24] Ely thus argues that the Supreme Court's one man-one vote reapportionment case and its broad protection of political speech—criticized by some as judicial activism—were necessary to see that the political system operates well.

Like Justice Stone, Professor Ely suggests that the courts have a responsibility to ensure that "a majority with untrammeled power to set governmental policy 'does not' deal itself benefits at the expense of the remaining minority . . ."[25] He thus approves the Supreme Court's decisions championing the rights of blacks faced with laws passed by segregationists. But he views the Supreme Court's abortion decisions as judicial usurpation of the legislature's policymaking prerogatives.

Are children an appropriate group for special protection under this process-oriented theory of judicial activism? In looking at this question, it is helpful to compare the problems children face with those faced by blacks, the paradigm of a "discrete and insular minority." Discrimination on the basis of race became a "suspect classification" under federal law because of the deep racist roots of state policy affecting blacks. For years, state policies denied black people an opportunity to conduct their lives on an equal basis with whites. Blacks were subject to the openly expressed prejudice of white-dominated legislatures. They were excluded from the political process by poll taxes, literacy tests, and harassment, and precluded from other forms of self-advancement through the denial of an adequate education.

If access to the political process is the criterion, then children would seem to be at least as worthy candidates for judicial protection.

Children cannot vote, may not serve in the legislature, have little money of their own, and lack organizations they control. There is no political action committee run by fourteen-year-olds. Seventeen-year-olds may not run for office. When politicians hold $100-per-plate dinners, nine-year-olds do not buy tables. A child may, of course, write letters to congressmen or help a political campaign by canvassing. But in terms of their formal participation rights, minors are at an even greater disadvantage than blacks were in the early 1950s.

The cases for intervention on behalf of blacks, however, entailed more than an inquiry into formal participation rights. Blacks needed special protection not because formal participation mechanisms were completely unavailable but because they could not obtain adequate representation through the rights they did possess. Widespread white prejudice rendered futile black efforts to exercise those rights. Is there similar prejudice against children? I think not. Every legislator was once a child; most legislators have children of their own. They may not understand the plight of a child on welfare or the problems of a broken home. However, there is no reason to believe that legislators are prejudiced against children as a class, or even lack sympathy with them. Moreover, even though legislators may not be familiar with children's problems, most children have parents or guardians who can put forward the child's concerns in the political process. Given this representation of their interests, do children really need special judicial protection? To answer this question, we must examine how adequate this surrogate representation of children actually is.

Parents are the obvious potential spokesmen for children. Outside of the educational sphere, however, parental activism falls off substantially. The more diffuse the payoff to one's own child, the less likely an individual parent is to pursue it. Parents may not feel their own children are sufficiently affected by broad policies to warrant the effort of participating.

Moreover, since most parents look first to their own children's interests, parent groups tend to split into self-protective factions instead of focusing on the needs of children in general. Other people's children are seen as competitors for the use of scarce public resources. Busing is a classic example of this factional breakdown. For every child who is bused out of an inner city school to achieve integration, another is often bused back in. Rather than looking to the potential benefits of desegregation, both to individual children and to society, many parents view the process as diminishing their child's returns from public education.

This is not to say that parents never adequately represent their children's needs in the legislative arena. Some groups of handicapped children, for example, are well-represented; as a result, the legislature is thus more likely to adopt programs specifically designed to meet their needs. However, this result bestows substantial benefits upon a narrow segment of children whose parents are more likely to be strongly motivated and less likely to split into factions. Moreover, it is probably crucial that these benefits are not perceived by other parents as threatening their own children. Otherwise, even a determined and well-organized group of parents with a special interest is unlikely to succeed.

Other politically powerful constituencies, including women's groups, teachers' unions, and organizations of other professionals, sometimes have interests in common with children. However, these groups may only address children's interests when the needs of children lend support to the ends of the group. Indeed, because their livelihood may depend upon certain state policies or practices that affect children, there is always the potential that their interests will collide with those of children. For example, in *Pennhurst* the employees of the institution had a vested interest in preventing its closure. As a consequence, what weight should be given to their claim that children were best served by keeping Pennhurst open?

Moreover, prevailing political science wisdom suggests that no group will achieve the stability necessary to provide adequate continuing representation of children's interests. American politics is dominated by interest groups which interact and transact with legislators to influence policy. Groups representing particular interests attempt to influence legislators by providing them with commodities—money, volunteers, publicity—valuable to their re-election efforts. But politically powerful interest groups are unlikely to form around issues that create conflicts among their potential constituents. As we have seen, most children's issues are inherently divisive. The aged, for example, are largely united across class and race lines in their opposition to cuts in Social Security. No equivalent broad-based group fights to protect and increase welfare benefits for AFDC children.

Our picture of children's representation in the political process is, at best, mixed. Because of the multitude of potential and part-time spokesmen for children, it is hard to argue that children are totally unrepresented. At the same time it is difficult to conclude that these spokesmen adequately represent children's interests. The most that can be said is that children may be underrepresented in the legislative process.

The Dilemma Restated

The indirect representation of children in the legislative process suggests that they might qualify as a "discrete and insular minority" meriting active judicial intervention under the Stone-Ely theory. However, several factors make its application troubling. First, before we can use this approach to legitimize judicial intervention on behalf of children, we must be able to determine that this indirect representation actually translates into inadequate representation. Children may well be underrepresented, but underrepresented compared to what? If intervention is appropriate because children are underrepresented, how much intervention is appropriate? What should trigger the court's intervention? To guide courts adequately, a process-oriented theory of judicial activism must provide some measure of the adequacy of children's representation on a particular question. No such measure has yet been offered.

Because children do not appear to be subject to the prejudice which plagued the religious and racial groups singled out for attention in Justice Stone's footnote, the courts will have difficulty determining that the political system is systematically malfunctioning unless they examine the substantive merits of a particular law affecting children. Courts are forced into a position of substantive review rather than the process-oriented review Ely endorses.

Finally, when discrete and insular minorities are excluded from the political process, there is generally an identifiable policy which the group would favor if the group had adequate access to the political process. How is the court to determine what is in the interests

41

of children when children can neither speak for themselves nor control their own representatives?

Representing children's interests in a democracy in the face of indeterminacy thus presents a sharp dilemma. Legislative policy-making is flexible, and it is accountable to the electorate. But the interests of children may be given little weight in the ordinary give-and-take of legislative and executive politics. Courts, on the other hand, may be free to favor the interests of children—if only those interests were clear.

The case studies provide an opportunity to explore what courts do in the face of this painful dilemma. Each of the cases involved a request that a federal court declare state legislation unconstitutional. The studies reveal the extent to which, in five instances, the courts were prepared to intervene actively on behalf of children. They also demonstrate how these courts resolved the tension between their obligation to protect the largely undefined rights of children who necessarily lack political power, and their obligation in a democracy to respect legislative policy determinations.

The Paradox of Child Advocacy

No matter what branch of government shapes children's policy, a troubling paradox remains. Children need advocates because, in most circumstances, young persons cannot speak for and defend their own interests. And yet, because children often cannot define their own interests, how can the advocate know for certain what those interests are? More fundamentally, how can there be any assurance that the advocate is responsive to the children's interests, and is not simply pressing for the advocate's own vision of those interests, unconstrained by clients?

Ordinarily we expect parents to speak for their children's interests, and when necessary, give advocates their marching orders. In test-case litigation, however, looking to parents does not make the paradox go away. For one thing, as *Bellotti*, *OFFER*, and *Pennhurst* all reveal, the interests of parents and their children may sometimes conflict, at least from the perspective of the child advocates. Moreover, even without such a conflict, the test cases studied here belie any notion that the individual parents (much less their children) control the litigation. Instead it appears lawyers ordinarily play the commanding role in developing the case, deciding whether to file suit, and determining the scope of the litigation.

There are two basic reasons that lawyers will ordinarily have a commanding role in test cases brought on behalf of children. First, in test cases of all sorts, the cast of characters is different. Unlike a typical lawsuit, with individuals on both sides, a test case is usually brought as a class action, where the plaintiffs include a large group of similarly situated but nameless clients. The lawyer has a responsibility to a broader group of persons than the individually named clients. The defendant, on the other hand, is usually a government official or agency. Attorneys for the government must protect legislative or administrative policies during the litigation, not simply the government's financial interest.

The second reason relates to fees. In a conventional lawsuit, the client pays the lawyer, and thus has a certain degree of leverage over the attorney's actions. In test-case litigation, however, because the individual client does not ordinarily foot the bill, the client has little power to constrain the lawyer's impulse to make a bigger deal out of something than the client may want. When the test case is brought on behalf of children, this problem is magnified. The interests of children considered as a class are especially elusive because of the indeterminacy surrounding children's best interests.[1]

Because in test cases on behalf of children the ordinary mechanisms for client control are lacking, it is important to know more about these advocates. Who are they? What are their ideologies, their motives, and their tactics? The advocates responsible for bringing the test cases discussed in this book are part of a broader public interest law movement that has dedicated itself to using law to effectuate broader societal goals. To understand children's advocates, we must examine this broader movement of which legal child advocacy is only a part. We will then explore how the lack of client control affects child advocacy litigation.

The Public Interest Law Movement

Public interest law involves two distinctive elements. First, it offers legal representation to "previously unrepresented groups and interests." According to the Council for Public Interest Law, "such efforts have been undertaken in recognition that the ordinary marketplace for legal services fails to provide such services to significant segments of the population and to significant interests . . . includ[ing] the poor, environmentalists, consumers, racial and ethnic minorities, and others."[2] Second, public interest law programs are not centrally concerned with providing legal services to underserved individuals but instead with developing lawsuits that can advance major reform objectives and affect the interests of many people. The definition thus rests on a procedural claim that a broad range of participants should have advocates in the policymaking process, not a substantive claim about what policies are best.

Central to the movement are the tax-exempt, non-profit organizations that devote a major portion of their efforts to legal representation in matters involving important questions of public policy. These law centers are funded primarily by the federal government, charitable foundations, and membership dues. Some involve themselves in many different areas of law. Most specialize, however, either in specific causes—for example, environmental, consumer, or business-oriented issues—or in the needs of particular groups such as racial or ethnic minorities, women, prisoners, and disabled people. A few organizations concentrate on children's issues.

Public interest law firms are a recent phenomenon. In 1968, fewer than 50 full-time attorneys worked for the 15 nonprofit public interest law centers then addressing policy issues. A 1980 survey reported that 711 attorneys worked in 117 public interest law centers. This represented only one out of every 500 American lawyers—a startlingly small percentage, in view of the importance of test cases in expanding the policymaking role of the courts. Nevertheless, there was a fourteen-fold increase between 1968 and 1980.

This growth owes much to the social and political developments of the time—the rise of organized, politically active groups of minorities, poor people, and consumers; the civil rights and peace movements; the Supreme Court's civil rights decisions under Chief Justice Earl Warren. The new public interest firms were also influenced by the experience and success of the American Civil Liberties Union and NAACP Legal Defense Fund, which virtually invented test-case litigation as a policy instrument. The growth of financial support from charitable foundations and the simultaneous development of the federal legal services program also contributed to the rise of public interest law firms.

The public interest law movement has evolved into a diverse group of attorneys and organizations with very different approaches to the proper use of law to pursue the public interest. Four general groups within the movement can be identified: (1) public interest law firms, like the ACLU, which choose cases to pursue in reaction to current developments in policy, (2) public interest law firms, like the Legal Defense Fund, which choose cases as part of long-term strategy designed to promote social change, (3) government-sponsored legal services programs, (4) part-time efforts by private attorneys. Let us look at examples of each group.

The ACLU

The American Civil Liberties Union (ACLU) was organized in 1920 to protect political dissidents and labor organizers from governmental harassment and persecution. Today a much larger ACLU, with over 250,000 members, focuses on free speech, privacy, and due process issues. Its legal work involves a combination of locally initiated litigation, which often relies in important measure on volunteer counsel, and lawsuits begun by project attorneys employed full-time by the national office. These project attorneys specialize in such areas as juvenile rights, abortion rights, prisoners' rights, women's rights, military law, amnesty, and sexual privacy. Foundations have underwritten much of their work. Never a service organization, the ACLU has always sought to limit its participation to cases that involve important issues of constitutional principle. "ACLU practice has always been—and essentially remains today—ad hoc, defensive, unplanned, reactive to current affairs. Clients walk in, phone in, come by referral, or are 'found' by ACLU lawyers distressed by government practices they view as oppressive."[3]

The Legal Defense Fund

The Legal Defense Fund, originally part of the NAACP but now independent, has adopted a fundamentally different approach to test-case litigation. The strategic approach of the Legal Defense Fund rejects "the simple accumulation of big cases, in favor of a series of incremental victories that build a favorable legal climate while also fostering a public and legislative atmosphere that converted victories in the courts into changed social behavior patterns."[4] The landmark victory in *Brown* v. *Board of Education*, discussed in the first chapter, was itself a product of this strategic approach. Since *Brown*, the Legal Defense Fund has developed strategies to implement and monitor school desegregation efforts, promote employment discrimination litigation under Title VII of the 1964 Civil Rights Act, eliminate the death penalty, and defend affirmative action programs. In 1981, the Legal Defense Fund employed eighty-three lawyers and had a budget of nearly $5.5 million, derived from individual contributions, foundation grants, corporate gifts, and court-awarded fees, in that order of importance.

There are similarities and differences in the approach of the ACLU and the Legal Defense Fund. Both organizations have successfully created large public constituencies, committed to their ideological goals, that subsidize their litigation activities. Both involve a combination of full-time staff attorneys operating on a national level and a network of local cooperating attorneys and state and local affiliates.[5] Both avoid routine "service" cases, important for the particular litigants, but not involving or establishing important principles. Instead, each concentrates its resources on test cases. Unlike the ACLU, however, the Legal Defense Fund actively uses litigation to promote social change through long-run strategic planning.

The Legal Services Program

The Legal Services Program, on the other hand, deliberately seeks out "service" cases. In 1965 the federal government began to fund legal services for the poor as part of President Johnson's "War on Poverty." From the outset the Legal Services Program saw itself serving the poor both by providing services to individual clients and by engaging in law reform activities, including test cases. In the last seventeen years, while hardly eliminating poverty in America, the Legal Services Program has substantially augmented the resources available to poor people who need legal assistance. By 1981, what is now known as the Legal Services Corporation (with a budget of $329 million) funded 383 local, independent organizations, which employed approximately 6,200 attorneys and 3,000 paralegals in 1,450 main and branch offices.

The Legal Services Program operates primarily by funding private, non-profit enterprises established in local communities which then provide legal services. It also has established seventeen backup centers which specialize in particular areas of the law. The first backup center was the Center on Social Welfare Policy and Law at Columbia University. Other backup centers were later established to focus on housing and economic development (at Berkeley) and law and education (at Harvard). The backup centers are meant to help local legal services attorneys by providing expert advice and by developing reform strategies and test cases.

Of the hundreds of thousands of matters handled each year, only a tiny percentage ever became test cases. Nonetheless, because of the scale of the program, and its wide contact with clients who have problems, the Legal Services Program plays a central role in test-case litigation. Local legal services attorneys may initiate cases at the behest of individual clients that later become test cases. When that happens, as Goss and the Connecticut welfare cases indicate, the backup centers may become involved.

The Private Public Interest Bar

In addition to formal public interest law firms, a substantial number of attorneys become involved in test cases from time to time. This is what might be called the "private" public interest bar. Some ordinary commercial law firms permit their attorneys, on occasion, to become involved in reform litigation on a "pro bono publico," or no-fee, basis. Other lawyers in private law practice provide legal services to groups and individuals involved in certain causes at a rate much below the market for lawyers with similar ability and experience. Volunteer attorneys may also provide assistance in suits brought by public interest law firms such as the ACLU.

Legal Advocates for Children

Of all the lawyers involved in the different types of public interest law firms, only fifty to seventy-five lawyers—less than seven percent of public interest lawyers—specialize in issues concerning children and young people. Put another way, a medium-sized law firm in Denver, Colorado, or the State Attorney General's Office in Alaska, employs more attorneys full-time than all the public interest law firms specializing in children combined. It is to these lawyers that we now turn.

Except for the Children's Defense Fund, the handful of public interest law firms specializing in children's issues are small organizations specializing in litigation. When the Council for Public Interest Law surveyed eight of these firms in 1980, they found a total of forty-seven lawyers—an average of not quite six per firm. They reported spending an average of two-thirds of their time on litigation; only seven percent was spent on legislative work. By contrast, the Children's Defense Fund—the largest child advocacy organization in the country, with over forty staff members—directs the bulk of its efforts not to test-case litigation but to lobbying legislators and publicizing critical children's issues. While CDF sometimes participates in litigation—indeed, it was involved in two of the cases we will study—it rarely initiates its own cases.

Nearly all of these child advocacy firms, including CDF, are located either on the East Coast (New York, Philadelphia, Newark, Boston, Washington, D.C.) or in San Francisco. The two exceptions are in Madison, Wisconsin, and Ann Arbor, Michigan—liberal midwestern college towns.

The Center for Law and Education and the National Center for Youth Law are "backup centers," supported by the federal government through the Legal Services Corporation. The others receive their financial support almost entirely from foundation grants. The eight organizations included in the 1980 survey, which did not include CDF, had a total combined budget of only $3,257,000—less than one tenth of one percent of this country's annual expense for legal services. Slightly over half of this, for the two backup centers, came from the federal government. State and local government contributed nine percent of the total. Almost all of the balance—thirty-one percent—came from foundation support. Only five percent came from court-awarded fees, and only one percent from other contributions or gifts. Thus, unlike consumer and environmental firms who raise substantial portions of their budget from membership dues and public contributions, children's firms depend largely on government and foundation money.

The test cases studied here were brought not only by firms specializing in children's issues but by a variety of organizations representing each of the different strands of the public interest law movement. The cases reveal diverse and interesting patterns.

Smith v. OFFER, for example, was initiated by Marcia Lowry, a staff attorney employed full-time by the ACLU's Children's Rights Project. This project, which is part of the national ACLU office, employs three attorneys who specialize in children's issues. Louise Gans, who intervened on behalf of the natural parents in *Smith* v. OFFER, was an attorney at Community Action for Legal Services, a New York City Legal Services Program.

Bellotti v. *Baird* involved a local affiliate of the ACLU, the Massachusetts Civil Liberties Union. John Reinstein—a staff attorney employed by the Massachusetts Civil Liberties Union—was preparing to challenge the Massachusetts abortion law when Bill Baird filed his own lawsuit first. Subsequently, John Henn, a partner in a major Boston law firm, intervened as an ACLU volunteer attorney on behalf of Planned Parenthood and played a major role in the suit.

The Columbus chapter of the NAACP was instrumental in organizing *Goss* v. *Lopez*. I. W. Barkan, a cooperating attorney with the Legal Defense Fund, found the Legal Aid lawyer and the private civil rights attorney who initially organized the suit. The Legal Aid and Defender Society of Columbus, funded by the Legal Services Corporation, put the case together. Later Peter Roos and Eric Van Loon of the Harvard Center for Law and Education, a specialized backup center, helped plan the plaintiffs' strategy and were primarily responsible for arguing the appeal before the United States Supreme Court, where the ACLU and the NAACP also filed amicus briefs.

In *Roe* v. *Norton*, the initial lawsuits were brought by Legal Services attorneys in New Haven and Waterbury, Connecticut. The Center on Social Welfare Policy and Law, a backup center at Columbia University, later helped to shape the case. Frank Cochran filed suit as a lawyer for Legal Aid but took the case with him when he became staff attorney for the Connecticut Civil Liberties Union. The Children's Defense Fund supported by the NAACP and many other groups filed an amicus brief in *Roe*. Finally, in the *Pennhurst* case, Tom Gilhool, who represented the parents' group, was an attorney in the Philadelphia Community Legal Services Program.

These advocates had great discretion in deciding when, where, and how to bring suits. Their values, objectives, and views of how the world operates are central to the test cases examined here. Not only did they attempt to represent children, whose interests—as we have seen—are largely indeterminate, but in each of our cases the attorneys chose the vehicle of a class action to pursue those interests. A class action necessarily means that the lawyer must represent not only the interests of a single child plaintiff but those of an entire class. Examining this procedural choice will expose the paradoxical nature of child advocacy.

The Promise and Problems of Class Action Litigation for Children

Each of the five cases studied was filed as a class action. When lawsuits are brought as "class actions," the parties to the lawsuit are not simply the named individuals who may appear in court but also the entire group or class of similarly situated persons. For example, *Bellotti* was brought on behalf of *all* pregnant unmarried minors in Massachusetts who might want an abortion without their parents' consent, not simply "Mary Moe," the sixteen-year-old who appeared briefly in court during the first trial. Similarly, *Roe* v. *Norton* was not filed simply on behalf of the two welfare mothers who walked into the New Haven Neighborhood Legal Assistance Office with their children to complain about the Connecticut law, but on behalf of two classes: one composed of similarly situated welfare mothers, and another composed of their children.

A class action, though certainly not a necessary form for test cases, offers substantial advantages for advocates interested in law reform. For one thing, it avoids certain risks. A suit brought on behalf of a single individual or even a few people can be dismissed as "moot" if the plaintiffs should lose interest and withdraw from the case. To avoid the risks of an adverse judgment, the state might try to "buy off" the person who brought the suit by giving him relief, while doing nothing to change the underlying rules. A class action, how-ever, is not mooted even if the named plaintiffs withdraw.

More fundamentally, there can be important remedial benefits to a class action if the suit is successful. All the members of the class, not simply the named plaintiffs, are entitled to relief. Any person who can show membership in the class can claim whatever benefits flow from the victory without filing a separate lawsuit. Apart from these practical advantages, the class action may also have political and symbolic advantages. In *Bellotti*, for example, if Bill Baird had sued only on behalf of his own clinic and its medical director, many would have suspected his motive was purely economic self-interest. Because he brought a class action, however, the litigation was generally perceived as a challenge, based on principle, which might affect many people.

These advantages notwithstanding, class action litigation poses fundamental problems for the process of adjudication. For one thing, such litigation raises troubling issues about the proper role of the lawyer representing the class. As we have seen, the traditional structure of litigation presupposes that there is an individual client with clearly identifiable views to whom the attorney must defer with respect to the objectives of the litigation. In a class action, on the other hand, the lawyer often represents an "aggregation of litigants with unstable, inchoate, or conflicting preferences. The more diffuse and divided the class, the greater the problem of defining its objectives."[6]

In a class action, how does the lawyer ascertain the preferences of the class? The particular named plaintiffs may in fact not represent the class's views, and the lawyer is not necessarily bound by their objectives. But as a practical matter, the attorney often has no way to solicit the views of the entire class. It may not even be possible to inform class members about the existence of the lawsuit. In *Bellotti*, for example, how could one notify all unmarried minors of childbearing age or their parents that a pending lawsuit might affect their interests, let alone determine their preferences as class members?[7]

As a practical matter, the difficulties involved in discerning the interests of the entire class mean that the lawyer representing the class has broad discretion to decide how to proceed. In theory, the court ensures that the lawyer represents the interests of the entire class. Moreover, the court may divide a class or create subclasses with separate representation when conflicts develop within a class. While the problem of intra-class conflict pervades test-case litigation of all sorts, it is especially acute where the constituency in question is children. As we have seen, children's interests differ. If, as a practical matter, there is no way for either the lawyer or the judge

52

to accurately assess the interests of the class members, these "safe-guards" are beside the point.

The cases studied in this volume illustrate how conflicts can arise within the class of children. They also suggest that the courts infrequently divide classes or appoint separate counsel for each subclass. In *Smith* v. *OFFER*, for example, the interests of children being moved from one foster home to another might not be the same as children moved from a foster home back to the home of their biological parents. In fact, Louise Gans intervened in the case on behalf of biological parents because she thought there should be no hearing, particularly if children were going back to their biological parents. But the court did not divide the class. In *Bellotti*, Justice Powell created separate rules for mature and immature minors. But in the litigation itself there was a single class for all minors of childbearing age. *Pennhurst* reveals a profound disagreement within a class about the proper remedy. While all the parent-plaintiffs were dissatisfied with existing conditions in the institution, not all parents agreed that the proper remedy was to shut it down.

The Problem of Client Control in Child Advocacy

The case studies also negate the idea that the attorneys in test cases are chosen or controlled by clients. In two of the cases, the federal court itself picked a lawyer to represent the interests of children. Without questioning the professional competence of the lawyers chosen, there was an irony in both choices. *Smith* v. *OFFER* involved an attack on the discretionary power of traditional child-service institutions. The lawyer chosen to represent the children's interests had long supported the agencies whose discretion was under attack. *Roe* v. *Norton* was a battle in an ongoing war between state welfare administrators and legal services attorneys. The lawyer chosen to represent the class of children in this particular battle was a former legal services lawyer.

Moreover, the test-case lawyer does not depend upon the client to finance the litigation. None of the suits was brought by a private attorney whose firm billed the plaintiff at ordinary commercial rates. Four of the suits involved full-time public interest lawyers who charged their clients no fee, but instead received a salary from a non-profit organization specializing in representing groups and interests it considered previously unrepresented. The fifth case reveals what might be characterized as the private public-interest bar. Reform-minded lawyers in private practice became involved in the test case on a reduced fee or no-fee basis.

This analysis suggests an important question: How do adults, particularly in test cases, control their advocates? The problem of insuring that advocates work towards the best interests of the client is inherent in any system which uses counsel to represent clients. Where one party is given the authority to put forward another's interests, there is always the danger that the agent will not be faithful to the interests of his client. The agent may have misperceived what the client wanted. The agent may believe something to be in the client's interests when it actually is not. Finally, wherever power is delegated, there is always the potential and incentive for the agent to put his own interests ahead of those of his client. These problems infect almost every human relationship.

While the problem potentially exists in all representation, I think that it is exacerbated in test-case litigation on behalf of children. We are prepared to consider adults competent to define what is in their own interests. An adult has the power to hire and fire his own lawyer, and instruct the lawyer about the goals of any litigation. Advocates can be held accountable by the members or officers of organizations and interests that they claim to represent. While a number of organizations claim to speak on behalf of children, children do not in fact exercise substantial control over the organizations that claim to represent their interest in the legislative process. Nor do the classes or groups of children involved in test-case litigation control their lawyers.

In this regard, consider the differences between a public interest firm representing children and one advocating the interest of environmentalists. Even assuming that public interest law firms bringing test cases are sometimes constrained by the views of their supporters, children cannot bring the same pressure to bear against public interest law firms representing children. The Sierra Club, for example, is a membership organization, dependent upon membership dues and donations for its survival. The members, in turn, contribute because they support the cause that the organization stands for. When the organization deviates from the pursuit of the cause as the membership perceives it, the flow of dues and donations will dry up. As we have seen, however, the financial trump cards for public interest law firms that represent children are held by foundations and the federal government, not by dues-paying members. Moreover, even if a broad coalition of parents and interested professionals funded such firms, children would hardly control the agenda.

A Historical Perspective

The paradox of child advocacy is not unique to litigation. Parents, teachers, and social workers, not to mention legislators, must often decide what a child's best interests are; if they are held accountable to anyone, it is certainly not to the child. Because test cases have consequences far beyond the individual named plaintiffs, however, the biases, motives, and philosophies of legal child advocates are especially significant.

In this regard, it is instructive to recall an earlier generation of child advocates. During the Progressive Era—roughly the first twenty years of this century—these reformers fought for the creation of juvenile courts, protective child labor laws, and compulsory education laws. Contemporary historians suggest that these "child-savers" were primarily middle class reformers, trying to benefit the classes below. Revisionist historians argue that the implicit agenda of these advocates was to establish the primacy of middle class American culture over the "deviant" immigrant family.

There are striking similarities between the child-savers of the Progressive Era and contemporary legal child advocates. Like their predecessors, today's child advocates are primarily idealistic, middle-class reformers concerned with the problems of the children of the poor. Many attended elite colleges and law schools. In the Progressive Era, reform efforts focused particularly on the children of immigrants. The modern child advocate often focuses on the children of ethnic minorities and the poor who are unable to exert much power on behalf of their children.

But there are important differences as well, particularly with respect to faith in coercive state programs. Progressives sought to ameliorate social conditions through the enactment of protective laws and the creation of new institutions. They believed in state paternalism.

They argued that professionals, especially social workers, could help needy children through counseling and guidance. The progressives trusted the state's ability to carry out their goals, because they believed that their goals and those of the society as a whole were not in conflict. What was good for the children—the imposition of middle-class values—would be good for the state.

Modern child advocates have much less faith in state power, at least outside of federal court. Ironically, today's reformers often attack the institutions championed by the earlier reformers—the juvenile courts, the foster care system, public schools, the welfare system, and institutions for the handicapped. Suspicious of state paternalism in the person of teachers, social workers and juvenile court judges, the modern child advocate wants to constrain discretionary power. Moreover, the modern child advocate does not trust the state to represent children and instead sees state policies as reflecting a welter of interests, many of which are inconsistent, if not irreconcilable, with the interests of the child.

At times, the legal child advocate fights to protect parental autonomy against state intrusion. But as these cases reflect, there is often an undercurrent of mistrust as well. Parents may have the "wrong" attitudes about abortion, try to retrieve their kids from foster care when the move would be traumatic, or prefer an institution for the retarded to community placement.

A second significant difference, of course, involves the preferred forum for advocacy. The first generation of child advocates achieved their greatest successes in the state legislatures. They rightly claimed responsibility for compulsory education laws, the creation of juvenile courts, and the prohibition of child labor. By contrast, today's child advocates typically shun state legislatures in favor of federal courts.

The reasons for this difference are largely historical. The courts have not always been a congenial forum for child advocates. In 1918, for example, the Supreme Court invalidated the federal legislative prohibition of child labor as a violation of the Constitution.[8] The reformers of the Progressive Era therefore avoided the courts and concentrated their efforts on the state legislatures, creating broad coalitions that eventually developed substantial clout on children's issues.

Today's reform-minded lawyers fear that the lobbying efforts of organizations controlled by teachers, mental health professionals, probation officers, and other child-serving professionals often serve their own interests at the expense of children. Building new coalitions takes infinite patience, willingness to compromise, and sensitivity—attributes not rewarded or cultivated by the law schools. Moreover, in the past thirty years the federal courts have become notably more sympathetic to the interests of groups which were previously underrepresented. Lacking a constituency with political muscle, and too few in number to pay many visits to state capitals, the legal child advocates have therefore gone to court instead, flying the flag of children's rights.

From the advocate's point of view, therefore, the preference for litigation may not be a bias but a rational choice: you go where you think you are most likely to win. Yet this choice, as we will see, has profound effects on the content, as well as the process, of the policy dialogue. It also makes the paradox of child advocacy especially acute.

CHAPTER · 5

The Debate Over Judicial Competence

Our three puzzles—the enigma of indeterminacy, the dilemma of legitimacy, and the paradox of child advocacy—will not be resolved by any number of case studies. Rather, the studies provide concrete examples by which to evaluate the performance of the courts and the reformers as they grapple with the complexities the puzzles present. The case studies illumine the Olympian issues presented by the puzzles, and explore the day-to-day functioning of the system of test-case litigation as it actually operates when faced with issues of children's policy.

It is important to examine what courts actually do with such issues, because whether courts should involve themselves in policymaking depends in important measure upon whether they can do so competently. Courts as well as the political branches create law and make policy. Putting legitimacy to one side, the issue is not simply how well courts make policy, but their comparative competence: What is the capacity of courts to make policy, *compared to* the legislative or the executive branch? Courts may be lousy at making certain sorts of policies, but legislative or executive decision-makers may be worse. By understanding the characteristics of adjudication and comparing these characteristics with those of other institutional processes, it is possible to expose the arguments about the comparative competence of courts to make policy, and to spell out a set of questions that you should consider when you examine the cases themselves.

The Characteristics of Litigation

Five important features of adjudication serve to differentiate the judicial process from legislative and administrative processes.

1. *The parties who initiate a lawsuit are responsible for presenting the arguments and evidence to the judge, who is an impartial and neutral third-party.* "[C]ourts lack a self-starter."[1] A lawsuit requires the initiative of one of the disputants; a judge can't simply start a case on his own because he wants to make law in a new area. Moreover, a court "must work with the problem substantially as presented by the parties in respect to facts, ascription of responsibility, and theory of causation."[2] The legislative and executive branches also respond to external claims, but the political branches may initiate and develop a policy without waiting for someone else to file suit.

2. *Judges are generalists, not specialists.* A judge, by necessity, is exposed to a broad range of policy issues. Today the judge may be deciding an issue of medical malpractice, tomorrow a case arising out of an automobile accident, and next week a challenge to some aspect of the Social Security system. Indeed, the process of random assignment of cases to judges (at least in jurisdictions where there are a number of judges) is meant to ensure judicial impartiality by making it impossible for a plaintiff to handpick a judge. The same process of random assignment, however, makes specialization by judges extremely difficult. Before *Bellotti* v. *Baird*, for example, it is unlikely that the three federal judges who tried the case knew anything about the social science evidence on unwanted teenage pregnancy. It is doubtful that the federal judges who heard *Smith* v. *OFFER* knew much about the arcane workings of the New York foster care system before the case reached their courtrooms. While state legislators and most high-level executives may not be specialists, members

of Congress (at least after they have served for a while) may become specialists as a result of committee assignments. Moreover, policymakers in the legislative or executive branches often have direct access to technical and specialized information and may be able to draw on vast internal expertise. At most, a judge has law clerks, and thus becomes necessarily dependent on the parties and their expert witnesses. Having a "generalist" play a central policymaking role, of course, has advantages and disadvantages. On the one hand, generalists may lack the skills and knowledge to evaluate adequately the alternatives before them. On the other hand, a generalist may be less parochial, more responsive to a broader range of public values, and less influenced by special interest groups.

3. *Litigation is characterized by formal procedures that guarantee each party an opportunity to present arguments and proof.* The adversary process of litigation has been described as a "ping-pong system of guaranteed rebuttal."[3] Rules of evidence control when and how the judge receives information. A judge cannot meet privately with only one party, or informally gather information on his own. Legislative or executive policymaking, on the other hand, is more flexible. An administrator can commission studies or meet with an interest group alone. While a legislature will often hold hearings, which are somewhat structured, legislative policy decisions need not be based on the evidence presented at the hearings. Indeed, because legislative hearings need not provide any opportunity for rebuttal, they are often used by partisans simply to create a one-sided public record. Finally, legislation usually appears first in draft form, allowing comments, criticisms and modifications before the proposed statute becomes law. But a court's opinion is not circulated in advance to the parties; instead, it is handed down as an accomplished fact.

4. *The judge must decide on the basis of the evidence in the record and the appropriate rule of law.* Judges (particularly appellate judges) are responsible for justifying the decision by reference to reasons. Often a formal written opinion relates today's decision to those that have come before. This is not to suggest that subjective considerations may not often, and inevitably, affect judi-

cial decisionmaking. The reasons stated by the judge may not reflect true motivations. Nonetheless, the formal requirements that the decision be based on the evidence and be justified in terms of precedent do constrain judicial decisionmaking. The legislature and the executive branch, on the other hand, are not required to give reasons for decisions, nor to reconcile their actions today with what they did years before.

5. *The scope of the judge's remedy is defined by the legal duty which the defendant has breached.* In litigation, there must be a logical connection between the rights asserted by the parties and the court's remedy. In other words, according to the traditional model, the responsibility of the court is to vindicate legal rights, not to solve social problems or promote a particular set of interests.[4] "[T]he shape of the legal wrong, as well as the injury suffered by the person aggrieved, defines what relief is appropriate. Though the court may have discretion in selecting and designing a remedy, once it does the defendant becomes subject to a legal obligation to comply, a duty backed ultimately by the coercive power of the state."[5] The judicial process thus constrains the judge, not only when determining which party shall prevail but also in prescribing the form that redress will take.

Some Questions to Guide Your Reading

These five characteristics suggest a number of questions that should guide your reading of the studies.

How did these lawsuits arise? Who was responsible? What were their motivations? To what extent did the parties themselves control the litigation, and to what extent does it appear that the lawyers were running the show? To what degree did the judge, not the parties or lawyers, control the agenda?

To what extent were the particular facts that were brought to court typical of the situations the decision will affect? Although the policy implications of a judicial decision may extend well beyond the case at hand, there is no assurance that the facts brought to court will be typical. Donald Horowitz has warned:

Because courts respond only to the cases that come their way, they make general law from what may be very special situations. Courts see the tip of the iceberg as well as the bottom of the barrel. The law they may make may be law for the worst case or for the best, but it is not necessarily law for the mean or modal case.[6]

Who participated in the process? What parties and interests were represented in the lawsuit? Litigation does not require that anyone who might be affected by the result of a lawsuit have an opportunity to participate. The case studies allow us to explore the extent to which groups and organizations were substantially affected by the case but were *not* involved. There is, of course, no necessity that anyone affected by a proposed policy change participate in legislative or executive policymaking either. Nonetheless, some commentators have suggested that it is easier for various viewpoints to be articulated in the legislative setting, where, in Professor Howard's words, "we tend to apply more-the-merrier principles when making normative evaluations of the legislative product."[7] There is constant debate among scholars about how well adjudication can accommodate a broad variety of interests. Professor Chayes, for example, suggests that judges have a variety of techniques that may "increase the breadth of interests represented in a suit, if that seems desirable."[8] Indeed, interested parties intervened after the lawsuits began in *Bellotti*, *Smith*, and *Pennhurst*, and various amicus curiae briefs were filed in all five cases. But Professor Howard warns that these techniques have their limits:

> [T]he point of diminishing returns is still quickly reached in adversary proceedings. Too many parties and issues make it difficult for deci-sion-makers to lock into a focus without prejudging the matter or jumping into higher levels of generalization, either of which is dan-gerous in case-law systems.[9]

How does the way litigation frames an issue affect the policymak-ing process? Litigation requires that a policy problem be framed as a legal issue. To unlock the remedial power of the court, a plaintiff must show that his rights were violated. Judge Neely has suggested that "since there is hardly any question which cannot be framed in such a way as to assume 'constitutional' dimensions, for all intents and purposes every conceivable question of public policy is up for review by the courts."[10] But this is much too glib. Because decisionmaking by courts is often incremental, courts are seen and see themselves as responsible for deciding the case before them, not for comprehensively reforming an entire area. Precedent matters: courts are obliged to relate today's decision to the early developments of a line of doctrine. All of this may affect the policymaking process. The case studies permit us to examine whether, and how, framing a problem as a legal issue can distort perspective, at least for making policy.

To what extent did the litigation process facilitate bringing appropriate factual information before the court? What role did experts play, and to what extent were the parties able to present the court with the relevant empirical information? Did the court know how much it did not, and could not, know?

Did the process permit the court to find a compromise that would accommodate the various interests presented? Legislation is often characterized by balancing interests, bargaining, and exchange. The traditional aim of adjudication, however, is not to appease interests, but to declare and defend rights.[11] Judicial policymaking may therefore be less flexible, because the court may have fewer alternative ways of resolving a case.

What remedies were available to the court, and what are the characteristics of the remedies chosen? In theory, the legislature and executive will often have a much broader range of remedies available. The court lacks both the purse and the sword. The court cannot tax, or appropriate money. Nor can it normally establish a new bureaucracy, run retraining programs. or create new institutions to change some policy. Moreover, a court typically cannot enforce its own decree without cooperation from the parties. Courts "rarely have the administrative resources to follow-up on their resolutions."[12] In other words, could the court give an effective remedy?

Was there an opportunity to adjust the result in light of new experience? Some argue that an important distinction between adjudication and other sorts of policymaking involves "feedback." When the legislature enacts a new law, or an executive presents some new policy, the policymakers can still change their minds. Those affected by a new statute can return to the legislature the next year with evidence about its impact on them. For a court, this sort of feedback ordinarily does not exist. Absent new litigation raising similar issues, the court typically is not free to take a second, third, or fourth look at its decision. A court may subsequently overrule an earlier precedent, or distinguish an earlier case, and a trial court can often make adjustments in the remedial phase of structural litigation. Nonetheless, the adjudicatory process in a traditional lawsuit does not provide for easy feedback. To what extent did the courts in these five cases leave room for later modification by some other court in subsequent litigation, or by the legislature?

Do courts and legislatures have the same ability to duck or defer a decision? The legislature can often maintain the status quo simply by doing nothing. While a court often has substantial discretion to choose how it will dispose of a case—indeed, the United States Supreme Court has very substantial discretion over what cases it will even decide to hear[13]—courts are perceived as being under more of an obligation to decide an issue that is presented to them. To what extent do the case studies reveal judicial reluctance to confront particular issues and judicial techniques for avoiding them?

The case against active judicial policymaking rests in part on what the critics see as inherent limitations of the adjudicative process. Courts, simply because they are courts, may not be able to evaluate policy issues adequately. They are the captives of the parties, manipulated by the often atypical facts of the case before them. Traditional judicial remedies may simply be inadequate to resolve complex policy issues imaginatively and fairly. Moreover, a court cannot implement its remedy without cooperation from the parties; it lacks the administrative resources to enforce its decrees. In sum, as Martin Shapiro says, the successful litigant "frequently finds that the decree is only the first in a long series of painful, expensive, and often inconclusive steps aimed at getting his remedy."[14]

The defenders of judicial policymaking, on the other hand, insist that the capacity of courts must be evaluated not by comparison to abstract models, but by what courts really do. The breadth and flexibility of courts' remedial powers is demonstrated by successful court-ordered desegregation and judicially directed reforms of prisons and mental institutions. Moreover, courts are said today to be as capable of using outside expertise as Congress or the executive branch. Examination of cases involving institutional reform suggests that today federal judges, particularly during the remedial stage, act as power brokers. The lawsuit is not an isolated, self-contained transaction, but a component of a continuous political bargaining process that determines the shape and content of public policy.[15] In essence, defenders claim that if one compares the actual operation of the other political institutions with the actual operation of the courts, the *comparative* competence of courts to make policy does not look so bad.

Both the critics and defenders of judicial policymaking will find evidence in the case studies to support their positions. As with our three puzzles, there is no simple straightforward answer. The case studies should inform the debate by showing, in often dramatic detail, how complex the issues really are.

PART · III

Smith v. OFFER

David L. Chambers
and
Michael S. Wald

CHAPTER 6

The Setting

$\mathbf{F}$inding herself overwhelmed by alcohol and emotional problems, Danielle and Eric Gandy's mother placed each of her children, shortly after birth, in the care of New York City's Catholic Guardian Society. The Society placed them in turn with foster parents. When the children were two and four, the Society moved them to the home of Madeleine Smith, a middle-aged woman who suffered from arthritis but loved children. The children prospered in Mrs. Smith's care. Several years later, however, as Mrs. Smith's arthritis worsened, a caseworker at the Society decided that Mrs. Smith was no longer well enough to look after the children and told Mrs. Smith that she intended to transfer them to other foster parents or into an institution. Mrs. Smith fought back and enlisted the aid of the Children's Rights Project of the New York Civil Liberties Union.

The Project filed a suit in federal court demanding full-scale administrative hearings for Mrs. Smith and others in her position before children long in foster care could be moved. In 1977, after three years of litigation, the United States Supreme Court resolved the dispute. Their opinion in this case, *Smith* v. *OFFER (OFFER)*, is the main judicial statement on the constitutional constraints under which the foster-care system must operate. As such, it is of great importance to people interested in child welfare. The litigation is also important, or at least revealing, because of the number of lawyers who appeared in it, each claiming to speak for the interests of the children. In the end, two natural allies, attorneys for the New York Civil Liberties Union and attorneys working for Legal Services, were pitted against each other.

We describe that litigation. Our purpose, in part, is simply to tell an interesting tale.[1] We also seek to understand why attorneys came to such differing views about the needs of children and families, how the litigation came to be filed, and how information about children's needs was brought before the court. In the concluding part of the paper we use *OFFER* to assess some of the strengths and weaknesses of litigation as a means of protecting the well-being of foster children.

In order to understand *OFFER*, it is necessary to sketch the setting in which it arose. The following few pages provide an overview of the foster-care system at the time the case was brought and the claims then directed against it by its critics. Since that time some changes have occurred, both with regard to the types of children in foster care and the agency rules and legal rules governing their care. Most of what we describe, however, remains the same.

The Foster-Care System at the Time the Case Was Filed

In the United States between 1961 and 1974, the number of children in state-supported foster-family care tripled. While the exact reasons for this increase are not clear, it seems that two factors dominated: declines in the number of children living in institutions and increases in the number of children born out-of-wedlock or living in divorced families, whose parents could not provide adequate care for them. By the early 1970s over a half-million children were in foster care at any given time, with at least twenty percent of them away from their parents for over six years. During this period, as many as thirty to forty percent of all children who entered foster care never returned to their biologic parents.

Then and now, children enter care for a number of reasons. Most commonly they are "voluntarily" placed by a parent who cannot care for them. The parent may be suffering from mental illness, have drug or alcohol problems, be in jail or a hospital, or be unable to cope with the child due to economic pressures or to behavioral problems of the child. The parents are usually poor and single. They are often young. In addition to voluntary placements, some children are in foster care as a result of a court order finding them to have been abused or neglected. Others are there as status offenders—found to be incorrigible or to have been runaways. A small number of children are placed in foster care through the mental health system, due to their own emotional problems.

When a parent voluntarily places a child, the parent sometimes enters into an agreement with the agency regarding the length of the placement and the right to resume custody in the future. In a number of states, however, the law provides that once an agency takes custody of a child, the agency can refuse to return the child and the parent must go to court to regain custody. In cases of "involuntary placement," when the child is placed in care by court order, the court must approve returning the child to the biologic parents. For both voluntary and court-ordered placements, few states, if any, require court approval when an agency transfers a child from one foster setting to another.

When a child is placed with an agency either by the parents or by a court, the agency typically selects a home where the child will live from a list of foster families previously approved to receive children.[2] The foster family has entered into a contractual arrangement with the placement agency, under which they agree to receive the child solely as a foster child and to cooperate with the agency in facilitating the return of the child to his or her biologic family or the transfer to another placement. The agency obtains legal custody of the child and operates on the assumption that it has authority, both by law and by the terms of its contracts with the foster parents, to remove a child from a foster home whenever it wishes. The foster family receives a monthly allotment for taking care of the child.

In New York City, at the time the Gandy children began to live with Mrs. Smith, most children in foster care, including the Gandys, were under the supervision of private child welfare agencies, most of them affiliated with religious groups, which provided foster care services to the New York City Department of Social Services on a contract basis. In nearly all other states, children in foster care are directly supervised by a public agency. In most other respects, however, the situation in New York was essentially similar to that in the rest of the country, although New York probably imposed more procedures than most states before an agency could move a child over the objection of the foster parent.

When a private agency in New York City wanted to remove a child from a foster home, it first had to receive approval from the Accountability Team of the City's Social Services Department. Thereafter, under state regulations adopted in 1973, it had to give advance notice to the foster parents of an intended removal ten days prior to the removal and, upon their request, offer them an informal administrative "hearing" to discuss the move. According to the New York City hearing officer, when the child was being removed to return to her biologic parents, these hearings primarily served as an opportunity to explain to the foster parents the reasons for the removal and to "help them cope with the removal." For moves from one foster home to another, there would be a more probing review of the need for the move. However, no one from the agency staff was required to be present at the hearings and the hearing officer typically received only a brief written report of the reasons for the move. The foster parents did have a right to challenge the removal in court after it had occurred, but such challenges often took many months to be heard. In other states, state laws provided far less. In some, foster parents were offered no hearing whatever, before or after removal.

Problems and Criticisms of the Foster-Care System

As the number of children in foster homes has grown, the number of children in large state-run institutions has declined. To this extent, the growth of the foster-care system has been applauded. But the foster-care system has attracted many critics. Many have claimed that children are removed from the homes of their biologic parents when no conduct whatever has occurred that government has any business intervening to prevent. Even when there are problems, they have claimed that biologic parents are often misled about the terms under which they place children in foster care and that initial placement could often be avoided entirely, if adequate services were made available to the family while it was intact. They have also claimed that many of the children who must be placed could be returned home quickly if better services were provided to the family. Moreover, they claim, children remain in foster care too long and are often moved from foster home to foster home, thereby denying them the continuous, stable environment believed necessary for healthy development.

There are many reasons why lengths of stays in foster care stretch for long periods. Some biologic parents essentially abandon their child following placement. Other parents want their child but the agency fails to help them regain custody. The agency may even impede the parents' efforts to visit with the child. In such cases, the agency typically believes that the parents are unable to provide a safe or healthy environment for the child. To be sure, children who are not returned home might be moved from foster homes into adoptive homes, but laws protective of parents' rights and administrative practices that make adoptive placements onerous often lead to children remaining in foster care throughout their minority.

There are also a number of reasons why children who remain in foster care are subjected to multiple placements. Some shifts are unavoidable. Foster parents move, decide not to continue as foster parents, or cannot manage a given child. Other moves are at the agency request, often because the agency believes that the foster home is inadequate. In addition, at least some agencies believe that since the child may eventually be returned home, or perhaps placed for adoption in another home, foster parents must be discouraged from becoming possessive of the foster child. Thus, some agencies may remove a child from a foster home if the agency detects that the foster parents want the child permanently. In some instances, children are removed despite the fact that they have been in the foster home for a number of years. According to an affidavit filed in OFFER by the head of New York City's placement agency, approximately 80 percent of the moves of children who had been in foster care for over one year were from one foster setting to another.

The problems of the foster-care system were documented by a

number of studies in the 1960s and early 1970s. Critics called for a number of reforms, including establishment of statutory standards making it more difficult to remove children initially, changes in laws to monitor the status of children in care, easing of laws regarding termination of parental rights for children long in foster care (so that adoptions could occur), and establishment of regulations limiting the authority of agencies to move children from foster home to foster home. Within New York City some efforts were made administratively to improve the situation. Legislatures in a few states were also considering reform bills but no legislation had been passed.

Thus, little significant reform had occurred by the early 1970s. In this context, it is surprising that litigation arose. However, from the perspective of one interested in the use of litigation to achieve social change, the foster-care area presents especially perplexing issues. Formulating policy requires considering the interests of the biologic parents, foster parents, the agencies, and the child. These interests often conflict, especially those of biologic and foster parents, and the child's interests may not be adequately protected by any of the adults. We believe that it is often unclear what policies would serve the best interests of children.

Accordingly, varying, even conflicting, litigation strategies might have been adopted. From the biologic parents' perspective, the foster-care system often operates in a manner that impedes rather than facilitates their regaining custody of their children. In practical terms, once a child has been removed from the home, the burden shifts to the parents to prove that they are worthy of the child's return. Agency practice may make it difficult for the parents to regain custody. Many parents will be irate over the essentially permanent loss of custody. Lawyers concerned about these problems of biologic parents might have tried to fashion litigation to protect their interest in keeping children initially, to protect their interest in having children returned to them, or to protect their interest in not having their parental rights permanently terminated.[3]

Foster parents' interests are difficult to capture because foster parents have differing needs and desires. Most foster parents willingly return a child at the agency's request. Some foster parents, however, decide they want to keep a child. In some instances this decision places them in direct conflict with the biologic parent. In others, the conflict is primarily between the placing agency and the foster parents, such as when the agency is trying to remove a child from a foster home because the agency believes the foster parents are inadequate or the agency wishes to move the child to prospective adoptive parents.

The agencies have several different interests. They are concerned with providing the best possible homes for children. But they may also be concerned with protecting the interests of their other clients who may be biologic parents, foster parents, or potential adoptive parents. In some cases, they may give more priority to the interests of the adults than to those of the child. They are also interested in protecting agency policies and resources. They may, for example, believe it necessary to prevent foster parents from adopting foster children in order to ensure that the agency has an adequate supply of foster homes.

From the children's perspective, the questions are quite complex. In any given situation, the child's needs might be best met by remaining in a long-term foster home, by being returned to a biologic parent, or by being placed in an adoptive home. Thus a legal rule that would protect the interests of some children may not be the best rule to protect most children. For example, a rule establishing foster parents' rights to a child may help some children but harm others who would be best off returned to their biologic parents without any protracted litigation.

Thus, the legal challenges to the foster-care system might have come from many directions. As it turned out, the first important case to reach the Supreme Court was brought on behalf of both foster parents and children, but by a group established solely to protect "children's rights." The goal of the suit was to prevent unnecessary or unwarranted removal of children from foster homes in which they had lived for a period of time. In the following chapters we look at how the litigators came to choose this goal and try to assess whether this, or any litigation, was the best way to promote the interests of children.

The Story

A Lawsuit Is Filed

Smith v. *OFFER* was filed in 1974 by Marcia Lowry of the Children's Rights Project of the New York Civil Liberties Union. Both the Project and Lowry need some introduction.

In 1972, on the recommendation of a committee created by the NYCLU Board, Ira Glasser, the Union's director, set out to raise money to start a Children's Rights Project. He and the Board believed that such a project would fit nicely with other special projects they had initiated to secure the application of the Bill of Rights to groups, such as prison inmates and military personnel, who had generally been treated as outside the protection of the Constitution.

Glasser initially turned for funds to his accustomed list of foundations concerned about civil liberties. Several offered support. He also approached the Foundation for Child Development, which had been known until shortly before as the Association for Crippled Children, but was changing its focus to broader issues of social policy affecting children. As Glasser recalls, at the time of approaching the

Foundation, he spoke broadly about civil liberties issues and their application to children. He wanted to be certain that children were afforded due-process protections when state agencies, such as schools or juvenile courts, sought to take actions affecting them. His focus was not primarily centered on obtaining services for children, although he does remember discussing the problems of racial and religious discrimination in foster and adoptive placements in New York, and the fact that these practices were harmful to children. The Foundation decided to support the Project. Later, the Edna McConnell Clark Foundation contributed funds. McConnell Clark had a more explicit interest in children in foster care. None of the foundations, however, sought to dictate particular issues the Project would select to litigate.

In March 1973, Glasser hired Marcia Lowry as the Project's first director. For a director, Glasser had been seeking a good lawyer concerned with civil liberties issues. While knowledge of child welfare would certainly be a bonus, it was not a major consideration. As it turned out, in hiring Lowry, Glasser found someone who was knowledgeable about both child welfare and civil liberties issues.

In the four years since she had finished law school, Lowry had worked as a legal services attorney representing low-income clients. In this role, she handled a number of neglect and abuse cases as attorney for parents. She had also done some test-case litigation against New York City's child welfare agency while working for Community Action for Legal Services (CALS), the agency that provided back-up services to legal services programs throughout New York City. A year before coming to the Project, she had left CALS and had taken a position as special assistant to Barbara Blum, within the administration of the City of New York. Blum headed the agency called Special Services for Children, which had supervisory authority over all foster-care services whether provided by public or private agencies. Lowry accepted the job because she thought she could accomplish "more from within." After a year of "enormously valuable" learning, but rather less accomplishment "from within" than she had hoped for, Lowry accepted the offer from Glasser to run the Project.

From its inception, the Project was small. Initially, only one other lawyer was hired. Lowry and the other lawyer decided what cases to bring and what litigation strategy to follow in consultation with Glasser. Although the Civil Liberties Union had a Board of Directors, the Board reviewed general policy decisions only. It did not pass on the filing of specific cases.

When Lowry arrived to take over, she found a broad charter and little specific direction. During her first two years, she filed two major cases. *OFFER* was the second. The first was *Wilder v. Sugerman*, a case that received a great deal of publicity and set the stage for the reception that greeted the filing of *OFFER*. *Wilder*, far more sweeping in scope than *OFFER*, challenged the constitutionality of the relationship between the city government and a large number of agencies with religious affiliations through which the City placed most of the children who entered foster care. The largest of these agencies were Roman Catholic and Jewish. Lowry believed that, through this arrangement, children of these religions got favored treatment and that other children, particularly black children, were discriminated against. In *Wilder*, she sued the City of New York and every private agency in town, seeking both injunctive and monetary relief. The case had been her "first agenda item" when she came to the Project.

Like *OFFER*'s attack on transfer procedures, *Wilder* reflects Lowry's view that much of what was wrong with the City's handling of children was attributable to problems of administration—to the ways agencies and the City responded to the children in their care. Although later suits that she filed had a different cast, she did not take as her initial goal reducing the number of children living outside their homes. Instead, she sought to improve the care given to those who were, primarily by seeking to subject the agencies to greater outside scrutiny and control. *Wilder* alarmed the entire foster care establishment. It stabbed at the heart of the City's religious-based agencies, which survive only because of contracts with the City. One of the foundations that supported the Children's Rights Project in its first year withdrew its support of the Project. As recalled by one of the lawyers in *OFFER*, by the time *OFFER* was filed, the mention of Lowry caused people at most of the private agencies to "go up in smoke." According to Barbara Blum, Lowry's former boss who still ran the City agency Lowry sued in *Wilder*, "Everyone was frantic and everyone was paranoid, including me."

Wilder grew out of no single family's case. Lowry came to the Project perceiving the behavior of the religious-affiliated agencies as a deep-rooted problem and after consultations with many others, put together a broad complaint. *OFFER* by contrast was not a planned case, in the sense that the Project had identified a problem and deliberately decided on litigation as a way to remedy it. It did, however, build on the strong general impression Lowry had obtained from her experiences at CALS and at Special Services for Children of routine sloppy decisionmaking by the staffs of the private and public agencies. The immediate trigger for *OFFER* was one persistent foster mother in despair.

Madeleine Smith is a black woman in her fifties who lives on the second story of an old rowhouse in Queens under the plane traffic of LaGuardia Airport. In February 1970, not long after the death of a daughter who was in her twenties, Mrs. Smith learned about foster parenting and approached the Catholic Guardian Society, a private agency authorized by the City to place children. Mrs. Smith suffered from arthritis in her legs but was interested in providing a home for young children she might eventually adopt. The Guardian Society arranged for the placement with her of two black children, Eric and Danielle Gandy. Danielle was almost two; Eric was four. Eric was believed to be slightly retarded; there was also some evidence that he had been abused in an earlier placement. Both had lived in a series of institutions and foster homes since birth. Mrs. Smith took them into her home and for the next three and a half years cared for them together with her adolescent grandson. Some time after Eric and Danielle came into her home, Mrs. Smith took in a third foster child from another family.

In Mrs. Smith's view, the Gandy children thrived. She was their "Ma." In the late fall of 1973, however, Mrs. Graber, a new agency worker, concluded that Mrs. Smith's arthritis had become so severe that she could no longer care adequately for the children. A doctor for Mrs. Smith had in fact certified her as disabled for purposes of government benefits. Mrs. Graber claimed that one result of Mrs. Smith's crippled condition was that the home was not clean enough. Mrs. Smith believes that it was not her arthritis or her house-cleaning, but, at least in part, her refusal to be sufficiently deferential to Mrs. Graber that prompted the decision. In any event, the third child was removed from the home. Mrs. Smith protested this removal to the City agency, but following an informal hearing, the decision was upheld.

After deliberating for some time, the Catholic Guardian Society decided to remove the Gandy children as well. The Accountability Team from the New York City Department of Children's Services, which had responsibility for reviewing these decisions, concurred. To this day, some workers from the City believe that the decision to remove was sensible. The Society then ordered Mrs. Smith to prepare the children to leave within a few days.

Mrs. Smith had known that her social worker was deliberating about the removal. During this period, she learned about the Children's Rights Project and started calling Lowry's office. However, Lowry did not become involved until the decision to remove had been made. She recalls:

> My secretary at this point kept coming in and saying, "Well, there's this really nice lady on the phone and she thinks that the Agency is after her or something, and what can we do?" And I said, "Well, we don't take individual cases but refer her to Legal Services." And she kept calling back when that didn't work out. Finally one day she called and she spoke to my secretary and she said, "I've gone to court and I've asked for an adjournment so I can get a lawyer, but the Agency has told me they're going to take the children this week and I'm just frantic." . . . My secretary, who screened out a lot of calls and had very good sense, said to me, "You really have to do something." . . . So I spoke to Mrs. Smith."

That was the critical moment. We too have met Mrs. Smith. It seems quite unlikely that anyone could speak to this powerful, loving woman and say "no." She is energetic, competent, and has an infectious personality. She conveys a deep love and understanding of Eric and Danielle. When she spoke to Lowry, she was absolutely determined to keep "her babies." The question for Lowry was not whether to help but how.

Lowry had several options. At the time the Society informed Mrs. Smith of its intention to remove Eric and Danielle, a routine State Court review on the placement of the Gandy children was pending. This was the hearing for which Mrs. Smith had requested an "adjournment" to "get a lawyer." The New York City agency had offered her a hearing to review the Guardian Society's request, but Mrs. Smith had signed a waiver of it. The agency records indicate that Mrs. Smith understood her rights fully and had chosen to take her chances on relief from the court. Lowry, on entering the case, quickly concluded that the informal agency hearing, even if it had not been waived, would not have helped Mrs. Smith. In her view, the hearing operated primarily to give the agency an opportunity to explain why they were taking the child away, not as a genuine opportunity to reconsider the decision.

Lowry thus began by pursuing a different option. She went to see Mr. O'Neill, the head of the Catholic Guardian Society. Looking back on it, Lowry believes that if O'Neill had simply offered to hold an informal conference attended by her, Mrs. Smith, O'Neill, and the caseworker, that might well have been the end of it. There would have been no *Smith* v. *OFFER*. But that is not what happened.

As Lowry recalls, O'Neill was polite and sympathetic, but claimed he had to support his workers. He considered the matter closed and asked, "How long will it take Mrs. Smith to work through her feelings about this so she can turn over the children?" Lowry recalls, "I said it would take me about four days to help her work through her feelings and I went home to prepare a lawsuit."

Lowry quickly concluded that she could not obtain adequate relief in the state court. She felt that the judge in the pending review proceeding was unlikely to stay the children's removal prior to full hearing and many painful months would pass before a decision. Moreover, many of the state judges viewed their authority as limited to approving or disapproving continued foster care, rather than directing specific foster placements. Thus the state court proceeding in which Mrs. Smith had appeared did not seem worth pursuing for purposes of obtaining immediate relief.

Time was pressing. Was there a way to get into federal court to stop the removal? At first, no constitutional theory came to mind. Then someone mentioned *Goldberg* v. *Kelly* to Lowry and a theory clicked into place. In *Goldberg*, the United States Supreme Court had held that before a state may terminate benefits to a recipient of public assistance, it must offer him or her a hearing with an adequate opportunity to be heard. The Court held that offering a hearing only after termination was constitutionally insufficient under the due-process clause. The analogy seemed obvious: Mrs. Smith must be offered a similarly meaningful hearing on the merits before transfer.

Lowry thus set about to draft a complaint for a suit in federal district court. Her work with the City and in legal services persuaded

her that what was happening to Mrs. Smith was a form of ill-considered decisionmaking typical of agencies. Convinced that arbitrariness was widespread and that her theory was sound she drafted
the suit as a class action. Moreover, as Lowry put it, "Once we [the
NYCLU] decide to get into a case we try to get as much mileage
out of it as we can." Before finally settling on Mrs. Smith as a client,
she sent a social worker out to the Smith home to confirm her
impression of Mrs. Smith as a sympathetic plaintiff with no "hidden
terrible secrets." The social worker was impressed by Mrs. Smith
and Lowry drafted a complaint with Mrs. Smith and the Gandy
children as plaintiffs.[1] She also enrolled the Organization of Foster
Families for Equality and Reform (OFFER), a membership organization of foster parents in downstate New York (mostly New York
City and Long Island), who were seeking, among other things, to
secure more rights for foster parents. Although open to all foster
parents, OFFER had only a small number of active members. In
most respects it was actually a paper organization.

Lowry drafted the complaint on behalf of all foster parents whose
foster children had been with them for at least a year and on behalf
of all such foster children. She picked a one-year period merely
because it seemed "a reasonable length of time" and she did not
wish to reach "the truly temporary situation." The original complaint alluded to a fundamental constitutional right of Mrs. Smith
and other foster parents "to establish a home, bring up children,
and enjoy those privileges long recognized as essential to the pursuit
of happiness." In the relief section, the complaint made clear that
Mrs. Smith and members of the class wanted a full hearing *before*
children are removed from them, regardless of where the state proposed to place the children or the reasons for the move. On the
other hand, the complaint was ambiguous whether Lowry was seeking more—whether she was claiming that at the hearing the foster
parents were entitled to the benefit of substantive standards protecting their "fundamental right to establish a home." Lowry claims
that her goals were simply to obtain the hearing and not to establish
the standard that would be applied at the hearing, except to the
extent of demanding that the state articulate reasonably clear standards, whatever they were.

Lowry believed that all foster children would benefit from the sort
of hearing she was seeking, but recognized from the beginning the

potential claim that there was a conflict of interest between some children and some foster parents. Some children would be better off returning to their biologic parents or even moving to another foster home even after a substantial period of time in one foster home. Thus although she filed suit on behalf of both children and foster parents, she informed Mrs. Smith that if a conflict was alleged and she was forced to choose between sets of clients, she would want to represent the children. She did not, however, see any conflict between Mrs. Smith's interests and those of the Gandy children, so her position would not change regardless of whom she was representing.

Within a week of her meeting with the agency head, Lowry had filed suit in federal court. For the most part, the scope of the suit, the definition of the problem, and the remedies requested reflected Lowry's personal view of the problem and solution. During that week, Lowry worked with the only other attorney on the staff of the Project at the time, primarily in fleshing out the constitutional claim. Before filing, Lowry also conferred with her boss, Ira Glasser, who quickly gave his approval. Neither Glasser nor Lowry viewed this case as one likely to be especially controversial or enormously time-consuming, as *Wilder* had been. Glasser too believed strongly that government agencies should provide due process of law to citizens whose lives they were affecting.

Lowry conferred with the President of OFFER, though at that point and throughout the case, OFFER gave no directives to Lowry. Lowry was working generally in their interests and that was enough for them. In Lowry's words, OFFER became a "silent plaintiff" and silent client. At this point, Lowry did not consult with other child-welfare lawyers or groups or with experts on child development. There was too little time and the problem addressed seemed reasonably straightforward.

On the day she filed, Lowry appeared before the federal district judge assigned for that month to hear requests for emergency orders and requested a temporary restraining order against the removal of Eric and Danielle Gandy from the Smith home. As she recalled:

> That afternoon, the City . . . brought down a lot of people including the City social services person, a social work type person. . . . We went before the judge and there was a lot of free-for-all back and forth . . . and the judge essentially said, "Four years is an awfully

long time. These are little kids," . . . and issued a temporary restraining
order. And then we moved forward with the case; but from that time
on I think Mrs. Smith and her children were no longer in any jeopardy. The City abandoned plans to move the children.

Mrs. Smith remembers the hearing that day as clearly as if it had
occurred yesterday. The restraining order she calls her "piece of
gold" that brought her "peace of mind." To this day, she cherishes
Marcia Lowry as a family member.

Smith v. *OFFER* was assigned to District Judge Robert Carter, a
black judge appointed to the federal bench by President Nixon two
years before. Prior to his appointment, Carter had served for a dozen
years as general counsel to the NAACP. Because the suit challenged
the constitutionality of New York State statutes and regulations,
Judge Carter in turn ordered the convening of a three-judge panel.[2]
J. Edward Lumbard, a senior circuit judge, and Milton Pollack,
another district judge, were the other two appointed to serve with
him.

Over the next few months, Lowry filed an amended complaint
in which she added another foster family as plaintiffs. Later, she
added a third family. The Goldbergs and their foster child, Rafael
Serrano, were the first added family. Rafael had been "voluntarily"
placed with the Goldbergs through the City agency four years before,
when he was seven, after his parents had been accused of abuse.
When he moved into the Goldberg home, he had been withdrawn
and disturbed. Now, Lowry claimed, he was making friends and
progressing in school. Unlike Mrs. Smith, the Goldbergs had received
only hints that the agency planned to move Rafael from them; they
claimed, nonetheless, that they lived in constant fear of Rafael's
sudden removal. The Goldbergs sought Lowry out when they read
a newspaper article about *OFFER* shortly after it was filed. Lowry
decided to add the Goldbergs because she felt they provided another
sympathetic fact situation.

The final plaintiff family were the Lhotans and their foster children, the four Wallace sisters. Two of the Wallace girls had come
to live with the Lhotans in 1970, the other two in 1972. In early
1974, the Nassau County Department of Social Services told the
Lhotans that they were planning to move two of the children back
to their biologic mother and the other two to another foster place-

ment. The agency believed that the Lhotans were becoming too emotionally involved with the girls and were undermining the agency's efforts to reunite the children with their mother. The Lhotans were referred to Lowry by OFFER. Lowry found the Lhotans appealing because they seemed like very decent people and because, unlike Mrs. Smith and the Goldbergs, they lived on Long Island outside New York City. Their place of residence was important because Lowry was by this point fearing that her case was going to be mooted, that is, dismissed because there was no longer a dispute, since New York City, as we will learn, was by this time contemplating adoption of new preremoval hearing regulations very close to those Lowry was demanding. The Lhotan case also differed from the other two cases in another critical respect: in their case the agency was planning to return children to their parents, not move them to another foster home. Lowry was aware that this would make their case especially controversial to persons concerned with the rights of biologic parents but decided that having an out-of-the city plaintiff was critical. She also believed that the principle she was advancing—that hearings are appropriate whenever government makes major decisions affecting individual children—applied just as fully to decisions to return children to biologic parents after a long period in foster care.

In one small sense, Lowry's three plaintiff families were unusual, at least as measured by some people's view of class-action litigation by public interest lawyers. She never embarked on a search for clients. Her clients were all people with a grievance who searched her out. In another respect, however, they were quite typical. Once the case was filed, none of them participated in any of the tactical decisions about the handling of the litigation. The case was larger than the interests of any one of them and Lowry and her colleagues at the NYCLU made the decisions on their own.

Lowry's Opponents and the Shaping of the Issues

Except in a few regards, OFFER was, after the filing, a rather uneventful case procedurally. In the trial court, there were only a few hearings on motions, only one day of evidence presented before

84

the judges, and an appeal directly to the Supreme Court. There were never even any settlement discussions. Marcia Lowry said that she never initiates such discussions in any case and the City and State never initiated them in this case. Only two courts ever heard the case.

The one significant procedural complexity was injected by the number of attorneys with differing points of view who eventually became arrayed against Lowry. Indeed in some ways, these other attorneys lend the case the flavor of an allegory. Each lawyer stood for a set of values with which Lowry had to contend. Meeting Lowry's opponents and learning their points of view can convey the forces in conflict in the case as a whole.

The original named defendants in the case were city and state officials and the director of the Catholic Guardian Society. The Catholic Guardian Society, on the theory that the policies at issue were the government's, not theirs, left the task of defending the current system to the City and State. Representing the City and State at the trial level were two attorneys, Elliot Hoffman of the City's Office of Corporation Counsel, and Stanley Kantor of the State Attorney General's Office. Both were fairly recent graduates of law school with a few years' experience in their offices. Both were routinely involved in defending government in litigation filed by legal services or public interest groups. On the other hand, neither had any previous direct experience with foster-care issues. For each, and especially Hoffman, the *OFFER* case was only one of many cases to which he was assigned during the time *OFFER* was pending. Each, nonetheless, lent a distinctive voice.

Hoffman served in part as the voice of the prerogatives of the legislature, in smaller part as a voice for biologic parents. Today, privately, he speaks with the voice of the cynic. He has little patience with federal judges, regarding them in general as "a bunch of bleeders." On the merits of this particular case, he saw little likelihood that hearings would produce better results for children than those made by caseworkers: "As long as you're going to have civil servants conducting hearings—or, for that matter, family court judges—you might as well throw dice." He also felt that even well-conducted hearings would be of trifling value in addressing the problems of New York's children in foster care: "You cannot throw money at every problem. You cannot throw due-process at every problem."

The problems of "one hundred thousand minority kids who nobody wants" were not, he believed, going to be cured by hearings.

To Hoffman, the OFFER case seemed of small importance at the time it was filed. His "client," Carol Parry, then the head of New York City's Special Services for Children, regarded it the same way. She remembers being sued fifty or a hundred times during the period that she ran the agency: "We get the papers. We read them. We say, 'Now, what are we going to do about this one?'—you know, the case of the day." Of the issues raised in OFFER, she remembers that "on the whole list of problems I had to deal with in this world, which includes, you know, kids lying in shelters for years, . . . OFFER was not at the top."

As the litigation developed, Hoffman was responsible for two critical steps. The first was to object strenuously to Lowry's claims to speak for both foster parents and foster children. Apparently because of his complaint, the district judges appointed separate counsel to represent the interests of the children, thus depriving Lowry of the high ground.

His other critical act was to persuade the City to alter its hearing rule during the course of the litigation. Before the trial, after frequent consultation with Carol Parry, Hoffman drafted new hearing rules that remain in effect today with only modest changes. These rules provide for a hearing by a city hearing officer in advance of the transfer of children from one set of foster parents to another or to an institution, but not in advance of transfers to biologic parents. The hearings are formal, with witnesses, counsel, and cross-examination. Although the regulations provided no substantive standards to guide the hearing officer's decision, they were in many regards precisely the result that Lowry sought. Had they been in place earlier, Mrs. Smith might never have needed help from a federal court. (In cases of returns to biologic parents, the foster parents were merely entitled to ten days' notice before the move and to an informal conference to explain the agency decision.)

The new rules did not, however, induce Lowry to drop the case (and Hoffman had no expectation that they would). To Lowry, the rules were inadequate because they did not grow out of a ruling of precedential value regarding constitutional rights to hearings. Such a ruling was the Project's primary goal. More narrowly, the new regulations applied only in New York City and not elsewhere in the

State. Moreover, the regulations were carefully drafted *not* to apply to cases in which the agency planned to return a child to her biologic parents.

Hoffman persuaded the City to adopt the rules, not because he hoped to satisfy Lowry and even less because he thought the rules were wise, but rather in hopes that the federal court would be satisfied and require nothing more of New York City. Carol Parry, troubled by the old review mechanisms, claims that she supported the proposals because she thought they were right.

Stanley Kantor of the Attorney General's Office was the other government attorney who worked on the case at the trial level. His principal reactions to Lowry's claims and his central messages to the court were that the foster parents should be seen as having no constitutionally protected rights and that the current hearings were adequate. Accordingly, he advised the state officials not to follow New York City's lead in changing their rules. He adopted an essentially reactive role in the suit, summoning no witnesses of his own but vigorously examining the witnesses of others. Kantor remembers the case consuming a large portion of his time. He worked essentially alone, having no one in a comparable position to Carol Parry to consult with.

If Hoffman and Kantor had remained the only two lawyers opposing Lowry, the end result in the Supreme Court might have been the same. But it might not. The two were in a position to raise all the relevant legal arguments, but had an instinct to keep the issues small. Moreover, each would have appeared to the judges simply as a mouthpiece for the government resisting an effort by citizens to be heard before the government took actions affecting them. Two other lawyers, however, entered the case and stood before the court as visible and vocal reminders that there were more attractive reasons than expense and administrative inconvenience for limiting the hearing rights of foster parents. The two lawyers were Louise Gans, who intervened for the class of biologic parents whose children were in foster care, and Helen Buttenwieser, whom the court appointed to serve as attorney for the foster children.

Of the two, Gans was by far the more active. Indeed, she became at least as dominant a force in the litigation as Lowry. At the time, and still today, Gans was on the staff of Community Action for Legal Services (CALS), the umbrella organization that provides back-up services to attorneys in legal services programs throughout New York City. Marcia Lowry had held the same job at CALS before working for Barbara Blum in the City government.

Gans's prior experience coming into the case was in some ways the reverse of Hoffman's and Kantor's: she had a great deal of experience with the legal problems of families with children in foster care, having represented many parents in proceedings in which the state was seeking to remove their children, but no experience at all with large-scale federal litigation. The experience of representing parents had made a strong impression on her. When she heard of Lowry's suit (by reading a short article in the New York *Post*), her reaction was not, "At last somebody is taking action against the sloppy decisionmaking of the agencies." Rather her reaction was that the case posed a risk that foster parents would be found to have constitutionally protected interests in children and thus pose a threat to the security of the relationship of biologic parents to their children.

In her view, all the attention of law-reformers should have focused on the state's treatment of biologic families. Her experiences had convinced her that a child in foster care for over a year was as likely as not the child of parents misled by an agency about the consequences of placement, mistreated by the agency with regard to visits, and discouraged by the agency when they made efforts to get their child back. That such parents, after a year of abuse at the hands of the agency, might end up in an inferior position to the foster parents[3]— a position that Lowry seemed to be seeking to have constitutionally sanctified—appeared to Gans to turn the Constitution on its head. Declaring constitutional rights for foster parents would, in her view, simply "reinforce the worst aspects of the foster-care system."

Moreover, she saw foster-care issues as related to issues of class. All too often, she felt, foster care was a way for middle-class social workers to transfer children of the poor to middle-class homes. She was particularly concerned that preremoval hearings would favor the reasonably well-off foster parents in confrontation with a poor, scared biologic parent.

That Lowry and Gans, both persons deeply distrustful of state intrusions on families, both persons who had held the identical position at CALS, could have had such different perceptions of the merits of Lowry's case, simply reveals how complex the considerations were. Lowry's view, as glimpsed above, was that biologic and foster parents were indiscriminately the victims of agency arbitrariness and self-protectiveness. Gans also believed that the agency workers were sloppy and arbitrary, and that Mrs. Smith had been the victim of such arbitrariness, but she believed that biologic parents were the more frequent, and surely the more compelling, victims and that lawyers who care about children ought to be fighting to protect children's relationships with their biologic parents.

Given these differences of perception, it is not surprising that when Lowry and Gans met shortly after Lowry filed, neither could persuade the other to retreat. Gans had decided to intervene on behalf of a class of biologic parents. Lowry sought to persuade her not to, emphasizing that it was merely a hearing she was after, not a change in the substantive rules favoring biologic parents. Gans in turn sought to persuade Lowry that she had brought the wrong case—that what she should have brought was a suit to force the state to take seriously the court reviews that were supposed to be held eighteen and twenty-four months after a child was placed in foster care. Such a suit, resting on a state statutory ground, would not have necessitated a finding that foster parents have constitutionally protected interests.

Gans feared that a federal court holding of a right to hearings, even in cases of intra-foster-care transfers (transfers from one foster home to another), would almost certainly rest on a finding that Mrs. Smith, a foster parent, had a constitutionally protected interest in her relationship to the children. (Lowry's complaint had indeed alluded to Mrs. Smith's fundamental right to bring up children.) Gans believed that such an interest would inevitably expand beyond purely procedural rights to substantive ones—that in later cases, if not in this one, a judge would hold that states must show "compelling reasons" for moving children from long-term foster parents, even when the planned move was to the biologic parents. Lowry denied that she was seeking such a holding and did not believe such expansion inevitable. She thus rejected Gans's request to drop the suit.[4]

After her unsuccessful meeting with Lowry, Gans worked for a month on a motion to intervene in the suit. She wanted the court to expand vastly the issues in the suit. In the papers she filed she asked the court to hold unconstitutional the procedures by which children were removed, voluntarily or involuntarily, from their biologic parents in the first place and the procedures and practices that agencies used for dealing with biologic parents once children were out of the house. She claimed that only by understanding the mistreatment of biologic parents during the period that their children were in foster care could the court sensibly appraise the appropriateness of according due-process protections to foster parents.

With the aid of attorneys in field offices, she located four biologic parents to serve as cross-plaintiffs, parents who claimed that they had been misinformed and mistreated by agencies. Naomi Rodriguez, for example, was a legally blind woman whom Gans remembers to have been as likeable a person as Mrs. Smith. Mrs. Rodriguez had been successfully caring for her infant son but turned to the state for foster care when she encountered difficulties in her marriage. She claimed that she reached a clear understanding with the agency of a placement for no more than six months. She then signed forms in technical language that she could not understand. The agency staff failed to tell her the consequences of placement, failed to warn her that the child might not be returned at her request, prevented visits by her with her child over the next several months and limited them severely thereafter. When Mrs. Rodriguez, who had moved into her mother's home, requested her child back after four months, she first received a runaround and then a flat refusal to return the child. Gans's other plaintiffs were in comparable positions.

The papers Gans filed were more than twice as long as Lowry's original complaint. Lowry, who wished to keep the issues simple and to preserve *her* plaintiffs as the sympathetic focus of the litigation, opposed Gans's entry into the suit and her attempt to expand the issues. A few months later, Judge Carter ruled that Gans could enter the case, representing the class of biologic parents with children in foster care. He refused, however, to permit Gans to proceed on her cross-complaint, limiting her participation to the issue of Lowry's original question of the hearing prior to transfer. According to him, this was Lowry's case and she was entitled to frame the issues as she wanted. If Gans wanted to litigate a different case, she should file her own suit. From then through the end of the case, there recurred nonetheless some ambiguity about the scope of the issues Gans would be permitted to raise. She claimed, understandably, that the treatment of biologic parents in the early stages of placement in foster care was not merely unconstitutional in itself (the claim

that Judge Carter had refused to permit adding) but was also relevant
to the issue of the foster parents' right to hearings a year after placement (the issue that was clearly still part of the case). Whatever the
ambiguity, however, Gans participated in full at every later stage.
Indeed, according to Gans, she did little else for the next three years.

As the case wore on, Gans and some other legal-services lawyers
developed increasingly strong feelings that Lowry had been wrong-
headed in filing OFFER. Some were critical of Lowry publicly.
Gans especially resented defending against this suit when she could
have been bringing affirmative litigation on other aspects of the
foster-care system. Lowry remembers the attacks on her with pain.
To her, it had all the flavor "of a crusade, a real Holy War" directed
at her. The war even reached within the NYCLU. One member
ran for the Union's board on the sole platform that, if elected, he
would seek to have Lowry fired.

The fifth lawyer to enter the case was Helen Loeb Buttenwieser.
On Hoffman's motion, Judge Carter announced not long after Gans
entered the case that he was going to appoint separate counsel to
represent the children. Lowry, who had filed the case with both
foster parents and foster children as her plaintiffs, objected, of course,
and then requested that, if she could not represent both sets of
plaintiffs, she be permitted to represent the children and that new
counsel be found for the foster parents. Lowry preferred understandably to speak in the voice of the child. Carter refused on the ground
that Lowry was already clearly identified with the foster parents and
that she would be unable to "give them up." Instead, Carter asked
a New York attorney, Helen Buttenwieser, to appear on behalf of
the children.

The choice of Helen Buttenwieser was obvious to him. She comes
from a family with deep roots in New York philanthropy and in the
agencies for children in particular. A graduate of law school when
few women were admitted, she had appeared in New York City's
Family Court since the early 1940s and was well known in the bar
and among persons who worked with children. In some respects,
however, her ties to the child-welfare agencies posed problems about
the independence of the judgment she would exercise. Among her
clients were several of the private agencies handling foster care and
adoption. She appeared for them in cases in which the agency sought
the termination of parental rights. She had also served as advisor to

91

them in the myriad day-to-day problems they encountered with children in foster care. Over the years, she had sustained close ties to the agencies and had come to respect their workers' dedication and general good judgment under the difficult conditions in which they worked.

Over the same period, Buttenwieser had also been active in the Civil Liberties Union. She was a board member of the NYCLU, Lowry's employer. She was also Chairperson of the Legal Aid Society of New York, one of the divisions of which provided attorneys for children in neglect and abuse proceedings. She had known for many years all three of the federal judges on the panel in *OFFER*. Buttenwieser indeed knew just about everyone.

Judge Carter appointed Buttenwieser to represent both the seven named foster children, who had been Lowry's original clients, and the much larger class composed of the thousands of children in New York State who had been in foster care for over one year—a formidable task. How do lawyers asked by courts to speak for the interests of children define the role that they will play?

Like any other person representing a large class—like Lowry or Gans, for example—she could not, of course, survey all members of her class, all the children in long-term foster care, to find out what they wanted, even if "they" had all been old enough to voice their desires. She could, however, have adopted any of several other courses. She could have investigated closely the cases of the three foster families who were plaintiffs, interviewed the seven children (the two Gandy children, the Serrano child, and the four Wallace girls), and either advocated the positions they desired or advocated what she concluded was in their best interests. Second, she could have ignored the particular named children and advocated what she determined was in the best interests of the general run of children in long-term foster care. Third, she could have charted a middle course—bringing to the court the needs (or desires) of the seven particular children as well as her view of the needs of the thousands of others. Or, finally, she could have abstained from advocating any position at all and have simply adopted the role of ensuring that the court had before it all the relevant considerations.

At the time of appointing Buttenwieser, Judge Carter gave her no guidance as to which of these roles he expected her to serve. Without

hesitation she adopted the second course of speaking for the gener-
ality of children in foster care, regardless of their proposed destina-
tion. Her thirty years' experience told her what she believed she
needed to know about foster children's needs in this setting and the
position she should take. Thus, just like Lowry, she did not consult
in advance with other groups or others likely to take a different
position. Nor did she meet then—or later—with her seven named
clients, deciding that it would be a "trap" to become embroiled in
arguing about the fates of a few children when the real issues at stake
were so much broader.

Buttenwieser believed Lowry's suit ill-conceived for reasons that
were quite different from those held by Hoffman, Kantor, or Gans,
and thus, quite fortuitously, the judges, through appointing her,
received a valuable third perspective on the issues. Buttenwieser's
position grew out of her confidence in the agencies and in individual
casework. She rejected Lowry's view that more care was needed in
transfer decisions in New York. Her genuine faith in agency caseworkers led her to believe that preremoval hearings, even if a "best
interests" test were applied, would at best prove redundant and at
worst lead to harmful delays of needed moves. The agencies, she
believed, made correct decisions about transfers in the vast bulk of
cases.

In addition, she feared the broader implications of any constitutional rights for foster parents. She opposed in general the idea of
any adults—parents, foster parents, grandparents—having "rights"
to children. What she wanted at every point was for *children's* best
interests to be served; if adults have "rights" in children, they may
exercise them in disregard of children's needs.

Buttenwieser believes that when Carter called her, he probably
assumed, since he knew her link to the NYCLU, that she would
side with Lowry in requesting hearings for foster parents. (This was
confirmed by Judge Carter.) Carter did not know that Buttenwieser
already had strong negative views about the case and that she had
in fact already conveyed her views to Glasser and Lowry.

Lowry moved promptly for Buttenwieser's removal. In court, Lowry
framed her opposition to the appointment in part on the ground that
she herself should be permitted to speak for the children in whose
names she had sued and in part on the ground that Buttenwieser

could not represent the children because Buttenwieser's long ties to the private foster-care agencies created a conflict of interest, making it likely that she would argue a position consistent with agency desires (which she did), rather than taking an independent view through the eyes of her client. Judge Carter, confident of Buttenwieser's integrity, denied the motion.

Despite the distinctiveness of the point of view Buttenwieser had to offer, she played a passive role through most of the case. She nonetheless made a significant contribution at two critical moments— in the one-day trial in the district court, when she called two warm and reasonable private agency heads to testify about the care taken within the existing system, and in the Supreme Court when she again set forth for the Justices her views about the adequacy of the care that the agencies took when making decisions.

Shortly after Buttenwieser's appointment, Gans tried to persuade her to move to divide the class of children into two groups—those who were facing transfer to different foster settings and those who were being transferred back to biologic parents. Buttenwieser declined because she did not believe that the case was any more compelling for hearings in one kind of transfer than in the other. Gans herself did not want to make such a motion because she did not want to suggest that she would find acceptable a holding that hearings were constitutionally required in the intra-foster-care cases. Buttenwieser did not seek to establish a working alliance or division with Gans, Hoffman and Kantor, the three others opposing Lowry. Nor, except in a few small respects, did these three seek such a relationship with Buttenwieser or with each other. Throughout the trial stage of the case, perhaps as a reflection of their differing points of view, the lawyers worked largely on their own.

Lowry, Gans, Hoffman, Kantor and Buttenwieser: five attorneys with stridently different perceptions of the issues in the case.

Louise Gans commented on the way both Buttenwieser and Lowry developed the positions they took for their clients in the course of reflecting on the difficulties of her own role in purporting to represent all biologic parents.

> You've got two people, you know, who are for children's rights and they love children, and the fact is that they're really doing what the hell each of them wants. And there's no restraint on what they do:

The kids are manipulatable. And I struggled with this a lot, simply in trying to have sort of a respectable position for myself to live with.

Carol Parry, who headed the New York City agency that oversaw the foster-care system at the time the suit was brought, worked closely with Hoffman on the case. Looking back at the roles of the other lawyers, she summed up much of the oddity of the suit:

> . . . I thought it was bizarre that Louise Gans had to come in and represent the natural parents. And Marcia of the Civil Liberties Union was on the other side representing the foster parents. It was wild. And Helen Buttenwieser ended up with the children, which was really strange, because she's a representative of the agencies. I used to use this case in teaching classes about children to show how crazy things can get in the legal system.

> • • •

> Everyone, including myself, was in the wrong role—they really were. I felt I was always a defender of due-process and here I was, you know, stone-walling. By the end I was saying, "I don't care what it takes, we're going to beat this one."

Lowry put it more simply. Looking back on the array of lawyers with a rueful smile, she recalled, ". . . it wasn't as if the good guys and the bad guys had lined up very neatly."

The Process of Decision

Marcia Lowry filed her complaint on May 9, 1974. Elliot Hoffman and Stanley Kantor became involved almost immediately for the City and the State. Louise Gans formally moved to intervene for the biologic parents about six weeks later. The court appointed Helen Buttenwieser to represent the foster children in early fall. By the end of 1974 much of the initial skirmishing had taken place. Restraining orders had been issued staying the transfer of the three sets of named foster children on whose behalf Lowry had sued. Judge Carter had convened the three-judge court and granted Gans's motion to intervene. Lowry had asked the court to certify the case as a class action.

And since none of the parties had initiated or planned to initiate settlement negotiations, the stage was set for the court to address the merits of Lowry's claims.

The Stages in the Proceeding: The One-Day Trial

It took another fifteen months, until the spring of 1976, before the district court reached a decision. During that time, the three judges received evidence and legal arguments at four procedural stages: in affidavits gathered from experts and attached to various pleadings; at a one-day trial, the only occasion when the lawyers actually saw all three judges; in testimony from experts and officials gathered after the trial day, in the form of depositions (sworn testimony taken outside of court but submitted to the court and made a part of the formal trial record by agreement of the judges and the attorneys) and in lengthy briefs submitted by the attorneys after all the evidence was in.

The one-day hearing came about precipitously. On February 10, 1975, about nine months after the case had been filed and a few months after the appointment of Buttenwieser, Judge Carter met with the lawyers in his chambers and announced, to the surprise of all, that the judges had agreed on a one-day evidentiary hearing to be held three weeks later, on March 3. The lawyers discussed with Carter the sorts of evidence that would be admissible and apparently came to some loose but ambiguous agreements. There were mis-understandings at the hearing itself about what sorts of evidence were to be admissible.

The March hearing proved to be the only occasion on which testimony was taken before any of the judges. As such, it was a critical opportunity for the lawyers to deliver their most important messages to the judges. Except perhaps for Buttenwieser, none of the lawyers succeeded. For Lowry, it was important to convey to the judges the strength of the emotional ties that develop between foster parents and children as well as the foster parents' decency as individuals. She had two major obstacles to overcome: the judges would learn that foster parents in New York all sign contracts agreeing to return children upon request, and the judges were likely to share with others a more general resistance to the notion of third parties acquiring "squatter's rights" to other people's children. For Gans, it was important to convey that biologic parents who place their children in foster care were not uncaring and rejecting. It was also important to convey the strong ties that can remain between biologic parents and child after substantial periods of separation. Buttenwieser wanted to persuade the judges that the agencies already took abundant care in their decisions to transfer foster children.

The lawyers chose to put two very different sorts of evidence before the judges. One sort dealt with the particular foster families and biologic parents who were Lowry's and Gans's clients, each of the lawyers wanting to impress the judges with the human dimension of the somewhat abstract issue before them. The second sort of evidence was of the most general sort from mental-health professionals about the harms that could come from moves from long-term caretakers, about the benefits and costs of returning children to their own homes, and about the procedures used by the foster-care agencies when making transfers.

The flavor of the hearings can be conveyed by describing a few of the witnesses. Lowry's first witness was a psychiatrist, Marie Friedman, who had examined the Wallace children. To her chagrin, Lowry was prevented from asking Friedman questions about the Wallace children, because Carter believed that he had decided in the earlier meeting in chambers that expert testimony about individual plaintiffs would not be used. Lowry nonetheless used Friedman to testify about the plight of foster children generally. Unfortunately, Friedman's contact with the foster-care system was somewhat attenuated: she worked in an in-patient setting with children, some of whom had previously been in foster homes, but she had never worked directly with children currently in foster care. She testified forcefully about the heavy toll on a child's emotional well-being when removed from adults to whom the child has become attached. From the outset, however, it was apparent that the judges were impatient and uncertain why Friedman was there. Two-thirds of the way through her testimony, Judge Carter commented to Lowry that he "really didn't see what any testimony so far from Dr. Friedman had to do with your case."

Lowry's second witness was one of the foster mothers, Mrs. Goldberg, who did not fare much better. She came across in the transcript alternately as exaggerating and evasive. She admitted on cross-examination that although she wanted to keep Rafael, their foster child, she did not want to adopt him, a situation that seemed to puzzle the judges. She also spoke of fears that her foster child was going to be removed from her, but the last hint that the child might be removed from her seemed to have occurred over a year before. At the beginning of Stanley Kantor's cross-examination of Mrs. Goldberg, Judge Pollack pleaded, "Mr. Kantor, concentrate on the constitutional issue." Kantor promised to try, but neither he nor Pollack seemed entirely certain what any one foster mother could have to say that would bear on the constitutional issue.

To be sure, not all witnesses made a poor impression. Buttenwieser called two of the directors of the private foster-care agencies and they appear from the transcript to have come across as concerned and straightforward. They described in detail the care their agencies took in working with foster parents and in keeping them abreast of possible decisions to transfer. And two of Lowry's briefer witnesses also seemed impressive: Mrs. Lhotan, one of her plaintiffs, testified about her concern and affection for the Wallace children who had long lived with her, and the oldest Wallace girl, a teenager, testified that no one had ever asked where she wanted to live. Lowry decided not to call Mrs. Smith as a witness, fearing that, though she would be an appealing witness on the stand, the arthritis that forced her to hobble slowly with a cane would make her appear to the judges more disabled than she was.

Gans found the day particularly discouraging, a "disaster," in her words. She had hoped to put two of her own clients, both biologic mothers, and one of their children on the stand to describe their experiences after placement. She believed that Carter in the earlier meeting had assured her that she could. Lowry's co-counsel cleverly cut Gans off by saying that he would be glad to stipulate that biologic parents love their children and do not cease to love their children after a year. Gans had no reply that persuaded the judges. In a legal proceeding she could not just say: "I just think it's important that you see some biologic parents, too. They are decent people." All she was permitted to do was to ask one of her clients about the forms she had signed at the time she placed her child in foster care.

In preparing for the trial and in questioning witnesses during the hearing day itself, the lawyers faced the unpleasant but common problem of not being able to know exactly what factual material, if any, the court was going to consider relevant to the constitutional issues posed. In the lawyers' view, there was a chance that the judges would reject all empirical evidence about foster children's emotional attachments. They would simply take the position that the question before them about hearing rights turned on whether the foster parent or child was threatened with the loss of "life," "liberty," or "property" as those terms are used in the due-process clause of the Constitution and that that question was purely a matter of law to be answered by examining earlier Supreme Court decisions. That was the position that Hoffman and Kantor argued and it was, in the end, the position of three Justices of the United States Supreme Court.

On the other hand, the court could take the position that a "liberty" interest under the due-process clause could be established if the emotional tenor of the typical long-term foster-parent/child relationship was comparable to that commonly existing between biologic parent and child, a relationship that the Supreme Court had long held to be entitled to some constitutional protections. Or finally, the judges could duck deciding anything directly about a "liberty" interest at all and focus solely on whether the child or foster parents were at risk of suffering some sort of severe injury or loss, an approach for which there was also some support in earlier court decisions. Under either of these latter two views, much evidence about foster parents, biologic parents, and children would have been relevant.

Just as the lawyers could not know in advance the position the judges were going to take, the judges themselves, apparently not having discussed the constitutional issues among themselves, were, as the description of the hearing suggests, puzzled about the relevance of much of the testimony they were hearing. At least one, Judge Carter, saw no need for a hearing. He later told us that he did not need evidence that agencies could act arbitrarily. He knew that. He and the other judges believed that the issues were purely "legal," not factual.

This attitude may well have contributed to the impatience, even boredom, that they conveyed over the course of the day. Oddly, however, they did not even hear legal arguments at the end of the day. The hearing ended as abruptly as it began, with little enlightenment of the issues, whatever they were.

After the hearing, the lawyers and judges did agree that the lawyers could depose other witnesses and submit their depositions as evidence to be included in the record. The lawyers could then address in their briefs, the relevance, if any, of all the evidence. They also made all their legal arguments solely in writing. They never appeared before the judges again.

The Total Record Submitted to the Judges

Most class-action suits seeking injunctive relief present the problems of a few particular named plaintiffs like Mrs. Smith or the Lhotans and then seek relief for everyone in a comparable position. Sometimes, the named parties quickly recede from view and the court and the lawyers focus on the broad issues that lie behind. In reviewing the total set of materials that were submitted to the judges in OFFER—pleadings, affidavits, the hearing transcript, depositions and briefs—it is striking how much of the attention of the lawyers remained fixed on the named parties. They share the stage with more general material about relations of foster parents, biologic parents, and children and the existing procedures for review of transfers. A review of the corpus of factual material of both the particular and general sort helps shed light on the way lawyers inform judges about issues of public policy—here the issue was the sort of hearing, if any, that should be accorded to foster parents before removing a child long in their care.

Lowry had been inspired to file OFFER in large part to help Mrs. Smith, but Lowry needed Mrs. Smith, the Goldbergs, the Lhotans, and their foster children to pump life into the general claims she was making, to show what decent people foster parents were, and to force the judges to recognize that the fates of live children were at risk. Lowry used the complaint to relate at some length the tale of the two Gandy children, about to be taken precipitously from the only mother they had ever known. Through seeking an immediate restraining order to keep the agency from moving the children, she focused a judge's attention in the earliest hours of the suit on the trauma of two particular children. In the same manner at the one-day hearing, all of the witnesses Lowry summoned were prepared to testify about one or more of the named plaintiff families. In her view, it was *their* stories that would sell the judges on the merits of her case, not abstract testimony from experts.

By the same token, Gans, realizing the impact a powerful story can exert on a judge (or on any of us), needed to introduce live, suffering biologic families of her own. Thus, in preparing to intervene, she had sought the aid of other legal services attorneys in locating appealing biologic parents who had been misled and mistreated by agencies. She then used four of these parents as her cross-plaintiffs and related their stories at length in her papers. She brought two of them to the trial as well.

Even at the later stages of the case, when the attention of the judges and Justices was more explicitly focused on the broader constitutional issues, the parties kept returning to the stories of the original named plaintiffs. In the Supreme Court, for example, Helen Buttenwieser introduced affidavits to show that the Wallace children had been brainwashed against their biologic mother by the Lhotans. Similarly, the City's reply brief in the Supreme Court contained no legal arguments whatever and consisted entirely of information about the Goldbergs, the third of Lowry's plaintiffs.

In a case in which the judges had so little first-hand experience to draw upon, the lawyers sought to impress them through the details of a few particular cases. Lawyers and judges, trained through the particular case, are suspicious of generalizations yet paradoxically prone themselves to generalize on the basis of one powerful fact situation. Judges sometimes respond to outrageous fact situations with broad remedies, even when the situations are atypical.

A great deal more general information was provided to the judges through the depositions taken after the one-day trial. These depositions fill nearly 1,000 pages of transcript. Most of the information in the depositions dealt with the relations of foster parents in general to the children in their care and the relationships of children to biologic parents from whom they had been separated. Much less, but some, information was provided about the actual review mechanisms used in New York City and State. The people deposed were mainly experts in child welfare and mental health professionals.

The attorneys made substantial efforts to enlist the support of well-known experts in their cases. Lowry relied primarily on Professor Joseph Goldstein of Yale Law School and Professor Albert Solnit, the director of the Yale Child Guidance Clinic. Along with Dr.

Anna Freud of England, these scholars had recently published *Beyond the Best Interests of the Child*, a book that was becoming greatly celebrated. (Lowry had not known the book when she filed suit.) In their book, the three authors had argued that most children form strong bonds to their regular caretaker; that a child who moves from biologic parents to another caretaker cannot retain his feelings of close ties to the biologic parents after the passage of time; and that once strong bonds have developed between a caretaker and a child, breaking those bonds by moving the child will almost certainly cause severe damage to the child. They go on to frame policy recommendations which, as applied to the foster-care setting, would not merely have accorded foster parents such as Mrs. Smith a hearing before a child could be removed but would make the foster parents the unvarying victors at the hearing as long as they developed a "psychological parent" relationship with the child. Lowry obtained affidavits from both Goldstein and Solnit and later took their depositions.

Gans, not surprisingly, considered Goldstein, Freud, and Solnit dangerous and wrong-headed. The other three lawyers who opposed Lowry left entirely to her the responsibility for marshaling the case against Goldstein and Solnit, in part because they did not believe that expert testimony about child development (or anything else) would have much effect on the judges' decision. Gans thought otherwise. "The case was the book," she commented bluntly of *Beyond the Best Interests*. Accordingly, not long after filing her answer, she started searching for experts in child development with other views. Among the prominent professionals from whom she obtained either affidavits or depositions were Robert Coles, a psychiatrist at Harvard, and David Fanshel and Shirley Jenkins, members of the faculty of the Columbia School of Social Work and authors of the largest studies yet completed of children in foster care.

Though Gans's witnesses did not speak with one voice, they presented a different picture than Goldstein, Freud, and Solnit. Several attacked Goldstein and his co-authors, accusing them of having no empirical basis for their positions, apart from isolated clinical observations. Fanshel and Jenkins testified that "in overwhelming good measure," even children who had spent long periods of time in foster care maintained "positive emotional attachments to their own parents." Coles made the same point. Jenkins and several others spoke also of the converse point: the immense stake in the children that most biologic parents retain over time. Fanshel also claimed that when ties did break down, it was often because misguided foster parents actively undermined children's ties to biologic parents. Hearings, he believed, would reinforce this unfortunate tendency. They would also, he believed, deter parents from making short-term, voluntary placements of their children.

While most of the expert evidence addressed the nature of the foster-parent/foster-child relationship, the lawyers also sought to adduce evidence about the quality of the procedures for making and reviewing decisions to transfer children in foster care. Unfortunately, they were able to present little that would enlighten the judges. Marcia Lowry wanted to show that the agency procedures inside and outside New York City were grossly inadequate for assuring that careful decisions were made concerning the transfer of children long in foster care. She therefore asked the defendants to provide her information about their procedures. Their answers confirmed what Lowry had suspected. Neither the City nor the State kept reliable information about the incidence of either transfers or objections to transfers. Thus, to a large extent, she relied on the stories of Mrs. Smith and the Lhotans to convey her views about arbitrary and precipitous decision-making. She also deposed Retta Friedman, who had been a hearing officer for the City under both the old and new rules. Friedman testified about the informal conferences that had been used in New York City before the change in rules and that were still used in the rest of the State. Friedman admitted that the conference was in large part an occasion to explain to the foster parents why the child or children were being removed, but she also believed that a genuine review of the decision was provided.

Gans countered with evidence of the care taken by the agencies in making decisions. She personally believed that the agencies were sloppy and arbitrary, but one of her witnesses, Fanshel, claimed in his deposition that agencies were cautious about making decisions to transfer. As proof that foster parents were in general satisfied with the decisions made, one of the lawyers introduced evidence that under the new transfer rules in effect in New York City, only fourteen hearings had been requested by foster parents in the first nine months, out of well over a thousand transfers that had occurred. Buttenwieser argued that this evidence demonstrated not merely that foster parents were satisfied but that in fact the agencies were doing careful work. Lowry believed that the reason there were few hearings was that the agencies failed to inform foster parents of their rights or discouraged the foster parents from exercising them.

A great deal of statistical information that might have been useful to the judges was never developed by any of the parties. No one presented any evidence on the number of moves of foster children each year, the reasons for moves, the lengths of time children were held before transfer, or the frequency or outcomes of informal conferences offered at the state level. In sum, the record consisted largely of "adjudicative facts"—the stories of the parties—and little in the way of "legislative facts"—information on how the system operated. With regard to children's needs, there were the disparate views of the various experts, based on their clinical experience and personal values.

Despite the shallowness of the evidence provided, the briefs and record as a whole stretch to nearly two thousand pages, much smaller than the record in some children's rights cases (*Pennhurst*, for example) but formidable nonetheless for a deciding judge. When all the "deposition" testimony had been taken it was simply submitted to the court in transcript form for the judges to make such use of as they chose. No further occasion was offered for oral presentation or summations to the court. Instead the attorneys submitted trial briefs that summarized their views on the issues of law and made use, to varying degrees, of the empirical evidence. Hoffman and Kantor, who viewed the constitutional issues narrowly, argued largely on legal grounds using prior court decisions. Gans by contrast filed *two* briefs, one of which, a most unusual document, she devoted entirely to summarizing from her perspective the testimony of the experts.

What did the judges do with all this information? We know only about Judge Carter. He did not review the material because he had decided that hearings were legally required and the additional information would not, in his opinion, have altered this view. Since Judge Lumbard was writing the opinion Carter left the review to Judge Lumbard. Carter's best guess is that such a voluminous record, in a three-judge court case, would be assigned to the judges' clerks to be summarized for the judges' use. Judge Lumbard, in his published opinion, did make reference to both the testimony at trial and the depositions.

The three judges were given the last of the testimony of the deposition witnesses in the summer of 1975. Nine months later, without any further contact with the attorneys, the judges rendered a decision.

The District Court Decision

When they reached their decision, the judges gave Marcia Lowry everything she asked for and a little more that she hadn't. Judge Lumbard, with Carter's concurrence, began his opinion by describing the situations of Lowry's three named foster parents, asserting that none of the parties disputed "the strength of the emotional ties binding plaintiffs and their foster children nor the loss that will be felt if those ties are cut." But the question, he said, was whether the plaintiffs, when a foster child is removed from them, suffer a deprivation of "life, liberty, or property" sufficient to invoke the protection of the due-process clause. He then concluded that foster *parents* suffer no such deprivation, in large part because they all sign contracts agreeing to return the foster children upon request. On the other hand, he found that the foster *children* have suffered such a deprivation.

Without saying what "life, liberty, or property" interest was at risk, Lumbard found that the children possessed rights under the due-process clause because the children ". . . may suffer grievous loss" and they, of course, had not signed any contracts waiving their rights. In describing the loss that the foster child may face, the court drew on the information about foster children that the parties had provided:

> . . . In cases such as these, the harmful consequences of a precipitous and perhaps improvident decision to remove a child from his foster family are apparent. Plaintiffs' experts assert that continuity of personal relationships is indispensable to a child's well-adjusted development. We do not need to accept that extreme position to recognize, on the basis of our common past, that the already difficult passage from infancy to adolescence and adulthood will be further complicated by the trauma of separation from a familiar environment. This is especially true for children such as these who have already undergone the emotionally scarring experience of being removed from the home of their natural parents.

Thus Lowry had succeeded fully in delivering her message. The judges' stated reliance on "our common past" is revealing because what most of us have to draw upon in our common past is a strong tie to our biologic parents and a capacity to imagine how painful it would have been at age five or seven to have been ripped away from them. What Lowry had succeeded in doing—perhaps through her named plaintiffs—was to help the judges see the foster parents as fulfilling the same role for many children that biologic parents had fulfilled for them.

The court continued, using Gans's own witness against her:

> Intervenors dispute the seriousness of these losses, relying principally on a longitudinal study conducted by Professor David Fanshel of the Columbia University School of Social Work in which he concluded that there was no statistically significant correlation between a child's successful development and the number of times that child was moved within the foster care system. We find significant, however, Prof. Fanshel's further testimony that, "as a professional, I would be against the capricious movement of children." The requirement of a hearing is designed to insure no more.

In a technique familiar to observers of courts, Judge Lumbard thus tried to make the conflict disappear. Everyone wants careful decisions for children. On that the State, the biologic parents, and the foster parents should all agree. Hearings should do no harm. And to drive this point further, Lumbard then went on to make clear that procedure could be divorced from substance: that is, that nothing in the decision was to be read as implying that at the hearings he was calling for, there must be any sort of presumption in favor of the foster parents. New York, he said, was free to continue its rule of strong preference for the biologic parent.

What Judge Lumbard did hold was that both New York State's and New York City's hearing regulations were constitutionally inadequate. Leaving to officials to develop new detailed procedures, Lumbard required that, at a minimum, hearings had to be held in *all* cases of transfers, whether or not requested by foster parents and whether or not the planned move was to the biologic parent; that the hearings had to be held before, rather than after, the child was removed; and that the child and the biologic parent, as well as the foster parent, should be heard. Judge Pollack dissented in a brief opinion that argued that the relationship of foster parent and child was purely contractual and that, because they contracted to return the children on request, the foster parents had no basis for asserting any hearing rights whatever.

The requirement of hearings for all transfers and not simply of hearings at the request of the foster parents surprised the lawyers. Lowry had never asked for anything so broad. The record indicated that only fourteen hearings had been requested by foster parents in the first nine months under New York City's revised rules. That was a manageable number. But the City expected that there would be around 4,200 moves of children in foster care during the coming year and 4,200 hearings seemed out of the question. It was this aspect of the court's holding that caused Carol Parry, who ran the New York City agency and considered herself a civil libertarian, to declare, "I don't care what it takes; we're going to beat this one." In a panic, the City and State moved the court to reconsider the "every time" part of its ruling. Lowry did not oppose their request.

Why the "every time" requirement? Judge Lumbard's stated reasoning was that since the hearing was the right of the children, it could not be waived by the foster parents. He might also have been concerned that such a rule was needed to guard against agency failure to inform the foster parents of their rights. While Judge Carter had some reservations about the "every-time" requirement, he was willing to go along.

The judges did accede to New York City's request to modify their order in one respect only: in their final order, they permitted an exception to the "every-time" rule for cases in which the foster parents themselves had requested the transfer. Consistent with their view that the agencies were not adequately advising foster parents of their rights, the judges continued to require hearings in the many cases in which the agency proposed the transfer but the foster parents did not expressly request a hearing.

For Lowry, the irony of the broad order is that she may have lost the whole case in the end because the district court gave her more than she had sought. To be sure, Gans and Buttenwieser claim that they would have appealed to the Supreme Court even if the three-judge court had required hearings only at the foster parents' request: the district court had defined a novel constitutionally protected interest that alarmed both of them and might have alarmed some of the

Justices—children had been found to have due process rights growing out of ties to persons to whom they had no biologic relationship, to persons who hardly sound like "family." Nonetheless, if the relief had merely been hearings on request, and New York had thus been unable to point to an immense administrative burden, it is at least possible that the Justices of the Supreme Court would simply have summarily affirmed the lower court decision, without hearing.

The Case in the Supreme Court

Each of the lawyers for the losing parties below filed a notice of appeal and the Supreme Court in the late fall of 1976 agreed to hear oral argument in the case.

In most respects, the issues before the Supreme Court remained much the same as they had been below. There were, however, some new faces among the lawyers and some changes of emphasis. Gans, Buttenwieser, and Lowry all remained involved, but Hoffman and Kantor had, by this time, left their jobs with the City and State. The City played only a small role in the appeal and gave its portion of the oral argument over to the lead lawyer for the State, Maria Marcus, a skilled appellate lawyer held in high regard by all the lawyers involved. Only Marcus had any federal appellate experience. Marcus and the other lawyers opposing Lowry had every incentive to cooperate closely to make a maximum impact on the Justices. Their need for cooperation was forcefully brought home to them when they found that they, the four appealing parties (that is, the biologic parents, children, City, and State), faced an oral argument in which they were going to have to divide forty-five minutes among them while Lowry would have a full forty-five minutes of her own.

Thus, Gans worked closely with Marcus and to a lesser extent with Buttenwieser on such matters as the Joint Appendix for the Court, the document that excerpted for the Justices the most important filings and testimony from the voluminous record in the trial court. Each of them, however, produced her own brief. Marcus filed a compact, impressive, even-toned product, the central message of which was that New York State stands in the nation's forefront in seeking to assure that children do not languish unnecessarily in foster care. She also argued that transfers, carefully arranged, are far less traumatic than Lowry and her witnesses had portrayed.

Gans's brief is interesting not so much for the arguments it makes as for the argument it doesn't. Gans ceased to oppose hearings in cases such as that of the Gandy children where the proposed transfer was from one foster family to another. In the parts of her brief in which she attacks the finding of the district court that children may suffer "grievous loss" in the transfer she focuses solely on cases in which the agency is proposing return to biologic parents. She also emphasized the cases in which parents had voluntarily placed their child in care. Gans's brief as a whole is long and thorough, in her own view somewhat "dry." When she came to write a reply brief some months later, she took a different tack. Gans used the reply brief to say what she really wanted to say. She wrote a polemic against state intrusion into the biologic family. Referring to hearings that pit biologic parents against foster parents, Gans captured her view as follows:

> An essential characteristic of the fundamentally protected rights of parents to the care and custody of their children must be freedom from the power of others to compete for those rights because they too love the children or even love them more. . . . Measurement of the private emotions of parents and children toward one another would be the ultimate invasion of privacy. It would be dangerous for government to have such power.

Lowry had no other party aligned on her side and faced no comparable problems of coordination. She did, however, face the problem of impending doom. When she learned that the Supreme Court had agreed to hear the case on the merits, she "didn't think they were taking it to affirm. I suspected we were going to lose and the question was . . . how badly." Her central mission in framing the case for the Justices was to concentrate their attention on the flesh-and-blood problem of Mrs. Smith and the Gandy children and to make them uncomfortably aware that "if you don't uphold this decision, Mrs. Smith could lose her kids without a hearing." Her focus on the Gandys was a part of the larger change of strategy: just as Gans shifted to focus on the most sympathetic fact situations for her claims (the cases in which agencies proposed to move children back to biologic parents), Lowry chose to focus heavily on her own most sympathetic situation (the cases in which agencies proposed to transfer children from one foster home to another or from a foster home to an institution). By this time, Lowry had begun to regret having added the Lhotan family and their foster children to the case. She thus took pains to point out to the Justices that eighty percent of children transferred from foster parents after more than one year were moved to another foster placement and that only twenty percent involved returning home.

Several groups filed briefs amicus curiae in the Supreme Court. All but one advocated overruling the district court at least in part. The only support for Lowry came from "A Group of Concerned Persons for Children," an ad hoc group composed of Joseph Goldstein, Anna Freud, Albert Solnit, and a half-dozen other well-known persons in the mental health professions, including Drs. Henry Kempe and Sally Provence. A brief submitted by Goldstein as attorney for his own group (with Robert Burt, among others, "of counsel") is surprisingly slim on materials relating to child development and long on legal arguments relating to the right of privacy and even to issues of procedure.

Four groups filed briefs arguing for reversal. Interestingly, mirroring the change in strategies of Gans and Lowry, each group saw differences between transfers to biologic parents and transfers to new foster parents and suggested to the Court middle courses that Gans and Lowry had hinted about but had not expressly urged. In different briefs, the Legal Aid Society of New York City and the Community Services Society of New York argued that the due-process clause required hearings for intra-foster-parent transfers but not for transfers to the biologic parent. Somewhat similarly, the National Juvenile Law Center in St. Louis, a Legal Services Corporation back-up center, argued that the due-process clause required hearings in both intra-foster-parent and biologic-parent transfers but that on the facts of this case sufficient process was in fact provided in New York for the transfers to the biologic parent. The Puerto Rican Family Institute, taking the position closest to Gans's, argued that the due-process clause did not require hearings for either sort of transfer but that the Court should at least find hearings wholly inappropriate in the biologic-parent transfers.

Gans recalls that several groups that considered filing briefs faced internal dissension over the position to espouse. One legal services organization, she recalled, included on its staff both attorneys who routinely represented biologic parents in neglect proceedings and, in another division, attorneys routinely appointed as guardians to children in the same sorts of proceedings. They never did file a brief because the staff could not agree on a position. Gans also recalled that the Community Services Society of New York invited both her and Ira Glasser of the NYCLU to address its board, where they each tried to persuade the Society to file a brief on their side. The Society adopted the delicate middle course described above. There are few Supreme Court cases in which liberal groups have all agreed that a case poses an issue of importance yet encountered so much conflict within and between them about a position to advance.

The oral argument in OFFER was held in March 1977, about a year after the district court decision. Gans and Lowry remember suffering the jitters experienced by nearly all lawyers appearing before the Supreme Court for the first time. During the weeks before, Gans recalls that she "was just really near a nervous breakdown all the time." Lowry describes "an anxiety unlike any anxiety I have ever faced, compounded by the fact that I thought I was going to lose."

All the lawyers thought the oral itself a gratifying experience in one important sense: the Justices were, as a group, prepared and interested and asked sensible questions. Even Lowry, who sensed that several of the Justices were ill-disposed to her position, found the argument "quite enjoyable . . . I was surprised how lively they were, how well they knew the case, how interested they seemed to be." To be sure, Lowry did have the comparative luxury of her uninterrupted forty-five minutes. Marcus, Buttenwieser, and Gans split the other forty-five minutes. Gans, who spoke first, got to use little of her prepared text because the Justices peppered her with so many questions. She nonetheless found the questions good ones for her to bring out her central points. Buttenwieser used her oral, unlike her brief, to describe the child-care agencies and the care taken in making decisions. She found the Justices gratifyingly eager to learn.

Three months later, in June 1977, the Supreme Court released its decision unanimously reversing the judgment of the district court.[5] Justice Brennan wrote an opinion joined by five other Justices. Justice Stewart wrote a concurrence joined by the Chief Justice

111

and Justice Rehnquist. The opinions stretch across fifty pages of the United States Reports. Here is a capsule of the positions taken.

The majority and concurrence agreed about several aspects of the case, but diverged in one crucial respect. They joined together in rejecting the position of the district court that the children were entitled to procedural protections under the due-process clause merely because they risked suffering a "grievous loss." Rather, both agreed that the Court had to find first that some claimant had at stake "life, liberty, or property" as those terms have been defined by the Court. They also agreed that biologic parents and children do have a "liberty interest" in their continuing relationship. At this point, Brennan and Stewart parted company. Justice Stewart concluded easily that the foster-parent relation, a figment of state law and intended to be short term, created no such liberty interest. For him, that was the end of the analysis. New York's procedures could stand as they were.

Justice Brennan also upheld New York's procedures but only after a much more searching inquiry into the nature of the relationship between foster parents and foster children. He began with a description of the statutory and administrative scheme for regulating foster placements in New York State and City and the goal of temporary care that the system sought to achieve. He followed it with a sensitive description of the ways that the goals of "temporary" placement fail of attainment in the real world and the problems in the system as viewed through the eyes of foster parents and biologic parents. Both Lowry and Gans found this section gratifying, even though Brennan was mildly critical of them in his opinion. He took Lowry to task for focusing almost exclusively on intra-foster-care transfers and for portraying a one-sided picture of a "foster-care system in which children neglected by their parents and condemned to a permanent limbo of foster care are arbitrarily shunted about by social workers whenever they become attached to a foster home." Gans, on the other hand, was criticized for focusing almost exclusively on hearings that might delay the return of children to biologic parents and for portraying a system "under which poor and minority parents . . . are obstructed in their efforts to maintain relationships with their children and ultimately to regain custody, by hostile agency and meddling foster parents." Brennan asserted that each of the lawyers presented elements of the truth but failed to describe the whole. In an adversary system in which lawyers have traditionally been expected to emphasize only that part of the picture that is helpful to their clients, Brennan's criticism seems a little odd. Perhaps he expected more of "public interest" lawyers or lawyers in class actions.

Reaching the discussion of the "liberty" interest, Brennan agonized on both sides of the question. Seeming to have children such as Danielle Gandy in mind, he recognized that " . . . at least where a child has been placed in foster care, and has remained several years in the care of the same foster parents, it is natural that the foster family should hold the same place in the emotional life of the foster child . . . as a natural family. For this reason, we cannot dismiss the foster family as a mere collection of unrelated individuals." On the other hand, he continued, the foster parents do contract to return a child on request and any recognition of a constitutional protection for the foster family relation would create "virtually unavoidable . . . tension" with the rights of the biologic family.[6]

Poised on both sides of the fence, Brennan then found a remarkable way to remain there: he concluded that he did not have to resolve whether there was a "liberty" interest at stake because, even if there were, it was apparent that the procedures currently available in New York for foster parents wishing to object to transfers were constitutionally adequate. He found that even the informal procedures available outside New York City provided meaningful enough review when considered together with the foster parent's right to participate in the judicial review that must occur after eighteen months. And that was that.

Gans's reaction to the decision was simple enough. "I won," she said. While she would have preferred Justice Stewart's brief and pointed concurring opinion as the majority, she was pleased that Brennan built into his opinion a discussion of the problems biologic parents face.

Lowry was disappointed but not surprised. She shares Gans's admiration for Brennan's grasp of the problems with the foster-care system. His holding she regards as a "Pyrrhic defeat"—as helpful a loss as she could hope for. Her explanation for Brennan's convoluted reasoning rings right: she believes that Brennan himself wanted to uphold the lower court decision at least in part (in intra-foster-parent transfer cases, we would guess), but that when he found that he could not forge a majority for that position he salvaged what he could by leaving open the possibility that a "liberty" interest could be found and procedural protections required in some later cases when a state provided no review for transfers at all. More broadly, he also left open for lower courts the further development of constitutionally protected nonbiological and state-created parenting relationships. There is evidence within the opinion that Lowry's perception of Brennan is right, for Brennan seems obviously "disingenuous" (Lowry's term, which we borrow) in his conclusion that the procedures available to foster parents outside of New York City provided a real opportunity for review, a disingenuousness that he was forced into as the price for being able to write the majority opinion.

The Aftermath and Effects

Despite the reversal by the Supreme Court the case was not without some impact. Beginning with the smallest but clearest impact of all, the Gandy children stayed with Mrs. Smith. By the time that the Supreme Court had decided that New York's procedures were constitutionally permissible and vacated the restraining order that had been in effect for over three years, the Catholic Guardian Society had long abandoned its plans to move the children. The children seem to have thrived with Mrs. Smith. On May 7, 1981, seven years after the restraining order was entered, a New York state court approved a petition by Mrs. Smith to adopt the children.

In addition, as previously indicated, the litigation did result in New York City adopting new regulations providing for formal hearings prior to intra-foster-care transfers. These hearings, which are not available if the child is being returned home, must be requested by the foster parents. The placing agencies are required to notify all foster parents of their rights. The hearings are conducted in a far more formal manner than those held under the prior regulations. The foster parents can bring counsel, and witnesses are sworn and subject to cross-examination. There is often expert testimony and several people from the agency, as well as the biologic parents and their representatives, attend. These hearings generally last less than

114

one day although some go on for several days. Occasionally, it takes
months to complete the process.

Thus, for intra-foster-care moves, Lowry obtained her goal in
New York City. However, the new rules do not appear to have
brought substantial change to the system either directly or by inspir-
ing changes elsewhere. The New York State Department of Social
Services declined to adopt the new regulations and the New York
state legislature has rejected bills that would have mandated New
York City's approach across the state. Moreover, the results of the
new rules have been meager even in New York City. Each year
since 1975, there have been more than one thousand unrequested
transfers, but, for only twenty or thirty of them were hearings held.
It is nonetheless true that in about 45 percent of the hearings that
are held, the agency decision is reversed. In addition, each year,
another twenty to thirty cases in which a hearing is initially requested
are settled before the hearing. Although no statistics are kept on the
reasons for settlements, Retta Friedman, the hearing officer, estimates that in about one-third of the settlement cases the agencies
agree to leave the children with the foster parents, in one-third of
the cases the move is delayed until a time more acceptable to the
foster parents (such as the end of a school year), and in the remaining
cases the foster parents change their minds.

There are several factors that may account for the small number
of hearings. It is possible that most moves are made appropriately,
or at least with the concurrence of the foster parents, and thus hearings are unnecessary. On the other hand, at least some foster parents
may believe it futile to request the hearings or be unwilling to invest
the time and emotional commitment a contested hearing requires.
Unless a foster parent is strongly invested in the child and willing to
risk the long-term wrath of an agency (particularly the possibility of
not getting future placements), the foster parent may view the cost
of the hearing as too great. It may also be, as Lowry suspects, that
most agencies are not adequately notifying foster parents of their
rights to a hearing. In fact, Lowry has successfully sued two agencies
which she claimed moved children in violation of the New York
State statutory requirements.

We cannot determine whether children are "better off" as a result
of the hearings that are held. Retta Friedman, who hears all these

115

cases, is a former caseworker. She believes that the hearings, although time-consuming and frequently subject to delays, have resulted in better information being gathered, and as a result, in more protection for children.

She believes that the effectiveness of the hearings is due to the fact that the agency worker must be present and is subject to cross-examination by the foster parent, who may be represented by counsel. In the past all the hearing officers had was a written report from the agency. Now the agencies do a much better job of substantiating the reasons for their actions and in providing documentation to the hearing officer. Friedman also believes that the hearings facilitate understanding and acceptance among foster parents. Even the staff at Spence-Chapin, one of the private agencies, seemed to concur in Friedman's view. In an interview with three of them, they believed that the new rules were one of several factors contributing to a higher degree of trust between foster parents and the agency because the foster parents knew they were entitled to a review of decisions to remove by an impartial examiner.

In addition to the actual requests for hearings, it may be that the regulations act to deter some inappropriate agency actions. We tried to gather data about the number of transfers per year before and after the adoption of the regulations that might indirectly support this hypothesis, but such data cannot be obtained and would be difficult to interpret in any case, since the foster-care population is changing. Most of the people we interviewed thought that there had been little change in agency behavior as a result of the new regulations. However, at least some people, including Gans, felt that the litigation did contribute to opening up the process in New York City to public attention and that this had led to some improvement in the system.

It may also be that the case accomplished the NYCLU's goals in some other ways. First, the majority did indicate that there might be constitutionally-protected interests in permanence and stability in some foster-care relationships. They implied that procedures similar to those in New York might be constitutionally required. States that did not afford foster parents any preremoval conferences or hearings were put on notice that their process might be unconstitutional. We can, however, find no cases in which transfer procedures in other states have been attacked successfully. The *OFFER* decision has been cited by a few courts as a basis for protecting a *very* long-term foster relationship, although most of the ten to fifteen published opinions that have cited the case, for more than a passing reference in a string citation, have used it to deny foster parents any rights.

Second, even if OFFER has exerted little effect in reported decisions, it may have contributed in some small way to the growing nationwide concern over the status of children left in foster-care "limbo." The U.S. Supreme Court decision speaks broadly about the problems of foster care. It goes on to state that the claims of the foster parents "raise complex and novel questions" about the rights of foster parents. Thus reformers in other states might have been able to use the Justices' expressions of concern to further their efforts at changing the foster-care system.

It seems unlikely to us, however, that OFFER could have had much of an impact in this respect. Even Justice Brennan carefully articulated the many competing considerations that must be weighed in evaluating the system. The concurring opinion goes even further in doubting the claims of either foster parents or foster children. Moreover, there was a substantial amount of effort at reform of the foster-care system by others before the suit was brought and while it was being litigated, as well as after it was decided. Although there was relatively little legislative response until the late 1970s, it is Wald's impression, based on personal contacts in a small number of states, that OFFER probably played a negligible part in most reform efforts.

Despite the fact that the plaintiffs lost and we are, therefore, able to do little but speculate on the potential impact of the case if they had won, there are many aspects of the case that shed light on both the strengths and weaknesses of litigation as a means of helping children. We turn to this in the following chapter.

PASSING JUDGMENT: THE LESSONS
TO BE LEARNED

In this chapter, we look more closely at some of the systemic issues raised by *OFFER*. In so doing we have the advantage of hindsight. We do not assume that the attorneys should have been aware of some of the problems we discuss. Moreover, we chose to study *OFFER* because, at least in our view, it is not clear what the "best" outcome, in terms of children's welfare, would have been. Thus, the "lessons" of this case are not necessarily the same ones that would have been learned from looking at many other children's rights cases where there would be more uniform agreement on both the problem and the solution.[1] We made this choice because we believe that we can learn much about improving the litigation process by examining hard cases.

There are many approaches one could take in assessing the litigation. We will not try to be comprehensive. Rather, in light of the controversial nature of this case, we examine three issues: first, we look at the strengths and weaknesses of judicial resolution of the issue raised by the Children's Rights Project; second, we explore the degree to which the processes used by the lawyers in deciding whether to bring the case took into account the potential costs as well as benefits of judicial resolution; finally, we examine the litigation approaches taken by each of the parties and the decisionmaking process of the court in order to determine how well the litigation and judicial processes lent themselves to adequate resolution of the issues.

The Potential Benefits and Costs of Litigation

Consistent with the theme developed in Chapter 6, we believe that the appropriate policies that will best serve the interests of children in foster care, and those at risk of entering foster care, are far from clear. Even less clear is the utility of the type of hearings Lowry requested as a means of reforming the system. In the following pages, we try to show why we have those doubts.

The Benefits of Litigation

Why did the Children's Rights Project bring this case? To Lowry and Glasser the answer is easy. They brought suit on Mrs. Smith's behalf in order to establish the proposition that before any important decisions are made regarding individual children under state care there should be careful consideration. Based on their previous experience with the child welfare system and other public agencies, they believed that many decisions were made in an arbitrary manner. They knew that movement from home to home could be traumatic for children. They viewed due-process hearings as an essentially costless way of improving the decisionmaking process. To them, hearings meant better fact-finding, and better factual inquiries produce better decisions. They also believed that the mere prospect of hearings would induce agency workers to make more careful decisions, even in cases in which no hearing was ever requested. They felt that hearings could not be harmful to anyone's interest, since hearings only provide procedural protection and do not affect substantive rights.

Viewed this way their choice of issue makes a great deal of sense. So also does their decision to litigate rather than to seek a change in the law through lobbying in the legislature or petitioning the

119

agency. Indeed, much about courts makes them an especially promising forum for obtaining decisions about issues regarding children and, in particular, about the sort of issue in OFFER. To feel warmly toward courts, one need only consider for a moment the problems of approaching the legislature for a solution to issues relating to foster care. The first advantage of a court is that, if you stand at the courthouse door and recite the proper magical incantations about jurisdiction, standing, deprivation of rights, and so forth, the court, at least in theory, has to let you in and answer your question. To be sure, courts can engage in tactics of evasion and delay, but no one can compel the legislature to deal with any issue. Certain groups under certain circumstances may possess sufficient political power to force legislatures to act, but foster parents and children surely are not among these groups. Courts, on the other hand, are not merely available to give answers; they are available to the otherwise powerless. This quality, it is true, has nothing directly to do with the wisdom of their answers, but there is little value in extolling the virtues of legislatures if there is no way of getting them to listen. On this ground alone, persons concerned about children need to continue to support judicial solutions.

The remaining advantages of courts relate to the processes of decision once inside their door. Just as the politically powerless can use the courts to be heard, so also, when being heard, can they stand as equals with other parties. Judges, especially federal judges, are not subject to the same sorts of political pressures that legislators are. Consider the very issue in OFFER. In New York, religious groups in general, and the private religious-tied foster-care agencies in particular, exert considerable influence in the legislature, influence that bears no necessary relation to legislators' beliefs in the wisdom of the agencies' positions. If new legislation had been proposed, legislators would have listened carefully to the agencies' concerns. They would also have turned to the heads of the relevant state and city agencies for their guidance. Persons such as Mrs. Smith and Mrs. Wallace were unlikely to be heard at all.

In a federal district court, however, biologic parents and foster parents could stand as equals with the agencies. Foster parents might— and did—testify. On the other hand, in the one-day hearings, neither city nor state officials running the foster-care system testified at all. And, in all probability, Judges Carter, Lumbard, and Pollack were less likely to be influenced by the agencies' opinions than many legislators would be. At the same time, the judges were unlikely to have been arrogantly indifferent to local needs. Long residents of the area, they could be expected to have some sympathy for the political realities of New York and for the limitations of money and staff that agencies face.

A final promising attribute of a court as forum is that litigation once filed need not be resolved by the court. Litigation can produce negotiation and change from within, either before or after judgment. Even after a trial and opinion from a court holding rights to have been violated, the precise relief granted often is left to the defeated government agencies to propose or to the parties to hammer out. The filing of litigation also may induce public officials to bargain over important issues with otherwise powerless groups.

As it turned out, litigation had just this effect in OFFER, although not as a result of any settlement attempts. It seems clear that the suit caused New York City "voluntarily" to rewrite its hearing rules. Carol Parry and Hy Frankel, each of whom at different points headed the agency that adopted the changes, concede freely that if Lowry had not filed the lawsuit and had instead approached the agency with suggested changes in hearing procedures, no one would have listened to her. Once filed, however, the lawsuit had a remarkable focusing effect. Within a few months, the agency had issued new regulations, regulations that Parry fiercely maintains were adopted because they were "right."

The Costs of Litigation

If one believes that a declaration of a right to a preremoval hearing would benefit most children, then the use of the judicial process is obviously sound. Not all people, however, shared Lowry's and Glasser's views. Each of the other lawyers also felt that they were concerned with the interests of children. Yet, for different reasons, each of them believed that a judicial decision mandating such hearings would harm more children than it would benefit. There is merit in some of their concerns.

Hearings Might Not Promote Children's Well-Being

There were two quite different reasons why a judicial holding in Lowry's favor might harm children. First, hearings might not improve the process and might even worsen the situation for some children. Hearings entail delay, delay that is likely to harm some children. Second, and probably more important in the minds of all the other lawyers, is the cost involved in a judicially created right to such hearings. The concern here is with the right, not the hearings *per se*. Each of these concerns requires some elaboration.

If Lowry had won, would mandatory hearings have produced benefits for foster children throughout the United States? Unfortunately, it is impossible to evaluate accurately the likely impact of a favorable holding, even in New York. "What ifs" are always impossible to answer, and in this particular context, there is simply too little data about the operation of the system and about the needs of the children to permit even moderately confident speculation. None of the parties introduced evidence about the number of children moved from foster homes each year, the places they were moved to, the reasons for such moves, or the outcomes of hearings that had been held under prior regulations. (After filing suit, Lowry tried to obtain this information but found it unavailable.) The expert testimony on the impact of transfers on children was highly speculative, based on theories rather than on data, and focused mostly on cases in which the agency proposed to return the child to his parents as opposed to the numerically more common cases in which the agency proposed to transfer the child to another foster setting.

We are thus left without best guesses about the likely impacts of requiring hearings. In our judgment, both good and bad consequences would probably have occurred, although in terms of the operations of the foster-care system as a whole the consequences either way would probably have been minimal.

In support of requiring hearings, it seems extremely likely that in many parts of the country decisions to move children have often been made arbitrarily and contrary to the child's welfare. In the last chapter, we reported that after new hearing rules went into effect in New York City, there were reversals in nearly half the cases in which hearings were requested and that Retta Friedman, the hearing officer, believed that agency judgments had often been ill-considered.

Thus, if the experts who contend that it is important not to break psychological attachments between child and caretaker are correct, hearings could have served as an important check to harmful transfers. As we also speculated when discussing the actual effects of the change of rules in New York City, a requirement of hearings might have exerted in addition the prophylactic effect of leading caseworkers to be more careful in general about decisions to transfer. Indeed, when New York City changed its rules, Carol Parry, head of the City agency, agreed to them because she believed that they would improve the process. Lowry was thus not alone in expecting benefits from hearings, at least in cases of intra-foster-care moves.

But the arguments on the desirability of hearings are not wholly one-sided. Hearings present a number of potential problems—problems that may not be worth risking, especially if the existing system is doing a passable job of decisionmaking. Hearings can have a negative impact on the children involved. For example, Retta Friedman estimates that about half the cases in New York City in which hearings are requested involve situations of seriously inadequate foster homes—not so inadequate that the agency believes it must invoke emergency powers to remove a child before a hearing, but quite inadequate nonetheless. Delaying moving children from these homes could harm some children. In addition to leaving the child in a potentially harmful home, delays, which often consume several months, create uncertainty which can upset the child.

The most worrisome cases are those in which the planned return is to biologic parents. If most such cases involved children like the Gandys who had spent many years in the same foster home, a strong case can be made that return to the biologic parents would be detrimental to the child. But the benefit of hearings is far less clear the shorter the time the child has been in care. Lowry requested such hearings after children had been in the same foster setting for a year. There is no evidence that is really probative on when in general it is better to leave a child in a foster home than to return the child home. While Lowry produced experts who stated that continuity was the most critical need of children, Gans produced experts who testified that for most children it is best to be reunited with parents under virtually any circumstances.

Hearings in such cases might be harmful in two ways. First, they might delay beneficial moves back to the biologic parent. Moreover, they might result in decisions not to return a child in cases in which return would be beneficial. Biologic parents are generally poor and their homes less than ideal. But their children may be strongly bonded to them. Hearing officers might be even more reluctant than caseworkers to move a child from a middle-class foster home back to a biologic parent whose home situation appears marginal. Of course, Lowry did not take a position on the substantive test to be used at these hearings. She believes that children should be returned to "fit" biologic parents. However, New York at that time placed a heavy burden on parents who wanted to resume custody. There is little reason to believe that nationwide the substantive rules would lead in fact to wise decisions for children or that in general hearing officers would make wiser decisions than caseworkers. Very little is known about what is best for children in any given case.

Undoubtedly, there would be cases where a second opinion is useful. If the worker's judgment turns on a disputed fact—for example, whether Mrs. Smith's arthritis substantially impaired her ability to care for the Gandy children—an adversarial type of hearing can help resolve the dispute. However, if the decision turns on questions of psychological attachment or the general merits of a foster home as opposed to a biologic parent's home, resolution requires both value judgments and a large amount of guesswork. In such cases, a hearing may result in a different, but not necessarily wiser, judgment.

Required hearings might have some negative systemic effects as well. In any foster-care system, some children will be in homes which are less than desirable. Yet some caseworkers, reluctant to spend the time in a hearing, might leave the child in a "bad" home, or a marginal one, rather than face a hearing. This reaction has occurred in other settings, such as commitment of mentally ill persons, where doctors have released patients whom they believed needed care rather than face hearings. The prospect of a hearing might impinge especially heavily where the proposed transfer is back to a biologic parent. At least some caseworkers are reluctant to work at reuniting families, believing that a middle-class foster home is better than the home of the biologic parents whose inadequacies required removal. Any extra burdens on reunification might reinforce their reluctance to make the difficult efforts often needed to achieve reunification.

We have speculated about potential positive and negative effects that might conceivably have been quite substantial. In fact, given the very few hearings actually requested in New York City after the change in rules, we doubt that the probable effects across the nation would have been either as substantially positive as those envisioned by Lowry or as substantially negative as those envisioned by Buttenwieser and Gans.

On the other hand, none of these guesses about possible negative or neglible effects leads to a conclusion that the litigation should not have been brought. It may be that in terms of improving the foster-care system the benefits of better fact-finding would have outweighed any potential costs. Our concern, however, is to ensure that considerations such as these are adequately considered by lawyers in the decision to file lawsuits and are adequately understood and explored by the judges in reaching their decisions. Many litigation decisions have to be made without adequate information, on the basis of best guesses or value judgments. The critical factor in determining the wisdom of litigation may be the process by which these guesses are made by the lawyers and by the courts. We look at these process issues in a later section.

The Consequences of Creating a Legal Right to a Hearing

In considering the virtues and vices of litigation for resolving issues like those raised in OFFER, it is essential to go beyond the capacity of courts to make a wise factual determination on whether hearings are beneficial. For a legislature faced with the question of whether to require hearings, the issue is purely a factual one—whether they will improve the system.

Courts, on the other hand, do not receive questions in the same form that legislatures do. Litigants must frame questions in the language of rights or legal obligations—common law, statutory, or constitutional—to get a court's attention. To grant the plaintiff's request the court must find that a *right* exists, not merely that the plaintiff's claim makes good sense as a matter of public policy. This need to rule in terms of rights has broad implications in evaluating the wisdom of relying on litigation.

Because of the necessity of finding "rights," the district court in OFFER had to deal with a threshold question never previously

addressed—whether the nature of the foster-parent/foster-child relationship gives rise to a "liberty interest" under the United States
Constitution—for only if it does could a federal court order a state
government to provide hearings.

The problem with the question about a "liberty interest" or right
is several-fold. Most fundamentally, of course, it is a question that
only a lawyer could love and has very little to do with a wise resolution of the issue of the desirability of hearings before a child is
moved from one placement to another. If the issue had been put to
a legislature, the threshold question would merely have been something like this: Does a child, long in foster care with a single set of
foster parents, have enough at stake in a transfer either to its biologic
parents or to other foster parents that we are concerned about the
degree of care taken in the agency's decisionmaking? At least in the
case of an intra-foster-care move the question is easy to answer. Even
Fanshel would not deny that Danielle Gandy, after four years with
the only parent figure she had ever known, had much at stake in a
transfer.

The problem with the threshold question in OFFER is not merely
that it was largely irrelevant to a sensible resolution of the narrow
issue. It's worse than that. The problem is that if the federal court
has to decide that the foster-parent/foster-child relationship stands
in a protected position under the Constitution, further results are
likely to flow from such a decision. This is especially true if the right
belongs to the foster parents. Once they have an interest in the child,
it is not at all clear that their interest will be limited solely to the
right to a hearing. Specifically, despite the holding of the district
judges, once a court decides that a foster parent (or a child) has a
"liberty interest" in the foster-parent/foster-child relationship sufficient to require a preremoval hearing, the next step is for a court to
hold that the "liberty interest" affects what the issue will be at the
hearing. The complaint in OFFER only requested hearings. Nonetheless, the thesis of Lowry's case was that the emotional ties between
a child and long-time foster parent were sufficiently strong that they
should not be broken without careful deliberation. The constitutional claim of plaintiffs was for the protection of the child's interest
in being part of a family. The NYCLU was attempting to broaden
the definition of family to include foster-parent/foster-child relationships. Once a court recognizes this constitutionally protected inter-

est, how easy it is to argue that a state should have to offer very good reasons for removing the foster child at all.

It was this aspect of the case that most alarmed Buttenwieser and Gans. Buttenwieser did not want anyone to have "rights" in children. She felt that recognition of rights would inevitably move the focus of decisionmaking away from the child's best interests. Gans was concerned that any such rights would inevitably undermine the status of biologic parents, to the detriment of parents and children alike. The potential implications of admitting that a right existed prevented any settlement of the case and kept Gans from conceding that hearings made sense in intra-foster-care moves, a position she in fact accepted.

The creation of a right might well have had other impacts throughout the system. It would certainly be relevant to parents thinking of *voluntarily* placing children into foster care. Many poor parents need to use foster care in times of personal crisis. Yet, they might be reluctant to do so if they were warned that they might have to go through a hearing to regain custody. It would also affect the policy of adoption agencies with regard to use of foster homes as preadoptive placements. While the exact impact cannot be known, good and bad effects can be envisioned, with good reason to expect a mixed outcome.

The implication of finding a right can also affect the judicial process itself. In some instances it can serve as a deterrent to judicial action. It seemed to bother Justice Brennan, for he claimed in his opinion that any recognition of rights for foster parents or the "foster family" would necessarily conflict with rights of the biologic parents, a worry that would be significant only if the recognition of the hearing rights for foster parents also foretold substantive rights as well. Thus a court, worried about the implications of even a limited holding, might deny relief altogether, even though it believed that hearings were desirable.

In addition, the presence of the overriding legal issue can impair the fact-finding process of the courts. As indicated, even if there is, or should be, a right to a hearing in some cases, it still has to be decided when such a hearing should be required and what type of hearing is needed to protect any interests at stake. The lawyers in *OFFER* brought to the court very little information about the incidence of transfers of children or the issues raised in the outcomes of the preremoval conferences and hearings currently in operation inside and outside New York City. And the court itself, true to form as a common-law court, did not request such information from the parties. Perhaps the judges and the parties, or at least some of them, would have given more attention to these other matters if the threshold question about the foster-parent/foster-child relationship had not loomed so large.

We may be making too much of the problems posed by the threshold question in *OFFER*. After all, the lower court decided that hearings should be held without granting foster parents any special constitutional status. Neither did it decide on the substantive standards to be applied at such hearings. If the Supreme Court had affirmed just that part of the decision that required some sort of hearing, then the *next* court—a court in Pennsylvania or Arkansas or wherever—that dealt with an attack on its state procedures for transferring children would not have had to worry about the threshold question. So freed, the court and the litigators could have concentrated on the issues the *OFFER* court did not address. However, it is difficult for courts, faced with claims of rights, to so limit their decisions. Justice Brennan thought that it could not be done in *OFFER*. We suspect that many children's rights cases present courts with a similar problem.

The limits imposed on judicial resolution can be contrasted with the wider options available to a legislature, which does not have to think in terms of rights. A legislature could enact legislation to require hearings, while retaining a heavy presumption for returning children to biologic parents or a simple "best interests" test regarding transfers. A state legislative decision can be structured to reflect local conditions as well as state substantive laws. A statute can also be repealed or modified if it works out poorly. A federal court, ruling on a constitutional issue, without evidence of the likely nationwide impact of its ruling, lacks the ability to tailor its response carefully to the conditions in a single state, and the decision is not easily modified.

Whether a legislature *would* have spent time on these other issues is a different question. Many of our state legislatures meet for only a few months every other year and the legislators are not able to give thoughtful consideration to any more than a few issues a year. A legislature might never give an issue like foster care any time at all. However, once on the legislative calendar, the type of constitutional rights that made *OFFER* so controversial need not have even arisen, thereby improving the chances of devising a sensible solution.

A Piecemeal Approach May Not Improve the System

While in one sense the question presented to the district judges and the Supreme Court Justices in *OFFER* forced them to address an initial question that was discomfitingly broad, in a different sense, the issue put before the judges could be claimed to be too narrow— or at least far narrower than the one a legislature or legislative commission might have addressed. Lowry, in her pleadings, claimed that the foster parents and children were entitled to preremoval hearings. She framed her question the right way and became entitled to a response from a court—do her clients get hearings or not?

If the questions had been addressed to the legislature, the process might have been quite different. Legislators or a law-revision commission considering a bill seeking the same end might, it is true, simply have voted for or against hearings. But they might well have gone beyond this and said to themselves, "The problem of Mrs. Smith and the Gandy children seems to us a symptom of several large problems. Let's understand *them* first." They might then have tried to address the transfer problem not simply by mandating hearings for unhappy foster parents but by one or more of the following approaches: they might have tried to make certain that fewer children ended up in the Gandy children's position by seeking ways to reduce the number of children brought into foster homes initially or to speed the return of children after removal by better programs to work with parents; they might have required mandatory reviews of the status of children in foster care and a confrontation of the issue of termination of parental rights in all cases after twelve months or eighteen months (so that cases like Mrs. Smith's could not arise very frequently); or they might have tried to ensure that the reviews already called for in New York at eighteen months actually occurred when they were supposed to.

In the end, hearings might be thought a wise part of the solution, or even as much of a solution as the legislators would have wished to enact, but the vision of the legislators need not be as tunnelled as that of a court. And, in fact, in New York State, legislative committees have considered and rejected bills to require hearings throughout the state similar to those held in New York City. According to legislative counsel, they focused instead on more direct measures for assuring that children do not languish in foster care.

To be sure, Gans tried to expand the district court's vision when she filed her cross-complaint about the treatment of the biologic parents. Predictably, the judges rejected an opportunity to see the issues more broadly. For them, it is more comfortable—and customary—to keep the issues narrow. But even if they had accepted her cross-complaint, the district judges would have remained with a far narrower range of cures at their ready disposal than a legislature. Gans wanted more warnings for biologic parents about the effects of placements, more pressure on the agency to maintain contact between biologic parent and child, and so forth. Her demands were primarily for procedural protections, but as we have seen, such issues were only a part, and a small part at that, of what the New York legislature might have considered to be a solution to the structural problems implicit in the foster-care system, as represented by the Gandys or the Wallaces.

This point needs a little amplification. Public-interest lawyers in debating what sorts of cases to bring, sometimes compare the virtues of the single-issue or "snapshot" suit, such as *OFFER* as filed by Lowry, with the many-issue suit, such as that contemplated in Gans's cross-complaint or that actually litigated in *Pennhurst*. This is an important tactical debate for lawyers. The point here is simply that, at least as to the range of possible solutions to a problem, even the many-issue suit typically cannot place a court in the same position as a legislature. The problem is not merely that courts cannot make direct appropriations; the problem is that only the most audacious courts in their most fanciful moments can persuade themselves that certain reforms are necessary to vindicate or protect "rights," which is the way that relief from courts must be cast. Moreover, many of the "ideal" reforms require altering several parts of the system at once. For example, it may make sense to strengthen the rights of foster parents in a system that limits the need for placement and helps biologic parents regain custody. However, unless changes can be made simultaneously, just strengthening foster parents' rights may actually make matters worse. Legislators can make simultaneous changes; courts rarely can or do.

Losing Control

One other potential problem with litigation derives from the limited power of litigants once a case has been filed. Lawyers can bring cases but they can not always control them. Litigation brought with the soundest of goals may ultimately take a form unpleasantly different from that envisioned by the lawyers bringing the case. This, in fact, happened to Lowry. She started off representing both foster parents and foster children with the intention of representing only the children if any questions were raised. In the end, Lowry wound up representing the foster parents only and the appointed representative of the children rejected Lowry's position. In addition, the three-judge court ordered hearings in all cases, a position which none of the parties requested and which may well have damaged Lowry's case at the Supreme Court. Moreover, judges can frame issues in ways the litigator does not want. Even though Lowry only wanted procedural rights, a judge might well have gone on to add substantive rights.

To be sure, the litigation process may be no worse in this respect than the legislative process. A proponent or drafter of legislation does not have proprietary rights to a bill once it is introduced. Complex legislation often goes through an amendment process that alters the bill substantially. It is probably rare, however, that in the give-and-take process of a legislature, legislation is passed that makes the situation worse from the original author's perspective.

• • •

In sum, we believe that there were substantial costs, as well as potential benefits, from this litigation. It seems clear that at least in some cases, Mrs. Smith's being a good example, agencies were taking actions that were detrimental to children. From Lowry's previous experience, she had every reason to believe that this was not a totally isolated incident. Moreover, she did not ask for hearings in every case. She wanted hearings only if requested by foster parents who had custody of a child for at least a year. These would probably include most cases where the ties were very strong. It seems unlikely that Lowry believed that the procedures she sought would end bad decisionmaking, but they might help in the most egregious situations, the long-term care cases. And she saw this as a small case.

Lowry's assessment might have been correct about the smallness of the case, if her complaint had been limited to intra-foster-care transfers, and if requiring a hearing had not required judicial recognition of a constitutionally protected relationship. So limited, the major negative consequence to consider was the impact of delay in situations where the child was at some risk, and even this problem could be relieved by special rules for emergency situations. And it is possible that for intra-foster-care cases a clear and sensible set of substantive standards could be developed. It is also possible that even the "rights" issue could be limited, if the right only existed when the move was intra-foster care.

The most serious problem comes with the inclusion of biologic parents in the suit. The issues are far more complex in such cases. It seems extremely unlikely to us that anyone could have determined what the likely impact of the suit would have been on children if hearings were required in these cases. For children long in foster care, careful decisionmaking certainly makes sense. However, whether a child should be returned to a fit biologic parent from whom he or she has been separated for years is much more a political than a factual question. Due-process hearings could not resolve the major philosophical issues, nor, in all probability, the issue of where the child would be best off, which involves value choices as well as factual questions.

In light of the uncertainty over the appropriateness of judicial determination of this issue we explore in the next section the process by which the decision to file the case was made. We do so not to resolve the issue of whether it should have been brought. We do not believe it important, at this late date, to make such a judgment. Instead, we wish to see whether the process facilitated a full consideration of the costs, as well as the benefits, of the litigation. We believe that the case selection process is a critical aspect in the structure of public interest litigation, especially in the children's rights or welfare areas, where there are often competing considerations.

The Case Selection Process

When OFFER was brought the Children's Rights Project was young and its focus uncertain. While Lowry and Ira Glasser, the NYCLU director, were concerned, in general, with problems in the foster-care system, they did not have a well-formulated theory of child development or children's needs to serve as a backdrop for decision-making about cases to file. If there was any general strategy, it flowed from the view that hearings and other aspects of due process were good, in and of themselves, whenever important interests were at stake. At this stage, the Project had not developed a number of areas to attack in a concerted way. Thus *OFFER* was not a case where a public interest organization was aware of a problem, had developed an approach to attacking it in the courts, and was waiting for or searching for a client.

Instead, the case arose because of a complaint by one individual, an attractive individual with a compelling complaint. Lowry's initial checks were on Mrs. Smith, to make sure her complaint was valid. After checking the facts, she decided to bring the case. The consultation process stopped with Glasser. No one outside the NYCLU itself was consulted. The Board of the Civil Liberties Union did not exercise any prior approval. It functioned primarily to give broad policy directions, not to assess the wisdom of individual cases. There was no separate legal committee who reviewed cases prior to filing. If staff had doubts about a case, they talked with the Chairman of the Board to see if the case fit into a general policy area.

Before filing the case, neither Lowry nor Glasser saw any need to consult with child development experts about the likely impact on children. They were not alone in this regard. Gans and Buttenwieser also entered the case without clients who gave them instructions about a position to take and without consultations with nonlawyers who were especially familiar with issues of child development. Buttenwieser relied on her experience with the agencies and Gans drew her perspective from Legal Services cases and from other colleagues in Legal Services.

Even after the case was filed, none of the lawyers saw any need for expert advice for guidance regarding the positions to advance. Lowry and Gans sought experts sympathetic to the position they had already decided upon. They used experts exclusively for adversarial purposes.

Would a broader consultation process have had an impact on the decision to bring the case or the litigation strategy? Perhaps not. None of the protagonists has altered his or her basic perspectives today, even though they all have a good deal more knowledge now.

To a significant extent it is philosophical, not empirical, differences which distinguish their views. However, given the scope of the interests at stake, a different case selection process might significantly improve the likelihood that children's rights litigation would, in fact, benefit children.

A broad consultation process may be particularly needed and appropriate in cases involving children, especially cases such as *OFFER*, *Bellotti*, or *Pennhurst*, which involve broad issues of policy in addition to narrow factual questions. It is difficult to form a wise position on policy simply by understanding one specific client's needs.

Consultation may be important for one other reason. We discuss in the next section the appropriate role of the lawyer in children's rights litigation. We conclude that an adversarial stance is inevitable, and probably desirable. An adversarial posture requires a lawyer to present the court with a one-sided version of the issues if that is what is needed for him to succeed for his client. The lawyer is not using the legal process to explore the best solution; the goal of litigation is to persuade the court to sanctify and compel one side's preconceived view of the "right" solution. It behooves public interest lawyers, representing large classes of people, to be fairly certain of the wisdom of their position before undertaking the litigation.

Of course, certainty about the correct solution is a rare commodity. This is especially true with regard to issues involving children's well-being. There is no consensus among experts, so how can lawyers be certain? Nonetheless, a broad consultation process, with people from many disciplines, may at least help lawyers see the question from perspectives which may not give as much weight to legal values (such as procedural fairness) as do lawyers.

Such advice could be sought (and has been sought by many public interest litigation organizations, including the NYCLU) at a number of different points. Various types of advisory groups could help litigators decide on the broad areas in which the organization ought to be involved, suggest priorities as to issues within those areas, help decide whether or not it is wise to become involved in specific cases, or advise on the strategies to use once a case has been brought, including what types of settlements to accept. Obviously different types of advisory bodies might be more or less useful depending on which of these functions they are expected to serve.

At least several mechanisms might be used to institutionalize a wider consultation process. The most common structure now found in public interest organizations is the use of a Board of Directors, which sets broad policy for the organization. While many such boards are active primarily as fundraisers and figureheads, if the members of the Board had diverse backgrounds and substantive knowledge of child welfare, they could be helpful in setting general policy and in deciding on priorities within those areas.

Boards of Directors are often less useful in approving or disapproving specific cases, although some organizations use them to do so. The difficulty of assembling the Board, the need for fast decisions in some cases, and the desire of staff attorneys for autonomy are just some of the barriers. However, in cases that raise difficult issues members of the Board could be contacted informally for reactions to a proposed case. If the Board includes people from many disciplines and viewpoints—suppose both Fanshel and Goldstein had been on the Children's Rights Project Board—a range of perspectives could be provided to the attorneys. In addition or as an alternative, a litigation committee, made up of a subset of the Board, might play a more active role.

Another mechanism to help in selecting appropriate issues and strategies best designed to help children might be a process of both formal and informal consultation among lawyers in various organizations doing litigation on behalf of children. In individual cases consultation would provide a variety of perspectives on the benefits and costs of the litigation and help in developing litigation strategy. It would allow organizations in one state to learn of the possible consequences of a specific holding on other states, which is particularly necessary in federal litigation, where decisions often have national impact. It could also facilitate some concerted efforts at systemic change.

Beyond consultation in individual cases, it might be useful for people from various children's interest litigation organizations to meet regularly to discuss areas that call for legal response, to develop strategies for litigation and alternative responses, and to coordinate activities. Nonlawyers knowledgeable about child welfare might attend these meetings to present their views on problem areas and to help assess the wisdom of proposed litigation strategies. It might be that some foundations which provide support for these organizations would also participate.

Finally, where resources permit, litigation organizations could add nonlawyer, child development specialists to the staff of the organization. This is already done by some children's groups and by public interest groups in other areas, such as environmental organizations. These specialists can provide a different perspective on proposed litigation as well as help in the development of the litigation strategy after a case is brought.

We recognize that there are disadvantages to such processes. Consultation is time-consuming and for a litigation organization with a large number of cases the demands on lawyer time may be too great. For organizations like the Children's Rights Project, which get involved in a diverse range of cases, it may be difficult to establish a Board with sufficient expertise. Learning enough to be helpful in each case may require more time than most Board members are willing to give. In addition, since there is little consensus among child development professionals on many of the controversial issues which might come to litigation, a consultation process may become self-fulfilling, since lawyers may choose to consult only experts who share the lawyers' views.

The NYCLU Children's Rights Project did experiment, for a period, with establishing a special advisory committee of child development experts to talk both about specific cases and general issues. However, Lowry felt that the committee was not especially helpful because "everybody knew what everybody else had to say," and the committee could not develop any specific functions. Moreover, Lowry believes that the NYCLU's litigation did not "raise such sophisticated issues that you need development experts." Perhaps if an organization's goals are more philosophical, advice from people with backgrounds in child development has less value.

For all this, we believe that substantial consultation is critical, especially in the children's area. A public-interest lawyer, on the basis of his or her own agenda, can set in motion a process that affects the lives of large numbers of people not party to the dispute. Moreover, litigation has a much greater potential for an all-or-nothing outcome than does legislation. Given the complexity of many issues and the absence of clearly correct solutions or a client who can define his or her interests, a broad consultation seems particularly appropriate.

The *OFFER* Court: Judging the Judicial Process

For litigation to be an effective means of benefiting children, not only must "good" cases be brought, but courts must also be in a position to explore adequately the complex issues put before them. We have already discussed the problems courts face in having to fit decisions into a "rights" framework. In this section we explore the way courts and litigants function once litigation is brought.

Cases such as these often require courts to learn about complex institutions, make rulings that affect many people not directly part of the suit, and fashion remedies which require ongoing supervision or involvement of the court. How well courts can perform these functions is critical to assessing the utility of litigation.

The three district judges in *OFFER* began the case with little knowledge of the foster-care system. They were asked a narrow question—should hearings be required before the state can move a child long in foster care to another setting? It was nonetheless a question that invited them to understand the complex context within which those transfers occur. Looking at the court as a decisionmaker about an issue of public policy, did the court learn enough about the considerations involved before reaching a decision? More broadly, do current trial and discovery procedures lend themselves well to an adequate presentation of needed information? Finally, to the extent that there are inadequacies in the way courts or attorneys approach these issues, can improvements be suggested?

Louise Gans expressed her own views about the court's performance in *OFFER* in very strong terms:

> I think that the case really demolished my faith in the legal system, even though I won. I think that was partly because I was too naive before. The whole decisional process is too fragile, too random.

We would not express nearly so negative a view but we do believe that the judicial process in this case failed in many respects—that it is "fragile" and often "random." Our conclusion is *not* that better decisions can routinely be expected from legislatures or agencies, but rather that insofar as courts become involved in resolving these types of issues they need to develop ways of assuring that they receive

137

and make use of better information. We believe that in *OFFER* the judges performed poorly in securing adequate information and in understanding the consequences of their decision on the parties and the entire child welfare system.

As commonly conceived, most people assume that legislatures can have access to a greater range of information than is available to courts, even if they fail to use it. At least on the surface, however, there appears little reason why the information made available to the court, at least in a case like *OFFER*, should have been qualitatively inferior to that which is available to the legislature. Indeed, there was something especially promising about *OFFER* in this regard, for the appearance in this case of separate counsel for the biologic parents, for foster parents, for the children, and for the City and the State offered an unusual opportunity for the court to obtain a well-rounded view of the issues.

Theoretically, the issues in the case also permitted a broad range of evidence to be considered. In deciding, for example, what sorts of hearings to require, the federal court could hear and consider relevant the practical difficulties and financial costs of elaborate hearings, the very sorts of pragmatic problems that the legislature would have to face. The subject matter of *OFFER*, or at least one of the subjects, was also promising. Judges are at least as likely, and in general probably more likely, to have a grasp of the ingredients of decent hearing procedures than legislators are.

What is striking about *OFFER* is how poorly the process of litigation served to bring before the judges the factual material that would be relevant to a wise disposition of the case. This is deeply unfortunate for, through Lowry's and Gans's efforts, the court was offered a great deal of material from some most distinguished mental-health professionals and social-science researchers.

As mentioned earlier, factual material (other than that about the named plaintiffs) was presented at three stages in the litigation: in affidavits attached to motions, at a one-day hearing before the judges, and in the "depositions" taken after trial and accepted as "evidence" by agreement with the judges. This material was later excerpted in a Joint Appendix for the Supreme Court.

By far the bulk of the factual material included in the Joint Appendix came from the one-day hearing and the depositions. Neither proved very satisfactory as a vehicle for bringing to the judges the information they needed. The one-day hearing we have already described at some length. It was important because it was the only occasion when the lawyers addressed all three judges, but it was hastily convened without a clear understanding among the lawyers or judges about the scope of appropriate testimony. The judges heard testimony from one of Lowry's experts on child development. They heard no experts from the other side. Rather they spent most of the rest of the day hearing Lowry's and Gans's named clients and a couple of agency directors, without any basis for knowing how representative these families or agencies were and without even getting a very rounded picture of either the families or the agencies. As a one-day introduction to a subject about which they knew very little, the hearing is at best an embarrassment.

The deposition material is by no means as chaotic as the testimony at the hearing. However, the odds seem high that the judges themselves read very little of the seven hundred or so pages of depositions. Lowry and Hoffman regarded this time-consuming phase of the case as largely a waste of time. Buttenwieser ignored the deposition sessions altogether. Gans considered the material on attachment of children to biologic and foster parents critical to her case and enjoyed deposing the witnesses (and especially cross-examining Goldstein and Solnit) but was never certain of the impact of the material on the judges. Judge Carter said that each of the judges wrote a preliminary memo outlining his position in the case shortly after the one-day hearing and that positions did not change following the receipt of the depositions.

In the end, the total record submitted to the judges consisted of the affidavits and the hearing and deposition transcripts. *OFFER* was a small case with a seemingly manageable issue, but its record sprawls without direction for over a thousand pages. The three-hundred page Joint Appendix submitted by the parties to the Supreme Court that was to capture the essence of the proceedings below does so too well. It is a cut-and-paste collage of anecdotes about the named plaintiffs and bits and snippets of experts' views about all the general issues any of the parties considered important, arranged chronologically in order of their submission to the district court, not at all by subject matter.

Many factors contribute to the unsatisfactory quality of the record in *OFFER*. One problem Congress has already cured. Three-judge district courts are no longer convened in cases in which the constitutionality of a state statute is being challenged. Although the three-judge panel was always permitted to delegate to a single judge the hearing of testimony, the three-judge court was an anomaly for American courts. Due to the time involved in getting judges together, most judges treated such cases as raising strictly legal issues about which extensive testimony was unnecessary, even inappropriate. This was Judge Carter's view. He recalls that the only factual question he had was "in what period of time does a child develop a strong relationship to the foster parents." For him, this period defined the point at which the child's "liberty interest" matured. After that point, hearings logically followed, in his view and apparently in Judge Lumbard's as well.

A second problem grew out of one of the case's virtues. The fact that there were five parties and five attorneys meant that all points of view were more likely to be presented. It also meant, of course, that every witness called by one party was cross-examined by four others. Thus, at the hearing, Buttenwieser called one witness of whom she asked only a few questions but the cross-examination lasted half an hour. At both the hearing and in the depositions, the simplest testimony was pulled apart several ways. As Hoffman recalls it, "Every time someone sneezed, the 'gesundheits' took ten pages of transcript."

Yet another problem with the record is that it is the product of the efforts of a group of lawyers only one of whom, Gans, believed that it was important for her case to develop factual materials about child development, attachments, the quality of existing hearings, and so forth. The others shared with the judges the view that the issues were largely ones of law, resolvable by turning to other court opinions. Although Lowry believed that evidence about the potential harms of moving children was relevant, she believed that the harms were so obvious in a case like that of the Gandy children that she didn't need many witnesses. She did not try to document a pattern of abuses, in cases similar to the Gandys', even though such a pattern might have helped at the Supreme Court. Because of the attitudes of the lawyers, the experience in this case tells us less than it might about what the experience might be in a case in which all lawyers from the outset believed it important to educate the judges about the real-world setting of the issues before them.

But some other problems with the OFFER record might well have arisen even if the case had been solely before one judge and all the lawyers had wanted to educate the judge about the issues.

One such problem is posed by the inevitable interaction of issues of fact and issues of law. It is very common for judges to admit enormous amounts of expert testimony at trial without resolving in advance what sorts of evidence will be relevant under the law they are applying. In OFFER, not until the court issued its opinion did the lawyers know whether the judges believed that evidence about the emotional costs of removal to children was relevant to the issue of rights under the due-process clause. At several points in the hearing, as you will recall, Judges Carter and Pollack registered uncertainty about the relevance of various testimony to the constitutional issues. Unclear about the relevance of what they were hearing, it is likely that the judges listened less carefully to it. By the time they had received written briefs on the issues and had formed views on the constitutional issues, how much did they recall or dip back into the evidence presented?

A second problem is larger. It is, quite simply, the lawyer's traditional role in the adversary system. None of the lawyers involved felt any obligation to put before the judges a rounded view of issues. Truth emerges from the clash, not from each combatant. Buttenwieser, appointed by the judges to represent the children, might have assumed a different, more nearly neutral role, but chose instead to adopt a traditional advocate's posture. Lowry, in the early months of the case, fought to persuade the court to deny Gans's motion to intervene and later to keep Buttenwieser from appearing. In each instance her objective was to keep the court from hearing other views than her own. Even later, at trial, Lowry successfully cut off Gans's efforts to put one client on the stand, because Lowry didn't want the emotional impact of her own witnesses diluted by an emotional impact of Gans's. Gans also tried to limit the fact-finding process by arguing for the court to abstain from looking at certain questions. Kantor objected throughout the one-day hearing to much of the information being requested. In all these actions, all of the lawyers were acting in the finest tradition of the legal profession.

It is in part this same tradition of each lawyer with an unalloyed loyalty to one party that produces a record as disjointed as that in OFFER. Attorneys present their evidence in a prescribed order that bears no necessary relation to a coherent presentation of testimony. Moreover, none of the attorneys is responsible for disinterested synthesis at the end. The largely irreconcilable testimonies of Goldstein and Fanshel remain simply that. The lawyers, of course, write briefs that may summarize the testimony but they do so trying to *appear* to synthesize while in fact slanting everything their client's way as far as possible. These are old complaints but they nonetheless have force. The tradition of leaving the dispassionate synthesis entirely to the judges (or jury) has probably served our nation reasonably well when the question was, "Did X kill Y?" or "Did X use reasonable care in driving his automobile?" It is far less clear how well it serves us when the issues are murkier, more complex, and less within the common experience of the fact-finder.

The judge is in a further peculiar role in these cases. Expected to be "active" after trial at the fact-finding stage, resolving the conflicting positions put before him by the parties, he is at the same time generally expected to be passive up to that point. Pervading the transcript of the hearing in OFFER is a sense that the judges accepted wholly the premise that it was entirely up to the lawyers to decide what evidence to put before them. They themselves took no responsibility for making the process flow and little responsibility for making certain that they learned enough. And, of course, in an important sense the judges were right: the judge in an Anglo-American court is observer and arbiter, regarded with some suspicion when he steps in to ask too many questions or calls witnesses on his own.

By the unconscious design of a thousand years, Anglo-American judges have evolved a hearing system with no one in charge of ensuring that they make adequately informed decisions. The individual lawyers' only obligation is to put on the best case for their own client and do all they can to make the other side's case seem less impressive. The judges are vessels receiving what the lawyers pour in. In the federal district court, there is no one comparable to a congressional committee's staff director who fixes a hearing schedule for the legislators. And, of course, in one sense, it is healthy that there isn't, because staff directors have their own political views to push, but as we discuss in the next section, judges might wisely become more assertive in the future about the information they receive.

We've complained about a lot—about the distracting quality of the threshold issue, about the unfortunate format in which evidence was presented, about the failure of the adversary system to generate a coherent record. For all this, a case can be made that, at least as to what was put before the judges and Justices as the core issues in OFFER, the jurists themselves did a creditable job. Consider the majority opinions in the district court and the Supreme Court. Judge Lumbard dealt in a few sentences with the hundreds of pages of testimony about attachments of foster parents and foster children and the probable impacts of moving children long in foster care. For him the central message that had come through was that moving a child long in foster care was likely to be an important event for the child, even though the degree of importance was unsettled among the experts. From this flowed two conclusions—first, that care should be taken in the decisionmaking (hence hearings should be held and held before the move takes place), but second, that the state remained free to determine what the standard would be at the hearing (free, that is, to read the conflicting evidence as it wished). Lumbard had no need to resolve most of the conflict among the experts because he avoided taking it upon himself to define what the substantive standard would be at the transfer hearing. In many respects he adopted Lowry's view that, given the interests involved, due process can't hurt.

Similarly, Justice Brennan's opinion contains an impressive discussion of both the goals and shortcomings of the foster-care system and the attachment that may develop over time between a foster parent and a child. It was a discussion that both Gans and Lowry found gratifying.

So why are we complaining? Part of the problem is that if not in this case, then in the next, a court will be invited to address the question of the substantive standard and, at that point, the judges will not be able to get by with as superficial a reading as Lumbard found permissible. The need for subtlety and sophistication in the evidence presented to judges will be especially great regarding issues relating to children, where such disagreement persists about so many fundamental questions. Another reason for complaint is that, as to OFFER, even if a case can be made that the two courts made reasonably good use of the material relating to child development, they had before them far less useful information about the existing hearing process or possible alternatives. The district judges' ill-conceived "every-time" rule—a hearing for every transfer—may have come about because of the limited amount of data they had regarding the number of transfers occurring each year or the reasons for their occurrence, data which at least the City and State might have provided, albeit at some expense.

Suggestions for Change

What changes would we thus suggest? One would be to encourage a more active role for judges. Judges need to recognize, as most undoubtedly do, that they are not simply adjudicating a contract dispute between two private litigants. They are making decisions directly affecting many people's lives. Recognizing this, they must take into account the fact that the lawyers will not, unless changes are made in the nature of their roles, assure that the court will receive all the needed information. Abram Chayes, a Harvard law professor, has written of the need for judges in "public-law" litigation to play an active role in the process of negotiation and in working with lawyers on matters of disposition. He has also suggested an enhanced role in the evidence-gathering stage as well. We agree.

The appointment of Buttenwieser as counsel for the children, whatever its motive, was a step that did produce for the court some additional information and a different point of view. In future litigation in which lawyers appear in court purporting to speak for a large class of children, it might routinely be wise to appoint additional counsel, believed by the court to have a different perspective than the lawyer filing in the children's name, a lawyer who would bring to the court his or her own perspective on the interests of the children. This seems sensible, for in so many of these cases—look, for example, at the five cases we studied here—there is more than one view about children's needs. A statute might provide that the lawyer be permitted access to named plaintiff children, be allowed to present and examine witnesses, and, gulp, be paid at a decent rate.

What other steps can judges take? One is to immerse themselves early enough in a case to make clear to the lawyers what sorts of evidence they, the judges, want to hear, what issues they expect to be addressed. Judges might also expect to take a more active role in questioning witnesses. On occasion, they may wish to summon experts of their own.

Counsels' actions in *OFFER* inspire a further idea. In the district court Lowry and Gans filed separate post-trial memoranda at the end of all the discovery that summarized, from each of their perspectives, the expert testimony in the case. They are impressive documents. Judges might wisely invite all attorneys to prepare such briefs, directing them to address adverse as well as favorable material.

Another change would reflect the fact that, at least as to remedies, judges are exercising a legislative or administrative role in such litigation. Perhaps then, some aspects of legislative decisionmaking would be worth adopting. Legislation rarely emerges from the legislative process in the same form in which it enters. Bills are regularly amended, sometimes reflecting political compromises, but often due to new insights provided by different people examining the likely impact of the proposed bill. Agencies publish proposed rules for comment before promulgating them in final form.

There is no reason courts cannot develop a process under which they engage the lawyers in an evaluation of the route the court is thinking of adopting. Judges can issue intended decisions for response by the parties. This may trigger the lawyers to provide new information (such as the likely impact of an every-time rule in *OFFER*) or enable the parties to work out a solution more acceptable than that proposed by the court. Judges might wisely go beyond and hold a day of discussion with the attorneys about the evidence, with the judges letting the parties know the conclusions they are beginning to draw or the doubts they have or whatever. In *OFFER*, judges and lawyers talked very little. The "evidence" had all been taken by the summer of 1975 and the lawyers never heard another word from the judges until a decision appeared eight or nine months later.

Another possible change that could be suggested is to alter the expected role of the lawyers, making *them* more responsible for ensuring that the judges receive a full view of the issues. Justification for a special role might come from the fact that in many such cases the lawyers are holding themselves out as representatives of "public" not "special" interests. Does that position demand a greater concern for educating the court? Moreover, many public interest cases involve class actions, with the lawyer often representing unknown people whose views cannot be ascertained. In fact, the lawyers may be largely on their own once the named plaintiffs get what they want—we have already indicated that Mrs. Smith totally deferred to Lowry and that *OFFER* was in large part a paper organization. Are lawyers in such situations different from other lawyers? If so, does this difference call for different ethical standards? Justice Brennan in his mild criticism of the one-sided presentations of the issues by Gans and Lowry seemed to imply that he expected higher standards of them than he would have expected of other lawyers.

We will not try to explore this issue fully here. There are, however, some significant reasons militating against a new role for lawyers. As an initial matter, the lawyers attracted to work as plaintiff's counsel in these sorts of cases tend to be highly partisan. They work at modest salaries (in comparison to most lawyers in private practice) for the privilege of advancing causes in which they believe. Many of them do not *believe* that there are other sides to these issues.

A final reason for not altering the role of lawyers is that it is psychologically untenable. To the extent that lawyers have real clients, especially individual clients, the clients need a sense that the lawyers are loyal to them. And even when the lawyer represents an institutional client—the state—it is, as prosecutors often relate, extremely difficult to be both an advocate for conviction and a dispassionate participant assuring fairness to the other side. In the end, it may well be wisest to leave the lawyers as they are and to try to alter the judicial role, hearing procedures, and the rules of evidence.

Conclusion

For whatever the reasons, the court in *OFFER* surely made no more decently reflected and informed decision on the issues before it than we could expect from many legislatures. Indeed, New York's General Assembly, through its Temporary Commission on Child Welfare, has given *more* thoughtful consideration to the problem of children in long-term foster care (and perhaps even to the issue of hearings) than did the judges here. More impressive, the Assembly has done so while showing at least as high a level of sensitivity as the court to the needs of the politically powerless children in foster care.

On the other hand, many legislatures and public agencies think about little other than dollars and the needs of the bureaucracy. The child's voice is too faint to be heard. Courts have become a valuable, if limited, forum for nudging government toward more humane treatment of children and families. And while Gans is right—the judicial process is "too fragile, too random"—we believe it possible to make the process more rigorous, more ordered, and more thorough.

PART · IV

Bellotti v. *Baird:*

A Hard Case

Robert H. Mnookin

The Controversy

In August, 1974, notwithstanding opposition by the Civil Liberties Union, Planned Parenthood, and various women's organizations, the Massachusetts legislature overrode Governor Francis Sargent's veto and enacted a new law that explicitly regulated the abortion rights of unmarried minors. The new statute required a pregnant unmarried minor to secure the consent of both parents in order to obtain an abortion or to have a parental refusal overridden by a state court judge. The year before, in *Roe* v. *Wade*[1] the United States Supreme Court had decided that every adult woman had a constitutionally guaranteed right to decide for herself, after consultation with her doctor, whether to have an abortion. In so doing, the Supreme Court had essentially invalidated the abortion laws of forty-six states, including Massachusetts, that had not allowed abortion on demand during the first trimester. But *Roe* had decided nothing about the abortion rights of minors. The new 1974 provision constituted part of the Massachusetts legislature's reaction to the Supreme Court's landmark decision.

Before the new Massachusetts statute went into effect, Bill Baird, a flamboyant champion of reproductive freedom, brought suit in federal court to challenge the law on behalf of himself, his abortion center, its medical director, and two pregnant unmarried minors who had been recruited for the lawsuit. After five years of litigation and six published opinions, the United States Supreme Court ultimately declared the Massachusetts statute unconstitutional in *Bellotti* v. *Baird*. This is the story of that lawsuit and its aftermath.

While there is no single opinion representing a majority view, the Supreme Court's 1979 decision in *Bellotti* has helped to define the abortion rights of minors, and to suggest more generally an emerging law of adolescence. Of special interest and importance is Justice Powell's plurality opinion, representing the views of four justices. His opinion sought to influence the shape of state laws by indicating what sort of juvenile abortion statute would be constitutional. According to Powell, there was no need to equate the abortion rights of minors with those of adult women. But he thought it wrong to require parental involvement in every instance. Instead, a state should permit a teenager to go to court without first consulting her parents and have the judge, on an individual basis, decide whether she was "mature." If so, then she should be permitted to decide for herself whether to have an abortion. If not, then the judge should decide in light of her best interests.

Less than a year after the Supreme Court's decision in *Bellotti*, the Massachusetts legislature in 1980 enacted a revised juvenile abortion law that explicitly followed all of Justice Powell's suggestions, including the distinction between mature and immature minors, which had neither been sought by the plaintiffs nor examined closely by the courts below during the litigation. In subsequent litigation, the Civil Liberties Union and Planned Parenthood, on the one hand, and Bill Baird, on the other, separately and competitively went back to court to challenge the revised statute, but this time without success. Now in effect since 1981, Massachusetts law today requires a pregnant unmarried minor who wants an abortion to choose whether to secure parental consent, or, instead, to go to court and have a judge decide whether she is mature. Several other states have similar laws.

Bellotti v. *Baird* is a hard case, not so much because of legal technicalities, but because of the difficult moral, political, and policy issues that underlie the controversy. In this chapter, I will set the stage for the case study by briefly describing the underlying issues, and introducing the questions and themes to which I will return in Chapter 12.

Moral Philosophy: The Limits of Childhood

Bellotti v. *Baird* poses questions that go to the very definition of childhood: When does childhood begin? When does it end?

There is certainly disagreement about when childhood begins. Many Massachusetts legislators would have characterized the 1974 statute in terms of children's rights and would claim to champion the cause of "unborn children." Their primary concern was to provide the maximum legal protection possible for the fetus, which they would characterize as a child. Thus, like other cases concerning abortion, the controversy here concerns whether and how the state may protect the "unborn" by constraining the freedom to have an abortion.

The 1973 decision of the United States Supreme Court in *Roe* v. *Wade* hardly laid this philosophical issue to rest. *Roe* declared that the constitutional right to privacy was "broad enough," at least during the first and second trimester, "to encompass a woman's decision whether or not to terminate her pregnancy." Justice Blackmun's majority opinion claimed that it was unnecessary to decide precisely when human life began. Instead, after rejecting the notion that the unborn is a "person" for purposes of the Fourteenth Amendment because "the unborn have never been recognized in the law as persons in the whole sense," the opinion nonetheless suggested that the state had an "important and legitimate interest in protecting the potentiality of human life," an interest that "grows in substantiality as the woman approaches term." His opinion concluded, however, that until the fetus was "viable"—roughly the end of the second trimester of pregnancy—a woman's interest in privacy outweighed the state's interest in protecting the potential life of the fetus.

Philosophers and moralists have long debated the morality of abortion and the legitimacy of state intervention to protect prenatal life. There is little agreement, but few suggest that the issue the Supreme Court found unnecessary to decide—when human life exists and becomes worthy of protection—can be so easily side-

152

stepped. And on this issue, the range of opinion is very broad.[2] For example, John Noonan argues that a fetus, because it is a human organism, should be accorded full moral status from conception.[3] At the other extreme, Michael Tooley argues that the moral significance of personhood lies in conscious experience, a stance which makes abortion (and infanticide) morally permissible.[4] The only consensus is that the morality of abortion poses extraordinarily difficult issues. George Sher put the matter very well:

> [T]he possibility of imaginative identification with the fetus and the moral significance of potential personhood are as obscure and difficult as any in the moral sphere; and neither liberals nor conservatives have produced a powerful general account of the moral personhood of normal adult humans. . . . Concerning abortion . . . both liberals and conservatives must in candor admit that the opposition has a genuine chance of being right.[5]

Bellotti v. *Baird* also poses a fundamental question about when childhood ends. *Roe* v. *Wade* had decided that an adult woman has the legal right to decide for herself, after consultation with her doctor, whether to have an abortion during the first trimester. Should the rights of a pregnant minor be identical to those of an adult woman? Parental consent requirements involve the obvious tension between a young person's claim to be treated as an individual capable of autonomous decisionmaking and the family's claim to guide her important decisions. To what extent should the state treat a pregnant minor as a child, and therefore subject to parental control and to special paternalistic protections by the state?

Bellotti posed this question against a backdrop that revealed the tensions among competing legal principles. Adults can give informed consent to their own medical treatment, but minors do not ordinarily have the same right. For minors, the consent of a parent is ordinarily required, absent an emergency or a showing of parental neglect. Some states permit a minor by statute, regardless of age, to consent to the diagnosis and treatment of venereal disease, drug addiction, or alcoholism. These special exceptions reflect legislative concern that in some embarrassing situations the ordinary parental consent requirement might discourage a minor from seeking treatment both personally essential and socially desirable. But the Massachusetts legislature did not create such an exception for pregnant minors and even required the consent of both parents when a minor sought an abortion.

The plaintiffs in *Bellotti* challenged the 1974 statute, claiming that it violated the constitutional rights of pregnant minors. But by what principle was a court to decide the scope of a minor's right? For one thing, the constitutional right to privacy underlying *Roe* was hardly self-defining, especially with respect to minors. Earlier decisions of the Supreme Court suggested that three potentially conflicting principles might be invoked, each entitled to constitutional weight: (1) the primacy of the parental role in child rearing; (2) the state's duty to protect children, even from their parents, notwithstanding the intrusion on parental prerogatives; and (3) the notion that minors have rights of their own and that the Constitution is, as the Supreme Court has stated, not "for adults alone." Should the abortion rights of minors be the same as for adult women? Or should an abortion be treated like most other medical procedures, which require parental consent? Or should there be something in between?

Politics: The War Over Abortion and Family Values

Bellotti implicates abortion, teenage sexuality, and the proper relationship between adolescents and their parents. It is hard to imagine a better formula for a politically difficult case.

Few issues have been as divisive politically as abortion. Opinion polls suggest part of the reason: there is no consensus on what policy is appropriate.[6] Somewhere between 20 percent and 41 percent of American adults now support abortion on demand.[7] A much smaller, but nonetheless substantial minority of approximately 15 percent believe that abortion should never be permitted.[8] There are powerful and well organized groups committed to these polar positions. Feminist organizations, Planned Parenthood, and the American Civil Liberties Union view a woman's right to choose as a fundamental tenet of personal autonomy. On the other hand, a number of religious groups, including the Catholic Church, have made "the right to life" a rallying cry in their attempts to overturn *Roe* and the revolution it created.

About half the adult population lies somewhere between these extremes, finding abortion too sensitive an issue to be either flatly approved or disapproved. For this group, the reason for the abortion and its timing are important factors. Nearly all of those in the middle favor abortion where a woman's health is seriously endangered. Perhaps 10 percent favor abortion for families that cannot afford additional children.[9] Many vary their views depending upon how late in the pregnancy the abortion is to be performed.[10] In short, about half of the population is ambivalent about abortion; they want neither to permit abortion on demand nor prohibit it altogether. The other half have their minds made up, and deeply believe they know the right answer; but they disagree fundamentally about what that answer is. For many voters a politician's position on this single issue may be decisive. What better formula for a hard political question?

To make matters even more difficult, *Bellotti* connects abortion with questions relating to teenage sexuality and parental prerogatives. The 1960s and 1970s saw a sexual revolution in America, and for adults a broad range of legal constraints have fallen away. Not so long ago divorce required a showing of fault, adultery and cohabitation were illegal, and homosexuals were nearly all in the closet. While a majority favor the removal of legal constraints concerning the consensual sexual conduct of adults, greater ambivalence characterizes attitudes towards pre-marital intercourse by teenagers. Many parents have strong feelings about these issues. Some believe that parental involvement in abortion decisionmaking should be required out of respect for parental prerogatives and to restrain adolescent sexuality. Others conclude that such involvement will only hurt adolescents, whose sexual activities will be unaffected by legal requirements or parental intervention.

Policy: The Problem of Unwanted Teenage Pregnancy

Even if *Bellotti* did not implicate difficult moral and political issues, it would nonetheless bear on the difficult social problem of unwanted teenage pregnancy. Abortion has become an important means of birth control for teens, who typically engage in intercourse irregularly and are often careless about contraception. The abortion rules for minors therefore obviously affect broader social concerns. Pre-marital sex among teenagers apparently increased substantially after the early 1970s, and the percentage increase appears to be greatest among younger teens. Notwithstanding the relatively greater avail-ability of contraceptives and abortions, the rates of out-of-wedlock births rose substantially from 1960 to 1980. It is widely believed that many of these are unwanted births, with unfortunate consequences for the baby, the teenage mother, and society.

A fair amount is known concerning teenage sexuality, teenage pregnancy, and abortion. It is useful as background to summarize briefly some of this information.[11]

1. The proportion of unmarried teenagers who are sexually active has risen dramatically in recent years, and the age at which young people first have intercourse has apparently fallen. In a 1979 survey, 48 percent of all females and 55 percent of all males reported that they had engaged in pre-marital intercourse at least once before the age of seventeen. For women, this per-centage was nearly twice the 1971 rate of 26 percent. In this respect, there are differences between blacks and whites; almost three-fourths of the black women surveyed in 1979 reported having had pre-marital intercourse by age seventeen.[12]

2. Many sexually active teenagers engage only sporadically in inter-course—in other words, most thirteen- to seventeen-year-olds who have had intercourse do not do so very often. One survey found that over half of the sexually active teenagers had not had intercourse in the month preceding the interview.[13] A second study reported that white teens on average had intercourse an average of three times during the four weeks before the interview; for blacks, the average was 1.7 times.[14]

3. Sexually active unmarried teenagers are generally "careless" users of contraceptives. A 1979 survey found that over 25 percent of sexually experienced teenagers had never used *any* method of contraception. Half reported they had used no method during their first sexual experience. Only 34 percent of sexually active teens say they consistently practice contraception.[15] Moreover, while contraceptive use has increased consistently during the past decade, there has been a shift away from the use of the pill

(which is the most effective contraceptive) to less reliable methods. Contraceptive diligence seems to improve with age and experience.

4. Interestingly, the failure to use contraceptives is not due to ignorance of, or lack of access to, contraceptives. One survey found that approximately 8 percent of those who had had intercourse were unaware of methods of contraception or how to obtain them.[16] A recent study concluded that "virtually every sexually active young woman knows of at least one contraceptive method (and may know of several), the best known method being the pill."[17] A number of explanations are offered for the low use of contraceptives by sexually active teens. Some young women may mistakenly think they are too young to become pregnant; others may seriously underestimate the risk of pregnancy for themselves. Moreover, for teens intercourse is often unplanned, something that "just happened" on the spur of the moment. The use of the most reliable contraceptive measures—especially the pill—requires that a young woman see herself as sexually active and be prepared to take responsibility for preventing pregnancy. Many teenagers, because they are beginners, do not really think of themselves yet as sexually active even though they have engaged in intercourse. Among those teenagers who actually use some sort of birth control, inexperience may lead to less effective use.

5. The increase in sexual activity combined with low contraceptive usage has not surprisingly led to a substantial increase in the number of unplanned teenage pregnancies since 1960, with the rate of increase greatest among younger teens.[18] Those pregnant teens face the following possible alternatives: (1) The pregnancy can be terminated through an abortion. If the fetus is carried to term, then (2) the newborn child may be relinquished for adoption; (3) the pregnant minor and the father can marry, and together raise the child; or (4) the teenager can raise the child as a single mother, often with the help of her family.

6. The first option—abortion—is frequently chosen. Putting moral objections aside, the sporadic and infrequent nature of sexual intercourse by teenagers, and the unsuitability of the most effec-

tive means of contraception to deal with this kind of sexual activity, have made abortion an important means of birth control. Indeed, the ratio of abortions to live births is higher for teens than for the rest of the population, and the ratio for younger teens is twice that for older teens. (Among girls under twenty, in 1979 there were 1.2 abortions for every live birth, and for girls under fifteen there were 1.4 abortions for every live birth.)[19]

7. For pregnant teenagers who do not have abortions, giving the child up for adoption or marrying the father is an uncommon outcome; instead, single parenthood is the most frequent result. Of the unmarried minors who carry the fetus to term, 96 percent keep the baby rather than give it up for adoption, and a shrinking proportion of these marry the father.[20] The "shotgun marriage" is becoming a thing of the past. Most become single mothers, and the prospects for these young single mothers are often dim. Existing evidence suggests that younger teenage mothers often have great difficulty completing high school, getting a good job, and later sustaining a happy marriage. Many become dependent upon welfare for support—one-quarter are on Aid to Families with Dependent Children (AFDC). Moreover, the AFDC program in 1975 spent $4.7 billion on families in which the mother had given birth as a teenager—approximately half of the total distributed from the AFDC fund.[21]

8. Most teenagers and parents have some difficulty discussing sex. Based on interviews with professionals involved in contraceptive and abortion counseling, I would estimate that between one-third and one-half of the young women who become pregnant will consult with one or both parents before having an abortion, even if not required to do so by law. This means over half would not voluntarily choose to consult their parents. Some of these fear that their parents may try to prevent an abortion. While this might sometimes happen, these fears are usually exaggerated. There is little evidence that parents (including those with religious objections to abortion) very often force an unwilling daughter to carry a child to term. Some pregnant minors fear that disclosure will damage their relationship with their parents, and may lead to punishment or even physical abuse. Many pregnant teenagers who do not consult their parents concerning abortion wish

to avoid the surprise and pain that the revelation of their sexual activity may cause their parents.

9. Most professionals involved in contraceptive and pregnancy counseling think that a teenager should have the support of some adult when she is going through the decision to have an abortion. Many see the participation of one of the young woman's parents as very important—as long as the parent doesn't block the abortion or abuse her. Moreover, it would seem the younger the pregnant minor, the more important parental participation becomes—not so much because the young woman may otherwise be too immature to make a rational decision to abort, but rather because she may have more need for emotional support at the time of the abortion, and may have more need thereafter for closer parental supervision of her social life, realistic advice about birth control, or both. The empirical question then becomes how good such parental supervision and advice is, and how well it is respected by the minor, when she is forced to consult her parents.

Teenage pregnancy received substantial national attention during the *Bellotti* litigation and its aftermath. The subject has been studied extensively, both by Congress, through the congressional hearing process, and by each recent administration, through federally funded research. There is a political consensus that unwanted teenage pregnancies represent a serious policy problem. But liberals and conservatives have radically different views about the causes of the problem and the appropriate policy response.

Liberals tend to see the changes in teenage sexuality as an inevitable consequence of broader social trends, including a more liberal attitude towards adult sexuality. Once restrictions on adult sexual activity are removed, many believe that it is impossible to maintain those restrictions on young people. Minors cannot be expected to blind themselves to the values adopted by adults. Liberals would insulate pregnant minors from exposure to parental hostility and coercion. Because many adolescents have a great deal of trouble discussing sex with their parents, the government should protect minors by supporting sex education programs, counseling, and the dissemination of information about contraceptive use through federally funded clinics. Thus, these liberals believe government policy should be directed at minimizing the personal and societal risks of early sexual activity through sex education and easy access to contraceptives and to abortion.

Conservatives, on the other hand, see such programs as only making the problem worse by undermining parental authority and legitimating the teenager's sexual activities. They view sexual liberation as part and parcel of the decline of traditional family values and institutions. Conservatives claim that by excluding parental involvement in the teenager's sexual education, counseling, and contraceptive decisions, government policies have prevented parental input that could importantly influence the child's development. They believe that the very policies aimed at making it easier to prevent unwanted pregnancies in fact may cause more, by encouraging teenagers to engage in sexual intercourse at younger ages.

Basic Questions and Themes

In complex litigation, the personalities of the attorneys, parties, and judges, their relationships to one another, and the intricacies of the legal proceedings can obscure fundamental moral, political, and policy questions. To avoid this, one should consider the story that follows from three different perspectives, each of which suggests different questions.

First, test-case litigation may provide an opportunity for moral discourse on difficult issues about which there is little consensus. To what extent did the *Bellotti* litigation provide a forum for moral or philosophical dialogue? Did this litigation encourage explicit and serious examination of the difficult philosophical issues about when childhood should begin and when it should end?

The *second* perspective is political. Because the protagonists in this story engaged in a protracted war with battles in different political arenas, the study suggests an essential question about test-case litigation: How does the transfer of a controversy to a court affect the terms of the debate and the relative power of the various actors? The choice of political forum can very much affect who is able to participate, what views are represented, and the relative power of competing groups. Litigation is in no sense neutral—it amplifies the voices of certain actors and groups, and mutes those of others.

160

Bellotti was not simply a struggle between "pro-life" advocates, who wished to defend the 1974 statute, and "pro-choice" activists, who agreed about the appropriate abortion policy for minors. There was a fierce competition among those challenging the Massachusetts laws to control the litigation. On each side were protagonists who had fundamentally different attitudes towards children's rights, the process of social change, and the role of litigation. Bill Baird, an uncompromising radical crusading for sexual freedom, wanted minors to have the *same* abortion rights as adults. He was fighting for the liberty of minors. Litigation was a means of raising public consciousness by generating controversy and publicity. Baird preferred a confrontational style reminiscent of the late 1960s, and was prepared to take risks in the short run in order to force that substantial long run change. By comparison, the Planned Parenthood League of Massachusetts-Civil Liberties Union (PP-CL) forces look more like traditional liberals. Their primary policy goal was not so much to liberate minors but to protect them from harm. Over Baird's objections, the PP-CL lawyers were prepared to negotiate with defense lawyers from the Attorney General's office to minimize the potentially adverse effects of the 1980 revised Massachusetts statute, notwithstanding recognition by the PP-CL group that a statute less burdensome in operation would be less prone to their own constitutional attack.

Channelling this controversy into court also affected the relative power of those involved in defending the Massachusetts statute. The defense was largely controlled by a changing cadre of young lawyers from the state Attorney General's office who had little interest in protecting the unborn or defending parental prerogatives. These government attorneys, mostly liberals themselves, had substantial power to affect how the statute would be defended. By influencing how the statute would be interpreted and implemented, even though the issues were politically sensitive, they influenced policy. More extreme defenders of the original statute, particularly "pro-life" advocates committed to protect "unborn children," had little voice in the litigation. A group of parents did intervene in the suit to defend the statute, but the litigation required that they mute their concerns about the rights of the unborn and translate them instead into claims about parental rights.

The *third* perspective views the courts as policy-making institu-

161

tions. The federal judiciary has assumed an extremely important policy-making role with respect to abortion, and the decision in *Bellotti* has influenced and constrained the range of state policies. This case provides a fascinating context in which to evaluate judicial policy-making. What policy alternatives did the court consider? How well did the process of adjudication bring existing evidence to bear on the likely consequences of these alternatives? To what extent was the court able to explore trade-offs between competing policies and to consider questions of implementation? Does the outcome, viewed in light of what is now known about the decision's impact, make sense as policy?

The story that follows is instructive, especially for those concerned with policies relating to children and the role of courts in our society. It shows that federal courts and state legislatures do not operate in isolation, but instead may often act and react to each other in an elaborate minuet. It reveals that an important policy affecting children may be the by-product of a struggle between individuals, interest groups, and institutions with broader political concerns unrelated to children's rights. Finally, it demonstrates the accidental way in which a new legal doctrine—here the distinction between mature and immature minors—can be forged in test-case litigation and thereby substantially affect public policy.

The Story

The story of *Bellotti* begins not with the 1974 lawsuit, but about fifteen years before, in the early 1960s, with the origins of the movement to reform American abortion laws.[1] The goals of the early reformers were modest by contemporary standards. In 1959, no American state permitted abortion on demand, and only six states recognized the preservation of the mother's health as a justification for permitting abortion. Massachusetts was not one of them. Three years later, in 1962, the American Law Institute (ALI), an organization of elite lawyers, proposed what at the time was a controversial liberalization of abortion laws. As part of its Model Penal Code, a prototype for state criminal law reform, the ALI proposed that abortion remain criminal unless (1) a pregnancy would gravely endanger the physical or mental health of the mother; (2) the child would be born with a grave physical or mental defect; or (3) the pregnancy resulted from rape or incest.

The ALI found allies for this limited liberalization of abortion laws in the medical profession and groups like Planned Parenthood and the Association for the Study of Abortion, none of which supported abortion on demand in the early 1960s. Indeed, Margaret Sanger, a key figure in the birth control movement, had called abortion "barbaric" and thought that the practice was, like infanticide, "the killing of babies."[2] Nonetheless, reform was thought necessary to protect the integrity of doctors and hospitals, some of whom by that time were nervously and surreptitiously performing abortions to help their often desperate patients.

Before 1967, reform came slowly. Only one state had modified its abortion law to incorporate even a part of the ALI's proposal when, in 1966, Mississippi made abortion legal when the pregnancy resulted from rape. But between 1967 and 1972, there was a flurry of state legislative change. California in 1967 was the first to adopt the exceptions outlined by the ALI; thirteen other states followed California's lead. The California experience demonstrated that the ALI model could radically alter state abortion practices, particularly if the new statute was interpreted to give doctors broad discretion to decide whether a "grave impairment to health" included normal conditions of pregnancy.

In 1968 a number of important groups decided that the ALI exceptions did not go far enough, and that early abortion should simply be legalized. A growing women's movement stressed a woman's right to decide whether to have an abortion. Their call was heeded by the American Civil Liberties Union (ACLU) and Planned Parenthood, two groups that had earlier worked well together in the fight against restrictions on the use and distribution of contraceptives. In 1968, the ACLU adopted as its policy that "a woman has a right to have an abortion" and called for the "total repeal" of criminal sanctions against abortions performed before the twentieth week of pregnancy. Planned Parenthood, possibly influenced by the Zero Population Growth supporters, reversed its earlier position and came out in favor of abortion on demand. Alan Guttmacher, President of Planned Parenthood, declared that "the fetus, particularly during its intrauterine life, is merely a group of specialized cells that do not differ materially from other cells." The National Advisory Council of Planned Parenthood recommended "the abolition of existing statutes and criminal laws regarding abortion when performed by properly qualified physicians with reasonable medical safeguards."

The political efforts of these groups yielded some successes. Between 1970 and 1972, four states completely repealed criminal sanctions against abortions performed in the early stages of pregnancy. In Washington, for example, voters by referendum repealed a criminal abortion statute and allowed abortion on demand during the first four months of pregnancy. In 1970, the New York legislature, by a one-vote margin, enacted the most liberal of these statutes, allowing abortions until the twenty-fourth week of pregnancy. Not easily passed, the law only tenuously remained on the books in its early years. While a number of states (including Massachusetts) had come to permit abortions necessary to preserve a woman's health, most states did not even go this far. At the end of 1972, thirty states continued to make abortion illegal unless the mother's life was at risk, and there was evidence the voters in many states would go no further. For example, by respective majorities of 61 percent and 77 percent, voters in Michigan and North Dakota rejected referenda calling for a right to abortion during the early months of pregnancy.[3]

In the midst of these political cross-currents, the United States Supreme Court agreed in late 1971 to hear challenges to abortion laws in two states: Texas, which permitted abortion only to save the life of the mother, and Georgia, which had adopted legislation modeled on the American Law Institute proposal. Between 1965 and 1972, there had been several lawsuits challenging restrictive abortion statutes. Some courts had declared statutes invalid, while others had upheld the validity of various restrictions. The Supreme Court itself had previously decided only one abortion case, ruling valid a District of Columbia law that permitted abortion to protect a mother's life or health.

On the morning of January 22, 1973, the Supreme Court handed down its landmark decision in *Roe* v. *Wade*, a decision that exploded on the legal landscape like the first atom bomb, much more powerful than even the abortion rights advocates had expected. By a vote of seven to two, the Court ruled that a woman's constitutional right to privacy is "broad enough," at least during the first and second trimester, "to encompass a woman's decision whether or not to terminate her pregnancy."

The Supreme Court thereby invalidated the abortion laws in 46 states, for the Court's decision outdistanced the reforms enacted in all but the four states that allowed abortion on demand. Indeed, in

Doe v. *Bolton*, the companion case of *Roe* v. *Wade*, the Court specifically held an ALI-type statute unconstitutionally restrictive. A reform that ten years earlier was too liberal to gain widespread acceptance was now insufficient; the Court had elevated abortion on demand to a constitutional right.

Rather than quieting the political debate on abortion, *Roe* became a focal point for forces opposing abortion reform. There was already a nascent "pro-life" movement in many states, locally organized to oppose attempts to liberalize state abortion laws. This was certainly the case in Massachusetts. In 1970, Mildred Faye Jefferson, an articulate black doctor, formed an educational organization called the Value of Life Committee whose members thought they could counter the movement to liberalize that state's abortion laws by making information available to those who requested it. Later shaken by the November 1972 state election returns in which a majority in seventeen Massachusetts communities approved a non-binding referendum in favor of more liberal abortion laws, Jefferson and her colleagues decided they needed to move directly into the political arena. They organized independent pro-life groups into a coalition that was to become the Massachusetts Citizens for Life, incorporated in January 1973, shortly before the Supreme Court's decision.[4]

Roe obviously dealt those opposing the liberalization of abortion a tremendous defeat. Notwithstanding the defeat (or perhaps because of it) pro-life groups mounted a counterattack. With the support of the Catholic Church, a two-pronged strategy developed. On the state level, groups pressed for laws that would restrict abortion as much as possible. A number of states, including Massachusetts, responded by passing new legislation. On the national level, they would press for congressional legislation to restrict the intervention of the federal courts and for a constitutional amendment to overrule *Roe*.

It was in this context that the Massachusetts legislature passed its 1974 statute regulating minors' access to abortions.

Round I: Bill Baird's Lawsuit

Before January 1973, when the Supreme Court's ruling in *Roe* v. *Wade* invalidated the state's abortion law, Massachusetts permitted physicians to perform an abortion only if they believed in good faith that it was necessary to preserve the pregnant woman's life or health. No distinction was drawn between minor and adult women. However, Massachusetts law generally required one parent's consent to *any* non-emergency medical treatment of a minor, including treatment relating to termination of a pregnancy.

The *Roe* decision meant that the old Massachusetts abortion law was invalid. Until August 1974, however, no law was enacted to take its place. Adult women were simply free to choose abortion. For minors, the situation was a legal blur. The common law of battery might have permitted angry parents to sue a doctor who performed an abortion on their minor daughter without parental consent, claiming that she was unable to give a legally binding consent and that the doctor was therefore civilly liable. Alternatively, a parent might have argued that even if abortion was somehow special, as *Roe* indicated, it was still a medical procedure that required one parent's consent. Because of the murky reasoning in *Roe*, however, nobody was sure exactly what legal standards applied.

Different clinics adopted different approaches to these legal uncertainties. Some clinics refused to provide abortions in the absence of parental consent, either because they feared reprisal through lawsuit or because such abortions affronted their own notions of medical ethics. Other clinics believed that the law of battery did not apply since the Supreme Court had prohibited any regulation of abortion during the first trimester.

On August 2, 1974, over Governor Francis Sargent's veto, the Massachusetts legislature stepped in to clarify the issue. As part of a group of statutes restricting access to abortions, the legislature enacted Massachusetts General Law, Chapter 112, section 12S, which required a pregnant unmarried minor to secure the consent of both parents for an abortion. If her parents refused to consent, a pregnant minor could petition a judge of the Superior Court to consent to the abortion notwithstanding her parents' opposition. In all events, parents would be notified of her petition and allowed to present their side of the dispute. The statutory standard for the judge's decision was simply "for good cause shown."

The bill was passed despite organized opposition. Planned Parenthood and the Civil Liberties Union of Massachusetts (CLU) coordinated their lobbying and letter-writing efforts against the bill.

Although they eliminated a number of further restrictions, they were unsuccessful in defeating the bill.

A Lawsuit Is Launched: The Plaintiffs and Their Lawyers

A new statute ordinarily takes effect in Massachusetts ninety days after its enactment. Section 12S was thus slated to go into effect on November 1, 1974. During the three months between the new statute's enactment and its effective date, organizations concerned with birth control and civil liberties explored ways of challenging the new law in court. What actually happened during this interval is described by the participants in conflicting terms.

Bill Baird operated a Boston abortion clinic with a reputation for not asking minors many questions. As he read *Roe*, the new Massachusetts law was unconstitutional. Baird claims he wanted someone else to bring suit challenging the new law; he describes himself as a reluctant participant, forced to file suit on October 31, 1974, because no one else would.

His story of the three months between the passage of the new statute and its effective date reveals a good deal about his perception of the world:

> The law was passed in July of 1974, stating that if a teenager wanted an abortion, she would have to get the written permission of both parents or a judge of the Superior Court. In my layman's way of thinking . . . that sounded to me like it was unconstitutional.
>
> But I said, "Bill Baird, you're very angry at society and your allies. I'm gonna sit back and wait. I don't want to fight any more." And I sat in New York and I watched. And this is history I'm telling you. The month of July went by; the month of August went by; the CLU did nothing. September went by and Planned Parenthood did nothing. October went by and NOW did nothing. The day before the law was to go into effect, November 1, I stood in the courtroom with Roy Lucas because I could wait no longer. I said, "If none of you people will fight, I will."

John Reinstein, an attorney with the Civil Liberties Union, describes the situation in very different terms. He recalls that the CLU had intended to file suit on behalf of several abortion clinics, and that he had told Baird this. Reinstein was planning to file the CLU suit the day *after* section 12S took effect, "to avoid any question of ripeness . . . rather than [going in] the day before when, technically, consent was not required." But before the CLU suit was quite ready, Reinstein learned that Baird had beaten him to the punch by filing suit and receiving a restraining order. Reinstein admitted to feeling "a little miffed" because he had wasted "an enormous amount of time working on [the case]."

Notwithstanding Reinstein's feelings, because Baird had won the race to the courthouse, the CLU initially stayed out of the lawsuit. After discussing the matter with his clients, Reinstein decided not to file a duplicate lawsuit, and instead turned his attention to other matters.

Baird's actions are subject to different interpretations. Baird and one of his lawyers, Joan Schmidt, suggest that they could not allow the statute to actually go into effect because of "the danger to all those kids." Marty Cohn, Baird's former public relations man who now works for a competing abortion clinic, believes Baird decided not to cooperate in the contemplated CLU lawsuit because he wanted his own name on the case. Whatever his underlying motives, Baird had another legal battle to fight, one he thought would be all his own. Initially it looked as if Baird and his lawyers would control the attack on the new statute.

Baird obviously enjoys litigation. Now about fifty, with auburn hair and bright blue eyes, he has a manner both pugnacious and practiced: "I'm a street fighter," he said. His conversation is full of tales of past battles, always phrased in terms of Baird as David against *two* Goliaths—his right-wing abortion foes *and* the Massachusetts liberal establishment. He is not a modest man. When asked how he got into the abortion movement, Baird responded: "United Press International never said I got into it. UPI said, 'Baird is the father of the abortion movement.' I began it." "I have no power, no money to speak of, no political support, but" he told me, "I've done more, got more laws changed, than any person you have ever, ever read about in this world."

Baird may be right, or nearly so. Often at substantial personal risk, he has long fought for contraceptive freedom. In 1967 he provoked his own arrest under a Massachusetts law that made it illegal to distribute birth control devices or information about birth control except to married couples. He spent thirty-six days in Boston's Charles Street Jail, but appealed his conviction. The Supreme Court overturned his conviction in a landmark case, *Eisenstadt v. Baird*, which declared the Massachusetts law unconstitutional. The case made clear that restrictive birth control laws, then existing in over half the states, were invalid. In Baird's view, the case also laid the foundation for the Supreme Court's decision in *Roe v. Wade* one year later. Baird sees himself as a libertarian social reformer—in his own words, "represent[ing] people who are basically saying, 'All I want is the basic human right to control my destiny with dignity.' "

In 1965 Baird established the nation's first abortion/birth control clinic in Hempstead, New York, which helped women regardless of age or ability to pay. The Boston center was founded in 1973, shortly after the Supreme Court's *Roe* decision.

In 1981 I visited the Center. It was in a prime location, across the street from the main branch of the Boston Public Library, in a small, slightly run-down, partially unoccupied building housing a Chinese restaurant on the ground floor. The Center occupied the entire second and third floors. A yellow sign on the elevator door announced: "This elevator does not stop at the Bill Baird Center. Please walk up." Marble stairs led to the second floor. The outer waiting room was decorated with wall posters asking people to keep "abortion safe and legal" by participating in "demonstrations, picketing, etc., in support of abortion rights." Most of the women in the room appeared to be between sixteen and twenty-five. The atmosphere was very informal, even a bit chaotic, with a television soap opera competing with rock music from the stereo. Apart from the waiting rooms and offices, the two floors were taken up by examining, operating and recovery rooms, and rooms used for counseling. One counseling room had a large poster on the wall showing the female reproductive system. A smaller picture showed a penis, decorated with flowers.

Of the Boston abortion clinics, Baird's was far from the largest. Its practices, perhaps reflecting Baird's libertarian bent, were in some respects different from other Boston clinics. For one thing, unlike other clinics, Baird's would not accept Medicaid. "I'll never take Medicaid for the simple reason I don't want government telling me what to do. I'd rather do it for free." According to Planned Parenthood, the counselors at the Baird Center usually conducted group counseling for patients, even those who were minors. Planned Parenthood therefore excluded the Baird Center from its referral list.

Bill Baird did not, of course, prepare his lawsuit on his own. His legal challenge to section 12S was initially handled by two lawyers: Roy Lucas, a Washington, D.C., lawyer who specialized in abortion cases, and Joan Schmidt, who had just graduated from Suffolk Law School and was eager for work.

Lucas had substantial experience in litigating against laws restricting abortion. He had, for example, successfully represented a Florida abortion clinic in *Poe* v. *Gerstein*, a lower court case challenging Florida's absolute parental consent requirement. After his graduation from New York University Law School some ten years before, he had briefly been a law professor at the University of Alabama, where in 1968 (five years before *Roe* v. *Wade*) he had written a law review article suggesting that women had a constitutional right to choose to have an abortion.[5] He gave up teaching to go into a practice which had taken him all over the country. According to Joan Schmidt, "He's a nomad. He operates a law office out of a suitcase. He's got everything, files, cases. He's an incredible man." Baird gave Lucas his highest compliment, saying Lucas was almost as smart as Baird himself. Others, however, thought he "looked flashy" and "didn't come across well."

Schmidt, then in her late twenties, lacked the experience and the flamboyance of Lucas. She was newly admitted to the bar in October 1974, when she was asked to become involved. Her best childhood friend was the administrator of Baird's New York abortion clinic. When Baird suddenly needed a Boston lawyer to file a motion to allow Lucas to appear in a Massachusetts court, he called Schmidt. She believed in abortion law reform and agreed to join the fight, never for a moment imagining that for the next nine years she would be involved in Baird's challenges to section 12S.

Baird's lawyers put together the lawsuit within a matter of days in late October 1974. Lucas, obviously the lead lawyer, drafted the original complaint to allege that the parental consent requirement of section 12S violated the due process and equal protection clauses of the Fourteenth Amendment. Seeking class-action status on behalf of unmarried minors, doctors, and abortion clinics, the complaint asked for a temporary restraining order, the convening of a three-judge court, and declaratory and injunctive relief.

The complaint named as plaintiffs Parents Aid Society, Inc. (the somewhat ironic name of the non-profit Massachusetts corporation which operated the Boston abortion clinic known as the "Bill Baird Center"); Bill Baird, "general director and chief counselor" of the clinic; Gerald Zupnick, M.D., the clinic's medical director; and Mary Moes I and II, the pseudonyms for two pregnant unmarried minors. Baird's name was listed as the first plaintiff.[6]

We were never able to interview the pregnant unmarried minors who participated in the suit, but we did explore how these pregnant teenagers were recruited for the litigation. Baird described the recruitment process for Mary Moe I as follows:

> Mary Moe was a sixteen-year-old. She came to me crying. She'd been told very clearly that she'd be beaten and thrown out of the house and her boyfriend would be killed. She honestly believed that her very macho father would kill her boyfriend. So I said, "Look, we'll help you, but would you be willing to help other kids?" She wasn't so eager, but I said, "Just suppose that we said no to you and nobody helped you. What in the hell would you do?" And when I put it on that personal note, she agreed and said, "Okay, as long as you don't use my name."

Marty Cohn suggested that Baird could effectively motivate teenagers. "That's why we have plaintiffs." Cohn himself later found a number of anonymous minor plaintiffs over the years for Baird and for the CLU. "I used what my mother and father taught me well: guilt. . . . [W]e are under such time constraints that I just don't have the time to really waltz them through and let them take their time in their decision-making. I have to force their decision." Cohn has no regrets. "It's a form of manipulation. [But I think] the ends justify the means on this. I really do."

While the pregnant minors recruited remain anonymous to this day, their involvement is disquieting. Strictly speaking, it was probably legally unnecessary to involve the minors, despite the belief by Baird and his lawyers that the suit required a "minor who was actually pregnant at the time we went into court." The legal doctrine of standing does require that a lawsuit involve people who have a "personal stake" in the outcome of a controversy, in order to ensure that a full range of issues will be presented in an adversarial manner.

Yet, *Roe* v. *Wade* had made clear that a doctor has "standing" to assert his patient's abortion rights. Moreover, when these young women initially came to Baird's clinic, the new law requiring parental involvement was not yet in effect. They could have had an abortion without parental consent. Even though the delay was only for a day or two, if the lawsuit had not been successful in enjoining the new law, a subsequent abortion in Massachusetts would legally have required parental involvement. Baird no doubt assured them that he would arrange for their abortions—out-of-state if necessary—irrespective of the outcome. As things turned out, they did receive their abortions without charge, and this may have been part of the original deal. One wonders how well these young women understood what their involvement was to be, and what risks might be entailed by exposure to trial preparation and the courtroom as well as possible disclosure of their identities to their parents or the press.

In all events, it appears that Baird and his clinic staff initially had recruited four pregnant teenagers. Two were named in the original complaint. Shortly after the suit was filed, two more minors were added. They, too, alleged that they were pregnant and wished to have an abortion without their parents' involvement. Schmidt interviewed all four and prepared affidavits for them to sign. The Mary Moes received free abortions as soon as Baird's lawyers obtained a temporary restraining order against section 12S, but three of them promptly disappeared. This may indicate fear of publicity, or it may reveal their unwillingness to be involved further once the immediate threat of unwanted pregnancy had been removed. Mary Moe I remained involved to play a small cameo role in the first trial, a role subsequently reviewed and acknowledged in the official reports of the United States Supreme Court, thus becoming a permanent part of American constitutional history. While the legal battle was fought under her name, the lawsuit was part of a larger war.

Preliminary Skirmishes:
The Defendants and Their Lawyers

In this case, like many test cases, the attack was on a state law that the plaintiffs wanted struck down. The defendants named in the lawsuit were those responsible for enforcing the new law—the Massachusetts Attorney General and the district attorneys for all the Massachusetts counties. Throughout the litigation, the state's defense was controlled entirely by lawyers from the state Attorney General's office, who represented the officials who were defendants.

The Assistant Attorney General who was initially assigned to the case and who conducted the first trial was Kenneth Behar, a graduate of Boston University Law School. He was the first of four lawyers to have responsibility for the litigation.[7]

Unlike the plaintiffs' lawyers, Behar was not emotionally committed to the arguments he was to present. Behar claimed no special expertise in abortion issues or minors' rights, and he appeared to have little independent interest in them. Looking back on the case, Behar found his brief involvement "nervewracking" and suggested "it would have been easier to be the plaintiffs' counsel in this case." He had ambivalent feelings about Baird: "While he may be a great crusader, and maybe he's right . . . on a lot of issues, I wouldn't want that man counseling my kid, giving my kid advice, on anything."

The plaintiffs asked for a temporary restraining order (TRO), a temporary judicial order to preserve things as they are until a full hearing can be held. Normally, the TRO applicant must show the trial judge that she will suffer immediate and irreparable damage before the time of any hearing on a preliminary injunction. Since the TRO was requested at the time the suit was filed, the case was immediately assigned to a federal district court judge—in this case, Judge Frank Freedman. Judge Freedman, one hour after a short hearing, granted the TRO, thus preventing the statute from going into operation as scheduled on November 1, 1974. As it turned out, the suspension of the statute was hardly "temporary." Except for nine days when it was, according to Judge Bailey Aldrich, "inadvertently" lifted, this stay was to be extended in one form or another until June 1979, when the United States Supreme Court finally struck down the statute as unconstitutional. As we will see later, the practical importance of the stay was substantial whether measured in terms of clinic practices or its impact on large numbers of pregnant minors (see Chapter 11, infra). Moreover, the fact that the statute never went into effect may have strengthened the plaintiffs' case in a more subtle way. Looking back on the case, Brian Riley, who defended the statute on behalf of the parent-intervenors, later suggested: "The longer we were sitting out there with the statute under the injunction, the worse off we were. . . . [I]f there are no horror stories . . . people think everything must be working fine," notwithstanding the absence of a statute specifically regulating the abortion rights of minors.

Because the plaintiffs brought a federal court lawsuit to strike down a state statute, federal law then required that the case be heard by a three-judge court, not a single judge. One week after Freedman granted the TRO, on November 6, 1974, a three-judge panel was designated to hear the case. Judge Freedman was joined by Judges Bailey Aldrich and Anthony Julian. The panel's first action, after a hearing on November 14, was to deny the state's motion to dissolve the TRO. Judge Julian dissented. "[W]e figured that Aldrich would be on our side," said Schmidt. "He has a very liberal voting record. And . . . Judge Julian, we knew he was going to come down against us." The panel also set a hearing date for the preliminary injunction (first for December 9, later continued to December 30) and agreed to allow a group of parents to intervene as defendants.

The parent-intervenors, most of whom already knew each other, were initially organized by Kathleen Roth, an active anti-abortionist from a predominantly Catholic Boston suburb. She gathered together a group of parents with teenage daughters. They were generally opposed to abortion, but even more strongly believed that parents should be consulted before a minor could have an abortion. Through Birthright, an information and counseling organization that offers alternatives to abortion, Roth met Jane Hunerwadel, who eventually testified on behalf of the parents and became their principal spokesperson. Brian Riley said Hunerwadel was selected in part "because we needed someone . . . who could say, under cross-examination, that they would not prevent their child from having an abortion."

Hunerwadel comes across well. She is a trim, attractive woman in her mid-fifties. She speaks quickly and volubly, peppering her talk with social science jargon; she is sincere and deeply concerned about parents and children. She describes herself as "Catholic, but not doctrinaire," and "not a cause person."

> I never belonged to right-to-life. . . . I'm not a black-and-white kind of person. . . . I do believe that abortion is a most unfortunate circumstance, . . . [but] I'm not turned on by the aspects of mortal sin and going to hell, of abortion, because God is much bigger than that.

175

She has an M.A. in pastoral counseling from Emmanuel College in Boston and has spent several years as a counselor at Birthright. She and her husband, an engineer, have three daughters, who were thirteen, twelve, and nine at the time Hunerwadel agreed to intervene.

The fact that Bill Baird had filed the suit motivated Jane Hunerwadel to intervene and defend the statute. She had heard Baird speak several years before. She felt he had

> another agenda than interest in kids for kids' sake. . . . [H]e was obviously very angry with the church, and very angry with religion, very angry with authority. I felt . . . that abortion was a place for him to express a lot of that stuff that really wasn't directly related to children's rights. At the same time, I realized . . . how forceful he was with young people. He became, for many young people, people who were alienated from their families, some kind of a model, a big father or whatever. In fact at the trial he did say, "I would like to be known as the father of abortion." And I thought, "Yes, that's very much what you would like."

The parents' lawyer, Brian Riley, like Joan Schmidt, was then just out of law school; in fact, they had been classmates at Suffolk. Riley is a pleasant man in his early thirties with a slight Boston accent. His office features few books and only one photograph: a younger Brian Riley with Judge Bailey Aldrich, taken the night Riley won the Suffolk moot court competition with Aldrich on the bench. For Riley, as for Schmidt, this was the first big case of his career. But while Schmidt worked with Lucas, an experienced abortion lawyer, and represented Baird, a sophisticated plaintiff, Riley acknowledged he had little idea what he was taking on, and he represented a group of parents who knew even less than he did.

The court permitted the parents to intervene individually and "on behalf of a class of defendant-intervenors who are the parents of unmarried minor girls of child-bearing age who are or may become pregnant." In their complaint, these intervenors claimed that the plaintiffs' action violated their rights as parents to safeguard "their children's health, safety, and welfare." As intervenors, the parents would defend the statute "not only because it furthers a legitimate state interest, but also because it is a codification of their constitutional, common law and natural rights as the primary guardians of

176

their children." They also claimed that Baird, his clinic, and Zupnick could not represent Mary Moe without a conflict of interest since they were selling abortion services to unmarried minors.

The First District Court Trial

The trial was not a big affair: it involved about three days of testimony, presented over four days in December 1974, and January 1975. The trial was conducted by Roy Lucas for the Baird group, Kenneth Behar for the Attorney General, and Brian Riley for the parent-intervenors.

The Baird group presented three expert witnesses: Somers H. Sturgis, M.D., a professor of obstetrics and gynecology at Harvard Medical School; Jane E. Hodgson, M.D., who taught obstetrics and gynecology at the University of Minnesota and was formerly with Preterm, Boston's largest abortion clinic; and Carol C. Nadelson, M.D., a professor of psychiatry at Harvard Medical School who was for some years the liaison psychiatrist for the obstetrics and gynecology clinic at a major Boston hospital. All of Baird's expert witnesses were fully credentialed, academically respected, disinterested professionals. While their opinions may have been questioned, their integrity was not. All agreed that parental involvement was often desirable; youth was not a presumptive bar to giving informed consent; some minors denied abortions without parental consent would seek them elsewhere rather than tell their parents; and the delay imposed by a parental consent requirement was a serious problem. All preferred medical and social service workers to judges as decision-makers if a minor incapable of giving an informed consent wanted an abortion without parental consent. But on cross-examination, all of Baird's experts made potentially damaging admissions.

Sturgis said on cross-examination that an hour of individual counseling was "generally adequate," even though it appeared that Baird's clinic provided less. He also admitted that a pregnant minor who wanted an abortion would probably tell the doctor what she thought the doctor wanted to hear.

Hodgson initially testified that in her experience, parents refused to consent for reasons of religion or morality. But she then acknowledged on cross-examination that parents were usually receptive to the need for an abortion. She admitted that minors often are reluctant to talk to their parents merely because they "want to spare their feelings or [because] they have a great sense of guilt over having had sex." She then went on to indicate that in most cases the minor lacked a "real reason" for not involving her parents, other than a reluctance to let them know she had had intercourse, and that this was not an appropriate justification for not involving her parents.

In Dr. Nadelson's experience at Beth Israel Hospital, minors had a variety of reasons for refusing to involve their parents, including "parental illness, alcoholism, and . . . physical and emotional illness." She had seen parents refuse to consent to a thirteen-year-old's abortion:

> [T]he usual reasons tend to be religious or moral reasons, but parents sometimes will label a youngster as a bad kid and feel she needs to be punished, and that is the way to punish her, and that she will improve if she is punished.

But on cross-examination Nadelson testified that ideally there should be some time between the counseling and the abortion, that families sometimes benefit from going through this crisis together, and that usually the minor's fears of parental reprisal were not realized. While she repeatedly said most minors could give an informed consent, including a majority of fourteen-year-olds, she admitted that some younger adolescents might understand the physical procedure but not appreciate it emotionally.

Judge Freedman asked Nadelson to describe the "minority of cases" where disclosure damaged family relationships and resulted in psychological harm to the young person. Nadelson confirmed the judge's apprehensions, but was not very specific because of her inability to follow individual cases over an extended time period: "the people only come at certain times in their lives to be seen and we cannot follow somebody who does not come, but there are further complications and family splitting."

The plaintiffs also had a fourth doctor testify, not as an expert but as a party. Gerry Zupnick was the medical director of Baird's clinic. A friendly, affable man, then in his thirties, Zupnick wore jeans and alligator shirts under his surgical scrub suit at Baird's clinic. When we asked how he got involved in abortions, he smiled disarmingly and said: "I don't like taking care of sick people. With abortions, you're dealing with healthy people. There's a crisis that I can resolve in five minutes." A friend had referred him to Baird.

> The first thing Bill Baird said to me was, "Do you know who I am?" I said, "Sure, you're Bill Baird." He said, "No, do you know *who* I am?" And he gave me a five-hour lecture, complete with news clips. . . . I liked the guy.

Zupnick became involved in the lawsuit at Baird's request; the plaintiffs needed a doctor to ensure standing. Zupnick was to become a primary target for the defense, which sought to demonstrate that Baird's clinic was an abortion mill, unconcerned about the continuing well-being or special needs of pregnant minors.

One of the first facts to emerge in Zupnick's testimony was that in the previous three and one-half years, he had performed over 5,000 abortions. (By 1981, Baird claimed Zupnick had performed 40,000.) Zupnick admitted that he was involved in counseling only "to a minimal extent," although his title was Medical Director and he ostensibly controlled the medical aspects of the counseling policy. "[I]n terms of counseling," Zupnick testified, "I . . . make sure they understand what is going to happen." But patients were turned away only if a physical problem prevented the abortion (e.g., an orthopedic or respiratory problem) or "perhaps a problem with the patient's anxiety being too great."

Zupnick's attitude toward parental involvement was very different from the expert witnesses' testimony. When asked whether he "ever encourage[d] minors to discuss their pregnancy with their parents," he replied: "All patients are encouraged to discuss the abortion decision or pregnancy with anybody whom they wish to confide in." Later he was asked what reasons were sufficient for not wanting to tell one's parents. He replied, "Any reason. I think any patient is entitled to his or her privacy." And despite the emphasis of Baird's experts on the ambivalence and vulnerability of adolescents and the need for individual counseling by well-trained counselors, Zupnick found the group counseling by on-the-job-trained Baird Center counselors quite effective and saw no reason not to mix adults and minors in counseling groups. Like Baird, Zupnick thought age was irrelevant. "People are people," he testified. "I don't see where age enters into it." On cross-examination, Zupnick acknowledged that the Baird Center tried to "cultivate the reputation" that it would not "hassle" a minor if she did not want to inform her parents of her pregnancy.

Baird himself also testified. His testimony revealed his libertarian bent and political orientation. When asked whether he had encountered minors "who in your judgment could not give an informed consent" to an abortion, Baird responded, "In eleven years I can think of none." He could think of no "unacceptable" reason that could be advanced by a minor for having an abortion. When asked how he allayed the fears of patients who felt guilty about having an abortion, Baird responded: "We try to let them be aware that we live in a sexist society that condones men having intercourse and that [does] not permit single women to have intercourse."

The final witness on December 30 was Mary Moe, who testified for twenty or thirty minutes. Her testimony (except for brief excerpts quoted in the District Court opinion) is impounded and unavailable to us. Zupnick remembered seeing her in the hall that day: "I think she got a kick out of going to the judge's chambers. . . . [S]he felt she wanted to kind of give 'em hell." Behar recalled that Moe had been nervous when her deposition was taken, but that her nervousness wore off in court.

The District Court's opinion suggests that Mary Moe testified that her father had threatened to kill her boy friend and kick her out of the house. "Her reasons for not informing her parents," according to the District Court, "were in part apprehension of what might happen to her as a result of their learning she had had intercourse, in part the fear of what would happen to her boy friend, and in part the desire to spare her parents' feelings." Schmidt reported that Mary Moe was gently cross-examined by the defense attorneys. "[T]here wasn't any rough cross-examination. They could see she obviously knew what she was doing, had made a considered judgment, and was a mature minor."

Schmidt, Baird, and Marty Cohn all emphasized their pride that Mary Moe's identity is a secret to this day. Brian Riley wanted Moe's parents brought into the case to find out whether Moe's fears were really justified, but the court refused. According to Riley, the defense's inability to probe Mary Moe's story was the Baird group's "big ace in the hole." The plaintiffs were able to provide a plausible but extreme example of why parental involvement should not be required, while the defense was unable even to probe effectively whether in Mary Moe's particular case her fears were justified. Riley said that if he had to do it again, he would have pressed harder to obtain her identity.

After a recess the trial resumed at the end of January. The state presented two expert witnesses: Jules Rivkind, M.D., chairman of the Department of Obstetrics and Gynecology at Mercy Hospital in Pittsburgh, and Raymond C. Yerkes, M.D., a child psychiatrist and director of children's services at the Greater Lawrence Mental Health Center. It is no accident that the state's witnesses were neither as well known, nor as involved in the problems of teenage pregnancy, as the plaintiffs' experts. Behar suggested that

> the people who you could easily get as experts were so wrapped up in the right to life that they had never performed an abortion. How could they testify about abortions when they'd never performed them?

Rivkind's testimony focused on the medical risks of teenage abortions. He had treated a number of teenage patients with abortion complications, and he testified that these complications were both likelier and more serious for teens than for adults. He emphasized the importance of parental consent because "the minor has not that basis of experience to make a valid judgment as to the necessity for the procedure or the safety of the procedure." Rivkind had treated some teenage patients for complications where the parents had not known of the abortion. He testified that although the parents were initially disappointed that the adolescent had not discussed the problem with them, he had "yet to see any parents walk out of the emergency room or the clinic and leave their child because of this." Lucas, in cross-examining Rivkind, brought out that Rivkind had never performed abortions, had published articles on the rhythm method, and had treated minors for venereal disease without parental consent.

Yerkes, a specialist in child psychiatry, portrayed unwanted adolescent pregnancy as a developmental crisis. The adolescent wants an immediate solution, Yerkes said, but that is unwise:

> I would say that no less than a week of deliberation on this in a very intensive way is necessary and the result should be that that individual

ends up feeling that they have made the best possible decision . . .
and that they have done their best no matter what.

Yerkes believed that family involvement should be the rule because
abortion is not a short-term problem: "[U]nwanted pregnancy involves
an emotional crisis of at least a month to six weeks duration." It is
too much of a strain for an adolescent to resolve that crisis alone,
and she will not get the support she needs without her family's
involvement.

Informed consent, for Yerkes, involves awareness of both technical and emotional complications and "a capability of life experience sufficient to grasp the implications of such a procedure, particularly in regard to the emotional implications." In his experience,
thirteen- to fifteen-year-olds would rather have a decision made for
them; "one has to work to help the child participate in the decisionmaking and not just leave it up to the parents." With sixteen- to
eighteen-year-olds, although they want to be involved in the decision, "as a rule and as a class I think that they have difficulty in both
arriving at the final decision and carrying it through with an understanding of all the implications." When Judge Aldrich asked, "Do
you draw a marked distinction with age eighteen?", Yerkes said that
eighteen was a "societal mile post" when young people realize they
are responsible for their own lives.

Yerkes made a damaging admission about the limits of his own
experience at the very end of Behar's direct examination. "Partly out
of personal policy," he had dealt only with adolescents whose parents
had been "notified of the problem of the unwanted pregnancy." He
also admitted, on cross-examination, that adolescents need "more
help in terms of pregnancy, if they are going to keep the child," and
that emotional support could be provided to a pregnant minor without requiring parental consent.

Judge Aldrich pressed Yerkes on the problems of a minor whose
parents believe abortion to be morally impermissible. Yerkes replied,
"Very often this sets up an internal conflict with the early childhood
conscience being programmed for abhorrent feelings about abortion." When Aldrich asked what the solution was, Yerkes said that
he didn't think there was one, but that professional counseling could
help.

The final witness was Jane Hunerwadel. The parent-intervenors had planned to have other parents testify as well, according to Riley, but were discouraged from doing so by Judge Aldrich, who thought their "personal views" not relevant. Hunerwadel testified that she viewed abortion as "the least desirable alternative to an unplanned pregnancy," but testified eloquently of her anticipated response if one of her daughters should become pregnant while still unmarried and under the age of eighteen.

> We would like to understand the circumstances which led to her pregnancy, the circumstances in her life. We would like to know about the boy by whom she became pregnant, about her feelings about the pregnancy, her feelings about the baby, her feelings about the boy who would be the father of the child. We would like to be able to make available to her our support and our interest and our care as we have from the time that we have known she was coming to us.
>
> We would like to be sure that she has available all of the alternatives that are available to her and all of the resources in the community, and we would like the opportunity to have her know that we will continue to support her, and if she should decide, in spite of what we were able to show to her in terms of alternatives and support and how we felt, that she just must have an abortion, we would consent to that; that that would not be the end of our involvement.

Judge Aldrich, however, was unmoved:

> How are we going to be affected by one lady—surely sincere and truthful—but we might as well have one hundred thousand ladies and get their views, if this is your idea of trying the case.

Lucas, in cross-examination, tried to paint Hunerwadel as a doctrinaire Catholic right-to-lifer. He brought out her Irish maiden name (Maroney), the financing of the parent-intervenors' case (possibly by the Massachusetts Citizens for Life), and her active opposition to sex education in the schools. Lucas led Hunerwadel to say that she "was frankly quite outraged by the possibility of parents' consent not being required," and that her daughters had been taught that "the unborn child is alive and is a human growing in the womb and that the undeveloped unborn child is a human being." However, Judge Aldrich excluded detailed questioning regarding the policy of Birthright and Hunerwadel's reasons for opposing sex education in the schools.

Six years later, Hunerwadel recalled the trial:

> I don't know that I think the parent-intervenors were paid much attention to, as one of three parties in the suit, but what I had to say was a voice out of the real world, not out of the professional world, but out there where it really is at: parents and kids.

Hunerwadel thought that Judges Aldrich and Freedman "practically slept through" the trial. Like Behar and Schmidt, Hunerwadel believed that from the start Aldrich had his mind made up against the statute, Julian wanted to keep the decision in the family, and Freedman might go either way. In late January, the trial ended. It had taken less than four days in all. The three-judge court took the case under submission.

The District Court's First Opinion

The first decision in *Bellotti* came down on April 28, 1975, three months after the hearing. Judge Aldrich, writing for himself and Judge Freedman, held that the parental consent requirement was constitutionally invalid. Judge Julian dissented at length.

Judge Aldrich's opinion first disposed of various technical questions, including the standing of the parties and their capacity to act as representatives of various classes.

Mary Moe I had standing to bring the action because the statute would prevent her from "obtaining an abortion without compliance with its terms." The court held that

> she is fairly representative of a substantial class of unmarried minors in Massachusetts who have adequate capacity to give a valid and informed consent, and who do not wish to involve their parents.

In a footnote, the court disposed of the defendants' claim that there were conflicting interests among the plaintiffs and that a guardian

184

ad litem, a court-appointed representative charged with protecting an incompetent litigant, should be appointed for Mary Moe.

> Mary Moe is of ample intelligence to, and in fact does, fully understand the nature of this action and has voluntarily participated therein. Her interests in the facial interpretation and effect of the statute are fully represented by her competent counsel, and to the extent there may be thought to be any conflicting interests, by the action of competent counsel for the intervening parent.

The court also acknowledged that Jane Hunerwadel had been permitted to intervene on behalf of Massachusetts parents "having unmarried minor daughters who are, or who might become, pregnant."

> Like defendants, she does not know the identity of Mary Moe, and represents her only in the general sense that she may represent parents of all nubile minor females in Massachusetts who may, in their opinion unwisely or improperly, wish to have an abortion without informing them.

The court went on to find that Parents Aid Society and Dr. Zupnick both had standing "as representative party plaintiffs." The court had doubts about Baird's standing, but after discussing the pros and cons, simply found it unnecessary to decide the question since the other plaintiffs had "unassailable standing."

At the end of the discussion of the parties and their standing, the opinion contains a puzzling paragraph about the rights of minors "incapable of consenting." Section 12S required for an abortion (1) the consent of the unmarried minor, and (2) the consent of both her parents, unless parental refusal was overridden by a court. What if the minor herself lacked the capacity to consent? Judge Aldrich elliptically suggested that the statute nonetheless applied in such circumstances, and simply required the consent of both parents. But he went on to suggest that the statute might be unconstitutional as applied to "minors incapable of consenting" because "the consent of *both* their parents" rather than the consent of only one parent was required for abortion, unlike other medical procedures. (Under state law, for other medical procedures, *one* parent's consent is sufficient.)

While Mary Moe could assert only the claims of minors capable of consent, the court apparently found that Parents Aid and Dr. Zupnick had standing "to attack the statute as applied to *all* minors," including minors incapable of consenting, "at least insofar as [the statute] requires the consent of both parents."

Notwithstanding this brief reference in the opinion to the rights of minors incapable of giving consent, the issue of whether minors of different ages or maturity should be treated differently was not a focal point during the trial. During the trial, while there had been testimony about the competence at different ages of girls to give informed consent, no evidence had been introduced focusing on the special problems of minors "incapable of consenting." Indeed, apart from this brief reference, the district court's opinion proceeds to ignore any distinction between minors who are capable of consent and those who are not. But the offhand finding of standing on Zupnick's part to represent the interests of minors incapable of consenting planted the seeds for a distinction between immature and mature minors that ultimately was critical to Mr. Justice Powell's Supreme Court opinion.

The court next went on to discuss the underlying facts and the testimony offered by the two sides. Two aspects of the court's factual findings are noteworthy. Both are typical of constitutional litigation.

First, the court was vague about quantities and proportions, at least from a policy perspective. Parental support was found to be "most desirable." "Most" parents were supportive, but an "appreciable number" were not. The parents of a "significant number" of minors would try to block the abortion; "some" would punish the minor by forcing her to carry to term.[8] "Many parents" sincerely believe abortion is morally impermissible. "A substantial number" of unmarried minors are capable of forming a valid consent. A policy analyst would want to learn, for example, whether the number of minors whose parents would behave harmfully was 2 percent or 50 percent.

Second, the opinion interpreted the law to avoid having to resolve any factual disagreements among experts. Indeed, the court suggested that it was unnecessary to resolve the disagreements because "either way, our ultimate conclusions would be the same."

The court's decision essentially turned on its construction of what the state law meant. The court read the Massachusetts statute to recognize the independent right of parents to consent, or withhold consent, for good reasons of their own, quite apart from the interests of the child. "Whatever may be accorded to the minor by allowing her judicial review 'for good cause shown,' we do not regard it as meaning that the court should reverse a refusal of consent it finds reasonably made in the parent's interest." This it found to be unconstitutional, because it in effect gave parents a veto over a pregnant minor's abortion decision. Given this analysis, one can see why the underlying factual claims made at the trial were largely irrelevant. In essence, it was enough that the statute allowed any parent to block an abortion because of the parent's interests.

Judge Julian wrote a strongly worded dissent. He first objected to the fact that Mary Moe's parents were neither advised of the action nor made parties to it. This, he thought, violated their due process rights. Julian also asserted that a guardian *ad litem* should have been appointed for Mary Moe. Her interests may have diverged from that of her counsel, who was only concerned with having the statute declared unconstitutional. Moreover, her counsel was also "counsel for the other plaintiffs whose real interests conflicted with those of the minors" because the other plaintiffs "receive substantial income from the abortions performed on minors and thus have a financial interest in the outcome of this litigation."

Julian questioned whether the evidence supported the notion that Mary Moe was "competent to make and effectuate the decision to abort," in the absence of any showing that she understood the emotional as well as physical consequences. Julian read the statute's purposes differently than Judge Aldrich. He saw parents as having

> rights and responsibilities . . . not inimical to the minor's rights and welfare. They exist for the benefit of the child and reflect the child's very real need for proper guidance and protection during the child's formative years. The state has a compelling interest in protecting the parental rights and duties against unauthorized intrusion by third parties.

Julian summarized the reasons for his conclusions as follows:

> The requirement of consent of both parents ensures that both parents will provide counselling and guidance, each according to his or her

best judgment. The statute expressly provides that the parents' refusal to consent is not final. The statute expressly gives the state courts the right to make a final determination. If the state courts find that the minor is mature enough to give an informed consent to the abortion and that she has been adequately informed about the nature of an abortion and its probable consequences to her, then we must assume that the courts will enter the necessary order permitting her to exercise her constitutional right to the abortion. There is no basis for a contrary assumption. In the case of an adolescent girl who finds herself in an emotional crisis of this kind it is important to make certain that she receive guidance and support from her parents who normally, more than any other person, have the strongest natural interest in her welfare. In the event that the parents refuse their consent, guidance and support will be provided by the state court judge in his role of parens patriae. The requirement of parental consent makes it necessary that the parents be informed and consulted about the girl's serious problem. The girl's condition would not then be concealed from her parents as has been done in this case with the cooperation of this Court as though her parents, whom we do not know and have not heard, were her natural enemies and not her natural guardians. (Footnotes omitted.)

Finally, in a prescient footnote near the end of the opinion, the dissent suggested that "[t]he construction of the statute is a matter of state law" which should have been referred to the state supreme court. Instead, the majority had assumed a particular interpretation of the "for good cause shown" language, and the question of whether consent of one parent was adequate.

Round II: The First Visit to the Supreme Court: Three Sides, Three Arguments, No Answers

Because the three-judge district court had invalidated a state statute, the defendants had a right to appeal directly to the Supreme Court. Within thirty days of the district court's ruling, the Attorney General's office filed the required jurisdictional statement in the high court, which the following November noted "probable jurisdiction," thus indicating it would hear argument on the case.

By the time the district court announced its decision in April, Kenneth Behar had left the Attorney General's office, and the new attorney general, Francis X. Bellotti, was assembling a new team of lawyers, including those who would now be responsible for this case. Bellotti described his recruiting criteria as follows: "I try to hire really bright people . . . I don't worry about liberals, conservatives, moderates," although he suggested with a wry grin that they turned out to be "mostly liberals." Once hired, "I let them fly. I don't interfere in any case because of the politics of the case."

The new assistant attorneys general assigned to handle the appeal fit Bellotti's description, and were given broad discretion in pursuing the state's interests. Steven Rosenfeld, then about thirty-five and on leave from New York University Law School, where he was a clinical professor, was put in charge of the case. He would be assisted by Garrick Cole, a thirty-year-old Harvard philosophy graduate with a law degree from Boston College, and Margot Botsford, a twenty-eight-year-old Northeastern Law School graduate. All three had impeccable liberal credentials.

Rosenfeld did not like the Massachusetts law he was defending. He disagreed with Behar's strategy, which had combined espousal of parents' rights with attempts to show the inadequacies of Baird, Zupnick, and their clinic. Rosenfeld did not think the statute irredeemable, however, for he saw in it a "kernel" of a "substantial state interest." In Rosenfeld's words, it was an interest not in whether or not the abortion should take place, but in "the *process* by which the abortion decision was made." His approach would be to construe section 12S to "narrow the statute," in three ways: (1) carve out an exception for mature minors, which would permit them to secure judicial authorization without parental involvement if a court found they were capable of giving informed consent; (2) make clear that parents and courts were authorized to consider only the minor's best interests; and (3) in extraordinary cases, permit a court to authorize an abortion in the best interests of an immature minor, without her parents' involvement in the proceeding. If the state law were interpreted in this way, this would make the case as "winnable" as possible "by virtue of making the statute as innocuous as possible."

Rosenfeld forthrightly acknowledges that, so construed, this was not the same statute that the legislature thought it had "enacted originally."

The Attorney General's brief filed in the Supreme Court suggested this narrow interpretation of the state statute, and suggested Judge Aldrich had misinterpreted the law. The brief then suggested that properly construed the statute was a facially valid, benign, "reasoned effort to preserve and protect diverse compelling state interests." It "codifies the traditional common law requirement of parental consent and is based on principles designed to protect the best interests of minors and preserve the institution of the family. These principles merit constitutional recognition."

Others read the statute quite differently. The Baird group's brief contended that section 12S impermissibly "invades a pregnant minor woman's individual Fourteenth Amendment right of privacy by permitting either parent, for any reason or no reason at all, to veto her access to necessary medical care regardless of rape, incest, her medical needs or personal maturity." Baird found the Attorney General's asserted justifications were "not narrowly drawn to advance legitimate, compelling interests." Hunerwadel's brief tracked Judge Julian's dissent, emphasizing common law parental rights and referring frequently to Supreme Court opinions celebrating parental rights. "By allowing the minor girl to seek the consent of a judge of the Superior Court, the statute guards against parents whose refusal to consent is not in the best interests of the minor girl."

But the most important part of Hunerwadel's brief was its suggestion, again following Judge Julian, that the statute should be authoritatively construed by the Supreme Judicial Court of Massachusetts before the federal court resolved the constitutional questions. The remand suggestion was, in Brian Riley's words, "a backstop argument," and a strategy to force the Court at least to give the defendants "a second shot."

The remand idea, which Riley almost decided to omit, was one of the three pivots on which the Supreme Court's opinion in *Bellotti* turned. The other two points were the Attorney General's new interpretation of the statute and the fact that *Bellotti I* was argued and decided with *Planned Parenthood of Missouri v. Danforth*,[9] another case then before the Supreme Court.

Danforth involved a challenge to a Missouri statute that required the consent of one parent for an unmarried pregnant minor to have an abortion. The Supreme Court did not find the state's interest "in safeguarding the authority of the family relationship" compelling.

[T]he State may not impose a blanket provision . . . requiring the consent of a parent or person *in loco parentis* as a condition for abortion of an unmarried minor during the first 12 weeks of her pregnancy. Just as with requirement of consent from a spouse, so here, the State does not have the constitutional authority to give to a third party an absolute, and possibly arbitrary, veto over the decision of the physician and his patient to terminate the patient's pregnancy regardless of the reason for withholding the consent.

Although *Danforth* was decided by a scant 5-to-4 majority, a unanimous court in *Bellotti* vacated Judge Aldrich's opinion on the ground that the District Court should not have interpreted the Massachusetts law but instead "should have abstained pending construction of the statute by the Massachusetts courts." In so doing, the Court emphasized the Attorney General's interpretation of the statute, which it summarized as follows:

The picture thus painted by the [Attorney General] is of a statute that prefers parental consultation and consent, but that permits a mature minor capable of giving informed consent to obtain, without undue burden, an order permitting the abortion without parental consultation, and, further, permits even a minor incapable of giving informed consent to obtain an order without parental consultation where there is a showing that the abortion would be in her best interests. The statute, as thus read, would be fundamentally different from a statute that creates a "parental veto." (Footnote omitted.)

The Court did not assume the Massachusetts Supreme Judicial Court would so interpret the state law, only that the statute *might be* so construed. Nor did the Court say it would necessarily uphold the constitutionality of the statute if construed as suggested by the Attorney General. Therefore, on July 1, 1976—nearly two years after the suit was filed—it was back to square one: the state court must be given an opportunity to render an "authoritative construction" before the lower federal court could decide the constitutional questions raised by Baird.

Round III: Section 12S
"Inadvertently" Goes into Effect

Shortly after the Supreme Court's decision, for a brief nine-day period from July 21, 1976, through July 30, the 1974 Massachusetts abortion statute for the first and only time "inadvertently" went into effect. How this happened, and what Baird did about it, reveals a great deal about his approach to litigation—his willingness to make things much worse in order to create pressure for change.

On July 21, 1976, the plaintiffs' lawyers petitioned the district court to stay the enforcement of section 12S pending certification of questions to the Supreme Judicial Court of Massachusetts (the "SJC"). To their surprise, Judges Freedman and Julian denied the petition and section 12S therefore went into effect. According to Brian Riley, Freedman lifted the stay because he was confident that the SJC would construe the statute "generally to allow minors who are capable of giving informed consent to have the abortions." Judge Aldrich did not participate; he was apparently in Maine at the time. He later implied that the injunction had been "inadvertently" lifted and suggested that it never would have happened if he had been in Boston. As it turned out, the statute remained in effect for only nine days for on July 30, 1976, Justice Brennan of the United States Supreme Court reimposed the stay. But for the nine-day interim the legal requirements for unmarried minors seeking an abortion were radically changed.

During the brief period the statute was in effect, the responses of the abortion clinics differed. One hospital did not change its practices at all because its personnel never even learned that section 12S now required parental consent. For other clinics, the sudden change brought about "absolute chaos." According to Blanche Lansky of Preterm, Boston's largest abortion clinic: "[W]hat we had to do mostly was refer kids to clinics in other states where parental consent was not required, which was a terrible burden on them—financially, emotionally, in every possible way."

Baird's response was entirely different. Rather than send pregnant minors who didn't wish to consult their parents out of state, Baird thought it would be more effective to flood the unprepared state courts with minors seeking abortions, document the difficulties and burdens the youngsters encountered in the Massachusetts judicial system, publicize the consequences, and thus demonstrate to the public and the federal courts how burdensome this supposedly benign statute actually was in operation.

Marty Cohn, who acted as Baird's public relations man,[10] found twelve pregnant minors willing to go to state court to ask for authorization. Once they got there, as Cohn had expected, many were given a "complete runaround," for the court officers had no established procedures for petitions seeking judicial approval for abortions. Nor was there a procedure for providing minors with assigned counsel, and many of the youngsters did not know how to prepare the necessary petition. Cohn himself took a group of minors to the Suffolk County Court, where they were "surrounded by reporters, thereby demonstrating the total lack of confidentiality of this proceeding." It was no accident that the reporters were there; Cohn himself had tipped off the reporters that the young women would be seeking judicial approval of their abortions.

These and other court visits arranged by Cohn to draw media attention were a build-up for the main event: a press conference held by Baird on Friday, July 31. Baird was seated at a table. Three presumably unmarried pregnant girls entirely covered in white gowns and hoods to conceal their identity were with him, because "the media loved that kind of thing." According to Cohn, Baird emphasized to the press that "none of the minors in court had parental consent for their abortions, [and that] confidentiality was threatened by the very fact that reporters were hovering in the courthouse trying to get their identities, and taking pictures." Baird's press conference, while dramatic, had little practical effect on the lawsuit: that same afternoon word was received from Washington that Justice Brennan, who could not have been aware of Baird's actions, had reinstituted the stay of the statute.

Affidavits were later prepared to document the actual effects of the statute in operation, and to suggest the burdens imposed by the statute even if interpreted as benignly as suggested by the Attorney General. The three-judge court would later refuse to accept any of this evidence, suggesting that because Baird had attacked the statute "on its face," evidence of its effects in operation was not relevant. As a consequence, the United States Supreme Court would eventually decide the case without having any information about the consequences of the statute during the only nine-day period it was in operation.

Round IV: The Supreme Judicial Court Authoritatively Interprets Section 12S

Because Justice Brennan reimposed the stay, the Massachusetts statute was once again in abeyance, at least until the state supreme court had an opportunity to interpret the statute. As instructed by the United States Supreme Court, the three-judge district court dutifully asked the Supreme Judicial Court of Massachusetts (SJC) to explain just what section 12S meant. On August 31, 1976, the District Court certified nine questions to the SJC, and gave the parties thirty days to file briefs in support of their positions.

The parties offered the SJC the same interpretive arguments they had presented earlier to the United States Supreme Court. The Attorney General urged the SJC to construe the statute very narrowly, thus maximizing the chance that it would be found constitutional. But the intervening parents (who believed in parental rights) and the plaintiffs (who wished to maximize the chance that the statute would be found unconstitutional) encouraged the state court to interpret the statute as providing very broad power to parents. Thus, Baird argued that the statute gave parents rights amounting to an absolute veto. The Massachusetts Civil Liberties Union filed an *amicus curiae* brief in support of Baird's position.

The Supreme Judicial Court handed down its interpretation of section 12S on January 25, 1977—two and one-half months after oral argument. It first construed the statute to direct parents to consider only the child's best interest in deciding whether or not to consent to an abortion. It found that the statutory standard of "good cause" meant that a superior court "must disregard all parental objections, and other considerations, which are not based exclusively on what would serve the minor's best interests." The Supreme Judicial Court therefore disagreed with Judge Aldrich's prior interpretation of the statute, which he thought permitted the interests of the parents to be considered as well.

The Supreme Judicial Court next proceeded to demolish Rosenfeld's suggestion that parental consultation was not required in all cases. It concluded that where an unmarried minor asked a court to authorize an abortion, "before a judge acts on a petition for consent, the minor's parents must be consulted" and "notified of any proceeding brought by her." Rosenfeld had claimed that the common law of Massachusetts created an exception that permitted mature minors to consent to medical treatment. The court disagreed: "The legislature has left no room to apply a mature minor rule where an unmarried minor seeks an abortion without parental consultation." Furthermore, any common law consent rule which might apply now or in the future in other areas had no application in the abortion context because the legislature had abrogated the common law by passing the statute.

The court also rejected the Attorney General's claim that if the judge found a young woman to be mature, the superior court was then required to authorize the abortion she desired. "We suspect that the judge will give great weight to the minor's determination, if informed and reasonable, but in circumstances where he determines that the best interests of the minor will not be served by an abortion, the judge's determination should prevail, assuming that his conclusion is supported by the evidence and adequate findings of fact."

The court then stated that the Massachusetts courts would take all necessary steps to assure expeditious decisions by a superior court judge in 12S proceedings and expeditious appeals as well. It construed the Commonwealth law "to authorize the appointment of counsel or a guardian *ad litem* for an indigent minor at public expense, if necessary," if the judge concluded such an appointment would serve the minor's best interest.

Finally, the court responded to plaintiffs' various arguments that section 12S violated the equal protection clause because it required parental and judicial consent for first trimester abortions while another Massachusetts statutory provision (section 12F) authorized minors to consent *to their own* medical treatment without parental involvement in some circumstances. Under 12F, for example, minors living away from their parents and managing their own financial affairs could consent to any medical treatment; minors could also consent to treatment of venereal diseases; and pregnant minors could consent to obstetrical care. The court suggested the legislature, in passing

12F, did not intend an implied repeal of the parental and judicial consent provisions of section 12S. While the court thought 12S valid, it did indicate that if the distinction between pregnancy-related treatment (for which minors could consent under 12F) and abortions (for which unmarried minors could not consent under 12S) could not withstand an equal protection challenge, then "the parental (and judicial) consent provisions of [the abortion statute] must fail as far as is necessary to eliminate the constitutional defect."

Steve Rosenfeld was profoundly disappointed by the state high court's refusal to accept his interpretation of the statute. Under his direction, the Attorney General had gone beyond his usual role of arguing that courts should remain faithful to the plain words of the statute. He had offered the SJC an imaginative interpretation of 12S, one that Rosenfeld thought gave the statute some chance of surviving the plaintiffs' constitutional attack. The SJC, in his view, had blown its chance. Because of the Supreme Judicial Court's decision, both Rosenfeld and Margot Botsford soon thereafter withdrew from further involvement in the case. They thought the statute as now construed was "clearly unconstitutional," and they felt it unconscionable to continue representing the state in the case. Garrick Cole did not feel that way, and he assumed responsibility for the case.

As Cole saw it, the Supreme Judicial Court's task was not to pass on the constitutionality of the statute, but to interpret the legislature's intent in passing it. He thought that the statute, while "amenable to Rosenfeld's gloss," hardly required such a reading. Cole too was disappointed by the opinion: in particular he would have liked to see more flexibility "on the points of prior consultation and mature minors." But he was prepared to carry on the defense.

John Henn, a Boston lawyer soon to assume a role in the litigation, was also surprised that the Supreme Judicial Court had construed the statute in what he saw as "an incredibly draconian fashion." He thought the opinion "was a bit of a Trojan horse for the Commonwealth"—designed to ensure its unconstitutionality.

The only unqualified praise of the SJC opinion came, as one might expect, from Brian Riley, who represented the parent-intervenors.

> We felt very good about that, very heartened that the Court had construed it in the way that they had. We thought that they had really

cornered the federal court on the issue of interpretation by basically saying, "This is what we think it is. If you think it's anything different, whatever—just make it constitutional."

Round V: Back to the District Court

The SJC handed down its interpretation of section 12S on January 25, 1977. Within a week, the three-judge federal district court reconvened to hear arguments on Baird's motion that the order keeping the statute from going into effect should again be extended pending the district court's final decision on the merits of the case. On February 10, Judges Aldrich and Freedman ordered a stay, once again with Judge Julian dissenting.

The Decision on a Stay—District Court Opinion #2

The decision on the stay required an interim assessment by the court of the probability that the plaintiffs would ultimately win. Aldrich, writing for the majority, gave three reasons for continuing the stay. First, the court was troubled by the statute's failure to "advise parents that all they may consider is the minor's best interest." Aldrich then suggested that the statute as construed by the Massachusetts court "has not lived up to the possibility envisioned by the Supreme Court" in two important respects: (1) Parental consultation is required in every case, with no opportunity for a young woman to demonstrate to a judge that it would be in her best interests for her parents not to know, and (2) young women found to be mature minors capable of giving informed consent are nonetheless subject to the superior court's determination of whether they will have an abortion. Aldrich had neither forgotten nor forgiven the Attorney General's office for reinterpreting the statute when the case had been appealed. He concluded snidely:

> Defendants lamented orally, in opposing a stay, that the statute has been on the books two and a half years, and except for a brief inadvertent interval, the intent of the legislature has been frustrated for that period. We cannot resist pointing out that defendants, at one time or another, have not only changed their opinion as to what was the legislative intent, but have been twice mistaken.

197

The Attorney General's New Strategy

The district court's decision on the stay did two things. First, it ensured that the statute would remain inoperative while the district court was deciding the underlying issue of whether the statute, as authoritatively construed, should be declared unconstitutional and permanently enjoined. Second, it signalled that in the end Aldrich and Freedman would almost surely rule for the plaintiffs again.

Garrick Cole, the assistant Attorney General now responsible for the case, understood this signal and therefore developed a new strategy to give the state its best possible shot in the Supreme Court. During the first trial, Kenneth Behar, for the Attorney General's office, had defended the statute in large measure by attacking Baird and the practices of his clinic. Rosenfeld had next based the state's defense on an imaginative interpretation of the statute, now rejected by the state supreme court. Cole believed that to win before the U.S. Supreme Court, a different approach was essential. He had to develop a record that illuminated the *policy* issues. Using the usual tools of a litigator, he would try to build a record that would show the complexity of the teenage pregnancy problem and the importance of parental involvement. He wanted to convince the Supreme Court that, as construed, the Massachusetts legislation was a reasonable approach to a difficult policy problem. To this end, Cole aggressively sought to discover evidence usable in court and to force a new trial, at which he could create a whole new record.

In contrast, Baird's lawyers wanted to engage in as little discovery as possible and simply augment the record from the first trial by asking the same experts what they thought the impact of the statute would be, given the new interpretation of the law by the Supreme Judicial Court. Joan Schmidt characterized Baird's discovery effort as "minimal."

The Shoot-out: Exit Lucas, Enter Balliro; An Expanded Role for PPLM and ACLU

Not surprisingly, conflicts soon developed between plaintiffs and defense over discovery. Lucas and Schmidt repeatedly failed to answer Cole's interrogatories and requests for admissions. On March 24,

1977, Cole retaliated by asking the district court to dissolve the preliminary injunction as a sanction for the plaintiffs' failure to respond. This request triggered an explosive shoot-out, not so much between Cole and Baird's lawyers as first between Judge Aldrich and Roy Lucas, and then between John Henn and Joan Schmidt. When the dust settled, Lucas had been driven out of the case, to be replaced by a prominent local criminal lawyer, Joseph Balliro; Henn had succeeded in getting special status in the lawsuit for Planned Parenthood League of Massachusetts; and Cole had forced the district court to set the case for a full trial. The outcome confirmed for Baird his suspicions and bitterness towards the liberal establishment in Massachusetts.

Joan Schmidt, still bitter about Planned Parenthood's entry into the suit, remarked:

> Initially I thought they were trying to help us, and then it became obvious that they were trying to steal this case, . . . to argue [it] in the Supreme Court. . . . They saw a winner and they wanted to jump on the bandwagon.

The "they" that Baird and Schmidt referred to was a coalition represented by John Henn: Planned Parenthood League of Massachusetts, Crittenton Hastings House, Phillip G. Stubblefield, M.D., and the Civil Liberties Union of Massachusetts (the PPLM group). While this group had been monitoring the litigation since the first trial, filing amicus briefs in the Supreme Court and the SJC, they moved to intervene as party plaintiffs on April 2, 1977. This group was represented by John Henn, a partner at Foley, Hoag & Eliot, a large Boston law firm. Henn, then thirty-five, is a confidently reserved, very able lawyer with two Harvard degrees. Because he was born in Chicago he is not literally a Boston Yankee, but he otherwise fits that description in style, temperament, and appearance. Henn had volunteered his time to the CLU on other reproductive rights cases, including a challenge to the Massachusetts spousal consent requirement for an abortion and the defense of Dr. Edelin, who was prosecuted for manslaughter under the Massachusetts criminal abortion statute. Henn's firm, which now has over 100 lawyers, supported his involvement and provided extensive staff support, including the time of several talented younger associates.

PPLM's motion for intervention coincided with the end of Judge Aldrich's patience with Roy Lucas. While Schmidt and Baird may not be entirely wrong in thinking that Henn wanted to take over the case, and that Aldrich knew and trusted the Foley, Hoag firm, Lucas's white hat was smudged. Lucas had been late in answering interrogatories and had missed an important opportunity to win the case on a summary judgment motion. Lucas learned the hard way that there are serious perils in trying to litigate a Boston case from a suitcase based in Washington, D.C.

There can be no doubt that the PPLM group wanted to join the case. On April 11, 1977, Henn filed a hardhitting memorandum in support of his motion to intervene, questioning both the competence of Baird's lawyers and the representativeness of Baird's abortion clinic. Henn argued that Crittenton (which provides facilities to help a teenager carry the pregnancy to term as well as to abort), Planned Parenthood (which provides counseling but not abortion), and Dr. Stubblefield (PPLM's president, Harvard Medical School professor, and former abortionist at Preterm) would defuse any negative effects aroused by Baird. Three years later, Joan Schmidt was still deeply angry about what she perceived as "the humiliation of . . . being called incompetent." She also resented these "aspersions on Bill's center": "He's controversial, and he's out there in the forefront, and he gets picked on a lot, but his medical operation is first-rate. It has to be." Not surprisingly, Baird opposed intervention, arguing that it was neither necessary nor timely and would cause unnecessary delay. The Attorney General echoed these sentiments.

On April 21, 1977, the district court denied the PPLM group permission to intervene as party plaintiffs, primarily because circumstances had changed. A week earlier, Joseph Balliro had notified the court that he would serve as counsel for Baird, and on April 18, Lucas had moved to withdraw from the case. The court's memorandum denying intervention indicated that it had been reassured by the withdrawal of a "non-resident counsel" and the entrance of a "competent Massachusetts counsel." According to Schmidt, Balliro was so thoroughly qualified to handle the case that not even Judge Aldrich could reject him.

This was not the first time Balliro had represented Baird. Several years before, Baird had been arrested for distributing contraceptive foam, in a criminal case resulting in the U.S. Supreme Court decision *Eisenstadt v. Baird,* and Balliro had gotten Baird out of jail. Balliro was vocal, respectable, and familiar with the rules. With Balliro representing the plaintiffs, adequacy was no longer an issue, at least for a while. By denying intervention, however, the district court did not close the door on Henn's participation as a party, and in fact gave him a special status. The court permitted "proposed intervenors to be recognized as amici, with John Henn, Esq. . . . to enter his appearance on their behalf." The court pointedly warned the plaintiffs' counsel to either cooperate with Henn or else the court would allow him "to take a more active part in the litigation." In a later opinion, Aldrich justified Henn's unusual role "because of reservations about the adequacy of plaintiffs' representation."

Even after Lucas had been driven from the case, discovery did not proceed well for Cole. With the aid of a medical student, Lawrence Gottlieb, Cole designed a questionnaire which would have asked Massachusetts doctors whether there were parental consent requirements for medical care of minors at their institution, what those requirements were, and at what age a person can give his/her own consent for treatment. While the information Cole sought might well have been illuminating, he was not allowed to contact members of the plaintiff doctor class. The record does not indicate why, but the docket shows that discovery was to have been completed by August 19, 1977, and Cole submitted the request to contact members of the class on August 1. The court probably thought it was too late. Cole later described his frustration.

> It's not commercial litigation. We're not trying to keep any secrets from anybody. What the devil's going on here? We're trying to develop, basically, a record composed of legislative fact . . . in an adversary way, . . . but one upon which fundamental judgments of constitutional law are going to be made. . . . [O]ne would think . . . that lawyers under those circumstances would rise to the occasion. It didn't happen.

The Second District Court Trial, October 1977

The second trial turned out to be an even more modest affair than the first trial. It was taken up almost entirely by the testimony of two witnesses. Plaintiffs' strategy was to demonstrate the burdens imposed by the requirement that parents always be involved, either by giving consent or by receiving notice of the judicial proceeding. The state countered that the weight of the statute's requirements was justified by the benefits of parental involvement.

The first witness was Dr. Carol Nadelson, who had testified earlier in the first trial. Balliro, after confirming that Nadelson had read the relevant statutes and the earlier opinions in this case, then asked if she had an opinion of the psychological impact on a pregnant teenager of going to superior court for permission to abort. Before she could answer, Judge Aldrich intervened, over Balliro's protestations, to insist that she ignore the proffered evidence about the actual operation of the superior court during the nine days the statute had been in operation. Judge Aldrich directed her to "assume that the . . . proceedings will be . . . the most benign approach possible." Dr. Nadelson's opinion was straightforward. Initiating any judicial proceeding "would be severely detrimental to a teenager, particularly since she had just met with her parents' disapproval. . . ." This was so because the minor would be afraid to go into court, particularly over her parents' objection. The impact on the teenager and her family would be severe and might further disrupt relationships in an already difficult family situation. Dr. Nadelson noted that not all parents are concerned with their daughter's best interests, and even if they are, "it is very difficult for them to know what the best interests may be in a situation that is new to them and that may be quite traumatic to them."

Asked whether the parental consent requirement would cause some teenagers to seek alternative means of obtaining abortions, Nadelson testified that teenagers would seek out non-medical, illegal abortions rather than "confront any other authority about the problem." In years past, when abortions were "far more difficult to obtain," Nadelson said she personally had come across several cases of septic abortions every week. Nadelson also testified that the impact of carrying an unwanted pregnancy to term would be worse than the impact of a first trimester abortion. After Nadelson's testimony, Balliro then rested his case.

Nadelson was cross-examined extensively by Michael Meyer, of the Attorney General's office, who initially sought to demonstrate that a pregnant teenager often needed counseling to resolve the inevitable psychological conflicts surrounding her pregnancy and the abortion decision. In essence, Nadelson acknowledged that counseling might be desirable in a number of cases, but expressed concern that the abortion decision not be unnecessarily delayed. She thought a delay of two to four days for counseling "would be fine," but that longer delays, at least towards the end of the first trimester, would unacceptably "put [the minor] in considerable jeopardy physically and emotionally."

Meyer then turned to what should have been a central policy issue in the case: a comparison of the number of girls who might be helped by the Massachusetts requirement of parental consultation with those who would be hurt by it. Meyer asked Nadelson to compare the proportion of pregnant minors whose parents should *not* be involved, on the one hand, with the proportion of pregnant minors who would choose not to involve parents, when in fact parental participation would be helpful and supportive. Having stated in her deposition that for some minors parental consultation was "objectively contraindicated," she defined this for Meyer now.

> [When] the adolescent's parents have been known to be child abusers or are likely to be or are people who are seriously mentally ill or are in some way unable to really be helpful or involved in that situation . . . the welfare of that youngster [might be jeopardized].

From her work at Beth Israel, parental consultation was objectively contraindicated approximately 5 percent of the time.[11]

Meyer next pressed Nadelson to acknowledge that in a much higher percentage of cases the pregnant minor did not want parental involvement although it would in fact prove useful to the minor. Nadelson was wary of quantifying this percentage, but finally, when asked if 40 percent was "a reasonable figure," she replied, "That is probably close."[12]

The defense then proceeded to present its case. Its first witness was Sprague W. Hazard, then sixty-two, who had received his M.D. from Columbia in 1941. Hazard had been very active in the American Academy of Pediatrics (AAP) and was Chairman of the AAP's Committee on Youth from 1970 to 1974, during which time the committee drafted "A Model Act Providing for Consent of Minors for Health Services." Although the Model Act would give informed minors the right to consent to treatment for prenatal care, venereal disease, and drug and substance abuse, section 6 of the Act provided that "[s]elf-consent of minors shall not apply to a sterilization or abortion." Hazard reported that "[t]he ultimate viewpoint of the committee was that . . . this particular health issue should be shared with the family." When Judge Freedman asked whether the committee had any evidence to support its conclusions, Hazard replied that they were based on the experience and beliefs of the Academy's committee members. Freedman also asked whether the Academy's intent in promoting the Act was to preserve the family unit or the child's health. Hazard replied that the two were equally important.

Balliro's cross-examination (the most skillful in this record) attacked the general competence of the Pediatric Academy to deal with adolescent pregnancy and abortion, and the specific competence of Hazard's committee in particular. The AAP's interest in adolescent pregnancy was very recent; until 1972, that organization had concerned itself only with children under twelve. Balliro then demonstrated that the Act was drafted before the Supreme Court's decision in *Roe*. He led Hazard to discuss the brief and sporadic meetings that led to the writing of the Model Act, implying that it was not a carefully considered document. Finally, he forced Hazard to admit that neither he nor his committee members had much experience, let alone expertise, with adolescent pregnancy.

Balliro asked Hazard whether teenagers with drug or VD problems would be reluctant to discuss those subjects with their parents. When Hazard said they would, Balliro shifted to pregnancy and Hazard agreed that "a substantial number" of pregnant girls would still be reluctant, even after careful counseling, to discuss their pregnancy with their parents. While he could not estimate the number who might be persuaded through counseling to consult their parents, under re-direct examination by Cole, Hazard added, "I do think the best chances take place when there is a humanistic environment for this exchange between the young person and the counselor."

This reference to "humanistic environment" opened up a line of questions that badly damaged the defense case. Balliro pounced on it on re-cross examination: "Would you consider the courtroom a humanistic environment for the discussion of or counseling of a pregnant adolescent with respect to the issue of abortion, Doctor?" After the question was clarified to mean "as private as [the hearing] could be made," Hazard answered, "I can think of many instances in which I would not think it humanistic." He felt that the pregnant girl needed an advocate in such a situation. At this point Judge Aldrich told Dr. Hazard to assume the girl had a competent lawyer, and that the "judge is the kind of judge that you see in the three judges before you." Aldrich then asked:

> Would you say, Doctor, that the fact the child is well represented but nonetheless is engaged in a heated adversary situation with her parents that it would then provide . . . what you consider to be a humanistic environment?

Dr. Hazard admitted that "an adversary process . . . where the parents are unalterably opposed to the abortion and where the adolescent has been forced, because she wants an abortion, to bring a complaint in court and ask the Court for assistance in that regard" would be an "unfortunate experience" for an unmarried pregnant minor.

Cole's later attempt to rescue Hazard's testimony only made things worse. Cole described a court proceeding that was as benign and private as possible, with full social services available to the judge and the family. He then asked Hazard his opinion of the consequences of such a procedure. To Cole's horror, Hazard replied that by the time the situation has reached a courtroom:

> I would have a lot of misgivings about the validity of the relationship between the parent and the child and how capable they are of being valid support for this child in the future. . . . My opinion is that the adolescent child should have certain rights about her life and her body and what happens to it and this should be taken into consideration at that time.

Even assuming that the judge was concerned only with the adolescent's rights and the advancement of her best interests, Hazard said the consequences for the family would be disastrous.

After this, for all intents and purposes, the trial was over. Cole called one last witness, Ernest Krug, then a senior resident in ambulatory medicine at Children's Hospital in Boston. Krug shared responsibility for conducting "ethics rounds," where ethical problems that confront doctors were discussed and analyzed. He was called to testify about "dilemmas in truth telling" when physicians were involved in adolescent abortions, but Judge Aldrich did not allow him to reach that issue. As far as Aldrich was concerned, Krug's opinion was irrelevant; he had never performed an abortion, nor had he ever felt the need to withhold information from his patients' parents. Cole had intended to have Krug testify that even doctors didn't know the right answers to questions of maturity and best interests, so the legislature's judgment should stand. Given Aldrich's lack of interest in the question of physicians' ethics in telling parents or not, Cole sat down in frustration and rested his case.

The Post-Trial Controversy over Immature Minors: Confusion over the Scope of the Lawsuit

It looked like the hearing was over when Cole made what was to be his most successful move in the trial, if the success of an act is measured by its effect on the ultimate result. In a colloquy at the bench between the judges and the lawyers, Cole widened the split between Henn and Baird's lawyers and strongly influenced Justice Powell's subsequent opinion by raising a question about immature minors.

Cole was concerned with the plaintiffs' theory of law. Exactly for whom was this statute unconstitutional? Judge Aldrich asked Balliro whether he found the statute unconstitutional "as it applies" to minors incapable of consenting. At first Balliro said it was, and Aldrich, obviously surprised by the answer, repeated the question. Judge Julian intervened and noted that Balliro had not alleged in his complaint that the statute was unconstitutional as applied to immature minors. Balliro countered that the allegation had not been excluded. Aldrich, still trying to pin him down on this issue, wanted to hear Balliro's argument with respect to "a minor who everybody would agree was not mature enough to consent." Balliro, perhaps unprepared for the question, did not give a direct answer. Instead, he said that he wanted to reserve his right later to argue that the statute could not be applied to immature minors.

Judge Julian asked whether any evidence had been presented regarding anyone under the age of fifteen. Balliro referred Judge Julian to the requested admissions, and Judge Freedman referred his colleague to *11 Million Teenagers*, a booklet on teenage pregnancy, published by the Planned Parenthood League, which had been admitted as plaintiffs' Exhibit A. Judge Julian then pointed out that "[t]here were no questions certified to the Supreme Judicial Court with respect to immature minors." Balliro responded: "I understand that." Perhaps realizing he was on shaky ground, he tried to reassure the court: "I will take that into consideration very strongly. I would say my tendency is not to include that. I merely did not want to waive it."

Aldrich, probably by this time nervous that Balliro might do something foolish, cautioned him not to waive anything and to communicate first with Henn. Balliro proceeded to tell the court that the plaintiffs' position in the second trial "is pretty much the same" as in the first, "except for the addition" of the Equal Protection attack premised on the new section 12F. This did not help Judge Julian:

> I am not sure that the parties have told us what is being attacked. Is it the entire scope of the statute, including all female children who are capable of conception, or are we being called upon to determine the constitutionality of this statute with respect to mature minors only? We have never been told.

After a few more minutes of confusion, Judge Freedman jumped in, reading language from the district court's 1975 opinion suggesting that Parents Aid Society and Dr. Zupnick had "standing to attack the statute as applied to all minors, at least insofar as it requires the consent of both parents." (*See supra,* pp. 185–186.) Rather than follow Freedman's lead, Balliro suggested that the nub of Baird's complaint concerned minors who *could* give informed consent. With this issue hovering unresolved, Judge Aldrich summarized the timetable and adjourned the hearing.

Knowing that it had a good thing, the Attorney General's office fanned the flames by writing to Balliro for clarification. Cole thought the statute applied to all minors. Cole's goal was to force the plaintiffs into an awkward choice. Either they would be forced to argue that the statute was invalid as to *all* minors, in which case Cole thought he could demonstrate that it was valid as to immature minors. Or the plaintiffs could exclude immature minors from their attack, in which case Cole would argue that the suit was not a valid facial attack. Therefore, the statute could not be thrown out on its face as substantially overbroad.

The problem for Balliro, however, was that his client Baird did not recognize the possibility of an immature minor. In Bill Baird's view, according to Joan Schmidt, every pregnant minor could understand the consequences of an abortion: "Now, I think there might be a few very severely mentally retarded young people, but they would probably never find their way on their own into a doctor's office or an abortion clinic. . . . [N]o one ever came up with an immature minor plaintiff." The mature/immature labels, to Schmidt, were smokescreens. The statute required the *consent* of the pregnant minor. It only applied to minors who could give informed consent.

John Henn joined the exchange of letters in an attempt to prevent a claim that the challenge was not a facial attack.

> It is the position of the amici that § 12S is invalid on its face—period. This is so, because the statute's third-party consent requirements are unduly burdensome and discriminate against the right of a mature minor woman to terminate her pregnancy. The fact that some minors are unable to give legally effective consent to termination of their pregnancies, and thus always require some form of third-party consent in a variety of contexts, does not save this overbroad statute, nor suggest to us any narrowing and constitutionally acceptable construction.

To Baird's attorneys, Henn's position was a betrayal. While Henn had declared that the statute was attacked as it applied to *all* minors, Schmidt felt undermined by Henn's acknowledgement that in a variety of contexts some minors, presumably immature minors, could not consent.

The court was not satisfied with any of Balliro's equivocal responses to the Attorney General's requests for clarification. All three judges signed a Memorandum and Order dated November 29 finding Henn's position "clear and adequate" but ordering Balliro "to make further response within five days of the date hereof." On December 5, Balliro filed a response with the court in which he stuck to his guns:

> Plaintiffs will argue that [Section 12S] is unconstitutional with regard to those minors who are capable of giving consent to an abortion,

and will not argue that it is unconstitutional with regard to minors who are not covered by the express terms of the statute, i.e., those minors who are not capable of giving consent.

While Baird and Planned Parenthood agreed that section 12S should be declared unconstitutional, they implicitly disagreed about two issues:

1. Whether, as a factual proposition, there were many minors who lacked the capacity to give informed consent to an abortion, and

2. Whether, as a legal proposition, section 12S applied to all minors or only those capable of giving consent.

In essence, Baird thought:

1. Every pregnant minor who found her way to an abortion clinic was able to give informed consent; he was unwilling to concede that there was a class of "immature minors" unable to consent, or that only "mature" minors had the capacity to consent.

2. Section 12S *only* applied to minors capable of giving consent. In that extraordinarily rare situation where a pregnant minor, perhaps because of mental retardation, lacked the capacity to give informed consent, the statute simply would not apply, since by its terms the statute required the consent of the minor as well as her parents.

3. Plaintiffs would not argue the statute was unconstitutional with respect to those minors "who are not covered by the express terms of the statute, i.e., those minors who are not capable of giving consent."

Henn and PPLM, on the other hand:

1. Were prepared to concede that "in a variety of contexts" certain minors would not be capable of consenting.

2. Suggested section 12S applied to all minors.

3. Believed the statute was "overbroad," because it applied to all minors, including mature minors entirely capable of consenting. Rather than rewriting the statute, to narrow its application

to cover only minors incapable of giving consent, the court should declare it invalid.

The District Court did little to clarify this matter, or to resolve explicitly the conflict, although it appears Judges Aldrich and Freedman agreed with Henn. In response to Cole's argument that plaintiffs had somehow conceded the validity of the statute with respect to immature minors, in his subsequent opinion, Aldrich tried to tidy up the record in a footnote:

> Defendants also contend that plaintiffs waived the subject of immature minors. It is not clear that they did so, but if they did, it was a breach of their duty as representatives of the classes that at least Dr. Zupnick purported to represent, and we are not bound thereby. It was for such reasons that we gave special stature to the parties we would ordinarily have considered only amici.[13]

It is unclear from the plaintiffs' complaint whether Zupnick ever purported to represent minors who were unable to give consent. In all events, Aldrich decided that Zupnick represented all those minors who were not represented by Mary Moe. (*See* p. 186) The District Court went on to decide that the statute was invalid on its face as to all minors—notwithstanding Balliro's suggestion that the statute did not even cover minors not capable of giving consent.

District Court Opinion #3

On May 2, 1978, again over Judge Julian's dissent, Judges Aldrich and Freedman declared section 12S unconstitutional and granted a permanent injunction. Aldrich again wrote the opinion. After recognizing the substantial controversy about legalized abortion, Aldrich issued a sharp sermon to the state legislature:

> When dealing with relatively unimportant and uncontroversial matters the state can paint with a broad brush. When entering an area of highly cherished rights and principles, where the sparks, to use defendants' word, are charged because of basic, conflicting and deeply held beliefs, the state should proceed with corresponding care. We do not find that it has done so.

Aldrich proceeded to find three features of the statute unconstitutional. First, he found unconstitutional the statute's blanket requirement of parental notification in all cases. He read the Supreme Court's opinions in *Danforth* and *Bellotti I* to contemplate the possibility of bypassing parents entirely in some cases. Accordingly, to Aldrich, the evidence at trial demonstrated "without contradiction" that a contested court proceeding would often be highly detrimental, and might lead "many minors" to resort to dangerous illegal abortions. Because the statute required parental notification even where it might not be in the minor's best interest, it was overbroad and offended the Fourteenth Amendment. The court asserted that "[t]he exact number of minors who are injured is unimportant." Aldrich suggested that the Supreme Court had recognized that even for a minor incapable of giving informed consent, "it may be to a minor's best interest that the hearing be held, and the abortion be performed, without her parents' knowledge." Addressing Hunerwadel's argument concerning the values of requiring parental notification, Aldrich responded: "If the family relationship is such that communication has not been attempted, or successful, before the pregnancy, we agree with the expert who doubted the efficacy of a last minute, state compelled consultation."

Aldrich next proceeded to find that the statute was unconstitutional because it did not permit minors determined to be mature and competent by a superior court to decide for themselves whether or not to have an abortion. The evidence presented at trial showed "that many, perhaps a large majority of seventeen-year-olds are capable of informed consent, as are a not insubstantial number of sixteen-year-olds, and some even younger." Aldrich pointed out that "[e]xcept for sterilization, a far more serious and far reaching procedure, abortion is the only form of surgery to which a mature minor may not consent, although . . . many other forms are far more complicated and dangerous." In light of a minor's basic constitutional right to have an abortion,

[w]e find no reasonable basis for Massachusetts distinguishing between a minor and an adult, given a finding of maturity and informed consent. . . . We regard the legislative exception [to the mature minor rules] to be both an undue burden in the due process sense, and a discriminatory denial of equal protection.

Finally, Aldrich reformulated his original argument from *Bellotti I* that the statute was unconstitutional because it allowed parents to pursue their own interests instead of those of their children. Despite the SJC's interpretation, Aldrich believed that the statute "improperly suggests the existence of parents' rights." Because of the statute's wording, "[i]t is only reasonable to anticipate that many parents, accustomed to think in terms of parents' rights, will find them included for the very reasons originally argued by the defendants and accepted by us."

Judge Julian again wrote a strongly worded dissent, in which he indicated that he would hold the statute valid, except insofar as it purported to empower a superior court judge "to withhold consent to the abortion even though he finds that the minor is 'capable of making, and has made, an informed and reasonable decision to have an abortion.' "

He disagreed that the parental notification requirement was unconstitutional, because "the cases where parental notification may not be in a minor's best interests are exceptional and of rare occurrence. Plaintiffs' expert estimated that in her practice parental consultation is 'objectively contraindicated' only 5 to 10 percent of the time." Plaintiffs' experts had suggested that it was "extremely important" to have parental involvement, and had noted that it "is the *rare* case where it is impossible to obtain" consent. "[A]n imputation of unsupportive parental behavior in a concededly small number of cases should not be held to outweigh the beneficial effects provided by the statute for the majority of minors." He argued that to elevate the reluctance of pregnant minors to confront their parents to "constitutional status" would encourage "concealment and deception" in families and would further waste "vast and valuable parental resources."

Finally, Judge Julian pointed out that in a judicial proceeding in which parents would not be involved, judges would be deprived of their most valuable source of information regarding the minor's best interest. Julian concluded his opinion by emphasizing the importance of the parental role:

> The parental right to control, subject to constitutional limitations, the upbringing of children is a natural counterpart to the parental duty to support, guide and protect the child. The occurrence of

pregnancy in a minor does not absolve her parents of responsibility to support, protect and guide their daughter, nor does it eliminate the daughter's need for parental support, protection and guidance. To the contrary, it is a period when parental assistance is urgent.

Both opinions are impressive, more impressive than what was to follow in the Supreme Court. Aldrich and Freedman had struck the statute down because it provided no possibility of bypassing parents completely. They were certain this would be harmful in some cases: "The exact number of minors who are injured is unimportant." Julian saw the requirement of parental involvement in all cases as appropriate. He acknowledged that it might conceivably be harmful in a small number of cases, but he saw substantial benefits in a much larger number of cases where the parents would be supportive but the pregnant minor would not otherwise involve them. All three judges thought that a pregnant minor who could persuade a superior court judge that she was mature should have the right to decide for herself, although Julian would not let her bypass her parents altogether.

Planned Parenthood Becomes a Party Plaintiff

About a week after the district court announced its opinion, John Henn filed a motion requesting that Planned Parenthood, Crittenton, and Dr. Stubblefield be allowed to intervene as party plaintiffs, infuriating Baird and his lawyers and re-opening old wounds.

Henn argued that the Baird group did not adequately represent the plaintiff class, citing a controversy over Dr. Zupnick's responses to the Attorney General's requests for admissions and the court's displeasure with Balliro's handling of the immature minor question. Henn closed by suggesting that plaintiffs' small firm lawyers could not handle the appeal to the Supreme Court as well as Henn's large firm:

> Presumably the Commonwealth will again marshal its considerable resources behind an appeal in this action, and it is vitally important that the plaintiff class enjoy a representation with comparable resources. In an effort to assure that the plaintiff class is fully and adequately represented in the appellate process—from record designation, which only parties control, through brief writing to argument—it is appropriate that movants be added as parties plaintiff.

Balliro and Schmidt angrily opposed intervention, asserting that the PPLM group had no interest they could not protect by continued participation as amici, that their allegations of inadequacy were not substantiated, and that intervention was untimely. They also argued that amici were acting in bad faith to steal their case. Notwithstanding this opposition, and the fact that the trial of the case was now over, the district court allowed Henn's clients to intervene as party plaintiffs on June 19, 1978.

Behind the arguments over the adequacy of representation lay the district court's desire to safeguard its decision in the case. Henn believed, and Cole would agree, that "the majority was naturally interested in having their decision upheld in the Supreme Court and decided they'd just as soon have the best representation possible." Baird implied that Aldrich wanted one of his own (i.e., a Yankee) to defend the opinion.

The feud between Baird's lawyers and the PPLM group was carried to the Supreme Court. In late June, the Attorney General filed the expected notice of appeal to the Supreme Court, and on October 30 the Supreme Court noted probable jurisdiction, thus agreeing to hear the case for a second time. The PPLM group moved for additional time in oral argument, or alternatively for half of Baird's time. In its motion, PPLM emphasized "the differing interests of the two distinct groups of appellees involved." While the Baird group performed abortions, PPLM counseled; PPLM had no financial interest in abortions, and it had "more experience with the pre-decisional anxieties of female minors and, indeed, [is likely] to see a different group of female adolescents than Baird, et al., who will see those minors who have already decided upon abortions." Henn implied that he could provide better representation and reminded the Court of Judge Aldrich's much-cited footnote regarding Baird's "breach of duty" toward immature minors.

Baird responded by moving to strike PPLM's appearance (a procedural oddity, as Henn noted). The Baird group alleged that the June 19 order allowing intervention was improper and that it prejudiced them by restricting their time for oral argument. However, the Supreme Court granted PPLM's motion for divided argument. The unwilling allies were forced to come to a temporary and uneasy truce. They would be required to share oral argument before the Supreme Court.

Round VI: Back to the Supreme Court

When the Supreme Court agreed to hear argument in the *Bellotti* case for a second time, most of the lawyers involved thought a majority of the Supreme Court would affirm the result reached below, probably on the basis of the Court's earlier decision in *Planned Parenthood of Missouri v. Danforth*. It was true that *Danforth* was distinguishable. In that case, the Missouri law had required parental consent for a minor's abortion, there being no statutory exception allowing a state court to override the parental decision. Cole thought the state might have an outside chance of winning, primarily because Justices Powell and Stewart had written a narrow and reluctant concurring opinion in *Danforth* which suggested that the state had a "constitutionally" permissible end in encouraging an unmarried minor to seek the help and advice of her parents. In all events, Cole hoped for language in a majority opinion which would allow the state legislature to encourage parental involvement in the abortion decision. Henn was reasonably confident the statute would be struck down; more ambitiously, he hoped to turn Powell and Stewart away from their narrow *Danforth* concurrence.

No one expected the way the Court lined up. Although only Justice White dissented from the holding in *Bellotti* v. *Baird*, there is no opinion for a majority of the Court. The eight justices who held the statute invalid divided four to four on the reasons.

Three justices joined Justice Stevens in an opinion that ruled the Massachusetts case was easily governed by *Danforth*, where a Missouri statute requiring parental consent was struck down because "the State does not have the constitutional authority to give a third party an absolute, and possibly arbitrary, veto over the decision of the physician and his patient to terminate the patient's pregnancy." Stevens concluded that the Massachusetts statute, while different from the Missouri statute in that it allowed a judge to override a parental refusal, was nonetheless invalid for the same reason: "[N]o minor in Massachusetts, no matter how mature and capable of informed decisionmaking, may receive an abortion without the consent of either both her parents or a superior court judge. In every instance, the minor's decision to secure an abortion is subject to an absolute third-party veto." Stevens' heavy reliance on *Danforth* was surprising, because he had dissented in that case.

The more influential plurality opinion, also representing the views of four justices, was written by Justice Powell. This opinion sought to influence the shape of state laws by suggesting the sort of abortion statute that would be constitutional. Powell initially reviewed earlier decisions of the Supreme Court concerning the rights of children. He reaffirmed the notion that children are not beyond the protection of the Constitution, but read prior Court decisions to recognize "that the constitutional rights of children cannot be equated with those of adults" for three reasons: "the peculiar vulnerability of children; their inability to make critical decisions in an informed, mature manner; and the importance of the parental role in child-rearing."

Powell acknowledged that parental involvement in a pregnant minor's abortion decision might often be helpful, but he was troubled that the Massachusetts statute under review required parental consultation in every instance; a state court could authorize an abortion notwithstanding the lack of parental consent only if the parents were notified of the judicial proceedings brought by their daughter. Because some parents might "obstruct both an abortion and their access to court," Justice Powell thought "[i]t would be unrealistic . . . to assume that the mere existence of a legal right to seek relief in superior court provides an effective avenue of relief for some of those who need it most." Emphasizing that an unwanted pregnancy could have severe adverse consequences for a young woman, and that the abortion decision "cannot be postponed, or it will be made by default," Powell concluded that the Massachusetts law was unconstitutional.

Powell then proceeded to indicate what sort of juvenile abortion law would pass constitutional muster:

> [U]nder state regulations such as that undertaken by Massachusetts, every minor must have the opportunity—if she so desires—to go directly to a court without first consulting or notifying her parents. If she satisfies the court that she is mature and well enough informed to make intelligently the abortion decision on her own, the court must authorize her to act without parental consultation or consent. If she fails to satisfy the court that she is competent to make this decision independently, she must be permitted to show that an abortion nevertheless would be in her best interest. If the court is persuaded that it is, the court must authorize the abortion. If, how-

216

ever, the court is not persuaded by the minor that she is mature or that the abortion would be in her best interest, it may decline to sanction the operation.

Why did Powell, in essence, render an advisory opinion—something courts traditionally will not do—about what sort of juvenile abortion statute would be valid? For one thing, the Attorney General's brief asked for such guidance. In addition, perhaps Powell wanted to explain why there had been a need for a remand the first time the case had come before the Supreme Court. Powell was essentially announcing that the Massachusetts statute would have passed constitutional muster had it been interpreted along the lines earlier suggested by Deputy Attorney General Rosenfeld, even though the state supreme court's interpretation had now made clear that such an interpretation was incorrect as a matter of state law. Moreover, Powell may have been concerned about immature minors. The immature minor distinction was kept alive by frequent reminders in the Attorney General's brief that pregnancy can occur at an early age and the statute served to protect the immature minor's interests.

Reactions to the result varied. Bill Baird hailed the Supreme Court's action as a great victory.

> Any time you have a case that's 8–1 your way, it's a victory. It permits the continuation of medical care for an entire class of people. Without the lawsuit, they would have been deprived of that right.

To his consternation, allies in the abortion movement did not celebrate his achievement. When the Boston *Globe* quoted the National Abortion Rights Action League to the effect that the decision was a major setback, Baird was furious: "I sat back and I said, 'You schmucks! How stupid can you be? Even if it were a setback, we don't tell the opposition it's a setback.'" One of the national leaders of Planned Parenthood wrote Baird immediately after the decision, congratulating him and hailing the tremendous victory. The next day Baird received a telegram from the same woman which said, according to Baird: "Reject my personal letter to you; it was a tremendous defeat."

John Henn had lukewarm feelings about the outcome. "You can't characterize [the result] as a defeat, but I'd characterize it as a semi-satisfactory victory." To his way of thinking, the Attorney General had been preordained to lose this battle in the federal court, once the statute had been construed by the Supreme Judicial Court. But the state now had brighter prospects for the war.

> Their goal was to get some decent language they could live with in the future and that's what they got. . . . I don't think the A.G. was so dissatisfied with [the decision]. . . . If they lost . . . they at least got a pretty good idea of what a new statute ought to look like.

Cole agreed. It was true that the Supreme Court had essentially ignored Cole's argument that the plaintiffs' facial attack on the statute should fail because at most the statute was invalid only as applied to those mature and competent minors, in the first trimester, for whom parental consultation was both subjectively and objectively contraindicated. Nonetheless, under the language of Powell's opinion, the state was left free to require parental consent, provided it created the possibility of parental bypass through a judicial proceeding that would authorize "mature" minors to decide for themselves. "Henn may have gotten the judgment, but we essentially won."

Round VII: The Massachusetts Legislature Acts Again

The story of *Bellotti* does not end with the Supreme Court's decision. Less than a year later, the Massachusetts legislature enacted a new abortion law which once again reflected general antipathy towards abortion on demand and the specific desire to have special rules governing unmarried pregnant minors. The new legislation essentially did two things. First, it enacted new juvenile abortion provisions that incorporated Justice Powell's suggestions. An abortion for an unmarried minor now requires either the consent of the minor's parents[14] or judicial authorization. The statute directs parents to "consider only their child's best interest." A pregnant minor may seek judicial authorization for an abortion, either because parents refuse to consent or because the minor elects not to seek parental consent. Tracking Justice Powell's opinion closely, the statute provides that the court must authorize the abortion if it determines the minor is "mature and capable of giving informed consent" or, if not mature, that an "abortion would be in her best interest." Second, the 1980 legislation also created new requirements for *all* abortions: "Informed consent" would now require any woman (regardless of age) to sign at least twenty-four hours before an abortion (absent an emergency) a state-prescribed consent form that described the state of development of her fetus.

Despite opposition from the CLU and PPLM, passage of new abortion legislation was preordained. Pro-life groups retained substantial influence in the state legislature. Moreover, Edward King, a conservative, had been elected governor, so a veto was out of the question. There was some give and take about details of the new law, and the CLU succeeded in adding a provision to the bill making court appointed counsel available for minors who sought judicial authorization of an abortion, but the new abortion bill finally came up for a vote in both houses in the late spring of 1980. The CLU asked friendly legislators to call for a roll call vote on the bill. They declined, and the new statutory provision was enacted on a voice vote; no legislator wanted his vote recorded.

Round VIII: New Litigation

This new statute was immediately challenged in federal court by Planned Parenthood and the Civil Liberties Union. Determined to beat Bill Baird to the punch, John Henn and his associate, Sandra Lynch, filed the new class action suit on June 6, 1980, only one day after Governor Edward J. King signed the bill and nearly three months before it would take effect. From the outset, given the Supreme Court's decision in *Bellotti*, Henn and Lynch recognized that it would be difficult to persuade a federal court that the new requirements for pregnant unmarried minors were unconstitutional. Nonetheless, they developed a two-pronged attack. First, they would emphasize the potential procedural shortcomings in the expected operation of the Massachusetts statute in order to pressure the state courts into adopting rules and procedures that would make the judicial authorization process as benign as possible. Second, they would base their legal arguments primarily on the equal protection clause of the Fourteenth Amendment stressing that the Supreme Court "specifically did not reach the question of validity" of the parental/judicial consent requirement under that clause.

The first part of the strategy worked. Responsibility for representing the state and defending the statute had passed to Stephen S. Ostrach, a 1974 Harvard Law graduate who had recently joined the Attorney General's staff. Ostrach thought the new juvenile abortion provisions would be easy to defend in court, provided their implementation was sensible and the new process was expeditious and confidential. At a conference on July 29, 1980, Ostrach noted that Federal District Court Judge Mazzone, the judge assigned to the new case, was concerned that there were no superior court guidelines or rules to avoid chaos when the new statute went into effect. In response to these concerns, Ostrach paid a visit to the office of Judge James P. Lynch, Jr., Chief Judge of Massachusetts' superior courts, who, until 1983, was responsible for any state court rules. He conferred with Lynch's administrative assistants, Frank Maguret and Frank Orfanello. Within forty-eight hours, shortly before the hearing on the preliminary injunction began, Judge Lynch issued a Standing Order adopting special rules for section 12S proceedings. These rules addressed many of the procedural difficulties raised by plaintiffs by requiring the waiver of court fees for minors who lacked the necessary funds, and by spelling out procedures that would protect the privacy of the pregnant minors.

After the Standing Order was issued, Assistant Attorney General Ostrach had little difficulty responding to plaintiffs' remaining attack on the parental/judicial consent requirement. Ostrach stressed that five members of the United States Supreme Court plainly thought a statute providing for judicial authorization would not violate the due process clause. Justice Powell's plurality opinion was obviously intended to give the state guidance. Moreover, it was not appropriate to speculate about the impact of the actual implementation of the statute before it was to take effect. Ostrach also gave short shrift to the equal protection arguments.

On Tuesday, September 2, one day before the statute was to go into effect, Judge Mazzone issued a Memorandum and Order Denying Plaintiffs' Request for Preliminary Injunction and ruling against the plaintiffs on all counts. Only two sentences in the thirteen-page memorandum dealt specifically with the requirement of parental consent or judicial authorization for minors.

220

Baird Reenters the Fray

Shortly after Planned Parenthood's defeat in the District Court, while Henn was preparing an appeal to the First Circuit, Bill Baird filed his own lawsuit in Federal District Court challenging the parental/judicial consent provisions. In essence, the Baird complaint repeated the same claims and arguments offered earlier by Planned Parenthood, but with one additional twist. The new lawsuit argued that school reporting requirements put minors who would seek judicial authorization to an abortion in an impossible bind because if they missed school to have an abortion, state law required the absence to be reported to their parents. Judge Mazzone was not impressed, and he denied Baird's application for a temporary restraining order from the bench on September 10. Having blown his trumpet and charged off into battle for a brief skirmish, Baird declined an opportunity to appeal, pulled back, and let Planned Parenthood shoulder the burden of the appeal in the federal courts.

The Appeal to the First Circuit

While Baird was mounting his own brief challenge, Henn succeeded in persuading the federal courts to grant a stay to keep the new statute from going into effect until after the First Circuit had a chance to decide PPLM's appeal. This was heard on an expedited basis on October 6, 1980, and both PPLM and the Attorney General filed elaborate briefs. On February 9, 1981, the First Circuit affirmed the District Court in part and reversed it in part. The appeals court held that Planned Parenthood was entitled to a preliminary injunction, but only with respect to the twenty-four-hour waiting period and the requirement that the consent form contain a fetal description. The opinion affirmed the denial of the preliminary injunction with respect to plaintiffs' attack on the special requirements for unmarried minors. The court rejected any claim that the new Massachusetts statute violated the due process clause on its face. This possibility was foreclosed by the Powell opinion. While acknowledging that a statute valid on its face might be unconstitutional if it turned out to be "unduly burdensome" in actual operation, the First Circuit found "no sufficient showing" of that likelihood. Later, after the statute was in operation, plaintiffs (if they wished) could try to make such

221

a showing at trial. But in the meantime, the Standing Order had quieted the court's fears.

The First Circuit's opinion represented both a victory and a defeat for Planned Parenthood. The twenty-four-hour waiting period requirement and the fetal description in the consent form had been enjoined, but the crucial statutory requirements that minors receive either parental consent or judicial authorization had been upheld. Baird's team responded to the Planned Parenthood defeat by once again filing a lawsuit of their own—this time in state court.

Round IX: The Battle Shifts to State Court

Eleven days after the First Circuit's ruling, on February 20, 1981, Baird brought suit in Suffolk County Superior Court in a case that was transferred to and heard by the full bench of the Massachusetts Supreme Judicial Court. He asked that court to enjoin the operation of the juvenile abortion statute on the grounds that it violated the Massachusetts *state* constitution. Planned Parenthood's federal action had included allegations that section 12S violated the state constitution, but Baird said that he didn't trust Planned Parenthood to litigate effectively. "They're willing to compromise . . . I'm not . . . they haven't shown me very much in creativity . . . they certainly haven't shown me beans for courage." Joan Schmidt indicated that the decision to file a state court proceeding had been motivated both by Planned Parenthood's defeat in the federal court and by a recent abortion decision of the Supreme Judicial Court. That court had ruled that state legislation restricting Medicaid funding of abortion violated the state constitutional guarantee of due process, notwithstanding a prior decision by the United States Supreme Court that such restrictions were valid under the federal Constitution. Perhaps the Supreme Judicial Court would now interpret the state constitution to invalidate the new juvenile abortion statute.

Baird's new lawsuit no doubt irritated John Henn, and it surely placed him in something of a quandary. On the one hand, Henn recognized that the state constitutional claims might succeed, but he did not want Baird litigating those issues. On the other hand, Henn realized that his chance of success in federal court was looking ever more remote.

Henn proceeded to devise a strategy that succeeded in denying Baird and his attorneys the opportunity to press the state court claims promptly or alone. When Baird's lawyers sought a temporary restraining order from the Supreme Judicial Court to suspend the operation of the statute, Henn wrote to suggest to that court that a decision on Baird's motion was premature and unnecessary: PPLM was filing a motion for a rehearing before the First Circuit and was asking the federal court to certify various state law questions to the Supreme Judicial Court. In the meantime, the federal court stay would keep the statute from going into effect until eight days *after* the federal circuit court ruled on these motions. Henn then pointedly suggested that if the Supreme Judicial Court decided to consider the validity of the statute under the state constitution, then the Planned Parenthood group should be class representatives because they had already been performing that role in the existing federal court proceedings, and because the prior litigation in *Bellotti* v. *Baird* indicated Baird and his lawyers would be inadequate representatives. Needless to say, Baird and his attorneys were furious.

Despite Baird's anger, Henn's strategy worked, but only in the sense that it permitted PPLM to join Baird in an unsuccessful state court proceeding. The Supreme Judicial Court simply sat on Baird's action until after the First Circuit denied (without an opinion) PPLM's motion for a rehearing on April 15. Planned Parenthood then was given time to file its own state action before the Supreme Judicial Court on April 17. Baird's case and the new Planned Parenthood case were then heard together on April 22—the day before the federal stay was scheduled to expire and section 12S would become effective.

But neither Baird nor PPLM-CLU were to succeed in the Supreme Judicial Court. The day after the hearing, the state court denied both requests for a preliminary injunction with an order simply stating that a majority of the sitting justices had determined that there had been an insufficient showing of "irreparable harm to the plaintiffs."

Henn's tactics had succeeded in delaying the Supreme Judicial Court's consideration of the juvenile abortion statute for an additional six weeks, during which time the original stay of the federal court kept section 12S from taking effect. Nonetheless, this benefit may have come at a very high cost. During that intervening period, the composition of the state supreme court had changed. Justice Kaplan, a liberal jurist, had retired from the court. This raised a haunting question: Would the result in the Supreme Judicial Court have been different if the Massachusetts court had addressed the constitutionality of section 12S while Justice Kaplan was still a member?

In all events, the Massachusetts Supreme Judicial Court had refused to enjoin the new juvenile abortion statute, and the federal court stay had expired. This meant the new statute would now immediately take effect. For nearly seven years the federal courts had prevented Massachusetts from regulating the abortions of minors, but on April 23, 1981, the last stay expired and section 12S became law.

Round X: The Statute in Operation

During the first three weeks of the statute's operation, various complaints about its practical implementation arose. A few "horror" stories were reported to Henn and Lynch. One judge, for example, allegedly permitted 12S petitioners to be heard only at eleven o'clock in the morning and refused to hear cases on Fridays at all. This judge had also required that a documented appointment with a named physician be included in any petition brought before him, which led to delay. In another case, one pregnant minor and her attorney had been required to enter the courtroom while it was in public session. One Boston hospital refused to accept the consent of a minor's guardian as sufficient, despite the express language of the statute. Some judges considered evidence about the young woman's best interests before making any sort of maturity determination. One judge allegedly asked the minor if she knew the degree of development the fetus had attained. In another case, one young woman alleged the judge had asked her, "Do you know you are killing a child?" and seemed insensitive to the fact that she needed the decision promptly because she was nearly twelve weeks pregnant.

Initial Glitches and Suggested Guidelines

Because of such difficulties, on May 19, 1981, Planned Parenthood submitted affidavits to the Supreme Judicial Court recounting these problems, and asked for guidelines spelling out appropriate procedures and judicial behavior under the new statute. During the next month, PPLM's lawyers negotiated with Steve Ostrach from the Attorney General's office, and these lawyers essentially agreed on a joint proposal. This plainly influenced Associate Justice Paul J. Liacos, who, on June 16, 1981, issued guidelines, which, in his words,

> reflect in essence proposals submitted to me by both parties jointly after considerable out-of-court negotiation, drafting and redrafting. I have accepted their joint proposal, with some slight modification.

The guidelines, which supplement the Standing Order, make it clear that the proceedings should be expedited. They state that a pregnant minor's petition "should ordinarily be heard on any day the court is in session"; and "should be heard as expeditiously as possible upon filing, . . . on the same day if practical." The decision was ordinarily to be rendered "within twenty-four hours or less." There are also provisions relating to confidentiality. Except where "physically impossible," the hearings should be held in the judge's chambers, and the judge should exclude "all unnecessary court personnel"; the minor's true name should be stated on a sealed affidavit, but not in the transcript.

The guidelines also suggest that the judge should "conduct the hearing on a 'two-tier' basis with 'maturity' determined first and 'best interest' addressed only if maturity is not found." In cases involving an immature minor, where a best interest determination had to be made, the guidelines indicate that the superior court judges should be guided by the "doctrine of substituted judgment," which the Massachusetts courts had earlier applied in other contexts. This doctrine essentially requires a court to determine what an incompetent person would choose were she fully competent, *"while bearing in mind her express choice and partial competency."* To Henn, this guideline was significant. The line of Massachusetts cases on which it was based suggests that the trial judge is not simply to ask what a dispassionate observer would consider to be in the best interest of this incompetent person, but instead is to take account of this incompetent person's expressed preference. Under such a test, Henn thought (correctly, as it was to turn out) that it would be extremely difficult for a judge to deny an abortion when evaluating the minor's best

225

interests. Interestingly, the guidelines are entirely silent on the issue of whether, in determining best interest, the trial judge could notify the parents and ask their opinion, an issue that was soon to arise. Instead they merely state that the court "may inquire into the minor's reasons for not seeking her parents' consent."

Finally, the guidelines caution trial judges against appearing to promote a particular set of morals or values by inquiring into the minor's views or her parents' views concerning the morality of abortion, or whether the minor considered the fetus to be an " 'unborn child,' " or whether she believed that "she is in some way taking or destroying life."

These guidelines, even more than the Standing Order issued some months before, are an example of collaboration between the attorneys representing the Attorney General and Planned Parenthood. On both occasions, the opposing attorneys (for different reasons) worked to make the statutory process less burdensome. From Ostrach's perspective, the Standing Order and guidelines reduced the risk that the statute would be found to be unconstitutional in actual operation: "I was paid to save as much of the statute as I could." For the plaintiffs, these improvements had a bittersweet quality. The administrative clarifications would improve the actual operation of the statute, thus reducing the risks of harm to the girls who might end up securing judicial authorization. But by improving the statute's operation, the Standing Order had reduced the plaintiffs' chances of winning a preliminary injunction in the federal court. The guidelines might have the same effect in the subsequent state court proceedings.

How the New Procedure Works

When the 1980 law went into effect, it had an obvious and immediate impact on clinic practices. Although clinic personnel almost uniformly opposed the new requirements and believed that a young woman should be able to avoid telling her parents of her abortion decision without going to court, no clinic was prepared to defy the new law, particularly given the potential criminal sanctions. Indeed, most clinics established formal internal procedures to ensure compliance.

The internal procedures of New England Women's Services (NEWS), a large abortion clinic, are typical. Under the new law it is critical to determine whether someone seeking an abortion is above eighteen. It is, of course, possible for a minor to lie about her age. NEWS requires anyone claiming to be between eighteen and twenty-one to prove her age with a driver's license, liquor license, passport, or birth certificate. A photocopy of the identification is attached to her record. Only the performing physician can resolve issues concerning questionable identification or grant any exception to this requirement of documentary proof. While it is possible that a minor may occasionally be able to deceive clinic personnel through the use of forged identification, clinic procedures do not simply take a young woman at her word when she claims to be above eighteen. Similarly, any minor claiming exemption because she is or has been married must produce documentary proof.

Clinics also make it difficult for a minor to claim falsely that she has parental consent. NEWS, for example, requires a minor claiming parental consent to bring with her a consent form containing the notarized signatures of both her parents, unless one parent actually accompanies her to the clinic. If a person claiming to be a minor's parent accompanies her, that person must show identification, sign the form, and verify either (a) that the other parent has also signed the consent form, or (b) that the second parent's consent is unnecessary because he or she is unavailable, or because the parents are divorced. Clinic personnel do not attempt to verify from independent evidence whether there has in fact been a divorce or separation. Instead, they rely on the good faith of the consenting parent.

It is possible that in some cases the minor and one parent (typically the mother) may avoid the requirement of dual parental consent by falsely claiming that there has been a divorce or separation. One clinic has reported that of those abortions performed with parental consent, about one-half have involved claims by the accompanying parent—almost always the mother—that she is divorced or separated.[15] It may well be that these statistics reflect a willingness on the part of some mothers to bypass the father's involvement by simply lying about marital status. On the other hand, a high proportion of pregnant minors may well have come from single parent homes. It is impossible to assess whether mothers and daughters are conspiring to mislead abortion clinics without baseline information.

If a minor's parents refuse to give consent, or, more commonly, if the minor does not want to seek their permission, judicial authorization is necessary. The minor usually first learns about this possibility either from the Planned Parenthood referral service or from an abortion clinic itself. It would be interesting to know how clinic personnel counsel a minor who wants an abortion concerning the alternatives of parental consent and judicial authorization. Clinics may vary in this regard; within a single clinic, counselors may have very different attitudes, and indeed, some counselors may vary their advice depending upon the circumstances of the individual case. Unfortunately, I have no systematic information about how counselors discuss the two alternatives under the new law with pregnant minors. But there is good information on how the new court procedure works.

For those minors who wish to seek judicial authorization, the first step is a referral to a lawyer. The Women's Bar Association and the National Lawyers Guild Women's Committee have organized an attorney referral service called the WBA/NLG Lawyers Referral Panel that demonstrates how professional volunteers can have a very substantial impact on the actual operation of the legal process. Organizational efforts began shortly after the new abortion statute was initially upheld by the District Court, and by the time the statute actually took effect on April 23, 1981, one hundred lawyers had volunteered for the newly formed panel, a form book had been prepared, and a training session for attorneys had been held.

How does the referral service work? The abortion clinic often plays a crucial role as an intermediary between the young woman, on the one hand, and the attorney referral service on the other. The suggested procedure works as follows. The abortion clinic counselor will call the legal referral service for the name of an attorney. The clinic counselor will then call the attorney, and make an appointment for the young woman with the lawyer. The lawyers on the panel understand the need to minimize delay, so the appointment is usually the same day, or perhaps the next day. When the young woman meets with her attorney, according to one organizer of the referral panel,

> A very important task is to help the young woman relax . . . . We let them know that the track record is good, that these judges are people

too. We tell them to think of the judges as someone who like a teacher or a preacher is owed respect, but is nonetheless a human being just like everyone else.

After interviewing the minor and telling her what to expect, the lawyer prepares a formal petition and accompanies the young woman to court. Hearings are generally held promptly, almost always within two days, at least in Boston.

The hearings themselves are usually brief and informal. The judges typically ask a number of obvious questions: How old are you? How long have you been pregnant? Do you understand the nature of an abortion procedure? Why have you decided to have an abortion? Where will you have the abortion? Some judges probe why the young woman does not want to involve her parents, but others do not—unless, at least, the judge determines that the young woman is not mature. The hearings are actually more in the nature of a conversation, and they usually last no more than fifteen minutes. Some have taken much less time, and a few have taken up to an hour. After the hearing, the court order authorizing the abortion and the necessary findings of fact are prepared the same day.

Even those who are very much opposed to the parental consent/ judicial authorization requirement acknowledge that, narrowly viewed, the process is operating reasonably smoothly. This is no accident, but instead is the product of the efforts of a number of people to ensure that the implementation of the statute did not cause unnecessary harm for the young women involved. The opposing attorneys—Henn and Lynch for Planned Parenthood, and Ostrach for the Attorney General's Office—deserve credit, for they were responsible for both the Standing Order and the guidelines which established a detailed framework for the hearings. Substantial credit must also go to the leadership of the Women's Bar Association, whose organizational efforts have ensured that young women are represented by counsel in these proceedings.[16] Finally, the court clerks— particularly Michael Donovan, Clerk of the Suffolk County Superior Civil Court and President of the Clerks' Association—have played a critical role in the implementation of the statute. Suffolk County (which includes Boston) hears nearly one-half of the cases for the entire state, and Donovan's office has gone to great lengths to protect the confidentiality of the proceedings (which the statute requires), and to make the process itself as comfortable as possible for the young women involved. For example, the young woman and her attorney are permitted to sit in a private anteroom in the clerk's office while they are waiting to see the judge—far away from the hustle and bustle of much of the courthouse. Moreover, the clerks have been very helpful in finding judges who will hear these cases promptly. The total pool of available superior court judges has been reduced because a number of judges have excused themselves from these sorts of proceedings on moral grounds. Nonetheless, because the clerks are in the best position to know which judges are available to hear these cases, they have played an important role in promptly scheduling the hearings.

A Postscript: Pending Litigation

The litigation concerning the Massachusetts juvenile abortion law is not yet officially over; three lawsuits challenging the constitutional validity of the actual operation of the 1980 law are still pending, and the plaintiffs in *Bellotti* v. *Baird* are appealing a district court denial of their request for attorney's fees. Plaintiffs, however, have little reason for optimism.

The Trials That Have Never Taken Place

Baird and Planned Parenthood each have state court actions still pending before the Massachusetts Superior Court. After denying the request for a preliminary injunction on April 23, 1981, the Supreme Judicial Court immediately remanded Baird's lawsuit to the superior court for trial on whether a permanent injunction should be issued. Soon thereafter, Planned Parenthood filed an amended complaint and moved that its state court case be transferred to the superior court, where it was consolidated with Baird's case. In addition, Planned Parenthood also has its federal suit challenging the statute pending before the federal district court.

But these three lawsuits hang in limbo, like tattered battlefield standards that have not yet been cleared from the scene of earlier battles. By early 1984, no trial had yet taken place, and none is even scheduled. Judge Mazzone held a status conference on December 27, 1983, and PPLM may well be gearing up for an "as applied" challenge to the statute. Joan Schmidt said recently that she does not know if Baird will participate, due to the high cost of this phase of the litigation.

Ostensibly, the plaintiffs are still gathering evidence to show that the statute is unconstitutionally burdensome in actual operation. PPLM has recently served interrogatories on the Attorney General concerning 12S procedures and requested statistics on the impact of 12S on minor abortions. But for reasons that will become clear in the next chapter, an "as applied" challenge will be extremely difficult to make. While it is possible that Baird and his attorneys on the one hand, and Planned Parenthood and its attorneys on the other, may once again find themselves uncomfortable and suspicious allies in a war that has not officially ended, neither group of plaintiffs is eager yet to press forward with a trial seen as very unlikely to succeed.

The Plaintiffs' Attorney's Fee Issue

The other legal "loose end" concerns attorney's fees. An obvious question about this litigation is how much it cost. All of the parties in this series of cases, with the sole exception of the state defendants, were represented by private attorneys. None was represented by a full time public interest lawyer. What did the lawyers charge, and how much were they paid?

The details of Baird's financial arrangements with his three lawyers are not known, but it appears that Lucas, Schmidt, and Balliro represented Baird on a reduced-fee basis. Baird would not disclose the amount he has paid his lawyers, but in 1981 he indicated that he had paid them something and that he was still paying off his legal fees. The parents who intervened in *Bellotti* to defend the 1974 statute were also represented by private attorneys. Their counsel were also paid something, but much less than their ordinary fees. According to Brian Riley, "For two years, we had *no* financial resources. . . . [U]ltimately a fund was created, after [the case] went to the Supreme Court for the first time, but I think we got like $5,000 or $6,000 on it . . . [t]hrough dinners and stuff like that." Henn and his law firm, Foley, Hoag & Eliot, represented PPLM and CLU entirely on a pro bono basis—neither organization was asked to pay any attorney's fees. Throughout the litigation, the state was represented by salaried attorneys from the Attorney General's office.

Some indication of the amount of time these attorneys committed to the litigation was revealed by plaintiffs' unsuccessful request for attorney's fees under the Civil Rights Attorney Fee Award Act of 1976. This federal statute permits successful plaintiffs, in cases vindicating constitutional rights, to recover attorney's fees from the state, provided a timely application is made. This statute, which did not exist when the lawsuit began, may have important consequences for test-case litigation in general, and *Bellotti* v. *Baird* in particular. The possibility of recovering fees may make it easier for persons wishing to vindicate their constitutional rights to secure legal representation. Both private lawyers and attorneys working for public interest organizations are eligible.

The lawyers for both Planned Parenthood and Bill Baird applied for attorney's fees under the federal statute, claiming that they had successfully challenged the 1974 juvenile abortion statute in *Bellotti*. Planned Parenthood's application indicated that John Henn and his firm had spent 880 hours of time, ordinarily worth $65,000, on its part of the litigation, between the time PPLM had been permitted to intervene as a plaintiff, before the second and final appeal to the United States Supreme Court, and the Supreme Court's final resolution of the case in 1979. Their application for fees suggested that the firm's ordinary rates ranged from $40 per hour for paralegal work to $95 per hour for Henn's time. Planned Parenthood asked for a fee award of $95,000—an increase of 50 percent on the ordinary hourly charges—because of the difficulty of the case. Baird's lawyers requested $243,129 in legal fees—$40,800 for Balliro, $45,029 for Schmidt, and $157,300 for Lucas. In Baird's application, the ordinary rates were boosted by 50 percent, and 8 percent annual interest was added as well.

On December 12, 1982, Judge Bailey Aldrich rejected these applications for attorney's fees on the ground that both groups of plaintiffs had not made their request for fees in a timely fashion.[17] Although the United States Supreme Court had handed down its *Bellotti* decision on July 2, 1979, Planned Parenthood filed its request for attorney's fees on May 29, 1980, nearly eight months after the Supreme Court had denied the state's request for a rehearing. Baird did not apply for fees until April 12, 1982, thirty months after the denial of the rehearing. In finding that both applications were untimely, Judge Aldrich suggested that the plaintiffs' delay in requesting fees had been prejudicial both to the court and to the state. Aldrich was also very critical of the amount of the fees requested, particularly from Baird's attorneys. (Lucas had apparently spent 215 hours preparing the Memorandum on the attorney's fees issue, which is more than the 185 hours he had spent preparing for the first appeal to the United States Supreme Court.) Aldrich also suggested that even if the requests had been timely, the plaintiffs had failed to carry the burden of showing special circumstances that justified the requested 50 percent increase over hourly fees.

Both Baird and Planned Parenthood appealed Aldrich's denial of a fee award, but only Planned Parenthood was to succeed in the First Circuit. On January 13, 1984, the First Circuit Court of Appeals reversed Aldrich, but only with respect to PPLM's application for attorney's fees. The three-judge panel agreed that Baird's thirty month delay was unreasonable and the state had "demonstrated likelihood of actual prejudice" warranting denial of all fees. Although PPLM's eight month delay was characterized as "excessive," the court believed that there was not shown "sufficient prejudice" to deny all fees, and the case has been remanded for determination of those fees.[18] Lucas plans to take his claim for fees to the Supreme Court, but the likelihood that Baird's lawyers will ever recover legal fees from the state seems remote.

CHAPTER · 11

The Impact

The case history reported in Chapter 10 focuses primarily on the actions of the parties, their lawyers, and the courts. This chapter asks: Has the litigation made a difference? What have been the consequences in Massachusetts? Although the long term impact and more subtle effects of the litigation are speculative, two things seem reasonably clear. First, the litigation suspended the operation of the 1974 Massachusetts statute that would have required a pregnant minor who wished to have an abortion to secure parental consent or have a court override parental refusal. There is no reason to believe that the legislature would have repealed this statute on its own, although such action is conceivable. Therefore, one consequence of the litigation was to remove all statutory restrictions on a minor's access to abortion in Massachusetts for nearly seven years—from November 1, 1974, when Baird first brought suit and secured a restraining order, until April 23, 1981, when the last stay expired and the revised statute finally went into effect.

The second clear consequence concerns the substance of the new statute that now governs the abortions of minors in Massachusetts.

Carefully drafted to conform to the suggestions found in Justice Powell's 1979 opinion in *Bellotti* v. *Baird*, this new statute is, in some sense, the product of litigation. Absent the litigation, Massachusetts would not have otherwise adopted this particular set of legal rules.

What difference have these two changes made for unmarried minors? The suspension of the 1974 law and the new requirements of the 1980 law may have affected pregnant minors in many different ways. First, the changes in the law may have affected the proportion of minors who terminated their pregnancy by abortion. By affecting that proportion, there may also be an impact on the number who give up their child for adoption, marry the father, or choose to raise the child as a single parent. Second, for those who have abortions, the legal rules may affect *when* and *how* and *where* the abortions are procured. The proportion who involve their parents may change; the number of second-trimester abortions may go up or down; and the number of illegal abortions or out-of-state abortions can be affected. Third, the legal rules on abortion may also affect a broader range of behavior, beyond the abortion decision itself. In the long run, it is possible that the abortion rules may change the number of unmarried minors who become pregnant in the first place by affecting decisions whether or not to have intercourse or to use contraceptives. Finally, any of these changes in behavior may have important consequences—psychological, educational, or economic—on young people and their families.

Unfortunately, it is far easier to specify the sorts of effects than to find evidence documenting in a systematic way how many were affected, and with what consequences. Some information is now available about how the new procedure for judicial authorization is working, how many pregnant minors have made use of this alternative during the statute's first two years of operation, and with what results. My conclusions, however, must remain tentative.

Consequences of Staying the 1974 Law

Because the litigation prevented the 1974 legislation from taking effect, it had important consequences for Massachusetts abortion clinics. Had the 1974 statute gone into effect, few, if any, Massachusetts clinics would have defied the law by performing an abortion on a minor who refused to involve her parents. It is certainly possible that in a rare case a doctor might have performed such an abortion on an unmarried minor without parental consent or judicial authorization. But defiance of the law would have subjected clinic personnel to the risks of criminal sanctions if the violation were detected.

By staying the enforcement of the 1974 legislation, the plaintiffs were able to achieve more than the preservation of existing clinic practices. The stay permitted clinics to develop, without any substantial legal risks, their own independent modes of dealing with pregnant minors. While nothing in the litigation required these clinics to permit unmarried minors to have abortions without parental involvement, between November 1, 1974, and April 23, 1981, the absence of legal constraints allowed clinic practices to evolve in that direction and become much more liberal.

This evolution can be seen by contrasting clinic practices before the suit was brought with those existing in 1979 when *Bellotti* was decided by the Supreme Court. Before the passage of the 1974 law, the legal requirements in Massachusetts for abortions performed on unmarried minors were unclear. This uncertainty about what the law required was reflected in the differences among clinic practices during the period before the litigation began. Bill Baird's clinic routinely performed abortions on minors without parental consent. At the other extreme, according to John Henn, some clinics always required the consent of one parent, because of "their own notions of medical ethics or their own concern about the law of battery." The practices of several fell in the middle. These clinics would ordinarily require parental consent and would strongly encourage the pregnant minor to secure such consent. Nonetheless, in extraordinary cases where a counselor and a higher-level administrator determined that it would be harmful for a young woman to involve her parents, an abortion would be performed without parental consent or involvement.

By the time of the 1979 Supreme Court opinion, first trimester abortions were performed on minors without parental consent almost routinely, with none of the sense of risk or anguish that many clinicians felt in 1973. If a pregnant minor in Massachusetts could afford the $150–$195 fee, she could spend two to four hours in a Boston clinic, have her abortion, and be home for dinner with no one the wiser. Although clinics encouraged parental involvement (some more strongly than others), only Boston Hospital for Women required one parent's consent, and then only for second trimester abortions. In cases of extreme hardship, even this requirement was waived. In short, over the course of the litigation, as the statute seemed less and less likely to take effect, more cautious clinics became less reluctant to trust a minor's desire to keep her pregnancy a secret from her parents.

The evolution in clinic practices between 1974 and 1979 no doubt frustrated the Massachusetts legislature's intent both to restrict minors' access to abortions and to encourage them to turn to their families for help. Why, then, did the state legislature wait until 1980 to pass a new law? The state legislature was as a legal matter entirely free to revise its 1974 act before the Supreme Court's 1979 decision. But as a practical matter, the litigation effectively paralyzed the legislature. After all, the Attorney General was still fighting to revive the original 1974 statute. Therefore, during the pendency of the litigation, the Massachusetts legislature enacted no new law. Indeed, except for reenacting and renumbering the challenged statute in 1977 as part of a reorganization of that portion of state law, the legislature took no further action regarding abortion for minors until June 1980, and litigation then kept the statute from taking effect until April 23, 1981.

The liberalization in clinic practices that occurred during the stay affected a large number of pregnant minors. Rather than having to secure parental consent, or convince a judge that parental judgment should be overridden, a pregnant minor needed only to convince an abortion clinic counselor, who probably already believed that an abortion is in a minor's best interest, that her parents might not permit the abortion or that they might otherwise behave in a way detrimental to her interest. Between the time the suit was filed and April 23, 1981, I estimate that 10,000 unmarried minors took advantage of this possibility and secured an abortion in one of the five major Massachusetts clinics then in operation without informing their parents.[1] For the plaintiffs and their lawyers, the consequences for these young women represented the most important impact of the litigation.

What would otherwise have been the consequences for these young women? There is no way to really know, but I am willing to speculate. Had the 1974 law gone into effect, a small percentage of parents would have been able to prevent their daughters from obtaining an abortion, the judicial override provision notwithstanding. Other girls might have otherwise waited too long to have an abortion, because they wished to avoid informing their parents. What would have been the consequences for those who would have borne an unwanted child? Some might have given the child up for adoption; others might have married the father. Still others might have raised the child as a single parent, typically with the help of the extended family. The impact of the stay for these girls was in all probability beneficial.

I believe, however, that the overwhelming majority of the estimated 10,000 unmarried minors who did not consult their parents—probably over 90 percent—would have in fact been able to secure an abortion even if the 1974 law had gone into effect. Some might have gone out of state, and thus avoided the requirement. Others would have involved their parents. In most of these cases, I would guess that the parents of an unmarried minor who wants an abortion usually would go along, religion notwithstanding. At the trial, none of the plaintiffs' witnesses claimed the contrary. (Indeed, parental involvement early in the pregnancy may increase the proportion who secure abortions.) Were these unmarried minors better off or worse off for being able to keep their parents uninformed?

I have no evidence whatsoever about the immediate, much less the long-run, consequences for those girls who did not inform their parents. I believe some would have been better off had they consulted their parents. According to the experts, after the initial shock and disappointment, parents are typically supportive and help the young woman during what would otherwise be a difficult time. Moreover, parental involvement may reduce the risks of subsequent unwanted pregnancy, either because the parents support the young woman in her choice of birth control or because they encourage her to feel more comfortable choosing to say "no."

On the other hand, in other cases where the unconsulted parent would not have blocked the abortion, parental involvement might nonetheless have had adverse consequences. For example, in some cases the disclosure of sexual activity might have detrimentally affected the girl's relationship with her parents, with attendant psychological costs for her. Consultation might have delayed the abortion, thus

238

creating somewhat greater medical risks. Some parents might have been punitive.

Assessing the Consequences of the New Statute

The new Massachusetts statute has been in effect since April 23, 1981. There certainly is not enough information to fully evaluate the impact of the new procedure on minors. But the questions are reasonably clear: Has the new law affected the number of pregnant minors who are getting abortions? For those who otherwise would have chosen not to consult their parents, what are they doing? What proportion is going to court? For those who go to court, what are the courts doing? What proportion is instead securing parental consent? Is the new law delaying abortions, and if so, how many and for how long? Are there now more out-of-state abortions or illegal abortions? All of these are empirical questions theoretically capable of reasonably precise answers.

Based on my own field research and that of Virginia Cartoof, a doctoral candidate at the Heller Graduate School for Advanced Studies in Social Welfare at Brandeis University, four findings can be reported concerning the consequences of the new statute:

1. *Every pregnant minor who has sought judicial authorization for an abortion has secured an abortion.* Between April 1981, when the statute first went into effect and February 1983, approximately 1,300 pregnant minors sought judicial authorization. In about 90 percent of these cases, the Superior Court simply found the minor was "mature" and therefore allowed her to decide for herself. Where the judge concluded the girl was not mature, the court found the abortion to be in her best interest in all but five cases. But even in these five, the girl secured an abortion. In one case, a district court judge, Stanford L. Strogoff, sitting on the Superior Court bench, withheld consent for an abortion but invited the teenager simply to ask some other Superior Court judge for another opinion. She did, and consent was granted by the other judge. In three other instances, when the Superior Court judge initially refused to authorize an abortion, the decisions were overturned on appeal. Finally, in one case, after the trial court refused to authorize the abortion, the minor simply

went to a neighboring state for the abortion rather than appeal the decision.

What is the explanation for this rather surprising result? After all, Powell's opinion was premised on the notion of individualized determinations whether a young woman should have an abortion. Moreover, most of the Superior Court judges are white middle class males, many of whom are morally opposed to abortion. Indeed, Governor Edward J. King has suggested that his judicial appointments constitute his "greatest contribution as governor to the pro-life movement."[2]

The basic explanation for this result is that the superior court judges realize that it would be impossible as a legal proposition to justify a finding that a pregnant minor was too immature to decide whether to have an abortion for herself, but that it was in her best interests to bear the child. "There is no way you could substantiate such a decision," John J. Irwin, Jr., a judge who strongly opposes abortion, told the Boston *Globe*. "I can't see any abortion that wouldn't be ordered or sanctioned by the courts under this law."[3] In the words of another Superior Court judge who indicated that he once gave permission for an abortion to an eleven-year-old, "[t]he law puts judges in the ridiculous position of being rubber stamps."[4]

2. Based on data from a variety of sources, I would estimate that *under the new statute, of those minors who have abortions in Massachusetts, around 75 percent secure parental consent and approximately 25 percent go to court for judicial authorization.* Prior to the new law, when parental consultation was not required, somewhere between one-third and one-half of pregnant minors would inform at least one of their parents voluntarily. Does this mean that the proportion of Massachusetts minors involving their parents has increased? There is no way of knowing with presently available information because (1) some pregnant Massachusetts minors now go out of state and therefore are not counted in the current statistics; and (2) some out-of-state minors who wished to avoid parental consultation formerly came to Massachusetts for abortions. Therefore, even though existing data plainly show that a higher proportion of those minors who get abortions in Massachusetts have secured parental consent,

it is not possible to conclude that the new law has increased parental involvement in abortion decisions.[5]

3. *There has been a substantial decline in the number of abortions performed on pregnant minors in Massachusetts since the new law has gone into effect.* Virginia Cartoof has found that during the eight months following implementation of the law (May–December 1981), the number of minors obtaining abortions in Massachusetts declined by an average of 40–50 percent per month as compared to the same months in 1980. In 1981, a total of 1,854 minors had abortions in Massachusetts between May and December, for an average of 232 minors per month, while in 1980, a total of 3,281 minors had abortions during the same months, for an average of 410. It is difficult to know just how to interpret this decline. Part of the decline may be explained by changing demographics—i.e., there may be fewer minors in the relevant age groups. It is also possible that the pregnancy rate declined. A more plausible explanation is that more girls are now seeking abortions in neighboring states rather than in Massachusetts.[6] A Planned Parenthood survey of its 1982 calls from unmarried minors seeking abortions does suggest that a large group of Massachusetts minors are currently seeking abortions out of state. Of the 874 calls it received, Planned Parenthood reported that 310 were referred to out of state clinics. Of these 310, 244 were referred to New Hampshire, 49 to Rhode Island, 13 to Connecticut, 3 to New York, and 1 to Vermont.[7] Moreover, before the new law, this number may have been smaller. Because Massachusetts abortion clinics do not generally keep information about the residency of their patients, it may not be possible to determine this fraction.

4. Since the number of abortions being performed in Massachusetts has declined, it is of course possible that more pregnant minors are having babies instead of having abortions. However, *available evidence suggests birthrates among Massachusetts minors have been unaffected.*[8] During the period from January 1978, through October 1981, an average of 211 women under eighteen delivered babies each month in Massachusetts. For the period from November 1981 through March 1982 (from six to eleven months after the law took effect) the monthly average declined

slightly to 205.[9] While a more refined analysis would want to take into account national trends in birth rates, and possible changes in the size of the relative age cohorts, it is nonetheless fair to conclude preliminarily that there is no evidence that the new law has increased the number of unwanted births.

In short, the available evidence on the impact of the new law suggests the following: (1) The requirement of judicial authorization is not leading to the denial of abortions for those girls who go to court. Instead, the process of judicial authorization has become a "rubber stamp" operation. (2) There has been a substantial decrease in the total number of abortions performed on pregnant minors in Massachusetts. In other words, the business of Massachusetts abortion clinics has significantly declined. It would appear that many girls who formerly would have secured abortions in Massachusetts are now going to other states, particularly New Hampshire. (3) It is not clear whether the new statute has increased the proportion of pregnant Massachusetts minors who involve their parents in their abortion decision. Although three-quarters of those who receive Massachusetts abortions do so with parental consent, we lack information about out-of-state abortions on Massachusetts minors and cannot be certain that all those who had abortions before the 1980 law were from Massachusetts. (4) There is no evidence that the new law has led to an increase in unwanted children. This suggests there is no evidence to support claims that a stricter abortion law would increase the number of unwanted babies, increase illegal or unsafe abortion, inhibit the sexual activity of minors, increase their contraceptive diligence, or decrease their use of abortion.

Some Lessons

B*ellotti* v. *Baird* is a hard case, and an old legal proverb suggests "hard cases make bad law." Is this true of *Bellotti*? To explore that question, we must evaluate both the *outcome* of the case and the *process* by which the result was reached.

Adjudication is usually viewed solely as a process by which judges resolve legal disputes by interpreting the law. But test cases like *Bellotti* are hard because they typically implicate moral, political and policy questions. We must ask to what extent the judicial process provided (1) a forum for moral discourse about difficult philosophical issues; (2) a political arena for competing interest groups which seek to shape the law; and (3) a method for formulating public policy on the basis of an assessment of costs and benefits of alternatives.

Bad law is not the inevitable result of all hard cases. Cases are hard for different sorts of reasons, and different reasons create different sorts of risks. We must therefore examine the factors that made *Bellotti* a hard case and consider whether they resulted in bad law.

In asking these questions about process and outcome, my purpose is neither to denigrate the courts' performance nor to suggest judges should be seen as philosophers, politicians, and policy analysts manque. Rather, it is to provide an interesting way to evaluate what happened in this case and to compare test-case litigation with other means of grappling with profoundly difficult and divisive social problems.

Litigation: A Forum for Moral Discourse

The *Bellotti* litigation can be seen as an opportunity to grapple with profound questions as to when childhood begins, when childhood should end, and the extent to which young people should be treated as adults, at least with respect to abortion decisions. To what extent did this litigation encourage explicit and serious examination of these difficult philosophical issues?

The story reveals that many individuals who supported the 1974 Massachusetts legislation were probably motivated primarily by a desire to protect the unborn and reaffirm family values, rather than a desire to fashion a statute to deal with the special needs of pregnant minors. Nonetheless, the litigation itself did not encourage serious examination of the morality of abortion. The reason for this is entirely clear: the rules of the game forbade it. Given *Roe* v. *Wade*, it was simply no longer possible to argue in court that the fetus should be accorded the same legal protection as a child during the first two trimesters. None of the lawyers involved in the litigation thought there was any opportunity to use this case to overrule *Roe* v. *Wade*. *Roe* inhibited dialogue between the parties and the judiciary about the morality of abortion.

Given *Roe*, consider the awkward stance of a person who wished to defend the 1974 legislation in terms of saving "unborn children." Why, after all, should unmarried pregnant teenagers—a group least able to shoulder the burdens of unwanted pregnancy—bear the entire brunt of the concerns of those who wish to protect potential life? The state has no greater interest in protecting the fetus of a pregnant sixteen-year-old than in protecting the fetus of a pregnant twenty-eight-year-old. Some might plausibly argue that each fetus is infinitely and incalculably valuable. But *Roe* eliminated the possibility of such an argument being legally persuasive in a judicial forum. Moreover, since the age of the mother has nothing to do with the legitimacy of the state's interest in protecting potential life, so long as abortion on demand is permitted for adult women, it could hardly be claimed that the state's interest in protecting the unborn would justify a complete prohibition on abortion for minors. Forcing a minor to carry a fetus to term would typically be more disruptive for the minor than it would be for an adult. If adult women are permitted abortions, there can be no legitimate purpose in singling out the unborn of pregnant minors for special protection. This is not to say that the state might not have a legitimate interest in requiring a different *process* of decision for minors because of fears about their immaturity or beliefs about the desirability of additional safeguards or support. But in these circumstances, the goal would not be to discourage or inhibit abortions but instead to ensure thoughtful decisions. In short, the story of *Bellotti* shows how a precedent can prevent moral discourse concerning an issue that has already been judicially resolved.

On the second issue—when childhood ends—the litigation did encourage serious discourse about the extent to which young people should be required to involve their parents in an abortion decision. The range of argument was very broad. On the one hand, Bill Baird was able to argue that a pregnant teenager should have the *same* right with respect to abortion as an adult. Indeed, it is hard to imagine anyone more committed than Baird to the sexual autonomy of teenagers. On the other hand, Mrs. Hunerwadel and the parent-intervenors contended that parents always should be involved in their daughter's abortion decision, given the importance of the decision and a teenager's need for support and guidance. Interestingly, the views of Planned Parenthood and the Attorney General's office both fell between these extremes, notwithstanding the fact that they opposed one another in the litigation. Each was prepared to acknowledge that not all pregnant minors were necessarily mature enough to decide for themselves, and that parental participation was often helpful but sometimes hurtful.

Why did litigation facilitate the presentation of a broad range of views on this second issue of principle—whether the abortion rights of minors should be the same as those of adults? Once again, the answer relates to the stage of development of legal doctrine when the case was being litigated. In 1974, the abortion rights of pregnant minors were undefined, and open for analysis.

245

In summary, *Bellotti's* lesson is that a test case sometimes encourages and sometimes discourages moral discourse on underlying philosophical issues. Because judges are charged with deciding legal questions, doctrine and precedent channel the discourse. In the judicial arena, the range of moral discourse on underlying philosophical issues is necessarily limited by traditional judicial deference to earlier cases. The moral issues that lie at the heart of bitterly fought test cases may be pushed completely aside (like abortion) or opened for attention (like adolescent rights) by the weight, or lack, of precedent.

Litigation: A Political Arena Where Competing Interest Groups Seek Power to Shape Policy

Politically, *Bellotti* was a hard case because it involved sensitive issues: abortion, teenage sexuality, and the proper relationship of adolescents to their parents. Well organized groups had polar opposite views, particularly on the abortion question. Because the story reveals a protracted war with battles in different political arenas, it is interesting to examine how the transfer of a controversy to a court affects the political dispute and the relative power of the various actors.

Viewed from a political perspective, this case teaches two important lessons: First, federal courts and state legislatures do not operate in isolation, but instead may often act and react to each other in an elaborate minuet. Second, the choice of a political forum can very much affect who is able to participate, what views are represented, and the relative power of competing groups. Litigation is in no sense neutral—it may amplify the voices of certain actors or groups, and mute those of others.

The story of *Bellotti* certainly shows that test-case litigation is part of a political process in which there may be a complicated interplay between federal courts and state legislatures. *Roe* v. *Wade*, itself a test case, triggered the 1974 Massachusetts legislation which was challenged by Baird in federal court. This lawsuit eventually resulted in the Supreme Court's 1979 decision, which led to a revised Massachusetts statute patterned after Justice Powell's opinion. That revised statute was itself subsequently challenged in federal court and in state court. The courts and state legislature were not working in isolation from one another but instead were acting and reacting each to the other. Moreover, to some extent the same political interest groups confronted one another in the different forums. Those defeated in one forum would counter by moving the controversy to another.

The transfer to a judicial forum substantially affected the balance of power. Underlying the question of teenage abortion policy in Massachusetts was a broader political struggle between pro-life advocates who wished to restrict abortion, and pro-choice advocates who wished to ensure that unwanted pregnancies could be terminated by abortion. Moving the controversy to a judicial arena substantially diminished the power of pro-life advocates and augmented the power of pro-choice forces. In the Massachusetts legislature, those committed to protecting "unborn children" obviously had substantial influence. But right-to-life advocates had little voice and even less influence in the litigation. A group of parents sympathetic to right-to-life concerns did intervene in *Bellotti* to defend the original statute, but the litigation required that they quiet their concerns about the rights of the unborn, and translate them instead into claims about parental rights. Indeed, representatives of these groups did not participate at all in the subsequent lawsuits initiated by Planned Parenthood and Baird after the passage of the 1980 statute.

Litigation surely enhanced the power of Bill Baird, who had substantially more influence in court than he ever had (or could have had) in the state legislature. This was not simply because of the substance of Baird's views, but also because of his style of operation. In some sense, the federal courts had come to see themselves as policing state responses to *Roe*; by going to court, Baird thus invoked the power of an institution sympathetic to attacks on abortion restrictions. Moreover, while Baird's personality did not disable him from exerting influence in litigation, he is not well-suited for effective legislative work. Legislative influence often requires that one build coalitions, persuade persons with different views, and be prepared to compromise. A loner like Baird could hardly be effective in such a setting. He is a fanatic (some would say a crank) on behalf of a good cause. Like a manichaean, Baird sees the world as involving a fight between the forces of light and the forces of evil. He appears to view himself as a messianic figure; he often describes himself in the third person, with no past except the part of the past relevant to the present. Baird has struck me as self-preoccupied, moralistic and narcissistic. These are hardly the personal characteristics of an effective lobbyist.

While Baird's personality would hardly enamor most judges, the process of litigation suits him much better than legislative work. While success can depend on timing, on knowing when an issue is ripe, persons like Baird can be very influential in court. In court, there is less necessity to compromise, build coalitions, or moderate one's claims. The story shows how Baird's anger was directed not simply at his right-to-life opponents. He mistrusted the Massachusetts Planned Parenthood, the Massachusetts Civil Liberties Union, and their lawyers; he decried their willingness to "compromise." He was consequently involved in continuous clashes with his unfriendly "allies," from 1974, when he won the initial race to court, until 1981, when he responded to Planned Parenthood's defeats by filing his own lawsuits. But Baird's personality in no way disabled him in the context of litigation. Indeed, Baird's ability to attract and manipulate media attention by filing lawsuits, taking extreme positions, and being provocative and confrontational gave him substantial power to influence, if not to control, events.

Shifting the controversy to court from the legislative arena also enhanced the power of lawyers, particularly the government lawyers. John Henn and his colleagues, who represented PPLM and the CLU, surely influenced the arguments and tactics those organizations used in court. On the other hand, their influence had substantial limits; the basic positions of both organizations were already reasonably well-established by their respective boards.

By contrast, the young lawyers from the Attorney General's office responsible for defending the statute had very broad discretion. Indeed, by filing suit the plaintiffs shifted the controversy into an arena where the defense of state policies was in the hands of liberal lawyers who had little interest in protecting the unborn or defending parental prerogatives, notwithstanding the motives of individual legislators in passing the juvenile abortion statutes. While Steve Rosenfeld failed in his attempt to persuade the Supreme Judicial Court to interpret the 1974 statute as he desired, the notable fact is the extent to which he and his colleagues were free to offer an interpretation that was considerably less restrictive than either the language of the law or the motives of its proponents suggested was originally intended. Similarly, Steve Ostrach's participation in the formulation of the Standing Order and guidelines demonstrated the power of government lawyers to influence the actual implementation of legislation.

Litigation: A Process for Policymaking

Much more was at stake in *Bellotti* than whether Mary Moe could have an abortion without her parents learning about it. From the beginning, it was clear that the potential impact of the case was much broader: the plaintiffs were asking a court to declare the 1974 statute unconstitutional and enjoin its enforcement entirely. The decision in *Bellotti* invalidated the Massachusetts law, and Justice Powell's opinion shaped subsequent Massachusetts legislation and that of seven other states that now require either parental consent or judicial authorization. It also appears to have influenced subsequent Supreme Court decisions concerning the abortion rights of minors. In short, federal courts have clearly assumed an extremely important policymaking role with respect to abortion.

Because courts help shape policy in cases like this, litigation can be seen as a *process* of formulating policy. Two questions seem especially interesting. First, to what extent did the process of adjudication in *Bellotti* encourage the explicit consideration of policy alternatives? In other words, what remedies were open to the court and what alternatives were considered? Second, how did the judicial inquiry compare to that of a policy analyst? In other words, to what extent did the process of litigation allow the courts (1) to explore the costs and benefits of alternative policies, (2) to bring available evidence to bear on the likely consequences of the alternatives, and (3) to disclose the limits of available knowledge and encourage development of new information relevant to the policy choice?

What Remedies Were Open to the Court?
What Alternatives Were Considered?

Was an adequate judicial remedy available in *Bellotti?* One's conclusions depend on how one characterizes the underlying issue. If the issue was whether the 1974 Massachusetts statute violated the constitutional rights of pregnant minors, the *Bellotti* case posed no remedial problems for a court. Unlike institutional litigation that asks courts to correct conditions in jails, to transfer mentally hand-icapped persons from one institution to another, or to desegregate schools, the plaintiffs in *Bellotti* sought straightforward relief. The basic policy alternatives open to the court in *Bellotti* were to throw out the statute or to let it stand. In essence, the federal courts were being asked simply to impose a judicial veto on the state law, relief that in no way would strain a court's remedial capacity.

But if the underlying goal is the reduction of the number of unwanted teenage pregnancies and births, a court in a case like *Bellotti* is unable to consider or implement the variety of policy alternatives available to a state legislature. For example, in *Bellotti*, it is not open to the court to establish new methods of disseminating birth control information, to create sex education classes, or to develop new programs to counsel pregnant minors. Thus, the court had far fewer choices than those open to a state legislature with the political will to act.

The Hard Choice for Rational Policymakers

Baird and the other plaintiffs in *Bellotti* asked the federal courts to declare the juvenile abortion statute invalid and to enjoin its enforce-ment. Let us consider this choice from the perspective of a decision-maker committed to rational policymaking. In doing so, I do not mean to suggest this is how judges actually decide cases like *Bellotti*. Instead, by framing the issue in terms of the intellectual tradition of rational decision theory, it is possible to show how the process of litigation differs from policy analysis and to expose the inherent indeterminacy of the policy choice.

Decision theorists have laid out the logic of rational choice with clarity and mathematical rigor for prototype decision problems. The decision-maker specifies possible outcomes associated with alterna-tive courses of action and then chooses the alternative that maxi-mizes what is best according to the relevant set of values, subject to whatever constraints the decision-maker faces. This involves two critical assumptions: first, that the decision-maker is able to specify alternative outcomes for each course of action; and second, that the decision-maker can assign to each outcome a "utility" measure that integrates his values and allows comparisons among alternative outcomes. Choice does not require certainty about the consequences that will flow from a particular action. Treating uncertainty as a statistical problem, decision theorists have developed models that allow one to make decisions on the basis of "expected" utility. This requires that the decision-maker be able to specify the probability of each possible outcome from a particular course of action. The utility of each possible outcome is then discounted by its probability.

Now, let us apply this model to our case. From the perspective of rational choice, a judge would wish to compare the expected utility for children if the 1974 statute were allowed to remain in effect with that if pregnant minors could have abortions without parental involvement. For each alternative course of action the policymaker would try to answer three questions:

1. What are the possible outcomes for young people?

2. What is the probability of these alternative outcomes?

3. What utility should be assigned to each possible outcome?

Framing the issue this way exposes why I think it is not possible to know which alternative is better for children. The answer is indeterminate because: (1) We lack the knowledge to predict with any precision the consequences of either letting the statute stand or striking it down. (2) Even if accurate predictions could be made, there is an inadequate consensus in our society about the relevant values with which to measure utility for children.

Consider first the problem of predicting consequences. Changing the rules regarding abortion can have a broad range of possible consequences. Our hypothetical decisionmaker would want to know:

1. How will the different rules affect the number of pregnant minors who have an abortion?

2. For those who have an abortion, how will each alternative affect when, how, or where abortions are secured?

3. For those who bear the child, how many will put the child up for adoption, marry the father, or become an unwed mother?

4. How will the different rules affect decisions among young people whether (a) to have intercourse or (b) to use contraceptives?

5. What differences, if any, will the alternatives make with respect to the minor's (a) psychological well-being, (b) relationships to her family, (c) education, and (d) economic well-being?

Even if the various outcomes could be specified and the probabilities estimated, a fundamental problem would remain unsolved. What set of values should be used to determine the alternative that is in the best interest of young people? If a decision-maker must assign some measure of utility to each possible outcome, how is utility to be determined? In other words, by what hierarchy of values does one assess the consequences? Our society today conspicuously lacks any clear consensus about values relating to teenage sexuality or abortion.

One might protest that there is a social consensus that certain outcomes are bad. Asking what is in the best interest of an individual child may yield a reasonably clear-cut answer where one alternative course of action risks irreversible consequences for the child that are clearly bad, while the other alternative does not. In Mary Moe's case, if her father killed her boyfriend or physically abused her when he learned of her pregnancy, there would certainly be a social consensus that this would have been a bad outcome even if the father had permitted her to have the abortion. Most individual cases are not so clear-cut, however, and even in Mary's case the court only had her unsubstantiated claims about what her father would do. Similarly, the superior court judges under the new Massachusetts statute lack any of the information necessary to make a careful assessment of the probable consequences for a particular young woman seeking judicial authorization. In all events, the task of deciding what is in the best interest for children in general is substantially more difficult than the occasional easy individual case. Deciding for children as a group requires information about the frequency of the various outcomes.

There are considerable differences among pregnant minors, and there is no reason in our society to assume that their interests are the same. Different racial and cultural groups have very different attitudes and behaviors with respect to abortion and premarital sex. Moreover, if minors were divided strictly by age, the impact of any given legal rule may be very different on thirteen-year-olds as a class than on seventeen-year-olds as a class. A policymaker might conclude the 1974 law was on balance good for thirteen-year-olds but bad for seventeen-year-olds. How does one choose?

For me, the core policy dilemma is the possibility that a legal requirement of parental consultation will help some pregnant minors but hurt others. It appears that most professionals involved in birth control and pregnancy counseling encourage adult support when the teenager is deciding whether to abort. Many see the participation of one of the young woman's parents as very important—as long as the parent does not block the abortion. Indeed, the younger the pregnant minor, the more valuable parental participation becomes, not so much because the young woman may otherwise be too immature to make a rational decision to abort, but rather because she may have more need of emotional support at the time of the abortion and for closer parental supervision of her social life and realistic birth control advice thereafter. It also seems plain that requiring parental consultation will in some instances harm a pregnant minor. An abortion may be delayed, thus increasing the medical risks. Some parents may block an abortion, and as a consequence, an unwanted child may be born and the burdens of parenthood may substantially diminish a young woman's life chances. Other parents may permit the abortion, but might be vindictive or retaliatory.

What fascinates me is not the question of whether the federal courts "solved" this policy dilemma. Given the lack of reliable, empirical information about the probable consequences of the alternatives, and the lack of consensus in our society about what values should inform this choice, policy analysis cannot provide an answer. One can nonetheless ask: To what extent did the process of litigation effectively expose the policy dilemma, make use of available information, and reveal the limits of our existing knowledge?

From this perspective, a number of points can be made about the litigation process in this case, and the ways adjudication differed from the sort of process one might expect of a policy analyst.

First, much more time was spent on the facts of the particular individuals involved in the litigation than would be warranted by policy analysis. Half of the first trial consisted of the testimony of Mary Moe, Bill Baird, Dr. Zupnick, and Mrs. Hunerwadel. The particular problems of specific individuals can certainly illumine larger policy issues. This is the tradition of adjudication. Ironically, however, the district court failed to explore carefully their individual circumstances, in part because the judges saw themselves deciding whether the statute should stand or fall, not whether application to a particular individual was valid. Thus, in the first trial, Judge Aldrich essentially dismissed the relevance of Mrs. Hunerwadel's testimony when he said to counsel:

> How are we going to be affected by one lady—surely sincere and truthful . . . we might as well have one hundred thousand ladies and get their views, if this is your idea of trying the case.

Similarly, the court learned very little about Mary Moe, and the realities of her relationship with her parents. She provided no corroborative evidence to support her fears that her father might harm her boy friend or throw her out of the house. Because the defendants were never allowed to learn her identity, they, too, were unable to probe the issues. Nor was there any sort of independent investigation by the court.

The failure to explore Mary's situation carefully is not entirely surprising, given the fears that any sort of investigation might have alerted her parents to her pregnancy, and might thus have exposed her to the very harm she was trying to avoid. In all events, Mary's problems with her parents were not central to what the court saw as the basic issue. This was a class action suit, and Mary's role was largely symbolic. Mary's story (which was not probed) was simply offered to suggest what might happen if the statute were enforced. Nonetheless, a skilled social worker or a mental health professional might have been able to develop some information relevant to her fears, even without contacting her parents. Even if Mary's fears were unfounded, however, the critical policy questions concerned the social benefits and costs of the 1974 statute, not its probable effects on one teenager.

Second, there was no systematic attempt to marshal available knowledge, expose the limits of our understanding, or sharply focus the policy dilemma. During the litigation, the parties suggested to the court the types of possible benefits and harms, but the trial did not provide a very good forum for carefully exploring the expected frequency of various benefits and harms and possible tradeoffs. Because the statute was enjoined from operation, no evidence could be produced showing its impact in actual operation. Instead, the factual information before the court consisted almost entirely of the speculation of a few expert witnesses—all medical doctors—about an essentially non-medical issue: the probable consequences of the statute if it were allowed to go into effect. Only at the second trial was there any attempt to assess the *frequency* of the various benefits or harms. My overall impression is that the district court was uninterested in developing a factual record and exposing empirical issues that might illumine the case. Indeed, it seems Judges Aldrich and Freedman wanted the case to turn simply on issues of "law."

Third, none of the experts systematically assessed for the court existing social science research that might have sharpened the policy issues. Instead, the experts were all encouraged to reach rather sweeping and general conclusions about the consequences of alternative courses of action on the basis of their own clinical experience. They relied on anecdotal evidence to identify the sorts of harms that might occur, but for the most part they never indicated the frequency of those occurrences or the long-term impact of the harm. Moreover, perhaps because of the adversarial nature of the litigation process, none of the experts articulated clearly the limits of their own knowledge. Nor did the briefs attempt to expose the limits of our knowledge.

Fourth, the litigation process in *Bellotti* did very little to expose the possibly divergent interests of different groups of young women. Powell's opinion distinguishes between mature and immature minors, and the Massachusetts law now incorporates that distinction. Neither the parties nor the three-judge court, however, developed a factual record that addressed the special needs of "immature" minors. Nor did the record adequately expose what is known about the differences based on age among minors who were physically mature. Indeed, the immature minor issue got into the case by happenstance, and the Supreme Court plurality opinion is premised upon a distinction unexplored by the parties in the courts below.

Fifth, none of the judicial opinions in this case (with the exception of Judge Julian's dissenting opinion after the second trial) explicitly acknowledged the possibility that the 1974 Massachusetts statute might benefit some pregnant minors while harming others. As noted earlier, Judge Aldrich's opinion after the first trial was very vague about quantities and proportions. (See page 186, *supra*.) He attempted to suggest a consensus among experts, and minimized the relevance of any disagreements about facts through his particular interpretation of the law.

None of the Supreme Court opinions acknowledged this policy dilemma either. For Justice Stevens, the result did not turn on the consequences of the statute or on possible policy tradeoffs. It was instead a matter of judicial precedent. In light of *Danforth*, the state could not allow either parents or judge to have "an absolute, and possibly arbitrary veto" because of the minor's interests in "avoiding disclosure" and in making certain kinds of important decisions independently. Justice Powell's opinion turns on a critical empirical assumption: that some pregnant minors, "especially those living at home," are "particularly vulnerable to their parents' efforts to obstruct both an abortion and their access to court." Powell thought that it was therefore "unrealistic . . . to assume that the mere existence of a legal right to seek relief . . . provides an effective avenue of relief for some of those who need it the most." But there was absolutely no evidence on how frequently parents might block access to judicial relief.

Even from a policy perspective, one could argue that more refined information about the frequency of certain benefits or harms would not affect the choice. For example, the magnitude of harm to those few young women whose parents might block an abortion might be seen as so substantial that it would necessarily outweigh any possible benefits that even a far larger number might derive from parental consultation. In all events, I am not suggesting that more careful assessment of numbers would necessarily be dispositive. My claim is a more modest one: that a rational policymaker would focus on those benefits and harms and search hard for information to assess their magnitude and frequency. This did not occur in *Bellotti*.

Some Musings on the Outcome: Did This Hard Case Make Bad Law?

Like most proverbs, the claim that hard cases make bad law combines a provocative and exaggerated generalization with an inadequate explanation. It is both suggestive and profoundly ambiguous. What makes a case hard? Surely cases can be difficult for many different reasons. Similarly, what is bad law? A decision may be bad for any number of reasons. Finally, is bad law the inevitable result of a hard case? I choose to interpret the proverb to mean that hard cases create risks that a court will make bad law, and that cases that are "hard" for different reasons create different sorts of risks.

First, a case may be hard because of complexity. Some lawsuits require a court to make sense of enormously complicated statutes (certain sections of the Internal Revenue Code immediately come to mind) or mammoth trial records involving the testimony of hundreds of witnesses and thousands of exhibits (some recent antitrust suits are good examples). Complexity of either sort creates a risk that a court may simply make a mistake. *Bellotti*, however, contained no technical legal or factual complexities. The federal courts were not required to work their way through a complicated statute or arcane regulations, nor was the factual record vast. While there were two trials, each lasted only a few days.

Second, a case may be hard because the facts distort the court's perception of the basic principles involved. Unusual and extreme facts may induce a court to interpret a law in a way that produces a just result in a particular instance, but which establishes a principle that would be inappropriate in a broader range of legally indistinguishable cases. For example, a rich and powerful banker might file suit to foreclose on the home of an impoverished but worthy widow. The humane desire to protect the widow and her children might create a precedent that would undermine mortgages generally and make borrowing more difficult.

Did the facts of *Bellotti* create pressure for a result that distorted the law? Perhaps. In putting together a test case, lawyers often seek out plaintiffs with sympathetic situations in order to encourage the court to decide a broad legal issue in their favor. Perhaps Baird did that here. In *Bellotti*, Mary Moe was chosen to be the class representative for minors capable of giving informed consent who wished to have an abortion without parental involvement. Her factual allegations were certainly unusual. She claimed that her father might kill her boy friend and kick her out of the house if he learned she was pregnant. The 1974 statute would obviously pose extreme risks for Mary and her boy friend if her fears were well founded. Nonetheless, Mary's factual allegations were not representative of the reasons pregnant minors often prefer not to discuss their predicament with their parents, nor was her father's reaction typical.

Did Mary's allegations influence the result?[1] None of the judicial opinions based the outcome on Mary's predicament. It is possible, however, that her claims made vivid for the court the very serious harm that might result if some girls were required to involve their parents. The potential benefits of requiring parental involvement were not made so vivid. For understandable reasons, the defendants had difficulty producing as a witness a pregnant minor who wished to avoid parental involvement but who in fact would have substantially benefited from parental consultation.

Third, a case may be hard because it involves the clash of two or more competing principles, each of which is important. In resolving the conflict, a court risks making bad law in two different ways. On the one hand, the court may inappropriately elevate one principle over the others and in the process sacrifice values that also need to be preserved. Or the court may "compromise" all the principles, creating a conceptual muddle that provides little guidance for future cases.

Bellotti was certainly a hard case in this sense, for it involved the collision of three important principles: the principle of parental sovereignty, which suggests that parents have primary responsibility for child-rearing; the principle of *parens patriae*, which requires the state to protect children from serious harm, even when that involves intruding on parental prerogatives or a young person's liberty; and the principle of a young person's legal autonomy, which suggests that children are the property of neither their parents nor the state but instead are entitled to respect as individuals who have rights of their own. Justice Powell's opinion recognized the legitimacy of all three principles, and he plainly understood their collision. He resolved the tension by creating something of a muddle. He suggested a process by which young people could bypass their parents, thus undermining the principle of parental sovereignty. But he was not prepared to let a young woman decide on her own whether to have an abortion. To this extent, the decision sacrificed the principle of legal autonomy. Neither parents nor children "won." Instead, judges would decide.

The Massachusetts law, which now allows judges to decide, is not popular. One observer claims flatly that "everyone hates the law—judges, lawyers, minors, the health profession, and parents."

The law is certainly unpopular with the Massachusetts judiciary.

Many judges see the process as a sham. Unlike most judicial proceedings, these involve no dispute. Moreover, the judges recognize that as a practical matter it is legally infeasible to deny an abortion to an immature minor—an appellate court would surely reverse any conclusion that it was in the best interest of an "immature" minor to have a baby. A number of judges have disqualified themselves from these proceedings to avoid sanctioning what they see as an immoral act. Others who do participate find the process extremely troubling because "[a] judge is asked to make an extremely important life decision without the simplest of information."[2]

It is also plain that most lawyers participating in the process hate the law. They take some comfort from the fact that no abortion has been successfully denied. But many see the process as potentially harmful for the young women involved. Joan Rachlin, the lawyer who helped establish the Women's Bar Association lawyer referral network, suggested that it is "bizarre, illogical and traumatic" to require a pregnant fifteen-year-old to go to court and answer the judge's questions about her menstrual cycle, her sex life, and abortion. The lawyers serving on the referral panel have worked hard both to reduce risks of trauma and to make sure abortions are authorized in every case. But most do not find the process rewarding, emotionally or financially. Since few pregnant minors can afford to pay for legal services, the lawyers bill the state for their services. The amounts they are paid, while considerably less than ordinary fees, might better serve the needs of pregnant minors if the process were eliminated and the money were spent on professional counseling.

Health professionals involved in abortion counseling certainly hate the new law. Blanche Lansky, of Brookline's Preterm Clinic, unequivocally states: "It's a very bad law. It doesn't bring families together; it drives them apart, and it certainly hasn't reduced teenagers' sexual activity or increased their use of birth control." According to Vilma di Biasi of Brighton's Crittenton Hastings House, "Kids who have good relationships with their parents will tell them anyway, but the sad fact is that often their home environment won't permit it." She doubts that the new law increases the number of pregnant minors who talk with their parents before their abortion decision: "You cannot legislate communication. To put a child under that pressure when she's already overwhelmed is cruel."[3]

It certainly is plausible to conclude that those minors who wish to have an abortion without involving their parents do not like the new law. Many avoid its requirements entirely by going to a neighboring state for an abortion. Others go through the court ritual and secure judicial authorization. There probably are some pregnant minors who do involve their parents because of the law, who otherwise would not have done so. There is no information about what they think of the new law.

How about parents? Given the political reality in Massachusetts, parental attitudes surely vary sharply. Some parents probably disapprove of the new law, and see it as an unnecessary burden on other people's children. Others approve of the attempt to require parental involvement.

But not everyone hates the new law. Pro-life activists appear to be ambivalent. "It's not a perfect law, but it does everything we could possibly do legally," reports Marianne Rea-Luthin, president of Massachusetts Citizens for Life, an organization committed to saving unborn children and reducing the number of abortions. But some members of Massachusetts Citizens for Life are angry about the way the law has been implemented. According to Dr. Joseph Stanton, a Newton internist and board member of the organization, judges who approve abortions are "striking one more blow at the parents of America."[4]

The result in *Bellotti* can perhaps be best understood as a judicially imposed compromise—a compromise of difficult philosophical, political, and policy issues. Nobody won, but nobody quite lost either. Each side might think it won because the other side failed to get all that it wanted. In essence, Justice Powell rejected the moral claims of both those who argued that a pregnant minor should have the *same* abortion rights as an adult woman and those who argued that parental involvement should be required. On the level of principle, neither parents nor kids get to decide alone. The result can certainly be seen as political compromise. Pro-choice advocates succeeded in invalidating the 1974 Massachusetts statute, but in the process, Justice Powell made it clear that a similar statute that permitted parental bypass would withstand constitutional scrutiny. This outcome satisfied neither those who want to inhibit juvenile abortions substantially nor those who want simply to permit abortion on demand. Superior Court Judge Paul G. Garrity put the matter very well: The Supreme Court and the Massachusetts legislature have given "half a loaf to the antiabortion forces and dumped the other half on us."[5] Finally, as a matter of policy, the outcome of *Bellotti* also appears to be a compromise. Justice Powell wanted to have it both ways. Parental involvement in the abortion decision may often be helpful, but may sometimes be harmful. By providing a judicial "escape hatch," a judge can decide on an individual basis what is appropriate.

But should judges decide? At its core, *Bellotti* poses a question about the allocation of power and responsibility for the abortion decision of a pregnant minor. What should be the role of the young person herself? What should be the role of her family? What should be the role of various professionals? What should be the role of the state?

There are no easy answers to the allocational question, but making it explicit has two advantages. First, it encourages thought about the variety of ways power can be allocated. And second, it encourages advocates to be forthright about their values regarding the appropriate roles of the family and the state.

With respect to the abortion decision of pregnant minors, many different allocations are possible. All the legal power can be vested in the minor, her parents, or a state official. Bill Baird believes the law should leave the power of decision entirely in the hands of the minor herself. His abortion center operated on this basis until the new statute went into effect. An alternative allocation might give all the legal power to decide to the pregnant minor's parents, as did the Missouri statute challenged in *Danforth*, which conditioned a minor's abortion on parental consent. One can even imagine an abortion statute that gives a state official, such as a judge, the sole power to decide whether or not each minor should have an abortion.

Power may also be shared in a variety of ways. The 1974 law gave the pregnant minor the legal right to say "no" to an abortion. It did not give her the power on her own, however, to decide to have an abortion. Instead, she had first to seek parental consent. Her parents did not have the unfettered legal right to say "no", however, for their refusal was subject to review by a judge. Under the 1980 law, a pregnant minor still lacks the power to decide for herself to have an abortion, but she also has the power to exclude her parents from the decisional process by deciding instead to go to court. The judge's discretion to refuse an abortion is limited. Initially, the judge must decide whether the young woman is "mature." If so, the judge in essence empowers the young woman to decide for herself. If not, the judge gets to decide according to the girl's best interest. In practical operation, it means she gets an abortion.

It is worth emphasizing that there are any number of other ways decisional power might be shared. Various procedural requirements can be imposed that shade the allocation. For example, a young woman might be given the ultimate decisional authority but nonetheless be required to have counseling first. The law might give the young woman the right to decide but only after consulting with her parents. Utah law, for example, gives the young woman the power to decide to have an abortion, but requires the doctor ordinarily to notify her parents. Maryland law requires notification of one parent, in the case of unmarried minors, unless there are extenuating circumstances, e.g., the physician fears notification will lead to physical or emotional harm to the minor.

Bellotti v. *Baird* also poses a more general question about the allocation of power and responsibility. Who gets to decide the question, "Who gets to decide?" What are the respective roles of state legislatures, state courts, and federal courts? To what extent should policies about who gets to decide be resolved by courts in test-case litigation?

When I began research for this study, I was certainly of the view that the Supreme Court's decision in this case—particularly Justice Powell's plurality opinion—was bad law because of the way it allocated power and responsibility. I was offended by Powell's opinion and by his proposed statutory modification that Massachusetts has now adopted. Both reflect the biases one might expect of lawyers and judges. The Massachusetts law now calls for supposedly individualized determinations by a judge—not a doctor, not parents, and not a counselor—of whether a particular minor seeking an abortion should be authorized to have it. Justice Powell's scheme thus appears to recognize the differing needs of individual youngsters. But for me, Powell's opinion reflects an unwarranted confidence in the ability of judges to make sound decisions on behalf of individual pregnant minors, and to make sound policy for our society as a whole. I was troubled by the following questions: How would a judge decide whether a young woman was mature? What were the standards? And if she was not found to be mature, how was a judge to decide what would be in her best interests? In essence, it seemed the judge was to act like a parent, with broad discretion to use his personal values to make a decision on behalf of a pregnant woman. Powell's opinion seemed a high water mark of judicial arrogance. Neither legislatures nor families are to be trusted; nor are pregnant minors and their doctors. Only the modern-day secular priest, a judge, is to be trusted with the abortion decision for young women.

My recent examination of the actual operation of the new statute revealed that the new judicial process does not in fact involve a careful individualized assessment, but is instead a rubber-stamp, administrative operation. None of the 1,300 young women who have gone to court have been successfully refused an abortion. This finding initially surprised me. I had visions of middle-aged male judges, many of whom might be Catholic, determining that an abortion was not in a young woman's best interest. But the rubber-stamp nature of authorization is perhaps not so surprising. After all, the proceedings before the judge are not contested, and the judge has no independent source of information. More fundamentally, even if the judge decides that the young woman before him is not mature, on what basis (other than moral revulsion to abortion) could he possibly decide that it is not in the best interests of an immature minor to have a first-trimester abortion? Abortion is safer for a young woman than bearing the child. In terms of the responsibilities of motherhood, how could the judge determine that it is in the interest of a minor to give birth to a child if she is too immature even to decide to have an abortion? Indeed, if one looks only at the result for pregnant minors who go to court, the process seems an unnecessary and expensive waste of time.

But this assessment is perhaps too uncharitable. *Bellotti* is a difficult and troubling case, posing ethical, political and policy issues of teenage pregnancy, abortion, and the role of the family. Was the process of class action litigation an entirely satisfactory forum for seriously exploring these issues? I think not. The judicial process here provided neither a forum to investigate carefully the probable consequences of the new statute to Mary Moe, nor a full exploration of the broader policy issues posed by the class action that sought to strike a statute down and thus change state policy. Only a limited range of policy alternatives could be considered by the court. Because the court viewed the case as one attacking the statute "on its face," it treated the factual questions as unimportant. Both the trial court and the Supreme Court concluded that the statute should be struck down because circumstances could be imagined where applying the statute would have unfortunate results for individual minors. Less attention was paid to the possibility that striking down the statute might have unfortunate results for other minors. No serious attention was paid to the possible consequences of the alternative legislation Justice Powell's opinion suggested would be constitutional. Constitutional litigation is a poor way to make public policy about issues when knowledge is limited and when there is no consensus on underlying values.

But compared to what? The legislative process may produce even worse results—especially when the contending political forces are less concerned with the consequences for young people than in scoring symbolic victories.

I do not think matters have been made worse by reason of test-case litigation. The litigation did spark serious dialogue about whether pregnant minors should have the same abortion rights as adult women. The courts' policy analysis was more thoughtful than that of the state legislature, which never carefully assessed the possible consequences of alternative policies from the perspective of what is good for young women who become pregnant. Nor did the legislature consider the possible behavioral consequences of alternative policies on the sexual activities of teenagers, or the risks associated with pregnancy. Instead, it was a political contest. On one side were those who objected to legalized abortion generally and saw the 1974 legislation as an opportunity to save "unborn children" and reaffirm family values. They politically outnumbered equally committed persons who wanted no restrictions on abortion whatsoever, either in the name of reproductive freedom for women, or out of a strong sense that minors (particularly younger teenagers) should not be mothers. To some extent, the same protagonists subsequently carried on their struggle in a judicial forum. The compromise imposed upon the contending political forces by the Supreme Court's decision satisfies no one, but may dampen the controversy—at least for a while.

PART · V

Pennhurst: A Parable

Robert A. Burt

The Institution

This is a story with a moral. The story is about a lawsuit, *Halderman* v. *Pennhurst State School and Hospital*, filed in 1974 to complain about conditions at a state residence for mentally retarded people located in a rural setting thirty miles from Philadelphia. Terri Lee Halderman, a Pennhurst resident, was the sole plaintiff; Winifred Halderman submitted the complaint as "mother and guardian." From this beginning, the lawsuit grew in numbers as more plaintiffs joined: more Pennhurst residents and their parents; the Pennsylvania Association for Retarded Citizens (PARC), a state-wide organization mostly composed of mentally retarded people's parents; and the United States, represented by the Department of Justice. The suit also grew in significance as the massed plaintiffs abandoned the originally-requested remedy, court-ordered improvements in Pennhurst, to demand the complete closing of the institution and dispersal of its residents to small-scale, community-based facilities. *Pennhurst* was thus transformed from one person's complaint against institutional conditions to a wholesale attack on the very existence of institutions for mentally retarded people.

The case elicited moral pronouncements from many different participants about the rights and capacities of mentally retarded people and the rights and capacities of others—their parents, behavioral professionals, attorneys and judges—who aspire to speak for and to protect these people. This essay is not intended to resolve the disputed moral issues that emerged in the litigation; its purpose is rather to identify and evaluate the impact of litigation on the framing and resolution of these issues. The moral of this story thus lies more in questions of process than of substance. Illuminating this moral requires considerable attention to the narrative of the lawsuit.

When the case was filed in 1974 there were nine residential retardation institutions in Pennsylvania, each roughly comparable in size and characteristics to Pennhurst. At that time some 1,400 mentally retarded people lived at Pennhurst. Of these, three-fourths were classified as severely or profoundly retarded (with measurable intelligence quotients less than 35) and about half also suffered from some physical disability, predominantly cerebral palsy (twenty percent) and epilepsy (twenty-seven percent). Most Pennhurst residents had been admitted during their early adolescence; in 1974, all but about 100 residents were chronological adults, the average resident was thirty-five and had lived there for twenty-one years.[1] The average age of Pennhurst residents had increased during the preceding decade because of a dramatic decline in its population and correspondingly greater reliance on community alternatives to institutional residence in Pennsylvania. In the mid-1960s the resident population of Pennhurst reached nearly 4,000, its highest number ever. At that time, the state embarked on an ambitiously conceived program to provide both small-scale community-based residences and community services to support family efforts to keep mentally retarded children at home.[2]

Pennhurst was originally founded in 1908, around the same time as most residential retardation institutions in this country and with the same complicated mix of motives toward mentally retarded people: to segregate them from others in order to educate those capable of education, to provide permanent custodial confinement for those incapable, and to protect "normal" society from the depredations and dangers presented by these deviants. By the time of Pennhurst's founding, this latter social protective purpose was explicitly admitted by proponents of such institutions and, indeed, had almost displaced the more therapeutically-oriented claims for such institutions that had been advanced during the preceding generation.[3] The explicit formulation of this social protective purpose, and its underlying fear of mentally retarded people, reached a rhetorical apotheosis in a 1927 Supreme Court opinion by Mr. Justice Holmes, upholding a state compulsory sterilization law aimed at "mental defectives":

> We have seen more than once that the public welfare may call upon the best citizens for their lives. It would be strange if it could not call upon those who already sap the strength of the State for these lesser sacrifices, often not felt to be such by those concerned, in order to prevent our being swamped with incompetence. It is better for all the world, if instead of waiting to execute degenerate offspring for crime, or to let them starve for their imbecility, society can prevent those who are manifestly unfit from continuing their kind. The principle that sustains compulsory vaccination is broad enough to cover cutting the Fallopian tubes. . . . Three generations of imbeciles are enough.[4]

By the 1960s, this embattled imagery was no longer a socially acceptable way of formulating social policy toward mentally retarded people. Nonetheless the rhetoric remained implicitly embedded in the practices of residential institutions toward mentally retarded people. One retardation professional described these institutions generally as "purgatories"; on visiting them, he said, "it does not require a scientific background or a great deal of observation to determine that one has entered the 'land of the living dead.' "[5] By all accounts, a horrifying catalogue assaulted any visitor: a pervasive stench of urine and feces, rows of crowded beds in barren dormitories, stark day rooms filled with aimlessly wandering residents, hidden isolation rooms where miscreants were locked away or tied down for endless days, a palpable fear among residents and staff of physical assault.

During the 1960s national and state public officials were induced to look into such institutions, led in part by newly organized parents' groups, by the interest of President Kennedy's family from their own experience with a retarded child, and by a moral analogy drawn from the black civil rights movement and its attention to the plight of vulnerable minorities. This was also the time of a wide-spread new attention to the need for reform of mental institutions. For both mentally retarded and mentally ill people, reformers proposed the same course—"deinstitutionalization," that is, residence and treatment of these people in small-scale homes located in ordinary neighborhoods. This course seemed plausible for institutionalized mentally ill people because of the apparent success of drug therapies in controlling the most florid, disabling symptoms; by the end of this decade, however, it was apparent that the worth of drug therapy alone was greatly overstated and that considerable numbers of mentally ill people had been simply "dumped" from institutions without adequate provisions for necessary caretaking in the communities.[6]

The "deinstitutionalization" movement for mentally retarded people was, however, based on a more painstaking and potentially more reliable premise—that retarded people could be made more self-sufficient by intensive training programs and that these programs could be carried out better in small-scale community homes than in large remote institutions.[7] This premise held out protection for institutionalized retarded people against "dumping" and denial of any need for community-based caretaking which had undermined the hopeful prospects for many mentally ill people released from institutions.

Thus, during the 1960s, "deinstitutionalization" became the central reformist agenda for retarded and mentally ill people. At this same time, another trend became dominant—that the preferred forum for seeking reform shifted from legislative and executive agencies to the federal courts. This trend also gathered force from the example of the black civil rights movement and the willingness of courts to command fundamental changes in the operation of large bureaucratic institutions. The judicial battles against institutionalized segregation, most notably in public school systems, thus gave birth to a new genre: "institutional litigation." Beginning in the late 1960s and early 1970s, suits were brought alleging unconstitutional conditions in a wide range of large bureaucratic institutions—prisons, police departments, mental hospitals and retardation institutions.[8]

The first of these lawsuits regarding a retardation institution was filed in an Alabama federal district court before Judge Frank Johnson, who was by then a veteran of battles against state race segregation.[9] Judge Johnson was outraged at the brutality revealed in testimony about the operation of the state retardation institution. He ruled that the institution's residents had a constitutional "right to treatment" and that the state must vindicate this right through intensive therapeutic programs and improved physical conditions within the institution. The judge did not, however, press for deinstitutionalization as a centrally important remedy.

From this beginning, reform-minded attorneys filed litigation aimed at retardation institutions in a number of jurisdictions. The most notable suit was brought in 1972 in New York, the *Willowbrook* case. The plaintiffs there were more concerned than in the Alabama case to move retarded people from the institution into community residences. Though the trial judge initially ruled that there was no constitutional "right to treatment," he—like Judge Johnson—was shocked at the inhumane conditions he encountered and he held that the residents were constitutionally entitled to "protection from harm." Influenced by this holding, the state defendants settled the case by agreeing with the plaintiffs' demands for substantial changes in institutional conditions and for moving all but 250 of the 5,400 residents from the institution to small-scale community facilities during the following six years.[10] (As we will see later, there were many slips between this agreement and its implementation.)

The *Pennhurst* suit as it was originally filed in 1974 recited the same hellish conditions as in these other litigated institutions and asked most prominently for monetary damages to be assessed against state officials, though the complaint also requested institutional improvements patterned generally after Judge Johnson's order in the Alabama case. In mid-1975, the Pennsylvania Association for Retarded Citizens joined the suit as a party plaintiff and, in January 1976, PARC requested the complete closure of Pennhurst with community residence for everyone there. This requested remedy was a more ambitious embrace of the tenets of the deinstitutionalization movement than any of the prior litigants in other jurisdictions had dared.

Raymond Broderick was the trial judge in *Pennhurst*. He had been appointed to the federal bench in 1971, having just been defeated as Republican candidate for Governor of Pennsylvania and having served during the preceding four years as the state's Lieutenant-Governor. In the spring of 1977, Judge Broderick heard testimony about Pennhurst from some eighty witnesses during thirty-two trial days. The plaintiffs presented seventeen expert witnesses, many of whom had testified in the earlier litigation in other states (and three of whom had been previously hired by Pennsylvania officials to conduct an "impartial study" of Pennhurst). The plaintiffs also called eleven parents of Pennhurst residents and three retarded people who had formerly lived at Pennhurst (two of whom had been classified as severely retarded) and were now living in community facilities. The state's witnesses were virtually all staff or supervisory personnel at Pennhurst and state administrators.

In December 1977 Judge Broderick announced his findings. He dismissed the monetary damages claim against Pennhurst employees on the ground that they were not personally to blame for the institution's conditions, that they were "dedicated professionals who were given very little with which to accomplish the habilitation of the retarded at Pennhurst."[11] But the judge was scathing in his criticism of the institution as such:

> At its best, Pennhurst is typical of large residential state institutions for the retarded. These institutions are the most isolated and restrictive settings in which to treat the retarded. Pennhurst is almost totally impersonal. Its residents have no privacy—they sleep in large, overcrowded wards, spend their waking hours together in large day rooms and eat in a large group setting. They must conform to the schedule of the institution which allows for no individual flexibility.[12]

The judge cited specific harms which came to individuals as a result of their residence at Pennhurst:

> Many of the residents have suffered physical deterioration and intellectual and behavioral regression during their residency at Pennhurst. Terri Lee Halderman, the original plaintiff in this action, was admitted to Pennhurst in 1966 when she was twelve years of age. During her eleven years at Pennhurst, as a result of attacks and accidents, she has lost several teeth and suffered a fractured jaw, fractured fingers, a fractured toe and numerous lacerations, cuts, scratches and bites. Prior to her admission to Pennhurst, Terri Lee could say "dadda," "mamma," "noynoy" (no), "baba" (goodbye) and "nana" (grandmother). She no longer speaks.

· · ·

> Injuries to residents by other residents, and through self-abuse, are common. For example, on January 8, 1975, one individual bit

off three-quarters of the earlobe and part of the outer ear of another resident while the second resident was asleep. . . . About this same period, one resident pushed a second resident to the floor, resulting in the death of the second resident. . . . Such resident abuse of residents continues. In January 1977, alone, there were 833 minor and 25 major injuries reported.

· · ·

At Pennhurst, restraints [either physical or chemical] are used as control measures in lieu of adequate staffing . . . [though it] is generally conceded that most, if not all, outbursts of violence by the retarded can be prevented by adequate programming. . . . An extreme example is a female resident who, during the month of June 1976, was in a physical restraint for 651 hours 5 minutes; for the month of August 1976 was in physical restraints for 720 hours; during September 1976, was in physical restraints for 674 hours 20 minutes; and during the month of October 1976, was in physical restraints for 674 hours 5 minutes. . . . This resident was extremely self-destructive—she totally blinded herself. She was not enrolled in occupational therapy until early 1977. Once initiated, her programming has apparently been quite successful, and she is now able to be out of restraints for as much as four hours per day. . . . Had this programming been initiated earlier, her self-inflicted injuries might have been avoided or at least lessened.[13]

From this extensive critique, Judge Broderick found that Pennhurst violated the constitutional rights of its residents by excessively depriving them of liberty, by imposing physical and psychological harm on them and by wrongfully segregating them because of their retardation. The judge then drew the conclusion first suggested to him by PARC: that the only remedy for the evils of Pennhurst was to close it completely and to require the state to provide small-scale, community-based residences for all of its residents. To support this conclusion, the judge cited the unanimous "agreement" among "all the parties in this litigation"

that given appropriate community facilities, all the residents at Pennhurst, even the most profoundly retarded with multiple handicaps, should be living in the community.[14]

This finding of unanimity was critically important for Judge Broderick. It points to the most striking and even surprising fact about

272

the *Pennhurst* litigation—that there was virtually no controversy about institutional closure until some considerable time after the trial had ended. The state defendants alleged at trial that they themselves intended to close Pennhurst; they cited their reduction of its population since the mid-1960s and even a further reduction from 1,400 when the lawsuit had been filed to 1,200 at the time of trial. The state's basic defense was that a federal judge had no authority, either constitutional or statutory, to order this course on the state or to dictate the means and pace by which it should proceed.

Five months after Judge Broderick issued his opinion (and a year after the trial had ended) a group of Pennhurst residents' parents asked the judge to reopen the proceedings so that they could argue in favor of the institution's continued operation. These parents had not been called as witnesses by the state and they had not previously sought to intervene in the lawsuit. Just six months later (in November 1978), nine well-credentialled mental retardation professionals submitted a memorandum to Judge Johnson in the Alabama case that questioned the worth of community placement and even of intensive therapeutic programs within institutions for many mentally retarded people.[15] But none of these credentialled experts had been called by the state defendants in the *Pennhurst* trial. If these parents or these experts had been called, Judge Broderick could not have recited that he based his closure remedy on the unanimous agreement of all parties. He might have embraced this remedy nonetheless. But this misleading appearance of unanimity during the trial proceedings, which the state defendants did not unmask and Judge Broderick apparently accepted without question, is a striking aspect of this litigation.

Though the state defendants did not challenge the propriety of the closure remedy as such during the trial proceeding, they subsequently resisted its implementation and persistently battled through appellate proceedings. In December 1979, two years after Judge Broderick ruled, the Third Circuit Court of Appeals essentially affirmed his closure order, though relying on a 1975 congressional act rather than directly on the Constitution.[16] In April 1981 the Supreme Court reversed this reading of the statute and remanded the case to the appeals court for further consideration.[17] In March 1982 the appeals court reaffirmed the closure order, this time on the ground that Pennsylvania state law itself required this action and federal courts could appropriately enforce this state law.[18] In January 1984, the Supreme Court ruled that federal courts lacked the jurisdiction for such state law enforcement and once again remanded the case to the appeals court.[19] Thus Judge Broderick's 1977 decision was hardly the final word in the case; that word has not yet been spoken.

(The Supreme Court, in June 1982, also decided another case that came from Pennhurst—*Romeo* v. *Youngberg* in which a retarded Pennhurst resident claimed monetary damages against the institution's administrators on the ground that his constitutional rights were violated by beatings, prolonged periods of constraint in shackles, and failure to provide any training programs for him. This suit was filed in 1976, two years after the filing of the *Pennhurst* class action but before Judge Broderick had heard testimony or issued his ruling. Romeo was represented by an attorney with no connections to the *Pennhurst* suit and, unlike *Pennhurst*, Romeo's case remained throughout its course simply one individual's claim for monetary damages. There was, moreover, no claim in Romeo's case that he was harmed by the institution's failure to place him in a community residence. The Supreme Court ruled that, if the alleged facts were true, Romeo's constitutional rights had indeed been violated and sent the case back to the District Court for trial on the facts.[20] The relevance to the *Pennhurst* class action of the Supreme Court's ruling on the constitutional principle is not yet clear; the question does promise a further episode in this seemingly endless lawsuit.)

During all of this time, Judge Broderick's closure order remained in effect; neither he nor the higher courts agreed to stay the implementation of this order during this lengthy appellate process. (Though the Supreme Court did grant a partial stay, Judge Broderick promptly interpreted it so narrowly as to virtually reinstate the force of his original order.[21]) Nonetheless the closure order has had halting effectiveness in practical terms. The state's resistance meant that from 1978 through 1981 only some 200 of the 1,200 Pennhurst residents were moved to community facilities. The pace somewhat quickened thereafter; by November 1983 the Pennhurst population had been reduced to some 680 residents.[22] Moreover, during all this time the closure order effectively barred admission of any new residents to the institution.[23]

The state's resistance does not necessarily call into question the merits of Judge Broderick's original closure order. Indeed, the state's basic defense has been that the merits of this order are irrelevant and that the judge simply had no proper jurisdiction in the matter. In the course of the drawn-out post-trial proceedings, however, a less formalistic and more substantive set of objections to Pennhurst's closing has come forward. These objections were raised by parents of some of the Pennhurst residents for whom community residential placement was specifically proposed. The Court of Appeals, in affirming the closure order, imposed a significant variation that provided such parents with a forum for pursuing their objections. The appellate court held that a hearing must be conducted for each individual before either admission to or removal from Pennhurst; Judge Broderick appointed a Hearing Master to conduct these proceedings. One hearing in particular, conducted in September 1980, set out parents' objections to their child's community residence with a clarity and vividness that was nowhere in evidence in the original 1977 trial proceedings. Detailed consideration of this particular case will raise, in a preliminary way, the central questions which will then be pursued throughout this essay regarding the Pennhurst litigation: whether the judge from the beginning should have been more alert to the existence of, or more aggressive in seeking out, dissenting voices regarding Pennhurst's closure and, if those voices had been explicitly acknowledged, what the judge might properly have done regarding them.

The case involved a nineteen-year-old Pennhurst resident, referred to as G.W. in these proceedings, who was blind, non-verbal and "profoundly retarded."[24] G.W. had lived at Pennhurst for seven years and at home before that. A residence designed for three physically disabled retarded persons was found in a community near G.W.'s family, which professional staff in Pennhurst and outside agreed would meet G.W.'s needs. His parents, however, objected. The essence of their objection was stated in his mother's affidavit, filed with Judge Broderick as part of the appeal from the Hearing Master's contrary decision; this is the full text of her statement:

1. I am the mother of G.W. who is nineteen years old, blind, and profoundly retarded.

2. During the first twelve years of my son's life, his father and I tried many programs. We moved our whole family in an effort to find good care. We finally put G.W. in Pennhurst after Ches-

ter county proved totally unwilling or unable to help us. This is the same county which now says it is going to take care of everything.

3. In the seven years my son has been at Pennhurst, I have never seen any evidence of abuse or cruelty to him. I visit him, often along with my other children, about twice a month. His programs there have helped him.

4. One concern of Mr. [R.W., the boy's father] and myself is that G.W.'s proposed community placement has not been worked out very well. We still do not know if any doctors or dentists will agree to treat him regularly. We still do not know how the [community residence] staff plans to toilet train my son and stop him from banging his head, biting himself and others, taking off his clothes in public, and other behaviors that neither Pennhurst nor we, his parents, nor any of his previous programs were able to change. The provider has not said how they will accomplish these changes, and his plan has no emergency or respite plans if they fail.

5. G.W.'s father and I are very worried that the effect on G.W. will be very harmful if he is moved now and changes in the funding or the court decisions force him to move again within the next year or so: G.W. reacts very badly to change. He resists it as best he can. His behavior regresses, he becomes more self-destructive and hurts others more. He sits or lies down and physically refuses to move.

6. We are also concerned about the effect on our other children. When G.W. last lived at home, they were ostracized and tormented by people in the community because of G.W.'s very bizarre (and frightening) appearance and behavior. They showed definite emotional effects from this stress. If G.W. is moved to our community now and later removed, they will have been hurt again for nothing.

7. I have read [R.W.'s] affidavit and I agree with the things he says in it. We have always worked together and agreed about our son's needs and his care. [G.W.'s parents had been divorced, as the father's affidavit recited, "for several years."]

The Hearing Master had presided over several days of hearings at which G.W.'s parents presented these objections and various professionals from the proposed community residence, county and state offices, and Pennhurst responded with assurances to them. Unlike most of the parents who had raised objections in other proceedings before the Hearing Master, G.W.'s parents remained adamant.[25] The Hearing Master then issued an opinion reciting and rebutting each of the parents' specific objections to the proposed placement. He concluded thus:

> What remains, then, as the sole parental objection supported by any degree of evidence in the record is the concern of R.W. and Mrs. C.Y. that they or their children might be "embarrassed" if they encountered G.W. in the community, particularly if he were engaging at the time in some inappropriate or disruptive behavior. The parents genuinely feel that their other children would suffer if they had to be confronted with such a situation where they go to school or where they socialize with their friends. Beyond this feeling, as Mrs. C.Y. stated, is a sense of guilt that the family could not do more for G.W. and that the decision had to be made to place him in Pennhurst; the Hearing Master can readily believe and understand, that the family does not want to re-examine that decision, as they would be forced to do if G.W. once again became, in some degree, a part of their community. This is the real sentiment behind the parents' concern about G.W.'s proposed school district, the location of his community residence, the YMCA where he would go for recreation, the hospital where he would be treated, and even the barber who cuts his hair—the barber should not be in downtown Paoli, said Mrs. C.Y., "because that's where we live."
>
> This concern is not a mean or selfish one; rather, it is an honest and heartfelt reaction to a difficult and painful situation. I do not condemn the parents for their feelings—but I cannot uphold them as a basis for keeping G.W. at Pennhurst.

G.W.'s case presents considerable dilemmas. There is, first of all, the problem of identifying a proper representative for him. G.W. cannot speak for himself; who therefore speaks for him? His parents who cared for him and can claim to know him better than others for most of his life? The professionals who now claim to know G.W. better than his parents because they have been less hurt by him and, in any event, because the parents have given over full-time caretaking responsibility to them? A judicial officer who scrutinizes the claims of parents and professionals with supposed detachment? These are difficult questions. But beyond them there are echoes of an even more intractable dilemma in moral judgment. If one person imposes what a second regards as intolerable suffering and yet, if avoiding that suffering in turn imposes intolerable burdens on the first, who is to prevail between them? What principles are available to justify prevalence of one over the other; who is suited to judge those principles; and if some third party offers judgment, what assurance is there that this imposition is more than two against one, more than the application of brute force on the loser?

It is tempting in G.W.'s case to dismiss any sense of judgmental dilemma by characterizing the parents as wanting to avoid "mere embarrassment" while G.W. would gain a fuller, freer life. But this characterization begs many questions. This rich prospect may be realistically available and meaningful for G.W. But preferring his sense of enriched freedom over his family's consequent sense of impoverished constriction cannot be deduced from some self-evidently demonstrable moral theorem. Judges have invoked constitutional doctrine in similar cases to prefer vulnerable, socially isolated people—"discrete and insular minorities" harmed by "prejudice" and powerless to protect themselves. But between G.W. and his family, who is the more vulnerable, the more isolated, the more intensely suffering victim of a "normal majority prejudice" against mental retardation? The fact is that both G.W. and his family have been scorned, isolated and subjected to considerable suffering at the hands of others. Choosing moral favorites between them is a glib, heartless enterprise.

Judge Broderick was reluctant to make such a choice in G.W.'s case. Rather than affirm the Hearing Master's ruling, he temporized by requiring that G.W. live in the proposed community placement for some time before any final decision regarding his parents' objections should be made. The judge clearly hoped that this temporary placement would be sufficiently successful for G.W. and his family and that all objections would be dispelled. The judge concluded his opinion thus:

> The resistance of G.W.'s parents to his proposed change of residence
> is not unusual. Many parents of retarded residents of Pennhurst have

experienced the same reaction when evaluating a transfer of their son or daughter to a community living arrangement. Instead of interviewing the neighbors in the vicinity of the community living arrangement to find out what is taking place therein, as did the parents of G.W. in this case, it would seem more beneficial for them to visit the community living arrangement and see for themselves what the living arrangements are and what programs will be available for their child. It might also be helpful for the parents of G.W. to speak to other parents who like themselves violently opposed the transfer of their child to a community living arrangement, but who, after having observed the improvement in their child's skills as a result of the care, training and education received in the community living arrangement, are now most supportive of the community living arrangement. The fact that many parents of retarded children acknowledge the handicap and lavish love and affection on their retarded child has given impetus to an acceptance of the fact that having a retarded child should not precipitate a feeling of guilt. Those who have experienced the love and affection of a retarded child have come to the realization that their association with that child has provided a reward far in excess of their expectations. In most cases, a family's acceptance of their retarded child living in their community not only strengthens the family ties but results in joyous satisfaction in observing the increase in those life skills which will better enable their child to cope as effectively as his or her capacity permits.

Someone must decide where and how G.W. should live. If no one—G.W., his parents, professionals, the judge—is clearly fit by psychology or by the force of moral principle to make this decision, two courses are possible. Someone, somehow, should reach a judgment of comparative fitness to designate one among the plausible candidates for dispositive decisionmaker; or someone, somehow, should devise a process by which all of the plausible candidates can deliberate together with the hope that ultimately all will come into agreement. Judge Broderick's temporizing resolution of G.W.'s case leans toward this second alternative; the judge appears to be improvising a method that seems likely to him to lead the parents to abandon their objections voluntarily rather than under duress. This was not the methodology that appears, at least on its face, in Judge Broderick's initial order that Pennhurst must be closed. The judge's definitive closure order was a more conventional expression of judicial authority—that the judge weighs the evidence at hand and issues a final ruling which everyone is obliged to obey. In responding to

G.W.'s case, however, Judge Broderick almost instinctively seemed to perceive that this conventional role was inappropriate.

Conflict and consequent judgmental dilemmas were apparent on the face of G.W.'s case. This was not true of the *Pennhurst* litigation generally as it appeared in Judge Broderick's courtroom by 1977. At that time, various forces brought forward a greater appearance of consensus than was true or could be reliably sustained. This was not the result of any fraud, of any self-conscious deception by any party. This appearance was unintentionally fostered by two elements: by characteristics of the litigative process and by difficulties that affect anyone, in a litigative setting or elsewhere, in determining the welfare of mentally retarded people. This essay will proceed to examine these two elements as they were revealed in the conduct of the major participants in the Pennhurst litigation: the initial named plaintiff and her attorney, PARC, the United States Department of Justice and the state defendants. When we have identified the elements that led them all to a misleading appearance of consensus, we will then consider what the judge might properly do to respond to this appearance, what the proper judicial role might be.

At the end we will return to G.W.'s case and to the objections of other parents to their retarded children's community placement. By then we will have encountered other instances, in the conduct of the direct participants in the litigation, when conflict regarding the propriety of closing Pennhurst was insufficiently acknowledged or explored. This does not mean that closure and community placement was the wrong remedy; in the course of this essay, I will argue for the correctness of this course. I believe this does mean, however, that the process by which this remedy was formulated and pursued in the *Pennhurst* litigation was flawed and that these flaws obstructed the possibility that the underlying purpose of constitutional litigation, as I see it, might be achieved.

Plaintiffs and Defendants

Terri Lee Halderman, Her Mother, and Her Attorney

Immediately after her birth, Terri Lee Halderman should have received blood transfusions to prevent the consequences of Rh incompatibility.[1] Treatment did not begin, however, until two days later and by then brain damage had occurred which led to severe mental retardation. By the time she was twelve, this was Terry Lee's condition, as portrayed by a Pennhurst staff psychologist:

> Terri Lee is a tall, slender, blond child who is brain injured from kernicterus. She poses a nursing problem because of hyperactivity and head banging. She does not do anything for herself and is a complete custodial problem. She is ambulatory when she can be watched in order to permit her to be up. . . . Most of the time she is kept in a padded crib with a helmet on her head. . . . She appears to hear and turns her head to her name, but is not known to follow any other directions. Terri does not feed herself and drinks only from a spout cup. All food must be ground. She throws all toys but does

spend much time playing with her sheet, flapping it and sometimes chewing it. The parents felt that banging her head occurred when she wanted some type of attention. In order to get attention she pulls on the hands and clothing of a person. She also makes a sound that resembles "eat, eat, eat." . . . Terri Lee does not crow or laugh in a sociable way. Mental Age by Vineland [Standardized Diagnostic Test] was below one year level and social quotient was below ten, denoting a severe mental deficiency.

Terri Lee had two brothers, one born when she was two and the other when she was seven years old. The youngest child suffered recurrent physical ailments as a result of congenital malformations of his nasal and aural passages. A year after his birth, the Haldermans placed Terri Lee in a state residential institution but they held to this placement for only a month. On their first visit to the institution, they were so disturbed at conditions and Terri Lee's response—by Mrs. Halderman's later account, she "was regressing and was not eating properly"—that they immediately took her back to live at home.

The burden of caring for Terri Lee and her two younger brothers continued to mount with special weight on their mother; Mr. Halderman was adamant, however, that Terri Lee should remain at home. When Terri Lee was nine, Mrs. Halderman left the family for a month and returned only after Mr. Halderman agreed to seek residential placement for Terri Lee. The Haldermans then found a small private facility nearby that would accept Terri Lee; they visited regularly and were satisfied with their choice, though they had considerable difficulty in meeting the fees.

When Terri Lee was eleven, the Haldermans were told that she could no longer stay at the private facility, that it was prepared to handle only bedridden people and small children, and Terri Lee was now too big, too active, and too demanding for their caretaking capacities. The Haldermans were thus given a stark choice: either return Terri Lee to their home and care for her wholly from their own personal and financial resources or seek the state's caretaking assistance provided only in large-scale residential institutions. Mrs. Halderman remained firmly convinced that she could not bear the burden of home care for Terri Lee, particularly since her youngest child continued to suffer substantial health problems. The Haldermans then turned to Pennhurst and Terri Lee was admitted in 1966. Shortly afterward, Mr. and Mrs. Halderman separated and then divorced.

Throughout Terri Lee's residence at Pennhurst, Mrs. Halderman visited almost every week. She was continually appalled at institutional conditions and at Terri Lee's treatment. She found that Terri Lee suffered many injuries, including a fractured jaw, fractured fingers, broken teeth, many cuts and bruises, that Terri Lee lost use of the few words she brought into Pennhurst, and that her self-injurious headbanging greatly increased. The staff psychologist had predicted such consequences for Terri Lee in her original admissions report: "It is possible that under optimum circumstances this child might gain more socialization or self-care techniques, but under institutional conditions she is apt to regress." Mrs. Halderman was also deeply distressed at other residents' circumstances; she recounted seeing one resident on Terri Lee's ward lying unattended, face down in a pool of urine and later eating feces from a toilet. On her visits, Mrs. Halderman persistently complained to ward and supervisory staff and to the Superintendent about the treatment of Terri Lee and other residents. Her complaints were, for the most part, heard sympathetically but to no practical consequence. In 1973 one staff member suggested, in response to her complaints, that Mrs. Halderman file a lawsuit against Pennhurst and that she contact David Ferleger, an attorney, for this purpose.

Ferleger was known to the Pennhurst staff from a legal advocacy project he had established at a nearby state psychiatric residential institution. He had graduated from the University of Pennsylvania Law School in 1972, and had immediately secured a small foundation grant and the permission of state officials to establish this project. Throughout law school, Ferleger had pursued a special interest in psychiatric institutions through courses, field research, and legal clinic practice. He saw this interest as a natural extension of his undergraduate research about the conditions of European Jews under Nazi rule and this in turn touched deep personal concerns; Ferleger's mother and father both were Polish-born Jews who had survived confinement in Nazi concentration camps. (Ferleger recounts that the Superintendent of Pennhurst, in a sympathetic discussion shortly after the lawsuit was filed, gave him a copy of a book, *Dehu-*

manization and the Institutional Career, which drew extensive parallels between the Nazi camps and mental retardation institutions.)[2]

In May 1974 Ferleger filed suit seeking monetary damages and injunctive relief for institutional improvements on behalf of one named plaintiff: "Terri Lee Halderman, a retarded citizen, by her mother and guardian, Winifred Halderman." The case caption contained an unacknowledged ambiguity. Terri Lee was then twenty years old, an adult by the chronological criterion of state law. The caption identified her as a "retarded citizen" as if this designation in itself justified Mrs. Halderman's role as "mother and guardian" to speak for her in filing suit. State law did provide a formal proceeding to declare persons mentally incompetent and appoint guardians to act on their behalf in various matters, including pursuit of litigation. But Terri Lee had never been judged incompetent in such proceedings nor had any guardian been appointed to speak for her; she had originally been placed at Pennhurst at her parents' direction without any judicial involvement.

Most attorneys in May 1974 would have assumed that her mother should speak for her and would have disregarded Terri Lee's adult chronological age and the absence of any court-appointed guardian as spokesman for her. Most attorneys, and most people, assume that parents speak for their children in legal proceedings and that retarded people are children. But David Ferleger did not share these common attitudes. In 1972 Ferleger had filed suit—*Bartley* v. *Kremens*, one of his first actions in his mental health legal advocacy project— maintaining that, under the Constitution, parents were not entitled to speak for their children in order to admit them to residential institutions for mental illness or retardation, that independent attorneys must be appointed to represent such children, and that a judicial officer must approve any such admissions decision. Ferleger based his argument on the premise that parents may want institutional placement for reasons in conflict with and detrimental to the children's interests.

Because this argument challenged the constitutionality of a statute with state-wide applicability, federal jurisdictional rules required that the case be heard by a three-judge District Court panel. In 1975, a panel majority ruled in favor of Ferleger's position;[3] the third judge, Raymond Broderick, dissented on several grounds, including this:

The record in this case demonstrates that most parents act in the best interests of their child when making the decision to voluntarily submit their child to institutional treatment. Indeed, those parents whose motives the majority opinion questions are few and far between. [4]

The Supreme Court, citing Judge Broderick's dissent with approval, reversed the panel's ruling in 1979. [5]

Perhaps when Ferleger met Mrs. Halderman in 1973, he exempted her from his suspicions of conflicting interest because of her continued involvement with and consistent protective advocacy for Terri Lee since her placement at Pennhurst. Mrs. Halderman's involvement was not typical for the relatives of Pennhurst residents. Judge Broderick found in 1977 that almost half of the residents had no contact with any relatives during the preceding three years; and according to a 1980 survey of those relatives who maintained contact, only ten percent visited every week as Mrs. Halderman had done. [6] But any observer sensitive to the possibility of diverging interest between parent and child could have seen some suggestion of conflict even in the heart-wrenching decisions that ultimately led the Haldermans to Pennhurst for Terri Lee. Mrs. Halderman clearly saw that Terri Lee was not as cherished, not as well cared for, in Pennhurst as she had been at home. Mrs. Halderman also saw that the burdens of her caretaking for Terri Lee had become almost overwhelming for her, intruding at least on her capacities to care for her other children. Thus even she might have seen that her decision to place Terri Lee outside her home, and ultimately in Pennhurst, was not free from considerations that might conflict with Terri Lee's most individualistically conceived interests.

Perhaps Ferleger in May 1974 was prepared to accept Mrs. Halderman as spokesman for Terri Lee because he saw vindication of her complaints against Pennhurst as necessarily working for Terri Lee's interests, regardless of the propriety of Mrs. Halderman's initial decision to place Terri Lee there. There was, however, a critical ambiguity here with considerable potential for future conflict between differing conceptions of Terri Lee's interests. Mrs. Halderman came to Ferleger complaining about conditions at Pennhurst; Ferleger initially sought improved conditions but in March 1976 he filed an amended complaint requesting instead that Pennhurst be closed. By this time Ferleger represented several additional plaintiffs who had joined with Terri Lee and Mrs. Halderman three months after the initial filing in 1974: Ferleger submitted his amended complaint on behalf of all of these plaintiffs.

This amendment later became the subject of bitter recriminations between Ferleger and Mrs. Halderman—he alleged that she had been kept fully informed and had acquiesced in this changed strategy; she claimed that she had been misled and that she had never wanted Pennhurst closed but only improved. This dispute was publicly aired in an exchange of letters in July 1979, almost two years after Judge Broderick had ordered Pennhurst closed and while his ruling was pending on appeal.[7] Ferleger defended his conduct in two distinctly different ways. First, he alleged that Mrs. Halderman had approved his changed strategy, citing letters to and meetings with her and noting that she had attended virtually every day of, and had testified at, the trial and had indicated no doubts to him or to Judge Broderick about the requested relief. But second, and more strikingly, Ferleger suggested that Mrs. Halderman had never been his client, even from the first moments of the litigation; Terri Lee had been his client. Ferleger ended his letter of defense in this way:

> The undersigned counsel, unless otherwise directed, will continue to represent the clients he represented for the past five years. Those clients are the people who live at the institution. Differing interests of the parents cannot influence the obligation to see that the constitutional rights of these retarded persons are protected and advocated.

Ferleger did not expect to be "otherwise directed" by Terri Lee Halderman and explicitly stated that he would not accept such direction from Mrs. Halderman. Instead, in this letter, he invited the judges of the Court of Appeals or Judge Broderick to consider whether he should be replaced as counsel for Terri Lee by another attorney who would serve as her guardian in the litigation. Ferleger also noted that in the *Bartley* case he had been appointed guardian ad litem for institutionalized children by the three-judge court that had included Judge Broderick. In this open dispute with Mrs. Halderman, Ferleger embraced the position that he had taken in *Bartley* before he had ever met Mrs. Halderman: parents and institutionalized children have inherently conflicting interests; attorneys should appear on behalf of children to discern and espouse their interests subject only to the supervision of judges.

286

In retrospect, the grounds for divergent views are clear: Mrs. Halderman's claim as parent and one-time primary caretaker differs in principle from Ferleger's claim as an advocate free from conflicting interests with Terri Lee. In 1979 the Supreme Court resolved this question that Ferleger had originally posed in *Bartley* v. *Kremens;* though it rejected Ferleger's position (as Judge Broderick had), and rhetorically embraced parental authority over children placed in residential institutions such as Pennhurst, on close reading it becomes clear that the Court denominated a third party as final arbiter of Terri Lee's interests—the credentialled behavioral professionals who preside over the institution.[8]

For our purposes, it is less important to identify the correct locus of authority for determining Terri Lee's interests than to identify the reasons that plausible, divergent claims for legitimate authority arise. A basic reason is that Terri Lee's interests are more difficult to define than the interests of more normal children or adults because it is so much more difficult for anyone—even a deeply devoted parent— to know her, in the sense of fully comprehending her subjective life. A recent study, prepared for the Carnegie Commission on Children, puts the matter this way:[9]

> A normal child can assume he is like his parents and siblings. He can also assume that in the fullness of time he will become an adult. He also encounters at every turn a complex network of social and biological links between himself, his parents, and the community. True, he may belong to a despised and persecuted minority, but even the lowliest untouchable has his kith and kin, his family and the society of other untouchables. . . . [But] the overwhelming majority of parents with handicapped children are themselves able-bodied. [Considerable] complications [are] introduced by this crucial difference between parents and their handicapped children. . . .

The forces that isolate, that make parent and handicapped child strangers to one another, do not necessarily lead to the conclusion that a legal or behavioral professional is better able to understand Terri Lee than her parents. But when the parent herself acknowledges her incapacity to give adequate nurturance to her child, then a second factor arises that gives force to others' claim to know the child better than the parent. Perhaps this act stigmatically marks the parent apart from the "normal" parent who is able to raise a child to a "normal" adulthood. Perhaps this is because the parent is so drained by the extraordinarily demanding efforts spent on this child that almost any intervention is welcomed, and this invitation in itself incites the magnification of others' claims over the child. Whatever the reason, this parent's heavy dependence on others' childrearing assistance removes a psychological barrier that ordinarily tends to contain others' willingness to claim authority over a stranger's child, and that ordinarily tends to bolster the parent's capacity and willingness to resist those claims.[10]

Ferleger may have believed that Mrs. Halderman's complaints about Terri Lee's treatment could not be remedied so long as she remained in an institution; he may have based this belief on a claim to superior knowledge of the legal system and its incapacity to penetrate and supervise large-scale residential institutions rather than on a claim to superior knowledge about Terri Lee. Mrs. Halderman may have believed from the first moments of her dealings with Ferleger that this position, however soundly based on legal expertise, was in conflict with Terri Lee's individual needs to remain in an institutional setting and to run its risks of harm rather than being subjected to similar or greater risks involved in community placement. But it is likely that Mrs. Halderman's willingness or capacity to insist on the prevalence of her perspective was diminished by the interrelated factors of Terri Lee's severe handicap and Mrs. Halderman's dependence on others' assistance in caring for Terri Lee. These factors may in turn have blocked Ferleger's capacity to see that his pursuit of a universally applicable remedy—closing the institution—might conflict with the individual perspectives, needs, and interests of some of his clients (whether he thought of his clients as the parents or the retarded people themselves).

These factors are important reasons that divergences appear between parents and professionals (whether behavioral or legal) in defining the needs of all retarded people. These factors point to reasons that the parent's individual perspective tends to get lost, even when the professionals believe they are adhering to the parent's perspective rather than following their own conception of the child's interest. There is a sad irony in this. Many parents of retarded children turn to professionals because they feel isolated, helpless, unjustly afflicted; and yet, after some initial hope, they find these same feelings reiterated and even bitterly intensified in their relations with professionals. In *Pennhurst* this irony appeared in the relations between Mrs. Halderman and Ferleger; but it was not restricted to them nor can it be explained by their personal idiosyncrasies. This same progression unfolded in the relations among all the *Pennhurst* parties: from initial efforts to find common ground by overlooking potential conflicts to ultimate discord and recrimination. There were many ways, moreover, that the litigative process itself reinforced this unhappy evolution. We can see this most graphically by tracing the earlier relations between the state defendants and the Pennsylvania Association for Retarded Citizens.

Pennsylvania Association for Retarded Citizens vs. Commonwealth of Pennsylvania

The National Association for Retarded Children was founded in 1950; "Children" was changed to "Citizens" in 1973.[11] NARC was composed of constituent state associations formed for the most part during the preceding decade. The membership of these state Associations was almost exclusively the parents of retarded children. The creation of this organized network of parents marked the beginning of intensive lobbying activities for better public services for retardation. According to membership surveys, the families who joined the various state ARC's differ in at least two ways from families generally with mentally retarded children: ARC members' children are more seriously retarded than others' and ARC members are overwhelmingly white middle-class Protestants. (In addition, the retarded children of almost three-quarters of ARC members live at home, while about fourteen per cent of member children live in state institutions; from available statistics, it appears that ARC members rely on institutional residential placement proportionately less than non-member families with children whose retardation is comparably serious.)[12]

The Pennsylvania Association has been one of the most active, successful groups in the national organization. PARC's leadership has been composed almost exclusively of parents whose children live at home. By contrast, parents of institutionalized children have been more prominent among the leaders of many other state ARC's and in the national ARC itself; the reasons for this difference between PARC and other groups is not clear, but this difference has played some role in shaping public policy strategies in various jurisdictions. PARC's central concern from its beginning has been with community-based services and facilities. In 1955 PARC successfully lobbied for a state law requiring local school districts to identify and make educational services available to various categories of "exceptional" children.[13] This enactment was widely viewed as a national landmark for retarded children; at that time, virtually all school districts in the country excluded most children with serious educational deficiencies and offered only limited special programs to those with less serious deficits. Parents of those children were left either to find their own resources for educational services or to consign their children to custodial confinement in state residential institutions. One of the PARC leaders later testified that, as a result of the 1955 legislation, "Parents of Pennsylvania's exceptional children were elated. At last special educational opportunities were going to be provided for their handicapped . . . children."[14]

This elation was short-lived. The statute was not implemented as its sponsors had hoped. Public education in Pennsylvania, as in all states at the time, was virtually the exclusive administrative province of local school boards. Though the 1955 state statute required each local board to make fine-grained diagnoses and to provide extensive educational services for "exceptional" children, and though the state promised special funding to support these services, the local school boards either ignored the statutory mandate altogether or expansively applied the statutory exemption for "ineducable" children. There was no state administrative agency with effective authority to override these judgments in order to implement the 1955 act.

PARC also sought state funding for special services from sources outside the decentralized, essentially unsympathetic educational bureaucracy. In 1966 the state legislature directed the state Department of Public Welfare to "assure within the State the availability and equitable provision of adequate mental health and mental retardation services for all persons who need them"; this act required each county to establish "Base Service Units" to provide direct and referral services.[15] PARC played a critical lobbying role in obtaining this act which was, at that time, probably the most expansive commitment for mental retardation and mental health services made by any state legislature. As with the 1955 education law, enactment did not mean effective implementation. But PARC organized task forces in each county to identify specific shortcomings and to press for implementation.

Though PARC's organizational attention and energies were focused on obtaining community-based services, the Association did have a Residential Services Committee. This Committee became particularly active in 1967 when Dennis Haggerty became its chairman. Three years earlier Haggerty had placed his retarded son in one of the state's residential institutions and was shocked at the abuse he suffered there; after nine months' residence, Haggerty moved his son to a private facility in Delaware. The experience prompted Haggerty to volunteer for service on this PARC committee; he found that most of the committee members had children living in state institutions and appeared to him reluctant to disturb their "friendly" relationship with the state administrators for fear that this would jeopardize their children's institutional treatment. Haggerty reports that, after the abuse his son had suffered, "their friendliness [with institutional administrators] destroyed me."[16] With his anger fired, Haggerty became chairman of the committee and reached beyond its membership to involve others in PARC with his concern about institutional conditions. Among other things, he led a special three-person subcommittee to investigate all nine of the state's residential institutions; this group concluded that Pennhurst was the worst of the lot.

At the 1968 PARC annual convention, Haggerty reported his findings and secured approval of a resolution urging the state to stop all new construction at Pennhurst until conditions in existing facilities were improved. During the next year, Haggerty sought to publicize the horror of Pennhurst, seizing on one parent's complaint to him about the unexplained death of her son there and carrying this complaint to legislators, community groups, and the press. Haggerty concluded that conditions at Pennhurst could not be improved by legislative or administrative action. At the 1969 PARC convention he presented a resolution, which was overwhelmingly approved, authorizing the association's Executive Committee to hire an attorney "for the filing of such legal action against the Department of Public Welfare as is necessary to either have it close Pennhurst or show just cause for its continuance."[17]

This resolution appeared to straddle the issue that, as we saw earlier, came to divide Winifred Halderman and David Ferleger— whether the proper remedy was to close or to improve Pennhurst. Haggerty subsequently recounts that he, at least, believed that Pennhurst could be improved, that its faults rested in the ineptitude of its administration, and that the call for closure in his resolution was an "empty threat." It seems most likely that the other leaders of PARC had not resolved this question for themselves in 1969. The community-service focus of PARC's prior activities was clearly informed by a belief that parents of retarded children were unnecessarily driven to institutional placements because of the absence of community alternatives. But this did not answer the question whether, as Judge Broderick ultimately found in 1977, large institutions could or should be wholly replaced; the 1969 resolution itself posed the question without answering it.

The 1969 resolution did not even answer the question whether litigation should be filed regarding conditions at Pennhurst. The resolution only specified that an attorney should be consulted and it gave discretion to the PARC Executive Committee regarding any action after obtaining this professional advice. The attorney ultimately did recommend litigation, but not directly involving Pennhurst, and the PARC leaders accepted this recommendation.

Thomas Gilhool was the attorney consulted by the PARC leaders. Gilhool had graduated from law school in 1964 and had practiced for two years with a large, well-established Philadelphia firm. In 1966 he moved to work for Philadelphia Community Legal Services where he dealt with housing and welfare rights issues, including one case which he successfully argued before the Supreme Court to strike down state residency requirements for welfare eligibility. In 1969 Gilhool returned to the private firm where the PARC leaders were referred to him on the basis of his work in the poverty law cases. The PARC leaders did not know, though they soon learned, that Gilhool shared their special concern because he had a younger retarded brother. (When Gilhool was fifteen and his brother was ten, their father died suddenly; the family was no longer able to keep the retarded son at home, as the family had previously done with only occasional access to public schools and other community services, and the boy was sent to live at Pennhurst.)

Gilhool prepared a memorandum outlining five possible options that he saw for litigation:

1. Multiple lawsuits presenting individual grievances on behalf of Pennhurst's residents.

2. State court action challenging, under state law, the capital expenditure plans at Pennhurst.

3. A federal court action challenging unpaid work performed by institution residents as wrongful involuntary servitude.

4. A federal challenge to the custodial purpose of the institution, on the ground that its residents have a constitutional right to treatment services.

5. A federal challenge to the exclusion of mentally retarded children from community-based public schools, which forces them into institutional residence, on the ground that such exclusion violates a constitutional right to education.

Gilhool recommended that PARC pursue the fifth option, the right to education suit. He suggested that lawsuits focusing on individuals' grievances would diffuse PARC's energies and would not reach the more fundamental systemic problems that create institutional abuse; that the capital expenditure issue was still being negotiated by PARC with state executive officials with considerable prospect for success without litigation; that an involuntary servitude suit might meet initial success but would probably only lead to more enforced idleness for the residents to replace the previous forced work programs; and that courts were likely to be unsympathetic to the constitutional "right to treatment" claim in mental retardation institutions. The PARC leaders agreed with this position and authorized Gilhool to prepare a "right to education" suit on behalf of the association.

PARC's leaders had come to Gilhool with an association resolution to consider litigation that would "close Pennhurst or show just cause for its continuance." This explicit focus on Pennhurst, or even on residential institutions generally, was displaced in the litigation actually pursued. There were good reasons for this strategic choice. In retrospect, Gilhool's advice against pursuing the first three options seems sound and unremarkable.[18] His advice against the "right to treatment" suit does, however, require some further exploration because this theory did achieve some measure of success in other jurisdictions notwithstanding Gilhool's prognosis.

Prospects for success of a right to treatment suit were not great in 1970. The only judicial precedents for this constitutional theory were in a few decisions of the District of Columbia Circuit Court of Appeals, a notoriously activist court in mental health matters with only a limited following in other federal judicial circuits; and even these decisions only addressed psychiatric treatment of persons involuntarily committed for criminal insanity.[19] The state-administered coercions that led mentally retarded people into residential institutions were much less overt, if provable at all, and retardation institutions were much less embellished with official state promises of "treatment" rather than "custodial confinement." Nonetheless, though perhaps surprisingly, this constitutional theory for mental retardation institutions was later endorsed by a number of federal judges, beginning with the 1972 Alabama decision (already noted) by Judge Johnson and leading ultimately to Judge Broderick's embrace of the theory in his 1977 *Pennhurst* opinion.

There is, however, one apparent, problematic implication of the "right to treatment" theory. It appears to invite the conclusion that institutional treatment is possible and that judges should ensure adequate allocation of resources to institutions for this purpose; this, at least, was Judge Johnson's stance when he first applied the theory to mental retardation institutions. This is not the only possible reading for the constitutional right to treatment; it can be used, as Judge Broderick ultimately found in 1977, to close institutions on the ground that the state's treatment obligation cannot be met in institutions. But making the argument was uphill work, steeply so in 1969 when Gilhool and the PARC leaders first met.[20]

Gilhool's advice was thus not inconsistent with the position of PARC leaders in 1969 or with the Association's resolution that brought them to him. The resolution did not mandate legal action to close Pennhurst, but it did envision this as one possible option to explore. Gilhool, in a 1973 interview, reconstructed his reasoning in this way:[21]

> My recommendation for education over treatment was based on three things: (1) The courts were at home with talk about "education," but not with talk about "treatment," and thus chances were better. (2) Education affected a larger number of people than treatment of those involuntarily in institutions. (3) Education in the community is a necessary condition of dismantling the institutions.

His third reason has special interest. "Dismantling the institutions" was not a realistic goal unless alternative community services were in place. Litigation to create those alternatives, as Gilhool recommended, was thus a plausible route for holding open a possible future option for litigation to dismantle institutions without necessarily foreclosing the option of improving institutional conditions. There was a cost to this recommendation: that the "right to education" suit would not directly focus judicial and public attention on the horrors of institutions like Pennhurst and, to that extent, the immediate sense of outrage that had impelled the Haggerty Committee's resolution was subordinated to a longer-range calculation of the prospects for ultimate litigative success. From the perspective of PARC's leadership, this was a reasonable calculation.

PARC's decision to file the right to education suit had another, more ironic implication. The lawsuit attacked the constitutionality of the state special education law that PARC itself had advocated. Indeed it had been the most active and perhaps most influential advocate before the Pennsylvania legislature in 1955. PARC's changed attitude toward this law was understandable, of course; the apparent promises of the law had not been fulfilled in practice. But PARC could have attacked this failure by complaining that local officials were misreading the act in excluding large numbers of retarded children from public schools and that state officials were remiss in policing that misconduct. This was not, however, the complaint that Gilhool drafted for PARC. Their suit alleged that no retarded person, no matter how severely impaired, should be excluded from public educational services. In 1955 PARC was prepared to accept a statute permitting the exclusion of children found by a "certificated . . . public school psychologist as being uneducable and untrainable in the public schools." The PARC lawsuit in 1970 attacked this exclusion as inherently unjust.[22]

Two things are notable in this: that PARC escalated its demands from partial to universal educational services between 1955 and 1970; and that PARC turned from a legislative to a litigative forum to present this escalated demand. PARC's President in 1970 offered this explanation for these decisions:[23]

> We had gone the route of the executive and the bureaucracy to no avail. Now we decided to go the court route. We had reached the

point where we believed that PARC should take a militant stance, vis-a-vis the state.

What precisely was it about the "court route" that seemed both attractive to PARC and more appropriate as an outlet for its newly felt militancy? PARC, to be sure, had not been satisfied with the actions of other governmental agencies. Nonetheless it had won some important legislative victories in 1955 and again in 1966; these victories were not adequately implemented, and that might be a basis for complaint to the judiciary. But note that PARC turned to the courts asking for more than implementation of a previously-won legislative directive. Why not return to the previously sympathetic legislature to complain about executive failures in implementing prior legislative acts and to demand increased benefits? In fact PARC did not wholly abandon this route and, in 1969, at the same time it was preparing to file the education suit, PARC persuaded the Governor and the Pennsylvania legislature to delete a $21 million item in the Governor's budget earmarked for new construction at Pennhurst, and explicitly to direct that this money be spent on construction or renovation of small-scale, community-based residences specifically for relocation of 900 Pennhurst residents. (In lobbying for this change, PARC secured the active support of Lieutenant Governor Raymond Broderick.)

There are, of course, many possible explanations for PARC's decision to litigate notwithstanding their continuing capacity to secure favorable legislative actions. The PARC leaders may simply have viewed litigation as no different from its other lobbying activities; from this perspective PARC might win new victories in court but in any event would lose little in the attempt. There is nonetheless a different "feel" to the process of litigation—a difference that seemed to influence the expectations of PARC leaders when they turned to litigation and that also distinctively shaped the kind of relief that PARC sought from the courts. This difference rests, on first impression at least, on a contrasting vocabulary in litigation of "rights" and in legislation of "privileges." The litigant demands "rights" which judges have no discretion to withhold; the legislative lobbyist requests "privileges" which legislators have discretion to grant or withhold. There is some irony, however, in this imagined contrast. Effective legislative lobbying invariably has an underlying threatening, even militant, tone; if legislators turn away from lobbyists' demands, so the argument goes, retaliation will be swift and sure at the next election. If this is the language of the supplicant asking for discretionary legislative dispensation of privilege, it is a *mafioso* version of requests made that cannot be refused. In court, by contrast, litigants may "demand" that judges have no choice but to recognize their "rights"; but there is no effective weaponry at litigants' disposal to enforce this demand against resistant life-tenured judges. If this is the language of the militant demanding what judges cannot refuse, it is more the helpless militancy of a Gandhi implicitly relying on his adversary's guilty conscience as his only truly effective weapon.

There is nonetheless an important reality to this imagined contrast between the litigative "rights" and the legislative "privilege" perspective which the PARC complaint illuminates. PARC, when it approached litigation, saw itself much more able to demand satisfaction on its own account, or its own self-determined interests, and much less encumbered by the necessity, so much more palpable in legislative forums, of constructing diverse coalitions with others. The "landmark" 1955 special education act, for example, was not limited to mentally retarded people; the act mandated enriched education for all "exceptional" students, explicitly including gifted as well as handicapped children. This conjunction was a price necessary for PARC to enlist adequately widespread legislative sympathy or, to use more militant language, to construct an effective retaliatory weapon against resistant legislators. Similarly the 1966 legislative commitment for "adequate services" explicitly applied to mental health as well as mental retardation needs. This conjunction also appeared to be a necessary precondition for sympathetic legislative attention, even though there was reason for PARC to fear that their special needs would be subordinated in implementation to their erstwhile allies' claims for mental health services.[24] In litigation, by contrast, PARC might speak wholly on its own account. Whatever the prospect for ultimate relief, at least PARC was guaranteed a hearing on that account, whereas in legislative settings the preliminary construction of a diverse, even diffuse, alliance of interests is frequently (as it had been for PARC) the necessary precondition of getting an attentive hearing from anybody in authority.

Litigation is more individualized than legislation in another important sense as well. The legislature is itself a diffuse, multimember body with a fleetingly episodic attention span; and when it acts, its directives are aimed at a diffuse, often highly decentralized, administrative bureaucracy. A court, by contrast, is typically and initially a single person—the judge—whose attention appears vulnerable to capture, simply for the asking, for sustained periods of time at trial. The judge may not be impressed by militantly demanding rhetoric; but the judge is obliged to listen and to respond. The legislature, on the other hand, is structurally biased toward turning a collective deaf ear to anyone's demands or supplications; and in the diffuse, impersonal executive bureaucracy no listening ear can be found. Thus even the structure of the litigative process invites complainants toward a more avowedly self-centered, demanding posture than the presentational structure of other institutions, simply because an individual litigant makes claims before an individual judge who is obliged to listen and to respond.

PARC filed its right to education complaint in January 1971. The central allegation of that complaint was that *all* mentally retarded persons are capable of benefitting from educational efforts. From this premise PARC argued that the provisions of the 1955 act permitting the exclusion of any person on grounds of "uneducability or untrainability" violated the Constitution. PARC presented this premise as a factual proposition and offered expert witnesses at trial to establish its empirical validation. The sweeping, absolutist character of this proposition makes it difficult to prove, however, as a matter of verifiable fact; in strict logic, the factual base for the proposition can be refuted by identifying one exception, one mentally retarded person who could not possibly benefit from any educational program no matter how expertly crafted.

PARC, moreover, was not bound to establish this allegation as a demonstrably factual truth in order to make out its constitutional argument. PARC might have argued that many more retarded children are in fact educable than local school boards found under the 1955 act, that local boards' discretion to exclude anyone is thus prone to wrongfully expansive application, and that the vital interests of mentally retarded people can be protected against this administrative tendency only by a prophylactic rule removing all discretion. From this perspective, PARC need not have proven that all retarded people are in fact educable but only that many are educable and that these people can be adequately identified only by acting as if all were educable. Alternatively, PARC might have argued that the educability of all mentally retarded people was not a proposition properly amenable to factual proof or disproof, that it was a proposition based on faith in the equal dignity of all human beings—a faith which was a bedrock moral premise in American society. In this sense, PARC might have argued that our institutions are obliged to act as if the proposition were true.

These two alternative arguments may have greater logical appeal than PARC's difficult argument that the educability of all mentally retarded people could be factually demonstrated. But these alternative arguments have disadvantages in rhetorical force—disadvantages that weigh particularly in litigative advocacy. The first alternative—portraying universal educability as a prophylactic rule to control possible abuse of administrative discretion—uncomfortably highlights the individualized discretionary aspect of all decisions regarding education of mentally retarded people. A judge might order the local school board to act as if all mentally retarded people were educable. But how can the judge order a specific teacher to act in this way; what is a teacher supposed to do with a person viewed as presumptively but not necessarily actually educable? How, that is, can a teacher actually teach without making the individualized judgment about educability that this proposed systems-wide prophylactic rule purports to exclude? If PARC had presented the universal educability proposition as a prophylactic rule, this would have accentuated the divergences between its possible plausibility in a systems-wide aggregative context and its apparent unsuitability as a guide without exception for every individual's conduct in that system.

This same uncomfortable divergence between the aggregative and individualized perspectives would be highlighted if PARC had presented universal educability as a moral imperative without regard to its factual attainability. If conceived as a moral imperative, how or on what basis does one limit the effort required to implement universal educability in practice? How much effort must be expended on each individual case for the moral imperative to be satisfied? What if a specific individual appears to respond to nothing; must more be done, and endlessly so? And what is the goal, when has "adequate educability" been reached for any given individual? There are uncomfortable systems-wide aggregative implications in these questions regarding inevitable, though presumably impermissible, tradeoffs between training a profoundly mentally retarded person for minimal self-care skills and training an intellectually gifted person in higher calculus. There are uncomfortable aggregative implications that will inevitably afflict each teacher of a profoundly retarded person—"how much capacity do I have for expenditure of personal effort without seeing any benefit from that effort?" These troubling questions appear whenever one shifts from the perspective of the person who demands satisfaction for his perceived need to the person from whom satisfaction is demanded—whenever, that is, one shifts from an individual to an aggregative perspective.

By claiming "rights," by the very act of entering the litigative forum, PARC meant to assert that this shift in perspective was inappropriate, that mentally retarded people always have lost and always will lose too much if this shift is permitted. But PARC did not want to argue this assertion alone. PARC wanted to argue that the perspectival shift was not simply inappropriate but also unnecessary: that there was a potential congruence between the educational needs of mentally retarded people and the social and personal resources actually available to meet those needs.

Five years later, after PARC had joined the suit against Pennhurst initially filed by Ferleger, this same presentational strategy was adopted. PARC proposed to remedy Pennhurst's wrongs by closing it and moving all its residents to small-scale, community-based facilities; PARC argued that all Pennhurst residents, without exception, would be better served in such facilities than in any conceivably improved Pennhurst. PARC presented this as a factual proposition verifiable by its expert witnesses. PARC alternatively could have offered to justify the Pennhurst closure remedy as a prophylactic administrative rule or as a moral imperative; PARC did not make this offer, and as we will explore in the *Pennhurst* trial, either such justification would have highlighted the same uncomfortable implications we have seen in PARC's right to education suit.

For the moment, however, I want to focus on one particular difference between PARC's right to education suit and the later *Pennhurst* suit. In *Pennhurst* Judge Broderick agreed with PARC's remedial conclusion and with its portrayal of the factually proven basis for that conclusion. The judges in PARC's education suit—a three-judge panel that included Judge Broderick—did not decide whether PARC had fully made its case. This was because the defendant state officials accepted PARC's position after the lawsuit had been filed and one day of testimony had been presented.[25] Thus, unlike *Pennhurst*, PARC and the state defendants came to an agreed settlement of their initial dispute; they found common ground between them for providing help to retarded children. By 1976, when PARC had joined the *Pennhurst* suit and had demanded the complete closure of the institution, this sense of common purpose had considerably eroded; following Judge Broderick's order, this sense virtually disappeared. The relation between PARC and the state defendants thus followed the same progression in the interval between these two lawsuits that we have already seen between Mrs. Halderman and Ferleger.

In the initial PARC-state settlement of the right to education suit, there were some small harbingers of future conflict. Their proposed agreement was submitted to the three-judge court and was challenged by one school district and by representatives of private mental retardation facilities. But the judges were palpably impressed, in rejecting these challenges, by the fact that state officials and most local school district officials participating as defendants in the suit had reached agreement with PARC. How, then, did this agreement emerge? And what was different by the time of the *Pennhurst* suit?

In 1971, at the outset of the education suit, it was not at all clear that the defendants intended to settle the case. At the first procedural stage, the state's attorney argued that the constitutional challenge raised by PARC to the 1955 law was so insubstantial that a three-judge court was not required to dispose of the matter. The district judge overruled this objection and did convene the larger panel.[26] It may be that the state's initial opposition to PARC's case was simply a reflex adversarial posture common to most initial sparring over litigation, at least where state officials are defendants. Even though PARC's complaint was directed at the state Department of Education and local school officials, the state's defense was conducted by the Attorney General's office which had no substantial prior involvement in or concern for special education. The Attorney General is concerned with defending all state agencies; and the most plausible posture for such an officer, at least in the initial stages of any litigation, is to oppose every complaint.

The Governor and some other state officials with more direct substantive responsibility, on the other hand, preferred to see themselves as PARC's allies rather than its adversaries. The state director of special education portrayed himself in this way in a keynote address to the 1969 annual convention of the Pennsylvania Federation Council for Exceptional Children, just a few months after PARC passed its litigation resolution.[27] And in May 1970, just six months before PARC filed its education suit, Governor Shafer issued a policy statement proclaiming that "Pennsylvania needs . . . a complete redirection of its services to the mentally retarded during the 1970s" toward community-based and away from institutional services; PARC praised this statement and, indeed, had worked with the Governor's office in drafting it.[28]

When PARC filed its suit in January 1971, a new governor had been elected; during his campaign Governor-elect Shapp had spoken of his concern for mentally retarded people and for community-based services, though he appeared no more sympathetically committed than his Republican predecessor or than Lieutenant-Governor Broderick, his opponent. Nonetheless, because the governorship had changed party affiliation, it was possible to portray the PARC suit as directed against the wrongs of a past administration; the education suit was filed before Shapp's inauguration to convey this implication. Whatever the explanation for the initial opposition of the state Attorney General to the merits of PARC's suit, the state's attitude toward the litigation shifted some time after the District Judge had ordered the convening of a three-judge court.

In its opinion approving the proposed consent decree and overriding the objections of the one local and few private school dissenters, the Court noted that a hearing had been conducted at which "four eminent experts in the field of education of retarded children" had testified. These experts were all called by PARC and each testified that all mentally retarded people were in fact educable; the state called no expert to challenge this testimony and the dissenting school officials who opposed the consent decree did not allege that there were experts available who might have been called. The court thus concluded, in response to the dissenters' allegation that the lawsuit was infected by collusion between PARC and the state:[29]

> Far from an indication of collusion . . . the Commonwealth's willingness to settle this dispute reflects an intelligent response to overwhelming evidence against their position.

Collusion, with its pejorative conspiratorial implication, is surely not the right word to explain how this amicable settlement emerged from the lawsuit. PARC and the state governor did, however, come to the lawsuit with less deep-rooted adversarial differences and with greater prospects for finding some common ground than the differences and prospects that existed between PARC and local school officials. As noted, both Governor Shapp and his Republican predecessor had at various times explicitly endorsed PARC's general policy of favoring increased community services for mental retardation. This does not mean that PARC and the governors had agreed on the proper means for implementing this policy; but the differences between them and PARC in the education suit were directed more toward strategic questions of implementation than toward prior questions of the goal for policy. Local school officials were less likely to share the governors' preferences for community-based services simply because they would be directly responsible for providing those services. And even if local officials were convinced of the propriety of this basic goal, they would be more likely to see the obstacles to successful implementation. The governor's office, by contrast, would be more likely to view this local resistance as itself an obstacle, as thoughtless negativism. The governor's office would be more likely to give credence to the testimony of expert witnesses, such as those assembled by PARC for the trial, than local officials who saw themselves tied to intractable implementation problems after the experts had gone home to their academic perches and the governor had turned his attention to other matters.

These different perspectives could have existed before PARC filed its lawsuit. But the simple fact that the lawsuit was filed could itself alter the effective predominance of these conflicting perspectives between the governor's office and local officials. Before filing its suit, PARC might present its demands to state and local officials for public educational services along with its experts to support the feasibility of meeting those demands; but state officials could point to the absence of their effective bureaucratic control over local programs and local officials might simply assert that the task was impossible no matter what PARC or its experts said. The lawsuit first of all holds out the prospect to the governor's office of some increased capacity for centralized control over local officials if the state could have its authority amplified with the force of a court order. Indeed, the bureaucracy of the state education department might welcome this increased capacity less than the governor, and the litigation in itself might give the governor increased leverage over this state bureaucracy to move it towards asserting this control.

But even this speculation implies a more conspiratorial motive than in fact existed. If we simply assume that the governor and some other state defendants tended more than the local defendants to believe in the propriety and feasibility of meeting PARC's demands for public educational services, the presentation of PARC's demands in a lawsuit itself magnified the effective force of the more forthcoming posture. If state defendants are prepared to reveal this difference in attitudes in the public forum of the litigation, both the state and local defendants know that judges' sympathy will be moved more toward the plaintiffs' demands than if state and local defendants presented a united opposition. Local defendants might thus be persuaded to move closer to the state defendants' views if only to forestall the prospect that judges will take their differences as a justification for embracing even the more extensive demands of the plaintiff. The simple fact that PARC filed its lawsuit might thus have had the effect of revealing—and, more importantly, of widening—pre-existing differences in perspective between state and local defendants so that state defendants moved closer to PARC's perspective and pulled local defendants along with them.

Litigation can work in this way; it does not invariably do so. The first PARC suit to establish a right to education did work, quickly and stirringly, to an affirmation of common interests on all sides in working to help mentally retarded people; the second PARC suit, to establish a right to community residence and to close Pennhurst, did not work in this way. The initial preconditions for the two suits appeared the same. In both cases, state defendants had been outspoken in previous public support for the propriety and feasibility of PARC's goal; in both cases, local officials charged with day-to-day implementation of that goal were much more resistant and state bureaucratic authority over local officials was remote and diffuse, if not wholly illusory. But in the *Pennhurst* case, state defendants refused to reach agreement with the plaintiffs, the judge was required to dictate a resolution to the controversy, and in the wake of that dictation, the differences between plaintiffs and the state defendants progressively widened with increasingly bitter recriminations between them on all issues, including the question of whose perspective was most likely to benefit mentally retarded people. This was step for step virtually the reverse of the dynamic that unfolded in the first PARC suit. In effect, the second lawsuit worked to widen the differences in perspective between PARC and the state defendants and to push both local and state defendants together in adamant opposition, even more than local defendants had made explicit before the litigation was filed.

The differential attitude among state officials toward the two cases might be ascribed to the fact that Pennhurst was wholly state-run while local officials had predominant authority over education so that state officials had no prior stake in defending past educational policies while they had a strong commitment to defend Pennhurst. There is some plausibility to this explanation. Nonetheless, it is always possible and often tempting for state officials located far up in the bureaucratic hierarchy and far away in the state capitol to disavow those directly responsible for the administration of a particular state institution. Disavowal is particularly tempting if the institution appears badly administered, a source of considerable embarrassment, as Pennhurst surely appeared during the course of the trial proceedings.

I believe, though I cannot prove it, that a deeper concern lay behind the unwillingness of state officials to disavow Pennhurst and to make common cause with the complaining litigants. I believe that the concern can be deduced from one simple fact—that the amicably-settled education suit came first and the bitterly-fought Pennhurst suit came second. The education suit brought both state and local officials into unaccustomed immersion in efforts to meet the needs of mentally retarded people; state officials approached the enterprise with greater enthusiasm than local officials but both became immersed. As a result of this immersion itself, the initial sense of common purpose between PARC and state officials progressively eroded. Implementation difficulties were encountered, persistent bickering about the meaning of the original Consent Agreement emerged, the imagined prospects for a happy marriage appeared to dissolve with the bitter aftertaste of morning coffee.[30]

We can understand the unfolding and significance of this process most vividly by moving away from Pennsylvania for a moment to examine this same occurrence in two states, New York and Alabama, where the initial litigative encounter between state officials and retardation rights advocates involved residential institutions. In these lawsuits, state officials saw the prospect of court-ordered reform as a potentially desirable weapon by which they might increase their actual control over residential institutions' policies and funding even though state officials already had formal bureaucratic hierarchical authority over these institutions. Thus in the *Willowbrook* case— *New York State Association for Retarded Citizens v. Rockefeller*— state officials and the plaintiffs reached agreement in 1975 to implement extensive reforms, including a dramatic reduction of that institution's residential population. By 1977, when Judge Broderick first ruled in *Pennhurst*, this sense of common purpose between the New York ARC and state officials had been attenuated but nonetheless still appeared essentially intact. But by 1981, the apparent common purpose between the New York ARC and state officials had virtually dissolved. Their mutual immersion in the effort to meet the needs of mentally retarded people had played itself out—from initial hope to ultimate divergence—wholly in the context of *Willowbrook* whereas in Pennsylvania the erosion of optimism and communal purpose first occurred in the context of the education suit though this fact only became clear in the *Pennhurst* suit.[31]

This same pattern is apparent in the original Alabama "right to treatment" suit that came before Judge Johnson in 1971. The governor, George Wallace, and the state attorney general adamantly opposed any judicial role in their institution; Governor Wallace had had his fill of federal judicial intervention generally, and of Frank Johnson specifically, in other contexts before this lawsuit, of course. But the state officials directly charged with mental retardation policy covertly welcomed that role and, following Johnson's initial finding of liability, worked quickly to agree with the plaintiffs in fashioning a remedial order that the judge then approved. Nonetheless by 1979 Alabama state retardation officials had also come to abandon their initial sense of common enterprise with the plaintiffs, and they sought to back away from their initial consensual commitments regarding services for mentally retarded people.[32]

By the late 1970s, state officials may simply have been responding to rightward shifts in public opinion away from sympathy toward welfare entitlements. But it is equally plausible that the state officials themselves lost sympathy with plaintiffs demanding the rights of mentally retarded people to better treatment. Between the palmy days, 1971 through 1975, and the more contentious later time, I believe that state officials progressively came to the conclusion that these demands could not be satisfied. Officials partly based this conclusion on the active resistance or leaden inertia they had encountered among apparently necessary allies: residents of communities where deinstitutionalized mentally retarded people might find homes; direct-service providers who could not or would not create acceptable community or institution-based programs; parents of mentally retarded people who had not taken active roles in the litigation.[33]

This resistance might have signified for these officials that unforeseen practical impediments had blocked implementation of policy that was nonetheless soundly conceived. But the resistance was used to deduce a more fundamental lesson; it led officials much more toward the conclusion that the mutually agreed enterprise was hopeless from the beginning, that it was wrong as a matter of principle. This was not because practical problems obstructed the defendant officials' capacity to meet the plaintiffs' demands; it was because those demands now appeared so "unrealistic," so "excessive," so "extremist" and "doctrinaire" that those demands did not deserve to be met.[34] It was because the defendant officials in these cases progressively came to see plaintiffs' demands as beyond the realm of any conceivable satisfaction, as inherently insatiable.

Once plaintiffs' demands become seen in this light, resistance to them becomes more than a practical imperative. An insatiable demand on another person's resources necessarily implies that satisfying this demand will leave that person with nothing left for himself. Resistance becomes transformed into a matter of principle to protect a sense of intactness, of personal integrity against ceaselessly assaultive demands. State defendants can articulate this principle in large-scale aggregative terms—that plaintiffs' demands on scarce social resources were both endlessly expansive and necessarily inconsistent with other citizens' legitimate claims on those same resources. This calculus also reflects the smaller-scale reasoning that leads many parents of retarded children to choose institutional residence for them—that these childrens' needs and demands, however legitimate from their particular perspectives, are so difficult and even impossible to satisfy that parents are left with nothing for their other children or their spouses or themselves. This reasoning forms the core of the concern that Justice Holmes' expressed in hyperbolic terms in *Buck* v. *Bell*—the concern "to prevent our being swamped with incompetence."

Of course it is easy to overstate this concern, as Justice Holmes did, and equally easy to meet even the barest hint of needy "incompetence" with brutal regression, as did the sterilization statutes that Holmes approved. As readily as this tendency toward globalized resistance and retaliation can gather force, the impulse toward endlessly expanding demands by needy people can also assume its own momentum. An escalating dynamic is thus unleashed which drives people further and further apart, into bitterly adversarial accusations and recriminations.

This escalating dynamic is fed by structural and substantive presuppositions of litigation. By moving from legislative lobbying into litigation in Pennsylvania, PARC freed itself to speak with its own voice. That very freedom permitted PARC to frame its claims without regard to constraints imposed by others' conflicting interests. A structural assumption of litigation invited this freedom—the assumption that any truly opposed interests will come forward in adversarial confrontation, so that an individual claimant is not obliged to dampen his deeply felt needs and may even be led to overstate them for adversarial rhetorical effect. The temptation toward a posture of insatiability also comes from an underlying substantive presupposition of litigation—that "rights" rather than "wishes" or "interests" or "needs" are its basic subject-matter, and that "rights" are all-purpose trump cards over hierarchically inferior claims, no matter how intensely threatened or competitively needy these lower claimants may feel.

When this litigative ethos predisposing claimants to make apparently limitless demands is added to special aspects of mental retardation, the impulse toward insatiability—in plaintiffs' demands, or perhaps only in defendants' perceptions of those demands—is increased exponentially. Consider the accepted professional characterization of mental retardation: an organically-based developmental disability that can never be cured even though its intellectual and behavioral deficits can be compensated, often substantially so, by educational efforts.[35] In this professional formulation, there is no stopping point for educational efforts; "cure" is not possible, only compensatory work is possible that aims toward, but never attains this goal. Thus the behavioral professionals have posited goals of "normalization" but not "normality," goals of residence in "the least restrictive alternative possible" but not "freedom" for mentally retarded people. If normality or freedom, as these concepts are conventionally used, were within reach for a particular individual, then by definition that individual would not be mentally retarded. By contrast, physical medicine and even mental health practice posits complete "cure" as the goal for its patients—a goal, though not always attainable, that has in principle an in-built limit, a time when the patient is no longer ill, when he is returned to the status of whole person rather than disabled, diminished person.[36]

Traditional litigation has implicitly relied on a functionally similar conception of "cure"—a time when the plaintiff's claims are satisfied, when his rights are secure because he is free from the wrongful constraints imposed on those rights by defendants. The idea that "rights-satisfied freedom" must be an attainable goal for a complaining litigant has traditionally served to provide rough conceptual boundaries for the otherwise limitless trump card of "rights." Thus courts have been reluctant to take jurisdiction over many different kinds of continuing disputatious relationships among potential litigants—spousal disputes, for example, where the parties remain living together or family disputes between parents and children or contract disputes where one party demands continuing performance from another or disputes between warden and prisoner during the term of imprisonment. This traditional boundary has been significantly eroded in practice; and that erosion has recently come into full vision, as an exception that virtually transforms the rule, in institutional litigation involving school desegregation, prisons, and mental health and retardation facilities like Pennhurst. In these institutional cases, it is much more difficult (or even impossible) to imagine the litigants free from one another; and it is correspondingly more difficult (or impossible) to set limits on the "rights" that one party claims over the other, or to set limits on the extensiveness of judicial intervention apparently required to protect those "rights."[37]

Of all this institutional litigation, mental retardation institutions press this conceptual problem most dramatically. School children, after all, do finally graduate; prisoners' terms are finally ended; mentally ill people can be cured. Or so it seems. Mental retardation is, however, an endless condition for each affected individual and retardation thus implies (more powerfully than these other statuses) an endless need for others' protection and needs-serving, rather than needs-satisfying, involvement. Thus mental retardation as such appears to imply insatiable neediness; thus a claim of "right" which does not rest on a conception of "freedom" or disengagement between plaintiff and defendant appears to imply an insatiable demand. Litigation about mental retardation is, conceptually as well as practically, a double dose of trouble. Litigation about institutions for mental retardation is more than a double dose.

In principle, this conceptual problem is implicit in any litigative demand for improved institutional conditions since it can always be argued that a huge, if not limitless, amount of resources would be required to assure any improvement. In practice this implication has been sidestepped by some degree of modesty in the remedies demanded by many of the litigants. The first stages of the Pennhurst litigation had this kind of (relatively) modest appearance. Ferleger's initial complaint specifically demanded monetary damages for particular harmed plaintiffs; it spoke only vaguely about other possible institutional improvements that the court might see fit to impose. Even PARC's first motion to intervene as a party plaintiff, filed in June 1975, had a similarly modest face. Though this motion alleged the superior virtues of community residence more prominently than Ferleger's original complaint, PARC did not explicitly call for the closure of Pennhurst but only hinted at this goal by advocating a remedial scheme for case-by-case application of a community-placement presumption for each Pennhurst resident.

In January 1976, however, PARC submitted an amended complaint which cast aside this modest face and explicitly argued that Pennhurst, as a "large, segregated, isolated total institution," was intrinsically unsuited for any residential placement and accordingly that Pennhurst should be wholly replaced by small-scale community residences for all mentally retarded people. Two months later David Ferleger submitted an amended complaint on behalf of his clients that called for the identical relief now sought by PARC. Whatever the merits of this boldly conceived remedy (and however soundly PARC might argue that this remedy was actually less expensive than continued maintenance of Pennhurst), nonetheless this remedy seemed to present immeasurable, even potentially limitless, demands on many people's resources (financial and emotional) simply because this remedy represented such a sharp, unaccustomed break with past practice.

Attorneys who appeared at later post-trial stages on behalf of parents opposed to Pennhurst's closure argued that PARC's amended complaint was a crucial and regrettable turning-point in the litigation and implied that the plaintiffs should have restricted themselves to the original remedy of institutional improvements. There are three ways to evaluate this retrospective critique of the closure remedy: from the perspective of tactics, of representational integrity, and of ultimate merits. I want to postpone consideration of merits until we reach the trial itself. As to tactics, it may be that a more modest remedy stressing institutional improvements even with an avowed bias toward community placement in "most" or in "all" cases would have laid a foundation for litigative agreement among the immediately affected parties and a consent decree in the manner of PARC's original right to education suit. The strains of the imagined alliance forged in that original suit were already visible, however; a consent decree might have also been reached in *Pennhurst* for a more modest-appearing remedy than envisioned by PARC's amended complaint, but I believe such a decree would have papered over increasing divergences that would almost inevitably have led to the same resistance to any institutional change that has in fact occurred since Judge Broderick's decision.

No firm retrospective judgment is possible, of course. Some confirmation for my skepticism, however, can be drawn from the Alabama case, already noted, where institutional improvement rather than community placement was virtually the exclusive focus of the agreed remedy, but where nonetheless the state took a progressively more resistant stance between 1972 and 1979 regarding implementation. More direct confirmation can be seen in Pennsylvania from another lawsuit challenging financial guardianship practices of the state mental health and retardation institutions which was finally concluded in mid-1978, just after Judge Broderick had entered his remedial order in *Pennhurst*. In this suit, a three-judge court in 1974 constitutionally invalidated the state's policies for handling institutionalized persons' funds; state officials then agreed, in 1975, to a remedial scheme.[38] A year later, in response to contempt proceedings for the state's refusal to comply with this scheme, the state sought to repudiate the agreement on the ground that the Department of Welfare general counsel had no authority to sign the 1975 agreement. After the court rebuffed this motion, the state Department in 1977 notified the federal government that it would no longer act as custodian for any Social Security disability funds due to institutionalized persons; this effectively meant that all such funds would be lost to these persons. The federal court ordered the state Department to abandon this threat. Prolonged negotiations ensued among the various parties and the presiding judge of the three-judge court which led finally to a new remedial agreement in 1978. Throughout this time Pennsylvania officials resisted the plaintiffs' claims and the federal court's embrace of those claims in multiple ways, large and small. The presiding judge, in writing his opinion approving the final 1978 agreement, observed that when the court had first acted four years before,[39]

> we were aware . . . that compliance . . . would be a major undertaking that could not be accomplished in a brief period of time. In our worst nightmares, however, we could not have foreseen the problems which in slow but steady temporal sequence arose and approached Olympian heights.

(It is worth noting that, although this suit was originally filed by Philadelphia Community Legal Services attorneys, the *Pennhurst* attorneys also found their way into this suit: Ferleger joined the plaintiffs' attorneys to represent a client institutionalized for "criminal insanity," Gilhool intervened on behalf of PARC seeking unsuccessfully to challenge the 1978 agreement on the ground that it unfairly disregarded the interests of institutionalized mentally retarded people, and the state was represented by two attorneys who also conducted the defense of Pennhurst.)

The state's increasing intransigence, so patent in this financial guardianship litigation, was also becoming apparent by mid-1974 to PARC leaders in the context of their attempts to implement the right to education decree. This was a substantial reason that led them to conclude that the more radical-seeming remedy of closure was the best way, and perhaps the only way, to accomplish their long-standing organizational goal to create an adequate network of community facilities for those families who wanted to avoid ultimate institutional placement for their retarded children. PARC leaders had been unwilling to file their own institutional lawsuit before 1974, when Mrs. Halderman and Ferleger took their independent action. But PARC nonetheless pursued administrative remedies for institutional abuses with increasing vigor.

During this time, PARC was pressed particularly by leaders of its Pittsburgh-based Allegheny County chapter to take a more aggressive litigative stance regarding institutional conditions. The president of this chapter was Virginia Thornburgh whose husband, Richard, was then United States Attorney for the Western District of Pennsylvania; through his channels, Mrs. Thornburgh made contact with Justice Department officials who dispatched FBI agents to the state in 1973 to investigate allegations of institutional abuse. The county chapter also worked with local Legal Services attorneys and court personnel to avert the court commitment of any retarded persons to institutions. One such case resulted in a trial court opinion explicitly citing Mrs. Thornburgh's testimony and refusing to commit a retarded child to a state institution on the basis of a "right to treatment" found in the 1966 state law and the United States Constitution.[40]

PARC's reluctance to initiate its own lawsuit during this time apparently stemmed from the fact that the organization continued to place highest priority on creating community services and did not believe that a direct litigative assault on institutions could serve this goal more effectively or even as effectively as the indirect attack implicit in the right to education suit. This was the legal advice that Gilhool had originally presented to the PARC leaders in 1969, and they continued to hear this same advice from other lawyers between 1972 and 1974. They did not hear this from Gilhool at this time, however, since he had left Philadelphia to take a teaching position at the University of Southern California Law School. In early 1975, Gilhool decided that he wanted to return to Philadelphia to engage in public interest law representation. He contacted PARC leaders and obtained a financial commitment which, with state-administered federal matching funds, secured a substantial portion of the money necessary to launch the Public Interest Law Center of Philadelphia which Gilhool returned to head in the fall of 1975.

During this time PARC leaders were deliberating whether and in what way to participate in the *Pennhurst* case. They were unhappy with the absence of attention in Ferleger's original complaint to the community placement alternative and with its apparent focus on damages liability even more than on institutional improvements. Gilhool participated at long-distance in PARC's deliberations but he was not satisfied with the modesty of the remedy sought in their June 1975 intervention motion. Richard Bazelon, a 1968 graduate of the University of Pennsylvania Law School practicing with the large private firm where Gilhool had previously worked, was PARC's principal legal advisor on institutional litigation during these years; he counseled caution throughout this time and took the lead in drafting the June 1975 intervention motion. (Bazelon's father was then Chief Judge of the District of Columbia Circuit Court of Appeals and the author of that court's leading institutional "right to treatment" opinion as well as many other significant opinions in mental health matters.)

When Gilhool returned to Philadelphia to take up the representation of PARC, he urged them to seek the bolder remedy of complete institutional replacement. He argued that the case-by-case adjudications advocated in their original intervention motion would repeat the unsatisfactory experience of the same administrative process in the right to education decree, that the systemic resistance to community placement would remain untouched, and the bureaucrats presiding over the individual adjudications would passively accept these constraints. PARC leaders were receptive, from their own repeated experience, to this critique of the right to education implementation process. Moved by Gilhool's optimism that he could persuade Judge Broderick to embrace this more ambitious remedy, they readily agreed. (It is not clear whether Gilhool then persuaded Ferleger to join this course or whether Ferleger jumped at this strategic opportunity that he had hoped to grasp from the beginning; in any case, Ferleger filed an amended complaint, on behalf of his clients, seeking Pennhurst's closure two months after PARC filed its similar amendment.)

On the face of it, this decision by PARC leaders obviously excluded the interests of parents who might want to retain an active option between community and institutional placement for their children. There were some such parents who were members of PARC and had expressed this viewpoint at recent annual conventions; these parents were, however, an apparent minority within the organization. And PARC leaders had by now come to the conclusion that unless they could break the social and bureaucratic inertia that kept these institutions open for anyone, they could not create the necessary impetus for the difficult task of establishing a network of community residences that would give an effective choice to those parents who wanted this option. This reasoning would disserve those parents who were content to have no choice except for institutional placement. But PARC leaders were prepared to argue these different positions: that no such parents existed or that such parents could ultimately be persuaded to want this community-residence choice that PARC wanted for them or, in any event, that any parent's willingness to institutionalize his child was necessarily contrary to the interests of that child and should thus be disregarded.

This PARC position has an obvious irony in it: that institutions must be closed and the option of parents of retarded people for institutional residence must thus be closed off in order to assure anyone's adequate choice for community residence. But this irony does not demonstrate that PARC's argument is wrong or that the closure remedy was not the best or only way to pursue PARC's consistently-held position favoring community residence for retarded people. The irony only demonstrates that hard choices among radically different perspectives were required in the course of the *Pennhurst* litigation and that no all-inclusive aggregative consensus could be found among all conceivably interested parties in order to resolve these choices.

The United States: Justice vs. Health, Education and Welfare

The ordinary expectation in litigation is that the parties disagree but that each has a unified position against the other. Litigation such as *Pennhurst* calls this expectation into question in various ways because each party is not a single individual but is an aggregation of individuals with at least potentially conflicting perspectives: parents speaking for their children, PARC speaking for its members. The United States government also participated in this litigation as a party plaintiff; it purported to speak with a single voice but the bureaucratic structure of the government's decisionmaking processes tended to forestall the exploration of any conflicting perspectives within it.

The government was represented in the litigation by the Department of Justice and, more specifically, by attorneys within the Civil Rights Division of the Department. These were not, however, the only government officials with an interest in Pennhurst or retardation institutions generally. Officials of the Department of Health, Education and Welfare (as that cabinet agency was then known) were also interested because of their statutory obligation to disburse and oversee the use of federal funds in such institutions. But HEW officials neither concurred nor dissented regarding the government's litigation decisions in Pennhurst; they were apparently never even consulted. The decisions were made wholly within the Justice Department's Civil Rights Division.

This Division was established by congressional act in 1957 as a cornerstone of the first civil rights act passed since the Civil War Reconstruction days.[41] The 1957 act was Congress' first formal response to the Supreme Court's decision in *Brown* v. *Board of Education*— if not congressional approval of that decision, it was at least a tentative endorsement of the proposition that individual rights of blacks now warranted some special protective advocacy before the courts by an agency of the United States government. The first link between individual rights of mentally disabled people and the Division's mission regarding rights of blacks was forged by Judge Frank Johnson in the Alabama right to treatment case. Judge Johnson and the Civil Rights Division knew one another well from many Alabama desegregation suits in the 1960s. In 1971, when he issued his initial ruling that the Constitution guaranteed treatment rights to involuntarily confined mentally ill people and that the Alabama mental institutions violated those rights, Johnson ended his opinion by in effect directing the Department of Justice to participate as amicus—friend of the court—in further remedial proceedings.

This amicus role was the Civil Rights Division's first involvement in mental health institutional litigation. Other officials in the Justice Department had earlier experience with such litigation in the District of Columbia; but the United States Attorney for the District, acting without any special interest expressed by his bureaucratic superiors in the Department, had essentially taken the same reflexively defensive position that the Pennsylvania Attorney General's office had assumed in the first litigative maneuvers in PARC's right to education suit. The bureaucratic effect of Judge Johnson's directive was to involve other departmental actors more likely to sympathize with the plaintiffs' individual rights perspective, and more powerfully placed within the Department, than these earlier-involved officials.

Johnson's directive was not, however, solely addressed to the Department of Justice; he also spoke explicitly to the Department of Health, Education and Welfare. His specific language is worth quoting, both for the subtle sense of the bureaucratic maze it conveys and for the apparent ambition that the judge's words reveal:[42]

> It is . . . ordered that the United States of America, acting through the United States Department of Justice and other appropriate officials such as the officials of the United States Department of Health, Education and Welfare, be and it is hereby requested and invited to appear in this cause as amicus for the purpose of assisting this Court in evaluating the treatment programs at the Bryce Hospital facility and in assisting the defendants in meeting the subjective standards of [HEW] as said standards pertain to adequate treatment, personnel, space, equipment and facilities. [HEW] and the United States Public Health Service are also requested and invited to participate, through the United States Department of Justice, as amicus, in order to assist the defendants in qualifying for Social Security benefits for the approximately 1,500 to 1,600 geriatric patients who are presently housed at Bryce Hospital for custodial purposes. This invitation to these agencies is also for the purpose of rendering assistance to the defendants in formulating and implementing a feasible plan that will benefit each of these geriatric patients by his or her becoming appropriately situated in some type facility other than a facility for the treatment of the mentally ill.

Judge Johnson's hope shines through these words that federal resources could be found to remedy the individual indignities that he had found—that the resources of the federal government could be one key to establishing a satisfactory relationship between individual and aggregative perspectives in the operations of state mental health residential institutions. The judge in effect thrust Civil Rights Division attorneys into a special role—to pursue the metaphor, into a locksmith's role—in carrying out this ambition.

Whatever Judge Johnson's ultimate satisfaction at the outcome of this forced collaboration, the attorneys in the Civil Rights Division were not happy with the performance of HEW officials in answering

Johnson's directive. These attorneys found HEW slow to respond and unimaginative, even negative and apparently hostile, when it finally did respond. From this first effort instigated by Judge Johnson, Civil Rights Division attorneys drew two lessons: first, that individual rights of mentally disabled persons were a proper focus of advocacy efforts by the Justice Department; and second, that HEW was not a useful ally in these efforts. The Division applied these lessons by creating a new Office of Institutions and Facilities within the Division with special responsibility for such litigative advocacy and by implicitly adopting operating procedures for this Office that did not require or even actively invite HEW participation in litigation decisions.

By this operating procedure, the Justice Department was able to reverse the bureaucratic inertial force of HEW's apparent negativism in these matters. Because Justice had an adequate claim to speak on behalf of the United States government in litigation, HEW officials would have to mount an active campaign within the government—and even ultimately at Cabinet or immediate sub-Cabinet levels—to reverse a position that the Justice Department had resolved to take on behalf of individual rights in mental health institutional litigation. In effect, the very creation of the Office of Institutions and Facilities in the Civil Rights Division, with its cadre of attorneys dedicated to individual rights advocacy, gave a new bureaucratic advantage to this perspective within the United States government.

The creation of this Office, and the ensuring active commitment of the Department to support institutional litigation, did not work toward a unified position within the United States government regarding institutions for mental illness or retardation; if anything, this office served to fracture the unified position that had resulted from HEW's previously exclusive attention within the federal government to these matters. The creation of the Office did not in itself have this effect; rather, the forum provided by federal court litigation greatly amplified the voice of this Office, and the individual rights perspective it represented, within the federal government. This amplification might have led to the formulation of a new unified government-wide policy, but this did not in fact occur. Aside from the momentary unity between Justice and HEW attained in drafting proposed remedial standards in the Alabama case, which resulted from Judge Johnson's forced collaboration, the United States spoke with virtually the single voice and perspective of the Department of Justice (and, most especially, of the Civil Rights Division within that Department) when it appeared in subsequent institutional litigation.

Pennhurst was the thirteenth institutional lawsuit entered by the United States following its Alabama initiation. During the interim, the government had appeared as litigating amicus (that is, with authority to present evidence, call witnesses, and cross-examine others' witnesses) in three cases, including the New York *Willowbrook* case; it had intervened as plaintiff in four cases initiated by others to challenge conditions in mental health or retardation residential institutions; it had initiated litigation as plaintiff to challenge conditions in mental retardation institutions in Maryland and Nebraska and a mental health institution in Ohio; it had joined as amicus before the three-judge court in *Bartley* v. *Kremens*, the Pennsylvania suit challenging parental commitment of minors, in support of the position that David Ferleger was arguing. Almost immediately after Ferleger filed the *Pennhurst* litigation in May 1974, he contacted Justice Department attorneys to request the government's intervention as plaintiff. Agents of the Federal Bureau of Investigation were dispatched to Pennhurst to verify Ferleger's allegations regarding its conditions generally and the abuse suffered by his clients specifically.

In November 1974, the Assistant Attorney General for Civil Rights approved his institutional litigation office's recommendation for government intervention; a motion seeking leave to intervene was filed the next month and was granted by Judge Broderick in January 1975. At that time PARC had not yet intervened and no one had asked Judge Broderick to close Pennhurst; the United States' intervention motion spoke only generally about institutional improvements. In a statement submitted in 1977, just before the trial began, the United States in effect joined with the other plaintiffs who had by then requested the closure of Pennhurst. The government's language was somewhat guarded; it stated that Pennhurst residents had a "constitutional right to take advantage of [community-based] programs and facilities which should be expanded to meet their needs" but did not state outright that the only way to protect this right was to close Pennhurst. Nonetheless the overall effect of this pre-trial submission and of the trial conduct of the government's attorneys was clearly favorable toward this remedy.

The government's intervention brought two distinct advantages to the private party plaintiffs. The first, more tangible advantage was an infusion of investigative resources for trial preparation—both FBI agents to gather detailed data about institutional conditions and Justice Department attorneys to take extensive depositions of Pennhurst staff and administrators. The private plaintiffs had neither adequate personnel nor funds to engage in such thorough fact-gathering. Armed with these government-gathered facts at trial, the plaintiffs were able to present a convincingly comprehensive portrait of the institution; indeed, they probably knew more about Pennhurst's operations than its administrators simply because the depositions were more extensive, probing conversations with staff than most administrators usually conduct. Even beyond the additional facts about Pennhurst that government resources provided, the presence of the United States at the plaintiffs' table added to the credibility of their case. The importance of this added credibility was perhaps less dramatic for Judge Broderick than for some other judge who lacked his prior familiarity, both from earlier litigation and from his prior experience as a state official, with problems of state institutions and mental retardation. Nonetheless Judge Broderick's experience had been limited to Pennsylvania. The United States government brought into Broderick's courtroom a writ that ran further than this one case and more directly and persuasively invoked the precedential force of earlier institutional cases than the private plaintiffs could have achieved merely by citing those cases in their briefs.

The United States' participation thus gave Judge Broderick a direct link with these other cases and other federal judges who had been shocked at conditions in other state mental retardation institutions and had undertaken some substantial interventions. The government's participation also implicitly promised that considerable resources would be available to support the judge's intervention—resources much more extensive than either the private plaintiffs or the judge himself could command. These resources were of two kinds at least—funds from federal coffers for mental retardation services and greater prestige in advocacy before appellate tribunals than the private plaintiffs alone could muster. In effect, the United States' participation as plaintiff-intervenor appeared to promise Judge Broderick that, if he chose to intervene in Pennhurst, he would not be alone; he would find support from highly-placed, powerful friends of his court.

Judge Broderick was vulnerable to the same problem that plagued all of the participants in this case. He might see the terrible abuse of mentally retarded people at Pennhurst—as Mrs. Halderman had seen both before and after she placed Terri Lee in residence there, as the PARC parents had seen. But these parents had also learned— many through exhausting, bitter experience—that acting alone, they lacked capacity to remedy or forestall this abuse; they learned that unless others could be enlisted in a common caretaking enterprise with them, implementation of their initial good intentions toward their mentally retarded children would be overwhelmingly defeated. If when the *Pennhurst* trial began, Judge Broderick had not yet graphically learned this lesson for himself, about the limits of his own independent capacities, he would learn it in due course. No one purposefully deceived Judge Broderick. But he was led away from acknowledging this lesson in the same way that Mrs. Halderman was misled in her dealings with David Ferleger and that PARC parents were similarly misled by Pennsylvania state officials: by an appearance of common purpose, of apparent basic agreement about goals which masked the significance of the absence of agreement about means toward those goals.

One of these misleading appearances before Judge Broderick was the presence of the United States as plaintiff-intervenor; its presence masked the absence of agreement between the Department of Justice and of Health, Education and Welfare regarding the availability and advisability of different kinds of resource allocations regarding Pennhurst specifically and mental retardation institutions generally. Justice and HEW did not necessarily disagree; rather, they had not come into explicit agreement on this crucial proposition and no one forced them to reach agreement before the Department of Justice chose to appear in the Pennhurst case.

It does not follow, however, that someone in either the executive or judicial branches should have required an explicitly unified executive position before the United States might be permitted to intervene in the case.[43] Because Justice and HEW approached the allocative questions involved in *Pennhurst* from such radically divergent perspectives, it is most likely that no true agreement between them was possible. Any papered-over agreement was likely to mask this divergence in the litigative appearance at least as much, and perhaps even more, than the simple omission of one departmental perspective. The fundamental question at issue here is not whether the United States must speak with one true voice whenever it appears in litigation; the real question is in the purpose of litigation. Put it this way: does litigation necessarily require that each party speak with a single predetermined voice, or should litigation provide a structure that acknowledges the possibility that any particular party's position may be a complicated amalgam of diverging, even internally contradictory, viewpoints?

The United States was not the only party in *Pennhurst* whose single-minded appearance masked internal divergences. In retrospect it is not clear that this was wrong regarding any party, that anyone was actively deceived, or that more intense deliberations before the initial litigative appearance would have brought a different face forward. For each of the parties, however, the unfolding of the litigation brought their internally diverging viewpoints into sharper tension. We have already seen that this occurred between Mrs. Halderman and Ferleger. This also happened for PARC members after Judge Broderick ordered Pennhurst's closure and decreed that substantial state resources be spent on relocation of its residents but refused to order comparable expenditures to create community facilities for equally handicapped children who had been kept from previous institutionalization by their parents. Divergences between Justice and HEW never did clearly emerge within the United States government though the existence of disagreement could be readily deduced from HEW's failure to withhold all federal financial support of Pennhurst on the basis of the critique of that institution that Justice had embraced in the lawsuit.

None of these divergences came into sharp focus, however, during the month-long trial proceedings conducted by Judge Broderick in 1977. Even the one promising possibility for clear-cut presentation of opposing viewpoints—the apparently visible conflict between plaintiffs and defendants—was itself significantly muted at the trial. The state and county defendants remained adamant throughout the trial in their unwillingness to settle the case; but their position on the merits seemed so close to plaintiffs' arguments that their adamancy appeared almost pointless, as if they were walking through the motions of an opposition. The defendants' opposition escalated in intensity only some considerable time after the judge's 1977 order; as, indeed, the conflict between Mrs. Halderman and Ferleger reached public visibility only in 1979 while the decision was pending on appeal in the Third Circuit.

We have seen this suppression of divergent viewpoints occur pervasively in the initial relations between the litigating parties; we will see it again in their conduct during the trial itself. But before we turn to the trial, it is important to acknowledge that this suppression did occur. This fact has significance for thinking about the structure of the litigative process.

The structural issue can be highlighted by returning to the question of relations between Terri Lee Halderman, Winifred Halderman and David Ferleger. From the hindsight of 1979, it might seem that Ferleger should never have undertaken joint representation of daughter and mother—either that an attorney should have been appointed as guardian to represent the daughter alone because of possible conflicts of interest with her mother, or that the mother should have been appointed guardian so that she would have the single authorized voice for her daughter in the litigation. This formal solution would, however, solve nothing important. When either the attorney or the mother would step forward for appointment as guardian—at the moments, that is, around the initial filing of the litigation—perhaps everyone could see the potential in principle for considerable future conflict, either between the interests of mother and daughter or between the interests of appointed attorney and daughter. But no one could adequately foresee whether, or the specific ways in which, those potential conflicts might emerge as the litigation itself unfolded—as more is learned in the litigation about the positions of other parties and the attitudes of the judge, and even the mother, daughter, and attorney might learn more about themselves through the focused discipline imposed by the litigative proceeding itself.

It is perhaps even more likely that the realistic (as opposed to formalistic) possibility of conflict between the interests or views of daughter, mother, and attorney would be most hidden from everyone's view when litigation is contemplated or first begun. This in fact occurred in the initial encounters between Ferleger and Mrs. Halderman. When we saw this earlier, I suggested that we must try to exclude the possibility of some idiosyncratic personal chemistry between these two before we could draw any systemic lesson. Having now examined all of the other party plaintiffs, we can see this same dynamic among them—that at their initial encounters regarding this litigation, there was a general tendency for all of these parties to overstate their mutuality and correspondingly to suppress their expression or even awareness of divergence. This was true for PARC and Pennsylvania state officials in the right to education suit, as well as for New York and Alabama defendant officials and plaintiffs in their institutional right to treatment suits; this was true for the Department of Justice insofar as it was prepared to ignore HEW and HEW was prepared to remain silent though the litigation marched forward with the flag of the United States unfurled in the plaintiffs' camp.

What might explain this as a general phenomenon? It seems likely to me that the vulnerability and inscrutability of one of the parties in interest—of "mentally retarded people" viewed individually or as an aggregate—tended to push all other potential parties close together in their initial encounters. Perhaps this occurred because the needs of mentally retarded people seemed so compelling on first encounter that everyone was moved toward the same supportive impulse; perhaps this also occurred because these needs seemed so potentially extensive, even overwhelming, that all of the other parties moved together for mutual defense. This explanation could also suggest why these other-than-retarded parties would come closer together in their initial encounters than they could sustain over the long haul as the neediness of the vulnerable, inscrutable retarded people seemed to grow endlessly toward insatiability. Mutuality would erode because, as this perception of insatiability grew, the apparent costs to each other-than-retarded party would grow and what had initially seemed sufficient to meet these needs because of the pooling of mutual resources would become transformed into imagined quicksand that threatens to swallow everything remotely in sight: in Justice Holmes's words, into a swamp of incompetence that saps everyone's strength. At that point, it would become each for himself.

Litigation does not cause this dynamic. Litigation is, however, one stage on which this dynamic can play itself out. The basic question for our inquiry is whether litigation can be conducted in ways that at least do not feed this; and whether, at best, litigation

324

might interrupt and redirect this impetus in order to build a firmer communal foundation from the evident impulse among all parties toward initial mutual support, and correspondingly to avert the reversion to the socially isolated, mutually uncomprehending position from which all of the parties initially sought release.

These large issues are implicated even in the question whether a guardian should be appointed for Terri Lee Halderman, either in the person of her mother or an independent attorney, before beginning litigation to secure her rights. Any such procedural maneuver misses this point. Initial guardianships may not make this enterprise more difficult to achieve, but it is hard to see what these appointments would achieve and they surely would not help in these matters. The urgent place for attending to divergences of perspectives—for identifying them if they emerge among the parties and for calling them into view even if the parties would prefer not to see them—is not at the beginning of the litigative process; it is during that process. Moreover, it is not clear what form these divergences will take or what specific format will best make them visible; this too can only become apparent during the litigative process. A guardianship role is essential for these purposes. But that role should be called judge.

The Judge

For thirty-two days, from April through June 1977, Judge Broderick heard testimony about Pennhurst. A grim picture of conditions emerged from virtually every witness—outside experts, parents of residents, former residents, and even staff and administrators of the institution. Based on this testimony, Judge Broderick ordered Pennhurst closed and its residents moved to small-scale community facilities. Four years later, in August 1981, the judge summarized the basis for his order in this way:[1]

As the trial record in this case reveals, all parties to this litigation admitted that the residents of Pennhurst were not receiving minimally adequate habilitation. . . . On many occasions since the trial, all parties have agreed with the many experts who testified at the trial that normalization is now universally accepted as the most beneficial method of habilitating a retarded person. Normalization is the antithesis of institutionalization and is based upon the fact that the education, training and care of a retarded person should be accomplished in a community living arrangement. This Court found that Pennhurst is inappropriate and inadequate as a place to habilitate the retarded. At the trial, the Commonwealth represented that it intended to close Pennhurst in the early 1980's.

When the judge wrote this, the consensus that he described regarding the closure remedy had long since vanished. The state's apparent intention to close Pennhurst had by then been belied by its resistance to the closure order; of 1,156 residents at the time of the order, only 153 had been placed in community facilities (though no new residents had been admitted to the institution).[2] Even more strikingly, the judge wrote this as the preface to an opinion holding state officials in contempt for refusing to pay the costs of the Special Master's Office created by him to implement the closure order. On their face, at least, the judge's prefatory observations to his contempt finding reflect the same unfolding of a process that we have already seen among others in the litigation: an initial belief that basic agreement had been reached about efforts needed to help retarded people followed after some time by sharp disagreements with bitter accusations of bad faith and betrayal.

Judge Broderick may not have been misled by the apparent consensus in the trial testimony nor surprised four years later at the persistent intense resistance to his closure order. But whatever his motives, the judge's conduct throughout this time suggested that he was not eager to probe for the possibility of disagreement among all potentially affected parties, that he saw himself more as "passive umpire" presiding over disputes that the parties acknowledged between themselves and brought to his attention rather than as "aggressive inquisitor" forcing disputed issues into visibility that the parties themselves had not seen or wished to admit. This is understandable: the umpire's role is the traditional conception hallowed in the common law; the considerable complexity of the *Pennhurst* dispute made this traditional role specially inviting for any judge who had no pretensions to superior wisdom or knowledge. Nonetheless I believe that the traditional role was not well suited to this case. Questions of fundamental constitutional values were raised by this case, as Judge Broderick clearly saw. But these questions could not be resolved—they could not even adequately be addressed—unless the judge was prepared to take a more active, inquisitorial role.

The judge found that the constitutional rights of retarded people at Pennhurst had been brutally, flagrantly violated. On the basis of this finding alone, he should have been suspicious of the apparent consensus presented to him by all parties: how could everyone be so much in agreement about these wrongs and their remedies and yet these wrongs persisted? The judge should have suspected, on this basis, that neither he nor the apparently agreed parties had yet truly understood the underlying issues at stake or in dispute; if these issues were so clear-cut, why had the parties not acted on their own to correct these wrongs, why was litigation necessary?

More fundamentally, the judge's finding that constitutional rights had been violated should have alerted him to the necessity to reach out even beyond the immediate parties to this dispute, to show others that they had a stake in the just resolution of this dispute and in the protection of the constitutional values in jeopardy, even though these others may not previously have defined themselves as parties to the dispute. Judge Broderick's order requiring community place-ment for all Pennhurst residents implicitly had this effect for reasons that I will show. But he portrayed this order as derived from fact-based expertise rather than as fundamentally based on value premises for which expert testimony had only limited relevance. The judge reflected this erroneous conception in his reluctance to become actively involved in monitoring the implementation of his order and a con-comitant excessive reliance on a Special Master's office with cre-dentialled claims to expertise. The judge compounded these errors by an apparently inhospitable reception to disagreement regarding the closure order by some Pennhurst parents who had not presented themselves earlier in the litigation.

In all of these instances the judge did not see himself as actively soliciting dissent so that he might ultimately lead dissenters to the recognition (or, perhaps more precisely, the construction) of agree-ment about a fundamental value at the heart of the society's con-ception of itself, about a constitutional norm. This is not the tra-ditional role of the common law judge, but I believe it is the role required of a judge where issues of fundamental constitutional sig-nification are at stake. By exploring the way these specific matters came to Judge Broderick in the litigation—through the experts' tes-timony, the working of the Special Master's Office, and the belated attempt at intervention by dissident parents—we may see both the basis for the judge's decisions and the reasons that I believe these decisions were in error.

Hearing the Experts

The *Pennhurst* plaintiffs strove to portray the question of remedies as fact-based, as resolvable on the basis of expert testimony, for the same reasons that PARC in its earlier right to education suit had argued the factuality of the proposition that all mentally retarded people were capable of benefiting from education programs. In both cases this portrayal made an easier task of persuading judges. If it was a fact that all mentally retarded people were educable or that community residences were better than institutions for all mentally retarded people, then judges were not relying on their own discretionary guesses about the future in order to impose personal or financial sacrifices on other people. Judges would, however, be forced to accept some measure of personal responsibility for subjecting others to a risk of harm by ordering community placement if its superiority could not be factually proven for all possible cases—if experts could only attest that community placement had some demonstrated promise as a reform strategy regarding institutional harms but had not yet been carried out either on a sufficiently large scale or during a sufficiently long time to prove its ultimate efficacy for all, or even for most, mentally retarded people.

The *Pennhurst* plaintiffs' effort to show that institutional closures would be costless, and their invocation of expertise to demonstrate this proposition, emerged with greatest insistence in an economist's testimony. Dr. R.W. Conley testified that, on the basis of his comparative studies, community residences had been and would continue to be much cheaper to operate than residential institutions. The defendants produced no contrary witnesses on this point and did not aggressively examine Dr. Conley. The trial proceedings thus did not illuminate the many uncertainties that necessarily attended Dr. Conley's predictive conclusions. Even assuming the accuracy of his statistical comparisons of existing community and institutional facilities, there are nonetheless at least two grounds for questioning the future relevance of those comparisons if publicly supported community residences come wholly to supplant current state reliance on institutions. Dr. Conley testified that personnel costs were the largest expenditure item for both community and institutional residences; these costs were higher for institutions because of higher salaries there. This reflected greater seniority among institutional staff than community residential staff, resulting either from differential longevity of these institutions (which would not hold for the future) or from greater staff turnover in community than in institutional residences (which is not clearly beneficial to mentally retarded residents in community facilities).[3]

Even if this personnel salary differential would not or should not vanish for the future, a second, more questionable prediction underlies this cost estimate: that public demand for community residences would remain essentially the same as current demand for institutional residences. If, however, community residences succeeded in avoiding the patent horrors of institutional residence, demand for entry into community residences would undoubtedly rise. For this reason alone, it is likely that greater financial pressure on public resources would come from community residences than from current state reliance on institutional placement.[4] This does not necessarily justify current state policy; it does mean, however, that the community placement alternative to that policy is not clearly costless, or even cheaper, as this sole expert testified or as Judge Broderick found as a fact in *Pennhurst*.

The *Pennhurst* plaintiffs invoked other expert witnesses in a similar attempt to prove as a fact that the closure remedy would work and would be without serious cost or risk. But the same inherent uncertainty in predicting the outcomes of complex social rearrangements must necessarily defeat this attempt. This failure was virtually apparent, and almost explicitly admitted, in the testimony of one of the nationally most prominent experts who testified in the *Pennhurst* trial, Dr. Philip Roos, Executive Director of the National Association for Retarded Citizens. (Dr. Roos was no stranger to institutional litigation; with two of the other experts called by the *Pennhurst* plaintiffs, he had been a circuit-riding witness in such litigation in Alabama, New York and other jurisdictions.) One of the plaintiffs' attorneys asked Roos what proportion of Pennhurst residents "could be appropriately served in the community" and he answered, "a hundred percent." Judge Broderick then pressed Roos to determine

330

whether he meant that the institution should be closed; Roos responded,

> My own feeling is that as of now I have seen no compelling evidence that institutions can provide better care than community programs and that, in general, it is most difficult for them to do so.

This is hardly a ringing endorsement for the superiority of community programs. But the defendants' attorneys did not push Roos further to make clear how carefully guarded his answer had been or to identify the reasons for his caution. Little more than a year after he testified in *Pennhurst* Roos volunteered, in a published article, his own misgivings about the virtues of community residence for mentally retarded people:[5]

> It may be naive to assume that the most "normative" setting is necessarily the least restrictive for everyone. What feels restrictive to one person may be unconstraining to another. A wheelchair is a restriction to an ambulatory person, but it provides increased freedom to a paraplegic. . . . And the problem is more complicated still when the least restrictive environment test is applied to the larger social environment in which a retarded person lives. . . . A small group home nestled in a hostile neighborhood, even if honorifically labeled as "community care," or a place "in the community," may be considerably more restrictive to its residents than a small village-type facility in which retarded residents are full participants in their own "community," even if some might call that community an "institution."

Though these observations do not directly contradict Roos' *Pennhurst* testimony, they convey a diametrically opposed mood. At the trial, neither Roos nor any of the other expert witnesses had spoken in such skeptical tones. But following the trial, Roos was not alone among retardation experts to articulate new, strong misgivings. In the immediate wake of Judge Broderick's closure order, a new cadre of reputably credentialled experts came forward in litigative forums to dispute the conclusions regarding community placement and institutional programs that had previously been presented in all of the earlier litigation, including *Pennhurst*, as a unanimously held opinion among all experts in mental retardation. The first appearance of this new group was in the Alabama case. In November 1978 attorneys for the state defendants submitted a memorandum prepared by nine experts extensively criticizing the proposition that community placement was inherently superior to institutional residence for many mentally retarded people and that intensive habilitation programs were suitable for all institutional residents.[6]

This sudden appearance of a new cadre of credentialled experts, prepared to enter litigative forums and to contradict the testimony of the previously monolithic group of involved experts, has led to forebodings among attorneys who have represented plaintiffs in these suits:[7]

> [D]efendants in future class actions may find it easy to produce experts who will question the basic premises of reform efforts. And without a consensus of experts upon which to base a ruling, even activist judges may be uncomfortable in ruling for plaintiffs in future right to treatment, deinstitutionalization, or anti-institutionalization cases.

These lamentations were laid at Judge Broderick's door:[8]

> [T]he *Pennhurst* decree may, ironically, have catalyzed the pro-institutional forces and undermined that very consensus among mental retardation professionals which has been identified as an important, perhaps essential, prerequisite of successful anti-institutional litigation.

This prediction by experienced litigators may ultimately be proven correct. It raises, however, two questions. First, if the *Pennhurst* decree destroyed the old appearance of expert unanimity, why was this prospect not made apparent during the *Pennhurst* trial; where were these dissenting experts, why didn't the defendants find them or even identify the bases for subsequent recantation that hovered in Dr. Roos' guarded testimony? Second, and more fundamentally, why should expert testimony and unanimity be so important for judicial response to this litigation?

The first question may be easier to answer. The defendants did not press Dr. Roos and they did not call any of the experts who later offered testimony in the Alabama case. Before the trial, however, the defendants did hire three well-credentialled experts who had not previously testified in such litigation or been identified as biased against institutions as such. These experts did testify at the *Pennhurst* trial but they were called by the plaintiffs. Dr. Alexander Hersh, one of the experts, described in his testimony the basis of the initial dealings with the state defendants:

> Essentially, what they wanted us to do was a comprehensive, objective evaluation of Pennhurst. They specifically asked us not to do what they called a whitewash. They wanted detailed information; they hoped for a balanced comprehensive product. . . . [W]e saw this as a professional study in which we would design the study, obtain the data, and present them with the results of the study.

These experts then spent three months immersing themselves in the operations of Pennhurst and submitted a report to the defendants. That report was never introduced in evidence in the litigation; under the rules of evidence, defendants were free to withhold this document from the court, but they could not stop plaintiffs from calling these experts as witnesses. The reasons for defendants' reluctance to share these experts' reports and for plaintiffs' eagerness to present them at trial is evident from this summary statement by Dr. Hersh:

> We . . . came to the conclusion that the institution has pretty much lost its role, that it is essentially an obsolete way of treating people. [The institution] is based on a series of assumptions . . . [such as] retarded people like to be with one another; retarded people should be separate from the mainstream of Society; in an institution you can pull together under one roof all the necessary services. There are a whole series of assumptions like that that go back to the 1900s, all of which can no longer be substantiated. So that the conclusion we came to is that there is no role for an institutional service delivery system in Pennsylvania. . . . [A]n institution is a segregationist form of subsociety which dehumanizes people. It reduces the possibility that they can ever function in a normalized Society; and it in no way supports the idea that education and treatment are even possible. It is essentially a form of segregation which [meets] the needs of Society to rid itself of people who are different, who are special, who are deviant, who need special help; and it is an unsuccessful way of dealing with people. . . . [T]here is no way that Pennhurst could be made into an adequate facility.

These were Dr. Hersh's formal conclusions; he amplified the

force of these conclusions in response to a question whether he had seen anyone in Pennhurst for whom residence there might be "necessary":

> I can answer that by way of showing you the conflict that arises in a person when you go to a place like Pennhurst. After spending several weeks there, one night I couldn't sleep and my wife asked me what the trouble was. I said that for the first time in my life I had allowed myself to examine what the meaning of euthanasia was, that up until that time in life I had always pushed away that question, that I couldn't bear to think about euthanasia and as a result of spending a lot of time at Pennhurst I one day or one night asked myself wouldn't these people be better off dead because this is really not an existence. . . . I would not like to see anybody admitted to Pennhurst any more. . . .

Another of the state-hired experts, Dr. Valaida Walker, recited five specific recommendations for a phased closing of Pennhurst that the group had submitted to state officials; the group's final recommendation conveyed even more graphically than Dr. Hersh's testimony the import of all that had gone before:

> Dr. Walker: The sixth recommendation is that the name of Pennhurst be abolished completely and never be attached to any part of the facility whatsoever for obvious reasons.

Coming from experts originally hired by the state defendants to conduct "an objective evaluation of Pennhurst," this is especially powerful testimony—damaging both to the prospects that defendants could present a convincing case for the institution and to their morale in evaluating the possibility of presenting that case. In light of this testimony, it is not surprising that defendants would not seek out yet additional credentialled experts in the hope of finding someone, somewhere, whose testimony might help them avert judicial condemnation. It is not surprising that these defendants would cautiously approach the examination of other experts testifying for plaintiffs, fearing that an aggressive but apparently implausible defense of Pennhurst would damage their case more than tactical silence. And it is not surprising, in light of the testimony of these state-hired experts, that Judge Broderick would have felt emboldened in ordering the institution's closure so that even "the name of Pennhurst [would] be abolished completely" as the state's own experts had recommended.

But even if the factual testimony demonstrated beyond dispute that Pennhurst could not be defended, this does not mean that an effective remedy for the wrongs of Pennhurst had been or could be equally demonstrated. I have offered some speculations about why the plaintiffs' attorneys might have wanted to prove otherwise in order to enlist judicial power on their behalf, why a judge might have been willing to treat the remedies question as amenable to expert testimonial disposition rather than to discretionary judicial resolution, and why the defendants' attorneys might have held back from aggressive attack on the experts. What about the experts, what might lead them to overstate their predictive capacity and their certainty about remedial efficacy? There are of course possible pejorative explanations for this, ranging from grandiosity to intellectual incapacity. I am more persuaded, however, by a speculation that assumes the experts' decency and good intentions—a speculation indeed that arises from this very assumption. The experts, much more than any of the attorneys or the judge, had immersed themselves in Pennhurst and in other institutions for mentally retarded people. More than the others, their profession required this immersion. Their profession also led them to ask why they, or others trained like them (and by them), could do better for mentally retarded people than Pennhurst had done. The experts' professional identity made this an even more insistent, recurring question for them than for the attorneys or judge in the case. And the experts' innate decency and good intentions could readily lead them to exaggerate the likelihood that they (or anyone) could offer much better than Pennhurst to mentally retarded people.

The experts could see as well as, but no better than anyone, that Pennhurst was a horrifying place. More than others, however, the experts wanted to hold out the possibility of something better somewhere else. Just as euthanasia for mentally retarded people was intolerable for Dr. Hersh to contemplate, bleak pessimism about the future of Pennhurst would be equally intolerable for all of the expert witnesses at least. The grounds for optimism could not, however, be firmly proven. There was simply insufficient experience with any remedies, whether small-scale community placement or intensified

institutional programming.[9] Though some empirically-based straws
could be grasped to show hopeful prospects, there was a powerfully
contrary drag from other, repeatedly verified empirical observations—seven or more decades' experience, that is, of Pennhurst and
its sister institutions and the hopeful reform-minded collaboration
of mental retardation professionals in their parturition. Considerable
deception and self-deception attended this experience. Acknowledging this, the experts could also have cited considerable reason to
believe that retardation as such brings forward inhumane, even bes-
tial, responses from those who are not retarded; from this citation,
it would be plausible to conclude that the bestiality of Pennhurst
was not caused by its institutional characteristics but arose more
basically from the social signification of retardation which no ref-
ormation of Pennhurst as such could cure.[10] None of the testifying
experts was prepared to concede the predictive force of this bleak
reasoning. But their contrary conclusions rested much more on faith
in their own and others' innate decency and good intentions than
on empirical confirmation of effective good works toward mentally
retarded people.

This faith may be justified. But the experts failed to see or to
admit that their predictions about remedial efficacy were based
essentially on this faith and that their expertise as such gave them
no adequate basis for this reliance. This failure cannot be justified.
Nor can the failure of the attorneys or the judge to identify this leap
of faith in the experts' testimony be justified. There is a proper role
for such faith in the litigative process but that role is not for the
experts. The judge alone is authorized to assume that people will
behave toward one another with decency and good intentions, with
self-restraint and concomitant respect for others' integrity. The judge
is not only authorized to assume this; he is constitutionally obliged
to make this assumption and to make it explicitly visible in his work.

This behavioral assumption is the organizing premise of the Constitution, the basis on which its guarantee of individual rights is
extended. In practice, this assumption is often proven false. And it
is difficult, perhaps even impossible, to force this assumption into
practical realization against determined opposition from a substantial number of people—albeit even a minority who refuse to abide
by respectful self-restraint toward others. The vividly evident
enforcement weaknesses of the federal judiciary is an implicit

acknowledgement of this social fact. These weaknesses in themselves dictate that a judge who sets out to remedy violations by majoritarian institutions against individuals' rights is required to assume that the majority will acquiesce in the judicial directive though he cannot muster superior force against them.

But in a more profound sense the Constitution requires the judge to assume this self-restrained acquiescence toward individuals' rights because without this assumption the documentary guarantees of individual rights are transformed into wisps of paper. The Constitution requires that all citizens accept self-restraint because this is the only means that will give living reality to its text. The judge is entitled to assume that all citizens will act according to the imperatives of the document. The judge is obliged to act on this assumption, and to make this assumption visible in his actions, in order to teach this basic constitutional lesson to all citizens—that without self-restrained respect for others' integrity, the carefully wrought constitutional scheme for protecting individual rights cannot survive.

For the *Pennhurst* litigation, this behavioral assumption does not directly touch the question whether the individual rights of mentally retarded people were violated by institutional practices or conditions. Judge Broderick clearly understood that this initial substantive question was not amenable to provable factual resolution. Facts were not irrelevant to this question but they were not dispositive for the judge until he had evaluated them in the context of explicit moral reasoning through a legal methodology of drawing analogies from constitutional doctrine. The judge did not acknowledge, however, that the question of remedies had its own distinctive, explicitly moral methodology. He seemed instead prepared to treat the remedial question as fact-dispositive and to defer to expertise in answering that question. The judge thus erred.

This error led him to misstate the reasons in his opinion that could justifiably support the closure remedy; the judge argued essentially that closure was required because the experts had shown that effective habilitation programs for mentally retarded people could not be carried out in community-isolated institutions. There were, however, more persuasive reasons than this to support Pennhurst's closure—explicitly moral rather than apparently technical reasons. These reasons can best be identified by shifting focus away from the *Pennhurst* case to consider one aspect of an earlier case brought in

New York state to challenge the operations of Willowbrook, a large residential facility for mentally retarded people.

The *Willowbrook* case was settled by consent decree in 1975, three years after it had been filed. By the terms of this decree, the state defendants agreed to reduce the institution's residential population from 5,400 to no more than 250 and to find suitable community residences for the rest. A seven-member Review Panel was established to monitor compliance with this decree and, in particular, to assure against replication of the state's "dumping" of mental patients from large-scale institutions into communities with no adequate residential facilities or services for them. The decree also specified that the federal district judge would serve in effect as an appellate tribunal available to any party for contesting the Review Panel's actions.

This appellate role made extensive demands on the district judge, John Bartels; from 1976 through 1980, he conducted forty-eight days of hearings and issued written opinions in fifteen separate matters regarding implementation of the decree.[11] One episode in particular illuminates the broader lesson that I would draw regarding the moral significance of the community placement remedy in these institutional cases and the active role required of the judge.

In 1978, fifty school-age children who had been Willowbrook residents were moved to community homes in New York City and sought admission to public schools there. The city Board of Education refused to admit these children on the ground that they were all carriers of Hepatitis B and were likely to infect other schoolchildren. There was an ironic, even tragic, aspect to this claim. In their original testimony, the *Willowbrook* plaintiffs proved that a substantial number of incoming institutional residents had been injected with Hepatitis B virus as part of a controlled experiment, limited to this institution, to test the efficacy of a new vaccine. State officials attempted to mitigate the outrageous appearance of this conduct by arguing that Hepatitis B was already rampant within the institution, that newly admitted residents would undoubtedly be infected in any event, and that purposeful infection as part of an experimental design offered some hopeful prospects for ultimate disease prevention that would at least benefit future Willowbrook residents as well as the outside community. Whatever the plausibility of this justification, the experiment (as well as the pre-existing infections within the

338

institution) meant that even residents who had developed effective antibodies for themselves were nonetheless carriers capable of infecting others. This was the basis on which the New York School Board both disclaimed bureaucratic responsibility for infecting the discharged Willowbrook residents and refused to admit them to public schools thus undermining their capacity to remain in community residences outside Willowbrook.

There are unmistakable echoes here of Justice Holmes' fear of infectious contamination by mental incompetents. Judge Bartels made this clear. The judge found that medical experts, including officials of the New York City Department of Health and the United States Public Health Service, had set out protocols of health practices in varying degrees of stringency that would substantially reduce any prospect of infection from the carrier children. On this basis he overturned the school exclusion order.[12] The Board of Education then issued guidelines that required these fifty children to remain in public school classrooms wholly isolated from contact with other children. Judge Bartels, with evident anger written into his opinion, also overturned this segregative exclusion and directed the Board to admit these children into regular programs subject to the cautionary sanitation practices sanctioned by the various health officials. He found that the Board had "overreacted to the problem of Hepatitis B contagion," that the risks of infection were nothing more than "a remote possibility" and that the Board's exclusive focus on this handful of known carriers from Willowbrook rather than undertaking a comprehensive survey of all its school population to identify likely sources of the same problem "casts doubt" on the Board's concern with hepatitis infection and suggests instead a generalized discriminatory motive against mentally retarded children.[13]

This episode in the *Willowbrook* case epitomizes an important, and perhaps the most important, source of power that courts bring to institutional litigation generally. The effect of Judge Bartels' order was to address the problem of remedying inhumane treatment of retarded people in a state residential institution by drawing in new actors who had not previously seen themselves or been seen by others to have direct responsibility for any solution, and to demand that these new actors explain why they should not share this responsibility. This command performance increased the bureaucratic and public visibility of the problem regarding treatment of institutionalized mentally retarded people, and in effect forced these unac-customed participants into active collaboration with the judge and the initial litigating parties.

Judge Bartels had not initially sought out the New York City Board of Education. They were forced into his courtroom by the practical effect of the consent decree that had been agreed to by plaintiffs and the state defendants three years earlier. The city board had not been party to this litigation or a participant in the negotia-tions that led to the decree. (Indeed, Judge Bartels had not been a participant; the trial judge who had heard the initial complaint and subsequently approved the consent decree had died in 1976.) In his Hepatitis B opinion, Judge Bartels did not directly rule that the city board was bound by the terms of the consent decree; he regarded them as such, however, by effectively foreclosing the substantive question of the superior virtues of community and normal classroom placement for mentally retarded children and thereby placing a heavy burden of persuasion on the school board to justify their exclusion.

Nonetheless the school board might have sought to reopen this issue as applied to it; the board might have argued from the predicates that these children were so difficult to educate, or so generally dif-ficult for normal schoolchildren, that the added risk of hepatitis infection, however small or controllable, justified their exclusion. The board did not explicitly advance these predicates, however; it argued only that the health risks in themselves were very great, a patently exaggerated argument identified as such by the testimony of public health experts. Judge Bartels thus had no difficulty in overriding the board's explicit arguments. But more than this, there was a moral signification for Judge Bartels in the board's failure explicitly to invoke these other possible predicates for their exclu-sionary policy. The judge's tone of moral outrage when he pointed to these unarticulated motives as more plausible explanations than the board's stated public health rationale was supported, for him in reaching this judgment and for others in accepting his judgment, by the fact that the board had been unwilling and presumably even ashamed to acknowledge these motives. Because it was forced to explain its reasons, the board became amenable to a moral critique that would not otherwise have been possible. The litigation forced the school board to acknowledge the potential relevance of its actions to the welfare of mentally retarded children. The board might have sought exemption from any responsibility for, or involvement with, these children in many different ways; the patent implausibility of its specific claimed exemption gave content to that moral critique.

There is a particular virtue to this process in institutional litigation. When the *Willowbrook* case was first instituted, the parents of mentally retarded residents stood essentially alone as plaintiffs complaining about their treatment at the hands of a state bureaucracy which, though diffuse in organizational structure, was apparently monolithic in its unresponsiveness to these complaints. The litigation demanded some response from someone within that bureaucracy; the progressive unfolding of the litigation yielded a variegated response, forcing into public visibility, and even into existence, disagreements among some who had previously played some active role in the operation of Willowbrook and also among others who had been only passive or even blind witnesses. Thus in the Hepatitis B episode, the state mental retardation services director—an original defendant in the case—took the initiative in filing against the New York City Board of Education, to join it as a party defendant because of its exclusionary policy. This same disaggregative unfolding also occurred regarding the apparently monolithic position of the initial *Pennhurst* plaintiffs, as we saw earlier. The litigative process thus provides an important first step toward a more individualized perspective than is possible in majoritarian institutions which characteristically tend toward excessive generalization.

The litigative process can have this effect without any activity by the judge. But the judge can play an invaluable facilitative role toward this end; and he should play this role if he first determines that there is some plausible reason to believe that plaintiffs' individual concerns were excessively disregarded by others in majoritarian institutions. There are two formulae that have come, in constitutional doctrine, to justify this determination: that plaintiffs are members of a "discrete and insular minority" likely subjected to wrongful prejudice by a majority, or that plaintiffs are claiming "fundamental rights" which the majority is specially bound to honor.[14] Plaintiffs in these mental retardation institutional suits argued that they fit both categories. But rather than explore the doctrinal justifications for accepting or rejecting this categorization in these cases, it is more important here to identify the remedial consequences of this initial conceptual step.

Conventional constitutional doctrine holds that once plaintiffs qualify in these terms, majoritarian institutions are virtually always required to accede to their substantive demands. Rather than quarrel with this conventional doctrine, I want instead to restate it in an unconventional way in order to identify an important process implication of this categorization. When a judge finds for plaintiffs, on the ground that they are a "suspect class" or have suffered invasion of a "fundamental right," he is obliged to offer them the force at his command. This does not mean, however, that the judge is obliged to force majoritarian institutions to accede to plaintiffs' demands; it cannot mean this if the judge lacks capacity to impose such force. It is more apt to say that the judge has power to identify and give high public visibility to the harm suffered by plaintiffs and to their vulnerability to further harm.

The judge does this essentially in two ways: by saying so in his opinion and by allying his own institutional vulnerability with the plaintiffs so that others' continued harmful inflictions on them now also become a harmful infliction on the judge and his office. The judge thus heightens the moral significance of the harm suffered by plaintiffs; he forces the defendants to reconsider their actions by raising the moral costs of those actions, by calling into doubt for them their self-perceptions as decent people who are prepared to restrain their self-seeking impulses by careful attention to the legitimate interests of others. This is a considerable judicial power, akin to the force wielded by the greatest moral teachers from Gandhi to Christ to Socrates: making visible the vulnerability of those who suffer harm at the hands of wrong-doers.

Judges in mental retardation institution cases can point to this lesson by finding constitutional violations in the past inhumane practices of those institutions. But this finding is only the first step in this process; the judge is then required to identify ways in which this past harm might be remedied. In fact there is no clear path to an effective remedy; there are only more or less plausible paths whose success depends on active cooperation offered by different people in different ways. In the New York *Willowbrook* case, plaintiffs and defendants reached an apparently cooperative agreement following the initial judicial finding of liability. But the judge's task was not thereby ended; he acted to bring additional participants into the remedial enterprise, even though those new people saw themselves uninvolved in and therefore not responsible for the initial wrong-doings. Judge Bartels' role in the Hepatitis B school controversy is a particularly graphic instance of this undertaking. In effect, Judge Bartels forced the school board to answer with considerable specificity the moral questions posed by the parable of the good samaritan: what would it cost you to remedy the harm suffered by these others, can you justify withholding your help if your cost is small compared to the magnitude of their suffering?

There is of course much room for dispute about comparative costs and comparative suffering. The judge's capacity or authority to force others recurrently and with specificity to answer these questions does not necessarily mean that he has capacity or legitimate authority to answer those questions for them, to impose his moral calculus on them (even if he believes that his is the "true constitutional calculus"). These institutional cases demonstrate the many opportunities that judges have to distinguish between these two kinds of judicial capacity and authority, to accentuate the former and thereby to avoid the apodictic, socially isolated, and authoritarian implications of the latter. The most clear-cut opportunities in these cases for this differentiation can be found in the traditional distinction between "rights" and "remedies."[16] Judges can speak in the powerful vocabulary of determinative, absolute moral rights while designing remedies that effectively present those rights as plausible but nonetheless tentative hypotheses. These hypotheses will be confirmed, modified, or even abandoned as more specifically focused experience is gained and more people are drawn into explicit debate about the legitimacy of the initial moral formulations.

This is the justification for the remedy that Judge Broderick chose in *Pennhurst*. This justification, moreover, indicates why closing the institution is preferable to institutional improvement as a judicial remedy for the wrongs found in *Pennhurst*. Institutional improvements would not necessarily require participation by new people who had not previously been visibly and directly involved in the operation of Pennhurst or its infliction of harm on its mentally retarded residents. Additional funds would be required from the legislature for programmatic improvements; but the legislature always provided some funds for these institutions and this added judicial sponsorship for more money would not so clearly and explicitly force the old participants to re-evaluate their responsibility for institutional practices and create opportunities for them and the court to enlist new participants who had previously disclaimed any responsibility. Ordering institutional improvements could, to be sure, have some effect toward these ends; Judge Johnson tried to chart the way in the Alabama case.[17] But community residential placement is a more pointed, more socially visible and less easily avoidable path to this end. Those who had previously ignored the harms inflicted on mentally retarded people would be forced to ask whether their ignorance was feigned or, if real, was sufficient basis for future, newly explicit refusal to share precious social resources (whether their funds, their neighborhoods, or access to their children; whether their tolerance or their respect). An administrator recoils at the organizational complexity of implementing this remedy, at the need to involve large numbers of people with radically different perspectives in an unaccustomed, intricately coordinated mutual endeavor; a judge should embrace the remedy for just this reason.

Expert testimony is not irrelevant to this choice of remedy between institutional closure and improvements; if experts had testified that many or even some mentally retarded people would be harmed everywhere but in large-scale geographically remote institutions, this would be sufficient grounds for judicial maintenance of them. But no expert could testify in these terms in this controversy. Community residence was a plausible alternative even for the most severely disabled mentally retarded people; there was dispute among experts, which did not emerge at the *Pennhurst* trial, regarding the comparative potential benefits for educational and caretaking purposes of such settings and improved institutional settings. But no expert could testify that the final balance sheet had been drawn on this score. A judge therefore was not foreclosed by technical considerations beyond his competence regarding treatment of mentally retarded people from deciding between these alternative remedies on the basis of other considerations exclusively within his competence. These other considerations rested in the nature of communal moral discourse and the judge's role as a constitutionally sanctioned participant in that discourse. In effect, expert testimony did not clearly foreclose on technical grounds the option of community placement as a remedy for Pennhurst's wrongs; and judicial role considerations pointed to the desirability of that option.

Turning to the Special Master

These same judicial role considerations also required that the judge remain actively involved in the specific implementation of the community placement remedy if it were to have its desired effect of forcing a newly explicit, and morally explicit, consideration of the proper allocation of communal resources on behalf of mentally retarded people. Judge Broderick did not adequately see this requirement in the initial design of the *Pennhurst* remedy. Most notably, this requirement was breached in the role prescribed for a Special Master's Office in the judge's original decree. The Special Master was intended to give central impetus and direction to implementing the judge's closure order. Three powers were explicitly vested in this Office: to formulate specific plans and timetables for compliance, to train personnel to carry out specific compliance tasks, and to monitor the defendants' compliance.[18] Only the monitoring function fits comfortably within the judicial role that I have described, and this would fit only insofar as the Special Master monitors in order to provide adequate information for the judge rather than to displace him as the ultimate monitor.

A judge might conceivably appoint a Special Master to assume full administrative responsibility for the operations of an institution that had persistently and egregiously failed to respond to judicial directive.[19] This is an extraordinary and rarely invoked use of judicial power.[20] The *Pennhurst* Special Master was not, however, given this role. The Master's planning responsibility was not tied to direct implementation responsibility; and the training role was limited only to personnel who would be grafted onto the existing bureaucracy, to assist its compliance activity rather than to supplant those activities. In practice, the net result of the work of this office was to compound rather than clarify pre-existing confusion regarding lines of bureaucratic authority and the locus of judicial or public accountability regarding institutional treatment or community placement of mentally retarded people.[21] For example, the state and county defendants criticized the Special Master's Office for its failure to take the initiative in formulating specific compliance plans and timetables; at the same time they offered contradictory criticisms that the Master invaded their proper administrative prerogatives. The Master responded to this criticism by insisting that she had no power to initiate compliance plans and that, in any event, she could not effectively do so because the defendants knew their resources and capabilities better than she; her authority, she insisted, was limited to review of the plans that they formulated.[22]

This controversy was only one of many that plagued virtually every aspect of the remedial implementation process and fueled bitter interpersonal discord among members of the Special Master's Office, the state and county defendants, and various plaintiffs. The seeds of this discord were firmly planted by the formal authority originally vested in the Special Master's Office which overlapped but neither supplanted nor was clearly subordinated to the implementation responsibility and authority of the defendants. In effect, the Special Master's Office added another competing candidate for authority and blame into a mental retardation service system whose basic wrong, as Judge Broderick had clearly seen, was its confusion and diffusion of authority and blame.

Judge Broderick remained excessively aloof, at least in his publicly visible conduct, from all of these controversies for some three years after he had entered his closure order. One episode particularly illustrates this failing. On March 6, 1980 David Ferleger filed a motion with Judge Broderick pointing to "suspicions" about recent deaths of forty-five residents at Pennhurst, complaining about the continued low quality of medical care available there generally, and requesting contempt findings against various officials for their failure to provide adequate care as the judge's original remedial order had specified for the "interim period" that Pennhurst remained open. Judge Broderick directed the Special Master to convene experts to investigate these allegations and the Master in turn secured the parties' agreement to the composition of this panel.

On July 15, the expert panel reported its findings that medical care at Pennhurst was "inadequate" and "dangerous" for its residents. Ferleger immediately renewed his motion for the judge to find defendants in both civil and criminal contempt. On August 4, the judge declined to hold a hearing on this motion and instead requested the parties to engage in negotiations looking toward an agreement specifying an adequate scheme of medical services. The parties met but their negotiations quickly stalled; in newspaper accounts, state officials claimed that their principal objection was to

Ferleger's demand that any consent decree specify a $100,000 fine for each day that the state might be found in violation regarding agreed provision of medical services. On September 5, the state officials announced their intention to put into effect the plan for new provision of medical services that they had offered in the unsuccessful negotiations with the plaintiffs. On October 18, at the Special Master's request (and at the apparent instigation of Judge Broderick), the expert panel reconvened to conduct an investigation of this issue. On December 1, the state put into effect its new plan for medical services. On December 19, the expert panel issued a second report which essentially repeated its earlier conclusions regarding dangerous inadequacies of medical care at Pennhurst.

Throughout this time, Judge Broderick remained publicly removed from this controversy; he conducted no hearings, he issued no opinions or orders. A reasonable case can be made for the judge's apparent belief that experts were more qualified than he to evaluate Ferleger's allegations and his initial hope, after the expert evaluation had been concluded, that the parties could come to agreement regarding needed improvements. But the judge's prolonged and uninterrupted public silence on this question—a silence which he did not break notwithstanding Ferleger's reiteration of his contempt motions on April 8, 1981—cannot be justified. In this instance the judge failed, as he failed generally from the time he entered his initial remedial order in 1978 until mid-1981, to conduct a public and particularized inquiry into the reasons for the actions of the various parties in this case.

The judge may be understandably reluctant to invoke the heavy ammunition of his contempt power in every aspect of these controversies or even to make definite findings of blame in complicated factual circumstances. But unless he is prepared to probe and prod, to force the parties into public, specific justification for their beliefs and conduct, the judge fails to establish any basis for anyone to hold the parties to any standard of moral accountability. The judge may not be prepared to act as ultimate moral arbiter in each instance. But he is not the only person available for this role. If he acts to force the parties into open, explicit justifications, he has created a necessary precondition for others to make informed, particularized evaluations—members of the public, perhaps, or legislators or even the parties themselves in their continued interactions. This itself is often (though not always) enough to potentiate an adequate process of moral accountability.

This kind of relentless judicial prodding does not, however, guarantee that the judge's orders will be obeyed. The prospects for effective enforcement are especially dim in litigation, such as *Pennhurst*, directed against institutional bureaucracies in order to challenge their continuous, large-scale operations. The size and complicated hierarchical structure of the bureaucracy means that a judge can rarely identify the one or two or three officials who, at the stroke of their pens, could assure compliance with a judicial order and conversely who should be fined or jailed for contempt of court when that order is not carried out. Moreover, because institutional litigation like *Pennhurst* seeks to change the day-to-day continuous functioning of a behemoth bureaucracy, the judge could fully monitor compliance only by creating a shadow bureaucracy virtually as large as the defendant enterprise itself. In any event, the defendants' capacity to undermine compliance by covert resistance in their daily operations is so great that the judge must somehow secure their acquiescence, grudging at least, if he hopes to have any lasting effective impact on the institutional enterprise.[23]

No more than Judge Broderick, the judges in the Alabama and New York retardation institution cases were not able to assure obedience to their orders. In Alabama, Judge Johnson found in 1979 that the state defendants were "in substantial and serious noncompliance with the orders entered in this case over seven years ago."[24] In New York, plaintiffs and state defendants did cooperate for a considerable time and accomplished the reduction of Willowbrook's population from 5,400 in 1975 to 1,400 by 1980. In that year, however, the state legislature signalled the end of the cooperative era by refusing to fund the continued operation of the Review Panel created by the original consent decree to monitor compliance. Judge Bartels held the governor in contempt but the Second Circuit Court of Appeals reversed this ruling and the Review Panel disappeared.[25] In 1981, the judge conducted twenty-five days of hearings and found that, following the expiration of the Panel, "as might have been expected, conditions at Willowbrook have materially deteriorated" and the state had generally failed to comply with the terms of the consent decree.[26]

The actions of the New York legislature offered an emboldening example to state officials in the *Pennhurst* case. In 1981 the Pennsylvania legislature withheld all court-mandated operating funds from the Special Master's Office. The head of the state welfare department told the legislators that the Master's Office was "a redundant, ridiculous piece of bureaucracy"; in response to a question about whether she would "go to jail" if the legislature refused this funding, she replied, "we will see what we will see. I am a risk taker."[27] This legislative action was virtually a command performance for Judge Broderick; he found the state department head in contempt, the Third Circuit Court of Appeals affirmed and the state resumed funding for the Special Master's Office.[28]

In March 1982 the Third Circuit issued a new ruling in response to the Supreme Court's reversal the preceding year of its affirmation on federal statutory grounds of Judge Broderick's closure order. This time, as noted earlier, the Court of Appeals held that Pennsylvania state law itself mandated community placement in preference to institutional residence and that a federal court could enforce this state law. The state sought Supreme Court review of this ruling on two grounds: that federal courts had no proper jurisdiction generally to enforce this state law and that the creation of the Special Master's Office in particular was an excessive intrusion on state prerogatives. The Supreme Court accepted review in June 1982.[29]

Around this same time Judge Broderick became more publicly active in enforcement proceedings. His most dramatic move was on its face somewhat paradoxical. In August 1982 the judge on his own motion issued an order to close down the Special Master's Office.[30] In his accompanying opinion the judge found "at long last . . . that the Office of the Special Master will no longer be necessary for the effective implementation" of his initial closure order.[31] But the judge offered virtually no direct justification for this finding. Instead the judge criticized the state for its persistent "foot-dragging" in "failing to implement" his previous orders;[32] and he ended his opinion with this challenge to the state:

> On many occasions, the defendants have contended that they could better effectuate this Court's orders without the presence of the Office of the Special Master. The Court will now give them the opportunity to make good on this claim . . . .[33]

But Judge Broderick insisted that he would not be "less vigilant in insisting" on compliance. He observed, "As the defendants are now aware, the Court will not hesitate to take appropriate remedial action", pointedly citing his contempt order one year earlier against the head of the state welfare department.[34]

In the months immediately following the judge's challenge, the state was not notably more responsive. But now Judge Broderick pointedly, repeatedly, and publicly called the state to task. He held numerous hearings and issued repeated opinions addressing the details of implementation, identifying the specific resistant officials and the specific steps that these officials could and should have taken. Thus the judge found that county officials had drafted concrete plans for considerable numbers of "quality community placements" in the immediate future while state officials had done nothing to implement these placements notwithstanding that specific facilitative actions were quite feasible for the state.[35] In pointed response to the state's complaints of insufficient funds, for example, the judge found that state officials had failed to take advantage of funds available under two specific federal statutory entitlements.[36] In his scrutiny of this and other similar detailed issues of implementation,[37] Judge Broderick invoked the authority of his office in a pointed, direct way— in sharp contrast to the diffusion of authority and responsibility that had previously resulted from the judge's apparent reliance on the expertise of the Special Master.

This new activity by the judge did not and could not ensure state compliance with his orders. As a general proposition, the experience in all three of the retardation institutions cases—*Pennhurst, Willowbrook* and the Alabama case—indicates that no matter what judges do, they have only limited capacity to command obedience from these mammoth bureaucratic enterprises charged with complex social welfare functions. If judicial success is measured by the defendants' effective obedience, therefore, the judges in all of these cases have notably failed. This is, however, the wrong measure for success. Judges can succeed—and in varying degrees the three judges have in fact succeeded in these cases—if they measure accomplishment by their capacity to raise issues into high public visibility and force many different people (both government officials and private parties) to admit that they are morally responsible for an existing state of affairs either because they have participated in those affairs or they have potential capacity to contribute some resources for change.

Much more than accomplishing what some may regard as "good works," I believe that this process of assigning moral responsibility, of forcing moral accountability, is the bedrock function of the judiciary in our constitutional scheme.

This process cannot be delegated to experts; its implementation requires the intense, active involvement of the judge. In particular, this process requires the judge to prod the parties who appear in litigation to acknowledge issues they might prefer to ignore; and it requires the judge to reach out to others who had not seen their stake in the litigation and to bring them into this special realm of acknowledged accountability. Judge Broderick was too reticent in carrying out this role, at least from the time he entered his initial remedial order in 1978 until he abolished the Special Master's Office in 1982. Because of this reticence the judge failed to identify with sufficient clarity those whom he saw as bearing the moral responsibility for undoing the harms inflicted in Pennhurst—and in particular those state and local officials and those citizens who had not previously seen their own part (if only through ignorance and inaction) in the harms inflicted on the Pennhurst residents and the consequent moral stake they bore in undoing those harms.

Judge Broderick's failure to identify this moral burden with sufficient public visibility and specificity was not his only error during this time. The judge also failed to show adequate attention to and respect for a class of citizens who already had defined themselves as morally responsible for the retarded residents of Pennhurst—that is, those parents who resisted community placement of their children residing in Pennhurst. The judge failed these parents by refusing to accept (or, indeed, to solicit) their formal participation in the litigation. These parents claimed in effect that their children's institutional residence was their private concern and responsibility—a claim that had close correspondence to the position of those local officials and community residents who themselves refused to accept any public responsibility for the Pennhurst residents. Thus in failing to acknowledge these parents as formal participants in the litigation, the judge committed essentially the same error as he had done in his failure to draw in others who had refused to see themselves as litigative participants. The judge, that is, misunderstood the participatory imperatives of the litigative process as an instrument for identifying the public moral dimension of seemingly private concerns.

Turning Away from Dissident Parents

None of the parents who testified at the trial spoke against the proposition that Pennhurst should ultimately be closed and its residents
housed in smaller-scale community facilities. The only dissenting
voices raised among parents were in a few letters sent to the judge
in the months immediately before the trial. In some of these letters,
the parents identified themselves as members of the Parents and
Family Association of Pennhurst which, as a party plaintiff represented by David Ferleger, had formally requested Pennhurst's closure; in other letters, the parents only identified themselves as such
without any organizational affiliation. Judge Broderick did not respond
to any of these letters but simply referred them without comment to
all of the attorneys in the case. The letters posed a question, however, which was never answered or even addressed during the trial
proceedings: if there were parents of Pennhurst residents who were
opposed to the institution's closure, did they need and deserve trial
representation and, if so, who represented them?

The prospective witness list submitted by the defendants at the
beginning of the trial may have seemed to offer an answer to this
question. A number of Pennhurst parents appeared on this list; these
parents were the leaders (and possibly the only active members) of
the Pennhurst Parent-Staff Association which had been established
in the early 1960s. In the late 1960s, a rival organization was formed
by Pennhurst residents' parents who were active in PARC and who
considered the Parent-Staff Association as "too forgiving" regarding
Pennhurst's faults.[38] The rival association, the Parent and Family
Association, was one of the *Pennhurst* plaintiffs, represented by David
Ferleger.

The history of parental organizational rivalry did not appear on
the face of the state's defendants' witness list, but the judge and the
other parties might nonetheless have assumed that the state would
have powerful adversarially-derived motives generally to represent
and specifically to present testimony from these parents who supported their administration of Pennhurst. The defendants, however,
never did call these parents as witnesses at the trial. Two reasons,
possibly related, seemed to explain this litigative decision. The first
was that the state attorneys who directed the presentation of the
defendants' cases were constrained by the state's proclaimed policy

of ultimately closing Pennhurst which would conflict with parental testimony in support of the institution's continued existence. The second was that the attorneys viewed these parents as essentially unpersuasive witnesses even if they had been sympathetic to the parents' position that the institution should not be closed. (Such a view of parents opposed to community placement of their institutionalized children was reflected in one social scientist's conclusion based on interviews conducted during 1975: that these parents were so "convinced of the excellence of the facilities in which their children are placed and that the praise lavished on the institutions was so extravagant as to suggest severe distortions in reality in this area.")[39] Whatever the reasons, these parents never testified though most of them attended every day of the trial.

Dissent among parents of retarded children regarding the continued existence of residential institutions thus was not presented at the trial. As with the experts, the trial testimony lent itself to a misleading interpretation of unanimity though more aggressive probing by the attorneys or by the judge could have shattered that appearance. And, as with the experts, Judge Broderick's order closing Pennhurst itself catalyzed the dissenting parents into public statement of their opposition.

In April 1978 the Pennhurst Parent-Staff Association filed a motion, through its own newly-hired attorney, asking Judge Broderick to reopen the trial so that their position against closure could be presented to him; the Association argued that its special perspective as a spokesman for parents of institutionalized children had not been adequately presented at the trial.[40] The judge denied this motion on two grounds: that the state and county defendants had already filed an appeal from his order so that he no longer had jurisdiction in the case and that, in any event, the Association had failed to speak up at earlier and more appropriate times—during the trial itself a year before, or at the time of the judge's opinion five month's earlier, or even when the judge entered his remedial decree the month before.

This ruling is difficult to justify. Perhaps the parent leaders of the Association had been misguided in assuming that the state's attorneys would adequately protect their interests; perhaps they had been foolish to sit passively in the courtroom and for a considerable time after the trial even though they had been passed over as witnesses; perhaps they had inappropriately assumed that the judge would never harm them by ordering Pennhurst closed so that no active defense of their interests was required. But rather than blaming these parents for their erroneously passive assumptions that some official (whether state's attorney or judge) would protect their interests, Judge Broderick should have understood this error, and therefore excused it, as part of the institutional pathology that he had condemned as such in Pennhurst. Whatever internal psychological and external social pressures had led these parents to turn to Pennhurst for the care of their children and whatever forces had led them to persist in that harmful reliance, these same forces might equally explain their excessive, misguided passivity in Judge Broderick's courtroom. No matter what the explanation for these parents' passivity, Judge Broderick's claim that they had committed themselves to acquiescent silence by their previous reliance on others' good will toward them has the same hollow ring, the same impenetrably faceless bureaucratic mien, as Pennhurst itself habitually turned to complaints from aggrieved parents and residents. By virtue of his office and its constitutionally sanctioned role as special protector of individual's perspectives against aggregative impositions, Judge Broderick was obliged to attend more carefully to the likelihood that an individual's interests would be too swiftly and excessively disregarded by any official actions, even by judicial actions, that treat people as indistinguishable members of groups.

Large issues regarding the legitimacy of institutional class action litigation are at stake here. The judge's refusal to reopen the proceedings to hear these dissenting parents points to an ironic, troubling aspect of this litigative enterprise: that although the judge set out to protect the rights and integrity of individuals against statist aggregative impositions, he could not avoid the necessity of acting in aggregative terms himself.[41] This is clear from the very format of *Pennhurst* as a class action in which the named plaintiffs purported to speak for and to bind not only themselves as individuals but also all others "similarly situated." The individual plaintiffs as represented by David Ferleger and PARC as represented by Thomas Gilhool sought to portray the similarly situated class in broad, even virtually boundless, terms: as "all persons who . . . have been or may become residents of Pennhurst." Judge Broderick approved this class depiction on the ground that all of its members had sufficiently common claims and that the specific representative parties would, as the federal rules dictate, "fairly and adequately protect the interests of the class."[42] The defendants did not, however, oppose this class certification and Judge Broderick did not find it necessary to conduct a hearing on the question.

The judge approved the class certification in November 1976, almost a year after PARC had filed an amended complaint seeking closure rather than improvements in Pennhurst and nine months after the original plaintiffs had joined this amendment. Thus at the time the judge certified the class, it was conceivable that he or the parties might have foreseen some substantial conflict of interest within the described class. During the months preceding the trial in 1977, when the judge received some letters from individual parents worried about the prospect of Pennhurst's closure, this possibility might have been more apparent to him or the parties; by the end of the trial, when no parent had spoken against closure, this possibility might have seemed even more vivid if the judge or the parties had taken care to consider the matter.

The principal responsibility for such attentiveness must necessarily fall on the judge, precisely because the designated representative parties may have a strong motive to overlook or suppress the possibility of conflict within the class for whom they purport to speak. Perhaps the indicators of conflict were too muffled or imprecise to require the judge to take action on his own account during all of this time; but when the Parent-Staff Association finally stepped forward in April 1978, the intrinsic unsuitability of the plaintiffs' aggregative class designation should have been patent to the judge and he should have taken action to remedy the latent error in the original class certification, even though that error was not noticed and was scarcely noticeable at the time.

This prescription is at odds with any prospects for efficiently swift dispatch in judicial business. But speed can be inconsistent with the basic judicial function in class action litigation. The only way that courts can hold to their distinctive individualistic perspective in such litigation is by remaining always ready to dissolve any aggregative class formation that appears at any time to suppress some significant differences among individuals.

This prescription does not answer some critics' basic objection to institutional class action litigation—that courts should limit themselves to individuals' complaints individualistically conceived.[43] These critics invoke the tradition of common law forms of litigation to buttress their argument about inherent limits of the judicial institution. But this atomistic view of courts' social role misconceives the traditional common law methodology. Even at common law, judges never viewed any lawsuit as a socially isolated event with implications only for the individual named litigants. Judges always considered the case at hand with explicit reference to others "similarly situated" in past and future imagined cases. Common law judges insisted that a particular decision was only binding on the specific named litigants; the question whether unnamed others were in fact "similarly situated" was ostentatiously reserved for future particularized litigation. Class action litigation abandons that reservation but this does not necessarily displace the fundamental underlying premises of the common law methodology that dictated a cautious, time-consuming process for making and then for re-examining judgments about systemic aggregative implications.

There are differences between common law and class action adjudication; but these differences are less important than their similarities. At common law, an individual lawsuit has both determinative named parties and a determinative end; the class action has neither.[44] But the contrast in practice is not so stark. When we view traditional lawsuits in the ways that common law judges at least implicitly saw them—as mere episodes in a longer-range, multi-party aggregative process—then modern class actions do not seem so radically distinct. The drawn-out, even apparently endless character of judicial remedial involvement in institutional class action litigation such as *Pennhurst* is thus an explicit acknowledgment of this implicit aspect of common law adjudication. The practical consequence in institutional litigation of this extended remedial involvement is that, like common law adjudications, the aggregative implications of a judicial decision are never settled at one swoop; the implications of initial decisions become clear and are shaped and re-shaped over time, often over such long times that it seems nothing is ever settled.

This is not a methodological weakness, a regrettable inefficiency in either common law or class action adjudications; this time-consuming tentativeness is the legitimizing heart of these adjudicatory methods. This methodology is essential for achieving the deliberate, self-consciously reflective process of social aggregation that offers the best prospect of preserving individuals' inviolable integrity within that aggregation and protecting judges against imposing on others their merely idiosyncratic, socially isolated visions of aggregating principles. This methodology is the distinctive contribution that courts offer as a corrective to the depersonalizing, unreflective aggregating impulse in majoritarian institutions that can overwhelm any possibility for a vulnerable minority to obtain a fair hearing for their demands.

This is the basic reason that Judge Broderick should have viewed the initial pre-trial class certification as merely tentative, subject to his continued skeptical scrutiny as the trial processes might reveal previously unseen individual differences within that class. This is the reason that, no matter when the dissident parents saw and identified themselves as such, the judge should have been prepared to accept that vision and to reopen the case. This is also the basic reason that Judge Broderick should have remained more personally and more intensively engaged in the detailed workings of the community placement remedy rather than appearing to conceive the task of implementation as a merely technical ministerial enterprise that could properly be delegated to experts or to a subordinate officer of the court.

Judge Broderick failed to see this. His failure may have come from some suspicion that reopening the case or remaining deeply involved in the remedial process would have pushed him beyond his capacity as a judge, even beyond his capacity as a person, to reach moral judgments about Pennhurst and its residents' condition. If the judge had pursued either course, he would have incurred substantial costs. These costs would extend beyond, and be more burdensome to him than, the added expenditure of his time. Either course would have forced the judge into more direct and repeated confrontation with the personal suffering that his orders were imposing, most particularly on parents of Pennhurst residents. Either course would have pressed the judge to make more pointed comparisons between this suffering and the patent suffering of the retarded Pennhurst residents which had almost exclusively dominated the trial itself.

Judge Broderick could not avoid this confrontation, however, as the litigation stretched on, as state officials even more adamantly resisted his closure order, as substantial numbers of Pennhurst parents became more vocally concerned about the implications of this order. One striking instance occurred in May 1979, at a hearing where the state defendants tried to persuade Judge Broderick not to issue an order setting a short-term deadline for the community placement of all public-school-age children at Pennhurst. One of the witnesses called by the state was Edward Bradley, the presiding judge of the Philadelphia County Court of Common Pleas. Judge Bradley's fourteen-year-old profoundly retarded daughter was a Pennhurst resident. He testified to his concerns about removing her from the institution; as he ended his testimony, Judge Broderick said, "Maybe it's time that I should make a statement. This might be unusual, Judge, after hearing a witness testify." Judge Broderick then spoke for some ten minutes about his sympathy for the parents' situation and his determination to protect Pennhurst residents from any inappropriate community placement. He then concluded:

> So I'm only making that statement to you, Judge, because I know
> you expressed a genuine concern and I know that there are other
> parents here who have that concern and I just want to alleviate any
> such fear. . . . Because the bottom line, Judge, the bottom line is
> that we want to give the residents of Pennhurst a better life and give
> them every opportunity to reach whatever potential God wants them
> to have. And I say that to you with some emotion this morning
> because, Judge, I'm seriously concerned when a friend that I have
> had respect for for so many years got upset over some order that I
> wrote, that was proposed to me that—and I haven't approved it as
> yet, but I just want you to know that I am not going to approve any
> order unless it has those safeguards.

Seven months after Judge Broderick gave this assurance to Judge Bradley, the Third Circuit Court of Appeals imposed an additional procedure ostensibly designed to respond to parental concerns. Though the appellate court affirmed the closure order generally, it required that the trial judge or his direct delegate make an individualized judgment regarding the propriety of community placement for every Pennhurst resident for whom such placement was challenged. The appellate court presented this added procedure as an adequate response to the concerns of the Parent-Staff Association and ruled that they were accordingly "not prejudiced" by Judge Broderick's refusal to permit their intervention;[45] this is unconvincing, however, since the individualized hearings mandated by the Third Circuit would not permit either specific parents or the Association to challenge the merits of the general policy presumptively favoring community placement for every Pennhurst resident.

Judge Broderick responded to this mandate by creating another official, the Hearing Master, to conduct these proceedings with provision for appeal to him from the Master's rulings. This procedure has also led Judge Broderick to confront passionate opposition to the closure of Pennhurst that had not at all been presented in the original trial. It was this procedure that brought Judge Broderick to confront the parents of G.W., the profoundly retarded blind boy, discussed at the outset of this essay.

This particular confrontation, as already noted, led the judge to temporize, to devise a procedure that held some promise of persuading the parents toward community residence for their son rather than imposing this result on them. The procedure improvised by the judge was to provide that G.W. should be temporarily placed in the proposed residence so that the parents would have an opportunity to observe his progress and comfort there before any final decision would be made regarding their objections. For our purposes, the specific procedure chosen is less significant than the judge's expressed hope that lay beneath that procedure; he ended his opinion in G.W.'s case with this observation:

> In most cases, a family's acceptance of their retarded child living in their community not only strengthens the family ties but results in joyous satisfaction in observing the increase in those life skills which will better enable their child to cope as effectively as his or her capacity permits.

In this opinion, as in his appeal to Judge Bradley, Judge Broderick reached toward a goal that eluded him throughout the *Pennhurst* litigation: to find a concordance between the needs of retarded people and the wishes and capabilities of others to meet those needs. In these exchanges with parents, the judge tried to assure them that their wishes to protect their children would not be disregarded, their capacities to do this would not be overwhelmed, because community resources would be reliably available to help them and this task would not fall on them alone. These parents had already learned that acting alone, relying only on their own financial and emotional resources, they could not adequately care for their children; this is why they had sent them to Pennhurst. But they had also learned that they could not depend on others to provide this protection, that others' promises in this matter were not reliable; they had learned this at Pennhurst and in many previous encounters with others. Judge Broderick set out to teach a different lesson to these parents— that these promises would be kept because fundamental communal principles, embodied in the Constitution, commanded this result. His good intentions were unmistakable; but the parents' skepticism is nonetheless understandable.

This is, in the end, the saddest lesson of *Pennhurst*: that good intentions are not enough, that so many people who believed that they had found common ground ultimately concluded that this belief had been an illusion and even that they had been betrayed and abandoned. This progression occurred between David Ferleger and Winifred Halderman, the initial progenitors of the lawsuit. This occurred between the parents of retarded children who were active in PARC and the Pennsylvania state officials from the time of high promise and collaborative effort in the right to education suit to the bitter divisions and recriminations in this litigation. A recognizable version of this same progression can even be seen in the attitudes of many parents of retarded children who find ultimately that they cannot care for them: that these parents at first hope and believe that they will find common ground with their children but that, over time, this conviction erodes and they are forced to define their own interests as different from, and in conflict with, their children.

A sad depiction of this sad process took place at the Supreme Court oral argument in the *Pennhurst* case. A few moments before the Justices came into the courtroom to hear the argument, a marshal escorted a woman to a seat in a section reserved for special guests, set apart and raised from the rest of the spectators. The woman was Virginia Thornburgh, the wife of the governor of Pennsylvania. Mrs. Thornburgh had been president of a county chapter of PARC and had led her chapter and pressed the state association toward an active litigative attack on conditions in state retardation institutions. One apparent source of Mrs. Thornburgh's commitment to serving the needs of retarded people was her stepson; this child had suffered brain damage which left him retarded in an automobile accident in which his mother, Governor Thornburgh's first wife, was killed.

Now Virginia Thornburgh sat, alone and part, just below the Justices as Pennsylvania state attorneys argued against PARC attorneys regarding the rights of institutionalized retarded people. Her presence was a visible token of the difficulties in sustaining common bonds among people who at the outset seem to share so much and approach one another with so much hope and need for mutual support.

In the face of these difficulties, in the wake of these tragedies, what can a federal judge do, what is he obliged to do, to assure that community members generally will share their resources to ease these burdens? There is no easy answer to this question. This much, however, seems clear: that if this is a proper task for judges, it can only be accomplished by persuading others that their interests and needs are truly at one with those who claim their resources. To accomplish this, a judge must teach others to see commonalities that are not easily perceived and are most readily denied.

This difficult, even improbable lesson is the subject of one of the New Testament parables, the parable of the prodigal son.[46] In this parable, the elder son angrily reproaches his father for joyously welcoming the prodigal son who had returned after wasting his share of the family's resources. The elder son complained that he had served faithfully while the younger prodigal had given nothing and, worse, "had devoured your living." Why then, the elder son demands, should "this son of yours" be welcomed when he seeks to return? The father replies, "Son, you are always with me, and all that is mine is yours. [Yet] it was fitting to make merry and be glad, for this your brother was dead, and is alive; he was lost, and is found."

The parable ends here. The biblical account implies that the elder son should have joined the rejoicing and that his loyal steady service to his father would have other sufficient rewards. But we are not told whether the elder son was persuaded to this. Ultimately there may be no better or more persuasive answer that his father can give. Ultimately there may be no better or more persuasive answer to the question why the residents of Pennhurst, at great cost to everyone, should be returned to live in the community: "for this your brother was dead, and is alive; he was lost, and is found."

This answer might not have sufficed in the biblical parable if the prodigal's return had depended on his brother's welcome, if the prodigal could not be found unless his brother had been willing to search for him. But this act of welcome, this active searching, is required to return Pennhurst residents to the community. Judge Broderick thus had a more difficult task than the father in the parable. The judge was thus inescapably confronted with the question whether his moral authority amounted to anything more than his capacity to persuade and if nothing more, how he might achieve this persuasion. There is no answer to this question in the parable.

Postscript

As this book was in press, a new chapter of the *Pennhurst* case opened. On July 13, 1984, state officials and the private plaintiffs announced that they had reached a settlement. The state specifically agreed to close Pennhurst by July 1, 1986 and to place almost all its remaining residents in family-scale community homes.[47] (At the time of this agreement, Pennhurst's population had been reduced to 460 residents; the plaintiffs agreed that some forty of them could be transferred to other institutional settings in the state.)

This agreement was not joined by the dissident parents' group (which by then had been granted party status in the continuing litigation). The United States did concur in the settlement, but without visible enthusiasm, since its position in the case had been transformed under the Reagan administration. In an April 1984 brief submitted to the Third Circuit Court of Appeals, the Department had withdrawn its support for court-ordered closure of Pennhurst and argued that the Constitution required only minimal training programs, and essentially no habilitative treatment efforts as such, within the institution; in 1983, the Department had initiated criminal prosecutions against nine Pennhurst employees for alleged abuse of residents.

Substantial impetus for the agreement came from the Third Circuit Court of Appeals. In February 1984, the Court set out ten questions to the parties which, it said, "must be addressed by this court as a consequence of the Supreme Court mandate" a month earlier, remanding the case. Notwithstanding its repeated reversals by the Supreme Court, these extensive new questions implicitly signalled the Court of Appeals' resolve to press forward undeterred on the path charted by Judge Broderick to close Pennhurst. The state's acquiescence, after its drawn-out resistance, may indicate that the saga of Pennhurst is coming to an end. But it is not yet clear what this end will signify for other residential institutions or for other judges asked to remedy abuses inflicted on retarded people.

PART · VI

Roe v. Norton:

Coerced Maternal Cooperation

Stephen D. Sugarman

Setting the Stage

The Policy Issue: Making Welfare Mothers Talk

This case study examines governmental efforts to pressure welfare mothers to pursue child support rights against the fathers of their "illegitimate" children. It focuses on a series of legal battles over this issue waged during the 1970s—in federal courts in Connecticut, in Congress, in the Department of Health, Education and Welfare (HEW), and before the United States Supreme Court (Supreme Court).

Today American opinion overwhelmingly holds a man responsible for the financial support of his offspring even if he hasn't married the child's mother and isn't currently living with her. Conforming to this view, and reversing nineteenth-century law, every state now requires paternal support of "illegitimate" children in the same way that it imposes support obligations on non-custodial fathers of "legitimate" children in cases of divorce or separation.[1]

If we think first about female-headed families generally, and do not focus on the welfare context, it is easy to see that there are good reasons to rely on the mother to pursue these "child support" rights against the non-custodial father. The mother will usually want to enforce this obligation simply because she cares about the child. Moreover, since she too will benefit from the extra household income, self-interest gives her a powerful incentive to enforce the child's right whatever her feelings about the child. Of course, the mother may want some help from the state in locating the father or in attaching his pay check, and in recent years all levels of government have increased such assistance to requesting mothers.[2]

Sometimes, however, even well-informed mothers may choose not to pursue child support, and may even elect not to obtain a legal determination of the child's paternity. Soon I will explore the reasons for such decisions—both child centered and selfish ones. The policy issue in the face of inaction by the mother is whether the state should step in on behalf of the child.

For the ordinary family, whether it arises in the context of illegitimacy, separation or divorce, the state does not normally interfere with a mother's decision to allow her child's rights to go unenforced. That is, although the state has the formal power to intervene under child neglect or guardianship procedures, in practice if the mother doesn't pursue the father he usually just "gets off."

This approach to children's rights arises first from a strong presumption that the custodial parent is acting in the child's best interest, a presumption that, I believe, is usually factually correct. In addition, there are substantial shortcomings to a policy of intervention on behalf of children. Three reasons should make this clear. One, were judges and other public officials to step in, they would often have difficulty defining the child's best interest in the particular case; i.e., it will be hard to tell if the mother's decision is wrong. Two, even in cases where pursuing the father would seem in principle to make the child better off, the government would often wind up spending a great deal of money in order actually to improve the child's situation. For example, normally when child support is paid, the state pays no attention to how the mother spends it. Will that practice have to be changed as well? Will guardians or foster parents have to be hired? Three, regularly subjecting parenting decisions to official public scrutiny and reversal is potentially destructive and demoralizing to families. Not only will government second-guessing sometimes be wrong, but more importantly, who likes the insecurity that would come from having intimate relations subject to public review?[3]

Given this general posture of non-intervention, let us now introduce the welfare context. Assume we are talking about a woman who is poor and on AFDC (Aid to Families with Dependent Children) and that, as is the general rule, any paternal support that is paid will simply reduce her welfare check by an equal amount. Although this plainly alters the mother's short term incentives, it must be appreciated that the interests of both mother and child in obtaining a paternity determination and a support order involve more than immediate cash. After all, the mother is not likely to be on welfare forever; child inheritance rights and social insurance benefits might turn on paternity; the child might benefit psychologically, at least later on, from a paternity determination; and some mothers may derive personal satisfaction from making the father take personal and financial responsibility for the child even if the mother and child do not get any more money out of it.

As one might imagine, therefore, large numbers of welfare mothers, without prodding, do in fact pursue absent fathers, especially when the state offers to help them. On the other hand, without pressure, some would not. And let us be clear that *the mother's cooperation in illegitimacy cases is typically critical*. Even if government officials could actually collect the child support on their own, the mother must initially come forward and talk—to identify the father and, at least in contested cases, to establish his paternity in court.

Some people will jump to the conclusion that cooperation should be required of all welfare recipients simply because of the state's clear financial interest in saving welfare costs. Moreover, payments by fathers not only can reduce taxes generally, they can also free up money that might be transferred to other needy welfare recipients. Taxpayers' interests are not the only ones that count, however. Even though they're on welfare, don't the mothers' interests count for something? And what about the children's interests? Does the fact that a mother is on welfare make her decisionmaking much more suspect than that of other single mothers?

This brings us to a consideration of some of the reasons why mothers might prefer to keep quiet and not go after the father. It will readily be appreciated that some of those reasons are as applicable to the non-welfare context as they are to ADFC mothers. Suppose the man, if he is pursued, is likely to beat the child. Or suppose there is virtually no chance of obtaining support payments; perhaps the father is long-term unemployed or has disappeared. Maybe the father plans to marry the mother and support the family, but will be scared off if hauled into court now. From this set of some of the *child-centered reasons* that can explain inaction by the mother, we see that sometimes coercing mothers to seek child support will hurt the child and not even benefit taxpayers, even in the AFDC setting; in other cases, the child's and taxpayers' interests may conflict.

There are, of course, other reasons for non-cooperation. Maybe the mother risks being beaten; maybe she is uncertain which of many men is the father or is unable to remember the man's name; maybe she fears revelation of sordid aspects of her private life. While some people think these are good *personal* reasons for not pursuing the child's rights, others view the consequences as the deserved price of the mother's irresponsibility. Some mothers will do nothing to pursue the father out of laziness or ignorance, possibilities that seem far greater in the AFDC context where the benefits are less tangible or immediate and the mothers themselves are often poorly educated teenagers. Finally, surely some AFDC mothers will want to protect their boyfriends from having to pay; and surely some will try to hide from the welfare officials the boyfriend's current unreported payments. These latter explanations for maternal silence make some people's blood boil. For many the upshot of the analysis carried this far is that in AFDC cases we should at least discard the traditional presumption that mothers should decide whether or not to pursue child support rights.

But there are interests of welfare mothers *as a group* to consider that cut the other way. Why should welfare be conditioned on exposing one's private life to the eyes of government? Why should being on welfare or having an illegitimate child indict one's competence as a mother? We have no public consensus on these questions of principle. Moreover, as a practical matter, the imposition of additional conditions on the receipt of welfare, like maternal cooperation, creates risks to those who rightly qualify for welfare: some will fail to obtain it because they misfile the extra required forms; others will be victims of the increase in the discretion and potential arbitrariness of welfare officials that come from such new conditions.

Finally, if we demand cooperation we must be prepared to impose penalties on those mothers who refuse; but are not such sanctions, in turn, likely to harm the innocent children? Surely these are undesirable costs that fairminded people will worry about.

In sum, whether we focus narrowly on the interests of children or on the broad range of interests of society at large, it is not clear whether welfare mothers should be forced to cooperate in establishing paternity and seeking child support for their children. I believe that the rich detail of this case study nicely illustrates how advocates of diverse interests grappled with, and how diverse decisionmakers resolved, this complicated policy question. In the process, I think we can learn some interesting things about advocacy on behalf of children.

Having set the policy stage, I devote the rest of this Chapter to a brief review of the context in which this hotly controverted issue of "making mothers talk" was fought out. Initially, I explain where illegitimate children and their single mothers fit into our basic welfare system, pointing out early state and federal measures especially affecting them. For further background, I show how welfare rights litigation got started in the late 1960s, leading to the first attack on state laws mandating welfare mother cooperation with state officials in enforcing paternal child support obligations.

General Welfare Law Backdrop

Popularly known as "welfare", AFDC is a federal grant-in-aid program established by the Social Security Act of 1935 ("Act"). AFDC's adoption represented a substantial advance in the provision of public assistance to needy children. Prior to that time state mothers' pensions programs were the major progressive technique for providing cash aid to poor, fatherless families. Such programs, which were enacted in nearly all states between 1910 and 1934, enabled needy widowed mothers and other single parents to keep their children and raise them at home. With the pension, the family did not have to go to the poor house, beg or seek charity, apprentice the children to a master, or submit to local programs run by overseers of the poor. But by 1934 the country was in severe financial straits, and many state mothers' pensions plans had long waiting lists or were insolvent. Moreover, in a number of states the "programs" existed only on paper—localities were authorized to have aid schemes but in fact did not fund them.

The Act offered federal matching funds to help revive and expand these pension plans, and targeted children who were deprived of support because of a parent's death, incapacity, or absence from the house. But the Act allowed states to determine both benefit levels and which of those children who met the minimum federal standard would actually qualify. Still, important federal strings were attached by reformers of the time; for example, the program had to operate statewide and under the direction of a single state agency. Moreover, these early federal restrictions set in motion a dynamic process that gave the federal government an increasingly larger role in later years.[4]

AFDC and Illegitimate Children

Under the mothers' pension plans, "illegitimate" children were often not aided; the programs were commonly aimed at "gilt edge widows," and only applicants certified by a social worker as deserving mothers were aided. Although the new federal program made no distinctions among cases involving deceased, incapacitated, or absent fathers, many states at the beginning simply carried over their earlier preferences. For example, until 1939 in California, "absent fathers" typically had to be absent for seven years and presumed dead before AFDC could be claimed.

More than half of AFDC beneficiaries in the earliest years were in the "deceased father" category, and "incapacitated fathers" were another important class. Less than a quarter of the cases involved absent fathers. Moreover, even within the absent father group, most mothers were divorced or separated. Hence, in 1936–37 only around 2 percent of the aided AFDC children were "illegitimate."

Since 1939 the profile of AFDC recipients has changed dramatically. Due to the addition in that year of survivors' benefits to Social Security, large numbers of widowed mothers moved off means-tested AFDC and onto Social Security pensions. By 1948, widows made up less than one quarter of the AFDC caseload; today the portion is trivial. Similarly, by 1960 disabled workers and their dependents became eligible for Social Security, thus relieving AFDC of another large group of claimants. Today, "incapacitated father" cases are also a small share of the AFDC caseload.

These trends, which caused an exodus of beneficiaries, were paralleled by other trends which prevented the withering away of the AFDC program: a large growth in "broken homes", an increased willingness of mothers from such homes to seek welfare, and a growing reception by welfare law and officials to absent father cases. Absent father cases amounted to more than 40 percent of the total in 1948, 55 percent in 1953, and are around 80 percent today.

Moreover, within the absent father category, AFDC cases involving children of men who had never married the mother moved up sharply, especially since the post-war years, jumping to 15 percent in 1948, 22 percent in 1953, and more than a third today. On top of that, welfare rolls virtually exploded in the 1960s: from 2.4 million persons on AFDC in 1961 to 8.7 million in 1974. The upshot is that the number of "illegitimate" children aided by AFDC in the last dozen years is enormously larger than that of the first dozen years.

Early Congressional Concern about Child Support

Through a 1950 AFDC amendment, Congress first demonstrated its concern about the growing absent father caseload. Congress recognized that AFDC was becoming dominated by children whose poverty could be blamed on their fathers' failure to support them. To be sure, sophisticated analysts knew that because of the typically low income of such fathers large numbers of children would remain eligible for AFDC even if all absent fathers fulfilled their legal obligations to pay. Nonetheless, since in 1950 such fathers were contributing hardly anything, enforcing the obligation could theoretically go a long way toward reducing taxpayers' welfare costs.

Congressional leaders concluded that the key problem was that state and local *welfare departments* were doing too little to make absent fathers pay. The new law thus required welfare officials to provide prompt notice to appropriate *law enforcement officials* ("NOLEO") whenever a child who had been abandoned by a parent received AFDC. Although the amendment imposed no formal obligations, Congress clearly intended to shift the non-support problem onto those state and local officials who presumably would more vigorously pursue absent fathers.

Congress, it should be noted, aimed its initiative at non-supporting parents in divorced and separated, as well as "never married," cases. This sometimes involved enforcing an outstanding support order against a difficult-to-locate father. Sometimes it meant obtaining a first support order. In addition, in cases where the father and mother had not married, paternity often had to be established.

Many observers believe NOLEO was a failure. Two mid-1950 studies suggest NOLEO's effect after a few years of implementation, although a lack of comparable earlier studies complicates conclusions regarding NOLEO's relative impact.[5] One study, conducted in California in 1954, showed that the whereabouts of more than half of the absent fathers was still unknown. Only about one sixth of the absent fathers contributed anything during the month studied—21 percent of the married and 9 percent of the unmarried fathers. Court orders did seem to correlate with higher support rates; about half of such men were paying something. But support orders were in place against only 28 percent of the married and 4 percent of the unmarried fathers.

A 1955 national study yielded similar conclusions. Only about 20 percent of the married fathers and 10 percent of the unmarried fathers made payments in the month studied. Paternity had not even been established for about 60 percent of the unmarried fathers. But when paternity was officially established and an order of support entered, more than 40 percent of the fathers made some support payments.

Although these results discouraged many, they offered hope to others that more effort would yield better results. And, as we will see, Congress continued to attack this problem.

Early State Maternal Cooperation Requirements

Even before NOLEO, many states conditioned AFDC on maternal cooperation in pursuing legal remedies to obtain support from the father. NOLEO, however, seemed to have prompted additional states to condition eligibility on "cooperation." After all, material cooperation was usually preferable and often essential (especially in illegitimacy cases) to effectuate support payments from fathers; and law enforcement officials would not be happy to be handed a problem, the solution to which obstinate mothers could readily frustrate.

Along with their cooperation requirements, states generally either set out explicit circumstances waiving the mother's obligation, or granted local officials discretion not to pressure the mother. In short, it was widely recognized that legal action sometimes was infeasible or not sensible: apparently the main instances were thought to be when the man was living out of state or his whereabouts were unknown, or when he was either clearly unable to support or already voluntarily supporting up to his financial ability. A few states granted exceptions when legal action might adversely affect the family—say, hindering reconciliation or, under a Kentucky statute, having an "undesirable and unwholesome effect on the mother, the child and the community." Similarly, West Virginia law excused legal action when "damaging to the children, mother or other innocent persons." I know of no record of the number of exceptions actually granted. But in any event, as we saw, cooperation requirement or not, most fathers of illegitimates on AFDC even after NOLEO still paid nothing.[6]

State Efforts to Exclude Unmarried Mothers and Their Children from AFDC

The post-war unpopularity of welfare claimants with illegitimate children has been compounded by race: a large proportion of poor single mothers of illegitimate children was (and still is) black. And it seems reasonably clear that in the 1950s and 1960s, in some states at least, racial feelings fueled separate efforts to curb sharply the growing numbers of illegitimates supported by AFDC. Thus, quite apart from those cost-cutting measures already noted, some states began adding conditions that would simply *exclude* a large number of children from AFDC benefits *whether or not their fathers paid child support.*[7]

An early approach denied AFDC on the basis of illegitimacy alone; a 1951 Georgia law, for example, barred assistance to "more than one illegitimate child of a mother." Recognizing that targeting on illegitimates in states like Georgia was largely the same as targeting blacks, HEW announced in the 1950s that such conditions would jeopardize a state's federal funding.

Some states kept one step ahead of HEW, however, denying AFDC when the mother failed to provide a "suitable home". This measure harkened back to the mothers' pensions era concept of the "worthy poor," when local officials made invisible, discretionary decisions to deny aid to mothers whose life styles they disapproved of. In some states, however, homes were simply defined as unsuitable when an illegitimate was born. Here the idea was that the out of wedlock birth itself demonstrated the mother's socially unacceptable sexual behavior, hence, her unfitness. Copying a 1954 Mississippi policy, Louisiana catalyzed a national outcry in 1960 when it announced a "suitable home" policy that would immediately remove 22,500 children from aid—90 percent of those children were illegitimate and 95 percent black.

In response, HEW head Arthur Flemming promptly issued a strong directive prohibiting states from cutting off aid on the ground that the home was unsuitable. Rather, the state either had to continue aid while trying to improve home conditions or it must remove the child to a suitable one. Soon Congress endorsed this position.

Some states, largely in the South, also enacted "substitute parent" provisions, which terminated eligibility when a man with a specified relationship with the AFDC mother was deemed to substitute for the absent biological father: the notion was that the children no longer had the requisite "absent" parent. Substitute parent provisions generally denied aid even if the substitute was not providing support and had no legal obligation to do so. But they were quite different in their breadth. For example, one far reaching provision assumed that a regular boyfriend (even if married to and living with someone else) who had sexual relations with the AFDC mother would, in effect, be held responsible for the duties of a "husband" in return for enjoying a husband's "privileges"—whether or not he actually fathered any child of hers. Other more modest provisions were limited to stepfathers who were living in the house but had not adopted the child.

All substitute parent provisions looked to the man-woman rather than the man-child relationship in denying eligibility. As such, they were widely criticized again as punishing innocent children for their mothers' behavior and, like the "suitable home" rule, for keeping black, often illegitimate, children off welfare.

HEW (now named the Department of Health and Human Services) has consistently conceded that the Congress in 1935 had agreed that states could attach eligibility conditions for AFDC. Yet even early on federal officials began to insist on limits. Put broadly, HEW regulations declared that state plans could neither impose unconstitutional conditions (e.g., formally exclude blacks from the program) nor conditions clearly at odds with the basic purposes of AFDC. This outlook was the basis for two determinations noted above: the Flemming Ruling and HEW's position that states could not condition aid on legitimacy alone. However, despite the dubious validity of many other state rules under these regulations, HEW rarely invoked its enforcement powers. Apparently, HEW (1) was reluctant to clash with the states, (2) was concerned that its only real remedy—a fund cutoff—might hurt more than help the poor, and (3) was worried whether the courts would uphold these regulations if challenged. In short, these HEW provisions served mainly as an occasional threat. Despite some misgivings, therefore, HEW approved many "substitute parent" rules.[8] HEW finally balked when Alabama adopted a sweeping "regular boyfriend" definition of parent.

The most important challenge to the substitute parent rules, it turned out, came not from HEW but, as I next explain, through litigation leading to *King* v. *Smith*, the U.S. Supreme Court's first important welfare law decision.

Early Welfare Rights Litigation

When the federal government established the Legal Services Program in the mid-1960s, it created a very small army of poverty lawyers deeply concerned with welfare law issues. These lawyers objected to the demeaning treatment of recipients, the abuse of discretion by local welfare officials, the inadequacy of benefits generally, and the exclusion of many poor people from AFDC. They sought to make adequate income a "right" of all the poor. One strategy was to enlist the law, with the help of liberal federal judges, in pursuit of this goal.

While Alabama and HEW were bickering, legal services lawyers brought *King* v. *Smith* in federal court seeking a declaration that Alabama's substitute father rule violated both the Social Security Act and the constitutional rights of AFDC mothers and their children. On appeal in 1968, the Supreme Court, avoiding the consti-

376

tutional issue, agreed with the plaintiffs that Congress, through the Social Security Act, barred Alabama's practice.

The *King* opinion adopted a broad, pro-applicant interpretation of the federal law, concluding that the Congress, through various AFDC amendments since 1935, had substantially restricted state freedom to establish eligibility conditions. Specifically, the Court said that Congress meant that a "parent" under the Act had to be someone with a legal obligation to support the child; it also concluded that Congress had decided that "immorality and illegitimacy should be dealt with through rehabilitative measures rather than measures that punish dependent children . . . ." I find this rather aggressive imputation of views to the Congress quite understandable once we assume that, viewed from Washington, the Alabama "substitute parent" rule was seen as a "dodge" to circumvent the Congressionally endorsed Fleming Ruling. Besides, given the racial overtones of the case, and in the context of the Court's concurrent striking down of Southern states' evasions of its school desegregation orders, one can see why the Court would refuse to let Alabama "get away with it." In doing so, however, the breadth of the *King* opinion meant the voiding of the substitute father provisions of all states, despite HEW's previous approval of many of them. So much for judicial deference to HEW on matters of statutory interpretation.

Doe v. Shapiro: First Attack on Coerced Maternal Cooperation

The *King* decision with its sweeping language was the breakthrough that welfare rights lawyers needed. Soon they were using the opinion to attack a variety of eligibility conditions. One of the first important cases to be decided after *King*, *Doe* v. *Shapiro*, arose in Connecticut and is near the heart of our story. In 1968, Scott "Doe" was an illegitimate child on welfare. His mother, Jane "Doe," refused to cooperate with welfare officials who, pursuant to Connecticut provisions demanding cooperation, insisted that she reveal the name of Scott's father. Upon her failure to talk, Connecticut terminated assistance to Scott and his mother.

Doe v. *Shapiro* was not planned as a test case, that is, using a plaintiff sought out by law reformers. Rather, Jane Doe herself came into Waterbury Legal Aid looking for help. Nonetheless, the national Welfare Law Center, located in New York City and sponsored by Legal Services, played the central role in the case's development. (Lawyers often use the names "Doe," "Roe," etc. when privacy reasons call for keeping the litigant's true name secret.)

The lawyers made constitutional and statutory arguments before the Connecticut federal court. Soon arguments centered on a 1967 amendment enacted by Congress out of frustration with NOLEO results. That amendment sought to force states to develop better paternity and support programs for illegitimate children by requiring a separate state unit charged with child support and enforcement, and offering increased federal cash and cooperation in locating absent fathers as an incentive. But like NOLEO, the 1967 amendment said nothing about either requiring mothers to cooperate or the consequences of their unwillingness.

Connecticut argued that it was simply implementing Congress' enforcement objectives. As a policy matter, HEW had recommended against this approach because of the potential adverse consequences to innocent children. However, as a legal matter HEW had already approved many state plans such as Connecticut's containing the cooperation condition; by contrast, recall that HEW had at least disapproved of Alabama's "substitute father" rule directly at issue in *King*.

In August 1969, the district court, disregarding HEW's interpretation, followed the sentiment of *King*, and concluded simply that the Act as amended forbade Connecticut from punishing the child because of the non-cooperation of the mother. Connecticut's lawyers appealed to the Supreme Court. The Welfare Law Center's lawyers had won a striking victory, but they were apprehensive about what the Supreme Court might do. Hence, when the state missed a filing deadline, they argued in their brief that the appeal should be dismissed on a technicality. It was. The state unsuccessfully sought a rehearing, arguing that the delay was the fault of the district court clerk. Indeed, the clerk went to Washington to explain his mistake, but in vain. Connecticut was down, but decidedly not out.

When the state lost *Doe. v. Shapiro*, Assistant Attorney General James Higgins, an important figure in our story, assumed primary defense responsibilities. Higgins and others on Connecticut's Attorney General's staff responded to the loss by having the welfare department change the state's regulations so that only the mother, and not the child, would be cut off welfare if she refused to cooperate. After all, the *Doe* v. *Shapiro* opinion protected the "continued eligibility of the child" and emphasized that "if any sanctions are to be applied . . . these sanctions should be directed at the mother and not at the needy child." The new rule, Connecticut could claim, was just what the judges had in mind.

Apparently not: when Jane Doe's lawyers hauled the state back into federal court in March 1970, *Doe* v. *Harder* closed this loophole. The opinion recognized that the child still would suffer even if only the mother's portion of the welfare check were reduced. Hence, the court held the state's welfare commissioner in contempt for violating the restraining order issued in *Doe* v. *Shapiro*.

Connecticut again appealed to the Supreme Court. This time the Welfare Law Center's lawyers succeeded in having the appeal dismissed on the ground that jurisdiction was inappropriate in the Supreme Court, and that jurisdiction existed in the Court of Appeals if at all. Had Connecticut's lawyers originally sought review in the Court of Appeals, they might have overturned *Doe* v. *Harder*; but having gone to the wrong court, it was then too late.

The Stage Is Set: Introduction to Recent Judicial and Legislative Battles

The *Doe* cases by no means ended the matter. On the contrary, as we will see, Connecticut's strategy of cutting off only the mother's aid was merely ahead of its time. Chapters 17 and 18 describe further battles over coerced maternal cooperation spanning a decade, which were fought in a variety of forums. In brief, following *Doe.* v. *Harder*, Connecticut officials counter-attacked by replacing the welfare cut-off threat with a contempt of court threat that promised *jail* to uncooperative mothers. This tactic, too, was attacked in a case, *Roe* v. *Norton*, around which our story will be told; this time, however, the state prevailed in the lower court. Many national children's rights groups joined in the attack on the contempt provision at the Supreme Court level, but in 1975 the Court ducked the issue.

During this same period, since HEW had failed to declare *Doe* v. *Shapiro* the law of the land, local legal services lawyers, supported by the Welfare Law Center, took the offensive by bringing suits challenging welfare cutoff threats in many other states, ultimately succeeding in the Supreme Court in 1975—at least in principle.

Meanwhile, however, in December 1974, Louisiana's Senator Russell Long had persuaded Congress to reverse the *Doe* v. *Shapiro* ruling by amending the AFDC law so as to impose a welfare cutoff threat as a condition of eligibility. By this move Congress not only defeated the legal services lawyers, but also mooted Connecticut's interest in using its jail threat.

Liberals later managed to get Congress to provide an exception to the maternal cooperation requirement if the mother had "good cause" not to cooperate; in turn, bitter battles before and within HEW erupted over what good cause should mean and how the exception should be implemented. The upshot is that today the law on coerced maternal cooperation everywhere is not very different from Connecticut's policy in 1968 before the lawyers ever got involved.

I believe that some important lessons for child advocates are made vivid by the story of the legislative and judicial proceedings set out in the next two chapters. First, despite all the talk of judicial activism, the legislative forum is still often far more important for children's advocates than is the courtroom. Second, children's interests are readily used as a rhetorical cover for other interests. Third, contesting parties often fail to present a firm factual basis for key assertions so that it is unclear whether children gain or lose in these battles. Fourth, since the debate in this area was not conducted at a steady, deliberative pace, but rather through periods of frantic activity followed by long lulls in the decade-long saga, stick-to-itiveness becomes critical for reformers. Finally, when the interests of individual children are unclear or the interests of children as a group conflict, lawyers are tempted to finesse the question "who should decide" for children through the procedural devices of children's separate counsel and an individualized determination of their best interests. I will have more to say about each of these themes in Chapter 19.

In The Courts

James Higgins, Assistant Attorney General for Connecticut, refused to concede after the *Doe* v. *Harder* court struck down the strategy of terminating only the mother's aid. He was personally challenged, as he put it, "to concoct a system" of forced maternal cooperation that the liberal Connecticut federal judges would accept. Higgins invented the "contempt of court provision" which summoned uncooperative mothers before a judge as a witness (in the way witnesses are often subpoenaed to court); if she refused to testify at that time she would be threatened with jail for not cooperating. Higgins helped guide this new provision through the 1971 Connecticut legislative session.

Higgins reasoned that since welfare was not cut off, the new legislation would not offend the Social Security Act. He had been a little worried that holding only welfare mothers of illegitimate children in contempt of court for not talking might be unconstitutional on the grounds of unequal treatment; hence, this concern was dealt with by having the contempt statute formally apply to *all* illegitimate children, whether or not on welfare. Finally, by granting the mother immunity from *criminal* prosecution, Higgins hoped the contempt scheme would escape the other most likely constitutional claim—that the mother was being forced to incriminate herself under adultery and other laws.

Children's Rights or Taxpayers Rights?

Plainly, the contempt threat, just like the invalidated provisions, was designed to coerce cooperation by welfare mothers. It is worth considering, therefore, just why the weapon of coercion was so important to Connecticut officials that they kept trying in the face of two earlier judicial defeats.

We must first ask whether non-cooperation was a big problem in Connecticut. The local press interviewed John Harder, Connecticut's welfare commissioner during some of this period, on *Doe v. Shapiro:*

> [H]e considered the case insignificant . . . [I]n most cases the mother of an illegitimate child identifies the father if she is able. Only in about "one in a thousand cases . . . the mother refuses to name the father," Harder said. "Usually the mother cooperates fully."

To be sure, some officials feared that if word that the state tolerated non-cooperation really got around, more mothers might not cooperate. I have, however, found no good evidence justifying such fears from the years 1970–72, during which time state officials lacked any official sanction against a mother who refused to cooperate. That is, although *Doe* had invalidated the old statute and the new contempt statute had not yet been implemented, no crisis of non-cooperation erupted.

On the other hand, ironically, those years were probably not a good test of such fears because many field workers illegally continued to pressure mothers to cooperate. That is, although the Connecticut welfare department formally advised local offices in March 1970 that they could not continue to condition AFDC eligibility on the mother's cooperation, this message was widely ignored. Hence in April 1972, and again in January 1973, strongly worded reminders were issued, prompted by complaints of "attorneys in the community," reiterating the federal court restrictions. Moreover, even where *Doe* v. *Shapiro* was not flouted in policy, individual abuses probably occurred. For example, some local observers told me that intake workers continued the practice of insisting to mothers of illegitimates that they "should" identify the father. Even without such stern instructions, applicants, who are already vulnerable to pressure in the welfare office setting, may well have imagined that their eligibility hinged on cooperation. In sum, these bits of evidence tell us more about the difficulties of implementing welfare rights courtroom victories than they do about how mothers will behave if cooperation is optional. Even so, it is hard to see epidemic non-cooperation as any more than a vague fear.

Another explanation for the combativeness of the Connecticut officials lies in a natural reaction against being pushed around by federal judges, poverty lawyers, and welfare rights groups. Indeed, I think it was generally true that the 1970s welfare battles took on a personal dimension transcending the interests of mothers or children since public officials, who saw themselves as members of a "helping profession," were roughly challenged and suddenly had to defend their policies and their turf.

There is also, finally, the matter of principle—although it was confusing throughout just what principle Connecticut meant to invoke. Many state officials plainly felt that coerced cooperation was an important symbol—reflecting the state's commitment to saving taxpayers' money by making fathers pay. Others, including James Higgins, insisted throughout that the rule displayed a central concern for children's interests. Excerpts from the state's ill-fated Supreme Court brief in *Doe* v. *Shapiro* develop this dichotomy:

> The Connecticut regulation by forcing the mother to disclose the name of the putative father has the social goal of protecting her from her own shortsighted stupidity caused by her desire to protect her current paramour rather than protecting the future of her children. Unless this Court is prepared to say that the appellee should sit ensconced on the welfare rolls forever, she should want to seek sup-

port for the child against the day she goes to work or otherwise leaves the public assistance program.

She should also want to protect the child's rights to Social Security benefits from the acknowledged or adjudged father. She should want the Veterans' benefits and the Workmen's Compensation benefits that are available. If she will not name the father through some misguided romantic idea, who should better attempt to protect the child than the state . . . .

Another strong reason for upholding the regulation is the fact that putative fathers would completely escape their obligations to support their own children and thus encourage these men to engage in continuous promiscuous conduct with many women, well knowing that they would avoid any responsibility for their acts. The defendant concedes that no law of civil responsibility will ever eliminate this type of conduct completely, but when one must "pay the piper," that person tends to walk more circumspectly.

This statement of the state's interest was, of course, designed for litigation purposes. Frank MacGregor, who prepared that brief and is still with Connecticut's Attorney General's Office, told me emphatically that Connecticut's primary motivation was financial; Connecticut's obligation was to award AFDC only to those mothers who were needy after considering all other resources, and that required pursuing the father for child support payments. Jon Newman, one of the federal judges who later handled the legal challenge to the contempt provision, told me he agreed with McGregor's characterization.

Higgins, who is now a Connecticut state judge, disagrees. Before his involvement in this issue, Higgins had handled for the state a large number of what he calls "children's rights" cases, especially divorce cases involving men who had not acknowledged the paternity of children born during the marriage. Under Connecticut law, if paternity were not established before the divorce, the child might well be permanently illegitimate. Presumably, the state participates in such cases, at least in part, to assure that if the mother later went on welfare, the state could look to the man for support.

However, in conversation Higgins speaks of the state's interest in establishing paternity for the future benefit of the *child*, and likens his efforts in this area to traditional liberal reforms on behalf of illegitimate children. He eloquently described to me a case in which a child came into a large inheritance after an elaborate investigation by a Connecticut judge finally established that he was the son of a man who had divorced his mother decades ago. According to Higgins, mothers who fail to establish paternity are denying their illegitimate children potential Social Security rights, veterans benefits, workmen's compensation benefits, and inheritance. Adult illegitimates have impressed upon Higgins how embarrassing and potentially harmful their status is: extra roadblocks or loss of opportunities can befall a person filing security clearances, passport forms, and job applications when that person cannot identify his or her father.

One could ask why in practice the state did not use Higgins' contempt provision to establish the paternity of children not on welfare. Higgins states that middle class mothers simply did not come to the attention of the attorney general's office. Besides, he asks rhetorically, how many critics of the coerced maternal cooperation scheme would approve of a bureaucratic scheme to establish paternity for all illegitimate children? And here he has a point: most welfare advocates oppose coercing any mother.

Doug Crockett, one of the lawyers who challenged the contempt statute, dismisses this as rhetoric: "Higgins didn't care one cent about the kids being legitimate. Higgins wanted the money." Higgins retorts that the claim he was out to protect the state coffers was just "an argument of convenience" made by opponents. Further, he said, many of the involved groups "purported to represent kids" but were "primarily interested in the rights of adults. They could never accept the fact that I was in it for more than money for the state." Frank Cochran, Crockett's partner in challenging the contempt statute, writes in 1981 from another perspective: "At the time [in 1973] I thought Higgins' claim to concern for the children's welfare was a pose, a cover for the state's fiscal interests. But time has mellowed me; I now believe he was sincere about that, though it seems tolerably clear that no one else involved in the state's case felt that way."

In the end, Higgins' primary motivation is unimportant for our purposes. It is enough, I think, that his position represents a point of view expressing a legitimate state interest (putting aside whether the tools employed appropriately furthered that interest). Moreover,

Higgins' approach shaped the litigation, since the interest of children was the state's sole defense of the contempt statute at trial.

Legal Challenge to the Contempt Threat and the Failure to Obtain a Preliminary Injunction

Although the new weapon of coercion was enacted in 1971, the welfare bureaucracy did not incorporate it into its manual and begin to implement it state-wide until late in 1972. In due course, a number of poor women were being threatened with jail for non-cooperation. Some called upon legal aid lawyers for help. These lawyers filed two lawsuits almost simultaneously on behalf of these women. Thus, like *Doe* v. *Shapiro*, the suits were not products of a grand welfare rights strategy where public interest lawyers selected the plaintiffs.

Apparently, neither the Welfare Law Center nor the Connecticut legal aid attorneys who worked on the earlier *Shapiro* and *Harder* cases either participated in the Connecticut legislative process leading to the contempt statute or initiated steps to fight it in court once enacted. The Center saw its main duty in matters such as this as responding to requests from the field for help. And since the real clients involved in *Doe* v. *Shapiro* were long gone, the Waterbury Legal Aid office, which had initiated that case, had no ongoing live client at risk.

The new lawsuits arose because individuals were facing genuine problems; indeed, their lawyers went to court without being aware of each other's actions. Yet the actual clients did not play an important part in this story. Using different strategies, the principal lawyers for the "named" mothers were able to solve their individual problems without relying on the grand claims of unconstitutionality which they leveled against the statute in federal court.

In New Haven, Frank Cochran talked local authorities into leaving his clients alone while the litigation was pending (even though, as we will see, the plaintiffs failed to win a preliminary injunction against the statute). By the time the Supreme Court spoke on the matter, Cochran's two clients had gone off aid, and their children no longer concerned the welfare officials.

In Willimantic, Connecticut, however, the officials did not hold back. At the same time Doug Crockett was taking the offensive for his many clients in federal court, he had to do battle for them one by one before local Connecticut judges who, at the behest of local officials, put his clients on the stand and pressured them to talk. Crockett cleverly noticed that the statute promised jailing (or a fine) only upon failure to *name* the father. Thus, Crockett advised his clients to give only the name—no address, no workplace, and no description. Although it worked, the tactic infuriated some judges. (He vividly remembers one case in which he thought *he* was about to go to jail.)

Some of the fathers had disappeared out of state and were well beyond the power of Connecticut officials anyway; Crockett, with some glee, informed one judge that the father was "in South Carolina. You find him." Other fathers might have been living down the street or (as Crockett later suspected in one case) even in the mother's house. But with only the father's name, welfare officials were unlikely to invest heavily to find only a meager pay packet.

Most reluctant welfare mothers lacked individual representation in such matters, however, and probably cooperated in order to stay on welfare. As Ken Soucy, longtime Hartford welfare administrator, put it, when you press unrepresented women applying for welfare, usually you can "get anything you want." *Indeed, so far as I have been able to determine, no one was ever held in contempt and jailed under the provision.*

Crockett went to court first. He appeared on February 13, 1973, before Judge Joseph Blumenfeld, chief judge of the Federal District Court in Connecticut and a member of the three judge panel in *Doe v. Shapiro.* Crockett and his co-counsels, acting on behalf of the classes of mothers and children affected, sought a preliminary injunction against the contempt statute and the convocation of a special three-judge district court to try the case, an arrangement then commonly available in a lawsuit challenging a state statute. Judge Blumenfeld found the plaintiffs' legal claims "not insubstantial," and ordered a three-judge court convened; but Blumenfeld denied the preliminary injunction that would have suspended the statute until the trial.

Days later, Cochran filed a similar claim before Federal District Court Judge Jon Newman. On February 16, Judge Newman also refused to grant a preliminary injunction, and instead ordered that

Cochran's case be consolidated with Crockett's for trial. On that same day, Blumenfeld, Newman and Judge Timbers of the Second Circuit were appointed to the three-judge panel in the matter. Following the consolidation, Cochran joined Crockett and his team on behalf of all their clients.

Children's Rights or Mothers' Rights?

Crockett and Cochran wanted to win for their clients and also strike a blow for the welfare reform movement. As youngish, enthusiastic lawyers for legal services, they naturally felt professional pride in their effort to get a federal court ruling that a state law was unconstitutional—particularly since they soon saw themselves as fighting *Doe* v. *Shapiro* all over again, but with an escalated state threat against mothers.

Just as the state's approach could be cast as pro-taxpayer or pro-child, so too the poverty lawyers could be seen as pro-mother, pro-child or a murky combination of both. Cochran, for example, fixed on a legal theory of "family privacy" that elevated to constitutional protection the conventional family law right of the custodial mother to decide in her child's best interest. He traced this idea back to Supreme Court cases protecting parental rights to educate their children in private schools in the face of state attempts to require public education. While this expresses a coherent view of the proper relationship among parents, the state, and children, it is a view that is widely contested. Hence Cochran's theory protects either children's or mother's rights, depending on your viewpoint.

Crockett lacked confidence that the family privacy theory was constitutionally required, whatever its philosophical merits. The policy objections to the statute that he advanced were rooted in mothers' interests and could be readily cast in conventional constitutional law terms: (1) the mother's sexual privacy was being unreasonably invaded, (2) poor mothers were being unfairly singled out, and (3) the state was violating mothers' self-incrimination or related secrecy rights.

At the same time, Crockett was pragmatic. He joined the children's rights question by seeking to refute Higgins' claim that the statute served the best interests of children: the strategy here was to show that many women who were subjected to coercion in fact had good reasons not to cooperate.

Affidavits obtained from the fifteen plaintiff mothers who had joined the case by trial time contained enormously varied reasons for non-cooperation. For one group of mothers, it was argued that coerced cooperation was pointless. In two cases, the mothers claimed the state was pressing them to do a futile but degrading act because the statute of limitations on determining paternity had already run. In three cases, the father had already acknowledged paternity in writing. In three other cases, the mothers simply wanted the paternity action instituted by the welfare department (as it had the power to do). Finally, two mothers contended they simply didn't know who the father was and wanted to be spared the humiliation of fruitless testimony possibly revealing details of their sexual activities.

In a second group of cases, Crockett argued that the mothers had sensibly decided that their cooperation and initiation of the paternity action would not be in the child's best interest; often, harm could result from cooperation. Two mothers feared physical retaliation from the fathers. One mother's mental and physical health was threatened by the burdens of the paternity trial. Another risked excommunication from her church. Yet another thought the father was a close relative (an incest case) or mentally unstable. One mother had had no contact with the father since the onset of pregnancy.

A final group of mothers was worried about losing an advantage to the child if they cooperated. Some feared that the paternity suit could damage their good chances of marrying the father, and even drive him away. Others feared that the commotion and humiliation attendant to going after the father would jeopardize their prospects of marrying someone else who would later adopt the child; indeed, in one case, the "fiancee" was widely, though falsely, believed to be the child's father.

Crockett told me that only one woman who came to him had no real reason for non-cooperation; he left her out of the case for strategic reasons. When he brought the case, he said, he did not think any plaintiff was protecting money secretly obtained from the child's father. Much later, however, he suspected that one woman had actually been living with the man.

Only cross-examination and offers of proof could have revealed whether the points alleged in the affidavits presented the full picture or that the claimed "fears" were well grounded. But even assuming that these claims were genuine most readers, I suspect, will find some reasons more convincing than others. If so, what is the conclusion to be drawn? That no mothers should have to cooperate? Or only some? And then which ones?

Moreover, there is no reason to think that Crockett's profile of uncooperative mothers was actually representative of reluctant mothers generally. Judge Newman, for example, told me that he believes that fear of physical assault was by far the most important reason for non-cooperation; and ten years later Crockett agrees.

Connecticut's Assistant Attorney General MacGregor, by contrast, told me that in his view most of the AFDC mothers chose not to cooperate in order to "protect" their boyfriends, and that many mothers received unreported money "under the table" from their men. Furthermore, he fears that if the claim "he will beat me up" were an airtight defense to cooperation, then it would become mothers' "stock answer."

John Nadolski, a Connecticut welfare investigator whose deposition was taken in the case, offered yet another perspective. Most of the reluctant mothers he saw gave no reason for non-cooperation; moreover, not one woman in the hundreds of women whose cases he handled claimed fear of physical attack from the father for talking.

To me, these divergent comments together suggest that although there is probably a policy dilemma here, it is not clear just what it is. One version would go like this: some mothers really fear physical assault; others might merely invent such fears as a pretext for an "unacceptable" reason for non-cooperation; and since it probably would be difficult to tell real from feigned fears, what should be done? You might resolve the cooperation issue quite differently, however, if you adopted Crockett's picture of nearly every objecting mother having one of a wide variety of good reasons; or, in turn, if you adopted Nadolski's view of reality. Unfortunately, the litigation never did anything to reveal what the underlying truth here is. As a result, we are left with a policy dilemma—in which some interests are traded off against others—of unknown dimensions.

Crockett and Cochran might have argued that coercing the mother's testimony would be psychologically so bad for the child, that even if the mother's reasons for non-cooperation were socially unacceptable the better policy from the children's rights view was not to pressure the mother no matter how angry you might be at the reasons for her inaction.

Two Yale professors gave strong testimonial support for such a view during pre-trial discovery. In his deposition, Dr. Albert Jay Solnit (Professor of Pediatrics and Psychiatry, then President of the American Academy of Child Psychiatry, and author of prominent works in the children and law field) testified that forcing the mother to go after the father "adds an unnecessary stress to the mother's capability of caring for her child": requiring her to initiate the action was "against the best interests of the child, especially in connection with wanting [the child] to have a good relationship with [the child's] father as well as [the] mother"; and jailing the mother would likely be "catastrophic" for the child. Further, it is not always in the child's best interest to know who the father is, and, "from the view of the child," the decision whether to pursue paternity ought to be made by the mother. On cross examination Solnit stated even more strongly, "I cannot see any way in which [coerced disclosure] could be helpful to the child."

Professor Edward Zigler, of Yale's Psychology Department and former Director of HEW's Office of Child Development, added by affidavit that compelled disclosure "of the identity of a child's father to that child will in many cases be extremely destructive to the child's emotional well-being." Zigler reasoned that the destructiveness arises from (1) the child's sense that he is to blame for tensions between his mother and father, (2) the likelihood that the mother's anxiety will rub off on the child and hurt their relationship; and (3) the chance that the mother's feeling of loss of control will make the child less sure of herself.

Significantly, Cochran and Crockett never relied on this expert testimony. Cochran told me of his doubts that Ivy League professors convince courts. In addition, no matter how attractive this psychological argument might be from the child's rights perspective, it seemed hardly appropriate for plaintiff mothers to argue that, because their children will suffer, they should get their way whatever their motivations. Moreover, as we see next, by the time of the trial Cochran and Crockett represented only the mothers.

Appointment of the Children's Lawyer: a Middleman's View of the Invididual Child's Best Interest

Two weeks after Cochran's and Crockett's cases were consolidated, Judge Newman, acting on his own initiative, appointed David Rosen to represent the children in the matter. Cochran and Crockett were concerned in principle about losing the children as their clients, but they did not object, mainly because they knew Rosen. Rosen, a New Haven attorney in private practice, and a former legal aid lawyer, sided with Crockett and Cochran in attacking the statute. Soon the three were functioning as a team, conferring on strategy and coordinating their efforts.

Rosen, however, rejected both the state's conclusive presumption that the mother must cooperate and the other side's belief in her unfettered right to decide. Instead, Rosen envisioned a process in which the child's best interest would be determined on a case-by-case basis, and as such this became known as the "middle position." According to Rosen only if a neutral guardian, appointed to the child, decided that the paternity determination was desirable should the courts be able invoke the contempt statute. Under such a regime the objecting mother seemingly could informally argue to the guardian and, if that failed, to the judge that the father should not be pursued. Although Rosen admits uncertainty whether this scheme "was really a practical vision," he felt it was a sufficiently coherent solution to challenge the claim that the state was acting as guardian for the child when its policy was always to seek to establish paternity and collect support.

Rosen arrived at this position "partly [through] litigation strategy, . . .but it was partly my way of resolving the tensions I felt about what my position should be. . . ." Indeed, Rosen said that after long talks with his friend Dr. Donald Cohen, a psychiatrist at the Yale Child Study Center, he came to believe that Solnit's views of non-interference with the mother's preferences probably went too far as a policy matter.

Rosen having called for individualized determinations, a question arose as to how the state actually dealt with the various justifications for non-cooperation proferred by mothers. The parties eventually stipulated that under the contempt law the *welfare agency's* practice was and would be to forward *all* cases for contempt citing (whereas under the old regime the agency used its discretion not to cut off welfare where it thought appropriate).

As for what was to occur before the *judge*, Higgins took a tough stand in his argument before the federal panel: the mother would not be able to contest whether her disclosure would be in the child's best interest, but would have to cooperate, period. Higgins did contend, however, that the local judge would have discretion not to impose the contempt *penalties* if he thought them inappropriate, although he did not offer any real evidence as to how the local judges actually exercised their discretion. And, in fact, very few contempt cases had been brought before local judges by the time of trial.

Now, years later as judge, Higgins emphasizes that in compelling cases, the local trial court judge "of course" had discretion not to jail or fine the woman. The idea was that the woman would be required to come in, tell her story, and throw herself on the mercy of the court. In the rare case in which she convinced the judge, say, that she really did not know the father's name, Higgins assumed she would not be jailed.

One way to put it, then, was that Higgins was convinced that "taking the oath" in court was a better way to get at the truth of the child's interest than would be questioning by a welfare worker or by Rosen's imaginary child guardian, let alone allowing the mother decide. Moreover, like MacGregor, he believed that all too often the woman was protecting her boyfriend and short-sightedly sacrificing the child's interest. The federal court in the end never found it necessary to consider the policy issue: who—local judges, welfare workers, guardians, or mothers—should decide in the child's best interest?

The Judge's Reply: Victory for the State

The views of Judge Blumenfeld, who would write a number of opinions in this matter, on the constitutionality of the contempt provision emerged in his initial opinion denying the preliminary injunction. Blumenfeld seriously considered, and rejected, only Crockett's claim that the mother had a constitutional right of privacy that permitted her to keep the father's name secret. Blumenfield brusquely rejected the contentions that this new law was an unacceptable evasion of *Doe* v. *Shapiro* and caused self-incrimination. He also dismissed the due process and equal protection claims as "facile." Crockett was dismayed to see the case so badly received.

Judge Blumenfeld clearly distinguished the mothers' interest in protecting against "additional strains in family relationships within the home" from the separate interests of the children. Whatever might be the adverse impact on family relations resulting from disclosure, Blumenfeld wrote, non-disclosure would deprive the child of "substantial benefits"—legal rights that come with having a paternity determination—which the mother simply does not have at risk. Thus, Judge Blumenfeld's focus on these property interests of children and relative denigration of the child's interests protected by the mother paralleled closely Higgins' defense of the statute.

Judge Blumenfeld's separation of interests and lack of sympathy for mothers surprised Crockett. After all, Blumenfeld was on the *Doe* v. *Shapiro* panel. Was Blumenfeld keenly alert to the distinct rights of children because of a Social Security case involving a claim by an illegitimate which he had just decided?

Judge Blumenfeld also seemed concerned in his opinion that if the statute were preliminarily enjoined the children plaintiffs might well have lost forever their chance to have their father's name disclosed to them. This suggests that Blumenfeld's sense of the "real world" was one in which illegitimates on welfare really didn't know and otherwise wouldn't learn who their fathers were—a far cry from the picture painted by many who assert that the father's identity was well known in the community, only not to the welfare department.

At the end of April, 1973 the three-judge court held a one-day trial, without live witnesses and with a few basic facts stipulated. The parties presented a few affidavits and depositions, but mainly disputed legal theories. In September Judge Blumenfeld issued his opinion for the panel, which unanimously upheld the statute. Blumenfeld was unenthusiastic about the plaintiffs' case:

> Without questioning the sincerity with which the plaintiff mothers hold their views, it appears to the court that the legal semantics in which they have dressed their particular views about morality, propriety, and psychology do not furnish any constitutional or statutory

basis for striking down Connecticut's statute. While some of their arguments are clearly non-starters which do not merit extended discussion, the court will consider all of them seriatim.

As further evidence of his lack of sympathy, I think Judge Blumenfeld rather harshly dismissed the risk of jailing as merely "diminishing the amount of time that a recalcitrant mother will be able to spend with her child. . . ."

Three points in his opinion need emphasis here. First, the court rejected the statutory argument that the new Connecticut provision was an invalid dodge of *Doe* v. *Shapiro*. Because the court was unwilling to recognize that the contempt provision, in effect, still made women choose between cooperation or welfare cutoff—just as the earlier less draconian, invalidated provision had—the state would clearly win this issue.

Second, Judge Blumenfeld continued to find little merit in any of the barrage of constitutional attacks on the statute. Maybe the plethora of constitutional grounds offered made the judges think plaintiffs were grasping for straws: strategically, of course, plaintiffs dared not to leave out a plausible claim without knowing what would spark a judge's interest.

Third, even though the state defended its scheme only on children's rights grounds, the challengers were never able to force the ultimate issue "who decides?" Had they done so, Judge Blumenfeld might have had to deal with the mother's privacy claim put in terms of the right to make her own decisions about the child's best interests, a position which probably would have maximized plaintiffs' chances of victory. Instead, he focused on a rather dubious claim to keep secrets, as he had before in the preliminary injunction hearing.

Judge Newman's separate concurrence showed his sensitivity to claims of individual mothers, but he wanted to wait and see whether Connecticut judges in practice would actually ignore constitutionally rooted, mother-centered or child-centered objections.[1]

The Case on Appeal

Doug Crockett was discouraged. Two very liberal local judges refused to recognize the merits of plaintiffs' claims and strike down the statute. Seemingly, they would have even less chance before the Supreme Court. At this point, Crockett abandoned the federal courts. For a while it looked like the others would too.

Dropping the case entirely required all three to agree, however, and in the end Frank Cochran decided to appeal. He felt his clients deserved another chance, and some local lawyers representing other women threatened with contempt urged him to perservere. Cochran left New Haven Legal Assistance for the Connecticut Civil Liberties Union (the local affiliate of the ACLU) just as time was running out on the period to file the appeal. The legal aid people allowed Cochran to take the case with him, since no one else on the staff had worked on it. The civil liberties group knew little about the case, but since Cochran cared about it, they allowed him to bring it to his new job. When Cochran, pretty much on his own, finally decided to appeal, Rosen reluctantly joined in. The Supreme Court quickly agreed to hear the case.

Involvement of National Groups

Crockett had earlier tried to get two national groups to help on—indeed take over—his case. Blumenfeld's cool reception at the preliminary injunction stage suggested to him that a female lawyer might more effectively convey the concerns of these mothers. But both Marian Wright Edelman, head of the Children's Defense Fund ("CDF"), and the women staff lawyers at the ACLU Children's Rights Project turned him down. Crockett says that the ACLU thought his case was not promising on the law and, in any event, they weren't prepared to get involved. Edelman sympathetically gave him helpful advice, but said that CDF had too many other commitments. She explained to me that CDF was then new and lacked special expertise in this area. But once the case was before the Supreme Court, both the ACLU and CDF joined in.

The ACLU

With Cochran's affiliation with the Connecticut chapter, the national ACLU staff suddenly realized that the organization had a case before the high Court about which they knew nothing; Cochran was unaware of the ACLU's policy of having the national office review all documents that affiliates proposed to file in the Supreme Court. Thus, national ACLU staff held a big pow-wow; Cochran recalls the staffers "firing stuff at me, which scared the living daylights out of me . . . ." However, Cochran came away feeling that most of the staff, while not optimistic, took the position "well, we've got one here, and we've got to do our best with it." In fact, some of the staff gave him good ideas for his brief.

Nevertheless, some at the ACLU still had doubts whether Cochran's position served the interests of children. For example, I saw one memo reporting that Rena Uviller from the ACLU Children's Rights Project "had begged off of this matter 'as a conscientious objector' because she did not agree with any position that interfered with the right of a child to have support from a putative father." Others, including Mel Wulf, the ACLU's director, sided with Rosen and Cochran. Uviller, now a judge in New York, told me that her reaction had primarily been cautionary. Although she believes that custodial parents should decide for their children, she feared that the ACLU was too quickly taking sides on an issue that could ill serve the interests of children. On balance, although the ACLU found it couldn't escape from the case altogether, its probably fair to say that Cochran's brief did not represent the carefully considered consensus stance of the national office of the ACLU.

His claim that the contempt statute violated the Social Security Act filled twelve pages of the brief. Thirteen pages were devoted to rather extravagant equal protection claims, including arguments that the law was irrational and amounted to illegal discrimination against illegitimates and women. Though last, Cochran's main effort was a twenty-five page elaboration of his earlier argument, which no court had seriously considered, pressing the mother's privacy right to make decisions affecting her children.

The Children's Defense Fund

CDF also could not escape involvement. Although Edelman had earlier rejected Crockett's plea, now, as Rosen put it, CDF's "Judge Polier . . . got very exercised about the case." Justine Wise Polier, formerly a prominent New York family court judge and well respected in the children's policy field, was at this time running a CDF branch in New York City. Judge Polier was galvanized, I think, by the extraordinary jail threat. In a memo written not long after she decided CDF should participate, Judge Polier stated that Connecticut's rationale that the contempt statute benefits children "is in my judgment little more than a cloak to justify the harrassment of the unmarried mother who requires financial assistance for the support of her child." In the same vein, she recently wrote to me, "*Roe* v. *Norton* was one more mosaic in the long history of cruelty and abuse against mothers of children born out-of-wedlock and their 'illegitimate' children."

Unlike the ACLU, CDF solidly joined in. Polier set three wheels in motion, first persuading Edelman that CDF would file an amicus brief on behalf of the children. Polier then asked Norman Dorsen, a law professor at NYU who had worked with her in the past, to prepare the brief. Dorsen had successfully argued perhaps a half dozen leading children's rights cases before the Supreme Court, including *Gault* (on the rights of juveniles in criminal cases) and *Levy* (the first important case giving constitutional rights to illegitimates). Dorsen in 1974–75 also was the general counsel of the ACLU. He found the case "deeply troubling" but expected that the Court would hold the statute constitutional; he was more optimistic, however, that the Court would find it inconsistent with the Social Security Act. Dorsen initially farmed the brief writing out to David Rudenstine, then a recent law graduate of Dorsen's and now a law professor at Cardozo. Rudenstine's draft ran into trouble, however, and CDF decided that Fern Nesson, a CDF staff attorney in Cambridge, should complete the brief. Of this switch, more will be said shortly.

Judge Polier also decided CDF should play the key role of showing the Court that virtually all of the child welfare/social work establishment agreed with CDF's view that the statute was offensive as a matter of policy. She was convinced that the Court had available ample legal grounds to void it, if the Court so wished. Thus, Polier directed her energy in a second direction—finding other amici. Here Polier enlisted the help of her colleague Elizabeth Wickenden, one of the nation's most well-known people in the child welfare field.

Wickenden was very successful, joining twenty-six organizations, many of them extremely prominent:

The American Academy of Child Psychiatry; the American Association of Psychiatric Services for Children; the American Orthopsy-
chiatric Association; the American Parents Committee, Inc.; the Center
for Community Change; the Child Welfare League of America, Inc.;
the Connecticut Child Welfare Association; the Consortium on Early
Childbearing and Child Rearing; the Council of Jewish Federations
and Welfare Funds; the Day Care and Child Development Council
of America, Inc.; the Family Service Association of America; the
Interreligious Foundation for Community Organization; the National
Association for the Advancement of Colored People; the NAACP
Legal Defense and Educational Fund, Inc; the National Association
of Social Workers; the National Conference of Catholic Charities;
the Catholic Charities of Norwich, Connecticut; the Catholic Charities of Bridgeport, Connecticut; the National Council of Churches
of Christ in the United States of America; the National Federation
of Settlements and Neighborhood Centers; the National Urban League,
Inc.; the Puerto Rican Legal Defense and Education Fund, Inc.; the
Salvation Army; the United Church of Christ, Board of Homeland
Missions, Health and Welfare Division; the United Presbyterian
Church in the United States of America, Health and Welfare Devel-
opment Unit; and the Young Women's Christian Association of the
United States of America.

Wickenden had played this role before, and many of the groups
readily lent their names because of their confidence in her. Nevertheless, Wickenden specially selected the groups believing that some
part of the work of each ought to make it opposed to the Connecticut
law, and she tailored her pitch to each depending on the relation of
the particular group to the problem.

We found, in our interviews of several of these amici, that the
jail threat most offended them. For example, Steve Ralston told us
that the NAACP Legal Defense and Education Fund joined even
though it has long believed that extensive lists of joined organizations
have no real impact on the Court. Indeed, his organization had not
been working in this area. But he was very concerned about the
impact of *imprisonment* on minorities.

Third, Judge Polier turned to David Rosen to collect transcripts
of Connecticut contempt hearings, assisting him with a grant from
the Field Foundation on whose board she sits. When the trial took
place, the three judge court had been given no real description of

the statute in action since these state court hearings had barely begun. The transcripts put before the high Court vividly showed how a stern jail threat was very effectively used by the local judges. Moreover, they revealed no examples of a judge excusing a woman because he sympathized with her explanation for noncooperation; on the other hand, if the woman went off aid, the judges seemed inclined to dispose of the matter.

CDF briefed three constitutional attacks. The first, like Rosen's "middle position," countered Connecticut's conclusive presumption that the statute served the child's best interest. Rather, CDF contended in most cases "the advantages which may be gained by the identification of the putative father are far outweighed by the detrimental psychological effects on the child or coercion and/or incarceration of his natural mother." CDF relied on the Zigler and Solnit testimony for proof of the harm to the child resulting from forcing the mother to talk. To demonstrate harm to the child of jailing the mother, CDF used psychological literature on the separation of young children from their mothers, studies about the inadequacies of foster care, and some fragmentary evidence from the transcripts Rosen collected. Those transcripts showed Connecticut's lack of concern over the effect on children were the mother jailed but, as I have noted, contained no record of anyone actually having been sent to jail under the provision.

In view of these potential harms, CDF argued that Connecticut was constitutionally required to have individual determinations of the child's best interest, and, based on the transcripts, sought to show that the local Connecticut courts were ignoring individual best interests claims. Here are two excerpts illustrating the point:

The case of Welfare Commissioner v. Elizabeth Stone, Circuit Court, 1st Circuit, Norwalk, Connecticut, January 28, 1974, Hon. G. Sarsfield Ford, Judge:

MR. GERLIN: Your Honor, we have a situation here, I think, where the law is hard . . . [t]he father of this child is a man who has been arrested for narcotics violations, for assault and battery, apparently has been diagnosed as a schizophrenic . . . . Now my client is terrified of this man . . . . I believe the court should have discretion to examine . . . the Statute should be read so the court does have discretion. The law, I think, is hard.

THE COURT: It may even be harsh. I assume by reason of this citation that . . . . [t]here is a child born which is living with her and is the recipient of Welfare Assistance . . . And to date Elizabeth Stone has failed to voluntarily disclose the name of the punitive (sic) father . . . . Then under the Statute . . . I will order that she disclose the name of the punitive father . . . . I have compassion for her too, but I can't let that shade my obligation to my oath to do what this law says I should do.

The case of Welfare Commissioner v. Robin Janes, Circuit Court, 16th Circuit, West Hartford, Connecticut, November 27, 1973, Hon. Henry J. Goldberg, Judge:

MR. ALDEN: [D]o you want to tell your Honor why you refused to [disclose the name of the father]?

MS. JANES: He's threatened my life and my daughter's life. He's threatened me physically with his own hands and he has come after me with a gun and he has been on drugs charges and he's also threatened my daughter's life with a gun and I feel that it's just a danger to me and my daughter's life to state his name . . . .

THE COURT: I simply want to tell you that we have a statute which in essence states that the mother of a child, your situation, born out of wedlock, may be cited . . . to disclose who the father is and if that person refuses to disclose the putative father, that person may be found in contempt of court . . . .

MS. JANES: Well, . . . I'm afraid of him and I'm going to be getting married in the Spring and my fiancé is going to be adopting my daughter and I think it would be harmful to state his name right now because I'm afraid of him.

THE COURT: [T]he statute does give the court the authority to compel you to name the father and if you still refuse, the court here wouldn't have any alternative except to fine you up to $200 and imprison you for no more than one year or both.

Like Rosen, however, CDF offered little guidance as to who should make the individualized determinations or how they would be made. Indeed, had CDF elucidated the individualized procedure I think a serious incompleteness in their analysis would have surfaced. The psychological evidence of harm to the child offered was assertedly applicable *whenever* the mother resisted. But an individualized hearing requirement seems to admit that such evidence of harm alone *does not always* outweigh the benefit of determining paternity. Otherwise, individualization would be pointless. Does this mean that individual psychiatric predictions of harm should have to be made, and, if so, how accurate would they be? Alternatively, are reluctant mothers supposed to win in the hearings only when some of the alleged benefits of determining paternity are lacking (e.g., the statute of limitations on determining paternity has run, there is a formal or informal acknowledgement, or the man is unlikely to ever afford support)? In any case, the CDF analysis seems to omit a wide range of "harms" that plaintiff mothers actually claimed, but which Solnit, Zigler and CDF's literature ignored—physical attacks, lost opportunities to marry, and disgrace from being unable to identify the father. Wouldn't CDF have wanted these concerns pressed in the hearings?

CDF's second constitutional claim was that the statute violated the equal protection clause: because the statute in practice only applied to AFDC mothers, it made an invidious and irrational classification based on indigency. This had been Crockett's pet argument all along. Still, conceding the differential treatment, CDF never really dealt with the response that since AFDC mothers face different economic incentives than do other women, confronting them with different rules might be rational and non-invidious.

CDF's third constitutional claim—inventive, if perhaps far fetched—was that the potential harms to the child described above offended the *child's* Eighth Amendment rights against cruel and unusual punishment. This claim assumed that mothers would be going to jail. But the brief's emphasis here on the harshness of jailing had an air of unreality. No good evidence existed showing that a Connecticut court, for example, genuinely believing the mother did not know the father, would actually jail her. Plainly, it could conclude that she was fully cooperating. Moreover, remember that the equal protection claim assumed that mothers had an "out" by not being on AFDC. That being the case, going off welfare, not jailing, was the real alternative that reluctant mothers faced; and while I do not mean to minimize the harm of losing welfare, this weakens the Eighth Amendment claim considerably. Of course, looked at in this way, CDF had a pretty good case for voiding the contempt statute under the Social Security Act. Yet, CDF stayed away from this statutory claim, Dorsen's initial approach, on the strong advice of the Welfare Law Center.

The Welfare Law Center

Lee Albert, Paul Dodyk and Henry Freedman, each a Center director at one time, all told me that their real clients were the mothers. Their policy goal was to keep these mothers and their families from being hassled by the welfare department—as Dodyk put it, to vindicate the autonomy of the head of the household. The Center's past efforts, for example, to loosen state controls on how AFDC families use their funds reflects this policy goal.

Dodyk emphasized that the Center's ideological commitment to poor mothers' rights prevailed over the child's need for protection against state intrusion. Indeed, to him *Doe* v. *Shapiro*, like *King*, mainly concerned the mothers' sexual privacy rather than the child's plight. Albert cited other Center cases in the same vein—like their attack on coerced home visits.

Freedman offered a more instrumental perspective to the same end. In his view, any conditions attached to welfare are inevitably abused in practice; at best, such conditions are procedural hurdles tripping up many claimants who otherwise are formally eligible. By simplifying procedures, welfare officers will have fewer excuses to deny eligibility and more cash will reliably get to needy women.

An even broader perspective, Dodyk explained, viewed the successful attack on welfare conditions as eliminating *distinctions among* the poor, helping pave the way for the Center to create a *de facto right* to welfare; if need alone mattered, then all the poor would be aided. This was the *grand strategy* that Dodyk said he and his predecessor at the Center, Ed Sparer, worked out early on to guide the Center's progress. Hence, coerced cooperation was not a policy singled out by the Center as something crucial to attack; rather, it primarily provided the Center with a potential opportunity to pursue a wider agenda.

Seen in this broad context, however, *Roe v. Norton* presented the wrong issue at the wrong time. Despite early success in cases like *King v. Smith* and *Shapiro v. Thompson* (striking down welfare durational residency requirements as infringing on the constitutional right to travel), the Center's overall game plan of trying to make welfare turn only on need was a strategy fraught with difficulty. Indeed, the strategy was already being derailed in other cases, such as one in which the Court had taken a step backwards in upholding New York's extra work requirements for welfare eligibility.[2] Moreover, recall that the Center initially had even worried about holding on to victories in *Doe v. Shapiro* and *Doe v. Harder* and urged the Supreme Court to avoid the merits through procedural arguments. In short, to Nancy Duff Campbell and Steve Cole, two important lawyers in this area at the Center, it was critical to control, whenever possible, which cases came next to the Court. Since there was no direct welfare cut-off threat, *Roe v. Norton* seemed especially dangerous. Not only was there a risk of making a national defeat out of a local one, but worse a bad opinion might jeopardize doctrinal development in related cases.

The Center staff tried to dissuade Cochran and Rosen altogether from appealing and initially succeeded with Rosen. "Fortunately," once the Court took the case, Cochran and Rosen saw *Roe v. Norton* as a matter of constitutional law, so at least the Center hoped the *King* doctrine might come through unscathed. However, with Dorsen's backing, Rudenstine proposed to focus the CDF amicus brief on the statutory claim. Eventually, the Center lawyers successfully convinced CDF to cut the *King* theory from the CDF brief; with that Rudenstine dropped out and Nesson prepared the papers that were actually filed.

The Supreme Court Acts

Doe v. Shapiro had spawned a series of similar cases around the nation. Using poverty law grapevines and newsletters, the Welfare Law Center helped with suits challenging state provisions like Connecticut's earlier version conditioning AFDC eligibility on maternal cooperation. These early suits were all successful in the lower courts. Some were actually decided for plaintiffs on constitutional, not statutory, grounds. When the states of Illinois, California, and Oregon sought Supreme Court review of their respective federal court losses, the Court summarily affirmed each lower court decision in late 1971. These affirmances were seen as important victories at the Center. And in December 1972, HEW finally issued proposed regulations designed to reflect the Court's affirmance in the three cases. But soon it was backsliding.

It is widely agreed that President Nixon's people didn't really gain control of HEW unit his second term, starting in 1973. The change at HEW coincided with Caspar Weinberger replacing Elliott Richardson as Secretary and a group of California policy makers who had worked on Governor Reagan's welfare reform efforts coming in at key decisionmaking levels. This change is well reflected in the agency's action on our subject. In May 1973, the proposed December regulations were adopted, *but* with an additional crucial clause: benefits could be withheld from the non-cooperating parent. In short, the agency was reading the Supreme Court as narrowly as possible and was refusing to acquiesce in the explicit rejection of this tactic in *Doe* v. *Harder* and other lower court decisions.

A *Doe* v. *Shapiro* type case had been started in New York in 1972. Welfare regulations denying aid to mothers who didn't cooperate with state child support efforts were invalidated in June of that year by a three-judge federal court that fully endorsed *Doe* v. *Shapiro* and *Doe* v. *Harder*. New York then appealed to the U.S. Supreme Court. In the interim the New York legislature acted; and although it largely codified the regulations at issue, the high Court vacated the judgment of three-judge court, and remanded for consideration of the new law. The lower court had little trouble reaffirming its prior decision. What about the then new HEW regulation, expressly approving the New York policy? The lower court made short work of this argument: HEW was simply wrong; court decisions in other jurisdictions had the better view of the Act, and agency interpretations only recently adopted are not entitled to great deference.

New York officials again appealed to the Supreme Court, and, in June 1974, the Court agreed to hear the case. Therefore, as the

Court's summer recess began, it had both the New York statutory case (*Shirley* v. *Lavine*) and *Roe* v. *Norton* before it.

The New York case was argued before the Court in December 1974, the very week that Senator Long was essentially mooting the issue. As we will see in Chapter 18, Congress not only reversed *Doe* v. *Harder*, it mandated that in the future a state *must* require cooperation if it wants federal AFDC funds., As a result, the New York case shrank drastically in importance.

The only amici in the New York case sided with the defendants— the U.S. on behalf of HEW at the invitation of the Court, the state of California through its Attorney General, and a conservative public interest law firm from California. In each case the amici reflected the view's of Governor Reagan's welfare reform people, and supported New York's position.

However, in March 1975, by a 6-3 vote the Court affirmed the decision below in favor of the welfare mothers; Burger, Powell, and Rehnquist dissented. Yet, inasmuch as Congress had resolved the conflict between HEW and the lower courts, no extended analysis was "necessary." This decision represented an important victory *in principle* for the Center's broad reading of the rights of AFDC applicants and a re-affirmation of the Court's *general* antipathy towards additional welfare eligibility conditions imposed by the states. But without the benefit of analysis by the Court, it serves now as little more than a citation to show that in 1975 this line of decisions was still alive. And on the merits of the specific policy issue, of course, the Center and its followers had lost in another forum.

Roe v. *Norton* was decided in June 1975. The Court neatly avoided the constitutional issue. It vacated and remanded for further consideration in light of Congress's new child support enforcement program, which, as noted above, Senator Long had pushed through late in 1974. Congress thus, perhaps unwittingly, gave the unanimous Court a way out of facing the constitutional claims. Moreover, eight justices also suggested that the lower federal court might be improperly interfering with state criminal proceedings, even though the Connecticut lawyers earlier had eagerly stipulated that this was a "civil" matter and thus had not raised the issue below.

When the opinion was issued, I suppose, the lawyers at the Center heaved a sigh of relief. Rosen and Cochran felt the result was anticlimactic. CDF was probably disappointed, too, having invested heavily in the Supreme Court appeal. On the other hand, did the impressive amicus list that CDF assembled cause the Court to duck the issue rather than affirm?

Roe v. Norton actually went to the Supreme Court again as we will see, but the 1975 remand removed the case from center stage. With new federal requirements, Connecticut's interest in the contempt threat rapidly waned, and the targets for reform shifted from the states to Congress and HEW. I turn now to that legislative and administrative story.

In Congress and Before HEW

Senator Russell Long, long-time Chairman of the Senate Finance Committe, demonstrated his power and persistence in December 1974, when Congress, on his initiative, amended the AFDC child support rules. The provisions gutted *Doe* v. *Shapiro.* Since 1975 under the new rules, states are not merely *permitted* to threaten aid cutback if mothers don't cooperate in establishing paternity and obtaining child support for their children, but they *must* use such a threat as a condition of receiving federal AFDC funding. Like the Connecticut rule overturned by *Doe* v. *Harder,* however, the federal provision cuts assistance only to the mother and not the child.

The Legislative Trail: Senator Long's Persistence

Long's efforts to change the 1950 (NOLEO) and 1967 AFDC child support amendments go back some time. In March 1970, the House

Ways and Means Committe issued a report on President Nixon's Family Assistance Plan (FAP), a proposed major overhaul of the welfare system. It stated that the "individual applicant will be expected to cooperate in every possible way in assisting the authorities to identify and locate a deserting parent." This statement, not ultimately codified in the bill, came in the very same month that the Supreme Court denied the *Doe* v. *Shapiro* rehearing request and the district court handed down *Doe* v. *Harder.*

During the spring of that year, the Senate Finance Committee held hearings on FAP. Senator Long commented,

> Why shouldn't we just use the long arm of the Federal Government to reach out there and also assess against [the deserting father] a reasonable amount for the support of his family? Wouldn't that be a better answer than . . . to make [working people] pay the money in taxes to support that family because he deserted it? . . . [T]he situation here makes it very desirable for a lot of men to refuse to recognize their own children and for a lot of women to cooperate in not identifying those fathers.

The Committee rejected most of the Administration's program, but included in its own welfare reform bill provisions to improve child support collection. The accompanying report reasoned,

> A recent court decision held that a mother's refusal to name the father of her illegitimate child could not result in denial of aid to families with dependent children (AFDC) . . . The committee's bill would clarify congressional intent by specifying that the requirement that welfare be furnished "promptly" may not preclude a state from seeking the aid of a mother in identifying the father of a child born out of wedlock.

In short, Senator Long and his colleagues were making clear that, so far as they were concerned, *Doe* v. *Shapiro* misread the Social Security Act. However, welfare reform stalled.

Taking up Nixon's revised proposals in mid-1972, the Senate Finance Committee amended into the House bill a substantial child support enforcement program, including a provision that mandated cooperation by AFDC mothers. The accompanying report stated:

[A]n AFDC child has a right to have its paternity ascertained in a fair and efficient manner. Although this may in some cases conflict with the mother's short-term interests, the committee feels that the child's right to support, inheritance, and his right to know who his father is deserves the higher social priority.

But welfare reform for single parents was scrapped by the end of the session, and again, coerced maternal cooperation legislation died.

Persisting, Senator Long in 1973 held hearings on child support and AFDC. The hearings, to be discussed shortly, were organized around bills by Senators Bellmon and Nunn. Among other things, the Nunn bill made maternal cooperation a condition of AFDC eligibility; Bellmon further imposed a cooperation requirement enforced by a maximum penalty of a year in prison and a fine of up to $1,000.

Later in 1973, the Committee approved Long's 1972 provisions on child support. At the end of the session the Senate went along, but the House members balked at Conference; even apart from policy objections, they didn't like this new program being attached, without regular House review, to a minor House bill making technical changes in Social Security.

A year later Senator Long finally prevailed with the same tactic. This time the Senate Finance Committee was examining a House version of a bill pushed by a coalition of state governors, some key Congressional liberals, and allies, which amended Congressional funding of state social services programs for the poor. Long's price for going along with the social services plan was the inclusion of his child support provisions. On December 14, 1974, with little fanfare, the Senate Finance Committee incorporated these provisions, and the Senate overwhelmingly approved them three days later with little debate. This time the House Conference went along.

New York's Bella Abzug and other angry House liberals lashed out in vain against the Conference agreement; Long was powerful enough to secure the tie-in. California Congressman James Corman, who had battled for the social services bill and against tougher child support provisions, told the House that although he had "very serious reservations about the desirability and effectiveness of the child support provisions" of the bill, he nevertheless supported the Conference agreement in view of the urgency of adopting the social services program. Although he signed the bill, President Ford too objected to the child support enforcement provisions, primarily, he stated, because of the contemplated increased involvement of the federal government in domestic relations matters traditionally reserved for the states.

Beyond obtaining maternal cooperation, Senator Long wanted more effective action from the state and federal bureaucracies as well. Indeed, Bill Galvin, Long's key aide on the measure throughout, told me that they were primarily interested in lighting a fire under state enforcement officials. Galvin generally endorsed the views of some analysts who argued that NOLEO and the 1967 amendments failed because: they didn't effectively require (or provide incentives) for states to institute support proceedings; HEW itself permitted states to be lax in complying with existing requirements, largely because HEW was not required to have a separate unit to promote child support enforcement; states often did not cooperate well with each other as contemplated by prior amendments; and the federal government inadequately helped locate absent parents. Accordingly, Long's 1974 amendments sought to remedy each of these problems through increased federal supervision of, participation in, and assistance to state enforcement programs.

On our precise issue the 1974 amendments on their face make the mother's cooperation duty absolute, even when the mother has a good reason in the child's best interest not to cooperate, and even though the Senate Finance Committee reported "an AFDC child has a right to have its paternity ascertained . . . unless identification of the father is clearly against the best interests of the child."

The 1973 Hearings: Did Children's Interests Matter?

To try to understand the uncompromising position taken in the 1974 amendments, I turn to the only other official record of the new coerced cooperation provision—the testimony given at Senator Long's 1973 hearings. In those hearings Georgia's Senator Nunn lamented that, despite earlier federal efforts, a 1971 study showed that only 13.4 percent of AFDC families received any support from absent fathers. In the face of this failure, he concluded, new measures were needed, including obtaining mothers' cooperation.

HEW Secretary Weinberger, however, was vague in his testi-

411

mony for the Administration: "I would suggest that the provision requiring mothers to cooperate in determining paternity and child support be clarified so that the extent of cooperation states may require is explicitly stated and individual rights are protected." Yet, he avoided stating how he thought the issue should be resolved. Morever, when Senator Mondale, a Committee member, wrote to Weinberger asking for data on the extent of and reasons for non-cooperation, Weinberger replied that HEW had no useful or systematic data.

Robert Carleson, Weinberger's Commissioner of Welfare and former head of California's AFDC program under Governor Reagan, testified with Weinberger, explaining that California for many years had a law requiring mothers to cooperate. Carleson went on to admit that "we do not know how much effect the law had on insuring cooperation," although law enforcement people assured him that the coercion provision "had been working very effectively in getting cooperation" before it was voided by the federal courts. Concurring, Michael Barber, a deputy district attorney from Sacramento representing various California child support enforcement groups, testified that his office had no "problem" with recalcitrant mothers before the California courts blocked the welfare cutoff threat. After that decision, said Barber, mothers of illegitimate children (especially young mothers) were not cooperative in perhaps 5 percent of the cases. Alarmed at this, Barber attributed this reluctance to media coverage of the court decision.

By contrast, William R. Knudson, testifying by written statement for the California State Department of Social Welfare, asserted that both when California's required cooperation law was in effect, and afterwards, the problem of non-cooperation proved to be of minimal significance. Knudson must have either thought Barber's 5 percent figure exaggerated the true rate of non-cooperation or saw the percentage as trivial.

In either case, a later report from California tells quite a different story. As noted above, California's attorney general filed an amicus brief to the Supreme Court in New York's *Shirley* case; it argued that the consequences of a *Doe* v. *Shapiro* decision in California *were* substantial. Note that the California federal court apparently had ordered welfare officials affirmatively to tell applicants that they need not cooperate in efforts to establish their child's paternity.

According to this brief, a state welfare department study of eight counties showed 40 percent non-cooperation among new AFDC applicants in the six-month period October 1973 through March 1974. The study may be unreliable or the counties unrepresentative, but the data do confirm the fears of some enforcement officials of climbing non-cooperation when cooperation is voluntary.

Returning to Long's hearings, proponents of forced cooperation there advanced other arguments. More children would reap benefits contingent upon having their legal identity established. Taxpayers would benefit by obtaining support from fathers who were not paying and exposing fraudulent under-the-table payments from fathers. Moreover, enforcement officials, no longer shackled by the prospect of uncooperative mothers, could not excuse their own inaction on such grounds and would therefore more vigorously enforce support obligations. Finally, politicians and the public would feel better about the welfare "problem" with this loophole for welfare chiseling closed off. The result might satisfy liberals, too, because reduced welfare costs in one area would permit a general welfare cost of living increase.

Opponents of coerced cooperation could have employed a number of strategies at the hearings to rebut these asserted benefits. They could have objected to child support program expenses while emphasizing the lack of evidence regarding benefits to children and taxpayer savings. However, this would be a dangerous tactic in view of liberals' frequent support of new children's spending programs of yet unproved merit. A different strategy would have been to tout welfare as a basic right of the poor: by making welfare eligibility uncomplicated, this should prevent the abuse, administrative foul-ups, invasions of the privacy of welfare mothers, and red tape that keep deserving people off the rolls. Such courageous, politically daring positions actually reflected the Welfare Law Center's views. But given the widespread antipathy that is felt toward welfare mothers, such an approach, illustrated by Martha S. Greenawalt, who argued during her testimony for the League of Women Voters that the cooperation requirement "smack[s] of an Orwellian violation of rights and excessive invasion of privacy," will likely appeal only to those who are already committed to such views.

The politically best and most frequently employed attack, therefore, was that coerced cooperation would be bad for children. As

413

Natalie Heineman, president of the Child Welfare League of America, argued:

> [T]here might be a very abusive or alcoholic father and the mother may not want him to have anything to do with her or the child. Also there are instances where the mother has been promiscuous and she cannot identify the father and, in those instances, we would be punishing the child not to allow funds to be given.

Her solution was that the mother should decide whether to cooperate. Alternatively, like Rosen and CDF, she opposed maternal cooperation until a court were to determine that cooperation is in the particular child's best interest.

Heineman's portrait of the mother's plight clashed sharply with Chairman Long's views.

> The Chairman. . . . It would seem to me that it is fair to at least ask the mother, promiscuous though she may be, that if she wants the public to support those children, then we think we ought to try to get some help from the father, if he is able to make a contribution, and she should tell us who is the father.
>
> And if she does not care to tell us, if she shrugs her shoulders and says, "well, I hate to say it, but I have been friendly with so many men that I would not know which one"—Well, at least, you might ask, "What is your best guess? Give us some indication as to who he might be." What we would really like to know is, if that fellow who shows up every night at that house is the father, because if he is, we would like to call upon him to make a contribution.
>
> Mrs. Heineman. Well, we agree with that, Senator Long. We really do agree with that 100 percent. I think the only point we are trying to make is that where a mother really feels that it would be harmful to name the father, or she really cannot name the father, then a court ought to be allowed to adjudicate in that situation, so that the child will not be deprived of support.
>
> The Chairman. I can see, Mrs. Heineman, where 1 percent of this caseload would be cases where the mother cannot really identify the father. But the problem is when the taxpayer is paying his taxes to support a welfare program in the kind of situation which is really the typical thing we are talking about, a situation where the mother very well knows who the father is, where she is seeing him regularly and he is well in a position to make a contribution and, in fact, he is

making one. In other words, the public does not want to be deceived or defrauded. The public does want to help the poor who are deserving and that is what we are trying to do here.

More startling, Long argued that the mother should still be made to cooperate "where the father is a brutal, unkind person, or maybe an alcoholic or a dope addict, and is dangerous." Since the government under the bill would be collecting child support, Long exclaimed, "If he wants to make war on somebody, let him make war on the U.S. Government, not on the child or on the mother. We are willing to defend ourselves from alcoholic or brutal fathers. . . ." Perhaps recognizing that there is no assurance the father will war with the government instead of the mother, Long "qualified" the statement by saying ". . . *about the most she is likely to get is a good beating out of it. . . .*" (emphasis added). Surely, the liberal witnesses in the room must have been aghast at that remark, which perhaps best explains why Long was not going to give away anything in the text of the law.

Jean Rubin, who accompanied Heineman, went on to argue that, in addition to cases where the mother fears physical abuse, a paternity suit might not be in the child's best interest where there is "some reason why it might be a tremendous embarrassment to her" or "incest or some other problem like that." I find it noteworthy, however, that many of the justifications for non-cooperation expressed by the *Roe* v. *Norton* plaintiffs were ignored. In addition, no one in the hearings, or in later written submissions, dealt seriously with the psychiatric views that Rosen obtained and CDF used in its *Roe* v. *Norton* brief.

Professor Carol Stack, a Boston University anthropologist, did submit a very interesting manuscript coauthored by Herbert Semmel, an Antioch law professor. Based on her recent participant-observation study of urban born blacks whose parents had migrated to the North, her field research had yielded a perspective none of the *Roe* v. *Norton* lawyers took: children risk losing real and vital advantages arising from informal ties to the father and his kin if government pressures cause men either to withhold their informal acknowledgement of the children they father or to reject a family connection with the child out of bitterness over being pursued by the government. Stack and Semmel wrote:

415

Vigorous pursuit of fathers of Black welfare children will deprive some of the children of sorely needed material, psychological and social support which would otherwise be forthcoming from the father and his kin . . . The crucial issue in terms of the resources available to a child is whether the father openly acknowledges the child to be his, thereby bringing the father's kin into the child's domestic network. The actual financial support from the father may be small or non-existent, and the expectation of such support is low, particularly where the father and mother do not marry. The significant element is the variety of material and psychological resources the child obtains from the father's kin if the father openly accepts the child. These resources cannot be measured in terms of dollars; they include providing child care, feeding the child, providing furniture, sharing clothing and recreational activities. On occasion the father's kin assume complete care of the child. Moreover, a substantial number of AFDC fathers maintain close relationships with their children and play an important role in affection and discipline, even though offering no financial support.

The importance of the supportive role of the father's kin must be evaluated in terms of the inadequacy of AFDC payments. The strengthening and expansion of domestic networks is vital to the survival of poor families. A child's network can be doubled in size by inclusion of its father's kin, but this is dependent on the father's acknowledgement of paternity. Any program which actively pursues low-income fathers for reimbursement payments which accrue to the state will cause at least some reduction in the number of fathers acknowledging their children and deprive children of the support otherwise forthcoming from the father's kin. It will not be long before it is understood in poor Black communities that open acknowledgement of paternity increases the speed and certainty of judicial decrees of support. Whatever a court may decree, the father's determination will prevail as to whether the child receives support from his kin. Even where a father has first accepted a child, his later disaffirmance usually results in a withdrawal of the father's kin from the child's domestic network. (Except that where close, long-term relationships have developed between the child and certain of the father's kin, those kin may remain in the network.)

In some cases, the pursuit of low-income fathers to reimburse the state for public assistance payment may result in a loss of additional

416

financial benefits available to a child. A father may not offer regular support but may make occasional gifts of money, or pay some rent in a crisis, or buy the child clothing. Such cash outlays may occur on occasions when the father is able to obtain a job after a period of unemployment. The amounts may appear small to the more affluent, but a gift of $30 is more than is generally budgeted by welfare authorities for food for a child for an entire month. In many states, small gifts are unlikely to be reported. If a father is saddled with a reimbursement order, the likelihood that he will have the funds or desire to make any additional payment to his child is sharply reduced, if not negated. Public policy should encourage, not discourage, AFDC fathers to give assistance, however small, to their children living on sub-subsistence income.

This frontal assault on the wisdom of pressing fathers of AFDC children suggests that taxpayers, by trying to recoup funds from the fathers, will pay a substantial price in reduced child well-being. The authors were also skeptical whether recoverable child support payments would, in fact, exceed collection costs. Although the materials presented to the Committee are highly suggestive, they do not seem dispositive on the isssue of the potential destruction of kinship ties. Apparently, Stack's study group included men who informally acknowledged their children but were not pressed by welfare authorities; but, significantly, it did not include men whom the state officials had actually come after. Thus, her study did not actually measure the deterrent impact on men witnessing the state coming after others, even though her predictions sound quite plausible.

A staff paper prepared following the 1973 hearings simply ignored the Stack-Semmel analysis, although it acknowledged that witnesses had been concerned about cases in which the mother claimed a good reason for not cooperating. The report responded that the mother should be able first to argue before the *prosecuting attorney* and *if necessary to a judge* that having the child's paternity determined would not be in the child's best interest. A similar sentiment, of course, was eventually re-echoed in the report on the 1974 amendments even though no such language appeared in the law itself. Because of this grudging, limited acknowledgment of arguments against coerced cooperation, liberals had to return to Congress.

417

Individualized Determinations: The "Good Cause" Amendment

Since the new child support enforcement program had been, to say the least, hastily adopted, the legislative process was cranked up in early 1975 to work out some of the bugs. And, in August 1975, on the heels of the Supreme Court's *Roe* v. *Norton* and *Shirley* decisions, President Ford approved a wide range of amendments of the plan, which included a deliberately vague provision that the mother would not lose her AFDC if she has "good cause for refusing to cooperate . . . in accordance with standards prescribed by [HEW], which standards shall take into consideration the best interests of the child . . ." The wording of the August amendment, of course, shifted the fight over what constituted "good cause" from Congress to HEW.

The Welfare Law Center and the Children's Defense Fund (through its affiliated Action Council) participated vigorously in the politics of developing the amendment. Steve Cole and Carolyn Heft of the Center and Judy Riggs for the Action Council played the lead roles, working with California Congressman Corman's staff at the Public Assistance Subcommittee of the House Ways and Means Committee.

They could not repeal coerced maternal cooperation, Cole told me, so they aimed to moderate it. They chose not to define in the statute when the mother could escape cooperating both because this would invite a political battle by adding complications and length to the bill and because they hoped to fare better with HEW.

Apparently, the idea of a general "good cause" exception was not politically difficult to sell, even though Senator Long's people argued that exceptions were implicit in the 1974 amendments. Indeed, in June 1975 HEW issued regulations permitting law enforcement officials to excuse cooperation in rape, incest and pending adoption cases.

In July 1975, the House had a brief debate on the amendments which included the "good cause" provision. Representatives Corman and Michigan's Vander Jagt, bipartisan sponsors, spoke up generally for the bill. Corman said the good cause provision would correct a "serious flaw" in the 1974 law and was necessary to prevent "irreparable damage to children and mothers." Vander Jagt, however, stated, "I have difficulty thinking of an instance when locating

an absent father would not be in the best interest of the child."
Maryland's Representative Bauman, the only real outspoken opponent of the provision baldly called it "a wide-open loophole for
professional welfarists." Vander Jagt then characterized it as an "eye-
of-the-needle-loophole," to which Bauman retorted: "[I]t was a camel
that was alleged to have passed through the eye of a needle. If this
bill is passed, I can just see whole herds of camels galloping through
this one."

Minnesota's Representative Fraser, another key sponsor of the
good cause provision, added that although HEW had made exceptions in rape, incest, and pending adoption cases, the Committee
had decided that was insufficient; cooperation would also not be in
the child's best interest in other cases, such as threatened physical
harm, undue harassment, and when the child would be "deeply
disturbed when learning the identity of the father."

CDF's Judy Riggs says she never envisioned that the "good cause"
provision would be a loophole for nearly all AFDC mothers to escape
cooperation—the great fear of District Attorney groups opposing the
measure. Expressing this fear to me, Ernie Halstead, from the Connecticut Attorney General's Office, worried that many women would
fake claims of threatened physical harm and that legal services lawyers would stir up people to give such excuses. He saw the Welfare
Law Center as the ringleader in this effort. Thus, at a minimum he
wanted any escape hatch to demand strong proof.

Senator Long, worried that future HEW regulations might be too
liberal, managed to attach a "one house veto" condition to the approval
of HEW's "good cause" regulations; the regulations would take effect
sixty days after adoption only if during that time neither house had
passed a resolution of disapproval. Thus, in fighting over the regulations, lobbyists would have to keep one eye over the shoulder to
see what Long or others might be able to block by Congressional
veto.

Since the 1974 provisions were already effective, an ambiguity
arose during the interim period before the "good cause" standards
were put in place. What were states to do in the meantime? Because
of this time lag, the Connecticut litigation of *Roe* v. *Norton* made
yet one more trip to the Supreme Court. I digress briefly to tell that
story.

The Courts Again: Roe v. Norton Goes On

On remand, Judge Blumenfeld and his colleagues had little difficulty dealing with the issues the Supreme Court in June 1975 had asked it to consider. In an opinion issued in June 1976, now titled *Doe* v. *Maher*, they rejected the suggestion that plaintiffs were asking the federal courts to improperly interfere with state criminal proceedings.

Judge Blumenfeld then concluded that the Connecticut comtempt statute, while still valid, had to function "ancillary" to Senator Long's new federal provisions: that is, if the mother did not have good cause to refuse to cooperate and the cutoff of AFDC still failed to get her to talk, then, yes, Connecticut could further threaten to apply the contempt sanction. In practice, of course, Connecticut was not likely to need the second threat very frequently.

On the other hand, Blumenfeld concluded that when the mother did establish good cause under the federal statute, Connecticut would not be permitted to threaten her with contempt without risking loss of federal funds. Whatever one thinks of this as an interpretation of the 1974 federal amendments, again, Connecticut was unlikely to be interested in jailing someone who had established "good cause." The main point, in short, is that with the federal law in place, Connecticut's interest in the contempt sanction withered away.

Indeed, had HEW been faster in adopting the good cause regulations, the litigation would have ended. Since it was moving at a snail's pace, however, HEW announced that in the interim states should follow the 1974 federal regulations, which made exceptions for non-cooperation only in rape, incest, and pending adoption cases— an acceptable solution to Connecticut.

Judge Blumenfeld, however, concluded that HEW was wrong; Connecticut must immediately subordinate both its contempt provision and its welfare cutoff threat to the 1975 good cause provision. Moreover, and here was the real rub, the state welfare commissioner would temporarily have to withhold *all* sanctions against non-cooperating mothers since, until HEW spoke, he could not know what good cause would mean. As Connecticut officials saw it, the federal court simply suspended all of the state's coercive powers until the "good cause" provisions were in place, and who knew when that would be.

The plaintiffs by this point had abandoned their constitutional claims against the contempt provision; Blumenfeld's latest opinion was even a small victory for them. Connecticut, however, not only did not like Blumenfeld's interpretation, but also feared that by adhering to it and failing to follow the 1974 law it would be jeopardizing its federal funds. Claiming, therefore, that it was in a bind, Connecticut appealed to the Supreme Court which again agreed to hear the case.

During this same period, the State of Alaska, five AFDC recipients, and the National Welfare Rights Organization sued HEW Secretary Matthews seeking a declaration largely consistent with Judge Blumenfeld's latest position. Alaska's officials claimed that HEW's existing regulations on non-cooperation were too narrow and had been rejected by Congress when it later adopted the good cause exception. Alaska preferred temporarily not to coerce mothers at all, yet it too feared jeopardizing its federal funding which explains its decision to join the case. Steve Cole, from the Welfare Law Center, who represented the AFDC recipients and played a central role in this multiplaintiff litigation, saw the case as a major strategic effort to force HEW to quit dragging its feet and issue good cause regulations. When a district court in the District of Columbia in Coe v. Matthews held against the plaintiffs, they too sought a Supreme Court hearing. But the Connecticut case was first on the docket. So, once more fearing that his efforts might be fouled up by this Connecticut litigation, Cole got Alaska to join Connecticut's Supreme Court case as an amicus, whose brief Cole largely drafted.

HEW, too, filed as an amicus upon an invitation by the Court. However, largely because President Carter's people had since replaced Ford's in HEW and the Solicitor General's Office, the U.S. brief took a position that was at odds with HEW's earlier position. Now HEW was arguing that states should make their own ad hoc good cause determinations, trying to approximate HEW's likely ultimate resolution. In short, HEW envisioned a temporary compromise on the ground that either putting off coerced cooperation entirely or requiring cooperation without the good cause exception would frustrate Congress' purposes.

In June of 1977, the Supreme Court yet again avoided the problem. Noting that Connecticut had adopted its own general good cause provision (to conform to the 1975 federal amendments), the

Court once more decided to remand, perhaps hoping for a state law solution, or more likely just hoping that time would soon moot this thorny matter. In fact, HEW's final good cause regulations were not effective until December 1978. Yet, *Roe* v. *Norton* finally dribbled away, and the suit was voluntarily dismissed without prejudice in 1981.

HEW: The "Good Cause" Regulations

HEW's new Office of Child Support Enforcement ("OCSE") took one year—until August 1976—to even *propose* "good cause" regulations. In addition to rape, incest, and pending adoption, previously acceptable reasons for non-cooperation under HEW regulations following the 1974 amendments, the proposed regulations made an exception when "cooperation . . . is likely to result in substantial danger, physical harm or undue harassment to the child or the caretaker relative with whom the child is living." Subsequent debate centered on this sentence.

HEW at the outset rejected the idea that the mother would be excused merely by asserting that her non-cooperation would be in the child's best interest. After all, both the legislative history and the statutory language itself seem to preclude such a solution in favor of a decision by someone else. But by whom? And by what standards since the amendment called for "standards"? In particular, did physical risks and harassment to mother or child include the danger of emotional harm, as Representative Fraser had mentioned?

HEW asserted in the proposed regulations that it wanted good cause exceptions to be based on solid evidence of likely harm. Moreover, it argued that in some cases where fears might justify the mother's non-cooperation, the child's interest still might be for the state independently to pursue the father; state agencies would make such determinations under the proposed rules. In the end, HEW envisioned a complicated scheme in which welfare agencies, law enforcement officials, and administrative judges would all be involved in the good cause determination.

HEW received seventeen hundred responses to these proposed regulations, most of which came from individuals who had read about the issue in newspaper columns and did not want to give mothers any "loophole" costing taxpayers money. The Welfare Law Center, representing the National Welfare Rights Organization, responded with a far ranging critique that, among other things, called for wider grounds for claiming good cause. In November 1976, a few days after Carter's victory over Ford, HEW officials met privately with the Center delegation lead by Steve Cole.

Nothing happened for some time. The government changed hands. Secretary Califano eventually approved OCSE's good cause regulations for publication in December 1977, four months after their completion. These "final regulations," issued in January 1978, set a March 1978 effective date but added that yet further changes might be made.

In the January 1978 regulations, HEW decidedly broadened its conception of good cause to embrace emotional harm. Moreover, HEW claimed in its introductory analysis that good cause was to be decided by *balancing* the physical and emotional harms of establishing paternity and support obligations against the physical, emotional, and financial benefits. Thus, despite some ambiguities, the new regulations were seen as a victory for the Center and its friends.

An open-ended balancing of the child's best interests in each case can be thought of as like a judge's decisionmaking in a divorce custody dispute. Rosen and CDF in *Roe* v. *Norton* and the Child Welfare League in the 1973 Senate hearings had advocated just this sort of approach to maternal cooperation. The Center had later proposed this solution to HEW; but HEW had previously rejected it, as an abandonment of HEW's statutory duty to adopt "standards."

Had HEW fully reversed itself? I don't think so. Indeed, on closer examination, despite the new talk of balancing the HEW regulations did not really imagine a case by case balancing. Rather, they create a conclusive presumption as to the child's best interest, excusing the mother's cooperation when a sufficient showing has been made on one of several criteria: cooperation "reasonably anticipated to result in" physical or emotional harm to the child, or physical or emotional harm to the mother reducing her capacity to care adequately for the child will sustain the good cause claim. The conclusive presumption approach, in principle, is simpler to apply since only one side of the balance has to be examined in each case. Even so, the regulations are ambiguous as to the amount of physical or, more importantly, emotional harm that must be shown—an important matter since it can't simply be left to be compared with the weightiness of the benefits in the particular case. The evidentiary requirements HEW demanded (like documents, professional diagnoses, and agency investigations) were meant to assure the feared harm is genuine and substantial. But how substantial?

The regulations ducked this by turning instead to "who decides" whether the mother's showing is strong enough. HEW was especially concerned here about the open-endedness of any emotional harm inquiry. Hence, it convened a panel of Department experts. The panel warned HEW that while emotional harm was a real risk to some AFDC mothers and children, "due to the purely subjective nature of emotional harm no definitive decision could be given." However, it advised HEW to use trained mental health professionals to make such determinations; they would consider, for example, the emotional health history of mother and child, the extent of cooperation needed, and the extent of necessary involvement of the child in the proceeding. Such lawyer-like procedural responses to the problem, in my view, offer no standards for assessing of evidence submitted on behalf of a claimant—for example, the psychiatric testimony in *Roe* v. *Norton*, which predicted emotional harm every time the mother merely does not want to cooperate. Of course, AFDC applicants will not routinely obtain their own experts, so this issue may be more theoretical than practical. The result, I would argue, is that the outlook of the mental health professional(s) to whom the states would turn becomes crucial.

Law enforcement officials and some Senators criticized the regulations; Michigan's Senator Griffin introduced a resolution to void them entirely under Long's one house veto procedure. By this time Steve Cole had left the Welfare Law Center to become a special assistant to HEW's general counsel, and was called in, along with head of OCSE, Louis Hays, to deal with these objections. HEW General Counsel Peter Li Bassi, giving what Henry Freedman calls a "virtuoso" performance before the Senate Finance Committee, acknowledged the concerns, and helped head off the veto threat by promising once more to reconsider the regulations. Freedman of the Welfare Law Center helped catalyze a telephone, letter and telegram campaign in support of the regulations, in which CDF, the ACLU, and the Child Welfare League participated. Griffin's resolution was never put to a vote.

In April 1978, HEW issued a clarifying announcement delaying the regulations, asking for more advice on some specific issues, and calling for a public hearing in May. HEW asked in particular "what degree of physical or emotional harm should be required?" and "is it possible or wise to develop a more precise definition of physical or emotional harm?" I now turn to those hearings, which ultimately led to revised published, and finally binding "good cause" regulations by December 4, 1978 —*four years* after Congress first adopted Senator Long's coerced maternal cooperation requirement.

The 1978 Hearing and the Final Regulations: The "Emotional Harm" Fight

At the May hearing, HEW heard twenty-one people testify and accepted additional written statements. Carolyn Heft and Henry Freedman testified for the Center. Jane Knitzer, a psychologist, appeared for CDF. Elizabeth Wickenden testified as well, this time on behalf of the Child Welfare League. Although Nancy Duff Campbell had left the Welfare Law Center by then, she submitted written testimony on behalf of a number of women's groups. Michael Barber from the Sacramento D.A.'s office, who appeared in Long's 1973 hearings, testified. The groups that were aligned with the *Roe v. Norton* plaintiffs broadly supported the January regulations, feeling that the inclusion of emotional harm was as much as they were going to get. Most now aimed to fend off attacks on the regulations by state child support people.

Knitzer, testifying for CDF, asserted that most mothers were anxious to cooperate and then defended individualized determinations:

> Some mothers . . . to avoid unrelenting harrassment by husbands and fathers, have fled from one city to another, sometimes from one state to another, seeking to establish new ties for themselves and their children. Sometimes the children have even established new ties with step parents or psychological fathers. These families should not be further harrassed, frightened and disrupted by the state's effort to find the biological father and secure support. In some instances, children have sought psychiatric counseling in an effort to rebuild lives and

minimize the psychological damage of past destructive relationships. They too, even if treatment was in the past, should not be forced to relive old and disabling stresses.

Wickenden continued the theme, but strategically stressed how few mothers actually need the good cause exception. She stated

[T]he fairness and effectiveness of the child support program depends on the protections it extends in the relatively small number of cases where an exception is warranted. . . . [I]f the mother is terrified or humiliated or otherwise intimidated, she is not going to be a very good mother to the child.

Heft of the Center also emphasized the importance of individual determinations of emotional harm in these few, justified cases. Heft gave these examples:

· · ·

The mother had been involved in previous support and custody proceedings in which the father had successfully claimed the right to visitation as a condition of his paying support. The mother remembers her daughter screaming as police came to the door to enforce the father's right to support or attempt to do so. The mother believed that the scene was still alive in the daughter's mind; she had managed to keep that from happening again and at the continual threats of contact with the father, would reinforce the child's memory and its traumatic effects upon the child.

· · ·

The mother had separated from the father because of his excessive alcoholism. The father visited the mother only when he was angry or upset, he was angry and upset when he was alcoholic and she felt that he would become very angry or upset if he was prosecuted for non-support and that would surely lead to disturbing the children and herself. She did not fear physical brutality so much from him as profane, persistent, loud, ill-timed and generally disturbing behavior.

· · ·

The father was married to someone else at the time the child was conceived. His wife knew about the child and had previously threatened the mother with trouble if she caused her husband any problems. In a similar case, the family of the husband in a rural community was very influential and threatened to create problems for the needy child in the local high school.

· · ·

The father was a close relative of the mother but the relationship did not amount to legal incest. The mother feared that the child would learn who the father was and that the child's self-image and reputation would be ruined forever.

Representative Donald Fraser of Minnesota, a sponsor of the good cause provision, provided written testimony that the regulations were "precisely in the spirit of congressional intent." He stated that although Minnesota had for the previous two years given all AFDC applicants notice of the right to claim a good cause exception and "guaranteed the exception to *anyone* asking for it, *without further questioning or investigation.* . . . Very few applicants have claimed the exception."

Michigan's Senator Riegle agreed, despite projections by Michigan's Department of Social Services that in 60 percent of new cases "good cause" would be claimed. Riegle's staff, who surveyed a number of Michigan Counties, concluded that probably 1–2 percent, but in any event less than 5 percent, would claim good cause.

By contrast, California law enforcement spokesman Michael Barber complained bitterly about the inclusion of emotional harm as a basis for non-cooperation. I sense that he resented the fact that HEW people had met privately with the Welfare Law Center, which had proposed the emotional harm test. The test, he asserted, was "so vague that almost any stress would qualify as an excuse."

Officials from other states supported Barber in seeking repeal of, drastically limiting, or better defining the emotional harm test. For example, Howard Goldfinger, on behalf of New York's Department of Social Services, noted that "cooperation . . . can in many cases be expected to result in some degree of emotional upset . . . but this cannot in itself be considered justification for non-cooperation any more than embarrassment about lack of financial independence could be considered justification for refusing to document need." Other witnesses stressed that because these children commonly suffer emotional harm anyway, firmly linking coerced cooperation to such harm would be unfeasible and expensive.

Some state officials objected even to the physical harm exception.

These officials claimed that this encouraged the man to threaten harm in order to provide a basis for the woman to insulate him from the authorities; the abuse problem, even in rape cases, should be taken care of through shelters and maternal protection, not by rewarding the man's wrong doing.

Not all child law reformers were happy, though. Henry Freedman admits that the January regulations were not as liberal as the Center had wished. He also found particularly offensive some developing practices under the program that he believed served only to harass mothers; most important here were paternity questionnaires that inquired into details of the woman's sexual activities. He was also skeptical whether claimants were being given adequate notice of their good cause rights. The Center was also squabbling with law enforcement groups over other details such as whether the state must help the claimant gather good cause evidence and whether the welfare agency or the support enforcement agency should make the initial good cause decision.

In its October published revisions of the regulations, HEW admitted that its previous procedure did not in fact invoke a balancing of the considerations the same regulations held paramount. However, HEW bowed to those concerns only by requiring that the state advise mothers of the benefits of paternity determinations. Upon a good cause claim, the mother would be asked to show physical or emotional harm and this would establish the presumption of good cause.

Physical and emotional harm now had to be "serious," however. Moreover, emotional harm had to be "based on a demonstration of an emotional impairment that substantially affects the individual's functioning," established (except for special "battered women" cases) by corroborating evidence. Finally, the woman had to almost always name the father upon request so the agency could investigate her claim. The father was not, however, to be personally approached during the investigation.

As Steve Cole sees it, the most important result of the revisions was the survival of the basic emotional harm test; the procedural adjustments, he suspects, hassle recipients more than they deter fraud. Although, of course, cooperation is not voluntary, as he would have preferred, still Cole feels the current provisions are a reasonably good policy solution.

I question, however, whether the fight over the regulations—and the insistence on the emotional harm excuse in particular—has made any important difference. To gain some perspective on this issue let us examine the operation of the maternal cooperation procedures in Connecticut (and elsewhere).

Coerced Maternal Cooperation in Connecticut Today

The rules governing coerced maternal cooperation in Connecticut today resemble those before 1969 when *Doe* v. *Shapiro* was brought. AFDC mothers are routinely asked to cooperate in seeking child support from absent fathers; in cases of illegitimate children, they are asked to help establish the child's legal paternity. If they resist, they are threatened with a substantial loss of income unless they can fit within a narrow class of formal excuses for non-cooperation. The exceptions are more clearly spelled out today than in 1968 and only the mother's share of AFDC is at risk; yet I believe these differences are largely irrelevant in practice.

Interestingly enough, we still know little about the value and impact of these AFDC practices. Nearly all claimants cooperate enough to satisfy authorities. We still do not know how many cooperate only because of the threatened loss of funds; nor do we know how many avoid the requirement by lying about the father. Since we do not know who is coerced, we cannot establish how much child support is actually generated by forcing mothers to talk.

Nor is there any good evidence about either economic and psychological benefits accruing to or harm incurred by children as a result of the coercion. We do not know how many women are simply not asking for welfare because of the requirement or if Professor Stack's fears about disrupting kinship networks and deterring voluntary paternity acknowledgements are being realized.

Data on child support payments are generally unilluminating.[1] For example, Connecticut officials report collecting about $50 million in child support payments on behalf of AFDC families in the first five and a quarter years after the 1974 amendments went into effect. Nearly $60 million more was collected for non-AFDC families. About $22 million was spent collecting that sum, mostly on behalf of AFDC-family collection efforts. While this does represent an upward trend in collections, child support payments still do not nearly replace AFDC. Connecticut, for example, which regularly exceeds the national average of collections as a proportion of AFDC payments, reported in 1978 that collections for AFDC families amounted to only 6 percent of AFDC payments. (After costs, net collections were less than 4 percent of payments). Gross support collections increased in 1980 to 7 percent of AFDC payments.

A national study using 1977 data suggested that in more than 70 percent of absent father AFDC cases still no court order or support agreement was in place. Moreover, of those men subject to a court order, more than half still were paying nothing and a large proportion were under-paying. So much for Senator Long's program generally as a quick fix for the welfare problem.

Turning to such coerced cooperation data we have, Connecticut reported in 1979 that among 50,000 cases, only 236 AFDC claimants refused to cooperate; and a mere 21 mothers actually established good cause. Moreover, this 10 percent successful "good cause" rate is the national average.

The good cause safe harbors are, of course, narrower than those sought by the *Roe* v. *Norton* plaintiffs. On the other hand, the figures include mothers of *legitimate* children who are making good cause claims. Some married women, particularly those in battered women's shelters, refuse to cooperate in child support enforcement. While legal paternity is not at issue in such cases, a support order and collection are.

Officials I talked with listed fear of physical abuse as the main reason being claimed for non-cooperation. Thus, the "emotional harm" exception seems rarely used, despite its hard won establishment.

Ken Soucy, from Hartford's welfare department, suggested to me that most of the 90 percent who show up in the data as unsuccessfully claiming good cause simply did not follow through on their initial good cause claim. Typically, the women failed upon request to produce the proper evidence of physical harm (police reports, hospital records, etc.). When a woman who produces no such evidence persists in her request for AFDC, her case is processed as though she had agreed to cooperate, and Soucy believes mostly all of those women do eventually cooperate.

The rare mother who does seriously fight, however, typically establishes good cause according to Soucy—either by convincing an area intake worker assigned to hear all such claims or in the rare subsequent hearing before an administrative judge. In sum, women almost always cooperate, but a few are excused. Virtually no women resist and receive less welfare or subject themselves to the contempt threat; the contempt statute has simply fallen into disuse.

The picture I've painted, I think, generally reflects nationwide results, although the corroborating national data are suspect because states apparently use neither the same bases for collecting statistics nor the same criteria for officially allowing non-cooperation. For example, I find startling Illinois' 1979 report of 4,842 refusals and 13 good cause findings, when California reported 833 refusals and 152 good cause findings. Moreover, I have little confidence that the same interpretation of what amounts to a refusal to cooperate is being reported when Missouri showed 22 refusals in 1979 and 5,259 in 1980. Some states may count as refusals only those who refuse after formal determinations of good cause whereas others might also include those who initially refuse but don't follow through. Such differences might help explain why Texas shows 58 refusals and 59 good cause exceptions granted in 1979, whereas Michigan in the same year shows 2,906 refusals and 142 good cause exceptions granted.

Whether in the long run good cause will be so infrequently demonstrated is unclear in part because some applicants are probably still not getting proper notice of their good cause rights. During HEW's 1978 good cause hearings, legal services lawyer Eileen Sweeney complained that welfare agencies in a number of midwestern states were simply ignoring the good cause provisions. Jean Cary, a legal aid lawyer from North Carolina, similarly indicted North Carolina in her testimony. This same charge was reiterated against Michigan officials by Beverly Leopold from Michigan Legal Services and against Washington, D.C. officials by local legal services lawyer Laura Macklin. And in Connecticut, Jinx Pitman, a legal services lawyer, brought suit in 1979 seeking to force better compliance with the notice requirement. That case was settled when the state agreed both not to force her client to cooperate and to implement standard good cause notice forms.

Many of those key actors I interviewed seem reasonably satisfied with the current maternal cooperation feature of the federal child support program. James Higgins, for example, doesn't mind that his

431

contempt provision is no longer really needed in Connecticut and does not object to the limited good cause exception. Bill Galvin, Senator Long's aide, calls the current good cause regulations a "reasonable compromise." Steve Cole, whose satisfaction was noted earlier, feels vindicated by his persistence; still, he told me that in his view the efforts made to adopt the coerced cooperation rules and its good cause exception could have been better devoted to improving child support collection efforts for mothers who want the state's help.

Louis Hays of OCSE also seemed reasonably pleased with the way the good cause provision was working out. He said he has not heard of any mother or child being physically hurt as a result of cooperation since the program went fully into effect. Hays noted that on the face of things the good cause exception has certainly not become the loophole that some feared. Reflecting the Connecticut experience, aggregate national data show that good cause is only rarely claimed or formally found; in 1979, for example, 26,381 women reportedly refused to cooperate and 2,393 established good cause. Hays suggested, however, that some welfare offices may well be simply excusing mothers without using the formal procedures, which practices do not appear in the data; hence, one ought to be careful about underestimating the number who don't cooperate. Moreover, as I noted above, we cannot tell how many mothers purport to cooperate while in fact concealing critical information from the state.

Although they had hoped for more, David Rosen and Frank Cochran feel they accomplished something through their efforts. Rosen attributed the disuse of the contempt statute to the *Roe* v. *Norton* effort. Cochran told me, "we [have] a minimally acceptable standard of good cause . . . where no one even would have thought of good cause as an exception otherwise. . . . The existence of the case . . . led to support for the good cause [exception]."

By way of counterpoint and in conclusion to this chapter I think we should ask how the factual claims of the *Roe* v. *Norton* plaintiffs would fare under the new regime. Those who feared physical abuse, of course, would be excused—provided that adequate proof could be tendered; one *Roe* plaintiff, I think, would readily have succeeded since the man had been convicted of assulting her. Although the incest claim made by another plaintiff fell into another safe harbor; recall that she admitted that she was not sure if the father was a family member or an "emotionally unstable" person. Hence, she probably would have had to give considerable details to the authorities.

Plaintiffs whose reasons for non-cooperation were the running of the statute of limitations, a written acknowledgement, and the mother's preference that the state bring the paternity suit would fail to meet the good cause exception. Moreover, plaintiffs' fears of lost marriage opportunities (to the father or someone else), church excommunication, and the lack of any contact with the father since the onset of pregnancy also would not by themselves qualify as grounds for non-cooperation; it would be necessary to tie them firmly to projected emotional harm to the child or mother.

In short, a large proportion of the *Roe* v. *Norton* mothers who actually resisted might well have needed representation or very sympathetic welfare officials in order to have even a chance to avoid pursuing paternal support under current rules; some would probably have good cause claims routinely denied. Is this result better for society? For children? As we have seen, there is simply no societal consensus about such outcomes.

CHAPTER 19

Some Lessons

Hurry-up and Wait: Dancing in the Dark

The attack on coerced cooperation through litigation proceeded at an uneven, undeliberative pace. The Connecticut legal services lawyers raced to court upon finding their clients confronted with the jail threat. The mere two months between the denial of the preliminary injunction and the trial gave little time to develop evidence. Rosen, the court appointed lawyer for the children, had only six weeks. The trial itself lasted part of one day. This rushing around was followed by a lull of about five months while the parties waited for the court's opinion.

When Cochran then appealed to the Supreme Court only at the last moment, this minimized both his and Rosen's time to prepare once the Court agreed to hear the case. CDF too lost precious time to work on its amicus brief because of internal squabbles over the proper legal positions to take, causing Nesson to spend the final two weeks in around-the-clock writing, which Edelman and Polier had little time to review. Thus, although two and a half years passed between the time that the plaintiffs walked into the local legal aid offices and the Supreme Court remanded *Roe* v. *Norton*, the main efforts of the involved lawyers were concentrated into a few short periods of highly intense and frantic activity.

The legislative process was similarly spasmodic and undeliberative. Although the Senate Finance Committee called for a national maternal cooperation requirement four years before legislation was actually enacted, the Committee never made serious findings during all that time about the need for and consequences of such a requirement: Senator Long's 1973 hearings provided little hard data and highly conflicting opinions. Moreover, that hearing was the only formal opportunity in either house for outsiders to air their views on the issue. And given Long's strong remarks at those hearings, informal lobbying of him by outsiders did not seem promising.

Long's control of the legislative agenda, moreover, blocked substantive input by other legislators. His child support program (including the coerced cooperation requirement) was never debated in either the Senate or the House. Nor did the House Ways and Means Committee get a real crack at amending the scheme. Moreover, even Long's fellow Senate Finance Committee members had no apparent voice in the matter, since, it will be recalled, the legislative compromise, including the child support program, was struck with little notice, in about a week, just as Congress was rushing to adjourn for Christmas.

Turning to the administrative process, we saw that HEW, too, experienced brief periods of intense activity and many long lulls during the 3½ years it took to enact its final "good cause" regulations.

Altogether, then, despite the brevity of this story's crisis periods, a full decade passed between the time that *Doe* v. *Shapiro* first challenged coerced cooperation in Connecticut and issuance of the "good cause" regulations: this is what I call "hurry up and wait."

In consequence, while this, of course, is but a single case study, it provides little comfort for any side in that broad debate over the relative competence and deliberativeness of federal courts, the legislature, and administrative agencies. In my view, none of these bodies did anything to enhance its reputation as either policy analyst or as forum for fact-finding. Instead, decisionmaking at all levels seems best characterized as founded on "quick and dirty" policy analysis resting on assumptions rather than data.

Blame for this "dancing in the dark" lies not only with the decisionmaking bodies, however. The adversary parties too shed rather little real light on the factual controversies.

For example, lawyers for the State of Connecticut, some Senate Finance Committee witnesses, and some OCSE witnesses all made vague claims about the financial benefits that children obtain when the government coerces their mothers to cooperate. Yet we still have no useful information about how many children get Social Security, Veterans, or inheritance benefits because of coerced cooperation. Similarly, although both the parties in *Roe* v. *Norton* and the Senate Finance Committee witnesses debated whether coercing mothers could generate a significant amount of child support money, we still have no reliable information about the cost-effectiveness of coercion; indeed, OCSE is not even collecting such data. So too, despite statements in Congressional testimony, HEW hearings, and court briefs arguing that nearly all women would cooperate voluntarily, and conflicting statements claiming that perhaps half would not, we do not yet know the truth.

Moreover, although many different pictures were painted, we really don't know very much about those women, whatever their number, who would choose not to cooperate if given the choice. What proportion would, as Senator Long and Frank MacGregor envision, maintain an ongoing relationship with the father, perhaps receiving funds illegally? What share is captured by Professor Stack's description of the extended kin network? What percentage would fit Judge Blumenfeld's picture of the unknown father, forever unidentified because the child's legal paternity was not established? What number would fit Steve Cole's and Judy Riggs' mold—simply wanting nothing more to do with the man? Are the sympathetic *Roe* v. *Norton* plaintiffs and the women described by Carolyn Heft for the Center to HEW in any way typical or but rare exceptions?

Is the Welfare Law Center right that in the 1980s inevitable foul ups, hassles, and abuses of administration transform AFDC eligibility conditions, such as coerced cooperation, into obstacles which trip up statutorily entitled mothers? How often are women deterred from seeking AFDC because state officials callously employ paternity questionnaires or because of their fears and feelings of humiliation; and on the other hand, how many women evade the cooperation command through deceit? We do not know.

It is often easier, of course, to complain about the failure of others to uncover the truth than it is to say what should have been done to discover what the truth is. Nonetheless, it does seem to me that experts were very little called on in this dispute.

Professors Solnit, Zigler, Stack, and Semmel got to express their views only peripherally in the process, with the American Academy of Child Psychiatry occasionally chiming in briefly without exerting any direct influence. No experts were present when Higgins got Connecticut to adopt his contempt statute; even the welfare department was absent. Long and Galvin put through the federal amendments apparently without seriously consulting social work scholars who have experience with the effects of coercion. Still, when given a small opportunity to make their case, neither the Child Welfare League representatives nor Elizabeth Wickenden's written testimony at the 1973 hearing documented past experience with coercion so as to effectively challenge Long's equally undocumented image of the world. Indeed, the Stack-Semmel account, perhaps because it implied condoning financially irresponsible fathers, never seems to have seriously engaged any important legislator's attention.

CDF probably could have better employed the wisdom of that long list of amici joining its brief. As it turned out, Fern Nesson personally had to collate available information on psychological impact. Perhaps CDF's excessive focus on the threat of women being jailed got in the way of efforts to marshal an affirmative expert view of how the best interests of children in these circumstances would be best served.

The federal judges, too, could have required firmer evidence that the Connecticut law would, or would likely, achieve something real rather than abstract for children, instead of just ignoring the Solnit and Zigler testimony and not pressing for contrasting views. If they thought these questions were for the legislature, we now see that the answers were not forthcoming in the legislative debate.

Could it be that the actors in this conflict danced willingly in the dark—because, in the end, the interests of these children did not really matter? I return to this idea at the end of this Chapter.

The Need for Endurance

If the "hurry up" side of "hurry up and wait" contributed to what I have called "dancing in the dark", the "wait" side provides liberal reformers with a different lesson: the need for endurance. A brief retelling of our story illustrates the general idea. First, Connecticut's form-over-substance response to *Doe* v. *Shapiro* made *Doe* v. *Harder* necessary. Then *Doe* was widely ignored in the field, requiring administrative complaints and admonitions. Next *Roe* arose because the contempt law overran *Doe*. Meanwhile, Congress led by Long, overturned *Doe*, shifting debate to the need for a good cause exception. Later HEW's narrowness catalyzed the fight over the regulations. And finally, more litigation followed to enforce the routine giving of proper notice of mother's good cause rights in the face of the realities of state implementation of the federal statute.

In short, this study well shows why liberal law reform efforts cannot be confined to one-shot judicial proceedings; that political or administrative bodies not only can, but do, undermine courtroom victories thereby becoming the crucial forums for reform; and that permanent institutions tend to slip back into old patterns if merely stung occasionally.

The endurance to pursue this issue in so many forums was not something that could have been expected from the local lawyers. We did see, however, how national organizations, CDF and the Center, proved capable of engaging the issue well beyond the lawsuit stage. Whether they went far enough, however, is another question, as I will next explain.

Roe v. *Norton* and the good cause exception fight reflect the orthodox view among 1960s and 1970s young liberal lawyers. These lawyers believed that local government bureaucrats were insensitive to the personal dignity and individual circumstances of the poor. The needy were seen as being treated in an authoritarian, demeaning way, becoming impotent dependents within a system alienated from its original mission.

But, if a big part of the problem is the cultural outlook and work practices of local officials, reformers must contend with the fact that once the dust settles these same local welfare workers and local district attorney staffers will be running the child support enforcement scheme. And they may have their own ideas. Recall, for example, the lack of effective compliance with the 1970 *Doe* v. *Shapiro* order that mothers could no longer be pressured to cooperate, as well as more recent indications that many bureaucracies have not fairly implemented the national good cause exception. This problem is especially acute when considerable discretion is built into the job of local officials—as is the case with the individualized "good cause" approach. Yet, the reformers devoted very little attention to converting legal decisions (judicial, legislative or administrative) into new behavior by individual bureaucrats.

Because their ranks are thin, and because they start from the disdainful outlook described above, liberal reformers have tended to respond to implementation problems by complaining to as high a level authority they can, counting on the latter to chastise the errant conduct of the underlings. While this is a nice idea, it will often fail. Not only are follow up efforts with agency heads often required; but sometimes nothing short of changing the minds and habits of the local workers will do. And this may mean retraining, new standard operating procedures, and even changed recruitment and promotion policies. In any case, it seems safe to say that children's rights reformers face the general problem that winning either in court or in the legislature may only be the beginning of a battle that truly calls for endurance.

Passing the Ball

David Rosen, CDF, the Child Welfare League, and, eventually, both Congress and HEW took the position that *individualized hearings* would select out those children who would be worse off if either mothers could selfishly choose not to cooperate or alternatively if all had to cooperate. To me, this seems little more than passing the ball: that is, too often children's rights lawyers, judges, and policymakers, in knee-jerk fashion, naively turn to hearings as a panacea for a very tough problem. For the lawyers at least, I detect an instinctive, and probably dangerous, overconfidence that trial-like proceedings (due process, and all that) will handle these problems.

On the contrary, one should have grave reservations about whether hearings will well determine the child's best interest. This is because determining the child's best interest entails far more than establishing existing facts in the face of conflicting versions of the truth—results which trial-like proceedings can indeed excel in obtaining. More importantly the determination requires both (1) *predictions* about future economic, emotional, and physical harm or benefit to individual children, as well as (2) weighing up and balancing these competing harms and benefits. But predicting future behavior is notoriously difficult, and the weighing process requires a value judgment as to which things are more important, something notably lacking in the vague "best interest" notion.

Given this complexity and uncertainty, I fear that the outcomes of individual "best interests" hearings would be overdetermined by the decider's personal values. Hence, if the decider generally held a commitment either to establish the child's legal identity or to material autonomy, such commitment would likely overshadow the facts of any actual case. Experience with child custody disputes in divorce cases, for example, suggests such results. In consequence, the identity of the decider becomes critically important.

Under HEW's "good cause" regulations, the welfare agency initially holds the hearing on fears of physical or emotional harm. Alternatively, the decider could be a judge or a member of the child support division of the state law enforcement agency. Rosen even argued for an independent guardian to serve as a first screener. To the extent that certain values are likely to correspond with certain jobs one holds, my point becomes that locating decisional authority in any one of these groups could shape the outcomes of whole classes of cases. What is significant, in turn, is that while many participants in the policy-making process talked blithely about hearings, neither the Roe v. Norton parties nor the legislative and administrative debates gave much attention to what child-centered criteria should be used in selecting deciders. Instead, claims about who should decide seemed rooted in considerations of who would be more taxpayer- or more welfare mother-minded, as if it were implictly understood that "best interest" was an empty concept.

Furthermore, had the parties really seen hearings as the way to the child's best interest, I should have thought that at least someone would have talked about the interests of illegitimate children whose mothers selfishly choose to cooperate. Some of these mothers, in bitterness or revenge, want to "get back at" the man by making him pay his debt (perhaps in the hope that law enforcement efforts force him to leave town). But this result cannot always be in the child's best interest. In short, why not hearings to determine the child's best interest in all cases?

To be sure, such hearings might be unwarranted because of the

440

lower risk that establishing the child's paternity will be harmful to the child when the mother voluntarily initiates support or paternity proceedings; or because hearings could not detect mothers cooperating for the wrong reasons; or because of greater implications for intrusion into family autonomy. But without a general theory of the nature, competence, and goals of hearings and of non-family deciders, it is difficult to see why the mother's views should necessarily be the trigger for the hearing. Put more broadly, this lack of attention to the other side of the problem is, I think, further evidence that the solution of "some sort of a hearing" was too hastily grasped onto simply as a way of resolving the immediate controversy.

Lawyers for Children?

The problem of "who decides" for children, just considered, is related to the issue whether in test-case litigation there should be separate representation of children. In class actions like those in this case study, what purpose do such lawyers serve, particularly since children are too young to express responsible views of their own?

Separate representation can symbolize general mistrust of parents; I don't find that very attractive. Nor is it very convincing to say that the appointment of separate counsel merely recognizes that the child has separate rights and interests that may need separate protection, especially when the interests of others speaking for the child potentially conflict with the child's. After all, parents always have potential conflicts of interest with their children, even as to decisions about what the child should eat or when he should go to sleep: a parent might have other uses for the food or his or her time.

Judge Newman told me his decision to appoint separate children's counsel in Roe v. Norton was "no big deal," saying he had thought the children "could have" separate interests; moreover, he said, this device could give the court a different view of the case. But merely getting another view for its own sake is hardly what is usually done in litigation. Yet will appointing separate counsel for young children give you anything more than the lawyer's views and values?

At a minimum I am confident that who you appoint can make a big difference in what you hear. Although Judge Newman argued that in many cases the lawyer's duty is self-evident because the child's

441

interest is both clear and separate from his parents', he concedes that *Roe* v. *Norton* was more problematic and complicated: both the mothers and the state claimed to be asserting the child's best interest. Nonetheless, Newman said he trusts the neutrality of lawyers in these situations to serve as a true friend of the court in pointing out issues the court might be overlooking. Besides, said Newman, in such an important case, with an uncertain outcome, the judge is likely to be influenced by some outsider's view or the existing literature anyway. In all, I sensed a confident federal judge, eager for input and not worried that variations in procedure would channel him to a wrong result.

The mothers' lawyers in *Roe* have a different view, however. Crockett continues to oppose separate representation in cases like this. Severing the representation of mother and child, he thinks, creates the offensive presumption that the mother is not serving the best interests of the child. From his recent handling of special education cases, Crockett has found that when separate lawyers represent even individual children, they are all too often "arrogant" and advance frequently immature ideas about the child's interests, typically without having had a child themselves.

Cochran, too, describes his subsequent experience with "youthful recent law school grads full of Solnit malarky and without children of their own." Cochran recalls that Crockett and he initially decided to go along with Judge Newman's idea of separate representation of the *Roe* v. *Norton* children mainly because they did not want to rile Newman. They were of course, relieved by the appointment of David Rosen who had previously worked for New Haven Legal Assistance.

Why was Rosen selected? Aviam Soifer, Judge Newman's clerk at the time and now a law professor at Boston University, explained that in the "relaxed atmosphere" of their location, Newman knew the work of many of the local lawyers. He picked Rosen based on his "past performance." Judge Newman remembers Rosen as an "obvious," although not the only possible, choice because Rosen had done well previously in some public interest matter involving children. And Rosen's favoring of an individualized inquiry into the child's best interest was congruent with the judge's views, set out in his concurring opinion in *Roe*; so perhaps Rosen had some impact on Newman after all.

442

Rosen says he was selected because Soifer knew him, he was "a young lawyer, not too busy in his practice, who would be interested in taking on the challenging project," and because his partner Ed Dolan, who was technically his co-counsel in *Roe*, often represented children in state court juvenile matters. But when he was appointed, Rosen told me, "the state's lawyers, I think, felt somewhat double-crossed. . . . [T]hey had a proposal for someone to be a guardian or a lawyer for the children . . . who was not appointed."

James Higgins told me he was not pleased with Rosen's selection, though he called Rosen "competent" and thought separate representation in principle was a "splendid idea". He feared, however, that Rosen would not be sympathetic to what Higgins thought were the child's interests. In the same breath he pointed out that the appointment was unsurprising, given both Judge Newman's and Rosen's reputations as liberals in their work.

Higgins thinks the lawyer for the children is best selected using a procedure he now uses as judge. He regularly selects from a group of lawyers who mainly work in juvenile law when he needs to appoint separate counsel. Judge Higgins has found that these lawyers "readily stick up for the children's interest." Of course, representing teenagers accused of crimes or representing children in divorce proceedings is different from test-case representation of a class of children where the dispute is between the parents and the state. Higgins said he does not readily accept suggestions for children's separate counsel made by the parties or their lawyers because he has seen too many cases in which "children's rights were dealt out of their lives." Judge Newman also rejected the suggestion that the parties or the other lawyer be asked to pick the children's lawyer. The other lawyers, he believes, are entitled to notice that a lawyer is to be appointed for the children; as in a class action, they may object when the person the court selects is incompetent or inappropriate to represent the client. But, he said, the judge should make the appointment.

This "solution," however, does not solve the main problem. As I have noted already, had someone other than Rosen been appointed, surely the litigation position of the "children" could have been quite different. For example, suppose the court had chosen a former deputy district attorney who had worked with Higgins and MacGregor in child support enforcement. In short, judicial appointment does not avoid the problem that the lawyer may enter the case with strong values and opinions on the issue; it only makes those values turn on the values of the judge or the way the judge makes the selection.

Furthermore, as a practical matter, in test-case litigation today, even the judge may effectively be denied the selection if parental advocates first form alliances with a child advocate and join together. That is, if a separate lawyer comes forward first asserting the child's interest, I sense that judges are reluctant to replace that lawyer. Such a result, of course, minimizes the chance the child's lawyer will be truly independent.

To complicate matters even further, often one lawyer can not really represent the individual interests of all the affected children in the class. One approach is to take a general position on their behalf, sacrificing some for the greater good of them all. Alternatively, and I fear too often, the child's lawyer will try to escape this result by proposing a process solution, like hearings, that papers over the problem by promising individual treatment at some later date.

Despite these many criticisms of separate lawyers for children, I have to concede that the reality in 1984 is that, in legislatures and as amici in the appellate courts, advocates asserting interests of children will simply appear. And nothing can easily be done to police this "representation." Given this reality in other important contexts, we probably should not be too persnickety about—too overly analytical about—the appointment of children's counsel at the outset of litigation. At at the same time we must not have too high hopes for this arrangement, thinking that having a lawyer takes care of the child's interest.

Children as Cover

Had there been no state welfare costs to save because, say, the federal government paid for welfare in full, who thinks that Connecticut's *legislature* would have adopted the contempt statute? Alternatively, suppose it were proved that AFDC children did not benefit from the coercion requirement but that welfare costs were being saved. Who thinks this would have caused the statute to be repealed? In short, it is easy to charge that Connecticut used children as cover.

Consider next whether the contempt statute would have survived challenge had Connecticut's officials claimed that their purpose was not to help children, but to save money. I think it would have, despite Judge Blumenfeld's repeated emphasis on the state's interest in the child. The availability of the child benefit argument merely gave the judges an easier time salvaging the statute. In that respect, the court was perhaps using children as cover.

If advocates of coerced maternal cooperation are using children as cover, it is perhaps more understandable why they would speak in generalities about child benefits without worrying about whether those benefits were realized. Senator Long was rather candid on this point; for him children's interests seemed to represent more of a constraint on, rather than a reason for, coerced cooperation.

As further proof that children's interests weren't the heart of this matter, note that some child-centered arguments were simply out of bounds in the debate. For example, suppose that most AFDC mothers who did not cooperate were in fact getting secret support money from the man, money beneficial to the child that would be lost were he identified as the father and forced to make his support payments through the welfare department. It would have been politically intolerable (and equally unconvincing to a court) to argue that mothers should not be made to cooperate because the welfare fraud was in the child's best interest.

Similar sentiments may help explain why Professor Stack's description of urban black kinship networks was largely ignored. The state, the federal legislature, and the courts will not tolerate openly allowing men to acknowledge paternity in the community and then hide behind the mother's silence when the welfare office comes along. Official bodies will not be seen as validating a father's "bad conduct" or "irresponsibility" despite the on-the-ground realities for children; that is, even if as a result of intervention the child loses non-pecuniary benefits and the state brings in little cash to boot. On the other hand, public bodies cannot be seen as precipitating obvious harm to children or mothers. Thus, those attacking the cooperation requirement can talk about fears of physical assault, since in that case letting the father escape from his support obligation is seen as the lesser social evil.

To what extent did the lawyers for the children also use the children as cover? Rosen came to the case from legal aid work, CDF from its close ties to southern welfare rights organizations. How could these advocates, given their backgrounds, ignore broader social concerns about AFDC such as the mothers' sexual privacy? They may have honestly felt that they were promoting the interest of children, but I suggest that their judgment about those interests was invariably colored by competing values necessarily at stake in this issue.

Some of the involved welfare reformers readily admit they had mothers centrally in mind. Of course, they, too, typically made child-centered arguments. Fortunately, they saw the children's interests coinciding with other important interests—or so they rationalized. But I wonder whether through rationalization some reformers escaped too easily the moral dilemma of trading off the interests of some children.

Consider these puzzles: The welfare rights lawyers and child advocacy groups we have encountered in this story would surely assert that they are concerned with the well-being of all AFDC children. But their opposition to coerced maternal cooperation presents some dilemmas. First, as a pragmatic political matter, public support for, and in turn the overall benefit levels provided to, AFDC recipients, including children, may well depend upon public perceptions of fraud and the waste of taxpayer dollars. Maternal non-cooperation, as we have seen, is an easy target on both grounds. Second, child support collected from fathers under a coerced maternal cooperation regime does free up money to better support AFDC children generally. In short, even if David Rosen's clients would be helped by ending coerced cooperation, other poor children might be hurt.

These tensions can be resolved, of course. Where "rights" or some important principle are at stake, some reformers will be willing to risk the interests of the many on behalf of avoiding great harm to the few. Others will even deny that such tradeoffs exist, believing, for example, that coercing mothers will yield no substantial money or that AFDC funding levels will be unaffected by the resolution of this issue.

I believe, however, that child advocates must face the real potential that they are probably hurting some children while helping others. Let's put aside women who would willingly cooperate plus those who would not for good reason, and recognize that many new AFDC claimants with illegitimate children are teenagers; some are minors. If nothing else we can assume that without intervention, out of ignorance or indifference, some will otherwise not establish support and other rights and as a consequence some children will be hurt. This is what I think Rena Uviller from ACLU's Children's Rights Project sensed. After all, large numbers of teenage parents are not very good at parenting, especially when the child was not planned and is not wanted.

The problem is that advocates for children must face the tradeoff tension without the advice or consent of their young clients. And, as I have argued, resorting to hearings is in large part passing the ball. In the end, one might well conclude that children as a group are better off without coerced cooperation, acknowledging that this conclusion implies sacrificing the interests of some children. But from strictly the child's perspective any conclusion is an uncomfortable and difficult one to reach no matter how often one repeats the "child's best interest" incantation. As a result, the more common mode of thought, I think, involves rationalizing one's position as child-centered while actually employing other deeply held values to arrive at that position. While this may mean considerable self- or public deception, children's interests, after all, are not the only ones that count. Perhaps it would be better, then, if advocates were more candid.

PART VII

Goss v. Lopez: The Principle

of the Thing

**Franklin E. Zimring
and
Rayman L. Solomon**

Students' Rights and

School Authority

"For children, then, the 'victory' won in their name for rights to protect them against the authority of school officials has been a pyrrhic one. Constrained by legal rather than traditional bounds, they find themselves in schools without authority and without community. Alone, probably afraid, and clearly more 'alienated' than those who once suffered the authority of their elders, American young people seem more bent on harming themselves and others than ever before."

> Edward A. Wynne, "What are the Courts doing to our children?" 64 The Public Interest *Summer 1981, at 4.*

"In our society school administrators have every interest in demonstrating to their students that democratic procedures work, and work well in protecting the rights of citizens. The present Amici, who themselves are intimately involved in school matters, are certainly of that view."

> Brief of the National Committee for Citizens in Education; the National Education Association; and the Education Law Center, Inc., as Amici Curiae *in support of appellees.* Goss v. Lopez *at 23.*

This essay examines the performance and impact of the attempt by public interest lawyers to secure procedural entitlements for public school students in school disciplinary proceedings. The focus of our concern is *Goss v. Lopez*,[1] a 1975 Supreme Court ruling that declared public school students were entitled to "some kind of a hearing," however minimal, before being suspended from school for periods as short as two days or as long as ten.[2]

Goss represents a part of the history of the federal courts' involvement in the supervision of schools, in the expansion of civil rights of children, and in the protection of individuals from arbitrary actions by governmental agencies and officials. As a preliminary matter we must briefly look at the development of each of these doctrinal strands in the years prior to this litigation.

Throughout the nineteenth and first half of the twentieth centuries policy issues concerning schools in the United States were decided by state and local—not federal—government. A state legislature, state office of education, or local school board decided crucial questions of school financing, curriculum, mandatory student attendance laws, teacher qualifications, and student rights. Two major events in the 1950s moved school policy into the federal orbit: *Brown v. Board of Education*[3] and the Soviet launching of "Sputnik." The latter led to increased federal funding of public education at all levels of schooling in an effort to advance U.S. technological competence. In the 1960s and 1970s this federal funding was combined with Congressional concern about equality of opportunity, which led to further expansion of federal education policymaking through legislation such as the Elementary and Secondary Education Act of 1965, Title IX, and the Education of the Handicapped Act.[4] Legal challenges to these measures, in turn, further expanded the federal courts' involvement in supervision of schools, which began in 1954 when the Supreme Court decided *Brown*.

Brown I declared that "separate but equal" schools for blacks and whites were unconstitutional and *Brown II* ordered that these segregated schools be dismantled "with all deliberate speed."[5] *Brown I* launched a revolutionary battle against discrimination against blacks and other disadvantaged groups in American society. *Brown II* launched thirty years of lower federal court involvement with pupil and teacher assignment, school construction, transportation, and discipline. Despite being concentrated initially in the South, all areas of the country have since seen federal courts deciding the legality of school policy. Indeed, one high point of federal court involvement came in 1974 when U.S. District Court Judge W. Arthur Garrity placed the Boston public school system under receivership in order to carry out his orders to integrate the schools.[6]

Federal court involvement in schools was not limited to questions of racial discrimination, nor were schools the only children's institutions to be subjected to judicial scrutiny. The civil rights revolution produced not only demands by blacks for racial equality, but also assertions for autonomy by other groups, including school children. In *Tinker v. Des Moines Independent Community School District* the federal courts were asked to decide if school students could be suspended for wearing black armbands to protest the war in Vietnam.[7] The U.S. Supreme Court held that students were entitled to the First and Fourteenth Amendment protections of freedom of expression while at school, but emphasized that school officials had the right to regulate speech or expression which was disruptive to the functioning of the school. The federal courts have also had to decide issues involving voluntary prayer in school, the rights of students to access to controversial or vulgar literature, the rights of students to be free from unreasonable locker or personal searches by school officials, and student dress codes.[8]

And judicial recognition of children's rights extended beyond the schoolhouse setting, as the other case studies in this volume clearly demonstrate. The most prominent early example occurred in 1967 when the U.S. Supreme Court held in *re Gault* that the Constitution mandated procedural safeguards before a delinquency determination could be made by the juvenile court. Rights to representation by counsel, notice of the charges, rights to a hearing, and the protection of the Fifth Amendment's right against self-incrimination all were granted by the Court. The Court, however, stopped short of requiring juvenile courts to adopt *all* procedural rights afforded to adult defendants in criminal trials, as it recognized that juvenile proceedings were *not* criminal prosecutions.[9]

Increased federal court scrutiny of procedures used by state government was a third feature of constitutional litigation prior to *Goss* which is relevant for an understanding of that case. Issues concerning procedural due process arise because the Fourteenth Amendment of the U.S. Constitution reads in part:

nor shall any State deprive any person of life, liberty, or property without due process of law.

As state social and welfare services expanded, more people became dependent on the state and local government either for employment or benefits. When employees were fired or benefits terminated, disputes arose not only over whether such determinations had been substantively correct, but also whether the procedures used by the state were sufficient to ensure accuracy and fairness. In other words, did the procedures adequately protect employees or recipients from arbitrary actions by state officials. Relying on the language of the Amendment, lawyers for recipients of state benefits argued that their clients' benefits could not be removed without "due process of law." The courts were faced with two questions. First, did the recipient have a "life, liberty or property" interest in the benefit, and if so, what process was due? The first question raised issues such as whether a teacher with *de facto* tenure had a property interest in his job.[10] Later cases saw the court deciding that individuals had property interests in such diverse areas as drivers' licenses, wages, household possessions, and welfare benefits.[11] Cases involving liberty interests concerned issues such as parole revocation, prison discipline, and freedom from reputational injury.[12]

Having decided that people had interests which deserved protection the courts attempted to tailor the level of "process due" to the type of interest that was protected. Using adversary criminal justice as the model for maximum procedural due process, the Supreme Court selected component parts of that system to be applied in the appropriate case. Thus, before the state could revoke parole, the parolee was entitled to notice, a hearing, and the right to cross-examination.[13] Again, it must be emphasized that the courts were attempting, in establishing procedural safeguards, to balance the individual's potential loss caused by the state's action against the state's need to administer effectively its governmental agencies.[14] Courts sought to ensure that decisions were reached fairly without hamstringing state bureaucracies. State officials often argued that the lawyers for benefit recipients were trying to gain substantive results for clients through procedural claims. They argued that these lawyers, supported by public interest groups, sought to make it too costly for the state ever to deny benefits or otherwise execute substantive governmental policy.

With this general background, the use of Goss v. *Lopez* as a focal point of these chapters is curious and obvious for the same reasons. Curious because the case has already received substantial attention from legal academics, school administrators, and social commentators.[15] The entitlement announced in the Supreme Court's majority opinion was modest. Yet the case has served as a lightning rod for all of those concerned with the delicate balance between authority and personhood that student status in public educational institutions must require. The rich literature surrounding the Goss case demands that those who would venture yet another essay on this case, so many years after the fact, provide justification for their venture.

But why the rich literature? Why does a question as mundane as whether a student must see the boy's Vice Principal before being suspended for five or ten days command academic attention and strong emotions from lawyers, school administrators, the civil rights movement, and public interest advocates? Why does the Supreme Court of the United States decide the case by the narrowest of margins: 5 to 4? Why does the dissenting Supreme Court opinion bewail the holding in Goss in terms that vary from strident to near hysterical? And what was the role of the public interest bar in shaping the outcome of this litigation? Finally, how can we determine whether the pursuit of autonomy rights for public school students serves or diminishes the best interests of public education and our elder children? The pivotal role of the Goss case comes not so much from the Court's holding as from the reaction from many quarters to that holding. The prior attention and strong emotion associated with this case make it an obvious choice for examination of the motives, strategies, and child welfare impact of those who propose to litigate in the public interests of children.

So much for rationale. In Chapter 21 we propose to explore the conflict that led to the litigation and the Supreme Court's doctrinal response. Chapter 22 explores the multiple impacts of the Goss decision on (a) due process doctrine, (b) student rights, and (c), more speculatively, student welfare. A concluding section seeks to put Goss and its genre of student rights litigation in perspective: We compare what we call the 1960s style of litigation, focusing on issues of principle, with the trials and tribulations of structural injunctions, court supervision, and child welfare indeterminacy that have been associated with the 1970s style—disputes that inevitably draw the courts and the Constitution into the day-to-day realm of public administration.

A Note on Ideological Context

The strong rhetoric found in the dissent in *Goss* and in legal, educational, and academic discussion is in large measure a result of the case serving as a "lightning rod," a symbol of larger movements in constitutional law, legislation, school administration and school composition, in American adolescence, and in the fabric of American culture. It is not unusual to encounter commentators who see the constitutional dimensions of students' rights as a major cause of all the changes in public education of the 1960s and 1970s. Here is Professor Wynne, at greater length, summarizing his argument:

> It has become clear over the past 25 years that our children have become extraordinarily destructive, both to themselves and to others. Youth suicides, homicides, and out-of-wedlock births are at an historic high. Crime and vandalism in schools are widespread and discipline has become more difficult for teachers to establish and maintain. What is happening to our children?
>
> There is no one clear explanation. Still, I contend that the decline of adult authority in our schools, due to judicial decisions and the spread of legalistic relationships between students and faculty, are important causes for this disorder. [16]

Here is Jackson Toby, discussing violence in American schools:

> . . . A third trend indirectly affecting school violence was the increasing sensitivity of public schools to the rights of children. A generation ago, it was possible for principals to rule schools autocratically, to suspend or expel students without much regard for procedural niceties. Injustices occurred; children were "pushed out" of schools because they antagonized teachers and principals. But this arbitrariness enabled school administrators to control the situation when serious misbehavior occurred. Student assaults on teachers were punished so swiftly

that they were almost unthinkable. Even disrespectful language was unusual. Today, as a result of greater concern for the rights of children, school officials are required to observe due process in handling school discipline. Hearings are necessary. Charges must be specified. Witnesses must confirm. Appeals are provided for. Greater due process for students accused of misbehavior gives unruly students better protection against teachers and principals and well-behaved students worse protection from their classmates. [17]

All of this may be fair social comment, but it invites a confusion of causes and effects that vastly overstates the impact of a constitutional court and procedural doctrine on the substance of school administration and public schooling. If forced to a choice, it is certainly better to speak of the case as a result of the enormous changes in the American school over the decades preceding the case than as a cause of those manifold, important, and disturbing macrosocial changes that were influenced by and influenced the character of the public school, particularly the urban public school. Massive immigration of minority students, rights consciousness, Vietnam, racial tension, television, and the resultant change in the character of students, student (and family) relationships to the public schools, and the nature of classroom education, all rendered what we shall call the "family" model of public school governance less credible by 1975 than at any prior point in the history of the Republic.

In this context our principal conclusions about *Goss* are four:

1. The performance of public interest lawyers in this litigation was exactly as the most optimistic "students' rights" advocate could have imagined. Legal aid kits, publicly funded and highly motivated litigators, and sophisticated appellate-oriented lawyers interacted to provide plaintiffs in *Goss* with first-rate representation and one-sided interest group participation before the Supreme Court of the United States. The results were close to the fondest hopes of the coalition of students' rights groups that never wished *Goss* to be a test case but pursued this litigation, defensively, until the not-so-bitter end. Putting aside ultimate issues, such as the possible conflict between student rights and student needs, the institutions set in place by the 1960s worked well.

456

2. There is no clear-cut distinction between symbol and substance in the *Goss* case or its progeny. However modest the procedural entitlement in *Goss* may seem, the stakes were larger and the issues decided more substantial than first appears. In this case, the central issue was whether secondary school pupils standing on their own were citizens or merely minions of the school. Two models of secondary school competed. To oversimplify, we might imagine the first model of the school as a traditional father-knows-best family with clear authority structures. The principal is the father, vested with unlimited discretion and the wisdom to use his power to benefit all members of the family. The teachers, regardless of gender, perform traditional mothering roles. The principal delivers guidance while the teacher provides motherly primary care. The students are children.

    A second contrasting model of schools stresses their role as state agencies. Here principals and teachers are regulators and students are the subjects of the regulation. In this world, we cannot assume that the interests of students (or their parents) will always be coterminous with the decisions of teachers and administrators.

    Neither model captures the complexity and unique qualities of public schooling in the United States. Both models are, however, useful to understanding what the litigants were fighting about and why key interest groups, such as the National Educational Association, supported the student position.

    In the 1970s, faced with educational bureaucracy and what they regarded as arbitrary exercise of power, the plaintiffs in this action wanted to litigate two issues of principle: student rights associated with middle-to-late adolescence and black rights. The defendants, who had spent their professional lives in the role of paterfamilias, also were interested in litigating an issue of principle: the parental right to govern schools as if they were families. Without this uncompromising stand, the defendants' litigation strategy defies explanation. As soon as it is understood that both sides wanted overarching questions of principle to dominate the litigation, the lawyering makes sense. If we are wrong in concluding that *Goss* involved a principle more than the power politics of educational administration, we are also wrong in concluding that the assigned roles were played out according to plan.

457

3. It is easy to take a minimalist view of the procedural rights that students receive in *Goss* v. *Lopez*. Easy, but potentially misleading. In both symbol and substance, what was at stake was important. The issue was no less than the legitimate authority of the school principal to rule his educational flock as a father. Just as much as the students claim citizenship as part of the student role in lower and higher secondary education, the principal wished legitimation for his role as the father in the educational family. The clash of values seems obvious. The implications for child welfare less so. But it is difficult to understand the origins of the conflict without understanding that the children in this educational family were black and the "parents" largely white. Does father know best when father is white and the putative child is black? How do black families, including fathers and mothers with their own children, respond to a family model of public education in an era of rights consciousness?

4. All this and more leads us to conclude that the issue of student welfare as opposed to student rights is intractably difficult. At nineteen Dwight Lopez, the named plaintiff in *Goss*, is obviously eligible for citizenship in the educational community if any student is so eligible. But what about age fifteen or twelve? The question blurs. Kids at all ages through adolescence need semi-autonomy. Educational establishments at all levels need authority. The conflict is obvious. The question of how to strike the balance, stripped of due process rhetoric and other technical issues, is unavoidable.

   We observe, in the pages that follow, an inevitable conflict between the traditions of public schooling in the United States and doctrines of fairness and procedural regularity involved in welfare hearings, the social security laws, and police interrogations. It should come as no surprise that the uniqueness of the school setting presented the Supreme Court with a new question. How the decision will affect the welfare of the students is at once more problematic and more acute in the Court's view and our own.

So much for argument. On to the main event.

CHAPTER · 2 1

Bringing the Issue to Court

The Students Are Suspended

Goss arose out of the racial conflicts which troubled Columbus, Ohio, during the late 1960s and early 1970s. Between 1950 and 1970 the number of black residents of Columbus, as in most Northern cities, grew tremendously. The black population tripled during this time while the percentage of blacks rose from 11.7 percent to 18.5 percent. The number of black children in school grew at an even faster rate, reaching 29 percent of the school district's population in 1970.[1] The increasing number of black children in school, coupled with the growing assertion of black self-awareness in the late 1960s, led to increasing tension among school administrators, teachers, and students over issues of student autonomy and discipline. It was in this context that the events which sparked *Goss* v. *Lopez* took place.

During February and March of 1971 the Columbus schools witnessed numerous sit-ins, marches, fights, and disturbances by and between black and white students. Three of these occurrences produced the school suspensions which were challenged in *Goss*. The first, both chronologically and in importance for our story, was the disturbance at Central High School on February 26, 1971. On that day, between the start of school and 10:30 A.M., black students began a demonstration in the school lunch room. Tables were overturned and windows were broken. The principal of Central described the morning as follows:

> The disturbance at school . . . was a well organized and preplanned refusal of many students to attend class. After listening to their complaints I asked them to return to class and follow their schedules so that school could continue in a normal fashion. Some students chose to run through the halls and throw the school into a chaotic situation. I finally had to dismiss school for the day.[2]

The vandalism was triggered by two events. The first occurred two weeks earlier when black students organized an assembly program for Black History Week. When the school's administration learned of the students' selections of topics and speakers they ordered the cancellation of the program. This infuriated the students. The second galvanizing event was the shooting of two black students on February 25th, the night before the disturbance. Black students believed the two had been shot by white students from another school.[3]

Five days after the disturbance at Central High a similar demonstration occurred at McGuffey Junior High School. Some black students blocked the halls so that students could not report to class, while other students broke light bulbs and threw drinking glasses out of lunch room windows. The principal cancelled classes and ordered students to go to their homes. A group of junior high students proceeded to Linden McKinley High School, where demonstrations were also in progress. It was reported that the junior high students were going to the senior high school to recruit some students to help them return to McGuffey to further disrupt school. The principal of McGuffey became aware of their plans and called the police, who proceeded to Linden McKinley and arrested the junior high students.

The third set of disturbances occurred between March 10 and March 25 at Marion Franklin High School. As at Central High the precipitating event was the school administration's decision to interfere with the way in which the black students had organized the observance of Black History Week. On March 10 several students staged a sit-in to protest the officials' actions. The next day a group of white students began to block the halls and prevent students from going to class. After school officials got the white students to leave, a group of black students blocked the halls. The principal, with police assistance, got a representative group of both whites and blacks to meet with him and begin to calm the situation down. The principal decided to close the school for the rest of the day (Thursday) and to leave it closed until Monday. When school reopened on March 15, black students refused to report to class following a meeting in the school auditorium. When the principal addressed these students and told them to go to their classroom, one student stood and shouted that, "they were tired of listening to me (the principal), and now, I was going to listen to them. They were going to tell me what was going to be done."[4] Security officers were called to remove the student speaker, and a second student and his father attacked the security guards. The principal himself was struck by a student during the melee. Police finally restored order. For over a week the situation remained calm, but black students wore anti-administration buttons and some students and their parents engaged in peaceful picketing in front of the school. However, on March 23, during a meeting between the entire senior class and the principal, the peace was broken. As the principal testified:

> [O]ne row of black students stood up as I was speaking to the class and repeated the black [liberation] pledge . . . . [they] gave several verbal sounds . . . turned their back and gave the black pledge and then proceeded to walk out of the auditorium. There were about thirteen altogether.[5]

During the several weeks after this incident there were several fires started by students and several more demonstrations.

During the course of each of the disturbances at the three different schools many students were suspended, among them the nine named plaintiffs in *Goss* v. *Lopez*. Two students (Dwight Lopez and Carl Smith)[6] were involved in the Central High incident. Betty Jean Crome was a student at McGuffey Junior High, while the remaining six students attended Marion Franklin High.

Dwight A. Lopez was a nineteen-year-old senior at Central. On

461

February 26 Dwight reported to classes in the morning, one of which was a study period in the lunch room. He was in that room when the student demonstrators entered and began to turn over the lunch tables. Lopez testified that he did not participate in the vandalism and there was no testimony which would contradict his statement. Lopez stated that when the violence started he and a few friends walked out of the room. The principal, Calvin Park, has written (though he was never called upon to testify either in a deposition or at trial):

> Many students had been identified as members of the dissident group while I was meeting with them. To ascertain with certainty whether or not the individuals had returned to class or continued with the disruption I requested teachers to check their records of class attendance and verify the presence or absence of the students in question. Dwight Lopez was one of the students that did not return to class. The students that had ignored the request to return to class were notified by letter of a time to return to school with their parents for a conference to clarify the problem.[7]

Subsequent to Dwight's leaving the lunch room, Park decided to cancel school for the remainder of the day. Dwight returned to his home, and when he arrived he received a phone call from Mr. Park telling him that he was suspended. Dwight testified that he was given no reason. The next day Mr. and Mrs. Lopez received the following letter:

> Dear Mr. and Mrs. Lopez
>
> We have had a continued problem in school for several days and today a group of students disrupted our complete school program.
>
> Dwight was in the group and we need to have a personal conference with you and Dwight to determine what the problems may be.
>
> Please keep him at home until a conference can be arranged. This will take some time. We will be communicating with you.
>
> Respectfully
>
> CALVIN PARK
> Principal[8]

On March 1 the Lopezes received a second letter.

> Dear Mr. and Mrs. Lopez
> It will be necessary for you to appear at the Board of Education before Dwight returns to school. I have given your telephone number to Mr. Williams of the Pupil Personnel Office of the Board of Education. He will be in touch with you to set up an appointment.
> Dwight is to remain home during the hours school is in session.
>
> Yours truly,
JAMES C. FURGASON[9]

Then on March 5 the family received a letter setting the time of their appointment at 8:30 A.M. on March 8. When Mrs. Lopez and Dwight went to the Board of Education on March 8 they were unable to enter the building, as about 200 persons protesting racism in Columbus schools blocked the doors, and refused to allow anyone to enter. After their aborted attempt to gain entry the Lopezes returned home. Dwight testified that the School Board on March 8 voted to readmit suspended students, but that when he tried to gain admission to Central on March 9 the men's gym teacher refused to allow him in school. Principal Park (again not in testimony that was offered as evidence at the trial) has written that at that time he told Lopez that he could not be readmitted until he kept his appointment with the Pupil Personnel department.

> I verified by telephone, while Dwight was with me, that he was expected at the Pupil Personnel Office. I'm confident that had Dwight made himself known at the Pupil Personnel Office he would have been heard and assisted in planning for his continued school participation.[10]

Dwight, however, did not attempt to make any appointment with the Pupil Personnel officer and on March 24 the Lopezes received the following letter:

> As you no doubt recall, I had scheduled an appointment with you and Dwight on March 8, 1971, at 8:30 A.M. The purpose of this conference was to discuss various possibilities relating to Dwight's future educational plans.

This appointment was not kept nor did I receive from you a request to set up another conference. Since Dwight is 19 years of age and is no longer of compulsory school age, I thought that possibly you had made other plans for Dwight.

In regards to Dwight's placement in a Columbus School, permission is granted for him to enroll in Adult Day School, 272 S. Nelson Road, immediately. Waiver of fees is being recommended.

Sincerely,

H.M. WILLIAMS, Director
Pupil Personnel[11]

Dwight never attended the Adult Day School. When he reported there the principal told him he had the impression that Dwight was a troublemaker, and that he could not take any course in which he did not have at least a B average. Dwight believed that the principal of the Adult Day School was so hostile that instead of enrolling he went back to Principal Park and obtained his assistance in enrolling in the Adult Evening School in September 1971. He graduated from the evening school in May 1972.[12]

Betty Jean Crome testified at trial (and the school board offered no evidence at all in her case) that she was not a participant in the disturbances at McGuffey Junior High. On the date of her suspension, March 3, she was thirteen years old and in the seventh grade. She stated that when the disturbances started she became scared, and decided to go home. Before Crome had left the school playground the principal came out and told all of the students to go home. As she was passing the Linden McKinley school on her way home she was arrested by the police. She claimed she was walking ahead of, and not as part of, the group of students who intended to recruit high school students to return to McGuffey for more demonstrations. After arrest Betty was taken downtown to the Juvenile Bureau and questioned, but was never charged with any juvenile offense. The juvenile officers told her that she was probably suspended and called her mother to come and pick her up. Her mother called the school and was told that Betty had been suspended. In a letter dated March 3 the Cromes were informed that Betty had been suspended until March 8. Although the letter required that Betty's mother accompany her to school before she could be readmitted, Betty was allowed to return after her mother talked with the principal on the telephone. Betty finished the seventh grade that year and was promoted.[13]

The six plaintiffs from Marion Franklin High School were in varying degrees involved in the incidents at that school. Deborah Fox (at that time a sixteen-year-old in the 10th grade) was one of the four students who participated in the sit-in protesting the school's interference with the Black History Week program. She was suspended, not for her part in the sit-in, but for refusing to go to the office when shortly after the sit-in ended the assistant principal asked her to. Giving Deborah no reasons, the assistant principal informed her she was suspended for ten days. He sent a letter to her mother stating that Deborah was suspended for being "extremely defiant and disrespectful." When Deborah reported to school again on March 19 she was accompanied by her father. They were informed that Deborah had again been suspended for ten days and that she was being transferred to another school. On March 23 the director of Pupil Personnel for the school system sent Deborah's parents a letter notifying them that Deborah was to attend South High School. She did attend South for a year, but graduated from Central Evening School.[14]

Susan Cooper, Tyrone Washington, Clarence Byars, and Rudolph Sutton were all suspended on March 15. Washington, eighteen years old and a senior, was the student who shouted down the principal when the principal ordered the class to leave the auditorium and return to class. Sutton, a nineteen-year-old senior, was the student who attacked the security guards as they attempted to remove Washington from the auditorium. Both students were immediately suspended and removed from the school grounds. Their parents received letters the next day which notified them that their sons had been suspended for ten days for being:

> . . . involved in a disturbance at school on Monday, March 15. He defiantly refused to follow the directions of the principal. Furthermore, he created an explosive situation.[15]

Neither student returned to Marion Franklin, as both were transferred to other high schools from which they graduated in June 1971.[16]

Clarence Byars and Susan Cooper were both sixteen and in the

11th grade. Neither student had a history of disciplinary problems. In fact Byars was a football star who had been a student representative on many of the committees which met in attempts to lessen the racial tension plaguing the school. Byars was suspended when the principal saw him in the hall urging students not to attend class. The principal first directed Byars to report to his classes and to immediately stop encouraging other students to boycott classes. When Byars refused the principal suspended him, but only for three days. His parents were notified of the suspension, Byars returned on March 19, and graduated on schedule in June 1972.[17]

Susan Cooper testified that she was suspended by the assistant principal as she attempted to obtain an excuse to return home. She stated that she became fearful that the demonstrations might turn violent and sought out the assistant principal for permission to leave school. She stated that when she asked him for the excuse he stated "Well, you are suspended anyways." Two plainclothes policemen then escorted her out the door. On the way home she met her mother, who was coming to take Susan out of the school because of all the trouble. Susan and her mother returned to talk to the principal, but they were told that "you are suspended. Go home for ten days. You can talk about it when you come back." Mrs. Cooper received a letter notifying her of Susan's suspension and setting up an appointment on March 25 for them to discuss the incident with the principal. Susan returned to school on that day and subsequently graduated with her class.[18]

Bruce Harris, an eighteen-year-old senior, was suspended by the principal for taking part in the "black liberation pledge" demonstration on March 23. Harris was suspended as he walked out of the auditorium. His brother, his legal guardian, was notified of the suspension. There is no indication that Harris returned to Marion Franklin. He graduated from evening high school in 1972.[19]

Case Selection, Filing, and Strategy

From these three school incidents during February and March 1971 emerged *Lopez* v. *Williams*,[20] filed in the United States District Court for the Southern District of Ohio.[21] In addition to the nine named plaintiffs the class action sought relief for all Columbus school children who had been suspended without hearings. The selection, formation, and trial of this suit bear many of the characteristics of the civil rights suits of the 1950s and 1960s. Among these characteristics are the combination of local and national direction of the suit; the presence of a group of young recent law school graduates who were pursuing careers which focused on litigation advancing the civil rights of minority and poor clients; the attempt to restrain administrative authority through increasing procedural requirements; and a coincidence of the interests of parents and children in achieving the reforms sought. The following narrative history of *Goss* will explore these various themes.

Goss was begun by local attorneys and supported by local Columbus organizations, but it was heavily influenced by national education rights organizations, from the time of its filing to oral argument in the United States Supreme Court. The community input to the suit was most evident at the early stages of the case, but the impact of these decisions was highly significant. The suit started when the Columbus chapter of the National Association for the Advancement of Colored People called a meeting of parents and students who were angry over the school suspensions. The parents had besieged the chapter with requests to do something to protest the schools' activities. They called the NAACP as it had been active in working with black families who were challenging racial conditions in Columbus.

Among the activities of the organization was planning and sponsoring the demonstration at the Columbus and Ohio School Board Headquarters on March 8 (which had prevented the Lopezes from attending Dwight's hearing). The NAACP officer responsible for organizing the demonstration listed their grievances as:

- Racism in the school system,

- The severe oppressive punishment of black students,

- Dual standards for administering punishment to black and white students,

- Total disrespect of not only the black parents but of the knowledgeable black educators within the school system.[22]

The NAACP invited to the meeting I. W. Barkan, a Columbus attorney who had represented the chapter on many occasions. Barkan was fifty-five years old and a native of Columbus who had attended Harvard Law School immediately after World War II. Besides representing the NAACP Barkan had a general civil practice in an office he shared with his brother. After being contacted by the NAACP Barkan asked Denis Murphy to accompany him to the meeting. Murphy was thirty-three years old, a graduate of Georgetown University Law Center and a partner in a six-man Columbus firm. Barkan knew that Murphy had been actively involved in civil rights litigation through representing the Housing Opportunity Center of Metropolitan Columbus, a Model Cities–funded fair housing agency. Murphy, in turn, sought the assistance of Kenneth Curtin, a lawyer for the Legal Aid and Defender Society of Columbus. Murphy wanted Curtin at the meeting because he knew Curtin had successfully litigated several "student rights" cases against the Columbus School Board. Curtin was twenty-eight at the time the suit arose. He had graduated from Cornell University Law School in 1968 and had served a year as a Vista lawyer in Columbus before working for legal aid.

The three white attorneys met with the parents at the NAACP chapter offices, where parents vented their anger at the treatment their children had received from the school administrators. They demanded that legal action be instituted. The attorneys took affidavits from the parents and students which set out essentially the details of their stories as told in the preceding section. Curtin and Murphy were skeptical about the possibility of challenging the suspensions because all occurred in the context of large-scale school disruption. Curtin knew the law in this area. He had successfully challenged the suspension of a pregnant high school student, and had recently succeeded in obtaining an injunction requiring the school to readmit two students who had refused to stand for the pledge of allegiance. Because of complaints from students he was interested in challenging the Ohio statute, which provided no procedural safeguards either before or after suspension of less than 10 days.[23] The ideal case would be to find a student who had been suspended without a hearing for failure to pay a fine or for an erroneous report of misconduct. Curtin understood the difficulty of winning such a case even with the ideal set of facts—the affidavits he had were far from that ideal. All of the cases involved serious large-scale school disruptions in which emergency measures might certainly be called for. This background of violence led both Curtin and Murphy initially to be opposed to bringing the suit. But it was at this point that the local context of the case became crucial.

The NAACP officials strongly voiced their belief that if legal action was not instituted the situation in Columbus might explode. The NAACP felt committed to seeing that action was taken so that the parents and students could be vindicated, and it insisted that the suit proceed. The lawyers, Murphy and Curtin, though uncertain that this was the correct case at the correct time in terms of enforcing student rights, realized that from a civil rights viewpoint something had to be done. In addition to being instrumental in causing the suit to be filed, the needs and demands of the local NAACP chapter were also crucial in shaping the substance of the complaint. The NAACP wanted the maximum symbolic value from the lawsuit. It insisted on challenging the constitutionality of the Ohio statute, rather than simply claiming its application in these cases was unconstitutional. As one of the attorneys wrote:

> The case was filed quite hastily last year during a period of school disruptions. At the time NAACP was involved and insisted on making the claim with reference to the State statute.[24]

As indicated by this letter written approximately one year after the filing of the case, the local chapter of the NAACP had virtually no further impact on the direction of the suit, although it supplied most of the funding for the litigation.[25] But the effect of its insistence on challenging the statute was to increase greatly the chances that the case would receive United States Supreme Court review, rather than end with a court of appeals opinion. For *Goss* arose before the amendment of the federal statute mandating three-judge federal courts in certain situations, and thus was tried by a three-judge district court with direct appeal to the United States Supreme Court. Had the plaintiffs merely filed suit challenging the statute as applied the case would have been tried by a single district judge[26] with an appeal to the court of appeals, and would have been reviewable only if the Supreme Court accepted the case for argument by granting the writ of *certiorari*. At this initial stage Murphy and Curtin wanted to maximize the possibility that the Supreme Court would be presented the case. Denis Murphy has commented, "Our feeling was that there was less likelihood that the Supreme Court would take the case or it would have gotten that far under those circumstances [the single judge court route]."[27]

Following the meeting at the NAACP headquarters and the decision to proceed with the case and to challenge the constitutionality of the statute, it fell to Ken Curtin to draft the complaint. At this stage the first aspect of "national" influence on the direction of the litigation appeared. In the memorandum of law accompanying the complaint, Curtin relied to a large extent on "Student Rights Litigation Materials" prepared by the Harvard Center for Law and Education.[28] The Center was one of the "backup" centers located at various universities throughout the country. These centers, a Great Society innovation funded by the Office of Economic Opportunity, were to achieve reform through research and litigation. Each center was to concentrate and develop expertise in one area (housing, education, consumer litigation, etc.) and was to provide two basic services to legal aid organizations and other reform groups around the country. The first, which links the history of the centers to the history of other nineteenth- and twentieth-century reform organizations, was to provide research and dissemination of policy planning for their client interest groups. The second mission was to provide litigation assistance, either at trial or as *amicus*, in support of suits which the centers saw as advancing the policies they advocated. As will be seen, the Harvard Center in *Goss* successfully performed both roles. David Kirp, the first Director of the Center, defined its goal:

> Our aim is to determine what the elements of *effective* equality of educational opportunity might be; our intent is to conduct this research under the continuing scrutiny of those the research is intended to benefit. In reviewing current and proposed policies on the governance, financing, and internal operations of the schools, the Center will seek to maintain close working relationships to those people— both inside and outside the school system—who are actively committed to constructive change. Specifically, we will seek the assistance of urban schoolmen, community leaders, politicians, lawyers, and government officials in planning our research. These same groups and individuals can expect the Center to make its research, information and expertise, and *ad hoc* advice available to them.
>
> We recognize that these are disparate groupings with differing needs and desires. That, after all, is what all the shouting has been about. We also recognize that the Center will develop policy com-

mitments that some of our constituents may not find acceptable. All we can do is note that the first commitment we have developed is to maintain our ties to our diverse constituencies and to respond, as usefully as we can, to the concerns of these groups. If we can do this for them, they may be better able to undertake the reshaping of American education that has been so much talked about and so little effectuated.[29]

The Center sought to disseminate its policy recommendations in two ways: through publications of collections of (a) sample litigation materials (complaints, memorandums, briefs, interrogatories) to challenge specific policies of the schools (student rights, charging of student fees, etc.) and (b) model legislation and codes for schools. The Center also published *Inequality in Education*, a bulletin designed to present the Center's new research findings and policy recommendations, to keep readers up to date on the status of educational reform lawsuits, and to review recent literature on education. In addition to these publications, the Center sought to disseminate its research and recommendations through conferences. Ken Curtin, for example, first became familiar with the Harvard Center for Law and Education when, as a Vista lawyer, he attended the Center's conference on Title I litigation. He had continued to follow the Center's work through *Inequality in Education*, and thus turned to its "Student Rights Litigation Materials" when he was preparing the complaint memorandum of law.[30]

Despite the fact that *Goss* arose as the result of racial disruptions and that the suit was initially organized by the NAACP, from the time of its filing it was a "student rights" not a "racial rights" case. When Ken Curtin filed the case, and as it was later tried and then argued on appeal, it was solely a procedural challenge to the way in which students were suspended. It was never a substantive challenge to the right of students to be suspended, or a claim that suspensions violated the equal protection clause of the Fourteenth Amendment because of discriminatory impact on blacks. Neither was it, in the minds of the attorneys who filed the case, a substantive attack on suspensions disguised as a procedural claim. During the 1960s and 1970s the United States Supreme Court expanded both the doctrinal concept of procedural due process and the situations in which it applied. Reformers, in pressing their demands on the Court to expand procedural due process wished to (a) curb governmental arbitrariness in decisionmaking (while recognizing the power of the government to make such decisions), and often (b) place sufficient procedural hurdles in front of the government so that the costs of government action would be so high that the government would refrain from taking away some benefit it had granted the plaintiff. [31] The impact of the use of suspensions on keeping kids out of school had already become a concern of child welfare groups. In 1970 the Task Force on Children Out of School issued a report dealing in part with suspensions in Boston public schools. The Children's Defense Fund then undertook a nine state and District of Columbia study of the problem. Their substantive objections to suspensions are made clear in the study's report. "We do not believe the answer to children's discipline problems lies in denying them schooling." [32] Notwithstanding this national concern on the part of some welfare advocates in Goss, the attorneys saw procedural fairness as their goal. As one has written: "While many child advocates hoped for a ruling which would have required such procedural hurdles as to effectively stop school officials from suspending students, this was never recognized by the attorneys as a realistic hope." [33]

The greatest limitation on their expectations was the factual basis of their case. The plaintiffs wanted at all costs to avoid discussing the "violence" surrounding each suspension, so that the complaint filed was kept factually uncomplicated. The plaintiffs' attorneys have stated:

> Although we firmly believed that Fourteenth Amendment Rights should be extended to children in public schools and that poor and black students were disproportionately penalized by school disciplinary procedures, we felt that our chances of success in the district court were extremely limited by the context of racial violence and by a lack of Supreme Court precedent in this area. [34]

The theory of the complaint and memorandum of law was that students are persons who have constitutional rights; students have both a property and a liberty interest in education; before they can be deprived of this right they must receive due process; the minimum process due is a presuspension hearing; in none of the nine cases was any hearing held; the Ohio statute makes no provisions for such a hearing and is thus unconstitutional. Again, it must be emphasized that the "violence" and the "emergency" atmosphere together with their understanding that this was a "school" case forced the attorneys to scale down the scope of the process they claimed was due their clients. Throughout the course of the litigation of Goss the plaintiffs never sought "full scale" due process. In their "prayer for relief," and in subsequent memoranda of law and briefs, the plaintiffs claimed only that due process required a hearing which would include three elements: that notice be given the student; that the student be able to present evidence and confront witnesses; and that there be an impartial trier of facts. All of these could be accomplished, so the lawyers argued, without converting each suspension into a mini-criminal trial.[35]

The litigation of Goss progressed along the lines that plaintiffs designed. This occurred because the defendants, the School Board, administrators, and principals of the Columbus school system, perceived the case as having only one issue: did Ohio law grant them autonomy in maintaining discipline in the schools? Throughout the case the defendants made various legal arguments, but the underlying policy was always the same: i.e., the school board, the administration, and school principals, not the courts, were the exclusive source of policymaking with regard to discipline and punishment in the schools. The consequences of these officials' perception of the case were critical to the final determination of Goss. First, and most importantly, it allowed the plaintiffs to avoid the weakness of the facts of their case. The defendants did not desire or need to argue that no hearing was required because of the emergency created by the student disruptions, or that the process granted the named plaintiffs satisfied due process, because their position was that a hearing was *never* required: the Fourteenth Amendment was inapplicable to the question of short-term school suspension. Thus the defendants (and evidently their attorneys) viewed as irrelevant evidence such as statements from the principals that they had witnessed some of the students engaged in the actions for which they were suspended, or descriptions of the amounts and type of violence associated with the events surrounding the suspensions.

In fact, defendants only produced one witness at trial, Norval Goss, the director of Pupil Personnel for the Columbus schools. Defendants' attorney only attempted to elicit from him information which would show that the named defendants had (with the exception of Betty Crome) all graduated. Thomas Bustin, the senior trial attorney of the office of the Columbus City Attorney and the man who litigated *Goss* stated:

> It was our position at the outset that the Federal Constitution and specifically the Fourteenth Amendment did not apply to the situation posed by the Ohio Statutes involved in the litigation. That being the case, there was really no additional state of facts such as would alter the situation. Either the Fourteenth Amendment applied to the statute or it did not.
>
> • • •
>
> I remain convinced that the case essentially from start to finish always involved a question of law. The main focus of the Court's questions did not center around the fact situation but centered around the law and policy which would not only govern that situation but all situations in general.[36]

Given the defendants' unconcern about developing the full factual context of the case, and given the plaintiffs' efforts to avoid having to do so, the two sides had no difficulty in agreeing to submit the case to the court on stipulations, and to agree on the substance of the stipulated facts. It was the three-judge court which refused to decide the case on the stipulated facts and ordered that a trial be conducted.[37]

The second consequence of defendants' characterization of the issues as one of school officials' autonomy to discipline was that it prevented the possibility of the case being settled. Both of plaintiffs' local counsel have expressed the belief that once the school board's and school administrators' autonomy had been challenged these officals were not going to give up until the United States Supreme Court told them they were wrong.[38] This fact is dramatically illustrated by observing that on July 10, 1973, one week before the hearing in front of Judge Joseph Kinneary, the Columbus School Board revealed that it had issued new guidelines for its principals. The new guidelines required principals to provide students before suspensions with:

1. An enumeration of the grounds for suspensions; and

2. A conference with the pupil for the purpose of eliciting facts surrounding the alleged offense prior to the suspension of the pupil; and

3. An opportunity for the pupil to submit evidence on his behalf with respect to the alleged offense; and

4. Subsequent to the suspension, the pupil and the parent or guardian are given an opportunity to confer with the principal, at the earliest possible time, to again review the offense which gave rise to the suspension; and

5. If the suspension was subsequently found to be erroneous, all references to such suspension are to be expunged from the pupils' records.[39]

Despite granting the substance of plaintiffs' claims for a hearing, (enough so that the defendants pressed claims that the suit was now moot), the defendants never attempted to settle out-of-court with the plaintiffs. They would not give an inch in admitting that their autonomy might be limited by constitutional requirements.

In addition to the difference in characterization of the issue in *Goss* between the plaintiffs and defendants, another notable difference was the purely local direction of the defendants' case. The Columbus City Attorney's office handled the case, without legal assistance from any state or national organization, such as the Ohio Board of Education. However, after the case had been argued, but before the decision of the three-judge court, the Ohio Buckeye Association of School Administrators filed an amicus brief prepared by Squire, Sanders & Dempsey of Cleveland on behalf of the defendants.

After it appeared as though there would be no chance of settlement, the plaintiffs sought out the expertise of the Harvard Center for Law and Education. In April 1972, a year after the suit was filed and six weeks before the first trial brief was due, Ken Curtin called Nick Flannery, a staff attorney at the Center and asked for assistance in "writing a brief of the law." Flannery wrote Marian Wright Edelman, then director of the Center:

> The action challenged, in a 3-judge federal court, Ohio's suspensions and expulsions statute which fails completely to provide for notice and hearing.
> . . . He [Curtin] asks that we write the brief and that we advise him of any facts that we want developed, etc., in time for the next fact stipulation conference before Judge Kinneary on May 1.
> On the basis of what I know now, my recommendation is that we do all that we reasonably can. It's a legal services request, presumably

the clients and their cause are meritorious, and we (especially Pat Lines and Jeff Kobrick) have done a lot of work on the issue. Curtin's estimate is that, for a lawyer who is genuinely familiar with the area, the task will take 1½ to 2 days. [40]

Eric Van Loon, a twenty-seven-year-old recent Harvard Law School graduate, began to work on the brief. He was building on the research that Patricia Lines and Jeff Kobrick had completed for the Center, which appeared in "The Case Against Short Suspensions" in the July 1972 issue of *Inequality in Education*. [41] Although Van Loon and the Center's staff prepared the brief, the cooperation and contribution of the Columbus attorneys were significant, as the cover letter from Van Loon to Murphy and Curtin makes clear:

> Here it is at last, a little longer than we had expected (in pages), but hopefully not void for overbreadth. I tried to spice it, as Denis suggested, with lots of "freedom and democracy are necessary in the schools to teach the young democracy" quotes. Because of the panel, I also labored the basics in the first due process section. Of course feel free to cut anything that is too much—or to add anything I've omitted. [42]

Six months after assisting with the stipulations of fact and the briefs in opposition to the motion to dismiss, the Center had to assume a more active role in the litigation of *Goss*. Ken Curtin had left Columbus Legal Aid to work for the Ohio State Department of Welfare and could no longer serve as trial attorney. The plaintiffs decided to ask the Center to supply a trial counsel, who would be assisted by Denis Murphy. Van Loon was unable to direct the trial as he was involved with other projects, so Peter Roos, a thirty-year-old recent graduate of Hastings College of Law and a recent arrival at the Center, took over the litigation. Roos handled the trial preparation, including the depositions, the examination of the witnesses at trial, and the oral argument in the Supreme Court. He was assisted by Murphy, and to a lesser extent by Curtin, but at this stage the decisions and tactics were, for the most part, his. However, Roos really had only one major decision to make. The plaintiffs' due process model approach, and the factual weakness of their case, made the choice of witnesses to present and questions to ask relatively clear-cut. The students were placed on the stand and asked whether they were given the opportunity to give their side of the story before the principal suspended them.

Roos did have to decide whether he would challenge the Ohio statute by claiming that *10 days* was too long to be suspended without due process, or whether *any* suspension was too great a deprivation without a hearing. He chose the latter as he subsequently explained:

> I went through some agonizing periods trying to determine whether to fight the ten-day suspension law on the grounds that it was too long to permit without due process; or whether to go all the way and say that any suspension for more than a trivial period of time required due process. No case before Goss had said that any suspension must be preceded by a hearing. I decided to take the latter approach notwithstanding the lack of specific precedent, due to the belief that the Court would perceive our request to reduce *the number of days allowable without a hearing as a request to substitute the Court's judgment for that of the Ohio Legislature.*[43]

Having decided to challenge any suspension Roos needed to present evidence to the court that even suspensions of a day or two harmed students. He thus offered the testimony of an educational psychologist and a child psychologist that suspensions of any duration harm children, which in response to Judge Kinneary's questioning included Dwight Lopez and other students over eighteen years old. The harms suspension creates included: feelings of powerlessness; stigma through labeling the child as a "social deviant"; labeling may later in fact induce more socially deviant behavior; and creation of negative feelings in the child toward himself. Through questioning Roos brought out the psychologists' opinion that however much harm is done to the "guilty" student who is suspended, that harm is greatly magnified for the child who is summarily suspended for behavior that he did not, in fact, engage in.[44] It must also be pointed out again that the trial was kept brief (one day) and straightforward because the defendants' conception of the issue made all of the testimony of the students and the psychologists irrelevant. On cross-examination of the psychologists the only point that the defendants' attorney, Thomas Bustin, made was that these experts had not examined any of the named plaintiffs and that the harms they described were hypothetical as to those students. He sought to demonstrate that they had suffered no harm. He did not attempt to demonstrate that they received a hearing or that an emergency situation existed. As mentioned above, the defendants' only witness, Norval Goss, testified that the students were not harmed because none was prevented from graduating from high school. Further there was no evidence that any schools or employers had requested the records showing their suspensions.[45]

The three-judge court handed down its decision on September 12, 1973. Judge Joseph Kinneary, who had held the hearings in the case, wrote the opinion which held "that plaintiffs were not accorded due process of law, in that they were suspended without hearing prior to suspension or within a reasonable time thereafter."[46] In reaching that conclusion the court held "that the State-created entitlement to an education is a liberty protected by the due process clause of the Fourteenth Amendment."[47] This decision put the Sixth Circuit in agreement with decisions from the Second and Fifth Circuits, but in disagreement with those from the Seventh and Ninth Circuits.[48] The Court's order read:

> The Court DECLARES that Section 3313.66, Ohio Revised Code and the regulations adopted by the Columbus Public Schools pursuant thereto which were in force at the time of plaintiffs' suspensions are unconstitutional, in that they provide for suspension from the Columbus Public Schools without first affording the student due process of law.[49]

The court had been presented two clear and mutually exclusive models. It chose the bureaucratic model presented by the plaintiffs and left it to school administrators to fit a system in which students have a voice into a traditional American school structure where the administrator's authority over short-term suspensions had been absolute. Judge Kinneary wrote:

> The decisions which have dealt with the subject in the composite provide that at a minimum procedural fairness requires:
> 1. Immediate removal of a student whose conduct disrupts the academic atmosphere of the school, endangers fellow students, teachers or school officials, or damages property.
> 2. Immediate written notice to the student and parents of the reason(s) for the removal from school and the proposed suspension should be given within twenty-four hours.
> 3. Not later than seventy-two hours after the actual removal of the

student from school, the student and his parents must be given an opportunity to be present at a hearing before a school administrator who will determine if a suspension should be imposed.

Such hearing, which is not a judicial proceeding, must provide at a minimum:

a. Statements in support of the charge(s) against the student upon which the hearing is conducted.

b. Statements by the student and others in defense of the charge(s) and/or in mitigation or explanation of his conduct.

c. The administrator is not required to permit the presence of counsel or follow any prescribed judicial rules in conducting the hearing.

d. The administrator should, within twenty-four hours, advise the student and his parents by letter of his decision and the reasons therefore.

School administrators are free to adopt regulations providing for fair suspension procedures which are consonant with the educational goals of their schools and reflective of the characteristics of their fairness in the suspension process. The choice of the best procedure for a particular school system should be left to the school officials charged with the administration of that school system. [50]

Although the District Court had given plaintiffs only slightly more than the new regulations which the school board had recently implemented (namely the notice had to be in writing) the plaintiffs were delighted and surprised by their victory. Denis Murphy has commented that he did not expect this result from this panel, and he did not expect Judge Kinneary to write the opinion; a hunch based on the concerns that Judge Kinneary had expressed during the trial over where one would draw the line with regard to the length of the suspension before the Constitution required a hearing. During the writing of the briefs Murphy had written Eric Van Loon:

> The Final Brief raises what I think is a real possibility with our three-judge panel, to wit: a decision by the Court that the statute is not unconstitutional on its face with a remand to the District Court for proceeding in each case for hearing on whatever allegations can be presented demonstrating loss as a result of denial of procedural due process. [51]

In keeping with the defendants' determination to vindicate their claim of autonomy (again, keeping in mind that they had already instituted procedures which would satisfy the due process require-ments), defendants filed their notice of appeal to the United States Supreme Court on November 9, 1973. In fact, defendants' reaction to the District Court's opinion, as well as the School Board's dis-cussion of whether to appeal the case, again emphasizes that the issue was one of principle. The President of the School Board com-mented that:

> The principal's authority within a school and the authority of the state legislature to outline the principal's duties are the most impor-tant unanswered questions [in the District Court's Opinion]. [52]

During the School Board's debate over whether to appeal, one school administrator reported that the principals had said that "they could live with" the District Court's order for a presuspension hear-ing. One Board Member asked why then appeal to the United States Supreme Court. The President of the Board answered: "The issue is the limits of the school principal's authority."[53]

On February 19, 1974, the Supreme Court noted probable juris-diction and requested the filing of briefs. Oral argument was set for October 16, 1974.

The Supreme Court's decision to hear Goss marked the beginning of the third stage of national involvement in the plaintiffs' case. Although defendants again received support from outside Colum-bus, it was limited to Ohio, not national, organizations. Table 21.1 lists the Amici briefs filed on behalf of the two parties. In addition to providing the Supreme Court with supporting arguments the Amici assisted plaintiffs' attorney, Peter Roos, in preparing for oral argu-ment. A group from the Lawyers' Committee for Civil Rights under Law organized a meeting of leading children's rights advocates to grill Roos on potential questions from the Supreme Court justices. Denis Murphy has commented: "The preparation was such that they predicted in incredible detail questions Peter was eventually asked from the bench on the date of the argument."[54]

This strong coalition of the liberal establishment provided the plaintiffs with more than tactical support. The moral support sus-tained when one takes a student rights case to the United States Supreme Court with the endorsement of the largest teachers' orga-

· TABLE 21.1 ·

GROUPS REPRESENTED IN AMICUS *BRIEFS IN* GOSS v. LOPEZ

Supporting Affirmance	*Supporting Reversal*
Brief 1	*Brief 1*
National Committee for Citizens in Education	Buckeye Association of School Administrators
National Education Association	Ohio Association of Secondary School Principals
Education Law Center, Inc.	Ohio Association of Elementary School Principals
Brief 2	Ohio Association of School Business Officials
National Association for Advancement of Colored People	Ohio School Superintendent Association
Southern Christian Leadership Conference	Ohio Association of School Curriculum Directors
Brief 3	Ohio Congress of School Administrators Association
American Civil Liberties Union	
Brief 4	
Children's Defense Fund of the Washington Research Project	
American Friends Service Committee	

nization in the United States can not be overestimated. Further, whatever tension between student rights and civil rights groups existed in the early stages of *Goss* had long since dissipated by the time the case reached the Court. Unlike *Smith* v. *Offer* (see Chapters 6–8) all of the usual liberal suspects had been rounded up in support of the students and spoke in a single voice.

The major modification that the plaintiffs made in their case was to shift the District Court's reliance on a liberty interest in education to a stance that education also involved a student's state-created property interest. The shift in emphasis from liberty to property was dictated: (1) by the Court's then recent decision in *San Antonio Independent School District* v. *Rodriguez,*[55] which held that education was not a fundamental right for purpose of analyzing the Equal Protection clause of the Fourteenth Amendment; and (2) by the Court's increased reliance on state statutes to create protected property interests.[56] Plaintiffs had strong support for their statutory entitlement to education. Ohio law required localities to provide a free education to all residents between five and twenty-one.[57] Ohio law also obligated parents to cause their children to attend school.[58] As we will see in the next section, the strategy was successful.

Defendants also received strong support before argument. The Buckeye Association of School Administrators in a brief by Squire, Sanders & Dempsey of Cleveland, Ohio, provided the Columbus defendants with their strongest arguments: (1) discipline is not a loss of education, but is part of the process of education itself; (2) the suspensions were an integral part of the process of "training our children to be good citizens."[59] Roos failed to counter this argument in his brief. None of the *Amici* satisfactorily addressed it either. Roos later stated, "While I do not believe that such is the case and while literature probably could have been marshaled, time constraints led me to let that assertion sit."[60]

The Court Speaks

On January 22, 1975, the United States Supreme Court issued its decision in *Goss* v. *Lopez*.[61] By a five-four vote the Court affirmed the decision of the three-judge court which struck down §3313.66 of the Ohio Revised Code. The opinion of Justice Byron White, writing for the majority (Justices Douglas, Brennan, Stewart and Marshall) was straightforward. After reviewing the facts and Ohio statutory authority for suspending students Justice White addressed the crucial threshold question: did the students have a constitutionally protected interest? Neither his affirmative answer nor his reasoning represented a startling doctrinal innovation. For the purpose of determining whether plaintiffs had a constitutionally protected interest the majority did not view the student as markedly different from a governmental employee, a welfare recipient, a prisoner, or a parolee. The constitutionally protected property interests which any of these groups had, the majority stated, were:

> "not created by the Constitution. Rather, they are created and their dimensions are defined" by an independent source such as state statutes or rules entitling the citizen to certain benefits.[62]

The Court accepted the argument that plaintiffs and the *Amici* made in their briefs; i.e., the Ohio laws guaranteeing free public education and compelling school attendance created an entitlement:

Here, on the basis of state law, appellees plainly had legitimate claims of entitlement to a public education. Ohio Rev. Code Ann. §§3313.48 and 3313.64 (1972 Supp. 1973) direct local authorities to provide a free education to all residents between five and twenty-one years of age, and a compulsory-attendance law requires attendance for a school year of not less than thirty-two weeks. Ohio Rev. Code Ann. §3321.04 (1972).[63]

After establishing plaintiffs' property interest in education the Court also described plaintiffs' liberty interest:

The Due Process Clause also forbids arbitrary deprivations of liberty. "Where a person's good name, reputation, honor, or integrity is at stake because of what the government is doing to him," the minimal requirements of the Clause must be satisfied. . . . School authorities here suspended appellees from school for periods of up to 10 days based on charges of misconduct. If sustained and recorded, those charges could seriously damage the students' standing with their fellow pupils and their teachers as well as interfere with later opportunities for higher education and employment. It is apparent that the claimed right of the State to determine unilaterally and without process whether that misconduct has occurred immediately collides with the requirements of the Constitution. [Footnotes omitted.][64]

Before leaving the threshold question of whether plaintiffs had a property interest, the majority settled the question of whether constitutional protections were triggered only for "genuine detriment or grievous loss" or were protections applicable where the loss was greater than "de minimis." In choosing the latter the Court wrote:

Appellants proceed to argue that even if there is a right to a public education protected by the Due Process Clause generally, the Clause comes into play only when the State subjects a student to a "severe detriment or grievous loss." The loss of 10 days, it is said, is neither severe nor grievous and the Due Process Clause is therefore of no relevance. Appellants' argument is again refuted by our prior decisions; for in determining "whether due process requirements apply in the first place, we must look not to the 'weight' but to the *nature* of the interest at stake." *Board of Regents v. Roth,* . . . Appellees were excluded from school only temporarily, it is true, but the length and consequent severity of a deprivation, while another factor to weigh in determining the appropriate form of hearing, "is not decisive of the basic right" to a hearing of some kind. *Fuentes v. Shevin,* 407

U.S. 67, 86 (1972). The Court's view has been that as long as a property deprivation is not *de minimis* its gravity is irrelevant to the question whether account must be taken of the Due Process Clause. . . . A 10-day suspension from school is not *de minimis* in our view and may not be imposed in complete disregard of the Due Process Clause.

A short suspension is, of course, a far milder deprivation than expulsion. But "education is perhaps the most important function of state and local governments," *Brown v. Board of Education*, 347 U.S. 483, 493 (1954), and the total exclusion from the educational process for more than a trivial period, and certainly if the suspension is for 10 days, is a serious event in the life of the suspended child. Neither the property interest in educational benefits temporarily denied nor the liberty interest in reputation, which is also implicated, is so insubstantial that suspensions may constitutionally be imposed by any procedure the school chooses, no matter how arbitrary. [Footnote omitted.][65]

Having passed the threshold question by establishing that procedure was due, the Court turned to the question of *what* procedure was due. Here the fact that this was a *school* case and that the plaintiffs were *students* was all-important. The Court sought to balance protections for the student to be free from arbitrary decisions with the school administration's need to run the school effectively. What emerged from the Court's balance was the most minimal of procedural requirements.

At the very minimum, therefore, students facing suspension and the consequent interference with a protected property interest must be given *some* kind of notice and afforded *some kind of hearing*.[66]

The Court went on to give content to the meaning of "some," and in the process weighed the factors on both sides of the balance.

The student's interest is to avoid unfair or mistaken exclusion from the educational process, with all of its unfortunate consequences. The Due Process Clause will not shield him from suspensions properly imposed, but it disserves both his interest and the interest of the State if his suspension is in fact unwarranted. The concern would be mostly academic if the disciplinary process were a totally accurate, unerring process, never mistaken and never unfair. Unfortunately, that is not the case, and no one suggests that it is. Disciplinarians, although proceeding in utmost good faith, frequently act on the reports and advice of others; and the controlling facts and the nature of the conduct under challenge are often disputed. The risk of error is not at all trivial, and it should be guarded against if that may be done without prohibitive cost or interference with the educational process.

. . .

The difficulty is that our schools are vast and complex. Some modicum of discipline and order is essential if the educational function is to be performed. Events calling for discipline are frequent occurrences and sometimes require immediate, effective action. Suspension is considered not only to be a necessary tool to maintain order but a valuable eduational device. The prospect of imposing elaborate hearing requirements in every suspension case is viewed with great concern, and many school authorities may well prefer the untrammeled power to act unilaterally, unhampered by rules about notice and hearing. But it would be a strange disciplinary system in an educational institution if no communication was sought by the disciplinarian with the student in an effort to inform him of his dereliction and to let him tell his side of the story in order to make sure that an injustice is not done. . . .

We do not believe that school authorities must be totally free from notice and hearing requirements if their schools are to operate with acceptable efficiency. Students facing temporary suspension have interests qualifying for protection of the Due Process Clause, and due process requires, in connection with a suspension of 10 days or less, that the student be given oral or written notice of the charges against him and, if he denies them, an explanation of the evidence the authorities have and an opportunity to present his side of the story. The Clause requires at least these rudimentary precautions against unfair or mistaken findings of misconduct and arbitrary exclusion from school.

There need be no delay between the time "notice" is given and the time of the hearing. In the great majority of cases the disciplinarian may informally discuss the alleged misconduct with the student minutes after it has occurred. We hold only that, in being given an opportunity to explain his version of the facts at this discussion, the student first be told what he is accused of doing and what the basis of the accusation is. [Footnotes omitted.][67]

Justice White's opinion stressed how "reasonable" and "minimal" these requirements really were. He saw himself not as rejecting, but only as modifying, the traditional model of the school which Justice

Powell adopted in his dissent. Principals are fathers, but failure to listen to the students' side of the story is a species of child neglect.

In holding as we do, we do not believe that we have imposed procedures on school disciplinarians which are inappropriate in a classroom setting. Instead we have imposed requirements which are, if anything, less than a fair-minded school principal would impose upon himself in order to avoid unfair suspensions. Indeed, according to the testimony of the principal of Marion-Franklin High School, that school had an informal procedure, remarkably similar to that which we now require, applicable to suspensions generally but which was not followed in this case. Similarly, according to the most recent memorandum applicable to the entire CPSS, . . . school principals in the CPSS are now required by local rule to provide at least as much as the constitutional minimum which we have described.

We stop short of construing the Due Process Clause to require, countrywide, that hearings in connection with short suspensions must afford the student the opportunity to secure counsel, to confront and cross-examine witnesses supporting the charge, or to call his own witnesses to verify his version of the incident. Brief disciplinary suspensions are almost countless. To impose in each such case even truncated trial-type procedures might well overwhelm administrative facilities in many places and, by diverting resources, cost more than it would save in educational effectiveness. Moreover, further formalizing the suspension process and escalating its formality and adversary nature may not only make it too costly as a regular disciplinary tool but also destroy its effectiveness as part of the teaching process.

On the other hand, requiring effective notice and informal hearing permitting the student to give his version of the events will provide a meaningful hedge against erroneous action. At least the disciplinarian will be alerted to the existence of disputes about facts and arguments about cause and effect. He may then determine himself to summon the accuser, permit cross-examination, and allow the student to present his own witnesses. In more difficult cases, he may permit counsel. In any event, his discretion will be more informed and we think the risk of error substantially reduced.

Requiring that there be at least an informal give-and-take between student and disciplinarian, preferably prior to the suspension, will add little to the factfinding function where the disciplinarian himself has witnessed the conduct forming the basis for the charge. But things

486

are not always as they seem to be, and the student will at least have the opportunity to characterize his conduct and put it in what he deems the proper context.

The majority opinion differed from the three-judge court opinion in that it delegated to an even greater extent to the schools themselves the task of establishing the procedures to be followed. Gone from the Court's opinion were a specific number of hours during which notice must be given and a hearing held, if prior notice is impossible. Instead, the Court states that such notice and hearing "should follow as soon as practicable."[68]

Justice Powell (joined by Chief Justice Burger and Justices Blackmun and Rehnquist) authored the dissent. It was the first time he read a dissenting opinion from the bench. For Justice Powell it was the threshold question, not the minimal process granted, that opened Pandora's Box. Doctrinally, Justice Powell based his dissent on the argument that (1) no property interest was implicated because the Ohio statute which defined the entitlement to education is qualified so as to subject that right to summary suspensions for less than 10 days; and (2) there was no deprivation because there was no "factual showing of any such damage" and a suspension of less than 10 days "allows no serious or significant infringement of education."[69] The first argument embraces the position Justice Rehnquist adopted in *Arnett v. Kennedy*,[70] which Justice Powell rejected in that case. The majority in *Goss* had again rejected it as follows:

> It is true that §3313.66 of the Code permits school principals to suspend students for up to two weeks; but suspensions may not be imposed without any grounds whatsoever. All of the schools had their own rules specifying the grounds for expulsion or suspension. Having chosen to extend the right to an education to people of appellees' class generally, Ohio may not withdraw that right on grounds of misconduct, absent fundamentally fair procedures to determine whether the misconduct has occurred. Arnett v. Kennedy, . . . (POWELL, J., concurring), . . . (WHITE, J., concurring and dissenting), . . . (MARSHALL, J., dissenting).[71]

For Justice Powell discipline did not represent harm but was itself an integral part of education:

Education in any meaningful sense includes the inculcation of an understanding in each pupil of the necessity of rules and obedience thereto. This understanding is no less important than learning to read and write. One who does not comprehend the meaning and necessity of discipline is handicapped not merely in his education but throughout his subsequent life. In an age when the home and church play a diminishing role in shaping the character and value judgments of the young, a heavier responsibility falls upon the schools. When an immature student merits censure for his conduct, he is rendered a disservice if appropriate sanctions are not applied or if procedures for their application are so formalized as to invite a challenge to the teacher's authority—an invitation which rebellious or even merely spirited teenagers are likely to accept.

The lesson of discipline is not merely a matter of the student's self-interest in the shaping of his own character and personality; it provides an early understanding of the relevance to the social compact of respect for the rights of others. The classroom is the laboratory in which this lesson of life is best learned. Mr. Justice Black summed it up:

"School discipline, like parental discipline, is an integral and important part of training our children to be good citizens—to be better citizens." Tinker, 393 U.S., at 524 (dissenting opinion). [Footnote omitted.][72]

Justice Powell dealt at length with the policy concerns which underlay his doctrinal arguments that the Fourteenth Amendment did not apply to short-term school suspensions. He decried the Court's destruction of the insititutional autonomy school administrators possessed in the family model, and he rejected the possibility that the courts would be institutionally competent to replace the school administrators once the latter had been stripped of their autonomy. The following passages are revealing.

In assessing in constitutional terms the need to protect pupils from unfair minor discipline by school authorities, the Court ignores the commonality of interest of the State and pupils in the public school system. Rather, it thinks in traditional judicial terms of an adversary situation. To be sure, there will be the occasional pupil innocent of any rule infringement who is mistakenly suspended or whose infraction is too minor to justify suspension. But, while there is no evidence indicating the frequency of unjust suspensions, common sense suggests that they will not be numerous in relation to the total number, and that mistakes or injustices will usually be righted by informal means. . . .

One of the more disturbing aspects of today's decision is its indiscriminate reliance upon the judiciary, and the adversary process, as the means of resolving many of the most routine problems arising in the classroom. In mandating due process procedures the Court misapprehends the reality of the normal teacher-pupil relationship. There is an ongoing relationship, one in which the teacher must occupy many roles—educator, adviser, friend, and, at times, parent-substitute. It is rarely adversary in nature except with respect to the chronically disruptive or insubordinate pupil whom the teacher must be free to discipline without frustrating formalities. [In this case the teachers were the students' "friends," as the NEA filed an amicus brief for appellees.]

● ● ●

No one can foresee the ultimate frontiers of the new "thicket" the Court now enters. Today's ruling appears to sweep within the protected interest in education a multitude of discretionary decisions in the educational process. Teachers and other school authorities are required to make many decisions that may have serious consequences for the pupil. They must decide, for example, how to grade the student's work, whether a student passes or fails a course, whether he is to be promoted, whether he is required to take certain subjects, whether he may be excluded from interscholastic athletics or other extracurricular activities, whether he may be removed from one school and sent to another, whether he may be bused long distances when available schools are nearby, and whether he should be placed in a "general," "vocational," or "college-preparatory" track.

In these and many similar situations claims of impairment of one's educational entitlement identical in principle to those before the Court today can be asserted with equal or greater justification. Likewise, in many of these situations, the pupil can advance the same types of speculative and subjective injury given critical weight in this case. The District Court, relying upon generalized opinion evidence, concluded that a suspended student may suffer psychological injury. . . .

It hardly need be said that if a student, as a result of a day's suspension, suffers "a blow" to his "self-esteem," "feels powerless," views "teachers with resentment," or feels "stigmatized by his teachers," identical psychological harms will flow from many other routine and necessary school decisions. The student who is given a failing grade, who is not promoted, who is excluded from certain extracurricular activities, who is assigned to a school reserved for children of less than average ability, or who is placed in the "vocational" rather than the "college preparatory" track, is unlikely to suffer any less psychological injury than if he were suspended for a day for a relatively minor infraction.

If, as seems apparent, the Court will now require due process procedures whenever such routine school decisions are challenged, the impact upon public education will be serious indeed. The discretion and judgment of federal courts across the land often will be substituted for that of the 50 state legislatures, the 14,000 school boards, and the 2,000,000 teachers who heretofore have been responsible for the administration of the American public school system. If the Court perceives a rational and analytically sound distinction between the discretionary decision by school authorities to suspend a pupil for a brief period, and the types of discretionary school decisions described above, it would be prudent to articulte it in today's opinion. Otherwise, the federal courts should prepare themselves for a vast new role in society. [Footnotes omitted.][73]

C H A P T E R · 2 2

The Principle of the Thing

"The next thing you know, Denis, parents will have to get court permission to spank their kids."

> (Attributed to Trial Judge by Denis Murphy, Counsel for the Plaintiffs, Goss v. *Lopez*)

It is not our intention to isolate with precision the impact of this decision on constitutional doctrine and public schooling. In a world of multiple causation and rapid change, the search for single causes and isolated effects is not merely empirically difficult, it is conceptually inappropriate. Yet discussion of the impact of this litigation is necessary, first, because the complexities of causal attribution have not been adequately acknowledged in dialogue about "students' rights" litigation, and second, because the indirect and unanticipated consequences of the Court's decision may have extended far beyond the modest accommodation anticipated by the majority justices.

This section is divided into two segments. The first is a warning, to ourselves and to the reader, that discussion of this case in particular and the constitutional dimensions of "students' rights" frequently expand beyond the boundaries of dispassionate discourse on cause and effect. The constitutional dimension of changes in public schooling seems to operate as a projective technique, encouraging lavish rhetoric of the kind frequently encountered when the issues have a high emotive and symbolic content. Much of the debate about the "impact" of students' rights resembles public discussion about the relationship between capital punishment and the crime rate or the significance of the B-1 Bomber to American strategic posture. Larger ideological agendas dominate debate at the expense of specifics. With this precaution we turn to a discussion of the impact of the case on (1) due process doctrine, (2) educational administration, and (3) the welfare of students in general and those at risk in disciplinary proceedings in particular.

Due Process Doctrine

By finding both liberty and property interests in education, the Supreme Court opened the schoolhouse door for Fourteenth Amendment scrutiny of procedures that interrupt student access to public education. This is the potentially most expansive of the Court's moves. This holding leads the dissent to catalogue in some detail the academic and administrative decisions, such as grades and in-school discipline, which might also require Fourteenth Amendment standards of procedural fairness, and thus federal court second-guessing of teachers, principals, and school boards.[1]

As a doctrinal matter, the threshold finding was supported by ample precedent in areas as diverse as welfare, juvenile court procedure, and prison discipline.[2] Each precedent, individually, is distinguishable from public school suspension. Welfare cases concern adults. Prison and juvenile court both involve losses of liberty far more substantial than short-term suspension. And the educational enterprise, if viewed as a public family, is distinguishable from the machinery of juvenile justice and prison administration. However, this particular form of school discipline, a separation of the pupil from the educational establishment, is particularly unsusceptible to analogy with an ongoing family. Suspension, unlike discipline within the school, is not the equivalent of a parental spanking or an order

492

for junior to go to his room. The analogy is to throwing a child out of the house, albeit for a limited period of time.

The "liberty" interest in *Goss* was apparently shortlived, succeeded by a majority opinion finding that reputation, the basis for the liberty finding in *Goss*, could not alone support a finding so momentous.[3] Thus, the plaintiffs' lawyers in the Supreme Court, shifting the emphasis to property interests, were ultimately vindicated by the fact that this interest survived.

But what of the expansionist potential for the doctrine itself? The laundry list of educational decisions the dissent marshaled in opposition to this threshold finding simply has not happened. The relationship between courts and schools has grown more intimate, but not as a consequence of procedural due process doctrine. As of this writing, the prophecy of Mr. Justice Powell is unfulfilled. School suspension and expulsion stand apart, governed by rules of minimal procedural due process, and not related to the ongoing business of public schools where even such matters as physical punishment have led the Supreme Court to continue a hands-off doctrine.

Ingraham v. *Wright*[4] both reinforces our argument that *Goss* represented the Supreme Court's acceptance of the models of schools as bureaucracies not families, and demonstrates how the acceptance of that principle has not led to expansive intrusion by the courts into the way schools are run. In *Ingraham* students who had received corporal punishment in school, as authorized by Florida law, claimed, in part, that such punishment was not permissible without a prior hearing. The entire Court, with Justice Powell writing for the majority, held that the students had a protected liberty interest. Thus, unlike his opinion in *Goss*, Powell conceded that a school principal's autonomy to discipline was subject to constitutional supervision. However, for a spanking the Supreme Court majority refused to impose even the minimal process due a school child before suspension. Instead the Court said that a post-punishment tort suit for excessive force was sufficient to satisfy the requirements of the Fourteenth Amendment. While the principle was that the school was not a family, the special autonomy needs of principals to discipline appeared to make the school unlike any other bureaucracy.

The second, potentially important, contribution of *Goss* to due process doctrine has had a similarly lackluster career during nine

years of postpartum development. One of the best commentaries on
Goss v. *Lopez* characterized the procedures outlined by the Court
as "skeletal due process."[5] This was an apt characterization of the
procedures prior to suspension outlined in *Goss*, but almost British
in understatement. A flexible tradition of determining how much
process was due antedated *Goss* by a considerable number of years,[6]
but nowhere in the Court's prior pronouncements have the procedural guarantees been as minimal as those tailored for the school
setting by the Court. The notion of skeletal due process was not new,
but never has the skeleton been so bareboned. In part, this is a
reaction to the high volume and special needs of in-school discipline. We might also speculate that changes in the Court's personnel
and the climate of the times have undermined unwavering faith in
full procedural protections as a remedy for the ailments of the Ameri-
ican social order. Surely, once the threshold question of due process
applicability has been passed, there can be no starker contrast between
the detailed procedural prescription in *In re Gault*,[7] and the skeleton
of the skeleton supported by a bare majority of the Court on the
issue of school suspension.

Perhaps, then, *Goss* was an early warning of still more skeletal
protections that would apply in other arenas? The answer is negative.
The due process entitlements outlined in the majority opinion remain
due process ground zero for instances in which Fourteenth Amendment procedural standards are held to apply. The case stands alone
in that both its expansive potential on the threshold question and
the *de minimis* procedures outlined by the Court have not seeped
into other areas of educational governance or procedural prescription. To date, no teacher has been required by the supreme law of
the land to provide written reasons for a failing grade; as of this
writing, the prison discipline, welfare, and social service institutions
in this country required to observe procedural rights have not been
the beneficiaries of sub-skeletal protections prescribed by the majority opinion in *Goss*.

For a celebrated case, *Goss* v. *Lopez* stands lonely in precedential
value. Much cited, its expansive reading of the Fourteenth Amendment threshold has not extended further into the thicket of public
education. And its procedural guarantees, as minimal as any in the
history of modern due process, did not presage any strategic withdrawal from procedural regularity in other areas.

School Administration

One curious contrast emanating from the *Goss* litigation is between the response of school administrators before and after the Court spoke. In the briefs and records of the Supreme Court, the Ohio school administrators stood alone, without the backing of a single regional or national organization of school administrators or school boards. This was, from the standpoint of the defendants, interest group politics at its worst. If published individual commentary after the decision is a guide to organizational propensity, the case was a sharp shock deeply resented by school administrators far removed from the Ohio state line. Bystanders to the litigation process now felt deeply wounded. We can only surmise that school administration pressure groups, conspicuous as bystanders in the litigation process, were unrepresented before the high court because their habits of authority within the school structure left them unfamiliar with the constitutional court as a political arena.

In an odd parallel, the apparent, almost eerie, unanimity of legal academics on the side of the students dissolved in the aftermath of the Court's pronouncement. Powerful voices began to preach the dangers of procedural encumbrance after the fact of the decision. [8]

Were these post-hoc fears justified? How, if at all, were the positive values of school authority placed in jeopardy by *Goss?* We approach these questions in a gingerly fashion, fearful of premature conclusions. We begin by examining the Court's opinion as a rule-making procedure and then discuss the likely consequences if the case existed in a vacuum. We then proceed to add in "interactive elements," other historical trends coalescing with *Goss.* Finally, we address the impact of these "interactive" elements as a permanent barrier to empirical assessment of this single piece of the Court's work. We should also add that part of the hysteria surrounding *Goss* was caused by the Supreme Court's holding in *Wood* v. *Strickland,* decided the same day as *Goss. Wood* allowed money damages to be recovered by students for constitutional violations of student rights committed by teachers, administration, or school board members. [9]

From the trenches of school administration, the Court's pronouncement appears to issue signals about two key variables. One is short-term suspension. The other is any separation between student and school imposed by school administrators for a period in excess of 10 days. As to "short-term suspension," the Court's message is clear and should have been reassuring. The "hearing" required can be wholly contained within, rather than without, the school's governing structure, and no written reasons, legalistic procedures, or confrontations between adverse parties are required. Liberty and property interests may abound, but the boys' vice-principal can continue to do his job without a legal secretary. This is what we shall call the "manifest" ruling in Goss, for it was the issue that the Court addressed squarely in the majority opinion and in the dissent. The only bureaucratic addendum required to school administration by the opinion is a written notation that an in-school hearing was held.[10] Given that state and federal funding formulas and the administrative requirements of suspension already called for a written notation of the existence of the suspension decision and its duration, the additional burdens associated with short-term suspensions are minimal.[11]

Long-term suspension is another game. The principal "latent" consequence of the Supreme Court's line-drawing exercise was the creation of the 10-days suspension as an apparent outer boundary for in-school governance. As the facts in Goss show, the duration of a school suspension is not always what it seems. Depending on parent and student behavior, a 9-day suspension can last a year, or forever.[12] And, as a practical matter, the difference between suspension and expulsion may be a question of degree rather than kind. The Ohio statute, fortuitously, dealt with 10 days as an outer boundary of suspension by administrative fiat. By negative implication, what was approved for suspensions of up to 10 days was not necessarily endorsed beyond that limit. The principal concern of the Court in Goss was a short-term suspension. The principal impact of the Goss opinion is a signal to lawmakers and administrators of a line-drawing exercise at the outer boundary of the suspensions under review. What was safe up to 10 days was unsafe if the suspension was of longer duration. Putting aside the "emergencies" that would justify a more summary suspension[13] and the special circumstances that might require more due process scrutiny,[14] the Goss opinion had immunized short-term suspension from external, and by this we mean outside the school, constitutional scrutiny.

The legislative reaction in relation to short-term suspension was predictably modest. Despite the fact that state legislation regarding school suspension did not specify Goss-style hearings prior to the

Goss decision in 49 of the 50 states, only 22 states enacted legislation dealing with short-term suspension in response to the Goss opinion. Our attempt to classify legislative response is summarized in Table 22-1.[15]

· TABLE 22-1 ·

STATE STATUTES GOVERNING SHORT-TERM PUBLIC SCHOOL SUSPENSIONS

	Number of States
Prior Statute conforming to Goss[16]	1
New Legislation conforming to Goss[17]	9
New Legislation superconforming to Goss[18]	3
New Legislation not in conformity to Goss[19]	10
Prior Statute not in conformity and not amended by new legislation[20]	23
No statutes on suspensions[21]	4

One state, Minnesota, had passed legislation meeting or exceeding the Goss v. Lopez standard prior to the decision.[22] Nine jurisdictions copied the Supreme Court's edicts and enacted legislation meeting the minimum standards prescribed by the Court. An additional three jurisdictions overshot the minimum Constitutional guarantees by providing procedures more formal than those prescribed by the Court for a category of shorter term suspension, usually those exceeding five days.[23] A bare majority of American states responded to the decision with no legislative activity, but federal courts have held in a number of these jurisdictions that the existing legal structure could be read as requiring Goss guarantees.[24] We cannot know the extent to which the pattern of legislative change did anything other than codify practices common among fairminded school administrators. But our best guess is that Mr. Justice White was right: All the majority opinion called for, and all the "conforming" statutes provided at the state level, was common practice among public secondary school disciplinary personnel decades before this aspect of the Constitution entered the school.

The line-drawing exercise at the outer boundary of school suspension is another matter. The "negative pregnant" in Goss v. Lopez suggests that if the suspension is longer than 10 days or is a formal expulsion, external review or procedure might be required. The

· TABLE 22-2 ·
POST-GOSS *STATE LEGISLATION ON EXPULSION
AND LONG-TERM SUSPENSION*[25]

Time Boundary	Outside Review In Student Requests	In All Cases
Five Days	2	1
Ten Days	3	1
Not Specified	1	4

Court did not purport to directly address 10 days as an outer boundary or prescribe a code of civil or criminal procedure to guide legislators or school adminstrators.[26] *Wood* v. *Strickland*,[27] a semi-companion case, suggested that federal law required more formal hearings for longer-term separations between students and the school. The legislative response to longer-term suspension situations was more pronounced, and inevitably involves out-of-school procedures.

School expulsion has always been recognized as a serious step, and outside review of expulsion was quite common prior to *Goss*. There are, however, two tendencies associated with the post-*Goss* generation of legislation. The first innovation is a specific list of procedural requirements found in twelve of the twenty-two post-*Goss* laws. The second innovation is specific time boundaries, 5 or 10 days, between formal and informal procedure. Each of these characteristics had ample precedent in earlier school codes,[28] but the 10 day or shorter threshold seems to have become the legislative norm in response to *Goss*.

"Modeling" Goss Responses

Often, practitioners of academic American law deal with the complexities of the real world by assuming them away. The "models" posited in this section are an attempt to point in the opposite direction. We begin with commonsensical predictions about the impact of the case on school discipline if no other changes occurred. We then proceed to add one interactive variable, a mainstreaming mind set opposed to excluding disadvantaged or misbehaving students from school settings, to illustrate the interactive dynamics of concurrent trends. We conclude our adventures in model building with a three-variable gaming exercise in which Goss, mainstreaming, and administrative initiatives and responses to school desegregation interact.

Goss Simpliciter

If the only change in regulation governing public schooling was the Goss holding and its negative implication of a 10-day boundary, one would expect little change in non-emergency school suspension policy, a shift from long-term to short-term suspensions reflecting certainty about informal, short-term suspension outcomes and greater uncertainty about the legitimacy of long-term suspensions resulting from in-school processes. With or without legislation, school administrators would receive clear signals about outcomes within the limits of the Ohio legislation under review, and risk signals outside the 10-day maximum. Legislative guidelines would be framed to achieve bare compliance with Goss signals by adopting the 10-day cut line between safe and unsafe disciplinary responses that rely on procedures within the public school.

Goss and Mainstreaming

We use the phrase "mainstreaming mind-set" not as a term of art in education or legislation, but to encompass a broader and more diffuse 1970s policy trend, an attempt to include the maximum possible number of school-age children in regular schooling and to retain these children in the public schools as long as possible, preferably until high school graduation. In this view, educational opportunity should be maximized, and labels should be avoided. This general theme pervades the legislation at both federal and state levels relating to public education throughout the 1970s.[29]

The same policy thrust can be found in the Juvenile Justice and Delinquency Prevention Act of 1974,[30] the major congressional pronouncement on juvenile delinquency since mid-century. The central goal is to get kids into school, keep them in school, and avoid negative categorical labels for specific behavioral problems or developmental disabilities. Thus, rather than seeking to exclude children with behavioral problems from the schools, social policy was to attempt to keep the kids in school, avoiding problems of out-of-school delinquency and arrested development that would lead to

499

much larger societal bills in the long run. Similar sentiments seem to inform state legislation in a number of jurisdictions during the years preceding and succeeding the *Goss* decision and guidelines.

A commitment to mainstreaming would simultaneously increase the number of behavioral problems entering and staying in the school, and decrease the exclusionary opportunities available to the school system to keep troublesome kids away from the regular classroom. *Independent* of due process requirements, this kind of policy would tend to drastically reduce the number of school expulsions, reduce the number of school suspensions (even within the 10-day limit), and increase in-school disciplinary options such as in-school suspension when students misbehave. Mainstreaming would also tend to increase the tolerance within the system for deviant behavior.

In discussing the impact of due process requirements, these mainstreaming effects are important because this substantive policy would produce many of the same effects observers might attribute to procedural prerequisites despite the fact that this is an independent substantive policy. The only discriminant indicator between mainstreaming and procedural effects would seem to be the number of short-term suspensions in public school. In theory, loose procedural requirements prerequisite to short-term suspension would drive up the number of short-term suspensions as opposed to longer-term exclusions, or the ratio of short-term to long-term separations of the student from school, while a mainstreaming philosophy would drive down the number of all separations between student and school.

This tidy basis for discriminating between mainstreaming and due process effects dissolves on closer examination. First, a mainstreaming philosophy, operating independently on the Court's edict, might drive a lot of formerly expelled cases into the temporary suspension category as the lesser of evils. This would produce an impact indistinguishable from the due process results portrayed above.

Further, procedural hurdles and substantive commitments to retaining children in schools may interact to produce artificial due process effects. A pronouncement of the United States Supreme Court may provide the happy excuse that a school board or a state legislature is waiting for before erecting further hurdles to separation between student and school—barriers that really serve the substantive goals of mainstreaming. Those who wish the school board to include a maximum number of students, no matter how troublesome, will seize upon the procedural protections mandated by the Court because they serve their ends. This is one explanation for the super-compliant pattern found in major states where 10 days as a threshold is converted to 5 days, and suspensions for more than one week are burdened with the same procedural front-end load that formerly accompanied expulsion. Strictly speaking, this marriage of substantive ends and procedural means is not an impact of the pronouncements of a constitutional court, but the use of the Court's decision as an excuse to do what the principal policy actors would do in any event, if they had a choice. Determining how any strict system of impact accountancy would deal with this kind of combination is beyond our competence. But it is worth noting that procedural requirements are neither a necessary nor sufficient cause, standing alone, of the results generated by mainstreaming tendency in legislation and educational philosophy. Having introduced only one additional policy direction, it becomes intractably difficult to read empirical tea leaves and discern any clear impact of the Goss decision by itself.

Goss, Mainstreaming and Desegregation

Life gets more complicated when other substantive policies such as school desegregation and its attendant disciplinary results are introduced into the game. In public secondary schools, race mixing makes suspension as school discipline problematic by increasing the number of potentially disciplinary events while simultaneously heightening sensitivity of school administrators and federal court judges to the consequences of separation between school and student, particularly minority students. This is what we refer to as an "interactive" effect. Disentangling due process and mainstreaming effects from those associated with desegregation is not merely difficult, it is impossible. And any interactive model that suggests otherwise is demonstrably incorrect. Desegregation increases the disciplinary load, at least in its potential, increases sensitivity to disciplinary consequences, and draws federal court judges, inevitably and intimately, into the ongoing administration of school discipline. Combined with mainstreaming, desegregation thrusts have a highly unpredictable effect, depending on who is administering the desegregation and which priority, school order or maximum minority student welfare, is primary.

The impact of school desegregation on school administration and pupil discipline can be illustrated by returning to Columbus, Ohio, the site not only of Goss but also of an ongoing federal court desegregation order that has had a profound effect on how the schools are governed and judicial supervision of school administration. The Columbus school district is under a continuing duty to report to the federal district court on the status of desegregation in Columbus, and the topics encompassed in this reporting requirement are wide-ranging to say the least. A July 1980 report on the previous school year covers a host of topics that range, literally, from A to L, including pupil enrollment, mobility, attendance, achievement, discipline, special education enrollments, extracurricular activities, pupil transportation, safety and security, community relationships, staff development, and monitoring.[32] It is probably inaccurate to characterize the federal courts as "running" the Columbus school system, but the educational establishment in that city takes a long look over its shoulder before major policy decisions are made or implemented.

School discipline, one of the focus topics of the desegregation report, has been regularized and bureaucratized by reporting requirements and a sensitivity to the relationship between the need for order and the possibility that suspension policies might be abused to the disadvantage of black students desegregating white facilities. Yearly, school-by-school suspension totals are collected and reported by the school district, separately broken down by race, level of school, and name of school.

And the number of suspensions has increased as the need for school order has attracted increasing attention. During the 1976–77 school year, Columbus reports slightly under 6,000 total pupil suspensions, with just under half of these involving black pupils. By 1979–80, the total number of suspensions had more than doubled to 12,000, and the proportion of suspensions involving black students had increased to over 53 percent.[33] The increased proportion of suspensions involving black students reflected growth in the proportion of black enrollment of roughly comparable magnitude. But the risk within each racial group has doubled!

Thus, the Columbus story is not a good vehicle to deny the

502

increasing role of the judiciary in school administration. The relationship between the courts and the schools in Columbus is intimate indeed. But the reason for this intense scrutiny is not the procedural entitlements of students against the school, but the elevation of desegregation as an agenda item in urban public schooling. The relationship between school administrators and students may have indeed become more "legalistic," but here again this reflects the changes brought by substantive policies rather than by procedural entitlements of students. And it is difficult to view the procedures outlined in Goss as a major contributor to school violence or an encumbrance on disciplinary administration when short-term suspensions double in volume in a three-year period.

These massive changes in policy and the allocation of power in education deserve attention and may merit public alarm. But our review of the data suggests that it is most prudent to regard Goss as the procedural molehill buried under a mountain of other substantive interventions into the administration of public schools.

An Empirical Test of Impact?

We have examined both before and after data in Columbus and a cross-sectional study conducted by the Children's Defense Fund in the mid-1970s. [34] As the preceding section indicates, we are doubtful that any of these data can be domesticated into a fair empirical test of the impact of Goss v. Lopez. [35] A comparison over time in a single jurisdiction will confuse mainstreaming and due process impacts, and those localities under desegregation orders will create further problems. Cross-sectional studies that do not control for the third causes that create both procedural regularity and a commitment to keeping kids in school will artificially inflate due process impacts far beyond realistic proportions.

We can say that if the Supreme Court had answered the threshold question about due process protections in the public school in the negative, the story might have both a different middle and a different ending. In our view, prior precedent provided ample support for the conclusion the Court reached, and a contrary conclusion would have been a sharp departure from the developing due process doctrine of the prior decade. [36] But schools are different, and a failure on the part of the Court to recognize due process entitlements in an attempt to perpetuate the family model of education, at least in this constitutional context, would have frustrated efforts to provide students with avenues to redress grievances. That is the only unqualified statement about impact that can be traced with confidence to the result in Goss v. Lopez.

Yet even if the Supreme Court had failed to mandate disciplinary hearings in the name of student rights, it seems quite likely that mainstreaming philosophies and fear of differential racial impact during desegregation would have led to judicial, legislative, and administrative procedures providing administrative accountability for school suspensions. The image of the school as an isolated public family, immune from external control, was long gone prior to 1975. The realities of public funding and administration, commitment to educating yesterday's rejects, and a strong initiative to pursue racial desegregation with more than deliberate speed might have produced the same results at different levels of government or even within other constitutional bases for judicial scrutiny of schooling.

Due Process and Student Welfare

We state our conclusion at the outset: There is nothing intrinsic to the Supreme Court's holding on either short- or long-term suspensions that amounts to a clear and present danger to the exercise of authority in public schools. No matter how great the symbolic loss of face on the part of school administrators, informal suspension procedures and formal "downtown" procedures as conditions precedent to expulsion can be accommodated in the most authoritarian of school settings. Our conclusion is premised on the assumption that central school authorities and decentralized school administrations are in accord on disciplinary policy. If this assumption proves incorrect, problems associated with the centralization of long-term suspension will loom larger on the map of educational administration. But the reason for this is not so much the procedural entitlements that Goss generates, but the political differences between in-school and centralized school administration.

In arguing to this conclusion, we must deal with Professor Toby's notion of a tradeoff. In his view, any procedural prerequisites to

504

separating disruptive students from their schools advantages the student at risk in disciplinary proceedings only at the expense of student victims. As a preliminary matter, we may note that only about a third of school suspensions studied by the Children's Defense Fund involved strong students preying on the weak.[37] Further, the major difficulties in pursuing this type of student victimization in informal disciplinary proceedings involves student victims reluctant to notify authorities, particularly when a student lives in fear of further victimization. The additional burdens imposed by due process requirements cannot be separately measured because a "mainstreaming" policy would produce the same effects. Further, in marginal cases, supplanting arbitrary authority with the right to hearing is not all that bad. We suspect the roots of American school violence in recent years are deeper and unrelated to procedural guarantees. It seems equally obvious that the procedural guarantees provided in Goss leave ample room for authority structures that can control student violence, insubordination, and other secondary student maladies of modern times.

Our conclusion, then, is that what many commentators have called "proceduralism" did students very little good but even less palpable harm. Hard data to support this conclusion are inaccessible. However, those who see students' rights litigation as the centerpiece of changes in American educational procedures have a burden of proof that we strongly doubt can be discharged.[38]

The Virtues of Hindsight

One task remains, and this is the formidable job of integrating what we learned about Goss v. Lopez with the lessons learned from the other studies included in this volume. Four tentative conclusions seem appropriate.

First, the Goss case represented a dispute where the contending parties were not far apart on the institutional issues of school disciplinary administration. Only a question of principle precluded settlement. All of the litigants were dedicated to keeping the school disciplinary proceedings in short-term suspension situations inside the school setting. Despite the lavish rhetoric of the dissent and some critiques of Goss v. Lopez, this litigation concerned not whether disciplinary decisions should be immunized from bureaucratic and judicial scrutiny, but how this result could be achieved consistent with fairness.

Second, the conflict, in both the three-judge district court and the Supreme Court, between the family and state agency model of public school education can best be understood in historical context. Justice White, speaking for the majority, was not mounting a challenge to the family model of secondary education as much as he was ratifying changes in the relationship between students and educational administrators that had occurred long before the opinion was written. The image of the public secondary school as a family was Paradise Lost a good many years before the Supreme Court spoke on the issue. Criticism of the opinion that centered around the school's need for authority was in fact a nostalgic recollection of principal/student relationships that had long disappeared from the urban public school. Continuing the family analogy, the fact that teachers sided with the students in the Supreme Court is simply another extension of "women's liberation." The principal as father in a traditional family threatened not only the students, whose due process entitlements were at stake, but the teachers as well. The notion of teachers taking orders from wise fatherly principals was obsolete in the extreme by the time Goss was argued.[39] Only in those situations where teachers and school administrators had adopted a bunker mentality, totally alienated from the students in their charge, is there opposition to the Court's result.[40]

Third, in its emphasis on basic principle and in the cleanliness of the record confronting the Supreme Court, Goss v. Lopez appears something of a 1960s nostalgia trip. The white hats and the black hats appear before the Court undiminished by the muted shades of gray that characterize 1970s style disputes over issues such as bilingual education, teen-age abortion, and foster parent entitlement. The issue of principle could be decided without permanent or intimate court involvement in the day-to-day administration of public schools. In this sense, the Goss case is out of synch with much child welfare litigation in the 1970s. Structural injunctions were not required; intrusion into the process of either public education or public school discipline was avoided.

A particularly striking contrast emerges between the processes and results of Goss and the saga of Smith v. OFFER.[41] The parallels between these cases, particularly in the early part of the litigation process, are striking: "real plaintiffs" in a genuine controversy antedate the decision to file a test case; the selection of a three-judge court as the forum for adjudication; sharply abbreviated trial procedures; less than rigorous fact-finding or evidentiary probing at the trial stage.

The crucial difference between the cases is that sustained adversary examination of factual issues was unnecessary in Goss. The plaintiffs' challenge presented a straightforward question of principle well understood by the parties, the lawyers, and the judges. A deep probing of the "psychological harm" of school suspension appears unimportant to the decision of the ultimate issue. Could there ever be persuasive evidence that school suspensions do no harm to the students so treated? On the other hand, would *any* demonstration of student harm have pushed the United States Supreme Court to a set of procedural preconditions that would push the issue of short-term suspensions out of the school setting? Would empirical data, or a longer period of deliberation, have changed the views of any of the interest groups that participated in the Supreme Court case? The Goss litigation was rich in streamlined procedures, short-fused stipulations, and seat-of-the-pants common sense judicial reasoning that might be hazardous to child welfare in other contexts. But we see no significant impact and therefore little cost from these litigation processes, given the nature of the question presented and its ultimate resolution. All of the extremes that characterize judicial agony over school desegregation, foster care, and the administration and closing of custodial facilities for children are absent from the problem presented to the Court and the decision that issued.

This leads to our penultimate conclusion and a final irony. The Court's decision and its impact on public secondary education have been swallowed by prior and supervening events. In urban areas the courts are intimately involved in the day-to-day administration of public schools. Desegregation has led to judicial scrutiny of school suspensions for substantive reasons not closely related to the Goss holding. The relationship between high school students and their schools becomes more "legalistic" by the day. Child welfare advocates understand all too well that it is easier to dispose of the problem student than to deal with him.[42] But all of these profound complications are related to 1970s style litigation, not the principle enun-

ciated by the Court in the 1960s' fashion of *Goss*. The controversy
in that case appears both modest and manageable in hindsight, a far
cry from the difficult issues that the Court faced in other contem-
poraneous controversies. From the standpoint of student welfare,
the procedural entitlements of *Goss* v. *Lopez* were modest. But those
who would blame the changes of the last quarter of a century on
the right "to some kind of a hearing" misplace their emphasis.

Or do they? Public school principals sincerely believe that unin-
hibited discretionary powers are a necessary tool in exerting legitimate authority in the school setting. They asked the Court for a
license to do business as usual and were rejected. Once the school
principal is stripped of his conception that he is exercising legitimate
authority, the school becomes a free fire zone for the intervention
of other pressure groups and power brokers. It may be the case that
the Supreme Court's belated recognition that schools are not families was an important symbolic step in the direction of more intimate
regulation of public schooling, just as the abandonment of the hands-
off doctrine in prison administration and mental health law was a
harbinger of stricter scrutiny behind prison and institutional walls.
To say that the outcome of this lawsuit was more important sym-
bolically than substantively is in no sense to deny its importance.
Symbols count. Whether it is possible to empirically denominate
the impact of litigation on student behavior, student-school relationships, or the atmosphere of public education may be, in the
end, beside the point. The intangible but nonetheless important role
of the competition between authority and autonomy symbols and
the way in which this conflict was resolved may be the enduring
legacy of *Goss* v. *Lopez*.

PART · VIII

Final Observations

Robert H. Mnookin

In the Interest of Children

One cannot read these case studies without a sense of surprise. What began in each instance as something of a crusade became a tedious, complicated, episodic campaign that resulted in no clear victory for either side. Neat theoretical expectations were up-ended. Some of the heroes turned out to have smudges on their white hats; not all of the villains were so very villainous. The sheer complexity of the policy issues involved, coupled with the time and effort it took to obtain a judicial decision, boggles the mind. Yet there are lessons to be learned from these cases, for students of the legal process and advocates alike.

Who Decides?

The introduction suggested that test-case litigation on behalf of children poses three puzzles: the enigma of deciding which policies best serve the interests of children; the dilemma of defining the appropriate role for courts in democratic policymaking on behalf of children; and the paradox of needing advocates to speak for children's interests notwithstanding the absence of any mechanism to hold those advocates accountable. All three puzzles flow from the fact that children often lack the ability to define and defend their own interests. The case studies in no sense solve these puzzles: indeed, they show that they won't go away. Viewed in the light of our five cases, however, the puzzles point to a critical question: Who should decide what is best for a child? More precisely, how should power and responsibility for children be allocated in our society? And what political institutions in our society should be responsible for allocating power? Whoever enjoys the power of decision will influence not only the means, but the very objectives of child-rearing.

At the most basic level, the question "Who decides?" concerns the allocation of power and responsibility among child, family, and state. It involves fundamental questions about the proper role of parents in child-rearing, appropriate limits to parental prerogatives, and the degree to which the child's own autonomy should be respected. But the case studies suggest the importance of examining who decides these allocational questions. Like a math major who needs to take the second derivative of an equation, we must ask, "Who decides who decides?" How should policymaking power be allocated among the levels of government? With respect to policies affecting children, how should power and responsibility be divided between the federal government, on the one hand, and the states, on the other? And how should power be allocated among the various branches of government? More particularly, what should be the role of courts in our governance? In a democracy, what is the legitimate role of courts in policymaking?

In our culture, parents traditionally have been given broad authority to decide what is best for their children. Within the family, parents have legal power to make a wide range of important decisions that affect the life of the child. Although there are limits to this parental power—for example, parents are held responsible by the state for their child's care and support—children themselves have generally had much less liberty than adults. Children are not normally entitled to their own earnings and do not have the power to manage their own property. Moreover, persons younger than certain statutory age limits are not allowed to vote, hold public office, work in various occupations, drive a car, buy liquor, or be sold certain kinds of reading material, quite apart from what they or their parents might wish.

This traditional allocation of power is now being questioned from two very different perspectives. Some reformers believe young people should have broader legal rights to decide things for themselves, independent of their parents' desires. Child liberators want more power of decision given to the child. Others are equally critical of parental power, but from a very different angle. Their concern arises not from the notion that children should have a greater voice in their own affairs, but rather from their feeling that parents all too often provide inadequately for their children's needs. These reformers often push for the expansion of governmental programs that they claim are necessary to protect children.

The cases studied in this book underscore the fundamental importance of the question of how power is allocated among the child, the family, and the state. In *Bellotti* v. *Baird*, for example, the central question presented was whether a pregnant adolescent should be able to decide for herself to have an abortion without parental participation. Indeed, *Roe* v. *Norton*, *Smith* v. *OFFER*, and *Pennhurst* all involved questions about the limits of parental authority. When may the state compel a mother to identify her child's biological father? Under what circumstances should the state be able to move children from parental custody and keep them in foster care? Do parents of a retarded child have the right to insist the child be kept in an institution rather than placed in the community? In *Goss*, children and parents stood together in their protest against the procedures followed by the state in school suspensions. *Bellotti*, on the other hand, involved a conflict between the young person and her parents where the adolescent insisted upon her right to decide for herself.

Our cases also suggest the importance of two other dimensions of this allocational question. In each, a federal court was asked to review a legislative or administrative determination made on the state or local level. Thus each case implicates the inextricably linked questions of how power should be allocated between the political branches and the judiciary, and between the federal government and local government. In our small sample, federal courts reviewed a state legislative decision to condition minors' access to abortions on their parents' consent; state and municipal procedures for transferring foster children; the operation of a state institution for retarded people; and school district procedures for suspending students from school. *Roe* v. *Norton* reveals how complex the issue can become in practice. Congress enacted a law giving states substantial discretion to administer the AFDC program. When Connecticut exercised its discretion, it was challenged—by lawyers who were largely funded by the federal government. Before the court could resolve the issue, Congress amended the underlying law, and the battle shifted to the executive branch where the implementing regulations were to be drafted.

On both levels, then—the conflicting *rights* of the child, the family, and the state to decide, and the allocation of decisional *power* among the branches and levels of government—the case studies pose profound questions of political theory. These questions may well be lost in the day-to-day struggle to mount a successful test case. But that makes them no less important.

The Puzzles Revisited: Children's Cases as Race and Poverty Cases

In this book's first chapter, I suggested that *Brown* v. *Board of Education*, while now enshrined as a seminal attack against racism, was also a children's case. I am now struck by the extent to which four of the five "children's cases" we studied relate to problems of race or poverty.

Goss v. *Lopez*, for example, arose out of racial conflicts within the Columbus school system; the lawsuit was initiated because black parents demanded that something be done. While the litigation focused on whether the due process clause gives students procedural rights in short-term suspensions, Zimring and Solomon suggest connections between this issue and racial conflict. *Smith* v. *OFFER* concerned the operation of the foster-care system. Both Mrs. Smith and the Gandy children were black. While blacks do not make up a disproportionate number of the children in foster care, the overwhelming majority of such children are from families that are economically deprived. *Bellotti* v. *Baird* concerned teenage pregnancy and abortion. Mary Moe, like a majority of unmarried pregnant minors, was white. Rich and poor sixteen-year-olds alike have

513

unwanted pregnancies. Nonetheless, the burdens of single parent-hood are borne primarily by teenagers from impoverished families, especially blacks.[1] By definition, children eligible for AFDC—the children affected by *Roe* v. *Norton*—are poor. While most AFDC recipients are white, the issue of coercing maternal cooperation in identifying the father of a child born out of wedlock disproportion-ately affects black women and children.

The *Pennhurst* case is an exception: there is no evidence that a disproportionate percentage of severely retarded youngsters come from poor or minority families. But in a sense this exception proves the rule. As Burt's essay makes clear, the Pennhurst residents suf-fered from handicaps that created extraordinary needs well beyond the capacity of ordinary families.

I believe most test-case litigation affecting children, like these cases, deals primarily with the needs of poor children, minority children, and children with special handicaps. None of the test cases we studied were brought on behalf of, or grew from the concerns of, what one would consider typical white, middle-class American children. The outcome of litigation may, of course, affect a broader range of children. For example, the Supreme Court's decisions con-cerning school suspensions in *Goss* and abortion rights of minors in *Bellotti* can obviously apply to any child. Nonetheless, it is inter-esting to reexamine the puzzles in light of the fact that test-case litigation appears to be a reform strategy most commonly used on behalf of poor and minority children.

What I have called the dilemma of legitimacy—i.e., the appro-priate role of courts in a democratic society—is perhaps less trou-blesome when courts intervene on behalf of children with extraor-dinary needs. While I remain persuaded that there is no easy way to measure the extent to which children are underrepresented in the legislative process, it seems plain that poor, minority, and disabled children are more likely to need resources their parents cannot pro-vide. At the same time, their parents may have less leverage on the legislative process.[2] Assuming for the moment that courts are capa-ble of defining and implementing appropriate remedies, judicial activism on behalf of these children may well be appropriate. While the puzzle of legitimacy in no sense disappears, these children do have a stronger claim to judicial protection than children in general.

514

Even if courts are a legitimate place to scrutinize policies for poor, minority, and handicapped children, however, the "right" *policy* is still indeterminate. The prediction and value problems do not disappear. Each of the case studies suggests that, within the class of children the child advocates intended to benefit, the remedies sought might help some and harm others. Wald and Chambers, for example, pointed out that "a rule protecting foster parents' rights to a child may . . . harm [those] who would be best off returned to the natural parents without protracted litigation." In *Bellotti*, a rule requiring parental consultation would harm some pregnant minors whose parents might be retributive, but it might well help others, who might otherwise avoid supportive parental involvement because of embarrassment. Similarly, the closure of Pennhurst might help some retarded people and harm others. As Burt indicates, the closure decision involved "discretionary guesses about the future" and anguishing moral dilemmas.

Is child advocacy somehow less paradoxical when undertaken on behalf of poor, minority, or disabled children? To the contrary, I think the paradox is heightened. On the one hand, these children have a greater need for advocates. On the other hand, they and their parents may have even less power to control those who claim to speak for them.

Pointing to the greater needs of minority, handicapped, and poor children, the handful of organizations specializing in children's issues direct their limited resources toward those needs. Indeed, the orientation of these advocates explains in large part why test-case litigation is used primarily on behalf of such children. The advocates proceed on the appropriate premise that however unresponsive the American political system is to the needs of middle-class children,[3] poor children have greater needs and less power.

Because these children and their families have less power, however, they may be less able to control their advocates. These studies do not permit a refined comparison between this group and their middle-class counterparts. Nevertheless, with the exception of Bill Baird, who had more litigation experience than most public interest advocates, none of the individual plaintiffs—whether adults or children—exerted much control over the litigation. The lawyers did not, however, sacrifice these individual clients to the "cause." Indeed, in four of the five cases, the immediate problems of the named plaintiffs were resolved early in the litigation.[4] In *Bellotti*, for example, Mary Moe quickly secured an abortion. In *Smith* v. *OFFER*, although the Supreme Court refused to decide that Mrs. Smith's constitutional rights were violated, the Gandy children were never taken from her care, and she was eventually able to adopt them. In *Goss*, the named plaintiffs had returned to school long before the lawsuit was over. And in *Roe* v. *Norton*, the welfare mothers who began the lawsuit neither disclosed the identity of the father nor were jailed for contempt.

Ironically, when the individual named plaintiffs in class actions no longer have an immediate stake in the outcome of the litigation, their incentive to control their advocates largely disappears. In each of our studies, although the litigation began because of the immediate needs of particular individuals, the litigation soon took on a life of its own. The "cause"—as defined by the advocacy groups—became the client. Moreover, where the courts appointed separate counsel to represent a class of children, the advocates' positions not surprisingly reflected their own views about what was best for children. In *Smith* v. *OFFER*, Helen Buttenwieser, who had long-standing ties with traditional welfare agencies, predictably argued that those agencies adequately served the foster children the trial court asked her to represent. When the *Roe* v. *Norton* court appointed David Rosen, a former Legal Services lawyer, to represent the interests of AFDC children, no one should have been surprised when he concluded that the Connecticut statute intruded too heavy-handedly into the lives of welfare families.

Thus, even if we examine test-case litigation solely from the perspective of the poor, minority, and handicapped children upon whose behalf it is most commonly used, the three puzzles remain. While the puzzles are indeed intractable, however, their existence does not imply that courts should do nothing. There is no easy escape. Policymaking for children, whatever the forum, requires difficult predictions and troubling value choices.

Whether policy is made in the legislature or the courtroom, the children themselves usually can neither define nor defend their own interests. Nor can they control their own advocates. Nonetheless, whether through action or inaction, children's policy will be made.

Reassessing the Judicial Role

Conservative critics decry judicial activism and suggest that the federal courts have become an "imperial judiciary" eager to resolve important policy issues on behalf of the clientele of reform-minded lawyers. Academics caution that federal judges are not elected officials, and that judicial remedies are often intrusive but ineffective. Defenders of judicial activism, on the other hand, often emphasize that courts, unlike legislatures, are committed to principle and reason. Active courts, they say, help focus attention on issues that the legislative and executive branches have been unwilling to address. Some acknowledge that litigation is part of the political process; they claim courts provide some leverage for disadvantaged groups that have little legislative clout. Particularly for such groups, litigation is said to be the only practical way to bring pressure to bear for reform. To me the studies suggest a richer, more complicated picture, one that provides ammunition for all sides of the debate over judicial competence.

The case studies suggest that the litigation process is not always a deliberative, methodical, rational way of arriving at a decision. In adjudication, as in legislative activity, the accidents of timing and the idiosyncrasies of particular players can make a difference. Moreover, it appears that judges are no more eager than any legislator to confront complexity on either the moral or factual level. Sugarman characterizes the process as one of "hurry up and wait"—periods of intense activity followed by long periods where little happens. It certainly appears that the process of test-case litigation can be slow and tedious, requiring substantial staying power on the part of advocates. The Connecticut welfare controversy dragged on for nearly a decade. In *Pennhurst*, the suit was first filed in 1974, and at this writing, nine years later, it still continues. Litigation attacking the Massachusetts juvenile abortion law began in 1974 and did not wind down until 1981. *Smith* and *Goss* were comparatively speedy: *Smith* lasted three years, and *Goss* not quite four. In short, test-case litigation is not necessarily quick or cheap; at times, it seems more episodic than epic, full of random accidents that often have significant consequences.

The studies reveal that bringing a dispute to a court is not a neutral

517

act. Because courts are courts, both the content and the structure of the moral, political, and policy discourse are profoundly different from what they might have been in another forum. The need to describe the problem in terms of legal doctrine and legally recognizable rights can affect the way a policy issue is addressed. For example, as Chambers and Wald show, bringing foster care into court as a constitutional dispute meant that the issue was defined as whether a foster parent's relationship with her children was a "liberty interest" or a "property interest"—terms that, from a policymaker's perspective, are utterly irrelevant.

The case studies also suggest that litigation may amplify the voices of certain actors or interest groups and mute those of others. In *Bellotti*, moving the controversy to a judicial arena substantially diminished the power of pro-life advocates and augmented the power of pro-choice forces. Moreover, while the problems underlying test-case litigation often implicate profound moral choices, a judicial precedent may substantially determine which moral issues are open for discussion in court. For example, although there is no consensus about the morality of abortion, *Roe* v. *Wade* foreclosed any discussion in *Bellotti* of whether abortion was morally tolerable. The parent-intervenors, who opposed abortion on moral grounds, were forced to oppose the statute on the ground that it infringed parental rights.

While litigation obviously has distinctive characteristics that affect how problems are addressed, the studies show that test-case litigation is part of the political process, not separate from it. Sugarman's study, for example, reveals an enormously complex process in which federal courts, state legislatures, the Congress, and the federal bureaucracy all acted and reacted to each other. In *Bellotti*, the same interest groups fought one another in a variety of forums. That study reveals a complicated interplay over time between the federal courts and the Massachusetts legislature. Moreover, merely filing a lawsuit sometimes pushes government agencies into adopting new practices to improve the state's chances in court. Before a court ever adjudicated the plaintiffs' claims, officials in both *Goss* and *Smith* implemented new procedural safeguards for students and for foster parents.

Much of the debate about judicial competence appropriately focuses on the issue of whether courts can provide an effective remedy. Critics often emphasize the limit on what courts can do—their inability to tax or appropriate money, their difficulty in creating and implementing effective remedies. Defenders, on the other hand, emphasize the breadth and flexibility of a court's remedial powers, and the opportunity for judges to be power brokers in a political bargaining process.

Two interesting generalizations emerge from these cases. First, it appears that the federal courts often attempt to cut a compromise in situations where the parties were unable to do it themselves. Particularly in *Goss*, *Smith*, and *Bellotti*, there was no clear winner. In *Goss*, the Supreme Court decided the issue of principle in a way favorable to the plaintiffs—the Constitution's due process clause applies in a school setting, even with respect to short-term suspensions. But what procedures does the Constitution mandate? In Zimring and Solomon's words, the Constitution mandates a conversation between an assistant principal and the offending student before the suspension. In practical operation, what the court required was less than what the city of Columbus had already adopted early in the litigation. In *Smith* v. *OFFER*, while the Court ruled against the plaintiff's interpretation of what the due process clause guaranteed foster parents, it did so because it found that New York's existing procedures were adequate. Indeed, Justice Brennan's opinion leaves open the possibility that if a state gave foster parents fewer safeguards than New York did, the courts might well find this unconstitutional. Finally, in *Bellotti* v. *Baird*, the plaintiffs successfully persuaded the Supreme Court that the 1974 Massachusetts statute was unconstitutional. Justice Powell indicated, however, that a statute that instead gave a pregnant minor a choice of either asking her parents or going to court would pass constitutional muster. Thus the Court rejected the claims of those who thought that pregnant minors should have the same abortion rights as adult women, while at the same time rejecting the claim that parents should always have a right to be involved. In all three cases, the Court split the difference; nobody really won all they wanted.

Second, the studies demonstrate that, to a remarkable extent, substantive disputes about policy may be transmuted into due process claims. Rather than resolving a dispute about what the appropriate policy should be, the result instead involves the specification of the structure of the decision process. For example, *Goss* did not define the circumstances that justified a school suspension. Instead, the

Supreme Court defined the minimum procedures that school offi-cials had to follow in deciding whether to suspend a student. *Bellotti* did not decide when pregnant minors could have an abortion, not-withstanding parental objections, but instead suggested a process by which a pregnant minor could go to court to have a state judge make a determination for her particular case. In *Smith* v. *OFFER*, the court was not asked to decide what circumstances justified moving a child from long-term foster parents, but instead what process should be followed by the social workers and administrators who would make the actual decision. The eventual result of the Connecticut welfare dispute was a process under which state welfare workers would determine, case by case, whether a particular mother had good cause *not* to identify the father of her illegitimate child. In each instance, the result was not a substantive policy applicable to all cases but a requirement that the decision process allow an indi-vidualized determination of an appropriate outcome for a particular child or family.

One might almost conclude that no matter what the problem, lawyers and courts tend to prescribe some due process. This is not entirely surprising; lawyers and judges consider themselves experts about process. By training and inclination they are comfortable examining the advantages and disadvantages of various procedural arrangements. Moreover, the Constitutional theory of due process often provides the doctrinal hook by which plaintiffs pull their case into federal court. But I think there is a deeper reason as well, having to do with the enigmatic nature of the interests of children. The temptation to make individualized determinations, rather than gen-eral rules, is especially great in the children's area because children and their families do differ. The preference for process over rules implicitly acknowledges that any general rule will help some chil-dren and hurt others. By requiring individualized hearings one can aspire to doing the right thing for each individual child.

Prescribing due process may also serve a useful political function for the courts. It is consistent with the American emphasis on the importance of the individual. Moreover, it allows the court to decide without deciding; the court can trumpet broad principles of proce-dural fairness but delegate the actual decisionmaking process to a lower level. In a sense, the Supreme Court's behavior in these cases is analogous to the Congressional behavior criticized by Theodore

Lowi. Lowi suggests that Congress has often adopted dramatic new legislation in a given area, filled with broad, vague, and often conflicting pronouncements. Such laws do not resolve the underlying policy conflicts; instead they delegate decisionmaking to some less visible, lower-level agency.[5]

There are several dangers in this approach. For one thing, it may give enormous discretion to those officials responsible for making the individual determinations. The actual outcomes will often be less visible, and it can become extremely difficult for advocates to monitor the process. How are school authorities exercising their power to suspend students? Without legal representation, how much protection will New York's foster care hearings provide? How often will these hearings turn out to be rubber-stamp operations like the abortion hearings in *Bellotti*? As the case studies demonstrate, it will often be impossible to know what the consequences of individualization are. Finally, symbolic adjudication, like symbolic legislation, may dampen a political dispute. But the underlying policy problem remains.

In sum these studies suggest that the courts have been very modest in what they are willing to do. For me the picture is inconsistent with the critics' description of an imperial judiciary. On the other hand, these cases provide little evidence that test-case litigation often offers much opportunity for dramatic reforms. The federal courts are not eager to impose definitive solutions. Instead, the remedies appear to be quite modest. The hopes of legal child advocates, who believe courts can achieve broad reforms, and the fears of conservatives, who see judicial activism as pernicious, seem equally inflated.

Some Advice for the Players

From a reformer's perspective, the choice between going to court and seeking change in some other institution is essentially a strategic one—a choice of weapons. Legitimacy and capacity are still important issues, but only to the extent that they affect the likelihood of achieving better results through some alternative means.

A comparative perspective is thus essential. For a player, the choice of weapons fundamentally turns on the availability of resources—political, economic, and legal—necessary to get a favor-

521

able decision from various forums. One can understand the comparative advantages of going to court only if one understands the costs and benefits of alternative modes of reform.

To secure legislative reform, it is typically necessary to build some sort of organization or coalition that can lobby over a sustained period of time. Success will often depend both on the political climate and on the opportunities for such coalitions. It will also depend fundamentally on the risk that organized opposition may develop.

Successful litigation also requires resources. As we have seen, a test case can be both time-consuming and expensive. Moreover, since one must make a legal claim in order to get into court, a critical question is whether one's policy concerns can be framed in terms of existing legal doctrine. And since judges are human, it helps if these policy concerns are personified by engaging plaintiffs. An attractive test case thus has two distinctive traits: it presents the court with sympathetic facts, and it requires no great doctrinal leaps for the court to reach the desired result. Such a case is not always easy to find.

Litigation is said to have three attractions compared with legislation, at least for advocates committed to helping children. The first, and perhaps the most important, involves access. "[C]ourts are open as a matter of right and must at least give ear to a presentation" if the grievance "can be cast in the form of a legal action, and there are few that cannot."[6] A party has a right to appeal an adverse decision. In contrast, the legislature—whether federal, state, or municipal—can be a procedural labyrinth. While the legislature need not explain itself, when a court rejects a proposal it ordinarily is expected to give reasons.

A second attraction is that courts appear—and may in fact be—more receptive to arguments based on principle. Costs are not explicitly considered in most circumstances. What Professor Hazard said with respect to the poor can be paraphrased to apply to children: "[A] forum in which discourse is conducted in arguments over principle is inevitably predisposed to claims on behalf of the poor, for all propositions for alleviating poverty involve essentially a competition between an ideal of equity and the problem of cost."[7]

The third advantage is that, compared to lobbying, courtroom advocacy may "create fewer immediate ethical and political problems for its professional partisans."[8] In Hazard's words, "The advocate's privilege presupposes that an outcome either way is a matter of no disturbing significance to the social system. It is one of full voice and no responsibility for consequences which may ensue if his argument is heeded. Although the very aim of a test case is to produce significant consequences through change in the law, the advocate in such a case nevertheless retains this privilege. . .he is not held accountable if the measures in question prove unworkable or unpopular."[9]

The cases studied in this book confirm that there is no sharp discontinuity between law and politics. Politics can affect lawsuits, and more importantly, lawsuits can often affect politics. Litigation can be seen as a form of lobbying in which an interested group can take a grievance to another forum. Litigation can be part of a broader strategy; there is no necessity for an either/or choice. Indeed, a lawsuit can be used to force legislative or administrative action. Similarly, the threat of a lawsuit may serve as an excuse to defer action, thus permitting the officials to duck what would otherwise be a difficult political issue. Conversely, new legislation can often affect the possibility of achieving further reform through litigation. The interaction is substantial and obvious.

A judicial victory can obviously have substantial value to the reformer. It can establish a precedent for similar lawsuits in other parts of the country. A victory in the Supreme Court can obviate the need to seek reform in fifty separate states. But even without a "big win," litigation can also have a number of political advantages for a plaintiff seeking reform. Most of these advantages have to do with increased publicity. "Litigation consists of many visible, dramatic events—the filing of a complaint, the hearing, a judicial opinion, the issuance of judicial orders—any of which can serve as a convenient vehicle for publicizing. . .conditions that might go unnoticed otherwise except by the rare investigative journalist."[10] By publicizing a problem, a lawsuit may solidify a coalition or help an advocate discover other sympathetic allies. A lawsuit can force some sort of reaction from state agencies. After the complaint is filed, the defendants ordinarily must make some sort of public response. The process of discovery can often let the plaintiffs dig out facts that might not otherwise have been available. A lawsuit can "force the political process to deal with grievances that it otherwise might ignore or deflect with little cost."[11] It can force the government to respond with a single voice because of the necessity of putting together a defense.

In short, from a player's perspective courts are political institutions:

> They are part of government, they make public policy, and they are an integral part of the law-making and enforcement process which is the central focus of political activity. If legislatures are political and executives are political, then courts must be political since all three are inextricably bound together in a process of making law, and each sometimes performs the functions that each of the others performs at other times. [12]

While these five studies do not prove the point, I believe that legal child advocates favor litigation over legislative activities. What are the reasons for this preference? The first has to do with power and the risks of opposition. Government policy relating to children may affect the interests of any number of organized groups that may have considerable legislative clout. State bureaucracies and law enforcement officials are often an organized presence in the state legislatures. A policy may also affect the interests of any number of professional groups who deal with children—social workers, doctors, or lawyers—as well as other groups such as organized labor, minorities, religious organizations, and women. If one or more of these groups oppose a given policy change, they might well have sufficient political power to block legislative action. By casting a policy change in the form of a lawsuit, child advocates may substantially reduce the power of such groups to frustrate action. [13]

A second reason for preferring litigation involves costs and resources. The lawsuit can be a very cost-effective means of achieving reform. It may be less time-consuming than legislative reform; it certainly does not require continuous presence in the state capital. Given the small number of public interest lawyers and where they live, a tilt towards litigation is hardly surprising. Moreover, recent statutory changes give successful plaintiffs the right to recover fees from the losing government defendant. Legislatures are not in the habit of reimbursing the lobbying expenses of a group that successfully presses for a new bill. Finally, while the Internal Revenue Service limits the ability of charitable foundations to fund lobbying activites, no similar constraints exist with respect to litigation.

The third reason many child advocates favor litigation has to do with the socialization of lawyers. Law schools offer courses in advocacy, not in the arts of compromise and coalition-building. Intellectual activity is emphasized, often at the expense of the personal sensitivity, patience, and practicality essential to successful lobbying. As Professor Hazard says,

> [A]n act of fantasy is required to see the idealized Legal Service Program lawyer—young, principled, intrepid, and in a hurry—teasing a complicated statutory package through the legislative convolution.[14]

It is thus understandable that most public interest law firms concerned with child advocacy devote their resources primarily to litigation. Because test-case litigation is only part of the political process, however, these advocates should not underestimate the need to involve themselves with executive and legislative policymaking. Even the "big win"—a "favorable" Supreme Court ruling—may have little day-to-day impact. Particularly where the solution depends on money, substantial change will often require legislative or executive action.

This is no news to most legal child advocates. Their response would be, "We do what we can." These case studies indicate, however, some limits on what even the best courtroom advocacy can achieve, and some insights which may assist future efforts on behalf of children. I offer four suggestions:

1. *Consider alternatives to litigation.* The Children's Defense Fund is an effective presence in Washington. Unfortunately, there is no comparable children's lobby on the state and local level. Public interest law firms, because of their modest resources and the constraints imposed by funding limitations, may be unable to mount a substantial lobbying effort over time. I would hope these limitations can be removed. In the meantime, however, advocates should nonetheless see the "choice of weapons" as a strategic issue. There will be opportunities to press for administrative or legislative reforms that may in some circumstances be *more* effective than litigation. Going to federal court may sometimes be the best choice—but not always.

2. *Choose your cases carefully.* These studies show that test-case litigation is a slow, time-consuming process. While it may take

few resources to file a lawsuit, following through requires a substantial investment, usually over a period of many years. Resources for test-case litigation on behalf of children are very limited. It is therefore terribly important, as Chambers and Wald suggest, to choose cases with care. While it is hard not to respond when a sympathetic fact situation arises, especially when the opportunity to "make some law" presents itself, the advocate would often be more effective by establishing priorities in advance.

3. *Build coalitions.* It is widely recognized that effective legislative advocacy requires groups to mute their differences in order to build coalitions. Some suggest that test-case litigation can be used to forge alliances that can operate in other forums. These studies suggest, however, that litigation may divide potential allies as well. In *Bellotti*, those challenging the Massachusetts law spent much of their energy fighting each other for control of the case. In *Smith*, public interest lawyers found each other on opposite sides. And yet the study of *Roe* v. *Norton* revealed the creation of a coalition that effectively participated in the administrative and legislative process. In the face of scarce resources, coordination and cooperation would appear to be in order.

4. *Face up to indeterminacy.* While it seems paradoxical, I think advocates must acknowledge both the prediction and value problems. Before going to court—or the state house, for that matter—advocates should do more than simply identify a problem. They should also ask themselves how alternative remedies might affect different groups of children, and the extent to which there is a consensus about the values that should inform policy. This is not an invitation to accept the status quo. Life requires decisions in the face of uncertainty. It is rather a reminder of how much we do not and cannot know, and of the virtues of keeping an open mind and learning from experience.

No Easy Answers

This study was launched with a seemingly straightforward question: Is test-case litigation a sensible way to make policy on behalf of children? For reasons that should now be clear, a definitive answer would require solving three puzzles, none of which appear to me to be soluble. Moreover, the question of judicial capacity necessarily requires a comparison of judicial, legislative, and administrative policymaking which is beyond the scope of this book. I feel like the small-town mayor who, when asked which of his town's two restaurants had better food, replied, "The one you don't go to." As we have seen, test-case litigation has many disadvantages as a means of making children's policy. But compared to what? I am confident that a detailed study would reveal many disadvantages to legislative policymaking on behalf of children as well. We just haven't eaten at that restaurant yet. Perhaps one virtue of the American political system is that there is more than one forum for those who wish to defend or change policies.

This study shows that going to court will often make a difference, although not necessarily the difference the advocate had in mind. It also suggests the profound difficulties of making policy for children, no matter what the forum.

NOTES

CHAPTER • 1

1. A. de Tocqueville, 1 *Democracy in America* 105–112 (3d ed. London 1838) (1st ed. London 1835).

2. Fiss, "The Supreme Court, 1978 Term—Foreword: The Forms of Justice," 93 *Harv. L. Rev.* 1, 2 (1979).

3. Rawls, "Judges' Authority in Prison Reform Attacked," *New York Times,* May 18, 1982, at 1, col. 2.

4. Chayes, "The Role of the Judge in Public Law Litigation," 89 *Harv. L. Rev.* 1281, 1284 (1976).

5. Rawls, *supra* note 3, at 21, col. 1.

6. D. Horowitz, *The Courts and Social Policy* 19 (1977).

7. Spiro Agnew, for example, claimed that "we may be on the way to creating . . . a federally funded system manned by ideological vigilantes, who owe their allegiance not to a client, not to the citizens of a particular state or locality and not to the elected representatives of the people, but only to a concept of social reform." Agnew, "What's Wrong with the Legal Services Program," 58 *A.B.A.J.* 930, 931 (1972).

8. R. Neely, *How Courts Govern America* xiii (1981). See also G. Calabresi, *A Common Law for the Age of Statutes* (1982).

9. 347 U.S. 483 (1954).

10. Fiss, *supra* note 2, at 3.

11. *Id.*

12. 163 U.S. 537 (1896).

13. R. Kluger, *Simple Justice* 409 (1976).

14. *Id.*

15. *Id.*

16. P. Brest, *Processes of Constitutional Decisionmaking* 460–61 (1975) (footnote omitted).

17. "The available evidence seems to indicate that black students in segregated schools do not underaspire but overaspire; that the desegregated schooling usually does not send aspiration soaring but brings it to earth; that it may not raise but lower the child's self-esteem, or at least his academic self-rating. The value of biracial education for the black child may very lie in the greater realism it instills, the opportunities it affords for self-understanding through cross-racial comparison. It is through these processes, still only vaguely understood, that the child may become a more effective academic performer (though that remains to be proved). . . . Perhaps most important, the effects of racially isolated education seem to be extremely variable, *both* in magnitude and direction. Desegregation may be beneficial to some children and harmful to others, depending upon the circumstances." Goodman, "De Facto School Desegregation: A Constitutional and Empirical Analysis," 60 *Calif. L. Rev.* 275, 426 (1972) (author's emphasis).

C H A P T E R · 2

1. See Mnookin, "Child-Custody Adjudication: Judicial Functions in the Face of Indeterminancy," 39 *Law & Contemp. Probs.* 226, 255–61 (Summer 1975).

2. Yudof, "Legalization of Dispute Resolution, Distrust of Authority, and Organizational Theory: Implementing Due Process for Students in the Public Schools," 1981 *Wis. L. Rev.* 891, 892, 899.

3. *Id.* at 916.

4. A number of test cases have challenged institutional conditions. See, e.g., Inmates of the Boys' Training School v. Affleck, 346 F. Supp. 1354 (D.R.I. 1972); Nelson v. Heyne, 355 F. Supp. 451 (N.D. Ind. 1972), *aff'd*, 491 F.2d 352 (7th Cir.), *cert. denied*, 417 U.S. 976 (1974); Morales v. Turman, 383 F. Supp. 53 (E.D. Tex. 1974), *reh'g denied*, 430 U.S. 988 (1977).

C H A P T E R · 3

1. Brest, "The Misconceived Quest for the Original Understanding," 60 *B.U.L. Rev.* 204, 221 (1980).

2. *Id.* at 216.

3. In re Gault, 387 U.S. 1, 13 (1967).

4. Wisconsin v. Yoder, 406 U.S. 205 (1972). See also Pierce v. Society of Sisters, 268 U.S. 510 (1925) (while a state may set educational standards, it may not require that a child attend public school when private schools meet the standards).

5. Prince v. Massachusetts, 321 U.S. 158, 170 (1944).

6. See, e.g., Lassiter v. Department of Social Services, 452 U.S. 18 (1981) (termination of parental rights).

7. 410 U.S. 113 (1973).

8. H. Mayo, *An Introduction to Democratic Theory* 70 (1960).

9. L. Hand, *The Bill of Rights* 1–30 (1958).

10. Wechsler, "Toward Neutral Principles of Constitutional Law," 73 *Harv. L. Rev.* 1, 15 (1959).

11. *Id.* at 19.

12. R. Neely, *How Courts Govern America* xi (1981).

13. See P. Brest, *Processes of Constitutional Decisionmaking* 966–69 (1975); M. Shapiro, *Freedom of Speech: The Supreme Court and Judicial Review* 36–37 (1966).

14. Dahl, "Decisionmaking in a Democracy: The Supreme Court as a National Policy-Maker," 6 *J. Pub. L.* 279, 284–85 (1957).

15. A. Bickel, *The Least Dangerous Branch; the Supreme Court at the Bar of Politics* 16–18, 24–27 (1962).

16. Perry, "The Abortion Funding Cases: A Comment on the Supreme Court's Role in American Government," 66 *Geo. L. J.* 1191, 1216 (1978).

17. Cavanagh & Sarat, "Thinking About Courts: Toward and Beyond a Jurisprudence of Judicial Competence," 14 *Law & Soc'y Rev.* 371, 374 (1980).

18. C. Black, *The People and the Court; Judicial Review in a Democracy* 210 (1960).

19. J. Ely, *Democracy and Distrust* 43 (1980).

    Id. at 43–72.

21. United States *v.* Carolene Products Co., 304 U.S. 144, 152–53 n.4 (1938).

22. J. Ely, *supra* note 19, at 7–8.

23. *Id.* at 87.

24. *Id.* at 181.

25. *Id.* at 7.

C H A P T E R · 4

1. See Mnookin, "Child Custody Adjudication: Judicial Functions in the Face of Indeterminacy," 39 *Law & Contemp. Prob.* 226 (Summer 1975). There may, of course, be easy cases where the interests of children are entirely clear. The prediction and value problems, however, make most test cases difficult. Furthermore, children have few resources, and hence fewer mechanisms for controlling the attorneys bringing test cases on their behalf.

2. Council for Public Interest Law, *Balancing the Scales of Justice*, 6–7 (1976).

3. Rabin, "Lawyers for Social Change: Perspectives on Public Interest Law," 28 *Stan. L. Rev.* 207, 214 (1976).

4. Council for Public Interest Law, *Balancing the Scales of Justice* 37 (1976).

5. Rabin, *supra* note 3, at 220–24.

6. Rhode, "Class Conflicts in Class Actions," 34 *Stan. L. Rev.* 1183 (1982).

7. Even in cases where the preference of the class can be assessed, it is by no means clear that the majority's views should be dispositive. Professor Rhode has persuasively argued that the preferences of existing members of a class should not necessarily be controlling because in some circumstances the needs of future (perhaps yet unborn) members of the same class perhaps deserve consideration. *Id.*

8. Hammer v. Dagenhart, 247 U.S. 251 (1918).

CHAPTER · 5

1. Howard, Adjudication Considered as a Process of Conflict Resolution: A Variation on Separation of Powers," 18 *J. Pub. L.* 339, 343 (1969).

2. Hazard, "Law Reforming in the Anti-Poverty Effort," 37 *U. Chi. L. Rev.* 242, 249 (1970); see also Cavanagh & Sarat, "Thinking About Courts: Toward and Beyond a Jurisprudence of Judicial Competence," 14 *Law & Soc'y Rev.* 371 (1980).

3. Howard, *supra* note 1, at 350.

4. Diver, "The Judge as Political Powerbroker: Superintending Structural Change in Public Institutions," 65 *Va. L. Rev.* 43, 47 (1979).

5. *Id.*

6. D. Horowitz, *The Courts and Social Policy* 44 (1977).

7. Howard, *supra* note 1, at 346.

8. Chayes, "The Role of the Judge in Public Law Litigation," 89 *Harv. L. Rev.* 1281, 1311 (1976).

9. Howard, *supra* note 1, at 347.

10. R. Neely, *How Courts Govern America* 7 (1981).

11. Diver, *supra* note 4.

12. M. Shapiro, *Courts* 13 (1981).

13. Professor Bickel has described well the variety of ways the Supreme

Court has discretion to duck or avoid deciding on important questions. Bickel, *The Least Dangerous Branch* 127–98 (1962).

14. Shapiro, *supra* note 12, at 13.

15. Diver, *supra* note 4.

C H A P T E R · 6

1. The story is based on information obtained in interviews with nearly all of the lawyers involved, with one of the plaintiffs, and with several of the state and local officials and agency directors whose practices were being questioned.

2. For the purposes of this study we will not deal with the plight of the comparatively smaller number of children placed in residential facilities other than foster-family homes.

3. In fact, a number of suits seeking to attack these problems have been brought by public interest and legal aid groups, including at least two such suits by the NYCLU Children's Rights Project.

C H A P T E R · 7

1. Oddly, the Smith in the title of the case is not Mrs. Smith but Henry Smith, the Commissioner of New York City's Human Resources Administration. "Smith" comes first in the title and looks like the plaintiff in the case. In fact, the case was "OFFER v. Smith" in the federal district court. When Lowry won there, Henry Smith appealed to the United States Supreme Court and, since he was the party who was appealing, the case name was reversed and his name was listed first.

2. Since 1974, Congress has repealed the statute requiring three-judge courts whenever the constitutionality of a state statute is challenged.

3. In fact, at this time, after a parent "voluntarily" placed a child in foster care, the agency could refuse to return the child if return was not in the child's interests. The unhappy parent had to file a petition for a writ of habeas corpus. In 1975, the law was changed to compel return upon demand.

4. In 1975 Lowry did file a suit more to Gans's liking, which sought to force the state to make efforts to hold biological parents and children together before removing children from the home. The suit was dismissed by the district court. Black v. Beame, 419 F. Supp. 599 (1976).

5. The Supreme Court's opinion can be found at 431 U.S. 816 (1977).

6. Neither of these "on the other hands" would have stood in the way of finding a "liberty interest" on behalf of children such as Danielle and Eric Gandy. They had not signed a contract with the state or anyone else and the transfer proposed was to another foster placement to which their biological parents, wherever they were, were raising no objection.

C H A P T E R · 8

1. Both authors are familiar with the work of the Children's Rights Project and other children's rights public interest groups and strongly believe that the activities of these groups have produced substantial benefits for children.

C H A P T E R · 9

1. Roe v. Wade, 410 U.S. 113 (1973)

2. See generally D. Callahan, *Abortion: Law, Choice and Morality* (1970) (overview of perspectives and approaches to the abortion issue); Humber, "Abortion: The Avoidable Moral Dilemma," in *Biomedical Ethics and the Law* 73 (J. Humber & R. Almeder eds. 2d ed. 1979) (abortion is the taking of a human life and thus the only moral choice is whether to practice other types of contraception); Tooley, "Abortion and Infanticide," 2 *Phil. & Pub. Aff.* 37 (1972) (a human being becomes a person when it has consciousness of self). Judith Thomson has argued that the issue of when human life begins is irrelevant to the morality of abortion. See Thomson, A Defense of Abortion, 1 *Phil. & Pub. Aff.* 47 (1971) (even if the fetus were a person, the woman's right to control her own body gives her the choice not to make the sacrifice of carrying it to term); Thomson, "Rights and Deaths, 2 *Phil. & Pub. Aff.* 146 (1973) (an elaboration on the choice to carry a child as a Samaritan act).

3. J. Noonan, A *Private Choice: Abortion in America in the Seventies* (1979). See also Ramsey, "The Morality of Abortion," in *Life or Death: Ethics and Options* 60 (1968) (human life is equally valued from conception to death). For a discussion of the difficulties with this position, see D. Callahan, *supra* note 2, at 378–84.

4. Tooley, *supra* note 2.

5. Sher, "Subsidized Abortion: Moral Rights and Moral Compromise," 10 *Phil. & Pub. Aff.* 361, 369–70 (1981).

6. See Blake, "The Supreme Court's Abortion Decisions and Public Opinion in the United States," 3 *Population & Dev. Rev.* 45 (1977); J. Noonan, *supra* note 3, at 34–35, 72–73, 172–73; B. Nathanson, *Aborting America*, 269–72; F. Jaffe, B. Lindheim & P. Lee, *Abortion Politics*, 99–111 (1981).

7. "Gallup Poll Finds Little Change in Views on Abortion," *New York Times*, Apr. 22, 1979, at 49, col. 1; "Abortion Poll Finds Public Evenly Split," id., Apr. 8, 1974, at 7, col. 5; J. Noonan, *supra* note 3, at 49; F. Jaffe, B. Lindheim & P. Lee, *supra* note 6, at 100–01.

8. "Gallup Poll Finds Little Change in Views on Abortion," supra note 7; F. Jaffe, B. Lindheim & P. Lee, *supra* note 6, at 100–01.

9. *Id.*

10. "Gallup Poll Finds Little Change in Views on Abortion," supra note 7. Interestingly, the way the question is framed appears to substantially influence the results, especially for the group in the middle; they do not want to "prevent abortions," but they do want to "protect the unborn child." *See* Blake, *supra* note 6, at 48–51.

11. On the issue of teenage pregnancy, see generally Alan Guttmacher Institute, *Teenage Pregnancy: The Problem That Hasn't Gone Away* (1981); K. Moore & M. Burt, *Private Crisis, Public Cost* (1982); Zelnick & Kantner, "Sexual Activity, Contraceptive Use and Pregnancy Among Metropolitan-Area Teenagers: 1971-1979" 12 *Fam. Plan. Persp.* 230 (1980); M. Zelnick, J. Kantner & K. Ford, *Sex and Pregnancy in Adolescence* (1981).

12. Zelnick & Kantner, *supra* note 11, at 231–33 (1980).

13. Alan Guttmacher Institute, *supra* note 11, at 11.

14. M. Zelnick, J. Kantner & K. Ford, *supra* note 11, at 87.

15. Zelnick & Kantner, *supra* note 11, at 235.

16. Alan Guttmacher Institute, *supra* note 11, at 14.

17. M. Zelnick, J. Kantner & K. Ford, *supra* note 11, at 168.

18. *See* Alan Guttmacher Institute, *supra* note 11, at 18.

19. *Id.* at 17, 18.

20. *Id.* at 27.

21. K. Moore & M. Burt, *supra* note 11, at 25.

C H A P T E R · 1 0

1. See J. Noonan, *A Private Choice*, at 33–46; E. Rubin, *Abortion, Politics and the Courts: Roe v. Wade and Its Aftermath* 15–55 (1982).

2. Margaret Sanger, *My Fight For Birth Control* 133 (1931) quoted in J. Noonan, *supra* note 1, at 36.

3 J. Noonan, *supra* note 1, at 34-37.

4. A. Merton, *Enemies of Choice: The Right-to-Life Movement and Its Threat to Abortion*, 125–26 (1981).

5. Lucas, "Federal Constitutional Limitations on the Enforcement and Administration of State Abortion Statutes," 46 *N.C.L. Rev.* 730 (1968).

6. This meant the case would be known as Baird v. Bellotti, rather than Parents' Aid Society v. Bellotti or Zupnick v. Bellotti.

7. Behar was to leave the Attorney General's office less than two months after this suit was filed, because a new state attorney general, Francis X. Bellotti, had been elected in November, 1973. Tradition dictates that a new attorney general choose his own assistants (none of whom has civil service status). Behar therefore resigned to set up his own civil practice just before Bellotti took office in January 1, 1975, but he returned for a few days in late January, 1975, to complete the trial in this case.

8. In an oblique condemnation of the domination by Catholics of Massachusetts politics, the Brahmin Aldrich suggested "[w]e might find difficulty in regarding this reaction as other than unusual" if it were not for the recollection that "the Commonwealth itself [had] argued in Baird v. Eisenstadt" that "the prevention of fornication is so important that it justified withholding birth control devices from unmarried adults, with the resultant risk of pregnancy." 393 F. Supp. 847, 854 (1975)

9. 428 U.S. 52 (1977)

10. The next year Cohn was to have a falling out with Baird, who says he fired Cohn. He is now Public Information Director of New England Women Services ("NEWS"), a competing abortion clinic.

11. In Nadelson's deposition, she testified that the figure for the clinic was

10 percent and in her private practice it was 5 percent. Meyer tried to make something out of the discrepancy, but Balliro reminded the court that in the deposition Nadelson had added, "That is a guess." Judge Aldrich did not appear to consider the discrepancy important.

12. Cole later relied on this admission in his Supreme Court brief. It was one of the pieces of evidence that he felt the Supreme Court chose to ignore.

13. 450 F. Supp. 997, 1001 n.6 (D. Mass. 1978).

14. Absent judicial authorization, the consent of *both* parents is ordinarily required unless the minor's parents are divorced or one parent is deceased or unavailable within a reasonable time.

15. Planned Parenthood had unsuccessfully challenged the requirement that *both* parents consent to an abortion in *Bellotti*. Indeed, John Henn and others suggested to me that they believed that the requirement that fathers consent created a substantial risk of harm for many young women—a risk that would be largely avoided if the consent of one parent were sufficient.

    Judge Aldrich had declared unconstitutional the requirement that both parents consent to an abortion because other surgical procedures only required that one parent consent. However, the Supreme Court in *Bellotti II* chose to uphold the requirement, acknowledging the burden but deeming it constitutional because it supported the parents' interest in promoting the best interests of the child.

16. It appears that the referral service is working well, notwithstanding two problems. First, the courts have unfortunately been very slow to appropriate funds to pay lawyers for their time, and some judges limit the amount they will pay—$25 per hour for out of court time and $30 for time in court, with a $60–$70 ceiling. Indeed, the Woman's Bar has told attorneys on the referral panel that notwithstanding the fact that there is statutory authorization for pay, they should be prepared to donate their time. The second problem concerns geography. There are well-organized lawyer referral panels in Suffolk County (greater Boston), Middlesex (Cambridge and environs) and Norfolk County (Brookline, Dedham, and other Boston suburban towns), but unfortunately, it has been much more difficult to reach and train lawyers to serve on panels in the outlying areas.

17. Baird v. Bellotti, 555 F. Supp. 579 (1982).

18. Baird v. Bellotti, 724 F.2d 1032 (1984).

CHAPTER · 11

1. Between that time and April 23, 1981, 20,000 abortions were performed on minors in the five clinics that we visited. From anecdotal evidence, I estimate about half of these abortions occurred without parental knowledge. Vilma di Biase, Director of Counseling in Crittenton, reported that some 60 percent of her minor patients chose to keep their parents uninformed. Most of the other counselors we talked to reported similar estimates. Allowing for some increase in the percentage over time, I concluded that approximately 10,000 unmarried minors who secured abortions between 1974 and 1981 did not inform their parents of their decision.

2. "Law to Limit Minors' Abortions Unworkable, State Judges Say," *Boston Globe*, Mar. 31, 1982, at 16, col. 1.

3. *Id.*

4. *Id.* An appellate court decision has also eliminated the possibility that a superior court judge could require a pregnant minor that he thought was immature to consult with her parents if an abortion would be in her best interest. In a case involving a fourteen year old, the trial court initially determined that the minor was not sufficiently mature to give informed consent. The judge went on to determine that he could not find "that it is in the best interests of this minor to proceed without consulting at least one parent." The trial court then denied the petition "with leave to re-petition just as soon as she consults at least one of her parents." The young woman's lawyer immediately appealed to the Massachusetts Appeals Court, which heard argument the same day. The appellate court reversed the lower court's decision, and remanded for the trial court to order an authorization of the abortion, suggesting that judicial consent could not be conditioned "upon a demonstration of the undesirability of prior parental consultation." The appeals court stated:

> If a superior court judge decides that an abortion is in the best interests of the minor, it is not open under the election provided by Section 12S to decide that it would be in her even better interest to consult with both or one of her parents. 423 N.E. 2d 1038 (Mass. App. 1981).

In this regard, the opinion of the appellate court is more restrictive in interpreting the Massachusetts statute than Justice Powell suggested the Constitution would require. In his *Bellotti* opinion, Powell indicated that for immature minors, a judge might be free to involve the young woman's parents.

5. Data obtained from one Massachusetts abortion clinic for the period from April 1981 to February 1983 showed that there had been judicial authorizations for 20 percent of the 514 abortions performed on pregnant minors. Interestingly, only for pregnant minors under fifteen was the percentage seeking judicial authorization substantially lower.

6. Cartoof and Klerman, "Massachusetts' Parental Consent Law: A Preliminary Study of the Law's Effect," *Mass, J. of Comm. Health* 14, 16 (Spring/Summer 1982). Cartoof has preliminary data from neighboring states that indicate a substantial increase in the number of Massachusetts minors obtaining abortion out of state since the law's implementation. In Connecticut, for example, only 5 Massachusetts girls had abortions in 1980, whereas 45 did so in 1981.

7. Anecdotal information certainly supports the conclusion that an increasing proportion of Massachusetts minors go out of state. For example, Carol Clevan of Brighton's Crittenton Clinic reported that "a school nurse in a border town told me that kids that used to come to us in Brighton (Massachusetts) are now going to Concord (New Hampshire). These kids are afraid to tell their parents and afraid to go to court."

8. Preliminary data based on personal conversation with Virginia Cartoof.

9. Personal correspondence with Virginia Cartoof.

CHAPTER · 12

1. Mary's allegations did distort the process in one important respect. The court never explored the basis for her fears and whether they were well-founded. Her parents were never notified. Thus, while parental rights were implicated by her challenge, Mary's parents did not participate in the lawsuit.

2. "Law to Limit Minors' Abortions Unworkable, State Judges Say," *Boston Globe*, Mar. 31, 1982, at 16, col. 1.

3. Constable, "Abortion Law: A War of Words," *Boston Globe*, Feb. 19, 1983, at 16, col. 2.

4. *Id.*

5. "Law to Limit Minors' Abortions Unworkable, States Judges Say," *supra* note 2, at 1, col. 1.

C H A P T E R · 1 3

* David Neely, Yale Law School Class of 1981, generously contributed his insights, his research and interviewing skills and his critical acumen to this essay; it would not only have been very different, it would not have been possible without his collaboration.

1. "Halderman v. Pennhurst State School & Hospital," 446 F. Supp. 1295, 1302 (E.D.Pa. 1977); "Pennhurst Survey Results," PARC Exhibit 48, reproduced in the Joint Appendix, volume VI, p. A1003, Halderman v. Pennhurst, No. 79-1404 (U.S. Supreme Court, 1980).

2. In all of these characteristics, Pennhurst closely corresponded to national trends for mental retardation residential institutions. In 1966, some 193,000 people nationally were residents of these institutions; in 1976 that number had declined to 154,000. In 1976, the proportion of severely and profoundly retarded people comprising institutional populations was the same as at Pennhurst, and those with physical disabilities was in close correspondence. According to professional estimates, some 5 percent of all retarded people could be classified as severe or profound; this constitutes a national population in 1976 of about 300,000 so that, at that time, more than half lived outside institutions. Pennhurst was also typical of institutions nationally in its average age of admission, at fourteen years, and its twenty-one year average length of residence for those admitted. The impetus to establish institutional alternatives for mentally retarded people first took hold nationally in the mid-1960s; Pennsylvania was widely regarded as a leader in this trend. *Id.*, 446 F. Supp. at 1300n.7; R. C. Scheerenberger, *Public Residential Services for the Mentally Retarded* (1976) p. 12.

3. See W. Wolfensberger, "The Origin and Nature of Our Institutional Models," in President's Committee on Mental Retardation, *Changing Patterns in Residential Services for the Mentally Retarded* (1969), pp. 88–126.

4. Buck v. Bell, 274 U.S. 200, 207 (1927).

5. B. Blatt, "Purgatory," in President's Committee on Mental Retardation, *op. cit. supra*, n. 3, at p. 38.

6. See generally A. Scull, *Decarceration: Community Treatment and the Deviant: A Radical View* (Englewood Cliffs, N.J.: Prentice-Hall, 1977).

7. See G. Dybwad, "Action Implications, U.S.A. Today," in President's Committee on Mental Retardation, *op. cit. supra*, n. 3, at pp. 383–428.

8. See O. Fiss, "The Forms of Justice," 93 *Harv. L. Rev.* 1 (1979)

9. Wyatt v. Stickney, 325 F. Supp. 781 (M. D. Ala. 1971), 344 F. Supp. 387 (1972), *affirmed*, 503 F.2d 1305 (5th Cir. 1974).

10. New York State Ass'n for Retarded Children v. Rockefeller, 357 F. Supp. 752 (E.D.N.Y. 1973), 393 F. Supp. 715 (E.D.N.Y. 1975).

11. Halderman v. Pennhurst, 446 F. Supp. at 1324.

12. *Id*. at 1303.

13. *Id*. at 1307–09.

14. *Id*. at 1312.

15. See N. Rosenberg & P. Friedman, "Developmental Disability Law: A Look into the Future," 31 *Stanford L. Rev.* 817, 818–19 (1979).

16. Halderman v. Pennhurst, 612 F. 2d 84 (3rd Cir. 1979).

17. Pennhurst v. Halderman, 451 U.S. 1 (1981).

18. *Id.*, 673 F.2d. 647 (3d Cir. 1982).

19. *Id.*, 102 S.Ct. 2956 (1982).

20. Youngberg v. Romeo, 102 S.Ct. 2452 (1982).

21. Cf. Judge Broderick's later opinion, 553 F. Supp. 660, 663–64 (1982).

22. Personal communication from David Ferleger, November 21, 1983.

23. See Halderman v. Pennhurst, 526 F. Supp. 414, 417–19 (E.D.Pa. 1981).

24. "Proposed Community Placement of G.W.," unpublished opinions of the Hearing Master (October 15, 1980) and Judge Broderick (February 20, 1981).

25. A study of Pennhurst residents' families, conducted in 1980, offered this observation:

> The current study has enabled the investigators to speak with a few family members whose relatives have already left the institution and gone into the community. More often than not, these individuals indicated that their opinion about movement of their relatives from Pennhurst has changed drastically since the move took place. Even though they were vehemently opposed to the move originally, they have accepted it, and are now very happy with the results.

D. J. Keating, J. W. Conroy & S. Walker, "Longitudinal Study of the Court-Ordered Deinstitutionalization of Pennhurst—Family Impacts Baseline: A Survey of the Families of Residents of Pennhurst" (October 30, 1980) (Temple University) p. 46.

C H A P T E R · 1 4

1. All of the information regarding Terri Lee Halderman and her family is drawn from the reports of a Pennhurst staff psychologist, Lurane Z. Warren, and caseworker, Marile R. Marshall, prepared on April 1, 1966; these reports were introduced in evidence by the plaintiffs.

2. D. Ferleger & P. Boyd, "Anti-Institutionalization: The Promise of the Pennhurst Case," 31 Stan. L. Rev. 717, 720–21 (1979) [The book was D. Vail, Dehumanization and the Institutional Career (1966).]

3. Bartley v. Kremens, 402 F. Supp. 1039 (E.D.Pa. 1975).

4. 402 F. Supp. at 1057.

5. Sec'y of Public Welfare v. Institutionalized Juveniles, 442 U.S. 640, 645 n.7 (1979).

6. 446 F. Supp. at 1302; Keating et al., op. cit. supra, note 25: Chapter 13, at Appendix p. 2.

7. The correspondence between Ferleger and Stephen Sheller, who claimed to represent Mrs. Halderman in the appeal from Judge Broderick's decision, was filed in the Third Circuit Court of Appeals proceedings, Halderman v. Pennhurst, Nos. 78–1490, 78–1564 & 78–1602.

8. See my article, "The Constitution of the Family," 1979 Supreme Court Review 329, 334.

9. J. Gliedman & W. Roth, The Unexpected Minority: Handicapped

Children in America (New York: Harcourt Brace Jovanovich, 1980), pp. 63, 56.

10. See Gliedman & Roth, *op. cit. supra* n.9, at pp. 141–72.

11. See R. Frohboese & B. Sales, "Parental Opposition to Deinstitution-alization," 4 *Law and Human Behavior* 1, 18 (1980).

12. NARC Research & Development, Mental Retardation Research, *A Survey of N.A.R.C. Members*, p. 20 (1976).

13. 24 Pa. (Purd.) Stat. Secs. 13–1300 et seq.

14. L. Steuart Brown, testimony before U.S. Senate Committee on Labor and Public Welfare, Subcommittee on the Handicapped, Hearings on S.6, Education for All Handicapped Children, 93rd Cong., 1st Sess. 35 (April 9, 1973).

15. 50 Pa. (Purd.) Stat. Sec. 4201(1).

16. D. Neely, "The Pennhurst Story," unpublished manuscript, 1981, p. 6.

17. Quoted in L. Lippman & I. I. Goldberg, *Right to Education* (New York: Teachers College Press, 1973), p. 18.

18. Regarding the limited impact of subsequent litigation challenging unpaid work, see P. Friedman, *The Rights of Mentally Retarded Persons* (New York: Avon Books, 1976), pp. 86–91, commenting on Souder v. Brennan, 367 F. Supp. 808 (D.D.C. 1973).

19. The principal case was Rouse v. Cameron, 375 F.2d 451 (D.C.Cir. 1966). This court had also suggested that the "right to treatment" could be applied in civil commitment matters to assure confinement in facilities less restrictive than large mental institutions, though the court relied specifically on a District of Columbia statute rather than the Constitution, Lake v. Cameron, 364 F.2d 657 (D.C.Cir. 1966).

20. See my attempt at this ascent, "Beyond the Right to Habilitation," in President's Comm'n on Mental Retardation, *The Mentally Retarded Citizen and The Law* (New York: Free Press, 1976) (M. Kindred et al., eds.) p. 425.

21. Quoted in Lippman & Goldberg, *op. cit. supra* note 17 at p. 22.

22. P.A.R.C. v. Penna., 343 F. Supp. 279, 283 (E.D.Pa. 1972).

23. Lippman & Goldberg, *op. cit. supra* note 17, at p. 19.

24. See V. Bradley, "Longitudinal Study of the Court-Ordered Deinstitutionalization of Pennhurst: Historical Overview I," pp. 60, 117–19 (April 7, 1980).

25. 343 F. Supp. at 285.

26. Lippman & Goldberg, *op. cit. supra* note 17, at p. 24.

27. *Id.* at p. 19.

28. *Id.* at p. 21.

29. 343 F. Supp. at 291.

30. See D. Kirp, W. Buss & P. Kuriloff, "Legal Reform of Special Education: Empirical Studies and Procedural Proposals," 62 *Calif. L. Rev.* 40, 58–82 (1974); *cf.* R. Weatherley & M. Lipsky, "Street-level Bureaucrats and Institutional Innovation: Implementing Special-Education Reform," 47 *Harv. Educ. Rev.* 171 (1977) (regarding Massachusetts legislative reforms).

31. See text accompanying note 25: Chapter 15, *infra*.

32. See text accompanying note 24: Chapter 15, *infra*.

33. See R. Frohboese & B. Sales, "Parental Opposition to Deinstitutionalization," 4 *Law and Human Behavior* 1 (1980); V. Bradley, "Longitudinal Study of the Court-Ordered Deinstitutionalization of Pennhurst, Implementation Analysis: Office of the Special Master," pp. 68–69 (December 10, 1980).

34. See note 30, *supra*.

35. See Judge Broderick's finding in Halderman v. Pennhurst, 446 F. Supp. at 1298.

36. See my book, *Taking Care of Strangers: The Rule of Law in Doctor-Patient Relations* (New York: Free Press, 1979), pp. 92–95.

37. See Owen Fiss, "The Forms of Justice," 93 *Harv. L. Rev.* 1 (1979), W. Fletcher, "The Discretionary Constitution: Institutional Remedies and Judicial Legitimacy," 91 *Yale L. J.* 635 (1982).

38. Vecchione v. Wohlgemuth, 80 F.R.D. 32 (E.D.Pa. 1978).

39. 80 F.R.D. at 36–37.

40. *In re Joyce* Z., 4 D. & C.3d 596, 601 (1975).

41. P.L. 85–315, sec. 111, 71 Stat. 637 (1957).

42. Wyatt v. Stickney, 325 F. Supp. 781, 786 (M.D.Ala. 1971).

43. In 1980, Congress enacted the Civil Rights of Institutionalized Persons Act, authorizing the Department of Justice to initiate litigation challenging state institutional conditions; in response to criticism regarding the absence of any collaboration with HEW in prior litigation, the Act required the Attorney General to notify, but not necessarily to secure the concurrence of, relevant Executive Branch departments before litigating. P.L. 96–247, sec. 10, 94 Stat. 354 (1980).

C H A P T E R · 1 5

1. Halderman v. Pennhurst, 533 F. Supp. 631, 632 (E.D.Pa. 1981).

2. See Judge Broderick's opinion holding the county defendants in civil contempt, *Id.*, 526 F. Supp. 414, 417–19 (1981).

3. See V. Bradley, *Deinstitutionalization of Developmentally Disabled Persons* (Baltimore: University Park Press, 1978) pp. 95-96.

4. See S. Rose-Ackerman, "Mental Retardation and Society: The Ethics and Politics of Normalization," 93 *Ethics* 81, 87-88 (1982).

5. "The Law and Mentally Retarded People: An Uncertain Future," 31 *Stan. L. Rev.* 613, 622 (1979).

6. See N. Rosenberg & P. Friedman, "Developmental Disability Law: A Look into the Future," *Stan. L. Rev.* 817, 818-19 (1979).

7. *Id.* at p. 821.

8. *Id.* at p. 820.

9. For a review and critique of the empirical research on this issue, see David Balla, "Relationship of Institution Size to Quality of Care: A Review of the Literature," *American Journal of Mental Deficiency* vol 81, No. 2 (1976), pp. 117-124; Edward Zigler & David Balla, "Impact of Institutional Experience on the Behavior and Development of Retarded Persons," *American Journal of Mental Deficiency* vol. 82, no. 1 (1977), pp. 1-31:

> For almost fifteen years, the predominant thrust of social policy in the mental retardation has been a movement away from large central institutions to a community-based regionalization model

in which retarded persons are treated in small, residential, community settings. This social policy has evolved almost completely without an empirical base.

10. See, e.g., Erving Goffman, *Stigma* (Englewood Cliffs, N.J.: Prentice-Hall, 1963); J. Gliedman & W. Roth, *op. cit. supra* note 9: chapter 14.

11. This extensiveness was in itself criticized in a pointed footnote by an appeals court panel, N.Y.S. Ass'n for Retarded Children v. Carey, 631 F.2d 162, 166 n.3 (2d Cir. 1980).

12. N.Y.S. Ass'n for Retarded Children v. Carey, 466 F. Supp. 479 (E.D.N.Y. 1978).

13. *Id.*, 466 F. Supp. 487, 499 (1979), *affirmed* 612 F.2d 644, 650 (2d Cir. 1979).

14. See United States v. Carolene Products, 304 U.S. 144, 152–53 n.4 (1938).

15. In the Alabama case, noted earlier, Judge Johnson played the same role and was virtually explicit in his efforts to pull new governmental actors into the solution of the institutional problems he had found. This was the purpose of his directive, already discussed, to the United States government to participate as amicus in the litigation; the judge sought the same goal within the state government in 1979 by naming the governor as a court-appointed master which effectively took sole bureaucratic control over the institution away from the statutorily-independent state Mental Health Board. See Frank Johnson, "The Role of the Federal Courts in Institutional Litigation," 32 *Ala. L. Rev.* 271, 278 (1981).

16. See, *e.g.*, Fiss, *op. cit. supra* note 8: Chapter 13, at pp. 44–58.

17. See Note, "The *Wyatt* Case: Implementation of the Judicial Decree Ordering Institutional Change," 84 *Yale L. J.* 1338 (1975).

18. 446 F. Supp. at 1326–27.

19. See note 15, *supra*.

20. See C. Diver, "The Judge as Political Powerbroker: Superintending Structural Change in Public Institutions," 65 *Va. L. Rev.* 43, 100–101 (1979), W. Fletcher, "The Discretionary Constitution: Institutional Remedies and Judicial Legitimacy," 91 *Yale L. J.* 635, 638–39 (1982).

21. See Bradley, *op. cit. supra*, note 25: Chapter 14, at pp. 65–74.

22. *Id.* at pp. 38–40, 50–52.

23. See M. Starr, "Accommodation and Accountability: A Strategy for Judicial Enforcement of Institutional Reform Decrees," 32 *Ala. L. Rev.* 399, 432–36 (1981), C. Diver, *op. cit. supra* note 20, at pp. 99–102.

24. Johnson, *op. cit. supra*, note 15, at p. 277, referring to his unpublished opinion in Wyatt v. Ireland, No. 3195-N (M.D. Ala., October 25, 1979).

25. N.Y.S. Ass'n for Retarded Children v. Carey, 492 F. Supp. 1110 (E.D.N.Y. 1980), *reversed*, 631 F.2d 162 (2d Cir. 1980).

26. *Id.*, unpublished slip opinion, page 29 (April 27, 1982).

27. Halderman v. Pennhurst, 533 F. Supp. 631, 634 (E.D.Pa. 1981).

28. *Id.*, 673 F.2d 628 (3d Cir. 1982).

29. *Id.*, 102 S.Ct. 2956 (1982).

30. *Id.*, 545 F. Supp. 410 (E.D.Pa. 1982).

31. 545 F. Supp. at 411.

32. 545 F. Supp. at 417.

33. 545 F. Supp. at 421.

34. 545 F. Supp. at 420.

35. *Id.*, 555 F. Supp. 1144, 1156–58 (E.D.Pa. 1982).

36. 555 F. Supp. at 1160.

37. See, *e.q.*, *id.*, 555 F. Supp. 1138, 555 F. Supp. 1142 (E.D.Pa. 1982), 555 F. Supp. 835 (E.D.Pa. 1983).

38. Letter to David Neely from J. Gregory Pirmann, Special Assistant to the Superintendent, Pennhurst, July 13, 1981, p. 2.

39. J. Payne, "The Deinstitutional Backlash," *Mental Retardation*, vol. 14, no. 3, at p. 45 (1976).

40. A substantial portion of the attorneys' fees and other expenses for the Parent-Staff Association during the subsequent course of the litigation

was apparently paid by the labor union representing the Pennhurst employees, though neither the union nor individual employees ever directly participated as parties in the litigation to argue against the closure of the institution. See "High Court Backs Pennhurst Patients," *Public Employee: Mental Health*, May 1981 (published by American Federation of State, County and Municipal Employees); Deposition of Edward J. Keller, Director, District Council 88, Council 13, AFSCME, in Halderman v. Pennhurst, July 26, 1979.

41. See, *e.g.*, S. Yeazell, "From Group Litigation to Class Action, Part II: Interest, Class and Representation," 27 *UCLA L. Rev.* 1067 (1980).

42. Rule 23(a), Federal Rules of Civil Procedure.

43. See T. Eisenberg & S. Yeazell, "The Ordinary and the Extraordinary in Institutional Litigation," 93 *Harv. L. Rev.* 465, 472–73 (1980).

44. See A. Chayes, "The Role of the Judge in Public Law Litigation," 89 *Harv. L. Rev.* 1281 (1976).

45. Halderman v. Pennhurst, 612 F.2d 131, 134 (3d Cir. 1979). For subsequent consideration of the deference required in the individualized hearing to a parent's objection to community placement, see *Appeal of P.M.*, 707 F.2d 702 (3d Cir. 1983).

46. *Luke* 15:11–25 (Revised Standard Version). See generally my article, "Constitutional Law and the Teaching of the Parables," 93 *Yale L. J.* 455 (1984).

47. *New York Times*, July 15, 1984, p. A18, col. 3.

CHAPTER · 16

1. For differing views of the current situation and future prospects, see D. Chambers, "The Coming Curtailment of Compulsory Child Support," 80 *Mich. L. Rev.* 1614 (1982) and H. Krause, "Child Support Enforcement: Legislative Tasks for the Early 1980s," 15 *Family L. Qtrly.* 349 (1982).

2. See for example the discussion of the Federal Parent Locator Service in the Annual Reports to Congress by the Office of Child Support Enforcement.

3. See generally, R. Mnookin, *Child, Family and State* (Little Brown, 1978).

4. See generally, Committee on U.S. Economic Security, *Social Security in America* (1937).

5. See P. Keller, "California Study of Support of ADC Children by Absent Fathers" (1955) and S. Kaplan, "Support From Absent Fathers in and to Dependent Children," 1958 *Social Security Bulletin* Feb. 1958 p. 5 discussed in McKeany, infra n.6 at pp. 100–110.

6. For a discussion of cooperation policies through 1960, see generally M. McKeany, *The Absent Father and Public Policy in the Program of Aid to Dependent Children* (Univ. of Calif. Press 1960).

7. See generally, W. Bell, *Aid to Dependent Children* (1965).

8. See Note, "Welfare's Condition X," 76 *Yale L. J.* 1222, 1967).

C H A P T E R · 1 7

1. For a detailed discussion of the legal issues in the case, see generally A. Soifer, "Parental Autonomy, Family Rights and the Illegitimate: A Constitutional Commentary," 7 *Conn. L. Rev.* 1 (1974).

2. For a discussion of the Court's handling of eligibility conditions, see generally I. Lupu, "Welfare and Federalism: AFDC Eligibility Policies and the Scope of State Discretion," 57 *Boston Univ. L. Rev.* 1 (1977).

C H A P T E R · 1 8

1. The data in this section are drawn from the Second, Third, Fourth, and Fifth Annual Reports to Congress by the Office of Child Support Enforcement of the U.S. Department of Health and Human Services.

C H A P T E R · 1 9

1. For two examples, see R. Mnookin, "Child-Custody Adjudication: Judicial Functions in the Face of Indeterminacy," 39 *Law and Contemp. Prob.* 226 (1975) and R. Mnookin, "Foster Care—In Whose Best Interest?," 43 *Harvard Ed. Rev.* 4, (Nov. 1973).

C H A P T E R · 2 0

*We would like to express our appreciation for the valuable assistance which Kenneth Curtin, Denis Murphy, Peter Roos, and the Harvard Center for Law & Education provided. Our thanks also to Kenneth Curtin, Michael Churgin, and Carol Avins for their thoughtful comments on an earlier draft of this essay. Barrick Van Winkle provided his usual pervasive assistance in the preparation of this article.

1. 419 U.S. 565 (1975).

2. 419 U.S. 565 (1975) at 579.

3. 347 U.S. 483 (1954).

4. 20 U.S.C. §241 (a) (1974); 20 U.S.C. §1681 (1976); 20 U.S.C. §§1401 et. seq. (1976).

5. 394 U.S. 294 (1955).

6. Morgan v. Hennigan 379 F. Supp. 410 (D.Mass 1974). See Kirp, "Legalism and Politics in School Desegregation," 1981 *Wis. L. Rev.* 924.

7. 393 U.S. 503 (1969).

8. Engel v. Vitale, 370 U.S. 421 (1962); Minarcini v. Strongsville City School District, 541 F.2d 577 (6th Cir:1976); Right to Read Defense Comm. v. School Committee of the City of Chelsea, 454 F. Supp. 703 (D. Mass. 1978); Bellnier v. Lund, 438 F. Supp. 47 (N.D.N.Y. 1977); Piazzola v. Watkins, 316 F. Supp. 624 (M.D. Alabama 1970); Crews v. Clones, 432 F.2d 1259 (7th Cir. 1970); Karr v. Schmidt, 460 F.2d 609 (5th Cir. 1972); Richards v. Thurston, 424 F.2d 1281 (1st Cir. 1970). For an interesting and important empirical study of the issues presented by school cases in the federal trial courts and the courts' capacity to formulate policy, see M. Rebell and A. Block, *Educational Policy Making and the Courts: An Empirical Study of Judicial Activism* (1982).

9. 387 U.S. 1 (1967).

10. Board of Regents v. Roth, 408 U.S. 564 (1972).

11. Bell v. Burson, 402 U.S. 535 (1971); Sniadach v. Family Finance Corporation, 395 U.S. 337 (1969); Fuentes v. Shevin, 407 U.S. 67 (1972); Goldberg v. Kelly, 397 U.S. 254 (1970).

12. Morrisey v. Brewer, 408 U.S. 471 (1972); Wisconsin v. Constantinean, 400 U.S. 433 (1971); Wolff v. McDonnell, 418 U.S. 539 (1974).

13. Morrisey v. Brewer, *supra* n. 12.

14. The most commonly cited legal test is the Supreme Court's statement in Mathews v. Eldridge, 424 U.S. 319, 334–35 which states:
More precisely, our prior decisions indicate that identification of the specific dictates of due process generally requires consideration of three distinct factors: First, the private interest that will be affected by the official action; second, the risk of an erroneous deprivation of such interest through the procedures used, and the probable value, if any, of additional or substitute procedural safeguards; and finally, the Government's interest, including the function involved and the fiscal and administrative burdens that the additional or substitute procedural requirement would entail.

15. See, e.g., J. Harvie Wilkinson III, "Goss v. Lopez: The Supreme Court as School Superintendent," 1975 *The Supreme Court Review* 25 (1976); David L. Kirp, "Proceduralism and Bureaucracy: Due Process in the School Setting," 28 *Stanford Law Review* 841 (1976); Leon Letwin, "After Goss v. Lopez: Student Status as Suspect Classification?" 29 *Stanford Law Review* 627 (1977); Lawrence B. Ransom, "Procedural Due Process in Public Schools: The 'Thicket' of Goss v. Lopez," 1976 *Wisconsin Law Review* 934 (1976); Lawrence Tribe, "Childhood, Suspect Classifications, and Conclusive Presumptions: Three Linked Riddles," 39 *Law and Contemporary Problems* 8 (1975); Robert C. Von Borck, "Coping with Suspension and the Supreme Court," 61 *National Association of Secondary School Principals Bulletin* 68 (1977); "Let's Set the Record Straight on Student Rights," 64 *Today's Education* 69 (1975); Helen Clara Lee, "Practical and Explicit: How to Conduct a 'Due Process' hearing—safely," 1975 *American School Board Journal* 34 (1975); Donald Thomas, "Solving Discipline Problems Through Law-Related Education," 60 *NASSP Bulletin* 15 (1976); M. Chester Nolte, "The Supreme Court's new rules for due process and how (somehow) schools must make them work," 1975 *American School Board Journal* 47 (March 1975); Ronald J. Anson, "The Educator's Response to Goss & Wood," 57 *Phi Delta Kappan* 16 (Sept. 1975); "Student wrongs versus student rights," 2 *Nation's Schools and Colleges* 31 (April 1975); Robert E. Draba, Karl V. Hertz & Christ Christoff, "The Impact of the Goss Decision: A State Survey," 52 *Viewpoints* 1 (Sept. 1975); M.C. Nolte, "Are Students 'persons' under the Constitution? Goss v. Lopez," 41 *Educational Digest* 43 (May 1976); R.L. Mandel, "Student Rights, legal principles, and educational policy: extending judicial review," 103 *Intellect* 236 (Jan. 1975); F.M. Hechinger, "Due Process for the unruly student," 2 *Saturday Review* 44 (April 1975); J. Mathews, "Supreme Court on stu-

dents' rights," 172 *New Republic* 16 (March 1975); W.R. Hazard, "Court Intervention in Pupil Discipline: implications and comment," 23 *American Behavioral Scientist* 169 (Nov. 1979); Edward A. Wynne, "What are the courts doing to our children?," 64 *The Public Interest* 3 (Summer 1981); M. Yudof, "Legalization of Dispute Resolution, Distrust of Authority, and Organization Theory: Implementing Due Process for Students in the Public Schools," 1981 *Wisc. L. Rev.* 891.

16. Wynne, "What are the courts doing to our children?" 64 *The Public Interest* 3 (1981).

17. Jackson Toby, "Violence in the Schools," (unpublished manuscript) (1981) at 54.

C H A P T E R · 2 1

1. Petition of writ of Certiorari to the United States Court of Appeals for the Sixth Circuit, at 4–5, Columbus Board of Education v. Penick, 443 U.S. 449 (1979).

2. F. Kemerer and K. Deutsch, *Constitutional Rights and Student Life: Value Conflict in Law and Education* 263 (1979). (Hereinafter cited as Kemerer & Deutsch).

3. The white students were subsequently identified and received a delinquency hearing in Juvenile Court (*Columbus Dispatch*, March 2, 1971, at 11A).

4. Appendix, vol. 2 at 95, Goss v. Lopez, 419 U.S. 565 (1975) (Hereinafter cited as Appendix).

5. *Id.* at 100–01.

6. No evidence or testimony was introduced at trial which described Smith's involvement. The District Court made no finding of fact with regard to Smith.

7. Kemerer & Deutsch, at 263.

8. Appendix, vol. 3 at 190.

9. *Id.* at 191.

10. Kemerer & Deutsch, at 456.

11. Appendix, vol. 3 at 193.

12. Kemerer & Deutsch, at 456.

13. Appendix, vol. 2 at 131–37.

14. Appendix, vol. 2 at 148–54; Appendix, vol. 3 at 211.

15. Appendix, vol. 3 at 250.

16. *Id*. at 305–06.

17. Appendix, vol. 2 at 107–08; Appendix, vol. 3 at 307–08.

18. Appendix, vol. 2 at 137–47.

19. Appendix, vol. 3 at 268, 308–09.

20. Herbert Williams served as Director of the Department of Pupil Personnel for the Columbus Public Schools until his retirement during the summer of 1973. At the time Norval Goss became Director and the case caption was changed to Lopez v. Goss.

21. Lopez v. Williams, No. 71–76 (S.D.Oh., filed March 31, 1974).

22. Some demonstrators became uncontrollable during the march and destroyed some office equipment at the State Headquarters. The NAACP was blamed by the local press, but the organization insisted that a local teenage gang was responsible for the disturbance. The local black radio station was also denounced for "inciting the riot" as it had urged people to join the NAACP's protest. *Columbus Dispatch*, March 8, 1971, at 1.

23. Ohio Revised Code §3313.66 (1971) provides in relevant part, that:
    . . . the principal of a public school may suspend a pupil from school for not more than 10 days. . . . Such . . . principal shall within 24 hours after the time of expulsion or suspension, notify the parent or guardian of the child, and the clerk of the Board of Education in writing of such expulsion or suspension including the reasons therefore. The pupil or the parent, or guardian, or custodian of a pupil so expelled may appeal such action to the Board of Education at any meeting of the Board and shall be permitted to be heard against the expulsion. At the request of the pupil, or his parent, guardian, custodian, or attorney, the Board may hold the hearing in executive session but may act upon the expulsion only at a public meeting. The Board may, by a majority vote of its full membership, reinstate such pupil. No pupil shall be suspended or expelled from any school beyond the current semester.

24. Letter from Kenneth Curtin to Nick Flannery, April 21, 1972 (Harvard Center for Law and Education). At the time of filing the suit, Murphy wrote the students that they could not affect the suspensions, but only try to expunge the records. Letter from Denis Murphy to Dwight Lopez, April 29, 1971.

25. Letter from Nathaniel Jones to Denis Murphy, June 22, 1971. Murphy apparently received some reimbursement for the hours he spent on the case. Of course, neither Curtin nor the attorneys from the Harvard Center were paid.

26. 28 U.S.C. §2281 (1970).

27. Kemerer & Deutsch, at 424.

28. Harvard Center for Law Education, *Student Rights Litigation Materials* (May 1970).

29. D. Kirp, "The Center for Law and Education and Its Constituencies," 1 *Inequality in Education* 19–20 (1969).

30. Interview with Kenneth Curtin, August 11, 1980.

31. See J. Harvie Wilkinson III, "Goss v. Lopez: The Supreme Court as School Superintendent," 1975 *The Supreme Court Review* 25; D. Kirp, "Proceduralism and Bureaucracy: Due Process in the School Setting," 28 *Stan. L. Rev.* 841 (1976).

32. Children's Defense Fund, *Children Out of School* 117 (1974) [Hereinafter cited as CDF]; Task Force on Children Out of School, *The Way We Go To School* (1970).

33. Kemerer & Deutsch, at 497.

34. *Id.* at 496.

35. The plaintiffs asked for a T.R.O., but a hearing was never held since most named plaintiffs had already returned to school. *Id.* at 424.

36. *Id.* at 463.

37. Appendix, vol. 1 at 59.

38. Interview with Kenneth Curtin and Denis Murphy.

39. Kemerer & Deutsch, at 440.

40. Memo from Nick Flannery to Marion Edelman, April 20, 1972 (Harvard Center for Law and Education).

41. P. Lines, "The Case Against Short Suspensions," 12 *Inequality in Education* 39 (1972); J. Kobrick & P. Lines, "Model School Disciplinary Code," *Id.* at 47.

42. Letter from Eric Van Loon to Denis Murphy and Kenneth Curtin, May 27, 1972 (Harvard Center for Law and Education).

43. Kemerer & Deutsch, *supra* at 441.

44. Appendix, vol. 2 at 154–62, 171–82.

45. *Id.*; also *Id.* at 162–71.

46. Lopez v. Williams, 372 F.Supp. 1279, 1302 (S.D. Ohio 1973).

47. *Id.* at 1300.

48. For the numerous disagreements between and within circuits see the cases cited in Goss v. Lopez, 419 U.S. 565, 576 n. 14 (1975).

49. Jurisdictional Statement of Appellants, at 20, Briefs and Records, Goss v. Lopez, 419 U.S. 565 (1975).

50. Lopez v. Williams, at 1302.

51. Letter from Denis Murphy to Eric Van Loon, October 19, 1972 (Harvard Center for Law and Education).

52. *Columbus Dispatch*, October 10, 1973, at 1.

53. Notes taken by Ken Curtin, November 6, 1973.

54. Kemerer & Deustch, *supra* at 493.

55. 411 U.S. 1 (1973).

56. Board of Regents v. Roth, 408 U.S. 564 (1972); Goldberg v. Kelly, 397 U.S. 254 (1970).

57. Ohio Revised Code, §§3313.48, 3313.64 (1972).

58. Ohio Revised Code, §3321.03 (1972).

59. Amicus Brief of Buckeye Association of School Administrators, at 8–11, Goss v. Lopez, 419 U.S. 565 (1975).

60. Kemerer & Deutsch, *supra* at 483.

61. Goss v. Lopez, 419 U.S. 565 (1975).

62. *Id.* at 572–3.

63. *Id.* at 573.

64. *Id.* at 574–5.

65. *Id.* at 575–6.

66. *Id.* at 579.

67. *Id.* at 579–82.

68. *Id.* at 583–4.

69. *Id.* at 588–9.

70. 416 U.S. 134 (1974).

71. 419 U.S. 565, 573–4.

72. *Id.* at 593.

73. *Id.* at 593–4, 597–9.

C H A P T E R · 2 2

1. Goss v. Lopez, 419 U.S. 565 (1975) at 597–99 (Powell, J. dissenting).

2. See, for example, Goldberg v. Kelly, 397 U.S. 254 (1970); Board of Regents v. Roth, 408 U.S. 564 (1972); Perry v. Sinderman, 408 U.S. 593 (1972); Arnett v. Kennedy, 416 U.S. 539 (1974); Mitchell v. W.T. Grant Co., 416 U.S. 134 (1974); Mathews v. Eldridge, 424 U.S. 319 (1976); Bishop v. Wood, 426 U.S. 341 (1976).

3. Paul v. Davis, 424 U.S. 693 (1975).

4. See Ingraham v. Wright, 430 U.S. 651 (1977).

5. Wilkinson, "Goss v. Lopez," *supra* Chapter 21 note 31, at 40.

6. See, e.g., *id.* at 25–40; McKeiver v. Pennsylvania, 403 U.S. 528 (1970); and cases cited in fn. 2, *supra*.

7. 387 U.S. 1 (1967) at 31–59.

8. See, e.g. Wynne, "What are the courts doing to our children?," *supra* Chapter 20 note 15; Wilkinson, "Goss v. Lopez," *supra* Chapter 21, note 31.

9. Wood v. Strickland, 420 U.S. 308 (1975). This case dealt with school "expulsion" without defining that term with regard to number of days or with long-term suspensions.

10. Written records are not required by the terms of the Court's opinion nor are the written reasons called for by the three-judge District Court. However, some written record of a hearing is necessary for the school, should collateral proceedings occur, to prove that the hearing took place.

11. See for example the requirements of the Education of Handicapped Act, 20 U.S.C. §1415 (1976).

12. Dwight Lopez for example, never returned to his high school after his suspension.

13. Goss v. Lopez, 419 U.S. 565 (1975) at 582–83.

14. *Id*. at 584.

15. The analysis in this and the other table was prepared by Robert Monk, a law student at the University of Chicago Law School.

16. Minnesota.

17. Connecticut, Idaho, Kentucky, Louisiana, Missouri, Nevada, Ohio, Virginia, and Wyoming.

18. California, Indiana, Kansas.

19. Arizona, Colorado, Florida, Georgia, North Carolina, Texas, Vermont, Washington, West Virginia, Wisconsin.

20. Alabama, Alaska, Arkansas, Delaware, Hawaii, Illinois, Iowa, Maine, Maryland, Michigan, Mississippi, Montana, New Hampshire, New Jersey, New York, North Dakota, Oklahoma, Oregon, Pennsylvania, Rhode Island, South Carolina, South Dakota, Tennessee.

21. Massachusetts, Nebraska, New Mexico, Utah.

22. Minnesota Statutes Annotated §127.26 et seq. (1979).

23. For example, see Kansas Statutes Annotated §72–8901 et seq. (1980).

24. See, for example, Vail v. Board of Education of the Portsmouth School District, 354 F. Supp. 592 (D.N.H. 1973).

25. Numbers in Table 22-2 refer to number of states with these provisions.
    a. Five days/if student requests: California, Indiana
    b. Ten days/if student requests: Ohio, Virginia, Wyoming
    c. Unspecified/if student requests: Missouri
    d. Five days/in all cases: Kansas
    e. Ten days/in all cases: Connecticut
    f. Unspecified/in all cases: Louisiana, Nevada, Idaho, Kentucky.

26. Goss v. Lopez, 419 U.S. 565 (1975) at 572–84.

27. See note 9, *supra*.

28. See, for example, *1970 Session Laws of Kansas*, Ch. 300, §1–2; *Ohio Revised Code* §3313.66 (1971); and pre-*Goss* statutes in other states listed in n. 27, *supra*.

29. See e.g., Juvenile Justice and Delinquency Prevention Act of 1974, Public Law Number 93–415, 88 Stat. 1109 (codified at scattered sections of 5, 18, 42 U.S.C.) (hereinafter cited as Juvenile Justice Act); 20 U.S.C. §1401 et seq. (1976), especially 20 U.S.C. §1412(5) (B) (1976); and 45 C.F.R. §§84.31–84.39. See also Note, "Enforcing the Right to an "Appropriate" Education: The Education for All Handicapped Children Act of 1975," 92 *Harv. L. Rev.* 1103 (1979).

30. Juvenile Justice Act, *supra* note 29.

31. See, for example, Ill. Rev. Stat., Ch. 122, §14–8.02.

32. Columbus Public Schools, Report to the Federal District Court on the Status of Desegregation (July 17, 1980) (hereinafter cited as Columbus Public Schools).

33. See Columbus Public Schools (1977); and Columbus Public Schools (1980).

34. CDF, *supra* Chapter 21, note 32.

35. See Chapter 22 *infra*. For an attempt at an empirical test and a discussion of some of the difficulties, *see* Lee E. Teitelbaum, "School Discipline Procedures: Some Empirical Findings and Some Theoretical Questions," 58 *Indiana Law Journal* 547 (1983).

36. See Wilkinson, "Goss v. Lopez," *supra* Chapter 21, note 31 at 25–42.

37. CDF, *supra* Chapter 21 note 32, at 120–21.

38. As much as we think this true of school authority structures, the linkage between procedural entitlements and such threats to youth welfare as homicide and suicide is even more suspicious. See Wynne, "What are the courts doing to our children?", *supra* Chapter 20, note 16.

39. This is not the place to document teachers' strikes, public employee unionism (including teachers), and conflicts between semi-radical and moderate educational associations that were as much a feature of the 1960s as the early 1970s.

40. We are unclear about the extent to which Albert Shanker speaks for New York City schoolteachers. We do not here assert that New York City schoolteachers have a bunker mentality. As for Mr. Shanker, see (in his weekly column in the *New York Times*, "Where We Stand"), e.g., "The Supreme Court Rules on Student Misbehavior," *New York Times*, February 9, 1975, §4, at 7.

41. See Chambers and Wald. Chapters 6–8.

    See CDF, *supra* Chapter 21, note 32.

C H A P T E R · 2 3

1. About 100 out of every 1,000 black females give birth between the ages of fifteen and nineteen and roughly 85 percent of their children are born out-of-wedlock. For whites the proportions are 45 out of 1,000 females and roughly one-third of their babies are born out-of-wedlock.

2. Parents of handicapped children may be an exception. See *supra* at page 40, and the *Pennhurst* study.

3. One can imagine test cases seeking to benefit children across race and economic lines—the class of children whose parents are divorced, for example, or who attend public schools with inadequate education programs. Indeed, some test cases have been brought by vocal middle class parents seeking to vindicate the rights of their children. In Tinker v. Ohio, for example, the Supreme Court was asked whether a child could protest the Vietnam War by wearing a black armband to school.

4. *Pennhurst* is once again an exception. See *supra* at Chapter 15 where Burt discusses the problem of finding appropriate relief.

5. See Theodore J. Lowi, *The End of Liberalism: The Second Republic of the United States* (2d edition 1979).

6. Hazard, "Law Reforming in the Anti-Poverty Effort," 37 *U. Chi. L. Rev.* 242, 247 (1970).

7. *Id.* at 247.

8. *Id.* at 248

9. *Id.*

10. See Diver, "The Judge as Political Powerbroker: Superintending Structural Change in Public Institutions," 65 *Va. L. Rev.* 43, 65 (1979).

11. *Id.* at 66.

12. M. Shapiro, "Stability and Change in Judicial Decision-Making: Incrementalism or State Decision?" 2 *Law in Transition Quarterly* 134 (1965).

13. *Id.* See also R. Dahl, "Decision-making in a Democracy: The Supreme Court as a National Policy-Maker," 6 *J. Public Law* 279 (1957).

14. Hazard, *supra* n. 6 at 251–252.

Index